南山進流 声明大系

上巻

潮弘憲著

法藏館

序

平成二十年より六年間にわたり、総本山善通寺で大和・中川寺の宗観大進上人の流れである南山進流声明一流の伝授をさせていただいた。

声明一流伝授とは、魚山集より最極の三箇秘韻までの進流一流のすべての声明を伝授するのをいう。

現在、醍醐流・相応院流の声明は絶えてしまっており、唯一、真言宗古義のすべての宗派で唱えられているのは南山進流である。そして、その進流声明の近代の主要なる系譜は左記であり、この血脈（本書の第一篇第二章第五節を参照）により進流声明の一流が絶えることなく相伝されてきたのである。

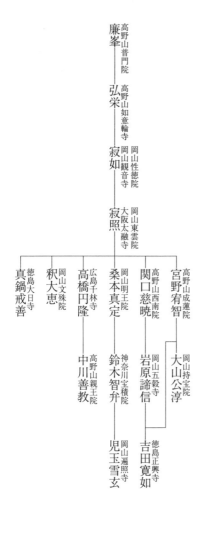

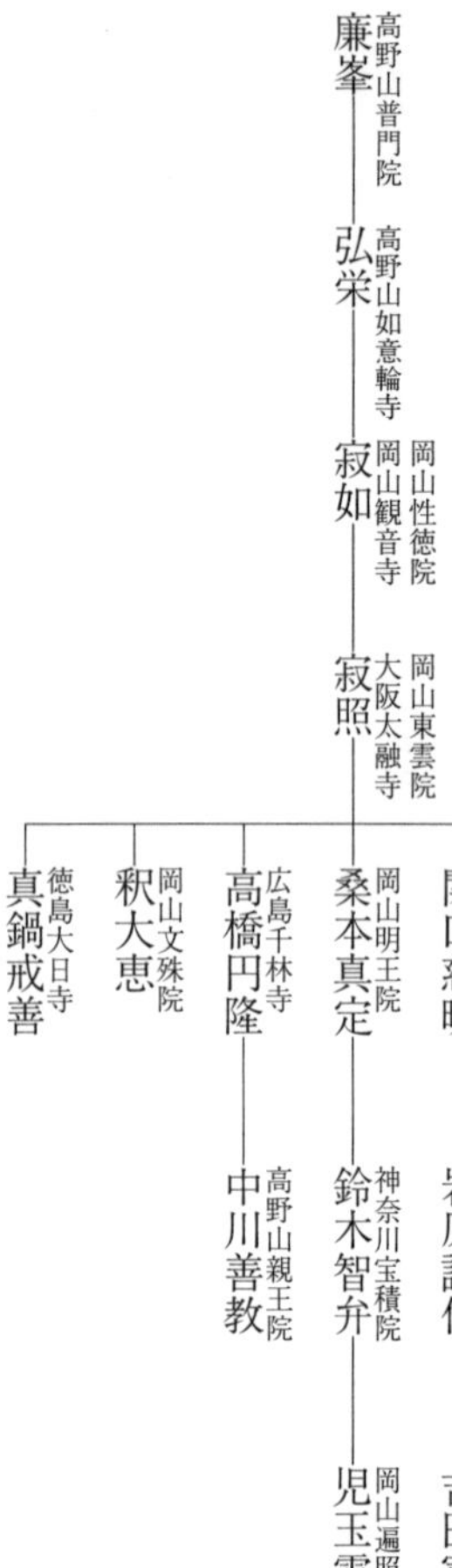

善通寺伝授の三年目であったか、総本山仁和寺仁和伝法所からの要請により、仁和寺でも声明の一流伝授をさせていただくこととなった。そして、その記念として伝授録『南山進流声明の解説』三巻を上梓させていただいたのであるが、それは善通寺における六年間合計五十三会にわたる伝授で受者に配布させていただいた資料を整理させてもらったものであった。

この度、さらに、『南山進流声明の解説』の不都合な箇所、さらには種々の資料により新しく解明されたことをかなり加筆させていただき、法藏館より『南山進流　声明大系』として発刊させていただくこととなった。

本来、進流声明の伝授次第は魚山蠆芥集・諸伽陀・諸表白・諸法則・諸講式・秘讃・乞戒声明・大阿闍梨声明であるが、総本山善通寺・総本山仁和寺の一流伝授では法会毎の声明とする方が、より身近に修学できるということで、そのように伝授させていただいた。したがって、本書の内容も法会毎に用いる声明として、伝授と同様に、左記の如く編纂させていただいた。

収録内容は、「南山進流声明の歴史と楽理・理趣三昧・五日三時法・土砂加持・常楽会・御影供・大般若会・仏生会・弘法大師誕生会・仏名会・奥院通夜行道・金堂舎利会・明神講・曼荼羅供・伝法灌頂誦経導師声明・四座講式・弘法大師誕生会式・仏生会講式・明神講式・秘讃・乞戒阿闍梨声明・大阿闍梨声明・補欠篇」である。

各法会については、すべては同じではないが、法会概要・法会歴史・法会本尊・法会次第・法会法則・法会声明の次第で、四千数十か所に原典資料・参考文献を引用し、解説させていただいている。特に、その各法会の声明についての解説は出典・調子・声明解説であり、その声明はできうる限り曲節に忠実に詳説させていただいており、これらは他書には見られない声明の解説本であると自負している。

また、本書は、秘讃・乞戒声明・大阿闍梨声明の三箇秘韻、また補欠篇として録外秘讃・出家唄・散華（薬師・

阿弥陀）・対揚（最勝講・法花経・盂蘭盆経・仁王経）・𑖀𑖽陀羅尼・後夜偈・礼懺文・金剛宝・心経会・布薩・引導作法等の声明を収載し解説させていただいているが、これらも今まで他書では述べられていない声明であることを付記しておきたい。

　ところで、法会とは三宝または亡者に対する供養であり、その供養の原語は梵語 pūj で尊敬する、崇拝する等の意味がある。もちろん声明も供養のためであるので、尊敬の念、敬いの念をもってお唱えしなければならない。ところが、近年、声明のごく一部であるが、曲節が異なり合わないために、法会が雑然とし厳粛さに欠け、諸尊への供養にならないのではないかとさえ思える場面がしばしばある。

　すべての声明の曲節が違うということではない。現在の音曲阿闍梨は右図の寂照の血脈に連なる方々ばかりであるので全く異なるはずはなく、相伝されてきた過程において、一部のみ合わなくなったのであろうと思われる。

　そこで、三宝への真の供養のため、また法会で参詣者が諦聴（十法行の一）、すなわち心を込めて声明を拝聴して信仰を倍増していただくためにも、進流の声明がどこの地域の法会であっても、そこで唱えられている声明にピッタリとそろえられるように、筆者のわかる範囲内で、異なる曲節のみであるが、数説をあげ校合させていただいた。

　なお、向後、この本書が南山進流声明の興隆の一助になれば、筆者として法幸この上もない次第であるが、浅学非才のために誤謬や説明不足な箇所が多くあるのではなかろうかと危惧している。また、数十か所に筆者の卑見を述べさせていただいているので、大方の識者にはご高覧いただきご叱正を賜れば幸甚である。

南山進流末資　潮　弘憲　和南

南山進流　声明大系　目次

上巻

第二篇　南山進流声明の諸法則

第五節　布薩の声明――1016

凡例

一、本書は拙著『理趣三昧の解説　声明と作法』（青山社、一九九六年）と『声明の解説』全三巻（仁和伝法所、二〇一一年）とを全面的に改訂し編纂したものである。

一、本書の概略は以下である。

第一篇　南山進流声明の歴史と楽理

第二篇　南山進流声明の諸法則

理趣三昧・五日三時法・土砂加持・常楽会・御影供・大般若会・仏生会・弘法大師誕生会・仏名会・奥院通夜行道・金堂舎利会・明神講・曼荼羅供・伝法灌頂

第三篇　南山進流声明の講式

四座講式・弘法大師誕生会式・仏生会講式・明神講式

第四篇　三箇秘韻

秘讃・乞戒阿闍梨声明・大阿闍梨声明

第五篇　補欠篇

録外秘讃・出家唄・散華（薬師・阿弥陀）・対揚（最勝講・法花経・盂蘭盆経・仁王経）・𑖀𑖽陀羅尼・後夜偈・礼懺文・金剛宝・心経会・布薩・引導作法

以上の様に、本書では合計二七六曲の声明曲を解説するにあたり、真言宗諸法会の概説を通して、その法則に

おいて用いられる声明曲を解説していく方法を取った。そのため、後出の声明曲は重複を避けるため割愛し、各法則の声明解説の冒頭にその所在を明示した。また、宮野宥智『南山進流声明類聚附伽陀』の中で前掲諸法会の声明に収録されていない声明曲は第五篇で解説した。

一、本書では、原則的に、まず法会の概要・歴史・本尊・法会の次第、そして、伝えられる法則・次第等について概説し、続いてその法会に用いられる声明曲を解説した。

一、声明曲の解説では、必ずしも一様ではないが出典と調子と曲の概説を述べた。そして、その概説の中で、出来うるかぎり実際に唱えられている曲節に即しての唱え様を解説し、これに何伝かある場合はそれぞれの伝の曲節を詳説した。

一、解説する語句の右肩に、教則本として参照する声明集の丁数等を示したが、その教則本としては宮野宥智『南山進流声明類聚附伽陀』を第一とし、これに収録されていない曲は岩原諦信『昭和改板進流魚山蠆芥集』を以て補った。ただし、講式は比較的入手し易い本が無いためこれを示さず、また、礼文ではこれを略し、布薩では拙著『褒灑陀儀則』を以てこれを示した。

○参照書名の略号

宮…宮野宥智『南山進流声明類聚附伽陀』

岩…岩原諦信『昭和改板進流魚山蠆芥集』

潮…潮弘憲『褒灑陀儀則』

○丁数等の略述方法

五表一行…五丁　表側　一行目

一巻四八左三行五字目…一巻　四十八丁　左側　三行目　五字目

一、声明の博士（本譜・仮譜）は、講式と礼文と布薩を除いて、宮野宥智『南山進流声明類聚附伽陀』と岩原諦信『昭和改板進流魚山蠆芥集』に拠っているが、いくつか私に翻案した仮譜を用いている。なお、五音十一位の譜は太線の譜で、仮譜において「モドリ」の譜は細線の譜で記した。

一、活字資料より引用するに際して、漢字は概ね常用漢字に改めた。肉筆資料、並びに声明の解説における見出し語句については、可能な限り引用元・参照元で使用されている字体に則した漢字を使用した。

一、『大正新脩大蔵経』等、引用元が漢文のものはなるべく延べ書きにして引用し、また、引用元における片仮名を、いくつかは平仮名に改めて引用している。

一、第一篇における声明本についての解説、並びに第二篇以降の法則類についての解説にあたり、昭和三年八月に高野山宝亀院において開催された高野山内現存の声明本展示会の目録である中川善教『声明本展観目録』に見られる声明本・法則類を挙げている。書名に続く（　）内の数字は、その整理番号である。

一、書名で、『大毘盧遮那成仏神変加持経蓮華胎蔵菩提幢標幟普通真言蔵広大成就瑜伽』等の長い具名のものには、『青龍寺儀軌』等の略名を用いた。

一、出典は文中に（　）で示し、巻数・頁数等を記した。なお、書名は以下の様に略した。

大正新脩大蔵経	大正蔵	大正新脩大蔵経図像部	大正図
大日本仏教全書	大日仏全	日本大蔵経	日大蔵
真言宗全書	真全	続真言宗全書	続真全
弘法大師全書（和本）	弘全和	弘法大師伝全集	弘伝全

群書類従……………………………群類
続々群書類従………………………続々群
明治改正南山進流魚山蠆芥集………明治魚山集
便蒙魚山仮譜………………………松帆魚山集
昭和改板進流魚山蠆芥集…………岩原魚山集
南山進流詳解魚山蠆芥集…………詳解魚山集
音曲秘要鈔…………………………秘要鈔
魚山私鈔略解………………………私鈔略解
声明口伝（忠我記）………………忠我記
南山進流声明類聚の解説…………類聚の解説
南山進流声明教典…………………声明教典
声明講究会の記……………………講究会の記
続群書類従…………………………続群
寛保再版南山進流魚山蠆芥集……寛保魚山集
南山進流声明類聚附伽陀…………声明類聚
南山進流声明集附仮譜……………鈴木声明集
南山進流常用声明集………………吉田声明集
音律菁花集…………………………菁花集
声明集私案記………………………私案記
声明声決書…………………………声決書
魚山蠆芥集要覧……………………要覧
南山進流声明の研究………………声明の研究
声明本展観目録……………………展観目録

一、文中、人名の敬称はすべて略した。

南山進流　声明大系　上巻

第一篇

南山進流声明の歴史と楽理

第一章　声明について

第一節　声明とは

声明とは、śabda-vidyā の漢訳である。元来、古代インドで必修とされた五つの学問、すなわち五明の中の一をいった。五明とは、声明（音韻・発音・文法）、内明（教学）、因明（論理学）、医方明（医学）、工巧明（工芸・技術）の五であった。したがって、声明は主として文学・文法・音韻等に関する学問であった。

弘法大師が、朝廷に「真言宗三業度人」を奏請された。それを実証するものが「真言宗三業度人官符」（弘全和一五・九二―九七頁）である。三業とは、金剛頂業・胎蔵業・声明業（二十三日官符の呼称・二十二日官符は金剛頂瑜伽経業・大毘盧遮那成仏経業・声明業）であり、その中に声明の呼称が見られる。度人とは、毎年朝廷より人数を限定して試験と得度が行われ、許可が得られた僧侶で年分度者のことをいう。すなわち、真言宗の三業度人とは、毎年、朝廷より許可された金剛頂業・胎蔵業・声明業の三業について、一人ずつ合計三名を、得度させ学習せしめたのをいう。

ちなみに、その官符は、何故か承和二年（八三五）正月二十二日と正月二十三日の二説がある。『続日本後紀』

巻四（国史大系・三六頁）には承和二年正月戊辰（二十二日）の條に、大師の上表により、「真言宗年分僧三人を度せんことを請う。之を許す」としており、この官符は『金剛寺文書』（大日本古文書七・二—四頁）に、「承和二年正月廿三《ママ》日」（廿三日はママで廿二日）の日付で詳しく収録されている。仁寿三年（八五三）四月十七日の真済の上表による官符は、『類聚三代格』巻二（国史大系・八〇—八一頁）に「先帝去る承和二年正月二十三日を以て、殊に年分度者を賜ひ、年毎に九月二十四日、金剛峯寺に於て課業を試定し得度せしむ」とあり、承和二年正月二十三日としている。

その二十二日官符（『金剛寺文書』）と二十三日官符（『類聚三代格』巻二）を対照すると出没があるが、二十三日官符は二十二日官符よりも簡潔である。『東宝記』第八（続々群一二・一五三頁）に杲宝が私に云わくとして、二十二日官符は学すところはなはだ広しとして利根の人の行ずるところ、二十三日官符は学すところははなはだ狭しとして鈍根の人の習うところとしているが、朝廷より利鈍の度者を分けた官符の例はないという。近年、二十二日官符は後世の改竄という説が有力である。一説には真済の奏による正月二十三日が真であるが、国史である『続日本後紀』の説を実証せんとして二十二日官符を偽作したという説もある。

声明業のみに限ってみれば、二十二日官符の声明業は『梵字悉曇章』一部二巻の暗誦書写・『大孔雀明王経』一部三巻の読誦・『声字実相義』の学習、二十三日官符は「梵字真言大仏頂」および「随求等陀羅尼」の暗誦書写・『大孔雀明王経』一部三巻の学習である。

いずれにしても、「真言宗三業度人官符」によると、今のような曲節を伴う声明を指すのではなく、『梵字悉曇章』等の梵字真言の暗誦書写、『大孔雀明王経』三巻を誦じ、『声字実相義』を習うものであった。

しかし、弘法大師の上奏された「真言宗三業度人官符」（弘全和一五・九二—九七頁）の二十二日官符に、「仏法の

所説は五明に過ぎず、五明と言うは一には声明、二には内明、三には因明、四には医方明、五には工巧明なり。声明と言うは四明の本体、三蔵の根源なり」と、仏法は五明を説いているのであり、特に声明は他の四明の本体で、三蔵の根源と説かれている。つづけて、一切教法は文字によって説かれているのであり、文字を離れて教えというものはないとして、五明の中でも声明の大切さが説かれている。

『秘蔵記』（弘全和五・一〇頁）は、五明を五智に配している。要略すると、内明は五蘊十二処十八界を説き法界体性智、因明は論議で優劣を決めることであり大円鏡智に配するは菩提心の徳で煩悩の怨敵を調伏するをあらわし、声明は言語文字に関する学問の故に説法の徳を司る妙観察智、医方明は内には煩悩の病を外には一切の病を平等に治す故に平等性智、工巧明は一切の工芸・技術を明らかにし一切の事業を成就する故に成所作智に配当している。つまり大師は、五明は単なるインドの学問に過ぎないというのではなく、五明は五智であり、五仏の悟りの境地そのものであるとの深義を説かれているのである。

そして、凝然や理峯といった先徳は三業の中の声明と梵唄歌讃等の声明とが、一見矛盾しているようにとられるのを恐れたのであろうか、古来、苦心惨憺して会通を試みられている。

凝然『声明源流記』（大正蔵八四・八六四b）は、顕密諸宗の声明の伝承について概説され、つづいて「ただに耳を悦ばし心を快からしむを以て本と為す。是の如く等の相を名けて声明と為す。五明の中の声明と相状異にす。然れどもまた音を精しくするは彼の声明に似たり」として、両者は異なるけれども、音韻を精しくするのは似ているといわれている。その意味するところは、古来、五明声明と梵唄声明が乖離しているように思われるが、梵唄を声明と呼称しても全然不都合はないとの見解を示されていると考えられる。

理峯『私鈔略解』上本（続真全三〇・一三四頁）には、「声明トハ此レ西天五明之随一ニシテ即チ悉曇一十八章ニ

名ケ、此梵唄歌讃等ノ名ト爲ルニハ非ズ。之ニ依テ会スルニ二意有ル可シ。謂ク此ノ魚山ノ序ニ真源闍梨之ヲ会シテ総即別名ト云フ。意ノ言ハク。蓋シ大師声明業ノ名ヲ立テ玉フ者ハ此レ只ダ悉曇ニノミ名クルニハ非ズ。総ジテ梵唄等ニ通ズルカ。若シ爾ラバ今マ総ヲ以テ別ニ従ヘテ梵唄歌讃等ヲ是レヲ声明ト云フ也」と述べられている。

内山正如「新義声明伝来記」（『智山声明大典』一頁）にも、「声明ハ印度五明ノ随一ニシテ、其梵語ハ多含ニシテ意義最モ深シ、故ニ梵唄譜曲ノ如キモ勿論其一部分タルコト言ヲ待タズ、大師御請来録ニ曰、梵字梵讃間以学之ト、此梵字トハ悉曇ニシテ梵讃トハ譜曲ナリ、此梵字梵讃ヲ合セテ声明業トシ、大師ハ之ヲ金胎声ノ三密三業トシテ奏請セシメラレタリ」と、端的に会通を試みられている。

インドの五明の声明、三業の声明は、このように広義に位置づけられており、その中の音韻や譜曲に関する分野が時代が経つにつれ、独立して扱われるようになり、仏教の経文を歌唱する仏教儀式音楽、すなわち今のような声明を指すようになってきたといえる。

第二節　声明の呼称

『元亨釈書』巻二九（大日仏全一〇一・四八七頁）に、「声明は印度の名、五明の一なり。支那は偏に取り梵唄と曰う。曹陳王端を開くなり。本朝遠く竺を取りて号を立つ。古史を考うるに延暦二年梵唄を正するの詔有り」と、声明はインドでは讃・唄匿・伽陀、中国では梵唄、日本はインドと同じく声明と呼ばれたとある。

『仏教音楽辞典』には長文となるので要点のみ記すと、インドでは讃、中国では唄・梵唄・唄匿、日本では魚山・法楽なども用いられたとある。

しかし、中国では円仁『入唐求法巡礼行記』巻二（大日仏全一一三・二〇七頁）に、赤山院儀式の記録に「講師登座訖る。仏名を称え便ち停る。時に下座の一僧有り梵を作す」と、梵ともいわれていたことが窺える。他に、唄・讃とも称されていたようである。

日本では、『元亨釈書』巻二九（大日仏全一〇一・四八七頁）に、「延暦二年梵唄を正するの詔有り」とある如く、平安時代末期までは中国と同じ梵唄の名称で呼ばれていた。

大師の著作には、声明という呼称が、『秘密曼荼羅教付法伝』（『広付法伝』）に三箇所、『真言付法伝』（『略付法伝』）に一箇所見られる。それ以外には見られない。しかし、それは五明の声明として説かれているのであり、梵唄としての声明としては説かれていない。大師は、梵唄歌讃としての声明の呼称は一として、用いられていないといえる。

『御請来目録』（弘全和一・九九頁）には、「梵字梵讃間以テ之ヲ学ス」と梵字や梵讃を休む間なく学びましたと述べられており、梵字とは悉曇、梵讃とは声明と伝えられている。大師『遍照発揮性霊集』（以下、『性霊集』とする）巻六（弘全和一〇・八六頁）に、「方丈ノ草堂ハ法界ヲ呑ンデ蕞芥ナリ。（中略）梵曲ハ魚山ノ如ク錦華ハ龍淵ノ如シ」と記され、声明を梵曲とされている。『続性霊集補闕鈔』巻一〇（弘全和一〇・一五七頁）の「故《もと》の贈僧正勤操《ごんぞう》大徳の影《えい》の讃」に、「倭曲を調べてもって義成《ぎじょう》を沐浴し、或いは漢楽を奏して詞《し》は能仁《のうにん》に享す」とある。義成とはsiddhārthaの意訳の一切義成就で釈尊の幼名、能仁はsākyamuni釈迦牟尼の意訳であり、和楽を唱え釈尊の像に沐浴し、漢楽を奏し釈尊に供養なされたと書かれている。したがって、大師は梵唄を声明とは呼ばず、梵讃・梵曲・倭曲・漢楽と称されていたことが窺える。

それでは、日本で梵唄が声明と称されるようになったのは何時の時代からであろうか。

『仏教音楽辞典』には、「鎌倉時代以降、声明が仏教儀式の声楽部分の呼称として頻繁に用いられるようになった。その初例は天台宗大原流声明家湛智（一一六三～一二三七？）の声明用心集と考えられている」とあり、湛智『声明用心集』が初見とされているが、『声明用心集』は声明の楽理を承久元年（一二一九）より年数をかけて覚え書き風に記したものである。ところが、天台声明の大成者である良忍の高弟・家寛が『声明集二巻抄』を撰せられたのが、承安三年（一一七三）であり、『声明用心集』より成立が四十六年早い。また、承安三年から逆算すると、『声明集二巻抄』が編纂された時、湛智の年齢は十歳ということになる。さらには一本の系譜では良忍―家寛―智俊―湛智となっており、湛智は家寛の孫弟子にあたる。これらから考えると、『声明用心集』が初見というのは、少々無理があるといえるのではなかろうか。

しかも、『声明集二巻抄』は、後白河法皇に声明を伝授するために献上された天台宗最古の声明集といわれ、後世の教則本『魚山六巻帖』の底本となっており、声明の呼称が用いられた最古の部類に入るものと思われる。特に、後白河法皇は宮中御懺法講の創始者であり声明家でもあり、当時随一の権力者でもあった。その法皇への伝授に、声明の呼称のある声明集が用いられ献上されたのであるから、我が国における声明の呼称が一挙に公式化し認められたものと思われる。さらに、天台声明楽理の基礎を築かれた、また天台声明の中枢におられた湛智により、『声明用心集』『声明目録』が編纂され、声明の称が用いられた。したがって、『声明集二巻抄』で初めて「声明」の題号が用いられ、次いで湛智等の編作された口訣等に、「声明」の呼称が見られるようになった平安末期より鎌倉初期にかけて、日本では次第に梵唄が声明と称されるようになったものと思われる。

第三節　声明の分類

現在、声明には多くの曲があり、いろいろな分類法があるが、左記の四が要を得ている。第一項以外は引用する。

第一項　音階による分類

①呂曲　宮・商・角・徴・羽・反宮・反徴による呂曲の音階のみによる声明曲。
②律曲　宮・商・角・徴・羽・揚商・揚羽による律曲の音階のみによる声明曲。
③中曲　慈鏡『声決書』(続真全三〇・二六二頁)には、高野には中曲と云い、醍醐には半呂半律と云うとある。いろいろな説があり、詳しくは楽理の項で後述するが、宮・商・角・徴・羽・揚商・揚羽(『忠我記』『声決書』の説)の中曲の音階による声明曲。
④反音曲　歴代の「魚山集」の中の反音曲とは曲中反であり、曲の中において、呂曲の中のある一部分が律曲に、律曲の中のある一部分が呂曲に転調する。

第二項　岩原諦信『南山進流声明教典』による三分類

①歌う声明　唄・散華等で曲節のみを味わう。
②読む声明　表白・祭文等で曲節と歌詞を兼ね味わう。
③語る声明　講式・和讃等で曲節と歌詞を兼ね味わって、情熱を喚起せしめる。

第三項　大山公淳『仏教音楽と声明』による十分類

①梵讃　梵語の声明で、梵語の歌詞で仏徳を讃嘆する。

②漢讃　漢語の声明で、漢語で仏徳を讃嘆する。梵語を漢語に翻訳した声明と、中国で新しく作られた声明と二種ある。

③和讃　和語の声明で、日本で仮名まじりで作られた讃歌で仏徳を讃嘆する。

④伽陀　漢詩の如く美辞を用い、決まった字数で四句・六句をもって一偈頌とした声明をいう。

⑤誦経　経典に音符をつけて唱える。

⑥念仏　仏名に曲節をつけて唱える。合殺など数遍を繰り返し唱える。

⑦祭文　仏徳・祖師の徳を讃嘆して、祭儀を執行する旨趣を述べる。真言宗では、御影供祭文とそれを規範とする諸祭文は同じ曲節であり、それ以外に明神講のみ異なり祝言読で唱える。

⑧講式　仏徳・祖師の徳を讃嘆して、式師が一人で三段・五段に分けて、高低が異なる下音・初重・二重・三重で唱える。それぞれ重により博士の唱え方も異なり、高度なテクニックを要する。古来は諸講の講式があったのであるが、近年は四座講式・弘法大師誕生会式・仏生会講式・金堂舎利会講式・明神講式のみ用いられている。その中、明神講式は二重・三重は諸講式に同であるが、初重のみ異なる。

⑨表白　開白の時、一座行法の主旨を本尊に申し上げ、その利益を衆生に及ぼそうとする。神分が付加され仏教擁護の諸天善神、日本国中の大小神祇に祈念する。

⑩論議　古くは諸寺において論議がなされていたが、近年は高野山の内談義・山王院竪精・御最勝講・勧学会等

で、問者と答者が問答し論議決定する。独特の節回しがある。

第四項　片岡義道「天台声明概説」（『叡声論攷』）による五分類

①教義の宣布　ある経典に説かれている教えを伝道する目的で歌われる。『阿弥陀経』『理趣経』等を唱える。各種の論議、講式等も入る。

②讃嘆　諸仏・菩薩・明王等の威徳を讃嘆する。

③供養　諸仏・菩薩・明王等に香花灯明その他の供物を供える際に唱える。

④祈願廻向　祈願は、ある目的をもって諸仏に祈り、その加護を得て目的を達しようとするもので、身心の息災、故人の追福、商売繁盛等、多種多様にある。廻向は、仏の教えを実践することにより、精神的な安楽が得られたことにより、この幸福を多くの人々に分かち与えたいと願う意で、すべての儀式の最後に唱えられる。

⑤懺悔　自己の過去・現在に犯した、また未来にも犯すであろう罪障を告白して悔い改めようとする悔過・布薩等をいう。

以上、これらの分類項目にそれぞれ数多くの声明が含まれ、それらの声明を組み合わせて、仏教法会に音楽的な儀式を執り行うのである。特に、真言密教の法会儀式には、古くより声明は欠かすことのできない、きわめて重要な位置を占めてきたのである。

第二章　声明の歴史

第一節　インドの声明

『長阿含経』巻一一（大正蔵一・七〇ｃ）には、仏が長者の子の善生に告げて、財を損する六の中に伎楽（楽人の奏する音楽）に迷うことをあげている。また、諸比丘に対しては、『増一阿含経』巻三八（大正蔵二・七五六ｃ）に、八関斎（八斎戒）を説き、その中で伎楽を遠離すべしと戒められている。ところが、『摩訶僧祇律』巻三三（大正蔵二二・四九四ａ）には、比丘が伎楽を作すを観聴し、拍手大笑するを悪事と断じているが、城あるいは聚落の中で通りすぎの折に観見するのは罪にならないし、大会で伎楽をなし仏を供養し、もしくは檀越があり諸尊と和合して世尊に翼従すれば、席にあるも可であるとし、仏への供養等であれば許されるとしている。

さらに、『十誦律』（大正蔵二三・二六九ｃ）には、唄に五利益ありとして、身体が疲れない、記憶したことは忘れない、心が疲れない、声が壊れない、経典の言語が理解しやすい等の理由をあげられ、梵唄を唱えることを積極的にすすめられている。釈尊の時代より梵唄が唱えられていた典拠である。

また、慈鏡『声決書』（続真全三〇・二五七頁）には、「梵曲音律其の源を尋ぬれば昔し釈尊是の法を以て優婆利

尊者に付嘱す。黄金端正の聖容終に金棺の底に入て後に魚山に帰り音法を紹隆し広く人天に渡す」と、優婆利尊者は釈尊より受けた声明をインドの魚山に帰り興隆されたと記述されている。しかし、天納伝中『天台声明概説』（九頁）に、「優婆利尊者は、釈尊の十大弟子の一人ではあるが、持律第一の弟子である。『中阿含経』第五十二・優婆利経には、優婆利が律について仏と問答をした記述はあるが、音律や魚山についての事蹟はない。（中略）この曲（優婆利唄）は布薩会の次第の中で、終わりの方で唱誦される重要な曲であり、持戒の第一人者としての優婆利尊者を讃嘆する曲であるところから、このような説話が後世に混同してつくられたのであろう」と、布薩戒では持律第一の優婆利を讃嘆する優婆利唄を唱えることから、優婆利が釈尊から梵唄を付嘱されインドの魚山で紹隆したとの、混同による説ができたと述べられている。

大乗仏教では、『無量寿経』巻下（大正蔵一二・二七三c）に、「四方自然に風起こり普く宝樹を吹き五音声を出す。無量の妙華を雨し風に随い周遍す。自然に供養をなし是の如く絶えず。一切の諸天皆天上百千の華香万種伎楽をもたらし其仏及び諸菩薩声聞大衆を供養す」と、伎楽によって一切の仏・諸菩薩・声聞・大衆を供養すると説かれている。また、五音声とは、『無量寿経』巻上（大正蔵一二・二七一a）に、「清風時に発して五音声を出し微妙に宮商自然に相和す」とあり、ここには宮・商の二音のみしかあげられていないが、すなわち宮・商の二音で以て宮・商・角・徴・羽の五音の階名を指していることは明らかであるといえよう。

また、『妙法蓮華経』巻一（大正蔵九・九a）に、「歌唄し仏徳を頌し乃至一の小音をもって皆仏道を成ず」と、梵唄で以て、仏を供養し、仏道を成就することができる等の文言も見られ、仏への供養、仏教修行のために、梵唄が唱えられていたことが記されている。

密教では、『金剛頂経』（大正蔵一八）、『大日経』（大正蔵一八）、『略出経』（大正蔵一八）、『摂大儀軌』（大正蔵一

八）、『広大儀軌』（大正蔵一八）、『青龍寺儀軌』（大正蔵一八）、『大日経持誦次第儀軌』（大正蔵一八）、『略述金剛頂瑜伽分別聖位修証法門』（大正蔵一八）、『金剛頂経瑜伽修習毘盧遮那三摩地法』（大正蔵一八）、『仏説大方広曼殊室利経』（大正蔵二〇）、『不空羂索神変真言経』（大正蔵二〇）等、他にも多くの密教経典・儀軌に金剛歌を以て歌詠する、金剛の讃詠を以て歌唱する、真言・陀羅尼を讃詠する等と声明に関すると思われる表現が見られ、密教においても声明がきわめて重要な位置を占めていたことが窺われる。

第二節　中国の声明

吉川英史『日本音楽の歴史』（五七頁）によると、仏教が中国に入った漢代中頃（紀元前二世紀）、インドの経典音楽を直輸入して、そのままに歌ったのであろうと述べられているが、道世『法苑珠林』三六（大正蔵五三・五七五c）には、梵語、漢語と言語が違えば同じ歌唱法では唱えがたいとある。すなわち、中国では、インドから伝わった声明の曲節をそのまま用いたのではなく、声明の文言を中国語に翻訳すると同時に、曲節も中国語に合った節に変えて唱えたというのである。

もちろん、インドの声明を言葉も曲節もそのまま唱える梵唄もあったであろうが、大部分は中国語に合った節に作曲しなおすとともに、中国で文言も曲節も新しく作られた声明もあったようである。

中国では、その大きな役割を果たしたのが曹植（ソウショク・ソウチと二の読み方がある）であるとするのである。

ところが、天納伝中「中国声明の聖地魚山について」（『叡山学院研究紀要』第二四号・一―七頁）によると、『三国志魏書』（第一九・陳思王植伝）に、「初、植魚山に登り、東阿を臨み謂然として終焉之心有り。遂に営て墓を為す」

とある。曹植とは魏武帝（曹操）の第四王子であり、曹植が魚山に登り東阿の景色を眺め、終焉の地と定め墓を造られたとあるのみで、梵唄との関係は一言も記されていない。しかし、時代が経つにつれ、曹植没後三百年頃の恵皎『梁高僧伝』一三（大正蔵五〇・四一五ａ）に初めて魚山で梵唄を聞いたという記述があり、続いて没後四百年頃の道宣『広弘明集』五（大正蔵五二・一一九ｂ）に空中に梵天の讃を聞き後世に伝えたとあり、また『広弘明集』と同時代の『法苑珠林』三六（大正蔵五三・五七四ｂ）にも同意の文がある。さらに、没後八百年頃の道誠『釈氏要覧』上（大正蔵五四・二七六ａ）に至り、魚山で空中に梵天の音を聞き、その讃を習い写して梵唄とし後世に伝えた。これが梵唄の始まりであると説かれるようになり、曹植が中国の山東省で声明を感得し、中国声明の元祖であるとの説が定着したと述べられている。

『声決書』（続真全三〇・二五七頁）には、「大唐の陳思王印度に渡て魚山に入て梵王の妙曲を感ぜしより後に震旦専ら声韻を以て化導の随一と為す」と、『三国志魏書』に端を発する曹植の中国魚山で声明を感得したという説と異なり、陳思王（曹植）がインド魚山に入り、声明を感得し、中国に伝えられたと述べられている。

また、『日本音楽の歴史』（五七頁）で吉川英史は、典拠は明らかにしていないが、曹植は魚山でペルシアの北の康居国から来た僧会の仏教音楽を聞き、それから暗示を得て仏教声楽を作り、それが中国の仏教声楽の起源であると主張している。

第三節　南都の声明

仏教は、日本には六世紀中頃に百済より伝わったが、梵唄も同時に伝来したとされている。

日本では、六世紀より七世紀にかけて、『日本書紀』『元亨釈書』等によると、盛んに斎会が催され、他に仏生会・盂蘭盆会・維摩会・仁王般若会・悔過・無遮大会等が執り行われている。

しかし、時代が経つにつれ、当時の梵唄の歌詠法がかなり乱れていたのであろうか、『元亨釈書』巻二九（大日仏全一〇一・四八七頁）に「養老三年経師を正す詔に曰く。唐の道栄や我勝暁を式と須う」とある。経師とは経典を唱えることであり、養老三年（七一九）に、梵唄も含み、唐の道栄や我勝暁の歌唱法を規範とせよとの詔勅が出されている。

また、『東大寺要録』巻四（続々群一一・四二―四三頁）によると、天平勝宝四年（七五二）四月八日、大仏の「開眼供養会」として、講師・開眼師・読師・梵音・錫杖・唄・散華・衲・甲・供養師・咒願師・都講師・維那師等の配役が見られ、唄・散華・梵音・錫杖等の四箇法要が執行されたことが推察される。他にも、この八世紀に大般若会・華厳会・涅槃会・修二会・十一面悔過等が執行された記録があり、声明が盛んに唱えられていたと思われる。

しかし、奈良期の声明は資料もなく、どのような声明が唱えられていたか、現在の南都声明を以てしては、当時の声明をおしはかることはできない。

第四節　天台宗の声明

天台宗では、実際に天台声明を伝えたのは円仁とし、事実上の天台声明の創始者とされている。その相承系譜は多種あるが、『元亨釈書』巻二九（大日仏全一〇一・四八七頁）等を引き、大山公淳『仏教音楽と声明』（九六頁）には、円仁―円珍―相応―浄蔵―慈慧―源信―覚超―懐空―寛誓―良忍と血脈を示されている。

そして、円仁が唐より請来された長音供養文・独行懺法・梵鐘戒品・引声念仏・長音九條錫杖の五箇の秘曲の相承系譜㋑が伝わっており、天納『天台声明概説』にその五箇の秘曲の相承系譜㋑があげられている。大原流声明血脈㋺では、五箇ではなく、長音供養文・羅漢勧請・戒本・九條錫杖の四箇のみであるが、全血脈を転載すると次頁の通りである。

五箇の秘曲と大原流声明血脈を比較すると、金沢文庫本には懺法・引声念仏はないが、羅漢勧請はある。なお、五箇秘曲の懺法と金沢文庫本羅漢勧請の血脈は、殆ど同である。ただし、引声念仏は天納『天台声明概説』によると、円仁―相応―義性―法禅―証範―実性―覚忍―法円―賢源―尋宴―良忍である。

(1) 最澄　神護景雲元年～弘仁十三年（七六七～八二二：平安時代）

天台宗の開祖。伝教大師。はじめ一乗止観院（現在の根本中堂）を創建し、後に比叡山寺と称し、最澄示寂の翌年に朝廷から年号の延暦寺の寺号を賜った。

最澄在世の頃、比叡山においては、延暦十二年（七九三）に文殊堂供養、延暦十三年（七九四）に延暦寺中堂供養が、天台・南都による大法会が合行（『叡岳要記』上・群類二四）され、他にも延暦二十四年（八〇五）、高雄山寺において我が国初めての灌頂を執り行う（『本朝高僧伝』巻二・大日仏全一〇二）等の記録は多くあるが、最澄自身の声明の確実な資料はない。

○天台五箇秘曲相承系譜㋑（天納伝中『天台声明概説』五〇—五一頁）

長音供養文

円仁、—
- 円珍—遍照
- 湛芸

—安然—玄静—寂照—覚超—覚灯—広明—法円—賢源—尋宴—良忍、

独行懺法

円仁、—安芸—平願—法仙—覚運—皇厳—覚尊—瞻西—良忍、

梵網戒品

円仁、—
- 安恵—安然
- 円珍

—尊意—良源—
- 源信—覚超—懐空—寛誓
- 覚運—皇厳—覚尊—瞻西

—良忍、

引声念仏

円仁、—相応—義性—法禅—証範—実性—覚忍—法円—賢源—尋宴—良忍、

長音九條錫杖

円仁、—日蔵—浄蔵—覚忍—盛時—公任—懐空—延殷—寛誓—良忍、

○大原流声明血脈㋺（『金沢文庫資料全書』第八巻・三〇一頁）

長音供養文

覚灯—広明—法円—賢源—尋宴—

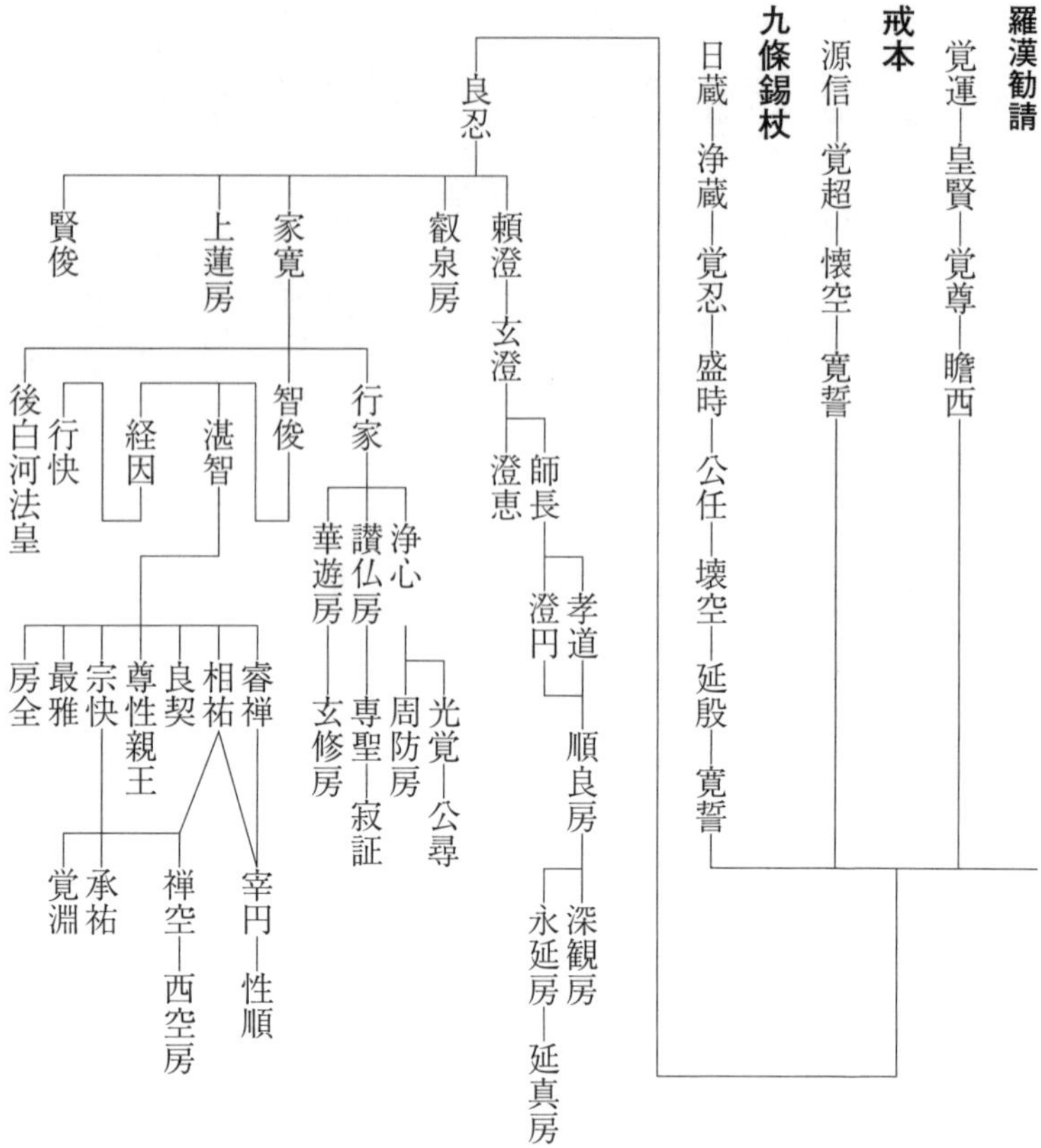
羅漢勧請
覚運―皇賢―覚尊―瞻西
戒本
源信―覚超―懐空―寛誓
九條錫杖
日蔵―浄蔵―覚忍―盛時―公任―壊空―延殷―寛誓
良忍
頼澄―玄澄
澄恵
師長
孝道
澄円
順良房
深観房
永延房―延真房
叡泉房
家寛
上蓮房
賢俊
行家
智俊
湛智
経因
行快
後白河法皇
浄心
讃仏房―専聖―寂証
華遊房―玄修房
光覚―公尋
周防房
睿禅
相祐
良契
尊性親王
宗快
最雅
房全
宰円―性順
禅空―西空房
承祐
覚淵

⑵ 円仁　延暦十三年～貞観六年（七九四～八六四：平安時代）　血脈㋑

天台第三世座主。慈覚大師。

円仁『入唐求法巡礼行記』巻二（大日仏全一一三・一八二頁）には、唐において多くの法会に参列し梵唄を聞いたことが述べられており、実際に天台宗における会式や声明を伝えたのは円仁とされ、天台声明の基礎を築かれたとされている。右記の五箇の秘曲（金沢文庫血脈は実際は一箇足りず四箇であるが）も、すべては円仁より伝えられたものである。

『声決書』（続真全三〇・二六〇頁）にも、「慈覚大師入唐求法の時、旁ら是の法を伝え帰朝して智証大師に之を付す」と述べられている。

帰国後、常行三昧堂を建て引声念仏を始められ、比叡山で灌頂を始修された。また、舎利会を始行、「舎利讃嘆」を作られた。

最澄入滅十二年後の承和元年（八三四）、比叡山において、天台僧だけではなく、南都の高僧や真言宗では大師、実恵・真済・真雅・道雄・真然・円明が招かれ、西塔院供養（『叡岳要記』下・群類二四・五四四頁）が執り行われた。その法会では円仁は、梵音に配役されている。

以後、天台・南都・真言の合行による法会が執り行われた。承和五年（八三八）、四王院供養には実恵、承和十四年（八四七）の定心院供養には実恵・実敏・真雅、仁寿元年（八五一）の摠持院供養には真済・真雅・恵運の名前が見られる。

（3）良忍　延久四年～天承二年（一〇七二～一一三二：平安時代）　**血脈㋑㋺**

天台宗の僧で、融通念仏宗の開祖。聖応大師。

『声決書』（続真全三〇・二六〇頁）には、良忍は慈覚十代の嫡孫、大原に来迎院を創建し、天台声明の根本道場としたとある。

天納『天台声明概説』（六二頁）には、「寂源が長和二年（一〇一三）に大原山に入り阿弥陀堂（勝林院）を建て六時行道を修し、中国魚山に擬して声明道を興隆し大原流と称したのである。承徳元年（一〇九七）には良忍が不断念仏を修するため叡山より大原に入り、勝林院永宴（永縁）に大原流梵唄の伝授を受け、永宴には叡山流の梵唄を授け、来迎院や浄蓮華院を建てて声明興隆に尽力したのである。以後大原は勝林院（下院流・本家）と来迎院（上院流・本願）の二道場に於て声明梵唄の研鑽が盛んになるのである」とあるように、勝林院建立の主目的は晨朝・日中・日没・初夜・中夜・後夜の六時に常行三昧を修し阿弥陀仏を念ずるためであり、それに対し良忍の来迎院建立の主目的は、不断念仏すなわち引声念仏（阿弥陀経を七日間にわたり長く引いて唱える）にあったのである。

凝然『声明源流記』には、良忍上人が多くの師に諸曲の伝授を受け、多くの流派に分かれていた天台声明を統括し来迎院を建立されたとある。すなわち天台血脈㋺にある如く、五箇の秘曲等も相承が分かれ乱立していたのであるが、良忍に至り統一されたのである。

また、良忍の花押のある「四智梵語讃」に目安博士が付されているところから、良忍が初めて古い五音博士を目安博士に変えたと伝えられている。

(4) 家寛　生没年不詳（承安年間頃・十二世紀頃：平安時代）　**血脈㊀**

良忍の高弟。家寛『声明集二巻抄』は、後白河法皇に声明を伝授するために献上された天台宗最古の声明集といわれ、後世の教則本『魚山六巻帖』の底本となっている。『魚山六巻帖』は、初めに憲真が『声明集二巻抄』より抄出して刊行、それを後に宗淵が一冊の合本として刊行した。門下に、後白河院・智俊・行家等がいる。

(5) 師長　保延三年〜建久三年（一一三七〜一一九二：平安・鎌倉時代）　**血脈㊀**

左大臣藤原頼長の次男。出家して妙音院と号す。琵琶の名手。声明は玄澄の弟子であり、師長の声明の一派を号をとり妙音院流と称し、奈良・関東の称名寺で栄えた。

(6) 浄心　生没年不詳　**血脈㊀**

湛智　長寛元年〜嘉禎三年（一一六三〜一二三七：平安・鎌倉時代）　**血脈㊀**

智俊の門弟に浄心、湛智が出るにおよんで、大原声明は全盛期を迎える。浄心（蓮海房）は、良忍以来の伝承に忠実な名人。湛智（蓮入房）は、声明の楽理に通じ、『声明用心集』『声明目録』をあらわし、三旋法、拍子等を制定した。湛智の流れを新流、浄心の流れを古流と呼び対立したが、間もなく古流は衰え亡びてしまった（片岡義道「天台声明概説」『叡声論攷』）。

(7) 宗快　生没年不詳（十三世紀頃：鎌倉時代）　**血脈㊀**

湛智の高弟。勝林院十一代であり声明道を隆盛させた。ただし、『声決書』（続真全三〇・二六〇頁）によれば、

勝林院ではなく、良忍以降に衰退していた大原声明を、来迎院に住し再興すと記されている。また乱脱の博士を改め、良忍の残された曲を集めて、嘉禎四年（一二三八）に『魚山目録』をあらわす。これは各声明毎に五音の目録、すなわち字の上中下と斜め上・横・斜め下を図示し、五音の位を読み取れるようにしたものである。門下に覚淵がいる。

(8) 喜淵　建長六年〜元応元年？（一二五四〜一三一九？：鎌倉時代）

教性　生没年不詳

『声決書』（続真全三〇・二六〇頁）によると、喜淵（円珠上人・兄）、教性（弟）は、初め、ともに来迎院で妙曲を弘め、後に円珠上人は勝林院に移り妙曲を弘通せられたことにより、大原声明に二流が生じたといわれる。円珠上人は『諸声明口伝随聞及注之』という口伝書があり、音律の深奥を究めた人で、教性は妙麗な音声の持ち主でその梵曲を聴く者は皆涙を流したと伝えられているが、不思議の悪縁により妻帯の身となるとある。なお、円珠上人は高野山参籠の折、金剛三昧院空忍上人から進流の声明を受け、空忍上人は円珠上人より大原の声明を受け、互いに相伝すと記されている。さらに、大原の『魚山目録』は、空忍より教義和尚（実名・観深）に、そして『声決書』作者の慈鏡に伝わるとされている。

(9) 多紀道忍　明治二十三年〜昭和二十四年（一八九〇〜一九四九）

洋楽家の吉田恒三と協力し、声明の五線譜化につとめるとともに、『天台声明大成』上下二巻をあらわした。また、一部の曲目をレコード化した。

(10) 中山玄雄　明治三十五年～昭和五十二年（一九〇二～一九七七）

多紀道忍の高弟であり、声明の伝承につとめ、無形文化財の指定を受けた。延暦寺内に天台宗法儀音律研究所を設立、この研究所が現在の天台声明研究の中心となっている。『魚山声明全集』『天台常用声明』『天台常用法儀集』等、多くの著作がある。

(11) 天納伝中　大正十四年～平成十四年（一九二五～二〇〇二）

中山玄雄に師事し、天台声明を究める。叡山学院教授として後進を育成するとともに、国内、海外で多くの声明公演を実施する。声明のＣＤ化と多くの著書・論文を執筆されている。

第五節　真言宗の声明

南山進流声明血脈㈧（二八頁）は、筆者が吉田寛如より受けし声明血脈である。宮野宥智『声明類聚』と全同であるが、ただ末葉の方は、血脈㈧に寂照―慈暁・大恵・戒善―諦信―寛如とあり、他に宥智―寛如であるが、『声明類聚』は寂照―宥智のみとなっている。

また、血脈㈧は寛朝―想寿―済信となっているが、『声明類聚』は寛朝―想寿―済延である。『密宗声明系譜』（続真全三〇・四五二―四七三頁・以下同）の相応院流声明血脈㈦・㈧（九八―九九頁）も寛朝―想寿―済延である。

済信は勧修寺雅慶の室に入り出家、寛朝より伝法灌頂を受け正嫡となり、勧修寺第四代長吏、東寺第二十二代長者であり、仁和寺北院ノ大僧正、真言院ノ僧正と称された。済延は仁和寺華蔵院僧都で、事相も声明も済信・仁海

より受法している。また、血脈㊇には済信の注記として花蔵院と記されている。これらのことより、混乱しやすいが、済信は間違いなく済延の誤植であるといえる。

また、血脈㊇には、宮野の師が不明であるが、葦原寂照よりの系譜が欠けており、寂照の資である。

南山進流声明血脈㊁（三〇頁）は、岩原諦信『声明教典』に収載されている岩原の血脈である。

宮野、吉田の血脈㊇は、大きく真然―峯禅の高野系と益信―神日―寛空の仁和寺系に分けることができるが、宗観に至って統一されている。

血脈㊁・㊅（三二頁）は、少し異なるが、源仁より後は益信の仁和寺系と聖宝の醍醐系に分かれているのは同じである。高野系、仁和寺系、醍醐系が統一されている宗観と、純粋に高野系の禅真の血脈は観験に至って統一されている。

真言声明の事実上の創始者といわれる寛朝は、血脈㊇・㊅では付法は想寿のみであるが、血脈㊁では想寿と天野検校といわれた高野山の雅真にも伝えている。

また、血脈㊇は覚暁（隆然）―真恵―静恵―宥快―宥信―隆印―重仙―快助―長恵であるが、血脈㊁では覚暁（隆然）―重弘―源宝―隆印―重仙―快助―長恵としており、血脈㊅は両血脈を併用している。

さらに血脈㊇の岩原の師は関口慈暁・真鍋戒善・釈大恵の三名であるが、血脈㊁では関口慈暁・桑本真定・真鍋戒善・釈大恵の四名となっている。

岩原血脈㊁と吉田（宮野も同）血脈㊇の系譜とは、右記の如く相違している。吉田は宮野宥智にも声明を受けているので、その宮野の血脈によったのか、あるいは岩原には血脈㊇の系譜と血脈㊁の系譜の二があり、吉田には血脈㊇の系譜を授けたのか不可解である。

『密教大辞典』声明血脈㊅は、最末葉が真定である。『密教大辞典』の事相・声明に関する執筆者は児玉雪玄であ

○南山進流声明血脈㈧（吉田寛如の血脈）

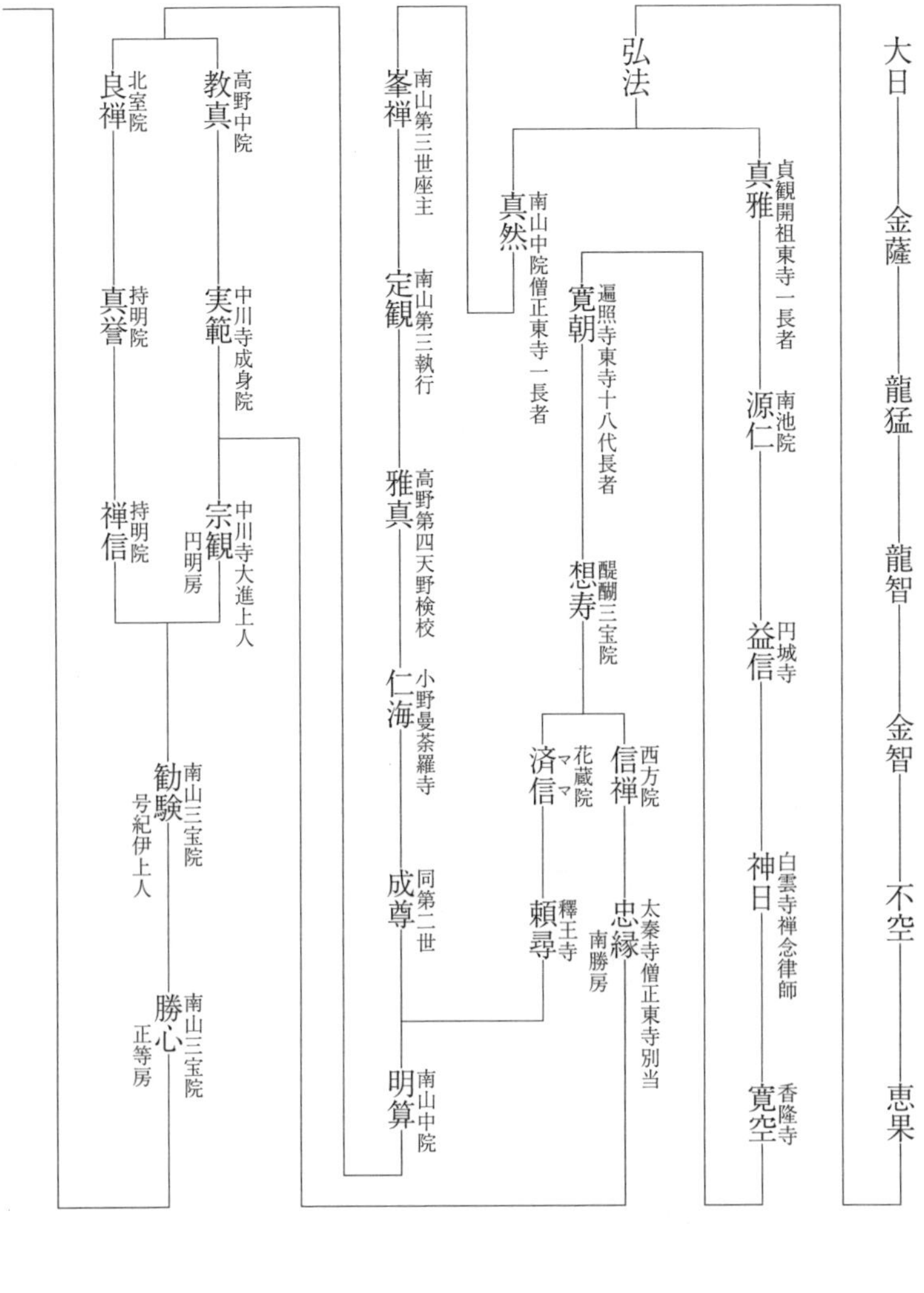

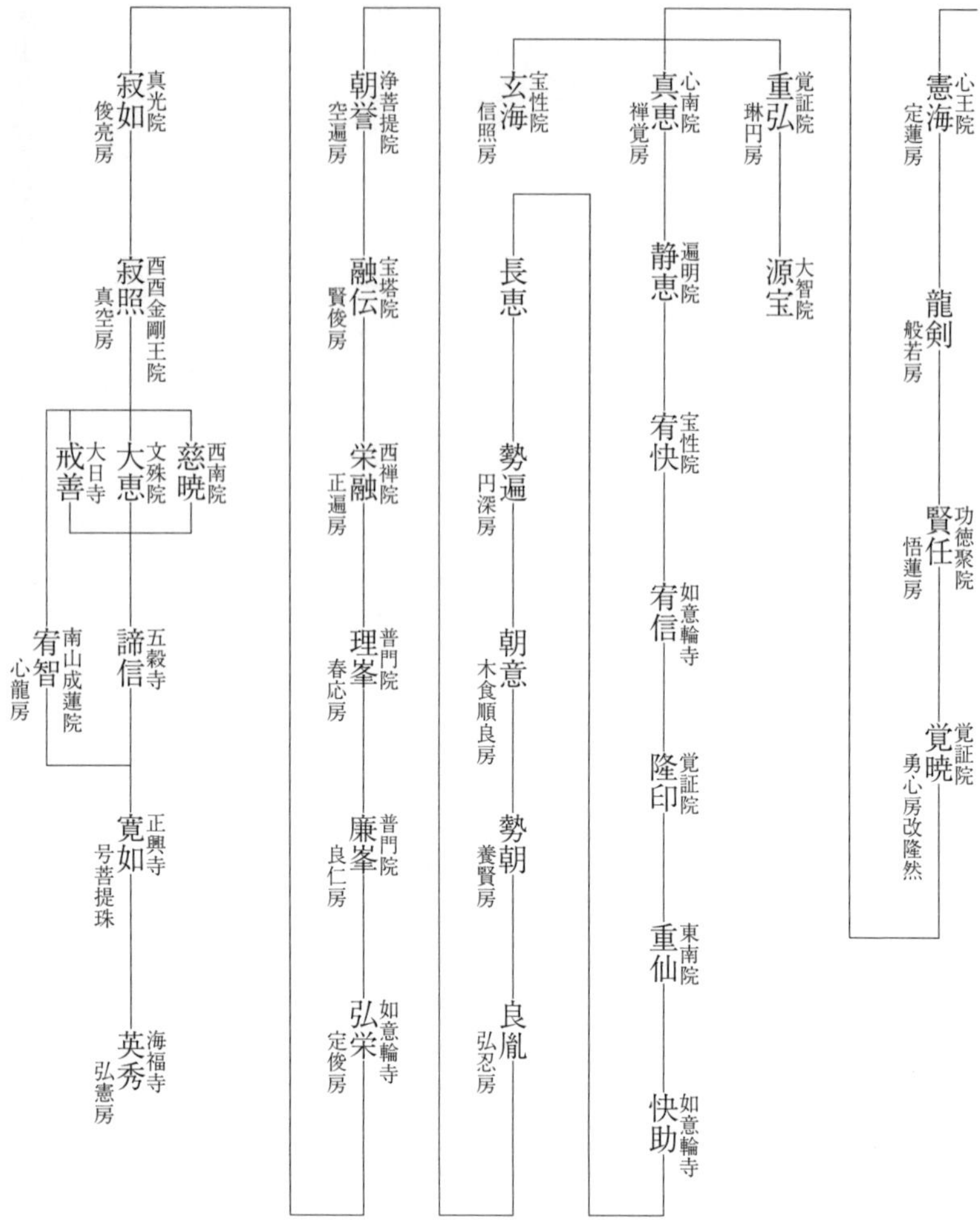
憲海 心王院 定蓮房
龍剣 般若房
賢任 功徳聚院 悟蓮房
覚暁 覚証院 勇心房改隆然
重弘 覚証院 琳円房
源宝 大智院
真恵 心南院 禅覚房
静恵 遍明院
宥快 宝性院
宥信 如意輪寺
隆印 覚証院
重仙 東南院
快助 如意輪寺
玄海 宝性院 信照房
長恵
勢遍 円深房
朝意 木食順良房
勢朝 養賢房
良胤 弘忍房
朝誉 浄菩提院 空遍房
融伝 宝塔院 賢俊房
栄融 西禅院 正遍房
理峯 普門院 春応房
廉峯 普門院 良仁房
弘栄 如意輪寺 定俊房
寂如 真光院 俊亮房
寂照 西西金剛王院 真空房
慈暁 西南院
大恵 文殊院
戒善 大日寺
諦信 五穀寺
宥智 南山成蓮院 心龍房
寛如 正興寺 号菩提珠
英秀 海福寺 弘憲房

○南山進流声明血脈㈡（岩原諦信の血脈）

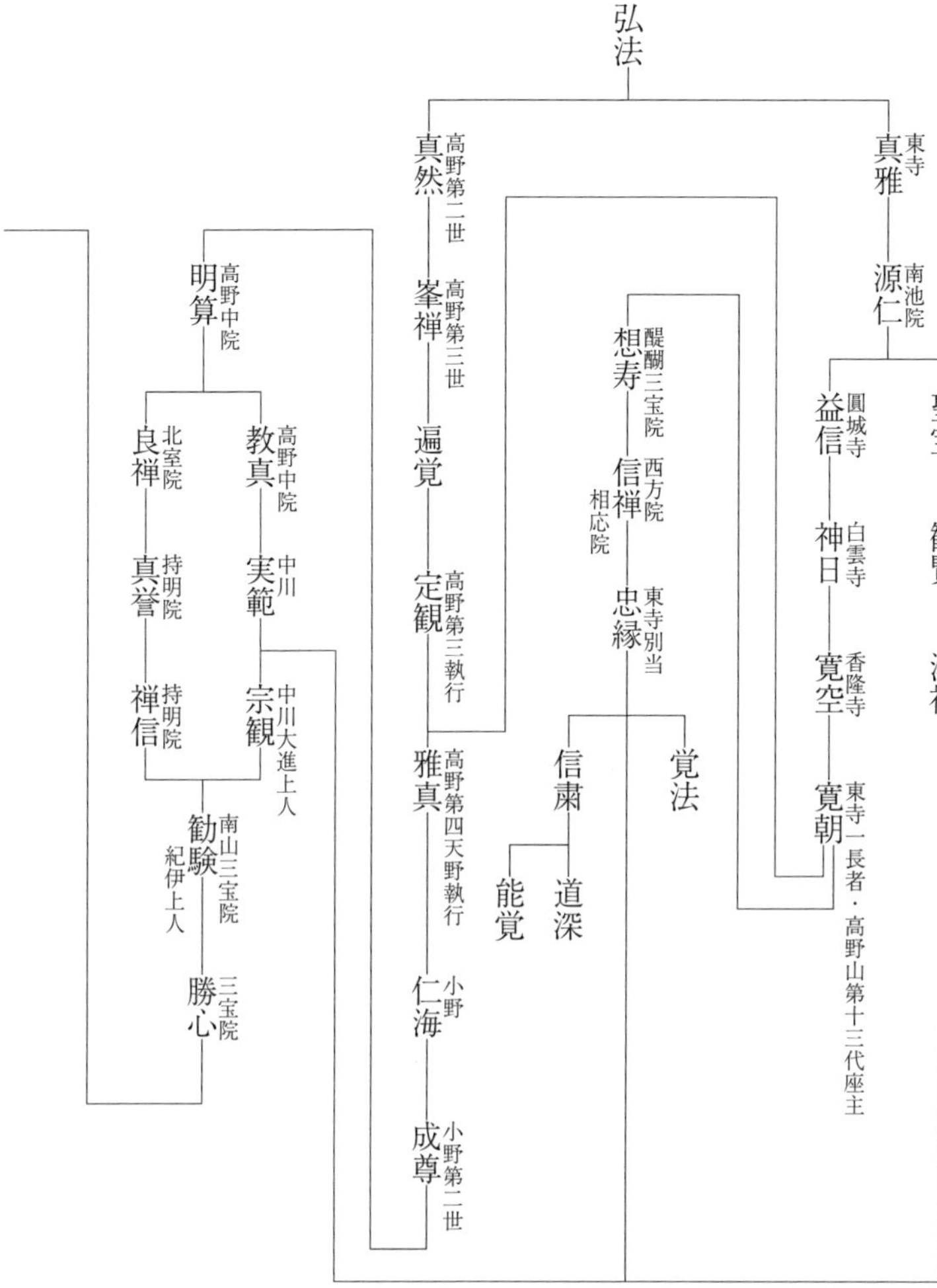

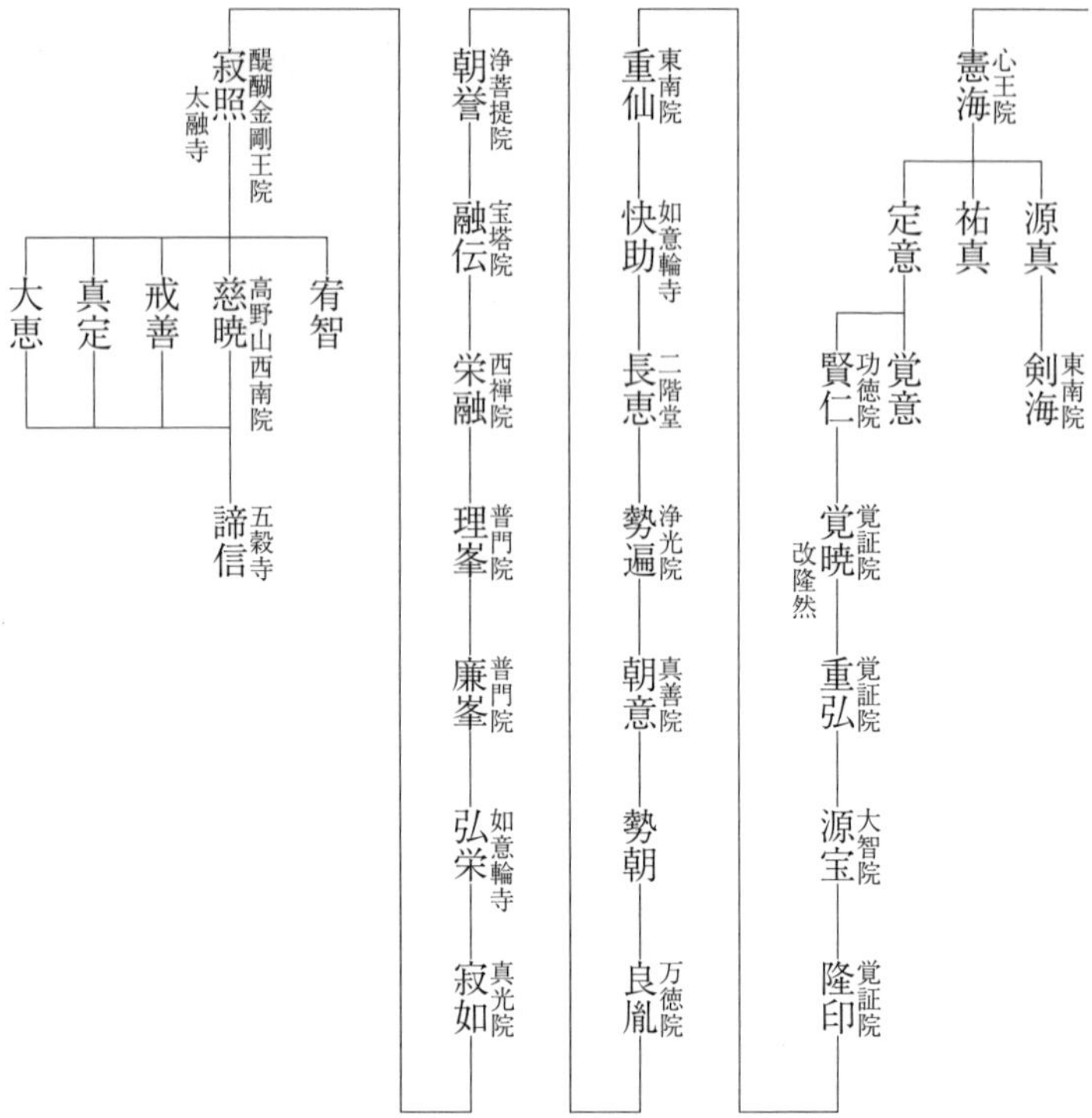

憲海 心王院
源真
祐真
定意
剣海 東南院
覚意
賢仁 功徳院
覚暁 覚証院 改隆然
重弘 覚証院
源宝 大智院
隆印 覚証院
重仙 東南院
快助 如意輪寺
長恵 二階堂
勢遍 浄光院
朝意 真善院
勢朝
良胤 万徳院
朝誉 浄菩提院
融伝 宝塔院
栄融 西禅院
理峯 普門院
廉峯 普門院
弘栄 如意輪寺
寂如 真光院
寂照 醍醐金剛王院 太融寺
宥智
慈暁 高野山西南院
戒善
真定
大恵
諦信 五穀寺

○密教大辞典声明血脈㈭

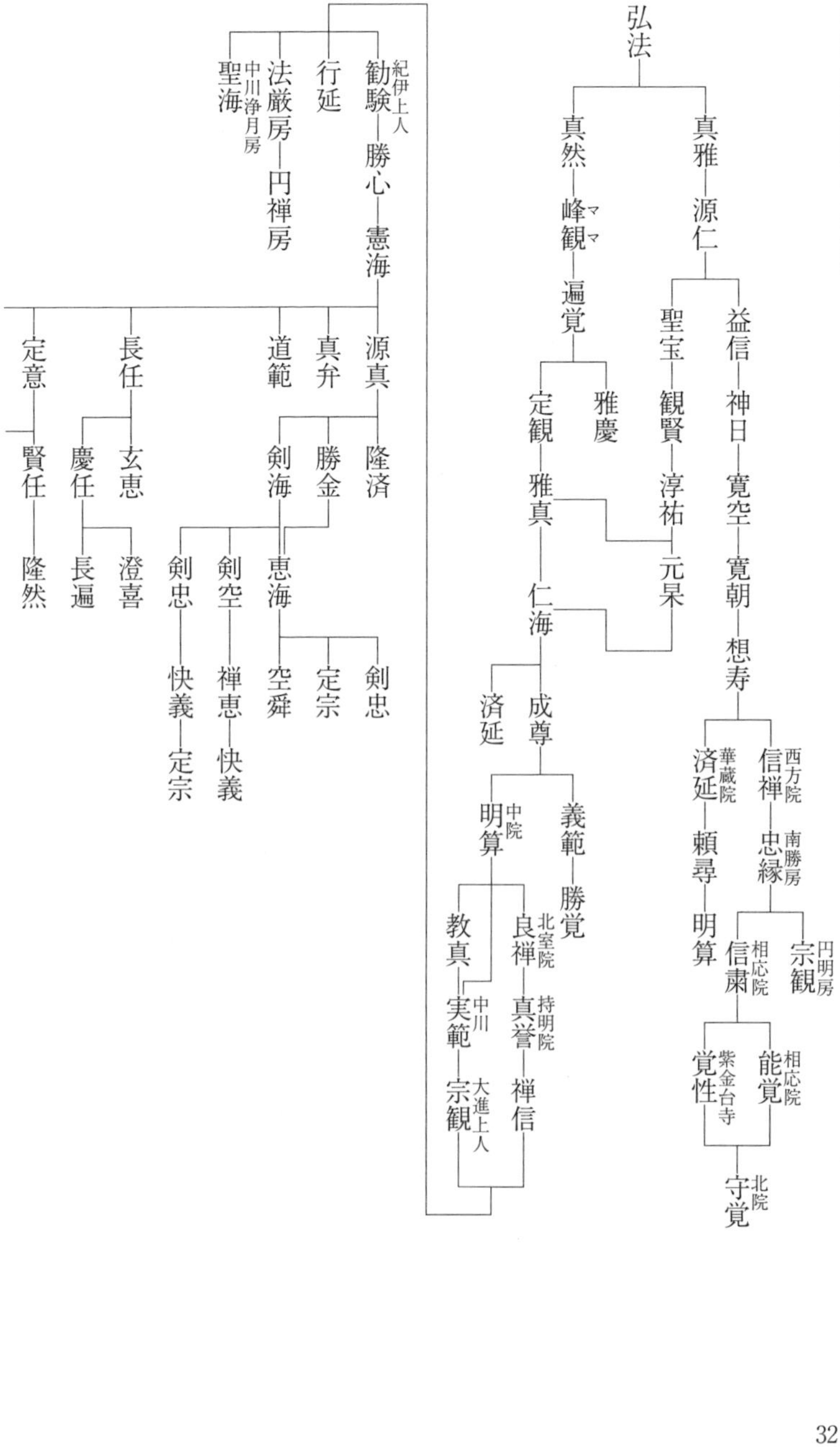
弘法
真雅—源仁
益信—神日—寛空—寛朝—想寿
西方院 信禅—南勝房 忠縁
円明房 宗観
相応院 信粛
相応院 能覚
紫金台寺 覚性
北院 守覚
華蔵院 済延—頼尋—明算
聖宝—観賢—淳祐—元杲
真然—峰観（ママ）—遍覚
雅慶
定観—雅真—仁海
成尊
済延
義範—勝覚
中院 明算
北室院 良禅—持明院 真誉—禅信
教真—中川 実範—大進上人 宗観
紀伊上人 勧験—勝心—憲海
行延
法厳房—円禅房
中川浄月房 聖海
源真—隆済
真弁
道範
勝金
剣海
恵海
剣空—禅恵—快義
剣忠—快義—定宗
剣忠
定宗
空舜
長任
玄恵
慶任
澄喜
長遍
定意—賢任—隆然

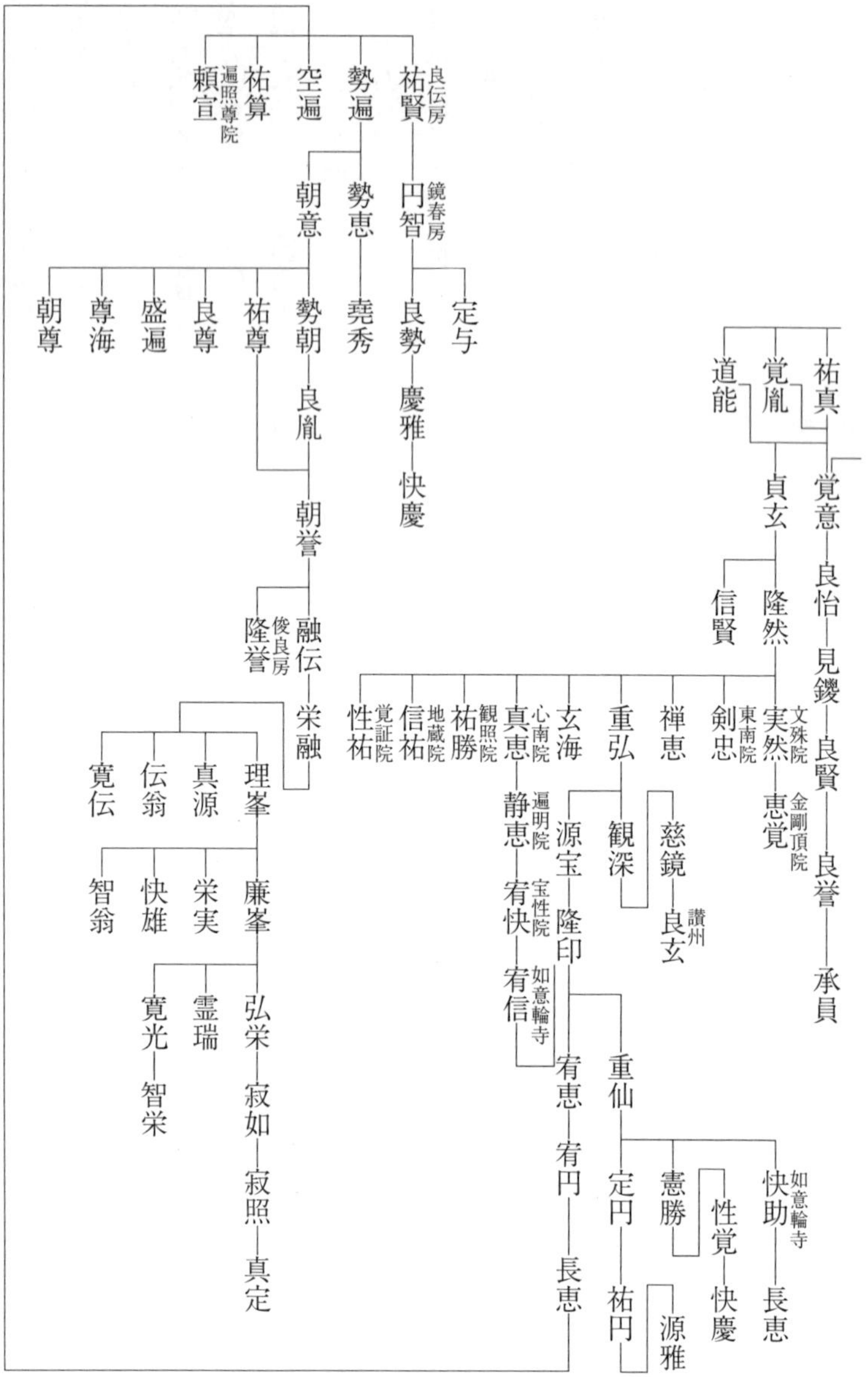

祐真
覚胤
道能
覚意
良怡
見鍐
良賢
良誉
承員
貞玄
隆然
信賢
実然 文殊院
恵覚 金剛頂院
剣忠 東南院
禅恵
慈鏡
良玄 讃州
重弘
観深
玄海
源宝
隆印
重仙
快助 如意輪寺
長恵
憲勝
性覚
快慶
定円
祐円
源雅
宥恵
宥円
長恵
真恵 心南院
静恵 遍明院
宥快 宝性院
宥信 如意輪寺
祐勝 観照院
信祐 地蔵院
性祐 覚証院
祐賢 良伝房
円智 鏡春房
定与
良勢
慶雅
快慶
勢遍
勢恵
堯秀
朝意
勢朝
良胤
朝誉
融伝
隆誉 俊良房
栄融
祐尊
良尊
盛遍
尊海
朝尊
空遍
祐算
頼宣 遍照尊院
理峯
廉峯
弘栄
寂如
寂照
真定
霊瑞
寛光
智栄
栄実
快雄
智翁
真源
伝翁
寛伝

る故に、桑本真定―鈴木智弁―児玉雪玄の系譜の血脈であることに間違いはないと思われる。また、真定の真の血脈は右記の如く、枝末多種にわたっておらず、常の血脈と同じく、正嫡の系譜のみがしるされていたのであろうと思われる。しかしながら、おそらくは後進のために、自らが授受した血脈に『密宗声明系譜』等を参勘して、付加したものと思われる。

真言宗の声明は、『金剛頂経』『大日経』とともに、南天鉄塔内で龍猛が金剛薩埵から相承したとされる。典拠は不空の『金剛頂経義訣』巻上（大正蔵三九・八〇八b）であり、その中に鉄塔を開扉せし時、塔内で讃の声を聞くと説かれている。その讃の声とは声明であり、龍猛が塔内相承の両部大経とともに真言宗の声明も龍智に伝え、ここに大日―金剛薩埵―龍猛―龍智―金剛智―不空―恵果（『広付法伝』弘全和一、『略付法伝』弘全和一）と相承されるのである。

八祖には付法の八祖と伝持の八祖があり、弘法大師が真言密教の付法の系譜をあらわしたものに二種がある。一は『秘密曼荼羅教付法伝』二巻（『広付法伝』）であり、二は『真言付法伝』（『略付法伝』）である。『広付法伝』は、大日如来、金剛薩埵、龍猛菩薩、龍智菩薩、金剛智三蔵、不空三蔵、恵果阿闍梨と七祖が示されている。『略付法伝』には大日如来、金剛薩埵、龍猛菩薩、龍智菩薩、金剛智三蔵、不空三蔵、恵果阿闍梨の七祖の他に、善無畏三蔵、一行阿闍梨の二師が付加されている。

付法の八祖は、『広付法伝』の七祖（付法伝は大師の作であるので大師はなく七祖である）に弘法を加えて、大日―金剛薩埵―龍猛―龍智―金剛智―不空―恵果―弘法とする。よく真言密教を付法相承された故に、付法の八祖という。真言密教ではこれを根本の血脈とし、真言宗声明南山進流の八祖相承の血脈も付法の八祖である。

なお、伝持の八祖は、付法の八祖の中より大日、金剛薩埵を除き、『略付法伝』に説く善無畏、一行を加えた七

祖に弘法を加えて、龍猛—龍智—金剛智—不空—善無畏——一行—恵果—弘法とする。よく真言密教を世間に流伝、護持された故に、伝持の八祖または住持の八祖という。大日、金剛薩埵は直接世間に密教を流伝していないために、伝持の系譜よりこれを除く。

この伝持の八祖を定められたのは、御室の守覚法親王であると伝えられている。

南山進流声明血脈㈧系譜の諸大徳略伝

(1) 大日如来

血脈㈧

梵語はMahāvairocanaであり、摩訶毘盧遮那と音訳する。大日と意訳したのは善無畏とその弟子一行といわれる。付法の第一祖である。

『大日経疏』第一に、毘盧遮那は日の別名で、これに除暗遍明、能成衆務、光無生滅の三をあげ、特に大を加えて大日と称する理由を述べている。

宇宙の真理そのものをあらわすとされる密教の絶対的中心の本尊であり、すべての諸仏諸菩薩はこの如来より出生し、すべての働きもこの如来の徳の顕現である。『大日経』『金剛頂経』は、この大日の徳の現れ方を多くの諸尊との関係において説いた経で、それを図示したのが両部曼荼羅である。

『略付法伝』（弘全和一・五二頁）には、大日如来は普遍常恒に仏の三密を説く秘密曼荼羅教を演説しておられる。しかし、機根が劣っていたり、時期が熟していなかったら、聞くことも、信仰することも、修行することも、弘めることもできない。必ず人と時を待たねばならない。それは、大日から青龍阿闍梨に至る七箇の大阿闍梨であると説く。

(2) 金剛薩埵　　血脈(八)

梵語 Vajrasattva（縛日羅薩埵縛）の音訳であり、付法の第二祖である。

一切衆生の菩提心を尊格化した尊で、その堅固さを金剛にたとえる。

大日が自内証の法門を説く時、対告衆の上首となり、その説法を結集し、南天の鉄塔におさめ、龍猛がこれを開いた。普賢菩薩と同体異名とされ、大日より灌頂を受け五智の金剛杵を与えられたので金剛手菩薩、またの名を執金剛、秘密主とも称される。

『略付法伝』（弘全和一・五三頁）には、大日より灌頂を受け、自ら悟った仏と衆生の三密が平等であるという教えを一切如来に供養し、大日如来にその教えを伝える許可を求めたところ、無量の世界において最上乗者のために世間・出世間の悟りが成就するようつとめよとの教勅があったと説かれている。

(3) 龍猛《りゅうみょう》　　血脈(八)

梵語は Nāgārjuna であり、龍樹、龍勝とも訳される。付法の第三祖であり、伝持の初祖である。

『略付法伝』（弘全和一・五四頁）には、龍猛と龍樹は同一人物で、釈尊滅後八百年にしてこの世に生まれ、齢三

百歳だったとされている。

大乗経典の注釈書を多くあらわし、大乗仏教の基礎を築かれた。そして、その教学は後世の仏教に大きな影響を与え、八宗の祖師、中観派の祖と称され仰がれた。

著書に『大智度論』百巻、『十住毘婆沙論』十七巻、『中論』四巻、『十二門論』、『十八空論』等の二十四種が大蔵経にあるが、偽作もある。

密教では、南天の鉄塔を開いて両部大経（台密では金剛頂経のみで、大日経は塔外）を金剛薩埵から授けられた。

密教関係の著書は、『発菩提心論』『釈摩訶衍論』等、偽作ともされているが、密教では大切な論書である。

(4) 龍智《りゅうち》　血脈(八)

梵語はNāgabodhiであり、龍猛の弟子、金剛智の師匠であり、不空も入竺して師事したと伝えられる。付法の第四祖であり、伝持の第二祖である。

『略付法伝』（弘全和一・五四頁）は、龍智と普賢阿闍梨は同一人物とする（東密は同人説。他に、別人・架空の人物とする説もある）。金剛智、不空に密教を伝える。玄奘も龍猛の七百余歳の長寿の弟子である龍智から、『中論』『百論』等を受学したと述べられている。

(5) 金剛智《こんごうち》　血脈(八)

梵語はVajrabodhi（六七一～七四一）であり、付法の第五祖、伝持の第三祖である。中国密教の初祖とされている。ナーランダ寺で出家し、大乗経典を学ぶ。

『略付法伝』（弘全和一・五五頁）は、三十一歳で南インドに行き、龍樹の弟子で七百歳の龍智に七年間仕え、金剛頂経系の密教、および大乗経典を学ぶと説かれている。

そしてインド、セイロンを巡った後、海路中国に行き、玄宗の援護の下に、洛陽、長安にあって、『略出念誦経』四巻をはじめ主に金剛頂経系の経典、儀軌を翻訳した。

玄宗時代に大日経（善無畏による）の翻訳と金剛頂経系の経典、儀軌の翻訳は中国密教の思想的な大きな柱となった。

不空の奏請により大弘教三蔵の諡号を賜わった。

大日経系の善無畏と金剛頂経系の金剛智が互いにその法流を伝え合ったという伝承（金善互授）もあるが、真実は定かではない。

善無畏と金剛智が経典を翻訳紹介した業績は大きいが、実際に社会に定着させたのは彼らの弟子の一行と不空の功績である。

(6) 不空《ふくう》　血脈㈧

梵語はAmoghavajra（七〇五～七七四）であり、不空金剛と訳す。法諱は智蔵、勅号は大広智三蔵、諡号は大弁正広智不空三蔵である。付法の第六祖、伝持の第四祖である。

金剛智に師事し、金剛頂経系の密教を学んだ。師の滅後、インドに向かいセイロンに達し、ここで龍智に会い金剛頂経系の秘法を授かり、七四六年に、梵本五百部を入手し長安に帰った。

七四九年、再度インドに向かったが病のため中国に留まり翻訳を続けた。密教経典の大部分は不空の翻訳による。

帰朝後、宮中で帝、百官のためにたびたび灌頂を授けたり、請雨、内乱鎮圧等、国家安泰のための祈禱を数々行った。

そして、多年の国家に尽くした功績により、師の金剛智と不空に勅号と官名が授けられた。

『略付法伝』（弘全和一・五七頁）にも、皇帝は不空三蔵を師と仰ぎ、仏法を聴聞した。皇帝は不空三蔵の遷化を心痛し、三日間朝廷を閉じ、哀悼の意をあらわされたと述べられている。

後年、五台山に金閣寺を造営し、密教の道場とし、文殊菩薩信仰を全国に勅旨を以て普及させている。

七七一年、翻訳した密教経軌七十七部百一巻の目録を呈上し、大蔵経編入の勅許を得た（『表制集』三）。付法伝には百五十巻という。

(7) 恵果《けいか》　血脈㈧

青龍寺和尚（七四六〜八〇五）と称され、付法の第七祖で、伝持の第七祖である。

二十歳の時に、不空より密教を授かり伝法阿闍梨となる。二十二歳の時に、善無畏門の玄超より胎蔵法を受く。勅により、宮中の内道場護持僧に任命され諸寺で修法、祈雨等に法験があった。八〇五年、日本留学僧空海のために胎蔵、金剛両部の大法と諸尊法五十法を授け、付法の図画、法具を与えた。

在世中、代宗・徳宗・順宗三帝の尊崇を受け三朝の国師と称された。多くの付法がいるが、中でも義操、空海が正嫡である。義操は青龍寺の法灯を継いで義真、海雲等の弟子を育て、中国密教の中心的人物となった。

『略付法伝』（弘全和一・五九頁）は、「金剛界大悲胎蔵両部の大教は、諸仏の秘蔵、即身成仏の経路なり。普ねく願わくは法界に流伝して、有情を度脱せんことを。（中略）今、日本の沙門空海というものあり。来って秘教を求

む。授くるに両部の秘奥、壇儀、印契をもってし、漢梵、差うことなくことごとく心に受く」と説かれている。

⑻ 弘法　宝亀五年～承和二年（七七四～八三五：平安時代）　血脈㋩㋥㋭㋬

『弘法大師御伝』（弘伝全一・一九二頁）には、大師十号として、真魚《まお》・貴物《とうともの》・神童・無空・教海・如空・空海・弘法大師・遍照金剛・五筆和尚があげられている。

一、真魚とは、『高野大師御広伝』（弘伝全一・二二八頁）に「少時の御名真魚」とあり、幼名である。

二、貴物とは、『御遺告』（弘全和七・二四九頁）に「生年五六の間、夢に常に八葉蓮華の中に居座して諸仏と共に語ると見き也。（中略）父母偏に悲れんで字して貴物と号す」とあり、仏縁あるにより貴物と呼ばれる。

三、神童とは、『弘法大師行化記』（弘伝全二・五九頁）に「公使問民苦使此の児に四大天王随従するを見て下乗礼拝す。此より隣里の人神童と称す」とあり、地方の実情を観察するために派遣された官僚が、八、九歳の頃の大師に四天王が随っているのを見て礼拝したことより、近隣の里の人々が神童と呼ぶ。

四、無空とは、『御遺告』に「近士と成て無空と称す」とあり、近士の時の名である。

五、教海・六、如空とは、『御遺告』に「二十の年に及んで爰に大師石淵の贈僧正召し率いて和泉の国槇尾山寺に発向し此に於いて髻髪を剃除し沙弥の十戒七十二威儀を授け名て教海と称し後改めて如空と称す」とあり、出家得度の名前が教海で後に如空と改めた。

七、空海は、『弘法大師御伝』（弘伝全一・一九一頁）の幼稚奇瑞の條には、「延暦十四年四月九日。東大寺戒壇院に於て具足戒を受く。法諱は空海。御年廿二。師主勤操」とあり、『弘法大師御伝』（弘伝全一・一九三頁）の御名異説の條には、「東大寺戒壇院に於て具足戒を受く。法諱は空海。梵は𑖀𑖦𑖺𑖑𑖪𑖕𑖿𑖨」とある。𑖀𑖦𑖺（mogha）は空、

（samudra）は海である。

八、五筆和尚とは、『高野大師御広伝』（弘伝全一・二三八頁）に長文なので要点のみ記すと、唐宮中に二間の壁があり、王羲之の筆による一間が破損しているのを、唐帝が勅を下し書かしめると、大師は口と左右の手足の五処に五筆を持して書す。主上臣下悉く驚嘆すとあるにより、この称がある。

九、遍照金剛とは、『弘法大師伝』（弘伝全一・六四頁）に「八月上旬亦伝法阿闍梨位の灌頂を受け、遍照金剛の号を得たり」とあり、『御遺告』にも「吾漢号は遍照金剛なり」とある。大師『御請来目録』には、六月上旬、七月上旬、八月上旬の三度の灌頂の投花得仏はすべて大日如来であることより、大日の遍照金剛を大師の金剛号とするとある。

十、弘法大師とは、『日本紀略』後篇（国史大系・二四頁）に「延喜二十一年十月廿七日己卯、故贈大僧正空海に勅諡して、弘法大師と曰う。権大僧都観賢の上表に依て也」と、また『東寺長者補任』巻一（続々群二・四九一頁）の長者権大僧都観賢法務の條に、「十月廿七日、観賢の上表に依て、祖師の諡号を賜う。御入定以後八十六年也」と述べられており、観賢の上表に依り、朝廷から賜わった諡号である。以上が、弘法大師十号である。

弘法大師の声明については、『御請来目録』（弘全和一・九九頁）には、「梵字梵讃間以テ之ヲ学ス」と梵字や梵讃を休む間なく学びましたと述べられている。『性霊集』巻六（弘全和一〇・八六頁）には、「梵曲ハ魚山ノ如ク」とあり、法会の声明は魚山の声明のように美しいとある。加えて、大師が宮中、比叡山の法会に出仕していた記録もあることより、声明を伝え唱えていたことは間違いのないことと思われる。しかし、大師の入唐前後の南都や天台の僧侶が執行した、また大師や諸弟子も共に出仕した法会（『元亨釈書』巻二九〈大日仏全一〇一・四八七頁〉）の声明は、いまだ宗派独自の声明としては成立していなかったといわれる。

また、大師が厳修された灌頂、曼荼羅供、後七日御修法等では大師が請来された真言密教独自の声明が唱えられたと推測されるが、如何なる声明が用いられたか文献に記録がなく、知ることができない。

しかし、『密宗声明系譜』によると、『御請来目録』に載る吉慶九段梵語・十六大菩薩讃・如意輪讃等は大師より高野山に相承されていたのであるが、やや衰えていたので、遍照寺僧正寛朝により伝え弘められたとある。

声明の付法は、『密宗声明系譜』は真然・実恵・智泉・真雅の四人、血脈㈧・㈡・㈭は真雅・真然の二人である。

弘法大師の略歴は左記である。なお、略歴は『弘法大師年譜』（真全三八）を中心に、『御遺告』や多くの『弘法大師伝』を参考にした。

宝亀五年（七七四）六月十五日誕生（宝亀四年説もある。本書第二篇第八章第一節第二項「弘法大師誕生の年月日」を参照）。父は佐伯直田公、母は阿刀氏の出。叔父に阿刀大足がおり、幼少より阿刀大足に学ぶ。

延暦七年（七八八・十五歳）『続日本後紀』巻四（国史大系・三八頁）によると、大足に伴われて上京（長岡京）し、『続日本後紀』、『三教指帰』（弘全和九・一一八頁）には、「二九にして槐市に遊聴す」と延暦十年（七九一）、十八歳で大学明経科に遊学するとある。そして、大学の教育に飽きたらず、人生の真実の道を求め、一沙門より虚空蔵求聞持法を授かり太龍寺、室戸岬、伊予石鎚山で修行する。

延暦十二年（七九三・二十歳）『御遺告』（弘全和七・二五一頁）では、二十の年に、石淵《いわぶち》の勤操《ごんぞう》により和泉国槇尾山寺で出家、教海と称し、如空と改めたとある。他にも得度は十九、二十、二十一、二十二、二十五、三十、三十一歳説と多くある。『続日本後紀』巻四（同）は「年三十一得度す」と、三十一歳で得度としている。

延暦十四年（七九五・二十二歳）『金剛寺文書』（大日本古文書・五―八頁）によれば、延暦十四年四月九日に東大寺戒壇院で元興寺僧泰信律師より具足戒を受け空海と改名したとされるが、今日では疑問視されている。済暹『弘

法大師御入定勘決抄』（弘伝全一・一三九頁）に、「延暦十四年乙亥四月九日を以て、東大寺戒壇に於いて具足戒を受く。法諱は空海」とある。『東大寺別当次第』にも、「延暦十四年四月九日、沙門空海受戒す」と記されている。また、『東寺長者補任』巻一（続々群二・四七〇頁）にも、「延暦十四年四月九日、東大寺戒壇院に於て具足戒を受く、年廿二遺告法諱空海」とある。『贈大僧正空海和上伝記』（弘全和首巻・三九頁）には、延暦二十三年四月九日（三十一歳）、東大寺にて具足戒を受くとある。

延暦十六年（七九七・二十四歳）『三教指帰』をあらわし出家の志しを述べ、仏教が最も優れていることを明らかにする。

延暦二十三年（八〇四・三十一歳）『御遺告』（弘全和七・二五一頁）には延暦二十三年五月十二日入唐とある。『東寺長者補任』巻一（続々群二・四七〇頁）は延暦二十三年五月、『高野大師御広伝』（弘伝全一・二二九頁）は延暦二十三年七月六日としている。『贈大僧正空海和上伝記』（弘伝全一・三七頁）は、延暦二十三年六月に藤原葛野麻呂の遣唐船第一船で咸陽に発し、八月に福州に到り着岸、十月十三日福州の観察使に書を送り、十二月に長安に到着したと記されている。勅により西明寺に住し名徳を訪ねるに青龍寺東塔院の恵果和尚に会い、続いて『御請来目録』（弘全和一・九九頁）によれば、青龍寺の恵果より六月上旬に胎蔵界、七月上旬に金剛界、八月上旬に阿闍梨位の灌頂を受け（小野・広沢により異なる）、密教の正系を継承した。恵果は空海に曼荼羅、法具、密典等を付嘱し、百余部の諸尊法その他を伝授し、延暦二十四年十二月十五日（『性霊集』巻二〈弘全和一〇・三七頁〉）に六十歳で入滅した。空海は門下を代表し墓碑銘を撰した。

『三教指帰』撰述より入唐までの消息は不明で、謎の数年間といわれる。しかし、おそらくは南都諸大寺で仏教の研鑽、山野を跋扈して修行されたのであろうと伝えられている。そして、延暦十五年（七九六）の二十三歳の時

に、大和久米寺で大日経を発見し、この経を理解するために入唐したとされている。

大同元年（八〇六・三十三歳）『高野大師御広伝』（弘伝全一・二三九頁）、『大師御行状集記』（弘伝全一・一六二頁）等は、大同元年八月帰朝説であり、『東寺長者次第』（群類四）・『遺告真然大徳等』（弘全和七・二八三頁）は大同二年八月説である。そして、十月二十二日付で遣唐副使高階遠成に託して『御請来目録』を献上した。伝説では、筑紫観世音寺に滞在したとされている。

大同二年（八〇七・三十四歳）『高野大師御広伝』（弘伝全一・二四二頁）、『大師御行状集記』（弘伝全一・一六三頁）等によると、勅により京都に帰る。

弘仁元年（八一〇・三十七歳）『性霊集』巻四（弘全和一〇・五一頁）の「奉為国家請修法表」によれば、高雄山寺で鎮護国家の仁王経・守護国界主経の修法をせんことを請い許される。『東大寺別当次第』によれば、同年、東大寺別当に補せられる。

弘仁三年（八一二・三十九歳）『高雄山灌頂歴名』によると、十一月十五日に最澄以下四人に金剛界灌頂を、十二月十四日に最澄以下百四十五人に胎蔵灌頂を授ける。

弘仁四年（八一三・四十歳）『高雄山灌頂歴名』によると、三月六日に僧侶五名・沙弥十二名に金剛界灌頂を授ける。五月三十日に諸弟子に三昧耶戒を厳持させる『遺戒』が示され、『弁顕密二教論』も撰述され、教団も組織された。この年代が真言宗開宗とされる。

弘仁七年（八一六・四十三歳）『高野春秋』巻一（大日仏全一三一・七―八頁）の弘仁七年七月八日の條によると、高野山に修禅の一院建立を上表し七月勅許される。

弘仁十三年（八二二・四十九歳）東大寺に灌頂堂の真言院を建立する（『高野春秋』巻一〈大日仏全一三一・一〇

頁〉の弘仁十三年二月十一日の條）。『東大寺縁起』（続群二七上・五二三頁）によれば、南院を建立し真言院と号し、曼荼羅院と名づくとある。

弘仁十四年（八二三・五十歳）『東宝記』第一（続々群一二・二頁）、『御遺告』等には、正月十九日に東寺を給預され、密教の根本道場として教王護国寺と号する（『高野春秋』巻一〈大日仏全一三一・一一頁〉の弘仁十四年正月十九日の條）。

承和元年（八三四・六十一歳）『高野春秋』巻一（大日仏全一三一・一四頁）の承和元年正月の條に、宮中真言院で、毎年正月に真言の修法を上奏して勅許される。後七日御修法の濫觴である。

承和二年（八三五・六十二歳）三月二十一日、高野山で入定（『高野春秋』巻二〈大日仏全一三一・一九頁〉の承和二年三月二十一の條）。『続日本後紀』、『御遺告』、『空海僧都伝』（弘全和首巻・三四頁）には承和二年三月二十一日、年六十二としている。ただ、『続日本後紀』は承和二年三月二十一日で「化去之時年六十三」としており、『贈大僧正空海和上伝記』（弘全和首巻・四〇頁）には承和三年三月二十一日で年六十三としている。

(9) 真雅《しんが》　延暦二十年～元慶三年（八〇一～八七九：平安時代）　**血脈㋩㋥㋭㋬**

『本朝高僧伝』巻七（大日仏全一〇三・一二九頁）によると、姓は佐伯氏、讃州の人、大師の実弟で、延暦二十年（八〇一）生まれとある。貞観元年（八五九）に東寺長者（第四代）となり、貞観六年（八六四）に僧正に補され、貞観十四年（八七二）に貞観寺が落成し開山となり、元慶三年（八七九）正月三日、諸門弟を集め、手に拳印を結び口に密咒を誦し、七十九歳（七十五の説もあり）で遷化と記されている。

実恵・真雅の二師が大師の諸弟子の中でも高弟であったが、東密では真雅僧正を以て正嫡とする。法光大師の謚

号を受ける。

『元亨釈書』巻三（大日仏全一〇一・一七六頁）には、大師の実弟で、九歳の時に京都に入り、大師より密学を受法し、十九歳で具足戒を受ける。また、宮中で三十七尊密咒を唱える声は清美で、帝も感嘆止まることなく愛重されたと記されている。『叡岳要記』等にも、叡山の大法会の記録では定心院供養・摠持院供養で散華（群類二四・五二〇―五二二頁）・讃頭等をつとめたとあり、当時随一の声明の達者であったことは確かであるといえる。

門下は、『密宗声明系譜』、血脈㈧・㈡・㈭によると源仁一人である。

(10) 真然《しんぜん》　延暦二十三年～寛平三年（八〇四～八九一：平安時代）　**血脈㈧㈡㈭**

『本朝高僧伝』巻六四（大日仏全一〇三・八二〇頁）には、姓は佐伯氏、幼児より大師に随侍し密法を学び、真雅に灌頂を受けるとある。大師入定の折に、我高野山を汝に付嘱するとして、鎮護之霊場真言之教場となせと遺告せられた。五十六年間、高野山に在山し伽藍の建築整備に専念した。元慶七年（八八三）に東寺長者（第六代）に任ぜられ、元慶八年（八八四）に寺務を領し、寛平二年（八九〇）に僧正となり、寛平三年（八九一）九月十一日に遷化せられる。世に中院僧正・後僧正と称すると記されている。『諸院家析負輯』三（続真全三四・一四四頁）の龍光院の條に、「第二世後僧正真然」として、天長八年（八三一）、真雅に随い灌頂の職位を受け、承和二年（八三五）正月十五日、大師の付嘱を受け金剛峯寺第二世となる。

『密宗声明系譜』によると、古記によるとして、延暦寺供養の讃頭で上列の時に四智梵語三遍を奏すとある。声明は大師より直接授かる。血脈㈧の真然―峯禅―定観―雅真……は高野山の系統の血脈である。

門下は、『密宗声明系譜』、血脈㈧・㈡・㈭によると峯禅一人である。

(11) 源仁《げんにん》 ?～仁和三年（?～八八七：平安時代）　**血脈㋩㊁㋭㋬**

『本朝高僧伝』巻七（大日仏全一〇三・一三三頁）には、姓は詳らかならずとして、初め南都の護命僧正に法相を学び、後に実恵に密教を受法する。さらに真雅・宗叡について密教の秘奥を受けるにより、益信・聖宝の二師を輩出する因となると記されている。つまり、実恵・真雅・宗叡に師事、特に真雅・宗叡の両伝を相承し、当代随一の法匠として内外の帰依を受けたのであるが、益信・聖宝の二師を輩出し、小野・広沢二流を開くこととなった。元慶二年（八七八）に内供奉となり、仁和の初め少僧都に任ぜられ、東寺二長者となるとある。仁和三年（八八七）十一月二十二日に終わると記されているが、年齢はあげられていない。割注に南都伝は寛平二年（八九〇）歳七十三、東寺補任は寛平二年（八九〇）十二月二十二日卒の二説があげられている。

法流と異なり、声明は真雅の血脈のみ相承している。血脈㋩では付法は益信のみであるが、『密宗声明系譜』、血脈㊁・㋭では、法流と同じく益信・聖宝の付法がある。

真言密教の法流

血脈とは、身体の血脈が留まることなく流れているのにたとえ、密教の法も師から弟子へ脈々と絶えることなく受け継がれ相承されていくのをいう。

もともと、血脈は密教が如何に伝わってきたのかを示すに過ぎなかった。ところが事相が興隆するにつれ、密教を正統な系譜の師匠より授かったという証明書の役を血脈が果たすようになった。

真言密教の究極の目標は即身成仏である。それを実際に体得するには、儀軌、次第等の本だけで理解できても、深秘は師の伝授によらなければならない。声明においても、教則本にあらわれていない口伝・秘事というものが多くある。ここに、師から弟子への伝授が不可欠とされ、師資相承の血脈が重視されるのはこのためである。

源仁は実恵・真雅の二流の法を受け、益信・聖宝にその法を伝えるのであるが、聖宝には大師直伝の真雅の法流を、益信には実恵・真紹・宗叡の台密色の濃い法流を授けた。このことが小野・広沢に大きく分派する要因といわれている。

しかし、栂尾祥雲『秘密仏教史』（二三九—二四九頁）によると、この説は真実なのかどうか再検討を要するといわれている。

つまり、円仁・円珍の台密系の両部不等葉の印信は、広沢流よりも小野流に多く伝わっており、観賢がこの印信を淳祐・一定に与えて以来、小野流はこの両部不等葉の印信を最極秘密として相承している。しかし、この両部不等葉の印信は決して小野流だけではなく、広沢流の寛空が小野の元杲に伝えられたのもこの印信といわれ、広沢流にも相承されている。したがって、源仁が益信に宗叡の台密色の濃い法流を授けたのが、小野・広沢の二流に分かれた要因との説は早急に信ずることができないと主張されている。

むしろ、分派にはいろいろな原因があるといわれているが、教義上の争いや法流上の内容にあるのではなく、大きく二をあげられている。一は、平安中期より末期にかけて、御室仁和寺を中心とする洛西派と、醍醐寺を中心とする洛東派の勢力の対立によって分派をなした。二は、どのように修法すると如実に法験をあらわすことができるか、効験のある儀軌・次第・口訣を尊び、相伝する間に、異説が生じ分派していった。

そして、小野・広沢二流が成立し相対立するようになると、修法の上から見ると、小野は『請雨経』、広沢は『孔雀経』により雨を祈り、両部灌頂においても小野は初金後胎、広沢は初胎後金を主とするようになってきたと述べられている。しかし、『請雨経』『孔雀経』にしても、初金後胎・初胎後金の灌頂次第にしても、決して小野・広沢いずれかに限ることではなく、これらが決して分派の根本要因ではなく、分派した後に、その流派の特質を発

揮せんとした結果であるに過ぎないとしている。

分派の法流は三十六流ある。東密三十六流、あるいは野沢三十六流とも称され、後年さらに分派し三十六流七十余方と呼ばれる。

しかし、高井観海『秘密事相大系』によれば、和田大円大僧正による昭和四年十月の諸法流伝授記念として、諸法流の印信血脈を集大成されたのは百十一方であったといわれている。左記に、『密教大辞典』より「東密相伝各流」の血脈より主要なる祖師を抜粋した。

○東密血脈㋬（『密教大辞典』付録四頁より抽出）

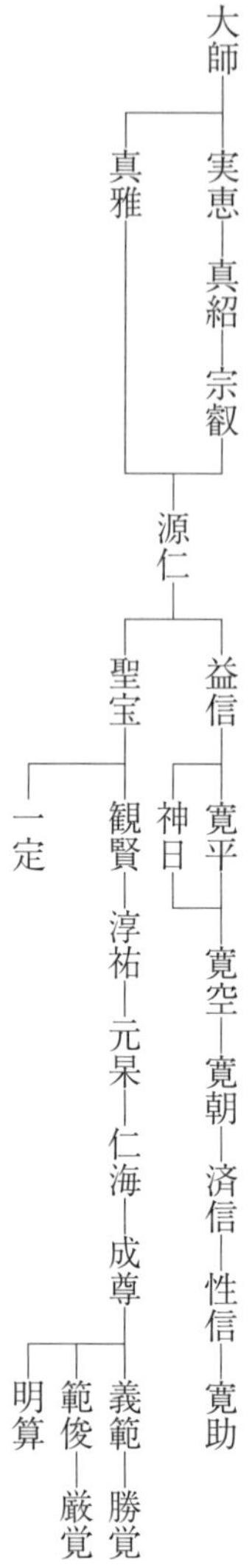

(12)　益信《やくしん》　天長四年～延喜六年（八二七～九〇六：平安時代）　**血脈㋩㋥㋭㋬**

『本朝高僧伝』巻八（大日仏全一〇三・一四二頁）によると、備後の人で、姓は紀氏、石清水開山の行教の実弟としている。初め元興寺明詮に法相を学び、後に灌頂を源仁に受け伝法阿闍梨位を受け、寛平二年（八九〇）東寺長者（第七代）となり、寛平法皇が東寺において伝法灌頂を稟承し、洛東椿峯に伽藍を建て圓城寺と号し益信を住持とせしめ、延喜六年（九〇六）三月七日、春秋八十（七十九の説もあり）で入寂と記されている。これを逆算すると

生年は天長四年（八二七）となる。
広沢流の元祖であり、本覚大師の諡号を受ける。
『密宗声明系譜』、血脈㈧・㈡・㈭によると、声明の付法は白雲寺の神日である。

⒀　神日《じんにち》　生没年不詳（平安時代）　**血脈㈧㈡㈭㈹**

『伝灯広録』巻一（続真全三三・二五五頁）には、洛西愛太子山白雲寺の律師神日と記されている。愛太子山とは愛宕山のことであり、もともとは白雲寺に愛宕権現がまつられ修験の道場として栄えたのであるが、明治の神仏分離により廃寺となった。益信に伝法灌頂を受け、その伝を寛空に授け、水尾玄静より受けし宗叡の伝を法皇に授けた。
『密宗声明系譜』、血脈㈧・㈡・㈭によると、声明の付法は寛空である。

⒁　寛空《かんぐう》　元慶八年～天禄三年（八八四～九七二：平安時代）　**血脈㈧㈡㈭㈹**

『本朝高僧伝』巻四八（大日仏全一〇三・六六一頁）には、姓は文室氏、京兆の人にして、円行・神日・観賢の三大老より灌頂を受け、法皇より重稟、天暦二年（九四八）に東寺長者、天暦四年（九五〇）に金剛峯寺座主、天暦八年（九五四）に大僧都に補され香隆寺法務に任ぜられる。仁寿殿に孔雀経法を修し、大雨あり、爾来之を修すること前後八度とある。『伝灯広録』巻四（続真全三三・二六四頁）には、法皇の侍童で、上品蓮台寺の開山、仁和寺別当とも記されている。また、観賢が大師の禅屈を開く時に、淳祐とともに供奉すと記されている。天禄三年（九七二）二月六日遷化八十九とあり、これを逆算すると生年は元慶八年（八八四）となる。

『密宗声明系譜』、血脈㋩・㋥・㋭によると、声明の門下は寛朝である。

(15)　寛朝《かんじょう》　?〜長徳四年（?〜九九八：平安時代）　**血脈㋩㋥㋭㋬㋠㋷㋸**

『本朝高僧伝』巻四八（大日仏全一〇三・六六八頁）には、吏部尚書敦実親王の第二皇子、宇多上皇の御孫にして、十一歳で上皇の室に入り出家する。天暦二年（九四八）、仁和寺において寛空に灌頂を受け、一定について秘法を受法する。貞元三年（九七八）春に東大寺華厳会、同年秋に延暦寺中堂供養呪願師、永観元年（九八三）に円融寺落慶導師を勤め、永観二年（九八四）大僧正となり、此職は密家の初例とされている。また、永祚元年（九八九）には円融法皇に両部灌頂を授けると記されている。長徳四年（九九八）六月十二日に入寂、春秋六十三と記されている。これを逆算すると生年は承平六年（九三六）となる。ところが、『伝灯広録』巻五（続真全三三・二六八頁）には長徳四年六月十一日（割注で二、三の異り有りとされている）化す、享年八十四（これも割注で六十三ともしている）としている。これを逆算すると生年は延喜十五年（九一五）となる。

『伝灯広録』巻五（同）には、天元四年（九八一）に東寺第十七代長者に補され、永祚元年（九八九）十月二十六日に遍照寺が創建せられ開山となり、広沢の称を樹《た》ち、伝法職位を済信に付して写瓶するとある。『高野春秋』巻四（大日仏全一三一・五六頁）の天元四年（九八一）八月二十日の條に、「寛朝大僧都一長者に至る。及び僧正ならびに座主に補任」とあるが、寛朝は高野山座主次第には載せられていない。

この時代は東寺長者が高野山座主を兼ねていたので、『高野春秋』のような歴史書では東寺長者となりし寛朝を座主と記録しているのである。ところが、『紀伊続風土記』高野山之部・総論（続真全三六・八一頁）の山主次第は第一世弘法から第三百六十三世周存までであるが、十五世までをあげると、第一世大師―第二世真然―第三世寿長

─第四世無空─第五世峯禅─第六世観賢─第七世観宿─第八世済高─第九世峯宿─第十世仲応─第十一世定観─第十二世雅真─第十三世明朝─第十四世成得─第十五世峯杲の次第となっている。この中、東寺長者は真然・観賢・観宿・済高のみであり、峯宿より江戸時代の第三百六十三世周存（高野山金剛峯寺の公式ホームページによれば歴代座主は峯宿より明治時代の三百八十二世の研暢まで）までは、検校次第に則って歴代座主を定めている。すなわち、済高以降の東寺長者は高野山山主としては掲載されていないのである。『高野春秋』巻四（大日仏全一三一・五一頁）の天暦五年（九五一）の條の割注に、「代々の座主は京洛に在り彼山に住すること希なり。この故に山籠器量の僧徒に付嘱して山家の寺務を執行せしむるなり」と記録されている。つまり、高野山では東寺長者の座主兼務を認めていなかったということではなく、東寺長者は高野山に在ることが希なる故に、実体は歴代の検校が一山の諸法会をすべて検校する座主そのものであったので、検校次第をそのまま歴代座主次第としているのであろうと思われる。

なお、『紀伊続風土記』高野山之部・総論（続真全三六・一一〇頁）の学侶僧職掌によると、「寺務は一寺の政務を統領する義。検校は一山の大法会を検校する義。執行は法務政務を執行する義」と述べられている。

声明は主に寛空より受けたのであるが、『密宗声明系譜』には、一律上人に従って音律を究明し中興の誉れありとし、塔内相承といえども、秘讃・乞戒・大阿闍梨声明に点譜する等、醍醐・南山ともに彼の式に従い、その音律を伝え、事実上の真言声明の祖としている。

声明の門下は、『密宗声明系譜』によると想寿・雅慶・仁運の三人であるが、血脈㊇・㊭によると想寿の一人である。血脈㊁は想寿・雅真の二人となっている。

(16) 想寿《そうじゅ》　生没年不詳（平安時代）　**血脈㋩㋥㋭㋠**

『密宗声明血脈』㋩・㋥の想寿の注記に醍醐三宝院とある。しかし、勝覚が醍醐に三宝院を創建したのが永久三年（一一一五）十一月である。想寿門下の忠延が寂されたのが同年の永久三年であり、師の想寿の生没は不詳であるが、普通に師資の年齢から考えると、想寿が三宝院と関わりがあったということはきわめて少ないといえるのではなかろうか。

声明の門下は、『密宗声明系譜』、血脈㋩・㋭によると信禅・済延の二人、血脈㋥は信禅の一人である。

(17) 信禅《しんぜん》　生没年不詳（平安時代）　**血脈㋩㋥㋭㋣㋠**

『密宗声明系譜』『密宗声明血脈』の注記には、西方院とある。

西方院に関しては、『伝灯広録』巻七（続真全三三・二九六頁）の西方院律師真幸の條に、付法一人として祐尊を西方院の二世としているので、真幸が西方院第一世と考えられる。しかし、『仁和寺諸院家記』（群類五九・七三二頁）の西方院の條には、信禅・真幸・祐尊・尊遍・定位・経乗・隆澄の順で収載されており、その中、信禅は割注で声明師なりと注されており、一番最初に載せられている。『仁和寺諸院家記』では、多くは院家の開山が最初に収載されているので、信禅が西方院第一世かとも考えられる。真幸か信禅か、いずれが第一世か明らかではないが、第一位に信禅が載せられていることから考えても、信禅は西方院において創建当初に重要な位置を占めていたことが推察される。

『密宗声明系譜』、血脈㋩・㋥・㋭によると、門下は忠縁である。

(18) 済延《さいえん》　生没年不詳（平安時代）　**血脈㈧㋭㋠**

血脈㈧には済信とあり、注記として花蔵院と記されているが、前述の如く済信は間違いなく済延の誤植である。『伝灯広録』巻五（続真全三三・二七九頁）に、華蔵院ノ僧都とあり、京兆の人で左大弁宰相経頼の子にして、延尋の室に入り伝法灌頂を受くとある。『密宗声明系譜』には、東寺二長者で、常に法服を着して、声明を正しくして、両界の大法を行ぜられる故に、一日で終わることを得ず。此により隔日に行ずとあり、威儀道心堅固なる人であったようである。

声明の門下は、『密宗声明系譜』によると頼尋・行明・寛助の三人、血脈㈧は頼尋の一人である。

(19) 忠縁《ちゅうえん》　生没年不詳（平安時代）　**血脈㈧㈡㋭㋣㋠**

『伝灯広録』巻六（続真全三三・二八四頁）に、仁和相応院の法橋忠縁の伝とあり、字は南勝法橋、魚山音調の師であり、舞楽に対応して鳳声すなわち鳳凰の如き優れた声明をなし妙曲に達し、範公（東寺別当経範）の高足である。『密宗声明系譜』の注記によると、太秦寺の僧で器量無双の故に東寺凡僧別当に任ぜられ、信禅声明の弟子の中で最も秀傑なる者なりと記されている。『仁和寺諸院家記』（群類五九・七〇四頁）の南勝院の條に、遍照寺経範法務の付法、或記に曰わくとして、済暹写瓶、済延入室の弟子とあり、仁和寺南勝院の人であった。

東寺では、『東宝記』第四（続々群一二・八九頁）によると、永久元年（一一一三）十月二十九日、大阿闍梨寛助により、済暹・厳覚等とともに灌頂に出仕している。また、『同記』（続々群一二九・一一六頁）に、康和五年（一一〇三）五月二十六日、金堂において舞楽つきの舎利会を、長者経範の時に別当忠縁が発起して、導師は勝暹、咒願師は済暹、唄師は二人で寛助と厳覚という、当時随一の高僧方により行ぜしめている。

声明は南山進流声明血脈㋩・㋥、『密宗声明系譜』では信禅のみよりの系譜であるが、相応院流声明血脈㋠によると、済延・寛助の資でもある。

声明の門下は、『密宗声明系譜』によると信粛・定観・高野御室・常盤掃部・宗観の五人、血脈㋩は宗観の一人、血脈㋥は覚法・宗観・信粛の三人、血脈㋭は宗観・信粛の二人である。

(20)　頼尋《らいじん》　生没年不詳（平安時代）　**血脈㋩㋭**

『本朝高僧伝』巻五〇（大日仏全一〇三・六八九頁）には、山城州の人で姓詳らかならず、また或記に曰くとして摂津守源満仲の子としている。仁和寺性信親王に従い伝法灌頂を受け、釈王寺を創建し第一世となると記されている。釈王寺については、『密宗声明系譜』の注記に紀州釈王寺あるいは仁和寺の中の釈王寺と二伝あると記されている。しかし、『仁和寺諸院家記』（群類五九・七四一頁）の釈王寺の條に、頼尋一人が収載されており、大御室の付法とされているので、仁和寺院家の釈王寺として間違いはないと思われる。

『密宗声明系譜』、血脈㋩によると、声明の門下は明算である。

(21)　峯禅《ぶぜん》　斉衡元年～延長三年（八五四～九二五：平安時代）　**血脈㋩㋥㋭**

『本朝高僧伝』巻六四（大日仏全一〇三・八二二頁）には、真然より出家し、聖宝に灌頂を受け、大安寺に住すとある。また、高野山は無空離山後に荒廃していたのであるが、峯禅が座主職に補され、復興につとめたと記されている。

『密宗声明系譜』には、高野第三座主（『紀伊続風土記』の山主次第では第一世大師・第二世真然を付加され第五世と

している）とある。『紀伊続風土記』高野山之部・巻九（続真全三八・一〇六四頁）の峯禅の條によると、延喜十六年（九一六）に座主に補され、十九年に職を辞すとある。他に、十八年、あるいは二十年に観賢が登山し大師の廟窟を開きし時に座主職を譲るとの三説ありとされている。また、延長三年（九二五）六月十一日、七十二歳（六十余歳の説もあり）を以て示寂と記されている。これを逆算すると誕生は斉衡元年（八五四）となる。『高野春秋』巻三（大日仏全一三一・四二頁）には、延喜十九年（九一九）己卯春正月の條に「峯禅師座主職を辞退す」とあり、延喜十九年に座主を辞職している。

声明の門下は、『密宗声明系譜』によると遍覚・雅慶・定観の三人であるが、定観は峯禅―定観の血脈と、峯禅―雅慶―定観と雅慶を介している血脈の二がある。血脈㊇は定観の一人、血脈㊁は峯禅―雅慶―定観の血脈であるので雅慶一人、血脈㊭（峯観は峯禅の誤植と思われる）は遍覚の一人である。

(22)　定観《じょうかん》　生没年不詳（九五〇年頃の平安時代）　**血脈㊇㊁㊭**

『諸院家析負輯』三（続真全三四・一四六頁）の龍光院の條に、「第十一世修行定観」として、「或は宜観に作る。聖宝の弟子。観賢の法弟。仁海僧正の法兄なり。若狭講師と称す。天暦四年修行に任ず」と、天暦四年（九五〇）修行に任ぜられるとあるが、修行とは執行のことか。『紀伊続風土記』高野山之部・巻九（続真全三八・一〇六五頁）の定観の條に第十一世別当執行定観とされており、醍醐で元杲より伝法灌頂を受け、天暦四年に別当執行に補されたとある。しかし、『伝灯広録』続巻四（続真全三三・三六四頁）には高野山第七世の別当執行若狭ノ講師とある。『高野春秋』巻四（大日仏全一三一・五一頁）・『密宗声明系譜』には第三執行とある。『密教大辞典』も初代の検校を峯宿として、峯宿―仲応―定観の次第としているので、定観は第三代となる。

講師とは、実恵の上奏により諸国に真言講堂を建て、道心堅固で優れた学侶を派遣し説法談義し、緇素すなわち出家者と在家者を教化せしめたのをいう。

声明の門下としては、『密宗声明系譜』、血脈㈧・㈡・㈭によると、雅真である。

(23) 雅真《がしん》　?～長保元年（?～九九九：平安時代）　**血脈㈧㈡㈭**

『伝灯広録』続巻三（続真全三三・三五九頁）には、高野山第九世座主天野検校和泉講師雅真とあり、姓国を記せずとして、天暦年中に淳祐の付法真頼に伝法灌頂を受けるとある。石山寺に在り、紫式部に和歌の伝を得て、和歌の達者となり、和歌の総講師と称された。詔して和泉国の講師と為すとある。『高野春秋』巻四（大日仏全一三一・五二頁）の天暦六年（九五二）秋七月の條に、「座主より和泉講師雅真を金剛峯寺執行職に招く」とあり、座主寛空が雅真を金剛峯寺執行に招いたと記されている。永観元年（九八三）三月の條には、「雅真僧都検校職に任ず。是は寛空僧正の遺奏によってなり」と記されている。また、長保元年（九九九）三月二十一日の條には、天野検校雅真師入寂と記されており、四十七年間の在山中には奥院御廟を再興、明神社を創建、大塔修理等の、伽藍等の整備復興に尽力された記事が多く収載されている。

『紀伊続風土記』高野山之部・巻九（続真全三八・一〇六五）の雅真の條には、永観元年（九八三）検校に補され、和泉の講師と号され、奥院廟塔を改造し、高野山の麓の天野山王院を建立すとある。

『諸院家析負輯』三（続真全三四・一四六―一四七頁）の龍光院の條には、「第十二世検校雅真」として、「永観元年始て山家検校に補せられる。是れ則ち金剛峯寺検校補任の初めなり」と、永観元年に雅真が検校に補せられたのが金剛峯寺検校補任の初例とされている。

『密宗声明系譜』によると、声明は定観と淳祐の二人から受けている。血脈㋩は定観から受けている。血脈㋥は寛朝と定観から受けている。血脈㋭は、声明は定観と淳祐の二人から受けている。いずれの血脈においても、付法は仁海である。

(24) 仁海《にんがい》　?～永承元年（?～一〇四六：平安時代）　血脈㋩㋥㋭㋬

『本朝高僧伝』巻四九（大日仏全一〇三・六七七頁）によると、泉州宮道氏の子で、七歳の時に高野山に登り雅真に師事、元杲に伝法灌頂を受け、小野曼荼羅寺を開山する。寛仁二年（一〇一八）に勅により神泉苑において請雨経法を修し雨を降らす。その前後に九度雨を祈り法験があり、雨ノ僧正とも称された。永承元年（一〇四六）五月十六日に九十二歳（これを逆算すると生年は天暦九年、『東寺長者補任』巻一〈続々群二・五一七頁〉には九十三歳卒とある）で遷化、密灌伝法の弟子は成尊・成典・性信等二十三人と記されている。『伝灯広録』続巻五（続真全三三・三六七頁）には、一夕に亡母が牛になりし夢を見る、その牛を探し飼うも、しばらくしてから倒れ死ぬ、故に悲嘆哀憐して、その皮をはぎ両部曼荼羅を図画して安置する。したがって、名づけて曼荼羅寺と号すとある。小野流の始祖であり、東寺第二十二代長者、小野僧正と称された。なお、遷化の年月日と年齢については、『伝灯広録』続巻五（同）には、永承元年五月十六日、歳九十六遷化とある。これを逆算すると生年は天暦五年（九五一）である。『高野春秋』巻五（大日仏全一三一・七〇頁）の長久三年（一〇四二）五月の條に、「座主仁海僧正牛車の宣旨を蒙り封戸を賜う」と、これは十三日の祈雨の効験によるなりとしている。また、九月二十六日の條には、「仁海師一長者及び金剛峯寺座主に至る」とあり、その割注に以前にすでに（長久三年五月の條等に）座主という、余寺の座主かと疑問を呈している。この高野座主に関しては寛朝の項に述べた如くであり、仁海は金剛峯寺歴代座主次第に

は載せられていない。

『密宗声明系譜』によると、声明は雅真と元杲の二人から受け、付法は成尊・済延の二人である。血脈㈧・㈡は雅真から受け、付法は成尊である。血脈㋭は声明は雅真と元杲の二人から受け、付法は成尊・済延の二人である。

(25) 成尊《せいぞん》　?～承保元年（?～一〇七四：平安時代）　血脈㈧㈡㋭㋬

『本朝高僧伝』巻一一（大日仏全一〇三・一八〇頁）によると、興福寺仁盛威儀師の子で、曼荼羅寺に住し（第二世）、延久元年（一〇六九）東寺長者（第二十八代）となり、承保元年（一〇七四）正月七日、歳六十三（五十九の説もあり）で寂すとしている。『伝灯広録』続巻六（続真全三三・三八〇頁）には、南京の人で興福寺真喜僧正の侍童であり、仁海に従って出家し、伝法灌頂を受け、八祖伝来の舎利宝珠を与えられ、曼荼羅寺を付嘱されたと記されている。また、醍醐座主覚源・仁和寺済延の上奏により、雨を祈り効験があり、永承ノ帝（後冷泉天皇）は世澆季なれども金剛乗は地に墜ちず、我が国の宝なりと嘉賞せられたとある。付法は義範・範俊・明快（興福寺大僧正）・明算（高野山中院）・源導（大乗院）等であり、特に義範・範俊は益信・聖宝の獅虎の如しと記されている。また、明算来たって印可灌頂を受け法脈を嗣ぐとある。生年は長和三年（一〇一四）で承保元年正月七日に六十三で寂すとされているが、承保元年六十三歳を逆算すると、長和元年生まれとなる。なお、『本朝高僧伝』は生年を記さず承保元年正月七日、六十三歳遷化としているが、割注で類聚記の伝として五十九歳なりとしている。

『密宗声明系譜』には、高野第二十一ノ座主と注記され、『高野春秋』巻五（大日仏全一三一・七五頁）の延久四年冬十月朔の條には、「権律師成尊一長者に補し座主を兼ぬ」とあり、延久四年（一〇七二）九月に東寺第二十八世長者に補され（『本朝高僧伝』と異なる）、高野山座主を兼務すと記されている。この高野座主に関しては、寛朝の

項に述べた如くであり、成尊は金剛峯寺歴代座主次第には載せられていない。

声明の門下としては、『密宗声明系譜』、血脈㈧・㈡は明算一人であるが、血脈㋭は義範と明算の二人としている。

(26) 明算《めいざん》　?～嘉承元年（?～一一〇六：平安時代）　血脈㈧㈡㋭㋬

『伝灯広録』続巻六（続真全三三・三八二頁）によると、紀州那賀郡神崎の人で、姓は佐藤氏、高野山にて出家し苦修練行、小野の成尊に伝法灌頂、諸尊の儀軌を受け、南山の古法脈である真然相伝の印信秘訣を授受した後、高野山に帰り中院に住し、大法幢をたて秘輪を転ずる、この流を中院流というと記されている。

『密宗声明系譜』には、明算の注記として、「中院流の元祖。南山第十二執行検校。寛治八年三月二十日結縁灌頂乞戒明算大阿寛意也。康和四年三月十六日修結縁大阿明算也」とあり、高野山十二代検校（峯宿を第一代検校とすると）で、寛治八年（一〇九四）の結縁灌頂は寛意（性信法親王の付法で観音院流祖で遍照光院に隠棲）が大阿で明算が乞戒阿闍梨を、康和四年（一一〇二）の結縁灌頂では大阿をつとめている。この記事は『高野春秋』にも見られ、大御室（性信法親王）の遺命なりとしている。

また、『本朝高僧伝』『伝灯広録』、あるいは『紀伊続風土記』も、検校に推挙されたのが寛治四年とされている。しかし、『高野春秋』巻五（大日仏全一三一・七九頁）の寛治三年秋八月日の條に、「阿闍梨維範検校執行職を辞退。明算師徳高く行貴し。故に之を推挙するなり」とあり、寛治三年（一〇八九）秋としている。寛治五年（一〇九一）の正月には明算の発願により金堂修正会を始行、嘉保元年（一〇九四）七月七日昼夜不断理趣三昧を中院大堂において始行、承徳元年（一〇九七）三月十九日奥院拝殿落慶し奥院通夜行道を後格となす、康和二年（一一〇〇）三月二十九日本経蔵（文殊楼と号す）落慶、康和四年（一一〇二）七月七日昼夜不断中曲理趣三昧を金堂におい

て始行、康和五年（一一〇三）十一月二十九日大塔落慶と、これらの他にも高野山興隆の事蹟の記事が多く収載されている。

『高野春秋』巻五（大日仏全一三一・八六頁）の嘉承元年（一一〇六）十一月十一日の条には、「検校明算大徳病患無し。安祥に中院密室に円寂す。門弟子相共に一心院谷の菩提塔の中に殯歛《ママ》す」と、嘉承元年に入寂せられ、弟子が殯歛すなわち御棺を菩提塔に納め安置したと記されている。

『伝灯広録』続巻六（同）に嘉承元年（一一〇六）十一月十一日、歳八十六遷化と記されている。これを逆算すると生年は治安二年（一〇二二）となる。

声明の門下としては、『密宗声明系譜』は良禅・定深・教真・実範の四人であり、血脈㈧・㈡は教真・良禅の二人、血脈㈭は良禅・教真・実範の三人である。

(27) 教真《きょうしん》　?～大治元年（?～一一二六：平安時代）　　血脈㈧㈡㈭

『伝灯広録』続巻六（続真全三三・三八二―三八三頁）に、闍梨名は教真で字は理教、和州阿辺の人とある。また、明算の室に入り、伝法灌頂を受け、中院の灯光を伝え、中川の実範来たりて教真の法脈を伝えると記されている。中院の灯光を伝えるとは、明算の中院流の支流であり、この教真の法脈を今は絶えているのであるが龍光院方という。なお、『密宗声明系譜』には注記として理性房中院とあるが、『諸院家析負輯』三（続真全三四・一五〇頁）の龍光院の條にも第十七世教真として、字は理教房とあるので理教が正かと思われる。

入寂の年月日には二説ある。『伝灯広録』続巻六は天治元年（一一二四）七月十一日、『紀伊続風土記』高野山之部・巻一〇（続真全三九・一一七八頁）は大治元年（一一二六）七月十一日である。『密教大辞典』は天治元年説を

とっているが、『高野春秋』巻六（大日仏全一三一・九一頁）の大治元年秋七月十一日の條に、「阿闍梨教真理教房入寂」とあるので、大治元年が正であろうかと思われる。

声明の門下としては、『密宗声明系譜』、血脈㋭には実範一人であるが、実範は明算の付法ともなっている。血脈㋩・㋥は実範一人である。

(28) 良禅《りょうぜん》　永承三年〜保延五年（一〇四八〜一一三九：平安時代）　血脈㋩㋥㋭

『本朝高僧伝』巻六五（大日仏全一〇三・八二七頁）に、姓は坂上氏、紀州神崎の人で、高野山仁尊の室に入り出家、明算に灌頂を受け、小野の法流を究め、琳賢・行慧・真誉等をはじめ入壇伝法は一千を超えるとある。承徳三年（一〇九九）、検校となるとある。『高野春秋』巻六（大日仏全一三一・八九頁）には、永久三年（一一一五）四月朔日の條に、「中門を再興す。是れ良禅検校の営補なり。供養法事を執行す」と、良禅が中門を再興されたと記されている。他にも多くの堂塔建立の記事が載せられている。天治元年（一一二四）十月二十七日の條には、鳥羽上皇御臨幸の時に奥院拝殿で理趣三昧が修され導師をつとめた良禅に、「法眼に任じ香染衣を賜う。是則ち御導師の寵賞なり」と、導師の恩賞として法眼に叙せられ香衣を賜わったとある。また、長承三年（一一三四）十二月二十三日に検校職を辞しているが、第十六世真誉が忽然と入寂せるにより、保延三年（一一三七）正月十八日に再び検校職に再任されている。保延五年（一一三九）二月二十一日の條に「検校執行良禅北室院に入寂す」と、その割注に行年九十二とある。これを逆算すると生年は永承三年（一〇四八）となる。

『諸院家析負輯』一〇（続真全三五・五九三頁）の北室院の條には、良禅解脱房として、「当院中興明算闍梨の正嫡行明法師の写瓶なり。第十四代の寺務職。又崇徳院大治年中第十七代の検校」と記されている。

声明の門下としては、『密宗声明系譜』、血脈㈧・㈡・㈭によると真誉一人である。

(29)　実範《じちはん》　生没年不詳（平安時代）　**血脈㈧㈡㈭**

『伝灯広録』後巻二一（続真全三三・四九九頁）に、字は蓮光、少将上人と称され、京兆の人で、諫議大夫顕実の四男なりとして、初め興福寺で出家し法相を学び、勧修の門に入り厳覚に灌頂を受ける。後年、中川の地に伽藍を建て成身院と号し、その法流を中川流という。また、仏法は持戒なり、戒は伝授を貴ぶが、我に師承なしと禅定に入ると、定中に唐招提寺より銅筧で清水が中川に通じるのを見る。是れ好相なりと、翌日唐招提寺に赴くと、比丘の姿は見えず荒廃し、坊舎の地は半ば田畑となり、牛を鞭打ち田を耕す者があった。聞くと、儀相を全くせずといえども、四分戒本を聞き未だ忘れずと言うにより、伝戒を乞い、堂に入り、戒を受ける。よって、中川に帰り、律を講じ羯磨を行ずるにより、戒法再び起こる。後年、光明山（光明山寺。現在の木津川市にあったという）に移り、入寂すると記されている。

『密宗声明系譜』、血脈㈭によると、声明は明算と教真の二人から受け、付法は宗観一人である。血脈㈧・㈡は教真から受け、付法は宗観である。

(30)　真誉《しんよ》　?～保延三年（?～一一三七：平安時代）　**血脈㈧㈡㈭**

『本朝高僧伝』巻一二（大日仏全一〇三・一九六—一九七頁）には、姓は詳らかならずとして、高野山に登り、北室院良禅に師事し灌頂を受ける。後に、仁和寺に入り寛助に受法する。覚鑁（寛助の法弟）が高野山にある時、互いに師資となり請益する。後年、持明院を創建し、持明院流の流祖となる。長承三年（一一三四）に覚鑁の奏上に

より、金剛峯寺・伝法院の両座主に補せられしも、東寺と高野山の僧綱衆徒一百余人が座主職を東寺に復職せんと訴えたがために、朝廷は真誉を検校に任ずると記されている。つまり、この時代は東寺座主が金剛峯寺座主を兼務していたのであるが、その先例を崩したので、東寺と高野山から大きな反発があった。『高野春秋』巻六（大日仏全一三一・九五—九六頁）の長承三年（一一三四）五月八日の条に、覚鑁の計奏により真誉が両座主となるとあるが、その年の十二月二十二日の条には、院宣（鳥羽上皇）により定海僧正の座主職を削り覚鑁が両座主となり、舎弟の信恵を検校に補任した。しかし、保延二年（一一三六）三月二十日の条に、東寺と高野山の憤奏により信恵の執行を廃し、真誉を検校に補すと記されている。

『高野春秋』巻六（大日仏全一三一・九六頁）の保延三年（一一三七）正月朔日の条に、「第十六世検校執行真誉持明房朝拝。十五日忽然羽化去」と、正月朔日に第十六世検校執行真誉が天皇に賀詞を申し上げ、十五日に突然入寂されたと記されている。『諸院家析負輯』一〇（続真全三五・五八二頁）の持明院の条には、真誉大徳として、「保延四戊午年正月十五日了」とあり、『高野春秋』巻六の保延三年と異なる。

声明の門下としては、『密宗声明系譜』、血脈㋩・㋥・㋭によると禅信一人である。

(31)　宗観《しゅうかん》　生没年不詳（平安時代）　　**血脈㋩㋥㋭㋣㋠㋦㋸㋾**

『密宗声明系譜』の注記に、中川大進上人円明房とあり、大師行状略頌を作るとあるが、割注で一伝に自証房の作と記されている。中川実範の高足。実範より小野方の声明を、忠縁より広沢方の声明を受ける。進流とは大進上人の一流ということである。木戸敏郎編『声明』一（一一頁）に「古義真言の声明は南山進流と称しているが、南山は高野山、進流は新流を意味していて、進歩的であることを誇りにしていた」と記されている。これは何を典拠

にしているのか不可解であるが、『声決書』（続真全三〇・二五八頁）には「当流根本祖師進上人実名宗観和州中川住也」と述べられている如く、進流とは大進上人を根本祖師とする流派ということである。宗観には小野・広沢にわたり多くの付法がおり、大山公淳『仏教音楽と声明』（一四一頁）は『真言声明血脈』という一書の中の宗観の付法の血脈をあげているが、久安年中の声明談合の碩徳十五人がすべてその中に含まれている。

『密宗声明系譜』によると、門下に寛験（勧験）・聖海・行延・法厳房の四人がいる。血脈㋩・㋥は勧験一人である。ただし、宗観以外に禅信の付法でもある。血脈㋭は勧験・聖海・行延・法厳房の四人であり、この血脈も禅信よりの相承をあげている。

(32) 禅信《ぜんしん》　?～治承三年（?～一一七九：平安時代）　**血脈㋩㋥㋭**

『紀伊続風土記』高野山之部・巻九（続真全三八・一〇七〇頁）の禅信の條によると、字は義明、真誉に両部灌頂を受け、真誉滅後に持明院に住す。長承三年（一一三四）、覚鑁の奏上により上座となり、仁安三年（一一六八）五月、検校に補せられる。治承三年（一一七九）八月二十三日に年八十で遷化とある。また、『紀伊続風土記』高野山之部・総論（続真全三六・八四頁）の山主次第には第三十二世法橋上人禅信として、嘉応元年（一一六九）に「後白河上皇登臨の時、奥院御法事御導師の賞として法橋に任ぜらる。承安五年（一一七五）、本末の坊人合戦の事によりて阿波国に配流せられ安元二年（一一七六）恩免あり」とある。『諸院家析負輯』一〇（続真全三五・五八二頁）の持明院の條もほぼ同であるが、紀州の人なりとあり、法印禅信の注記として第二十四世検校法橋上人位と記されている。

『密宗声明系譜』、血脈㋩・㋥は勧験一人であり、血脈㋭は勧験・聖海・行延・法厳房の四人である。しかし、い

ずれも宗観の声明も受けている。

(33) 勧験《かんけん》　生没年不詳（平安時代）　**血脈㋩㋥㋭㋣㋠㋦㋸**

『紀伊続風土記』高野山之部・巻一〇（続真全三九・一一八五頁）の寛（勧）験伝の條に、何許の人か詳らかならずとあり、持明院禅信に随侍し事相教相を学び、紀伊上人と称され、宗観の門に入り音律の奥を究めると記され、「大進門下に在て一家を為す。南山進流の声明は験を以て始祖と為す」とあり、勧験を進流の始祖としている。『声決書』（続真全三〇・二五七頁）によると、覚性法親王による声明談合で、進流の主宰者となったと述べられている。なお、『紀伊続風土記』には割注で、あるいは勧験となすとしている。しかし、『密宗声明系譜』は寛験であるが、注記として「一に勧験と為す」と他に観験ともいうとしている。

声明の門下は、『密宗声明系譜』によると寛詮と勝心の二人、血脈㋩・㋥・㋭は勝心の一人である。

(34) 勝心《しょうしん》　生没年不詳（一二〇〇年頃の平安・鎌倉時代）　**血脈㋩㋥㋭㋣㋠**

『紀伊続風土記』高野山之部・巻一〇（続真全三九・一一八五頁）の寛験伝の條で、字は正等房、洛陽の人で、寛験に継いで三宝院に住す。音律を善くし、天福年中検校に補せられる。四条天皇その徳望を賞し権律師を賜う。嘉禎三年（一二三七）、職を辞すと記されている。ところが、『高野春秋』巻八（大日仏全一三一・一四八頁）の貞永元年（一二三二）五月二十一日の條に、「検校忍信成仏房入寂。勝心替補之」と、勝心が検校忍信の入寂により替わりに検校に補せられたとあり、嘉禎三年（一二三七）十二月の條に、「勝心律師検校職を辞退す」と記されている。したがって、勝心が検校に補せられたのは貞永元年であり、嘉禎三年に職を辞されたのである。なお、『諸院

家析負輯』一〇（続真全三五・五八九頁）の三宝院の條によると、勝心は第四十一世検校（峯宿を第一代検校とする）とされ、また、注では「第四十九代検校勝心平等房三宝院」と仮名は異なるが第四十九代検校とされている。『紀伊続風土記』高野山之部・巻九（続真全三八・一〇七三頁）の勝心の條では、第四十九世（大師を第一代とする）山主である。

『声決書』（続真全三〇・二五七―二五八頁）に、「進流の声明その本源を尋れば和州中川寺を本所と為すべしと雖も、当世は高野山を以て進様の本所とす。その由来を尋るに、昔し三宝院の権律師勝心乞書を中川寺に送て曰く。当初益信聖宝の二師、弘法四代の嫡孫にして仁和醍醐の二寺を開て、真言密乗の霊場となさんにより以来た、付法踵を継で利生の益を施す。然るに吾道声明は遍照寺僧正密流の声曲を善くせんより以来た、門葉塵を続き相応院流と名け仁和寺に之を用う。また去る久安年中に仁和寺大聖院に於て声明談合の時、定徧僧正の声明を主さしを醍醐方と名て之を弘む。是則ち皆なその本源を司て後代を利せんが為なり。しかるに高野山いまだ一流司分に預からず。殊に当山は高祖入定の霊峯にして、密乗声明の二種に於ては一流の本源を司て、群生を度すべき憤り有り。然るに密法は昔し中院御房明算当山の密乗に興せしより以来た真言秘法に於て一流の旨之れ有り。声明を司ることいまだ之れ有らず。願くは進上人の声明を以て当山を本所となし、余芳を後世に施して有情の塵垢を清んとなり。然るに中川実範大師の門葉に列て鉄塔の余風を扇しより以来た、彼の寺をも密教の霊場に成る。高祖の恩徳を戴く輩、争か吾山を偏せん。末弟の因（用㋑）法を以て、当山の威徳を増さば、報恩謝徳随一とすべきの由に委細之を書き送るなり是事仁平年中也。于時、中川寺の住持慈業上人進上人之御孫弟子乞書を以て、南北二京密乗の諸寺に送るを、是の事如何。諸寺の勘へに由るべし云云。諸寺の高僧皆な勝心の志意を随喜す。茲に因て慈業上人許諾の返報を高野山に進ず。自余以来た彼の山を進流の本所と為して、弥昌へ弥繁し。広大の化導余流に秀たるものなり。高野声明は尤も勝心の遺徳なり」と、高野山三宝院・勝心が時の中川寺住職・慈業上人に書を送り、仁和寺には相応院流の声明、醍醐に

は醍醐流の声明があるが、高野山には明算を流祖とする法流（中院流）があるが、声明は一流を司ってはいない。願わくは大進上人の声明の本所を高野山に移してほしいと依頼した。慈業上人はただちに京都・奈良の諸大寺に伺いをたて、賛同を得たことにより、高野山に許諾の返報を送ったのである。ここに進流の宗家は、中川寺から高野山に移されたのである。以後、高野山の声明は**南山**（京都から見て高野山は南にあたる）**進流**（大進上人の声明の流派）と呼ばれるようになったのである。

『声決書』では、勝心の慈業上人への乞書は仁平年中（一一五一～一一五四：平安時代）としている。しかし、『仏教音楽と声明』（一四四頁）によると、他に異説もあるが、『風土記』の説をあげ、仁平年中末は嘉禎元年より八十二年古い年代となるので、仁平は何かの誤りであろう。つまり、仁平年中は勝心が検校職にあった嘉禎元年より八十二年前となるので、むしろ勝心が検校に補任された嘉禎元年（一二三五：鎌倉時代）とするのが最も妥当であると主張している。すなわち、勝心が検校となったのが八十二歳とすると、仁平年中末の勝心の年齢が〇歳となる故である。

声明の門下は多く、『密宗声明系譜』によると、松殿法印道弘保寿院・上乗院法印良恵九條殿御子・松殿法印顕覚松殿子勧修寺・六條僧正延杲・円楽寺法印覚紹・西方院法印祐尊・大僧正定豪・大納言法印忠遍・寛俊僧都・道寛僧都・證盛僧都周防・太夫上人・少将僧都任恵・少将僧都実俊・少納言阿闍梨定瑜西方院・大進法印行寛・大納言阿闍梨保寿院・侍従律師経覚・厳海僧都・経厳律師・俊厳律師・覚紹僧都円楽寺・五室法印大納言法印真暁鎌倉・小田原幸蓮房・宣厳律師九條・三河法印行遍菩提院・山籠礼遍聖蓮房・憲海の二十八名があげられている。しかし、血脈㈧・㈡・㈭は憲海一人である。

(35) 憲海《けんかい》　生没年不詳（一二三五年頃の鎌倉・南北朝時代）　**血脈㈧㈡㈭**

『密宗声明系譜』には、字は定蓮房で、初めに醍醐に住し後に高野山の心王院に住す。ある血脈に宗深というが初名かと記されている。勝心に声明を学ぶ。『紀伊続風土記』高野山之部・巻一〇（続真全三九・一一八五頁）の寛験伝の條に憲海の記事が収載されており、心王院憲海は勝心の声明業を継ぐ。また、勝心に次いで三宝院を主さどった源真は、憲海に従い声明業を受ける。他に、東南院の剣海も憲海の声明の資であり、一家すなわち東南院流を為すと記されている。『声決書』（続真全三〇・二五八頁）によると、声明は日域無双の誉れあり、弟子数百人とあり、その中でも上足は了憲・祐真・真弁・道範・源真・長住の六名であり、入滅の時に嫡流の血脈を般若房了憲（初名は定意、龍憲とも龍剣ともいう）に授けたとしている。

声明の門下は、『密宗声明系譜』には、良任検校・唐橋僧正厳海二長者・弁法印宣厳・宰相法印俊厳・二位律師清親八條中将息・金剛幢院真尊僧都・三位阿闍梨唐橋弟子・三河阿闍梨高尾・尊円甲斐国岩泉寺・良覚検校花王院・山籠定意と源真・真弁・道能・覚胤・長任・道範・祐真の十八名の高足があげられており、当代随一の進流声明の大家であったことが窺われる。血脈㈧は龍剣一人、血脈㈡は源真・祐真・定意の三人、血脈㈭は源真・真弁・道範・長任・祐真・覚胤・道能の七人があげられている。

(36) 龍剣《りゅうけん》　生没年不詳（鎌倉・南北朝時代）　**血脈㈧㈡㈭**

『紀伊続風土記』高野山之部・巻四（続真全三七・五七六頁）の般若院の條には、開基は龍剣で字は般若房、文永三年（一二六六）に日輪寺において両部灌頂を弘薗に授けるとある。また、『密宗声明系譜』定意の注記に、後に龍憲と改め道薗の室に入り、観覚の付法なりとしている。『声決書』（続真全三〇・二五八頁）には憲海入滅の時に

嫡流の血脈を般若房一人に相伝するとあり、弟子数百人の中で正嫡であったことが窺える。

なお、龍剣の初名は定意であり、了憲・龍憲・龍剣とも改名されている。吉田寛如『詳解魚山集』解説篇（九八六頁）には、龍剣の龍を漢音で「リョウケン」と読んでいる。

声明の門下は、『密宗声明系譜』には良和・賢任・覚意の三人、血脈㈧は賢任一人、血脈㈡は覚意・賢任の二人である。

(37)　賢任《けんにん》　生没年不詳（鎌倉・南北朝時代）　**血脈㈧㈡㈭**

『密宗声明系譜』賢任の注記に、字は悟蓮房で功徳聚院に住すと記されている。

声明の門下は、『密宗声明系譜』、血脈㈧・㈡は隆然（初名は覚暁である）一人である。

(38)　隆然《りゅうねん》　生没年不詳（一三〇〇年頃の鎌倉・南北朝時代）　**血脈㈧㈡㈭㋾**

『諸院家析負輯』五（続真全三四・二八九頁）の覚証院の條には、字は勇心房、声明の達者であり、正応年中の人とある。

『声決書』（続真全三〇・二五八頁）には、声明道において近代無双の達者とされた。その頃に、東寺から高野山検校修禅院明玄法印が声明の達人を尋ねられたのであるが、覚証院隆然が当山声明の発頭なりと返答されたとある。

『密宗声明系譜』の注記に、初名は覚暁、『声明集略頌』を撰し、暦応四年（一三四一）、八十四歳の時に諸秘讃・乞戒・大阿の声明に墨譜を点譜する。『声実抄』『私案記』は作者不詳とされているが、隆然の編輯という説もある。

声明は賢任に師事、覚証院に住し、隆然の系譜の声明を覚証院方といい、覚証院方祖とされる。

声明の門下は、『密宗声明系譜』によると、祐勝・静融・玄海・良心・厳祐・道憲・明然・寛覚・禅恵・快全・重弘・信祐・性祐・信導・良任・剣覚・性海・祐尊・了算・剣忠・真恵・実然の二十二名があげられている。続けて「韻を習うの徒およそ百人。委付は唯二人なり。謂わく重弘・禅恵なり」とあり、百名の門下があり、その中、声明の後をたくせしは重弘・禅恵とされている。『声決書』（続真全三〇・二五九頁）にも、「隆然の上足数十人の中総持院の禅恵法印後号検校琳円房重弘。是の二人は嫡流の血脈之を付す。隆然入滅の時覚証院を重弘に付嘱す」とあり、上足の中で禅恵・重弘が嫡流の血脈を授けられたとしている。

ところが、血脈㋩の門下は重弘・真恵・玄海であり、覚暁（隆然）―真恵―静恵―宥快―宥信―隆印―重仙―快助―長恵の系譜である。血脈㋥の門下は重弘一人であり、覚暁（隆然）―重弘―源宝―隆印―重仙―快助―長恵として、重弘を正嫡とする系譜をとられている。血脈㋭の門下は実然・剣忠・禅恵・重弘・玄海・真恵・祐勝・信祐・性祐の九人であり、覚暁（隆然）―重弘―源宝と覚暁（隆然）―真恵―静恵―宥快―宥信の二系譜より隆印―宥恵―宥円―長恵と次第している。

南山進流の正系

南山進流には、覚証院方・東南院方・金剛三昧院方（『声決書』続真全三〇・二五九頁）・蓮乗院方（理峯『私鈔略解』続真全三〇・一八四頁）弥勒院流（理峯『私鈔略解』続真全三〇・一九八頁）・西禅院流（『諸院家析負輯』一〇〈続真全三五・六四八頁〉）等、多くの流派が誕生した。

中でも、覚証院方と東南院方が進流を代表する二流であった。その中で現在に伝わるのは覚証院方か東南院方かとの論議がある。平成二十三年の総本山善通寺に於ける声明一流伝授の席あるいは同年の淡路声明研究会の三百会記念研修会でも、受者より、現在に伝わる南山進流は東南院方であると、中川善教前官が直接に伝授されたと聞い

たが、どうなのかとの質問があった。それに対し、左記の如き四の典拠を提示し、五は口頭により、覚証院方を正系とする方が妥当であると答弁させていただいた。

一は、『声決書』（続真全三〇・二五八頁）に「覚証院方の声明を以て進流の嫡流となす」と、進流の嫡流は覚証院方としている。

二は、『寛保魚山集』の序には、成蓮院真源が、「進流の墨譜古今同ならず。又分ちて東南覚証の二家と為す。其の覚証院の流にして五音を点ずるは則ち前に正保慶安の二刻あり。並に皆皆長恵の集録する所にして同本なるものなり」と、進流の正本である『寛保魚山集』の序に、これまた正本である正保・慶安の『魚山集』の点譜は覚証院の流と述べられている。

三は、廉峯『声明聞書』（続真全三〇・二二〇頁）にも、「何ぞ今此の流に般若房博士了憲の博士を本と為すや。答えて云く。般若房隆然の為にはヲヂ師の御房なり。而に当山は覚証院の流を専らにす故なり。重て尋て云く。其の血脈次第云何。答即ち心王院憲海の下に上足六人あり。而に血脈を般若房一人を付嘱すと云々。覚証院隆然は般若房孫弟子と云えり。明鏡なり」と、高野山は覚証院流を専らにすると、また隆然（覚証院流の祖）は般若房（龍剣）の孫弟子と記されている。

四は、大山公淳記「声明講究会の記（五）」（『高野山時報』）に、九方便の「及諸仏子」の「仏」の読み方についてさまざまな論議があり、「その朱註に不入声の読み方もあり、不入声ならばフーシと続く、これ覚証院方弘栄前官の伝である」と、弘栄前官の読み方の伝を述べ、続けて覚証院方弘栄前官の伝と明言されている。この講究会には当時の名だたる声明の大家が殆ど出席せられており、その方々が誰一人としてそれに異を唱える方もいなかったので、弘栄前官が覚証院方だったというのは当時における定説であったのであろうと考えられる。

「声明講究会の記」とは、大正九年七月二十六日より八月四日まで、高野山大師教会講堂において当時の声明の大家が南山進流声明の校合を行った講究会の記録であり、大山公淳によって『高野山時報』誌上で二〇二号～二〇八号・二一〇号の八回にわたって発表された。出席者の名簿は記されていないが、山田覚初・真鍋戒善・高橋円隆・松帆諦円・鈴木智弁、高野山では、宮野宥智・関口慈暁・松橋慈照・遍照光院法性前官・明王院高岡僧正・龍光院加藤法印・本王院長谷川・鎌倉管長等の名前が見られる。

五は、中川善教「南山進流声明概説」（『仏教学論集』）には「覚証院・金剛三昧院・東南院の三派の中、覚証院の流派が盛行して他の二派は漸く影をひそめるに至ったのである」（三八一頁）と記されている。現在に伝わる南山進流は東南院方と伝授されたという中川自身が、覚証院・金剛三昧院・東南院の三派の中で金剛三昧院・東南院の二派は影をひそめ、現在までに相承され残っている流派は覚証院のみと、はっきりと明言されている。

加えて、後日わかったことであるが、弘栄自身の口訣にも、覚証院流が進流の正系であるとの記述が見られる。弘栄『声明呂律秘伝集』（筆者所蔵写本）であり、その巻頭に、「高野山覚証院法印より師資相承して今にいたるあり。彼の院家此の道の正流なり」と記されている。『声明呂律秘伝集』は奥書に如意輪寺左学頭弘栄が文化五年（一八〇八）四月に撰せられ、文久二年（一八六二）宥栄書写、元治元年（一八六四）良天書写とあり、覚証院法印隆然より師資相承してきた覚証院流が、此の道すなわち南山進流声明の正流と断言されている。

したがって、『声決書』の室町時代、『寛保魚山集』『声明聞書』の江戸時代には、その記述に進流の嫡流は覚証院流とされていたこと、また大正時代の「講究会の記」における「覚証院方弘栄前官」という言により、弘栄前官が進流覚証院方の正嫡であり、廉峯―弘栄―寂如―寂照より近年の声明家に伝わる系譜も、進流の正系である覚証院方と考えて間違いはないと思われる。

さらに、寂照『南山進流魚山集仮譜』の序に、「斯の原本は東南院寛光の所製にして、吾師了了庵が仮に用いる所なり。然るに如意輪寺弘栄闍梨の所伝と往々差異無きあたわず。且つ未だ盡さざる所あり。予、慨嘆して年ひさし。是を以て淘汰し魯魚の補、其れ未だ盡さず。以て初学に便す。云爾」と記されている。この序文でもって、この『南山進流魚山集仮譜』を寛光より寂照に伝わる東南院方の声明集と主張されている方もいる。しかし、東南院寛光とあるだけであり、東南院方とは記されていない。『南山進流魚山集仮譜』一本にわたって東南院方という言は一としてないのである。後述の如意輪寺弘栄闍梨とは、如意輪寺方の弘栄ということではなく、如意輪寺住職の弘栄ということである。この記述に比して考えても、東南院寛光とは東南院の住職の寛光ということであり、東南院方の寛光といっているのではないといえる。したがって、この東南院寛光の文言だけでもって寛光を東南院方と決するべきではない。寛光は隆然よりの覚証院方の正嫡である廉峯の声明を受けているのは多くの血脈により間違いのないところであり、覚証院方の血脈に連なる声明家であることに間違いはないといえる。

(39) 重弘《じゅうこう》　?～正平十四年（?～一三五九：鎌倉・南北朝時代）　**血脈㋩㋥㋭㋾**

『諸院家析負輯』五（続真全三四・二八九頁）の覚証院の條には、字は琳円房で声明の達者とある。『密宗声明系譜』の注記に、讃州の人、覚証院に住し、『菁花集』を撰すとある。延元二年（一三三七）十一月十五日、秘讃・乞戒声明を伝える。続いて「丙寅七月七日大阿声明を伝う」とあるが、丙寅であれば元中三年（一三八六）であり、正平十四年（一三五九）九月一日化と記されているので、丙寅はママであり、戊寅すなわち延元三年（一三三八）の誤りかと思われる。

声明の門下は、『密宗声明系譜』には観深・重円・源宝の三人、血脈㋩・㋥は源宝一人、血脈㋭は観深・源宝の

二人である。

(40) 真恵《しんね》　生没年不詳（一三三八年頃の鎌倉・南北朝時代）　**血脈㋩㋭**

『諸院家析負輯』八（続真全三五・四八二頁）の心南院の五世真恵僧都の條に、仁然ならびに玄海の付法とあり、文保二年（一三一八）に仁然大徳が本院を付嘱、姓氏寂日を欠くとある。『密宗声明系譜』の注記に、延元三年（一三三八）四月二十一日に秘讃等を受けると記されている。

声明の門下は、血脈㋩・㋭は静恵一人である。

(41) 玄海《げんかい》　文永四年～貞和三年（一二六七～一三四七：鎌倉・南北朝時代）　**血脈㋩㋭**

『紀伊続風土記』高野山之部・巻一〇（続真全三九・一二〇二頁）の玄海伝の條に、字は真乗（安流別記には信照）、姓は高志氏王仁公の末胤で行基菩薩の遠甥で、泉州大鳥郡の生まれであり、十三歳で高野山に登り、十七歳で釈迦文院幸明に従って出家、十九歳の時に宝性院宥性がその器宇を見て院席を譲るとしている。願行上人に従い小野伝法職位を受け、瓊算に伝法灌頂を、聖然に三論を、玄範に法相を、信玄に天台を、凝然に華厳を、信日に自宗を学び、野沢諸流を明師に従い究めるとある。後醍醐天皇の帰依を受け、真言秘訣を数度授け、清涼殿において大僧都に任ぜられ、延元元年（一三三六）法印に叙せられ、貞和三年（一三四七）二月十七日、密印を結び秘明を誦し禅定に入る如く遷化、春秋八十一歳と記されている。これを逆算すると生年は文永四年（一二六七）となる。

『諸院家析負輯』八（続真全三五・四九〇頁）の宝性院の條に、法印玄海信照房として、「海師以来中院の正嫡を伝う。是を院家相承と号す」とあり、中院流の正嫡が宝性院に、玄海以降に中院流院家相承として伝えられている

と記されている。

声明の門下は、『密宗声明系譜』、血脈㈧・㈡・㈭は玄海で断絶している。

⑷² 源宝《げんぽう》　元徳元年〜？（一三二九〜？：南北朝・室町時代）　血脈㈧㈡㈭

『密宗声明系譜』の注記に、「大智院に住す。正平十三年四月に秘讃および乞戒を学ぶ。歳三十。同年六月一日大阿声明を伝う」とあるが、正平十三年（一三五八）四月に秘讃・乞戒声明を受け、同年六月にすぐに大阿声明を伝授できたとは考えられない。つまり、大阿声明を伝うとの注記は大阿声明を伝えられるとの意であると考えられる。正平十三年に三十歳であるので、逆算すると生年は元徳元年（一三二九）となる。

声明の門下は、『密宗声明系譜』、血脈㈡・㈭は隆印一人である。血脈㈧は源宝で断絶している。

⑷³ 静恵《じょうえ》　？〜至徳元年（？〜一三八四：南北朝・室町時代）　血脈㈧㈭

血脈㈧の静恵の注記には遍明院としている。『諸院家析負輯』三（続真全三四・一九〇頁）の遍明院の條には、字は善照房で、天授六年（一三八〇）執行代とある。ちなみに、天授六年は南朝の年号であり、北朝は康暦二年である。『紀伊続風土記』高野山之部・巻九（続真全三八・一〇八八頁）の禅恵の條に、「南朝・天授六年（北朝は康暦二年）二月に検校職に補す。執行代静恵（遍明院と割注）（中略）至徳元年九月八日入滅」とあり、天授六年に禅恵が検校となり、執行代は遍明院の静恵とある。ところが、『高野春秋』巻一〇（大日仏全一三一・一三七頁）では、康暦年間には静恵の名前は見当たらない。しかし、応永十七年（一四一〇）二月十八日の條に、「禅恵闍梨検校拝堂を勤む。隆喜師遷化の替りなり。執行代静恵（遍明院住持と割注）」と、『諸院家析負輯』『紀伊続風土記』の検校は

禅恵、執行代は静恵、あるいは静恵は遍明院の住持との記録は同であるが、就任の年代に関しては三十年の差がある。右記の『紀伊続風土記』に禅恵の入滅は至徳元年（一三八四）とあり、応永十七年（一四一〇）にはすでに入滅しているので、天授六年が正と思われる。

したがって、師の真恵の生年（一三二九）と、延元三年（一三三八）秘讃等を受ける等の記事と、静恵の執行代就任の年代（一三八〇）等の記事から考究しても、声明の血脈に連なる静恵と執行代の静恵は、同人と考えても齟齬はないと思われる。

声明の門下は、血脈㈧・㋭は宥快一人である。

(44) 宥快《ゆうかい》　貞和元年〜応永二十三年（一三四五〜一四一六：南北朝・室町時代）　血脈㈧㋭

『伝灯広録』後巻四（続真全三三・五二一頁）には、字は性厳、京兆の人、左少将藤実光の子、高野山に登り宝性院信弘に従って出家し、秘法を受け研鑽する。応安七年（一三七四）、三十の歳に宝性院の師跡を継ぐ。永和三年（一三七七）に安祥寺の興雅をたずね受法し、安祥寺流の正嫡となって安祥寺門主となって、安祥寺・高野山に翱《こう》翔《しょう》して金剛乗を宣転すと記されている。後年、善集院に退閑し、応永二十三年（一四一六）七月十七日、衆徒に懈怠せず勉むべしと遺訓して、大印定に住し、寂然として化されるとある。さらに、「宗家に杲宝頼瑜宥快の三師無くんば則ち秘林の教学殆ど滅なん。三百年来南山の学虎快公に因ら弗るのものなし」と、真言宗において杲宝・頼瑜・宥快の三師が出ざれば東密の教学は殆ど滅していたであろうし、三百年来の南山の教学も宥快によらないものはないとまで主張されている。

『諸院家析負輯』八（続真全三五・四九一頁）の宝性院の條によると、貞和元年（一三四五）誕生、栄智の室に入

り出家、宰相房瑞厳と号し、後に高野山に登り快成法印に従い宥快と名を改め、兼て宝性院信弘に師事すとあり、著作は五百余部、『紀伊続風土記』高野山之部・巻一〇（続真全三九・一二〇六頁）の宥快伝の條にも高野山教導の中興にして、五百年来古義に伝わる教学は宥快の鈔記によらないものはなしとさえ述べられ、真言宗教学史上屈指の学匠とされている。

なお、得度に関しては、『伝灯広録』は「宝性院の信弘に頼りて薙髪す」と信弘に従って得度とあり、『紀伊続風土記』、『諸院家析負輯』は栄智に従って出家とあり相違している。

声明の門下は、血脈㋩・㋭によると宥信一人である。

(45) 宥信《ゆうしん》　康永二年～永享四年（一三四三～一四三二：南北朝・室町時代）　血脈㋩㋭

『紀伊続風土記』高野山之部・巻一〇（続真全三九・一二〇九頁）の宥信伝の條には、字は行厳、常陸国佐竹の人、高野山に登り、宥快に師事し、事相・声明に盛名をはす。宥快より印璽を受け、如意輪寺に住し、応永三十一年（一四二四）検校に補される。永享四年（一四三二）十月五日、九十歳にて滅度すと記されている。これを逆算すると生年は康永二年（一三四三）となる。『紀伊続風土記』高野山之部・巻九（続真全三八・一〇九二頁）の宥信の條も「第百四十六世法印大和尚宥信　応永三十一年検校職に補す」とあるが、『本朝高僧伝』巻一八（大日仏全一〇三・二六四頁）によると享徳三年（一四五四）、検校職を司るとあり、さらに、『高野春秋』巻一一（大日仏全一三一・二四〇頁）の享徳三年十二月三日の條にも「宥信闍梨検校に任ず。（字行厳房。如意輪寺）」と記録されており、『紀伊続風土記』と相違している。

声明の門下は、血脈㋩・㋭によると隆印一人である。

(46) 隆印《りゅういん》　生没年不詳（室町時代頃）　**血脈㋩㋥㋭**

『密宗声明系譜』には、「後に隆法と改む。道慶房。覚証院に住す。文安四年検校に任ず。第百三十五世。年九十余歳。著す所は声明口訣一巻有り」と、隆印は覚証院に住し、後に隆法と改名し、文安四年（一四四七）に第百三十五世検校に任ぜられると記されている。『諸院家析負輯』五（続真全三四・二八九頁）の覚証院の条には「阿州一宮の出生。字は道慶房。応永年中検校百三十五代」とあり、『紀伊続風土記』高野山之部・巻九（続真全三八・一〇九一頁）の隆法の条は「第百四十三世法印大和尚隆法　応永二十四年検校職に補す」とある。『密宗声明系譜』は文安四年（一四四七）に第百三十五世検校に、『諸院家析負輯』は応永年中に第百三十五世検校に、『紀伊続風土記』は応永二十四年（一四一七）に第百四十三世検校に補されるとして、それぞれ相違がある。このことは、大師を第一代とすると第百四十三世、峯宿を第一代検校とすると第百三十五世となる。また、補任の年号は、『高野春秋』巻一〇（大日仏全一三一・二二九頁）によると、応永二十四年時の検校は寛芸であり、『高野春秋』巻一一（大日仏全一三一・二三七頁）には文安四年時が隆法として記録されている。ちなみに、『紀伊続風土記』高野山之部・巻九（続真全三八・一〇八八頁）の寛芸の条には、寛芸の検校補任年時は至徳二年（一三八五）となっている。

声明の師は、『密宗声明系譜』、血脈㋥では源宝より、血脈㋩は宥信より、血脈㋭は宥信・源宝より受けている。

声明の門下は、『密宗声明系譜』には宥恵・重仙、血脈㋩・㋥・㋭によると重仙一人である。

(47) 重仙《じゅうせん》　?～応仁二年（?～一四六八：室町時代）　**血脈㋩㋥㋭**

『密宗声明系譜』には、「俊覚房。血脈に云う。東南院。応永二十二年（一四一五）仙年三十に始め声明集を学び同年七月二十一日より秘讃。同二十五寅申日乞戒等伝習の功訖る」と、重仙は応永二十二年の三十歳より声明集を

学び始め、同年七月二十一日に秘讃、二十五日に乞戒阿闍梨声明を終わると、短期間で二箇ノ秘韻が伝授されたのであるから、声明において余程の器量の持ち主であったことが推察される。

『紀伊続風土記』高野山之部・巻九（続真全三八・一〇九五頁）の重仙の條は「第百六十五世法印大和尚重仙　寛正五年検校職に補す」と、寛正五年（一四六四）、検校に補任とあるが、『高野春秋』巻一一（大日仏全一三一・二四九頁）には重仙の補任の年月日は記されていないが、「明応四乙卯年（一四九五）春正月朔日。第百五十七世検校執行法印大和尚位重仙朝拝（字俊覚房。東南院主。讃州の人なり）」とあり、『密宗声明系譜』には検校に任ぜられたことは注記されていないが、『紀伊続風土記』、『高野春秋』の重仙とは同一人物と考えて間違いはないと思われる。また、『紀伊続風土記』高野山之部・巻九（同）によると、寛正六年（一四六五）四月二十七日、東塔上棟、奥院上葺き供養にて検校重仙が導師を勤むとあり、応仁二年（一四六八）正月七日に入滅すと記されている。

声明の門下は、『密宗声明系譜』には良秀・重宝・快助・定円・性覚であり、血脈㈧・㈡は快助、血脈㈭は快助・憲勝・定円である。

(48)　快助《かいじょ》　?～文明十年（?～一四七八：室町時代）　血脈㈧㈡㈭

『密宗声明系譜』には、「如意輪寺に住す。文安五年（一四四八）二月十六日に秘讃を学び、宝徳四年（一四五二）三月十六日に乞戒を伝う。時年三十七。長禄二年（一四五八）九月十六日遍明院に於て大阿の声明を伝う」とあり、三箇秘韻を授けられたと記されている。『諸院家析負輯』六（続真全三五・三八〇頁）の如意輪寺の條には、字は乗賢房、文明十年（一四七八）七月二日に寂し、東南院重仙より声明の印信を受けるとある。

声明の門下は、『密宗声明系譜』、血脈㈧・㈡・㈭によると長恵一人である。

(49) 長恵《ちょうえ》　長禄二年〜大永四年（一四五八〜一五二四：室町時代）　**血脈㋩㊁㋭**

『密宗声明系譜』には、字は智生房、武州の人で、明王院忠義之資であり、明応五年（一四九六）に『魚山蠆芥集』二巻を編纂、後世の『魚山蠆芥集』の底本となる。永正十四年（一五一七）、再校する。明年冬に無量寿院に移住し、大永四年（一五二四）十一月二日、六十七歳で遷化されたと記されている。

『高野春秋』巻一二（大日仏全一三一・二五八頁）の大永三年（一五二三）十二月十三日の條に、「朝盛師検校に補す。（朝盛字正賢房。明王院主）執行代長恵（智生房。二階堂）」と、遷化の前年の大永三年に執行代に補任されている。

『密教大辞典』、『声明辞典』、岩原諦信『声明の研究』、大山公淳『仏教音楽と声明』、中川善教「南山進流声明概説」（『仏教学論集』）、吉田寛如『詳解魚山集』解説篇のすべてにおいて、長恵が醍醐清浄光院に住し、鎌倉・二階堂の別当として任ぜられ、後に高野山に遁れ一院を建立されたが、当時の人はもとの任地の名で、清浄光院または二階堂と称したと述べられている。

しかし、醍醐に長年にわたり住し、二階堂別当をつとめ、高野山に隠棲して後に、声明を快助より受け、歴史に残る『魚山蠆芥集』を編輯し、多くの門下を育成することができたのであろうか。

『密宗声明系譜』によると、「清浄光院は醍醐に在る。二階堂は鎌倉に在る。醍醐覚雄曽て清浄光院に住す。後に二階堂の別当に任ず。建久二年、世を南山に遁る。往生院谷に住す。時の人本の所住により之を清浄光院と呼ぶ。又二階堂とす。此より一宇に両名を存す。長恵勢遍頴宗龍海日海等皆此の寺に住す。慶長七年壬寅三月二十一日。日海彼の寺を高祖院に摂合して此より亦高祖院を称して二階堂と為すと云う」とあり、『私鈔略解』（続真全三〇・一四六頁）にも同文がある。これらの記事によると、長恵ではなく、醍醐覚雄が清浄光院に住し、鎌倉・二階堂の別当に任ぜられていたとされている。建久二年（一一九一）に高野山に隠棲し、往生院谷に住したが、人はみな元

の住所にちなみ清浄光院あるいは二階堂と呼び、長恵・勢遍等がこの寺に住したと述べられている。そして、慶長七年（一六〇二）には高祖院と併合し、高祖院と称し、二階堂と為すと記されている。この記事には、高野山に隠棲したのが建久二年とされている。長恵であるならば、在世が一四五八年より一五二四年であるので、完全に生まれていないこととなる。

『諸院家析負輯』四（続真全三四・二五一頁）の高祖院の條にも、「権僧正覚雄　二階堂清浄光院。建久二年草建なり。相州雪下にて二階堂有り。下醍醐に於いては清浄光院。当山に於いては一院を称して二階堂清浄光院と云うなり」とあり、高野山に遁れたとは述べられていないが、一院を二階堂清浄光院と称し、権僧正覚雄が建久二年に創建したと記されている。『紀伊続風土記』高野山之部・総論（続真全三六・六五頁）の高祖院の條にも、「大師を本尊とす。故に高祖院という。慶長年間。二階堂清浄光院という院を当院に合す。是より当院を又二階堂とも清浄光院ともいう」と同意が述べられている。また、『紀伊続風土記』高野山之部・巻四（続真全三七・七五二頁）の高祖院の條にも覚雄に関する同文があり、続いて、「開基已来嗣住の龍象多し。中んづく、明応年中、長恵なる者梵唄をよくし、魚山蠆芥集を著し専ら世に行わる」と説かれている。

したがって、醍醐清浄光院に住し鎌倉二階堂別当に任ぜられ、高野山に隠棲したのは長恵ではなく、覚雄である。彼が建久二年（一一九一）に高野山に一院を創建したのであり、それが二階堂清浄光院と呼ばれたのである。後世、長恵がこの寺に住し、声明の興隆に尽くされたので、清浄光院二階堂と称されたというのが、真実であると思われる。

『鎌倉廃寺事典』によると、二階堂とは永福寺《ようふくじ》のことであり、源頼朝が中尊寺二階大堂大長寿院に感嘆し、それを模し、義経、藤原泰衡、数万の怨霊をしずめるため、建久二年（一一九一）に寺の位置を定め、建久三年に工事に着手したとされ、十五世紀の前半まで存在したとあるが、その寺の廃絶と長恵の生年とを考え合わせると、鎌倉

の二階堂に関わりがあったという可能性は全くないといえるであろう。

なお、覚雄が二階堂別当に任ぜられたとされているが、建久二年に高野山に一院を開基し、隠棲したはずの人がその同じ年に、また鎌倉の永福寺二階堂の創建という大事業にも、別当として関わっていたということになり、不可解である。さらに、別当に任ぜられたというのであれば、開創当初に覚雄の名前が当然に見られて然るべきであるが、『鎌倉廃寺事典』には、建久三年（一一九二）の永福寺開堂供養導師は三井寺法務大僧正公顕、建久四年（一一九三）の阿弥陀堂開堂供養導師は前僧正真円、建久五年（一一九四）の薬師堂開堂供養導師は東大寺別当僧正の勝賢、建仁二年（一二〇二）の多宝塔供養は栄西律師と各宗にわたっている。わずかに真言宗では、醍醐寺座主であった勝賢の名が見られるが、別当に任ぜられていたはずの覚雄の名はどこにもなく、真偽の程は不明である。

ちなみに、『伝灯広録』続巻一〇上（続真全三三・四四二頁）によると、醍醐には十四世紀に覚雄という同名の人がいたようである。東寺百二十六代長者・醍醐山六十八世座主・大僧正で地蔵院に住された人である。一部を抜粋すると、「延文五年十二月二十六日詔して醍醐山六十八世の座主に補し、大僧正に叙せらる。継で勅して東寺百二十六代の長者法務と為せり。貞治二年に相州鎌倉二階堂の別当に赴しむ。東関に在ること多年にして醍醐山に帰る。応安二年六月十八日に卒す」とある。延文五年（一三六〇）に醍醐座主に補任され、貞治二年（一三六三）に二階堂別当に任ぜられ、応安二年（一三六九）に入滅されている。この記事にのる覚雄の年代と、『紀伊続風土記』等の建久二年（一一九一）に高野山に隠棲されたという覚雄とは、およそ百七十年の年代差があり、同人とは考えられず、別人と考えて間違いはないと思われる。

声明の師は、『密宗声明系譜』、血脈㈧・㈡は快助、血脈㈭は快助と宥恵である。

声明の門下は、『密宗声明系譜』、血脈㈭は頼宣・勢遍・祐賢・空遍・祐算、血脈㈧・㈡は勢遍一人である。

(50)　勢遍《せいへん》　生没年不詳（室町時代頃）　**血脈㈧㊁㋭**

『密宗声明系譜』には「円深房。二階堂に住す」とあり、『諸院家析負輯』四（続真全三四・二五一頁）の高祖院の條には、長恵法印の次に長算法印（箱根山金剛王院兼持長恵法印弟子）があげられ、続けて「権大僧都勢遍」と僧階と名前のみ記されている。これだけでは長恵か長算かいずれの弟子であったのか不明であるが、声明は血脈よりみて長恵の弟子であったことは間違いないといえる。

声明の門下は、『密宗声明系譜』、血脈㋭では朝意・勢恵、血脈㈧・㊁は朝意一人である。

(51)　朝意《ちょうい》　永正十五年～慶長四年（一五一八～一五九九：室町・安土桃山時代）　**血脈㈧㊁㋭**

『密宗声明系譜』には、「木食順良房。光台院内の真善院の住。大和添上郡横井道一の子なり。慶長四年十月十九化。年八十二」と注記されている。

『諸院家析負輯』二（続真全三四・一三二頁）の光寿院の條に、「木食朝意　当院及び光台院一世」と、つづけて「木食道意　当院及び光台院一世」と同文が記されている。朝意と道意が同じ光台院一世とされており不可解であるが、一世とは開基第一世というのではなく、光寿院と光台院の一代すなわち何世かの住職という意か。

永禄十二年（一五六九）に『魚山蠆芥集』三巻、天正六年（一五七八）に『魚山蠆芥集』三巻の自筆本が、中川善教『展観目録』（昭和三年八月に高野山宝亀院において開かれた高野山内現存の声明本展示会の目録）に見られる。また、長恵の『魚山蠆芥集』を底本として、『声決書』付録の『音律開合名目』と朝意自身の研究成果を付録として付加している。現在の進流声明は朝意の説を本としている。さらに『展観目録』には、『舎利講式』一軸（惣持院蔵）もあり、奥書に「行賢に譲与す順良朝意」とあることから、朝意自筆の『舎利講式』を行賢に授与されたこと

が窺える。また、文禄四年（一五九五）五月には九日間にわけ、秘讃が良尊に伝授されている。その折に自筆の秘讃の折紙が授与されており、それを綴り製本し『秘讃折紙三十三紙目録共　合帖』として、何度も転写され現在に伝えられている。

声明の門下は、『密宗声明系譜』、血脈㋭では良尊・祐尊・盛遍・尊海・朝尊・勢朝、血脈㋩・㋥は勢朝一人である。

(52) 勢朝《せいちょう》　生没年不詳（安土桃山時代頃）　**血脈㋩㋥㋭**

『密宗声明系譜』には、「養賢房。天正十三年乙酉十月十八日秘讃乞戒等を伝うる」とあり、字は養賢房、天正十三年（一五八五）に秘讃乞戒等を伝うとあるのみで、寺院名等は記されていない。

声明の門下は、『密宗声明系譜』、血脈㋩・㋥・㋭によると良胤一人である。

(53) 良胤《りょういん》　？～寛永五年（？～一六二八：安土桃山・江戸時代）　**血脈㋩㋥㋭**

『密宗声明系譜』には、「弘忍房。萬徳院。寛永五年十二月二十一日化。年六十三。無量光院清胤弟子。第百二十二世検校」と、無量光院清胤の付法としているが、声明は血脈よりみると勢朝の弟子である。

『紀伊続風土記』高野山之部・巻九（続真全三八・一一〇九頁）の良胤の條によると、「第二百三十世寺務検校法印良胤（弘忍房。萬徳院）」として、越後の人で、聡明温和にして事教二相を究め、前検校清胤（無量光院）の付法の資、寛永五年十二月、寺務検校に補す。同二十一日入滅と記されている。

声明の門下は、『密宗声明系譜』、血脈㋩・㋥・㋭によると朝誉一人である。

(54) 朝誉《ちょうよ》　?～寛文五年（?～一六六五：江戸時代）　**血脈㋩㋥㋭**

『密宗声明系譜』には、「空遍房。朝印弟子。先に五明院に住し後に浄菩提院に移る。寛文五年八月十九日化」と注記されている。『諸院家析負輯』八（続真全三五・四五九頁）の浄菩提院の條にも朝印直弟なりとあり、殆ど『密宗声明系譜』と全同である。

声明の門下は、『密宗声明系譜』、血脈㋭では隆誉・融伝、血脈㋩・㋥は融伝一人である。

(55) 融伝《ゆうでん》　?～延宝三年（?～一六七五：江戸時代）　**血脈㋩㋥㋭**

『密宗声明系譜』には、「賢俊房。宝塔院に住す。延宝三年乙卯二月十九日化」とある。『諸院家析負輯』一（続真全三四・八五頁）の宝塔院の條には、「阿闍梨融伝　生国金沢谷津村　命日延宝三己《ママ》卯二月十九日」とあり、字は賢俊房で、宝塔院に住し、延宝三年二月十九日遷化と記されている。

声明の門下は、『密宗声明系譜』、血脈㋩・㋥・㋭によると栄融一人である。

(56) 栄融《えいゆう》　寛永十八年～享保十六年（一六四一～一七三一：江戸時代）　**血脈㋩㋥㋭**

『密宗声明系譜』には、「正遍房。俗姓岡本。富岡の人。前に徳厳五智宝塔三院に住し後に西禅院に住す。検校に任ず。第二百七十九世なり。享保辛亥六月二十六日化。歳九十一。富岡は武州久良岐郡に在り」と、字は正遍房で、徳厳院、五智院、宝塔院と転住し、後に西禅院に住し、第二百七十九世検校に補任、享保十六年（一七三一）六月二十六日に九十一歳で遷化とある。これを逆算すると生年は寛永十八年（一六四一）となる。『紀伊続風土記』高野山之部・巻九（続真全三八・一一三二頁）の栄融の條によると、ほぼ同文であるが、八歳にして武州の慶珊寺伝雅

の室に入り剃髪、寛文元年（一六六一）に高野山に登り、事教二相を修練し、徳厳院住職の時に地蔵院長翁に従って庭儀の密灌を受け、元禄十七年（一七〇四）に西禅院に転住し、五智院・宝塔院を兼務すると記されている。なお、『諸院家析負輯』一〇（続真全三五・六四八頁）の徳厳院の條に、第五世栄融として、「后に西禅院に移る」の割注に、「享保三年（一七一八）第二百八十七世検校に進む。治山一年。師声明に能にして西禅院流を立つ」と、南山進流には覚証院・東南院等の諸流があったが、高野山各院の通史である『諸院家析負輯』に西禅院流の呼称が見られるのは、当時の高野山内で普遍していたことを示すものであり、きわめて注目すべきことであるといえる。

『密宗声明系譜』によると、門下は寛伝・理峯・快雄・英明・良弁・智翁・弘範・長観・宥永・快弁・栄実・廉峯・義宝・宣雄・英信・龍剛・弘道・玄雄・宣玉・景鳳・寂円・増三・義鳳・増俊・宥神・秀恵・頼規・長弁・快槃である。血脈㋩・㋥は理峯一人である。血脈㋭は理峯・真源・伝翁・寛伝である。

(57) 理峯《りほう》　延宝五年～宝暦八年（一六七七～一七五八：江戸時代）　**血脈㋩㋥㋭**

『密宗声明系譜』には、「春応房。初の名は伝養長任房。前に高善寿福の二院に住し後に普門院に住す。享保十一年寛伝等九人と同じく栄融に就て三階の秘韻を受く。而して此の師独り青藍の称を得たり」と、先に高善院・寿福院に住し、後に普門院に転住、享保十一年（一七二六）に、寛伝等九人とともに栄融に就いて三階の秘韻を受け、中でも青藍の称を受くとある。続けて相伝の秘曲に精通するを声明師となし、音韻清朗にして調声無窮なるを声明士となし、理峯はその二を兼ねたるものなりとしている。また、元文四年（一七三九）八月、袒遍《ちょうへん》（第三百三世検校法印・無量寿院）が無量寿院において結縁灌頂を行ぜられ、自ら大阿となり、初日・二日・三日は理峯が乞戒師となり、後一日は理峯の資の英明を乞戒師と為すと記されている。『紀伊続風土記』高野山之部・巻九（続真全三

八・一一四三頁）の理峯の條には、「第三百九世寺務検校法印理峯」として、和州五條の人で、俗姓は赤坂氏、十三歳で高野山に登り、高善院長誉の室に入り薙染、伝昌（北室院）を戒師とし、初名は伝養長任房、後に太侃《たいかん》伝璟房と改め、京都・南都に性相を習学し、山に帰り晃朝・寂翁・祐算・快雄等について野沢の法流を窮め、前官栄融には三十年に及んで声明を学び妙曲に達しとあり、宝暦二年（一七五二）十二月に寺務検校に補されると記されている。『諸院家析負輯』四（続真全三四・一二三三頁）の普門院の條によると、宝暦八年（一七五八）五月四日、世算八十二で遷化とある。これを逆算すると生年は延宝五年（一六七七）となる。

『密宗声明系譜』によると、門下は睿智・普照の二名のみで廉峯も欠けている。おそらくは、栄融の弟子の数人と混乱しているのであろうと思われる。血脈㋩・㋥は廉峯一人である。血脈㋭は廉峯・栄実・快雄・智翁である。

(58) 廉峯《れんぽう》　享保四年〜明和九年（一七一九〜一七七二：江戸時代）　**血脈㋩㋥㋭㋻**

『密宗声明系譜』によると、「良任房。高善院。和州五條の人。姓は藤原氏は赤坂」とあり、『諸院家析負輯』四（続真全三四・一二三四頁）の普門院の條によると、理峯法印について薙染受戒、理峯の命により高善院、普門院を継ぎ、声明を師の理峯より受け、その高名は国内に広く及び、如意輪寺弘栄・東南院寛光等は声明の資であり、明和九年（一七七二）七月十四日、五十四歳にて遷化と記されている。これを逆算すると生年は享保四年（一七一九）となる。

宝暦六年（一七五六）に理峯の命を受け『四座講式』『明神講式』を、他に『常楽会法則』を上梓している。著作に『声明聞書』がある。

声明の門下は、『密宗声明系譜』は晨城・霊瑞・実翁・見心・映津・寛光であり、弘栄は寛光の資となっている。

血脈㊇・㊁は弘栄一人であり、血脈㊍は弘栄・霊瑞・寛光である。

(59) 弘栄《こうえい》　延享元年~文政十三年（一七四四~一八三〇：江戸時代）　**血脈㊇㊁㊍㋻**

『密宗声明系譜』には、「定俊房。如意輪寺。阿州の人佐藤氏」とある。『諸院家析負輯』六（続真全三五・三八二頁）の如意輪寺の條には、「中興前寺務検校法印大和尚弘栄」として、字は定俊房で、如意輪寺第三十世、文政十三年八月二十日、八十七歳で示寂としている。これを逆算すると生年は延享元年（一七四四）となる。『紀伊続風土記』高野山之部・巻九（続真全三八・一一六二頁）の弘栄の條によると、第三百四十九世（峯宿を第一世検校とすると第三百四十一世）であり、阿州川田山久宗の人で俗姓は佐藤氏、阿州の医光寺龍昇に剃髪、高野山に登り、如意輪寺弘道に四度加行・密灌・野沢の法流を受け、ことに声明を究め、梅雲院・乗蔵院・功徳聚院・龍花院・南室院を兼ね、天明四年（一七八四）に如意輪寺に転住、文化十三年（一八一六）、寺務検校に補任されると記されている。『密宗声明系譜』によると、寛光の資となっているが、正系は廉峯―弘栄である。門下については、『密宗声明系譜』の上梓は宝暦三年（一七五三）であるので、弘栄以降については記録されていない。

血脈㊇・㊁・㊍によると、声明の門下は寂如一人である。

(60) 寂如《じゃくにょ》　寛政十二年~元治元年（一八〇〇~一八六四：江戸時代）　**血脈㊇㊁㊍㋻**

字は俊亮房で号は了了庵である。血脈の注記に真光院とあるが不明である。岡山一円の真光院と称されている寺院に問い合わせてみたが、寂如と関わりのある寺院はなかった。そこで、資の寂照が住職をされていた倉敷市・東雲院の上西孝道住職にお聞きすると、東雲院は寂如と寂照が住職をされており、山号が南明山、寺号が真光寺であ

るという。したがって、注記の真光院は真光寺の誤植である可能性が高いといえる。また、寂如は東雲院住職より不洗観音寺住職になられたとのことである。

不洗観音寺は、倉敷市の中帯江の風土記編集委員会『中帯江の風土記』の「不洗観音寺のこと」によると、江戸時代の住職が寂智―寂如―寂照と系譜しているとある。宮寺密正住職にお聞きすると、寂如の位牌には、「伝灯大阿闍梨法印寂如　元治元年甲子八月二十八日寂」とあり、倉敷の不洗観音寺と性徳院（寺号は来迎寺）の住職をつとめ、元治元年（一八六四）に入寂せられたとのことである。

次に、性徳院の真鍋義賢住職にお聞きすると、寂如の墓碑の前に寂如塔という碑文があり、それが『倉敷市史』に収録されているということでその原稿をいただいた。要点のみ記すと、諱は寂如、字は俊亮、本姓は三宅氏で備中浅口郡連嶋の人である。観音寺の寂智により剃髪、高野山に登山し如意輪寺弘栄と栄公に長年にわたり学び、魚山および三階秘韻を受け、後に梵唄を以て教化すること数十年に及ぶとある。弘化四年（一八四七）に第二十四世教恵の乞を受け第二十五世住職に就任し、仏殿の毀壊を再建し、元治元年（一八六四）八月二十八日寂、世寿六十五歳と記されている。これを逆算すると生年は寛政十二年（一八〇〇）となる。なお、真鍋住職が大山公淳から聞いた談話も右記の碑文とほぼ同であるが、寂如は高野山に在山していたのであるが、故郷の性徳院本堂を再興すべく高野山から帰山され、百五十五年ほど前（大山公淳存命中より逆算して）に立派に本堂を再建され、性徳院において遷化されたと聞いているとのことである。なお、性徳院の第二十四世より第二十八世の歴代住職の系譜は、『倉敷市史』によると教恵―寂如―寂運―寂潭―寂照である。

声明伝授で常に読誦されている『声明略頌文』は寂如の作である。葦原寂照『大阿並乞戒声明』には書写人の隆然・宥快・寂如・寂照とそれぞれ奥書があり、また高野山大学図書館に岩原諦信寄贈本として和讃・祭文・表白・

講式の写本が多く残されている。

声明の門下は、血脈㋩・㋥・㋭によると寂照一人である。

(61) 葦原寂照《あしはらじゃくしょう》　天保四年〜大正二年（一八三三〜一九一三：江戸・明治・大正時代）　**血脈㋩㋥㋭㋻**

天保四年（一八三三）正月三日、岡山県浅口郡道口村の小川欽三の三男として誕生する。字は真空房で号は摩尼庵である。東雲院において寂如に従って出家得度、四度加行を修し、行願院恵濬に灌頂入壇する。一等寺において旭雅より苾蒭戒を受ける。嘉永四年（一八五一）に寂如より報恩院流の秘旨を、翌年には南山進流三箇秘韻を相承する。爾来、諸師を歴訪し事相の蘊奥を究める。倉敷の東雲院・観音寺・性徳院と大阪太融寺・醍醐金剛王院・醍醐報恩院・高雄山神護寺を歴任する。明治三十七年（一九〇四）六月、京都高等中学名誉教授、同三十八年（一九〇五）九月、真言宗各派聯合大学林事相声明阿闍梨を嘱託せられ、後進の育成につとめられた。明治以降の声明の大家は、殆ど寂照の系譜に連なる方々ばかりであるといえる。大正二年（一九一三）二月十九日、世寿八十一歳を以て寂される。

編輯刊行されたものに、『三宝院流憲深方聖教』『土砂加持法則』『明治改正魚山蠆芥集』『大阿並乞戒声明』『誦経導師作法』『諸祭文』がある。著作としては、『乳味鈔』『声明大意略頌文解』『魚山蠆芥集要覧』がある。

以上、『密教大辞典』を参照する。

声明の門下は、血脈㋩は関口慈暁・釈大恵・真鍋戒善、血脈㋥は宮野宥智・関口慈暁・真鍋戒善・桑本真定・釈大恵、血脈㋭は桑本真定一人である。

(62)　関口慈暁《せきぐちじぎょう》　明治四年～昭和七年（一八七一～一九三二）　**血脈㋩㋥㋻**

明治四年（一八七一）四月二十三日、和歌山市丸ノ内の関口六郎次男として誕生する。恭本上綱に従って出家得度。高野山西南院住職。声明は寂照に師事、南山進流声明を皆伝し、報恩院流も相承した。昭和七年（一九三二）十月十四日、世寿六十二歳を以て遷化される。

以上は、『詳解魚山集』解説篇を参照する。

進流声明の五線譜化を考えられた。『声明教典』の慈暁よりの手紙によると、諦信の声明集の墨譜はその書面を基礎として出発したとある。

付法に岩原諦信・亀位宣雄がいる。

(63)　釈大恵《しゃくだいえ》　慶応元年～昭和十六年（一八六五～一九四一）　**血脈㋩㋥㋻**

慶応元年（一八六五）二月二十六日、広島県芦品郡宜山村字山守に誕生する。岡山県後月郡金剛福寺の釈証覚に入室、出家得度する。井原市文殊院（今は両山寺）住職となる。昭和十六年（一九四一）十二月十五日、世寿七十七歳を以て遷化される。

声明の門下としては、五穀寺岩原諦信・千手院田口真能・金鴨寺徳毛宜観・東福院金尾恵海・東福院金尾英海の五師がいる。

以上は、『詳解魚山集』解説篇を参照する。

東福院金尾英正住職の談では、大恵が東福院に長期にわたり逗留し、昭和三年（一九二八）九月に恵海・英海父子に声明印信血脈が授けられたという。また戦前、京都専門学校で声明の教鞭をとられていた金田元成も、太子堂

白毫寺の金田成雄住職によると、大恵より白毫寺で長年にわたり声明の伝授を受けられていたという。

(64) 真鍋戒善《まなべかいぜん》　明治九年〜昭和三十年（一八七六〜一九五五）　**血脈㈧㈡ⓦ**

泉智等の室に入り、仁和寺で出家得度、灌頂を受ける。事相・教相は主に智等より、後年は岡本慈航にも授法する。号は如意庵である。徳島大日寺第三十六世住職。声明は泉智等・葦原寂照・高野山三宝院直深敬上綱より受ける。昭和四年（一九二九）九月二十五日に泉智等一周忌の供養のために、自筆影印本『御影供表白・大般若法則』を表裏に印刷し一本とした法則を刊行している。以上は、徳島大日寺真鍋俊照住職よりの教示である。

「南山進流声明概説」（『仏教学論集』）によると、三宝院直深敬上綱の正嫡と任じられていたという。

声明の門下は、血脈㈧によると岩原諦信一人である。

(65) 宮野宥智《みやのゆうち》　文久三年〜昭和二十一年（一八六三〜一九四六）　**血脈㈧㈡ⓦ**

高野山西禅院・平等院・最勝院・成蓮院を歴任する。大正十四年（一九二五）に金剛峯寺四百二十五世寺務検校執行法印大和尚位に昇供する。声明は寂照に師事、高野山の法会・法式の故実に精通し、事相・声明を究め後進をよく指導した。『南山進流声明類聚附伽陀』を編纂。著作は、『法会行軌撮要』『受戒所作大綱』等がある。

以上は、『詳解魚山集』解説篇を参照する。

「南山進流声明概説」（『仏教学論集』）によると、昭和二十一年（一九四六）二月十七日に遷化されている。付法に大山公淳がいる。

(66) 岩原諦信《いわはらたいしん》　明治十六年～昭和四十年（一八八三～一九六五）　**血脈㋩㋥㋻**

明治十六年（一八八三）一月一日、岡山県勝田郡の岸川槇太郎の次男として誕生する。岡山五穀寺岩原諦応住職の養子として入籍し、高野山大学に進み、諸法流を密門宥範・法性宥鑁・鎌田観応・森田龍僊・松永昇道・泉智等から受ける。南山進流声明は関口慈暁に十一年間学び、他にも桑本真定・真鍋戒善・鈴木智弁・釈大恵よりも相伝する。高野山大学教授として、また各地で事相・声明の伝授を行い、後進の指導につとめられた。昭和四十年（一九六五）三月二十九日に、世寿八十四歳を以て遷化されている。

著作は、『南山進流声明の研究』『南山進流声明教典』『真言宗諸法会作法解説』『中院流三宝院流伝法灌頂教授手鏡』があり、編輯刊行されたものに、『昭和改板　魚山蠆芥集』『四座講式並大師明神両講式』『便蒙真言檀用教典』等、多数がある。

以上は、『詳解魚山集』解説篇を参照する。

また、自身の手記によれば、進流声明録音テープをおよそ八十六曲収録している。

声明の門下は、血脈㋩によると吉田寛如一人である。

(67) 吉田寛如《よしだかんにょ》　大正元年～平成十九年（一九一二～二〇〇七）　**血脈㋩㋻**

大正元年（一九一二）十月三日、鳴門市の吉田晋一の長男として誕生する。字は慈峯、号は菩提珠である。正興寺亮然より出家得度、高野山高岡隆心より四度加行・苾蒭戒・灌頂を受ける。昭和八年（一九三三）、正興寺住職に就任する。善通寺専修学院教授・大覚寺伝灯学院講師等をつとめられ、また各地に事相・声明の伝授を請われ、後進の指導に尽力された。

声明は諦信に学び、声明の五線譜化につとめるとともにその遺詠を守った。また他に宮野宥智よりも声明を受けている。著作に、『南山進流常用声明集』『南山進流祭文集』『中院流理趣経法撮要』『盂蘭盆会施餓鬼法則』『大般若会法則』『南山進流声明大事典』等、他にも多数がある。また、ＣＤ『南山進流声明全集』を発行している。「刊行にあたって」という序文によると、ＣＤ盤四十枚、収録曲三百七十二曲にわたると述べられており、南山進流声明のすべてを網羅しているといっても過言ではないほどの、未曽有の鴻業であるといえよう。

以上は、『詳解魚山集』解説篇を参照する。

平成十九年（二〇〇七）四月二十四日、世寿九十四歳を以て遷化される。

付法は、印信授与者が合計九十五名を数え、筆者も門下に連なる一人である。

南山進流声明血脈 ㈧ 系譜外の諸大徳略伝

(1) 覚法《かくほう》　寛治五年〜仁平三年（一〇九一〜一一五三：平安時代）　**血脈㊁㋣㋠㋷**

『伝灯広録』巻八上（続真全三三・三二三頁）に、初名は行真、承保帝の第四の子すなわち白河天皇第四皇子であり、長兄覚行法親王の室に入り、長治元年（一一〇四）、十四歳にて出家、覚行が薨られると勅により寛助に師事し密教を修学し、天仁二年（一一〇九）、観音院において伝法灌頂を受ける。また、範俊より小野流の極秘も皆伝

する。大治四年（一一二九）、白河上皇崩御せられるや高野山光台院を創建し、服喪せられるにより高野御室と称せられる。帝と国のために数多く祈り霊験があった。事相を究め、仁和御流の流祖である。

声明は、『密宗声明系譜』によると、寛助より受け、門下は能覚・覚性の二人である。血脈㋥は忠縁よりの相伝であるが、付法は掲載されていない。

(2) 能覚《のうかく》　永久五年～寿永元年（一一一七～一一八二：平安時代）　血脈㋥㋭㋣㋠

『密宗声明系譜』には、治部卿大納言能俊の子で、治部卿法印と称される。久安三年（一一四七）に仁和寺観音院において覚性法親王灌頂の時に讃頭をつとむとある。『仁和寺諸院家記』（群類五九・七一一頁）相応院の條の第一番目にも同文があり、本名は覚尊、世豪法印付法、遍照寺別当、寿永元年五月十二日入滅、六十六と記されている。また、覚性法親王の主宰による声明談合で、乱立していた声明各派を四派にちぢめられたが、その中で、新相応院流の主宰者となった。

声明は、『密宗声明系譜』によると、覚法・信粛より受け、付法は守覚（北院御室）・尊遍（西方院僧都）・観験（紀伊上人）・勝心阿闍梨・覚兼阿闍梨・永幸阿闍梨（宰相法橋）の六人である。血脈㋥は信粛より受け付法は記されていない。血脈㋭は信粛より受け付法は守覚である。

(3) 覚性《かくしょう》　大治四年～嘉応元年（一一二九～一一六九：平安時代）　血脈㋭㋣㋠

『本朝高僧伝』巻五三（大日仏全一〇三・七〇九頁）によると、鳥羽天皇第五皇子で、七歳で仁和寺覚法親王の室に入り、十二歳で剃髪、続いて東大寺戒壇院にて具足戒を受ける。久安三年（一一四七）、覚法に伝法灌頂を受け、

仁平三年（一一五三）、仁和寺を主さどる。仁安二年（一一六七）、総法務に任ぜられる。後年、洛北の紫金台寺に住すが故に、人は紫金台寺御室と称す。醍醐寺勝賢を招き、密乗を受ける。親王は勝賢に慇懃に接する故、その篤情を感じ、すべてを伝える。その口訣により『野月新鈔』を編作する。嘉応元年（一一六九）十二月十一日寂、寿算四十一と記されている。『伝灯広録』巻八上（続真全三三・三一七頁）には、仁和寺の第五世、大治四年に生まれ、十月二十二日親王と為る。木筆にてよく梵字を書し、東寺大塔の両界金泥曼荼羅の種子を書せられる。また、泉殿御室とも称され、付法は実任・仁性・守覚・元性の四人と述べられている。

門下に守覚がいる。声明相応院流の巨匠。

『声決書』（続真全三〇・二五七頁）では覚性は諸流の声明が乱立しているのに心をいためられ、久安年中（一一四五〜一一五一：平安時代）に仁和寺大聖院に諸流の声明の碩徳十五人を集め、七十三日間声明を校合し、本相応院流、新相応院流、醍醐流、進流の四派にまとめられた。そして、本相応院流は仁和寺菩提院が宗家で覚性、新相応院流は仁和寺西方院が宗家で能覚、醍醐流は醍醐寺が宗家で定遍、進流は中川寺が宗家で観験がそれぞれ主さどり弘通することとなった。

『声決書』では、覚性法親王による声明談合が久安年中とされている。しかし、『仏教音楽と声明』（一三八頁）によると、久安年中ならば覚性の年齢が十七歳から二十二歳の間となり無理がある。むしろ、覚性が総法務となりし仁安二年（一一六七：平安時代）、三十九歳の頃が妥当と考証されている。また、『密宗声明系譜』には、この十五人の碩徳を、覚性法親王・権僧正定遍・法印能覚・僧都空現・律師定真・律師印性・法橋慶成・法橋章運・法橋永幸・法橋寛深・阿闍梨実曜・阿闍梨定延・紀伊上人観験・阿闍梨寛詮・阿闍梨寛杲としてあげている。

声明は、『密宗声明系譜』によると、覚法・信粛より受け、付法は守覚・隆憲である。血脈㋭によると信粛より

○相応院流声明血脈㋣（大山公淳『仏教音楽と声明』一六四―一六五頁）

- 信禅（西方院）
  - 忠縁（南勝房法橋）
  - 寛助（成就院　大僧正）
    - 宗観（円明房）
      - 勧験上人―勝心（正等房）
      - 聖海（理行房）―慈業
    - 定観（教厳房）
    - 信粛（律師）
      - 紫金台寺御室覚性
      - 能覚法印（相応院）―隆憲
    - 高野御室覚法―紫金台寺御室覚性
      - 覚憲（号筑前阿闍梨（或憲作兼））
      - 守覚（喜多院御室）
        - 隆憲（僧都）
          - 後高野御室
          - 行遍
        - 道法（光明寿院御室　亦号後高野）―行遍（菩提院　前大僧正）
          - 開田准三后法助―一品親王性仁
          - 了遍（菩提院大納言　前大僧正）
            - 禅助（真光院内大臣　大僧正）
            - 兼助（菩提院太政大臣　大僧正）
            - 長遍（僧正）―教倣（法印）
            - 厳深（法印、亮　大阿闍梨声明伝之故列之云云）
            - 実叡（慈雲寺法印　大納言、大阿声明許伝之）
            - 教倣（浄歓喜院　中納言）―如寂上人
          - 道勝（勝賢院太政大臣　前大僧正）
          - 光耀（同）
          - 定観（今熊野　前大僧正）
          - 深寛（五智院　僧正）
          - 宴遍（権僧正　伏見太夫）

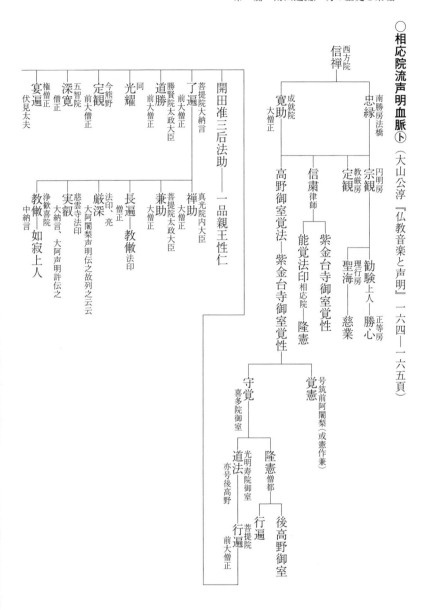

（前頁より続く）
- 長遍　僧正蓮花乗院　兵部卿
- 兼遍　按察僧都
- 頼耀　僧都
- 寛耀　亮法印
- 良海　上人仙空房　大阿声明許伝之

○密宗声明血脈㋠（『金沢文庫資料全書』第八巻・二九七頁）

- 遍照寺大僧正　寛朝
  - 勧修寺大僧正　雅慶
  - 相寿阿闍梨
    - 花蔵院大僧正　済延
    - 信禅阿闍梨
      （花蔵院大僧正・信禅阿闍梨より）
      - 成就院大僧正　寛助
      - 忠縁法橋　南勝房
        - 高野御室
          - 紫金台御室
            - 覚兼阿闍梨　筑前
        - 信粛律師
          - 能覚法印　相応院
            - 北院御室
            - 隆憲僧都（覚兼阿闍梨・北院御室より）
              - 後高野御室
              - 尊遍僧都
                - 範心　讃仏房
                  - 経玄　相宰阿闍梨
                    - 剣阿
        - 宗観上人　円明　進上人
          - 寛験上人　紀伊君
            - 勝心阿闍梨　正等房
            - 忍賢阿闍梨
          - 性海　浄月房
        - 定観阿闍梨　教厳房
        - 常槃掃部
  - 仁運阿闍梨

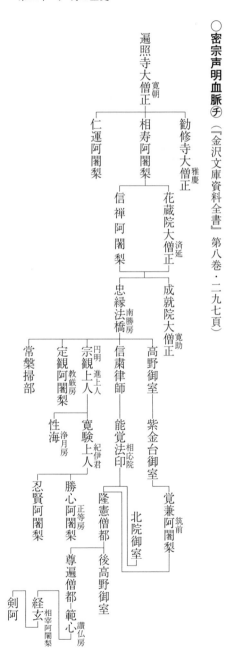

○『大阿闍梨声明系図』(リ)（大正蔵八四・八五九c―八六〇a）

- 寛朝（広沢僧正）
  - 済信大御室（覚法《ママ》法親王）
    - 寛助（成就院大僧正）
      - 高野御室（道助《ママ》法親王）
        - 寛遍（仁僧正　長者）
          - 勝賢（覚洞院）
            - 範賢（石山座主　大僧正）（光台院　勝賢舎弟）
              - 任賢（上綱阿闍梨）
                - 高桑宮（聖海醍醐座主）
                  - 深賢（地蔵院按察）
                    - 親快（覚洞院大納言）
                      - 実勝（遍知院法印左大臣）
                        - 最聴（最尊院大夫）
                  - 玄慶（岳西院式部）
                    - 親快
                  - 師僧都
                    - 親快
                  - 隆雅
                    - 道順（内大臣）
                  - 憲雅（報恩院法印寄相《ママ》）
                  - 頼験
                    - 遍知院宮（天品親王聖尊）
                      - 弘尊（奇《ママ》相法印）
                        - 光慶（密厳院）
                          - 定盛（師法印）
                            - 俊増（慈心院）
                - 定範（東南院法印　醍醐座主）
              - 光海
            - 五宮御室（覚《ママ》法親王　紫金台寺）

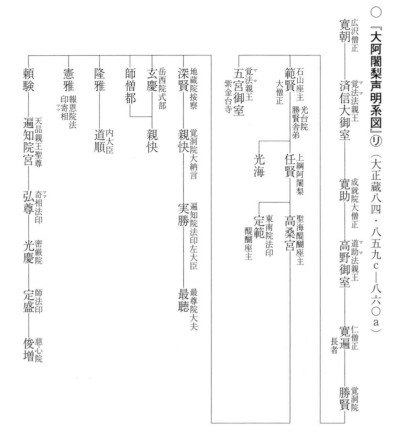

受け、付法は守覚である。

仁和寺相応院流の血脈は、相応院流声明血脈㋣と密宗声明血脈㋠である。

本相応院流・新相応院流の系譜は、『仏教音楽と声明』（一五七頁）の京都東寺宝菩提院蔵「菩提院方血脈」の主系譜を抜粋すると、相応院流声明血脈㋣である。また、『金沢文庫資料全書』第八巻（二九七頁）に、「密宗声明血脈」として、剣阿に至る血脈が収載されているが、全血脈図を示すと密宗声明血脈㋠である。ただし、現代活字であらわした血脈には覚性から守覚の線が欠落しているが、原本では覚性より守覚の系譜が示されているので、修正した。また、寛験は観験、性海は浄月房とあるので聖海である。

相応院流声明血脈㋣と㋠は大体において一致している。大きく寛助と忠縁の系譜がある。㋣では寛助―覚法―覚性の系譜が本相応院、忠縁―信粛―能覚の系譜が新相応院である。㋠では寛助の系譜が欠けているが、寛助・忠縁がともに済延・信禅の声明を受けるとともに、互いに授受しあったとされている。そして、㋣・㋠いずれも守覚・隆憲で統一されている。

新井弘順「声明の記譜法の変遷」（『日本音楽史研究』第一号）によると、守覚が本・新相応院流を統合、弟子・隆憲の資である行遍と尊遍の時に、行遍の菩提院方と尊遍の西方院方に分かれたと述べられている。

『大阿闍梨声明系図』㋷には、寛朝―性信―寛助―覚法―寛遍が正嫡となっている。

大阿闍梨声明は最も奥深い声明であり、『大阿闍梨声明系図』㋷に載る師は声明皆伝の師であり、当代随一の声明家であった証しであるといえる。醍醐寺と仁和寺の著名な声明家が混在しており、また事相の野沢諸流に名前を連ねる師が多い。これは灌頂をはじめとする密教の法会には声明が欠くことなき重要な位置を占めるので、事相の正嫡がすなわち声明の正嫡であるというのは、ごく当然なことであるといえる。

なお、『大阿闍梨声明系図』㋷の中には、不可解な点が多い。済信大御室は性信であり、また注記の覚法法親王は誤りである。また高野御室の注記の道助法親王は覚法親王の誤りである。五宮御室は鳥羽帝の第五皇子ということであり、割注の覚法親王は覚性親王の誤りと思われる。

(4)　守覚《しゅうかく》　久安六年〜建仁二年（一一五〇〜一二〇二：平安・鎌倉時代）　**血脈㋭㋣㋠**

『本朝高僧伝』巻一三（大日仏全一〇三・二〇五頁）には、後白河天皇第二皇子、久安六年三月誕生する。仁和寺に入り、十二歳で覚性法親王に従って出家し、十九歳で覚性より灌頂を受ける。嘉応二年（一一七〇）、仁和の席を薫じ、円宗・円融・円教寺等の寺務、六勝寺の長吏、最勝光院の検校に補せられる。安元二年（一一七六）に二品親王に叙せられ、治承二年（一一七八）に中宮の御産を祈り孔雀経法を修し、安徳帝が誕生する。爾来、北斗法、一字金輪法等を祈り効験あり、法眼に叙せられる。建仁二年（一二〇二）八月二十五日順世、寿算五十三と記されている。『伝灯広録』巻八上（続真全三三・三一八頁）には、「大日本国僧統録総法務大内山仁和寺六世喜多院御室特進法親王守覚伝」と題されている。

東寺秘蔵の三十帖策子、西院内陣の両界曼荼羅を請受し仁和寺の寺宝とする。広沢流を覚性ならびに保寿院覚成に学び、覚成より相伝せし秘訣を『沢見鈔』『沢見新鈔』として編作し、小野流を醍醐の勝賢・源運に受け、勝賢より授かりしところを『野鈔』『野月新鈔』としてあらわし、野沢諸流を究めた。

新井弘順「声明の歴史と理論」（『日本音楽の理論と実践』）によると、声点博士による真言声明の最初の声明集である『法則集』上下二巻を編纂されている。

声明は、『密宗声明系譜』によると覚性・能覚より受け、付法は隆憲である。血脈㋭によると覚性・能覚より受

け、本相応院流・新相応院流の両流を究めた。

(5) 定遍《じょうへん》　仁和寺系の大納言僧正であれば長承二年～文治元年（一一三三～一一八五：平安・鎌倉時代）。血脈収載なし

『伝灯広録』巻七（続真全三三・三〇六頁）に、大納言僧正といい、右馬権頭源顕定の子で、寛遍の資であり、尊寿院二世、忍辱山流定遍方の祖である。付法に宗遍・能遍・真遍・定済（三宝院）と記されている。また、『本朝高僧伝』巻五三（大日仏全一〇三・七一五頁）には、東寺長者、東大寺大仏開眼供養の導師をつとむとある。『声決書』（続真全三〇・二五七頁）によると、覚性法親王による声明談合で、「権僧正定徧醍醐の方を司て之を弘通す」と、醍醐流の主宰者となっているが、どの醍醐の声明血脈等にも、その名を見出すことはできない。

『仏教音楽と声明』には、「真言声明血脈という一書によるに宗観上人の次が」として、宗観よりの門下が十七名あげられ、その中に定遍僧正として「仁　文治元年（一一八五）十二月十八日入滅五十三。寛遍僧正付法資。大納言僧正右馬権頭顕定子。東大寺別当」とある。また、『詳解魚山集』解説篇も醍醐流の主宰者の定遍は大納言僧正としているが、仁和寺系の人であるので不可解と疑問も呈されている。

金田一春彦『四座講式の研究』（五一一頁）は定遍について、鷲尾順敬『日本仏家人名辞書』をあげ、「仁和寺の別当だった人で、東寺・東大寺には関係をもったが、醍醐寺には関係のない人である。（中略）一体この説はどこから出たかというと、慈鏡という弱冠二十九歳の僧が書いた声決書という本にはじめて見える説だという」と、定遍を仁和寺尊寿院二世と断定し、続いて『声決書』をいかがわしい本とまで痛烈に批判されている。

しかし、『声決書』（続真全三〇・二六八頁）には、後半部分で見落とされがちであるが、「可得心事」として、

○醍醐流声明血脈㋦（大山公淳『仏教音楽と声明』一六四頁）

宗観上人——観験《ママ》——勝賢——任賢

- 任賢
  - 賢淳（伊予僧都）
    - 賢尊（太夫阿闍梨）
      - 覚済（山本僧正）
  - 慶俊（因幡阿闍梨）
    - 覚済（山本僧正）
  - 祐賢（越前阿闍梨）
    - 実勝（醍醐座主　法印）
      - 定聡（最尊院　太夫法印）
  - 聖海（醍醐座主　宮法印）
    - 玄慶（法印式部）
      - 俊円（上醍醐大弐山上別当寂静院　行樹房）
      - 隆雅（大僧都）
        - 道順（法印）
      - 静運（内大臣法印　蓮蔵院）
      - 道順（内大臣法印　西南院）
  - 定範法印（醍醐座主　東南院）
    - 行厳（理性院　法印）
  - 尊祐
  - 心海（能登阿闍梨）
    - 印禅（大輔阿闍梨）
    - 静寛（大進律師）
      - 瑩海（刑部法印）

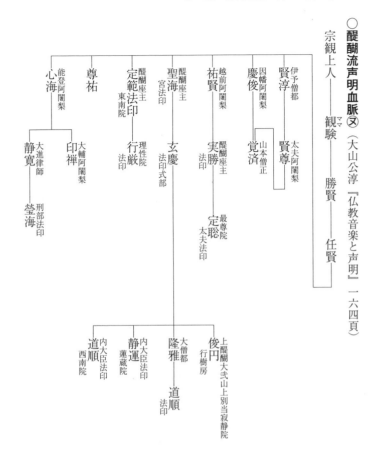

○血脈㋸（『醍醐寺新要録』巻二一・一二六三―一二六五頁）

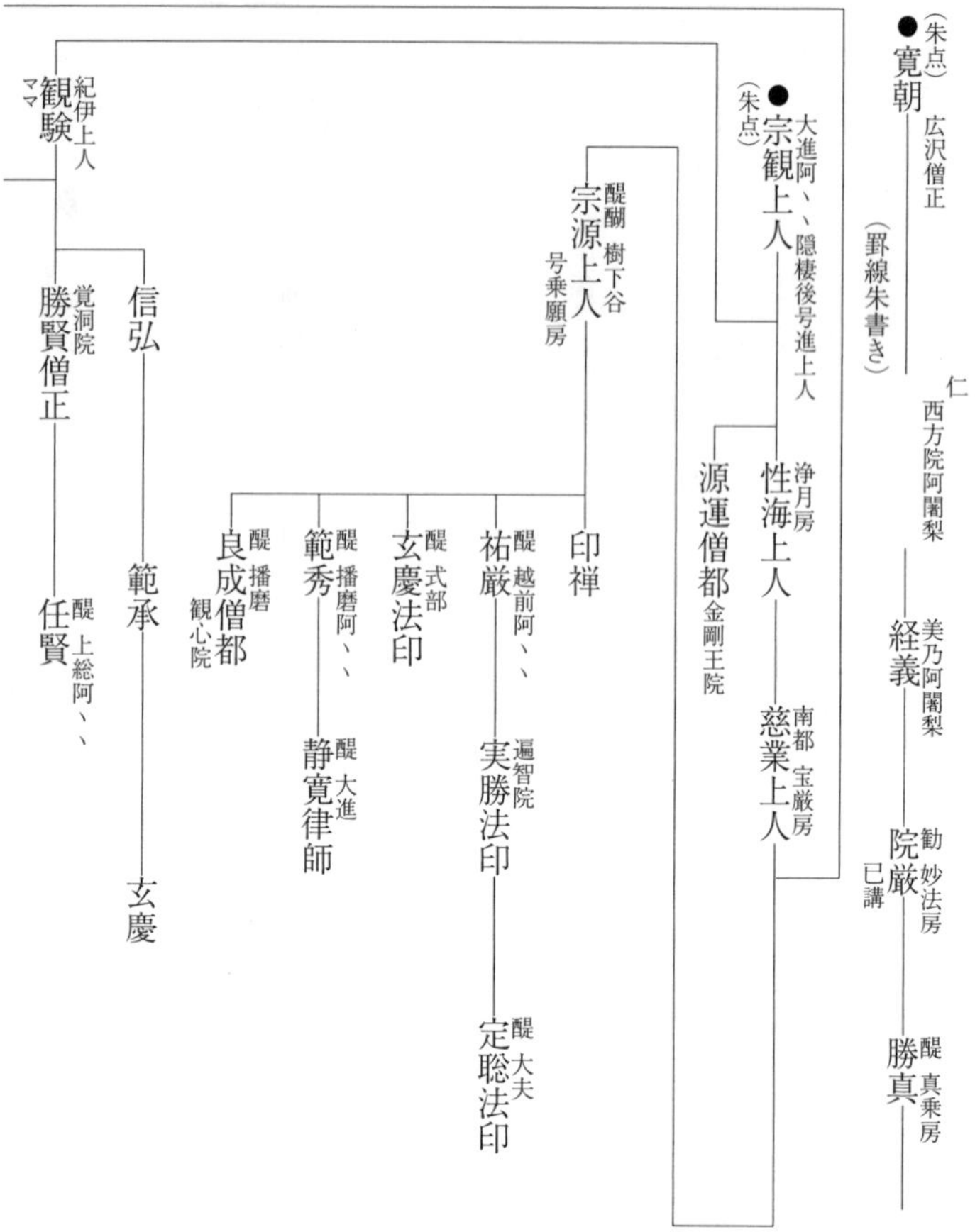

任賢
宮法印（醍　聖海　三宮惟明親王子　成賢入壇資）
玄慶法印

堅覚（天王寺　円禅房）
印禅
上乗院宮（道乗）
覚済僧正（醍　金剛王院　号山本）
重円（光順房）
行慶（定賢房法眼）
隆賢
隆勝僧正
栄賢（備前アサリ）
玄慶法印

定範法印（醍　大夫東南院）
行厳法印（理性院）
心海律師（醍　能登）
印禅（醍　大輔）
慶俊（醍）
静寛律師（醍　大進）
尊佑（醍）

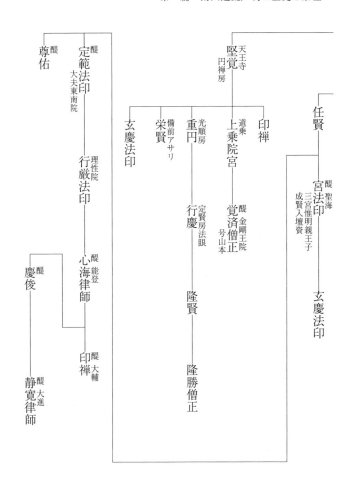

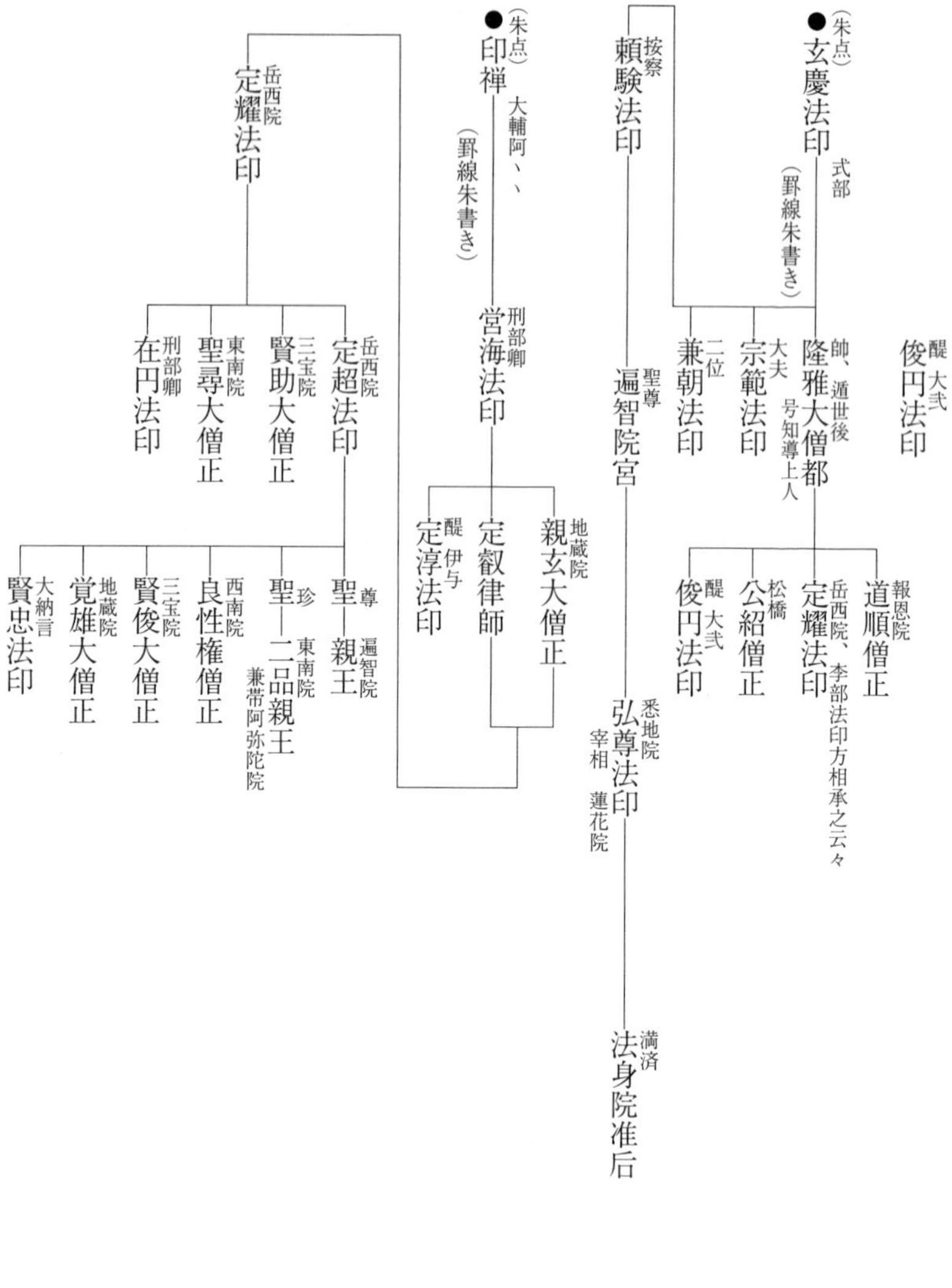
醍 大弐 俊円法印
(朱点) ●玄慶法印 式部
(罫線朱書き)
帥、遁世後 号知導上人 隆雅大僧都
大夫 宗範法印
二位 兼朝法印
報恩院 道順僧正
岳西院 定耀法印 岳西院、李部法印方相承之云々
松橋 公紹僧正
醍 大弐 俊円法印
按察 頼験法印
聖尊 遍智院宮
悉地院 弘尊法印 宰相 蓮花院
満済 法身院准后
(朱点) ●印禅 大輔阿、、
(罫線朱書き)
刑部卿 営海法印
地蔵院 親玄大僧正
定叡律師
醍 伊与 定淳法印
岳西院 定耀法印
岳西院 定超法印
三宝院 賢助大僧正
東南院 聖尋大僧正
刑部卿 在円法印
尊 聖―親王 遍智院
珍 聖―二品親王 東南院 兼帯阿弥陀院
西南院 良性権僧正
三宝院 賢俊大僧正
地蔵院 覚雄大僧正
大納言 賢忠法印

「醍醐声明之祖師権僧正隆遍　後改定遍」としている。すなわち、定遍は醍醐声明の祖師である隆遍であり、定遍は改名してよりの僧名と記されている。これだけでは隆遍が大納言僧正定遍なのか別人なのか、あるいは隆遍が初名なのか、あるいは何度も改名しているのか確定はできない。また、隆遍が醍醐の人ならば、如何なる立場にいた人なのか、資料もなく明らかではない。しかし、『本朝高僧伝』『伝灯広録』『血脈類聚記』にも、大納言僧正定遍と声明との関わりも述べられておらず、また隆遍を定遍に改名したとの記述も一切ないので、仁和寺系の定遍と醍醐系の定遍は別人と考える方が妥当であると思われる。いずれにしても、この『声決書』の記事に一応は従うこととすれば、声明談合で醍醐流を司ることとなった定遍は、仁和寺系の大納言僧正ではなく、醍醐の隆遍すなわち後の定遍ということとなる。

ちなみに、この同時代に、仁和寺に隆遍という人がいたが、同人か別人か明らかではない。在世は久安二年（一一四六）より元久二年（一二〇五）であり、弁法印、大蔵卿法印と称された。慈尊院の学僧で、保寿院で覚成から伝法灌頂を受け、東寺三長者となり、保寿院流慈尊院方の祖である。

なお、醍醐流声明については、『仏教音楽と声明』には、典拠が明らかではないが勝賢の血脈として醍醐流声明血脈㋦があげられている。また、血脈㋸は、『醍醐寺新要録』巻二一（醍醐寺文化財研究所編）に収録されている血脈である。

『仏教音楽と声明』によると、源運・乗運の時に大原の相伝を入れており、勝賢の時には宗観・観験の流れを受け入れており、醍醐声明は進流の流れも受け入れていると伝えられている。

しかし、『大阿闍梨声明系図』では、勝賢は仁和寺・忍辱山流の寛遍より大阿闍梨声明を受けたとされている。

また、醍醐声明血脈と大阿闍梨声明の両系譜より見ると、醍醐声明は宗観より宗源に至る進流と宮法印・聖海の醍

醐流を授受した岳西院・玄慶によって基礎が築かれたと考えられる。

血脈㋸には、宗観は朱点が付されているので、勝真より罫線が連なってはいない。『醍醐寺新要録』巻二一（一二六二頁）には、「従仁和寺相承事　源運僧都記云、真言宗声明又秘密灌頂等仁和醍醐一流也」として、血脈㋸の系譜に連なる経義・院厳・勝真が仁和寺の声明を習うと述べられている。しかし、源運は宰相阿闍梨淳寛に学び後に宗観に従うとある。他の各師についての記述はなく、血脈㋸を見る限りは勝真で仁和寺系の声明が断絶、後は宗観の進流が取り入れられたのであろうかと思われる。

そして、後世の血脈を見ると玄慶と印禅の二に大きく分かれ、数葉を経て『菁花集』『声明口伝』等をあらわされた聖尊が、いずれの血脈にも名を連ねている。

このことは、「声明の記譜法の変遷」（『日本音楽史研究』第一号）によると、醍醐流は勝賢の時に一流として声明の基礎が確立され、十三世紀中頃に印禅と玄慶の優れた声明家が出て印禅方と玄慶方に分かれたが、十四世紀中頃に聖尊により統合されたと記されている。

(6) 聖海《しょうかい》（生没年不詳）　血脈㋭㋣㋠㋦㋸㋾

中川寺に住し、上月房と称す。『密宗声明系譜』によると醍醐に進流を伝えたとされ、醍醐の十六大菩薩の讃の博士を付し、『密宗声明系譜』には上月房かと記されている。門下には、慈業上人の宝厳房がいる。

元文二年（一七三七）に、醍醐進流の十六大菩薩の刊本に真源が覚意の五音譜を点じ刊行した『醍醐進流　定十六大菩薩漢讃』の跋文に、左記の血脈が示されている。

○醐山進流相承肤脈㋾

和州中川寺 宗観 大進上人 ―― 同寺浄月房 聖海 ―― 竈口井上教業 実厳房 ―― 後清水坂竹谷 乗願房 ―― 西西式部律師 玄慶 ―― 山本 覚喜 ――
高野安養院証蓮房此ノ僧始チ定ム二五音三重墨譜ヲ一
―― 高野覚証院 覚意
―― 隆然 勇心房 ―― 同院 重弘 琳円房

右記の聖海は浄月房とあるが上月房であり、実厳房は宝厳房で慈業上人であり、乗願房は醍醐宗源上人であり、進流が醍醐に伝わった系譜が示されている。『密宗声明系譜』に記されている醍醐の十六大菩薩讃に、博士を付したという記事が実証されている。

また、醍醐流声明血脈㋦には、宗観―観験―勝賢―任賢―聖海―玄慶と連なる。この玄慶の師の聖海は右記の上月房聖海とは異なる。「大阿闍梨声明系図」にある高桑宮で醍醐座主である。

(7)　覚意《かくい》（生没年不詳・鎌倉時代頃）　**血脈㊁㋭㋾**

『声決書』（続真全三〇・二五九頁）では、「般若房の同朋宝蓮房祐真の上足。金剛三昧院の住僧証蓮房覚意、金剛三昧院方の声明之を興始す」と、初めは般若房龍憲（初名は定意、了憲とも龍剣ともいう）に学び、後に祐真に受け、金剛三昧院方の祖としている。続けて、般若房入滅の後に祐真に秘讃乞戒阿闍梨声明等を相伝し、祐真の聴許を得

て声明を弘通する。また、初めて五音博士の図を作り祐真に持参し見せると、当流においてこの図を正本とし、後世に伝え絶えることなかれと讃嘆したと記されている。

「声明の記譜法の変遷」（『日本音楽史研究』第一号）には、覚意は五音博士を考案されたが、高野山ではすぐに受け入れられず、鎌倉・称名寺の剣阿等に伝授した。したがって、覚意五音博士は金沢文庫に多く伝わっていると述べられている。

筆者の所蔵している『諸秘讃』（承貞の写本・善通寺宝物館所蔵）複写本の中に「釈迦讃」があり、その奥書に、「此の讃は最極秘讃なり。輙すく人に授けざるものなり。文永七年（一二七〇）午三月二十六日同七日覚意私に五音博士を伏し畢んぬ」と記され、次に、「覚音《ママ》—見鑁—良賢—良誉—承貞《ママ》」の血脈があげられている。『密宗声明系譜』には、「覚意—良怡—見鑁—良賢—良誉—承員」の血脈であり、血脈㋭も覚意—良怡—見鑁—良賢—良誉—承員であるので、良怡を除けば、対応している。なお、『諸秘讃』の覚音の音はママで覚意、承貞の貞もママで承員であると思われる。したがって、覚意が自ら点譜された五音博士が五葉を経て、承員により書写された「釈迦讃」であることに間違いはないと考えられる。

近代の進流声明の血脈

廉峯以下の近代の声明血脈は左記である。血脈は、『四座講式の研究』（五三頁）の「真言声明系脈図」より近代一部を転載させていただいたが、その中、注記と吉田寛如・児玉雪玄・釈大恵は、私に付加させていただいたものであり、〰〰線で示させていただいた。

○近代の進流声明血脈⑺

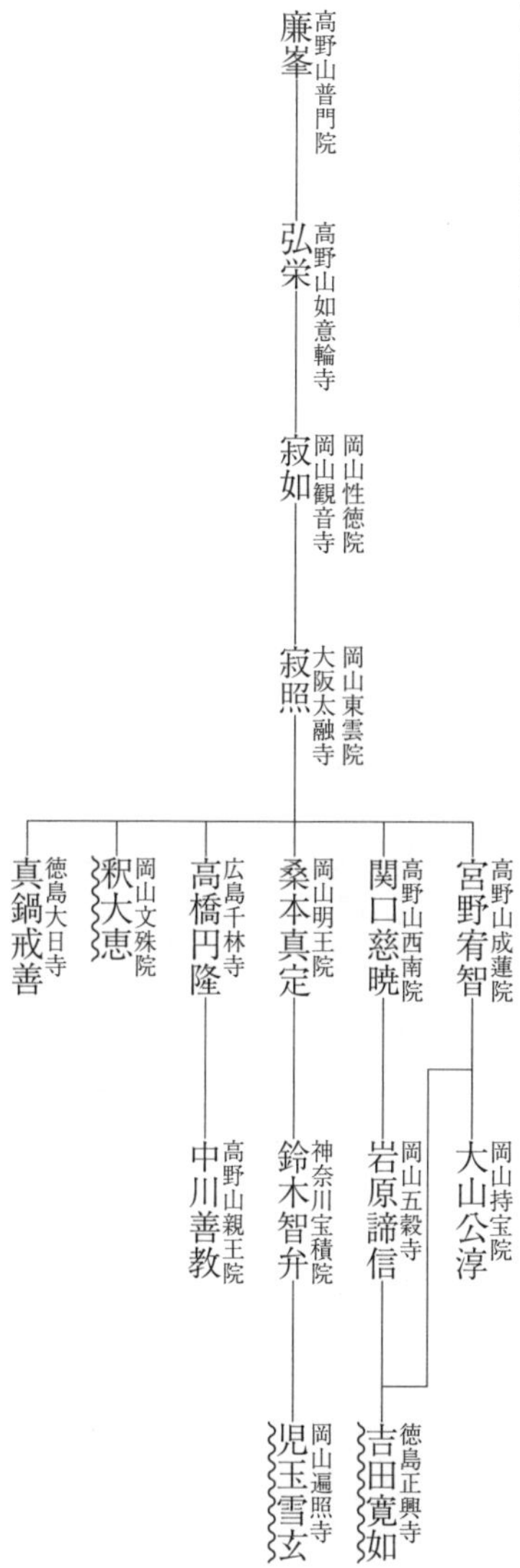

他に、左記の二の系譜がある。岩原諦信、大山公淳、中川善教、吉田寛如の著作あるいは教示されしことをまとめると左記の如くである。

一は、弘栄―量寛―宥雄―山口如実―井貝密恵―松帆諦円である。

量寛は不明であるが、宥雄は徳島・弘誓寺二十二世住職、山口如実は鳴門・正興寺十三世住職（十六世再任）、井貝密恵（字は智賢）は鳴門・正興寺十五世住職、松帆諦円は淡路・感応寺十五世住職である。

松帆諦円は、「南山進流声明概説」（『仏教学論集』）によると、地方臭の強い声明であったが、後継者は誰がおられるか知らないとしている。資に木田格良がおられたが、声明は岩原諦信に受けたのであり、声明上の付法はいないと筆者は聞いている。

二は、廉峯―寛光―鋭信―清賢―箸尾覚道―松橋慈照である。

寛光は高野山・東南院、鋭信・清賢は不明、箸尾覚道は高野山・遍照尊院住職、松橋慈照は高野山・大乗院に住し、大正十一年（一九二二）、五十二歳の時に静岡に移り実相院を創建し第一世となっている。

松橋慈照は、同じく「南山進流声明概説」（『仏教学論集』三八四頁）によると、「遍照尊院覚道師の声明を受けて南山の正系を伝えているのである」としている。『仏教音楽と声明』（二一一頁）には真鍋戒善は三宝院深敬上綱に師事したとあり、続けて「この上綱や遍照尊院箸尾覚道前官の系統を受けた人に法性宥範大僧正と大乗院松橋慈照大僧正あり」と、遍照尊院覚道だけではなく、三宝院深敬にも師事したと記されている。しかし、いずれの書にも松橋慈照の付法については触れられていない。特に「南山進流声明概説」（同）では、松帆諦円については付法は知らないとし、また自身の声明の師は高橋円隆と明記しているにもかかわらず、松橋慈照の付法については一言も述べられていない。このことは、声明を受けた人は多くいるが、印信血脈を授かった文字通りの付法である音曲阿闍梨（本来は三箇秘韻を受け印信血脈を授かった阿闍梨のみ後進に伝授することができた）がいなかったということであろうか。印信血脈を授かった人がいないということは、血脈が完全に絶えてしまっているということであるが。

ただ、実相院の杉浦俊美第三世住職のご子息・杉浦明裕氏によれば、静岡・源立寺第二十世の御祖父・杉浦秀栄が声明の資であったと聞いているが、早世されたとのことであり、付法はわからないとのことであった。

「南山進流声明概説」（同）には、廉峯―寛光より慈照の血脈を南山の正系としているのであるが、右記の二の系譜は殆ど絶えてしまっているのであろうか。筆者は寡聞にして知らない。

また、高野山をはじめ真言宗各山の学院は殆どが『声明類聚』を教則本としており、その巻頭には、廉峯―弘栄―寂如―寂照―宥智の血脈が収載されている。そして、この系譜による『声明類聚』が教則本として用いられてき

たことは、それがそのまま進流の正系であるといっても過言ではないが、少なくとも寂照―宥智の系譜が主流であり、他の系譜より重んじられてきたことが窺われる。

次に、寛光が東南院住職であったので、この系譜が東南院方であり、今に伝わっている南山の嫡流であるという人がいる。

寂照『南山進流魚山集仮譜』の序に、「斯の原本は東南院寛光の所製にして、吾師了了庵が仮に用いる所なり。然るに如意輪寺弘栄闍梨の所伝と往々差異無きあたわず。且つ未だ尽さざる所あり。予、慨嘆して年ひさし。是を以て淘汰し魯魚の補、其れ未だ尽さず。以て初学に便す。云爾」と記されている。この序文でもって、この『南山進流魚山集仮譜』を寛光より寂照に伝わる東南院方の声明集と主張されている方もいる。しかし、東南院寛光とあるだけであり、東南院方とは記されていない。『南山進流魚山集仮譜』一本にわたって東南院方という言は一としてないのである。後述の如意輪寺弘栄闍梨とは、如意輪寺の弘栄ということである。この記述に比して考えても、東南院寛光とは東南院の住職の寛光ということであり、東南院方の寛光といっているのではないといえる。したがって、この東南院寛光の文言だけでもって寛光を東南院方と決するべきではない。寛光は覚証院方の正嫡である廉峯の声明を受けているのは多くの血脈により間違いのないところであり、覚証院方の血脈に連なる声明家であることに間違いはないといえる。

深敬―慈照の深敬についても、同じ「南山進流声明概説」（同）に「深敬上綱に受けて覚証院の正嫡を以て任ずる人に真鍋戒善があって」との文があり、戒善が深敬に声明を受けて覚証院方の正嫡と自負されていたのであるから、深敬も覚証院方であり、その深敬より慈照の系譜も覚証院方であることは明らかであるといえる。

同書（三八一頁）に、「覚証院・金剛三昧院・東南院の三派の中、覚証院の流派が盛行して他の二派は漸く影を

ひそめるに至ったのである」と述べられており、覚証院・金剛三昧院・東南院の三派の中で金剛三昧院・東南院の二派は影をひそめ、現在までに脈々と相承され残っている流派は覚証院のみと示唆されている。詳しくは本節前出の「南山進流の正系」を参照されたし。

進流声明は高野山と京都で違うのか

最近、高野山と京都の声明が違うのかとの質問をよく受ける。声明は大きく高野山と京都の二に分かれているという人がいるようである。たしかに、現在、高野山の論議のみは四声読みであり、他には見られないものである。しかし、他の声明は、すべて進流であり、殆ど一致している。しかし、各師の系譜により、それぞれ一部の曲節のみ相違点があるといえる。

それは、高野山であっても、京都であっても、音曲阿闍梨に限らず、例えば学院においても、その年度の指導者により、声明の曲節がそれぞれ異なり全同ではないのである。

大正九年の声明講究会においても、誰一人として、高野山と京都の声明が大きく違うという発言はなかった。すなわち、「講究会の記」は、高野山と京都の別というよりも、主として各師の相承してきた曲節や口訣を披露し、校合しているのである。

曲節は、右記の高野山の出席者の中でも異なりがあり、すべてが一様ではない。ただし、その中、松橋慈照は当時の高野山の伝を多く述べられているが、その伝は現在の高野山の伝承とは異なる箇所が多い。

一例をあげると、散華の「供養仏」「成仏」等は清音か濁音かの論議について、松橋の発言として、「松橋師はこれに対し高野山の伝を明にして山では常に多く濁って用い来っておるが如くである」とあり、「供養仏」「成仏」の「仏」は高野山では濁音で唱えると主張されている。しかし、『弘法大師御入定御遠忌大法会諸法則』（一九八三年）

の「理趣三昧法則」の「仏」の四声点は、いずれも入声清音である。このことは、高野山においても、声明の曲節は時代により、また音曲阿闍梨により異なるということを示しているといえるのではなかろうか。

このように、高野山においても、「講究会の記」の大正時代にすら、阿闍梨によって声明が少し違っていたのであり、時代が経るにつれ、師資の間においても、曲節に少し変遷がみられるのである。京都あるいは他地方であっても然りである。時代によって、阿闍梨によって、曲節が異なるのである。

岩原諦信『声明の研究』（二六四頁）に、岩原が直接教えを受けたとされる桑本真定（岡山）・関口慈暁（高野山）・真鍋戒善（徳島）・鈴木智弁（神奈川）の四人の名前をあげられ、「四人が四人ながら相違している点もあるけれども、大体から見る時は一致していると云い得られるのである」と、声明は四人ともに相違点もあるが、大体において一致していると明言されている。

「講究会の記」を見ても、出席者の間には、小異はあるが、曲節にそれほど多く、かつ大きく異なる箇所はないといえよう。

したがって、現在の進流声明は高野山と京都によって違うのではなく、系譜の異なる音曲阿闍梨あるいは声明指導者によって違うということである。しかし、すべての阿闍梨は葦原寂照（岡山）の血脈に連なる方々ばかりであるので、全く異なるはずはなく、岩原の言う如く大体において一致しており、相伝されてきた過程において、一部のみ合わなくなったのであろうと思われる。

異なった進流声明の曲節をも修学すべき

進流声明は、唱え方に数伝ある場合が多い。例えば、散華中段の頭の「盧」の二ツ目の角は、補助記号は「四由」のみである。したがって、博士と記号等のみだけでは正しい曲節を唱えることはできない。また、この曲節に

は二伝があり、一伝は四由を均等にユル、一伝は徐々にユリを小さくしていくのであり、これらの実唱は師よりの伝授に待たなければならない。

進流声明は、師により、右記の如く、一部のみであるが、曲節も異なっているのである。しかし、この一部のみの違いを、あたかも大仰に全く相容れない如く主張され、自分の修学してきた曲節のみが正しく、他の曲節は誤りであるとの誤った見解を持たれている人が多い。およそ、これは声明を学ぶ人のとるべき態度であるとはいえない。昔の声明の大家は、殆ど一人だけではなく、数人の人から教えを受けている。すなわち、重受であり、その異なった曲節を学び、その根底に流れている深い秘事も受け継いできたのである。

ところが、近年、どこの地域の法会であっても、声明のごく一部であるが、曲節が異なり合わないために、法会が雑然とし厳粛さに欠けている。それは、すべての出仕者が同じ学院や同じ師から声明を受けていないので、当然なことに一部のみ曲節が違う場合が多い。それにもかかわらず、多くの人は対岸の火事として、他の曲節を学ぼうとはしない。それどころか、自らの受けた声明のみが最も正しいと執着し、法会においても、あくまでも他の人と異なった声明を唱える。これは進流末徒として、きわめて残念なことである。進流声明を学ぶ人は、どこの法会であっても、そこで唱えられている声明にそろえられるように、いろいろな曲節を学び、真摯に精進努力すべきである。

ただし、それ以前に、明師により十二律・博士・呂曲・律曲・中曲・五音・塩梅音・調子・反音曲・補助記号等の声明の楽理、あるいは古くより伝わっている正しい口伝を学び、これより見て完全に誤っている曲節に対しては、如何に師よりの伝承であっても、改めていくべきであると考える。岩原も『声明の研究』（二三頁）の中で、できるだけ師伝口伝は尊重するが全然不合理なものは改めていくと述べられている。

それら声明の曲節の違いについては、ごく一部のみであるが、本書の中で校合させていただいているので参照さ

れたし。

(8) 桑本真定《くわもとしんじょう》　嘉永五年〜大正六年（一八五二〜一九一七）　**血脈㊁㋭㋻**

嘉永五年（一八五二）十二月、広島の平田氏に出生する。岡山県小田郡北川村来迎院の蓮寿上人の室に入り、同村の持宝院証算に従って出家得度、寂照より灌頂を受け、南山進流の声明を学ぶ。寂照の委嘱により、大正五年（一九一六）に宝暦版『四座講式』を改訂出版する。大正六年（一九一七）七月二十三日、世寿六十六歳を以て遷化される。

以上は、『詳解魚山集』解説篇を参照する。

笠岡市来迎院佐藤泰三住職によると、実名は葆基、小田郡走出村明王院住職となり、後年、来迎院十七世住職に就任している。

付法に鈴木智弁・高橋円隆がいる。

(9) 高橋円隆《たかはしえんりゅう》　明治五年〜昭和十七年（一八七二〜一九四二）　**血脈㋻**

明治五年（一八七二）八月一日、岡山県御津郡上田村の柏原玉治の三男として誕生、明治十一年（一八七八）十一月、広島県御調郡和泉村和草千林寺に入寺、明治十二年（一八七九）三月、大英により出家剃髪、明治二十六年（一八九三）一月、千林寺住職に就任、声明は寂照・真定に鈴木智弁等と共に受ける。昭和十一年（一九三六）三月三十一日、ビクターにおいて三礼・対揚・五悔等のレコードを録音される。昭和十七年（一九四二）十二月二日に遷化されている。

以上は、「南山進流声明概説」（『仏教学論集』）を参照する。声明の門下に中川善教がいる。

(10) 松帆諦円《まつほたいえん》　万延元年～昭和十八年（一八六〇～一九四三）

万延元年（一八六〇）二月十五日、兵庫県三原郡松帆村の福田秀蔵の次男として誕生。三原郡の感応寺松帆徳応に入室、養子となり、感応寺住職となる。声明は、正興寺山口如実と井貝密恵、また寂照・箸尾覚道からも学ぶ。淡路中学林の声明の教授として後進を育成した。昭和十八年（一九四三）二月四日、世寿八十三歳で遷化されている。『便蒙魚山仮譜』『南山進流魚山小鏡』を刊行している。

以上は、『詳解魚山集』解説篇を参照する。

(11) 鈴木智弁《すずきちべん》　明治七年～昭和四十二年（一八七四～一九六七）　**血脈⑦**

明治七年（一八七四）、神奈川県足柄下郡上府中村高田に誕生する。十一歳で宝積院に入寺、五古快全阿闍梨について得度、加行、灌頂を受ける。別所栄厳・泉智等・鎌田観応・松永昇道・龍池密雄・杉崎英応より三宝院・中院・安流・勧流・西院・西大寺・保寿院の各流を、密門宥範・上田照遍より大日経奥疏・五部秘経・諸儀軌を相承し、また葦原寂照・桑本真定について進流声明の皆伝を受ける。明治二十六年（一八九三）より昭和十三年（一九三八）まで宝積院住職、大正七年（一九一八）より昭和二十五年（一九五〇）まで金剛頂寺住職、この間、東寺中学校教諭、京都専門学校・教授、その他を歴任する。昭和三十二年（一九五七）、『南山進流声明集附仮譜』上下二巻を刊行、同三十五年（一九六〇）、『南山進流声明全集』としてLPレコード十二枚を収録、発刊される。昭和四十

二年（一九六七）二月十四日、世寿九十二歳を以て遷化される。

以上は、鈴木智弁・加藤宥雄声明大全CD版刊行会『声明大全解説』の「鈴木智弁大僧正略歴」による。

なお、『詳解魚山集』解説篇の日音大の別記によると、声明の門下に児玉雪玄・加藤宥雄がいる。

(12) 児玉雪玄《こだませつげん》　明治二十六年～昭和四十年（一八九三～一九六五）　**血脈㋻**

明治二十六年（一八九三）三月十一日、岡山県に誕生。真言宗京都大学教授、京都専門学校教授、六大新報主筆、高野山大学教授兼学監、高野山専修学院能化、大覚寺事務長、種智院大学教授を歴任する。昭和六年（一九三一）より昭和八年（一九三三）にかけて『密教大辞典』の編纂に従事し、事相関係の項目を執筆担当される。昭和三十九年（一九六四）に『南山進流声明類聚』テープ七巻を録音し、昭和四十年（一九六五）にその解説書『南山進流声明類聚の解説』を刊行している。昭和四十年九月二十八日、世寿七十二歳にて遷化される。

以上は、種智院大学『密教学』第二号の「児玉雪玄略歴」による。

声明は鈴木智弁より受け、種智院大学・高野山大学・高野山専修学院で学生を教導するとともに、全国各地で法流・声明の伝授をされ後進の育成につとめられた。

声明の門下には、大阪青蓮寺の玉島宥雅がいる。

(13) 中川善教《なかがわぜんきょう》　明治四十年～平成二年（一九〇七～一九九〇）　**血脈㋻**

明治四十年（一九〇七）二月二日、神戸市に誕生する。大正十年（一九二一）、高野山親王院水原堯栄の室に入る。昭和五年（一九三〇）に法隆寺勧学院に入学し、佐伯定胤に性相学を学ぶ。

高野山の円満院・石山寺世尊院・高野山丹生院・高野山親王院・高野山五坊寂静院・高野山如意輪寺・高野山五智院・高野山遍明院・高野山清浄心院の住職となる。京都専門学校教授・高野山大学教授をつとめ、昭和四十八年（一九七三）、高野山大学学長となる。昭和五十年（一九七五）、金剛峯寺第四百七十六世寺務検校執行法印大和尚位に昇供する。平成二年（一九九〇）三月二十六日、世寿八十三歳を以て遷化される。

声明は高橋円隆より受ける。

声明・事相関係の著作は、『常楽会法則』『弘法大師御入定御遠忌大法会諸法則』『不断経』『結婚式作法』『真言宗常用諸経要聚』『延べ書き明神講式』『大曼荼羅供大阿次第中院』『諸尊通用次第中院』『諸流一座行法撮要』『祭文集』『理趣経法』『弘法大師法中院』『四度加行次第中院』等、他にも多数編集・刊行している。声明関係論文としては、「南山進流声明概説」「魚山蠆芥集成立攷」「舎利讃嘆解説」「高野山勧学院蔵声明板木」（『仏教学論集』）他、多くあり。また、テープは『南山進流魚山蠆芥集』（カセットテープ・解説）と『真言宗常用諸経要聚』（カセットテープ・解説）を収録している。

以上は、『中川善教先生頌徳記念論集　仏教と文化』の「中川善教先生略歴」を参照する。

第六節　新義真言宗の声明

覚鑁が高野山上に大伝法院と密厳院を建立してより、金剛峯寺方と覚鑁の大伝法院方はことごとく争闘してきた。その対立が頼瑜の時代に頂点に達し、正応元年（一二八八）、頼瑜は一門の人々を率い、大伝法院と密厳院を根来山に移転した。その後、根来山は興隆し、天正十二年（一五八四）、盛名があった妙音院・専誉、智積院・玄宥が

各能化職についたが、翌年に豊臣秀吉の焼き討ちにあい、根来山堂塔が殆ど灰燼に帰してしまった。

専誉は僧徒を率いて各地を転々とし、大和長谷寺に移り、玄宥は京都北野に逃れ、後に徳川家康の外護を受けて洛東に智積院を創建した。豊山派と智山派の濫觴である。

「新義声明伝来記」（『智山声明大典』五頁）によると、新義の声明は高野山にある頃は進流に属し、覚意の五音博士により音符を定めていた。ところが、高野山から分離した後は、醍醐住山といって学徒を三年間、醍醐に留学せしめ、事相の研究をさせてきた。天正十三年以降も智豊両山は依然として旧例を守り、醍醐住山を実施してきた。これらの関係より、事相と同時に醍醐と新義の声明は自然に融合し、声明の一派を構成するようになったと述べられている。

『四座講式の研究』（五八頁）で、金田一春彦は、新義派の声明は醍醐流の声明にそっくりであるというのは、高野山に対する根来以来の対立意識が原因で、本当は新義派の声明は進流の分かれであると思うと述べられ、元来は進流に属していたと主張されている。

新義派では、進流の『魚山蠆芥集』を底本に多くの「魚山集」が刊行されてきたのであり、今も音符は覚意の五音博士が用いられ、また調子も隆然の略頌で定められている。このことからも、新義派が高野山上にある時から、もともと進流声明によっていたのであり、根来山に下った当初も進流声明で唱えられていたのであろうが、長年にわたり醍醐住山を実施してきたことにより、進流と醍醐流の声明が自然に融合し、現在の新義派の声明が誕生したと伝えられている。

第一項　智山派の声明

江戸幕府が開かれた頃より新義の僧徒が多く江戸に移るようになり、新義真言宗が隆盛をきわめるようになった。この頃、「智山声明、長谷論議」といわれ、智山派の声明も興隆した。また、魚山集も天和版・貞享版・正徳版等、多くの声明集が刊行された。智山声明の血脈は、金田一春彦「真言声明」（『仏教音楽』一二三頁）によると次の通りである。

○智山派声明血脈㋕

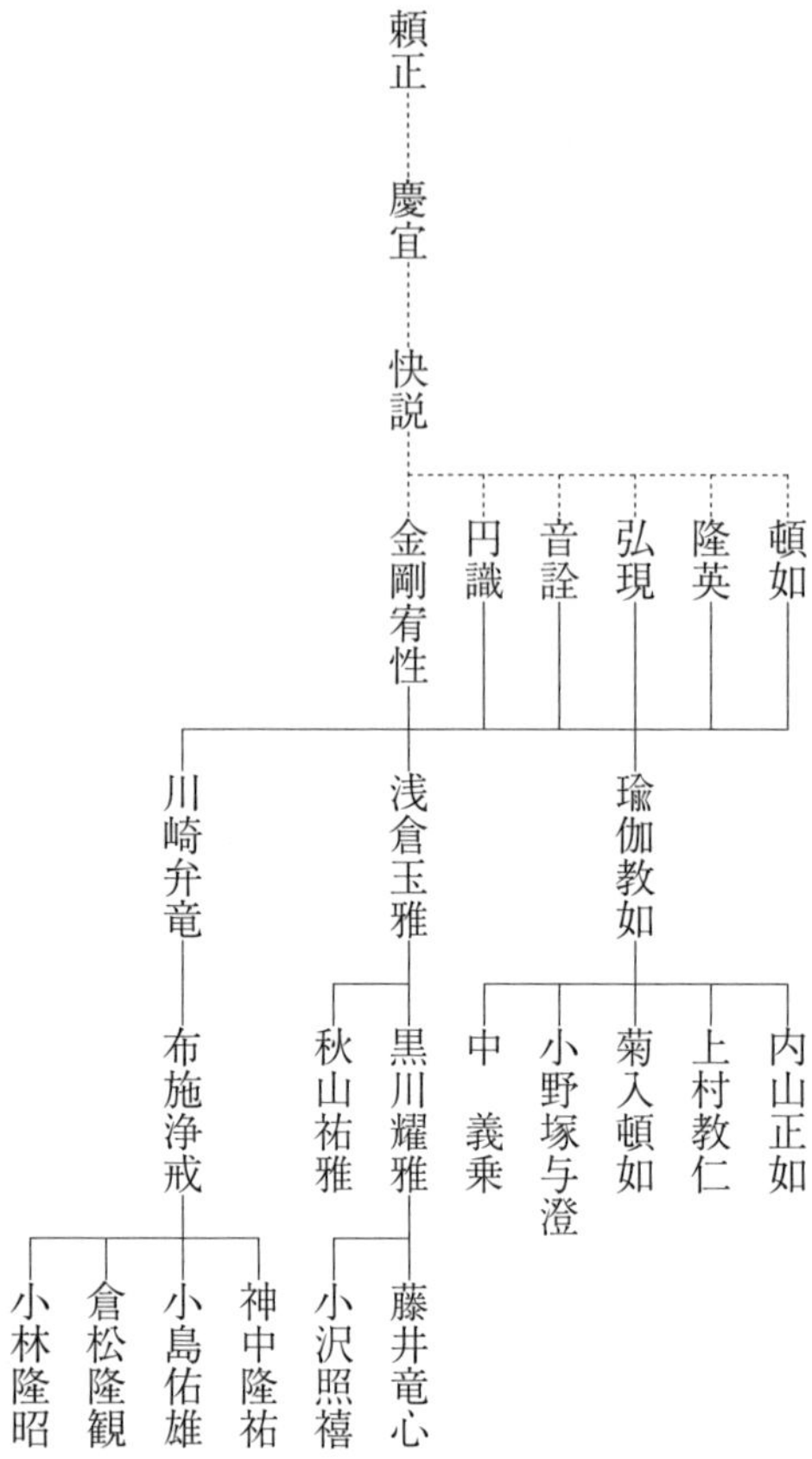

(1) 頼正《らいせい》　正保・慶安の頃（?～一六七三：江戸時代）

初名は仙音。智積院第三﨟席。六波羅蜜寺中興第十世。智山声明中興第一世。新義の声明を勃興した。

(2) 頼仁《らいにん》（生没年不詳）

頼正の弟子。天和二年（一六八二）に『魚山蠆芥集』を刊行。ところが、この版は智積院方丈炎上により、大般若の版とともに焼失。十二月に四声点を点付して再刊した。

(3) 瑜伽《ゆが》教如《きょうにょ》　弘化四年～昭和三年（一八四七～一九二八）

智積院第四十七世能化。声明は、頓如・隆英・弘現・音詮・円識・宥性から学び、声明法式練習会を設立し多くの僧徒を指導し、一代の巨匠と仰がれた。付法に、内山正如・上村教仁・菊入頓如がいる。智山派声明血脈㋕では、智山派の倉松隆観は布施浄戒の付法となっているが、菊入頓如の付法である。他に、豊山派の声明の大家、小野塚与澄・中義乗も教如の付法である。

※以上、智山派の声明の参考文献は、『智山声明大典』、『仏教音楽と声明』、「真言声明」（『仏教音楽』）である。

第二項　豊山派の声明

新井弘順「豊山声明の歩み」（『新義真言声明集成・楽譜篇』四四二頁）によると、新義真言長谷寺では、秀吉焼き討ち以来、大和に逃れてより、「南山進流を基本とし、根来時代には醍醐流の影響を受けたといわれる。（中略）無論、豊山長谷寺でも諸法会に伴う声明は行われており、譜本は智山で出版されていたものを利用していた。長谷論

議の名声に隠れてか、声明の動向は殆ど明かでない」とある。

なお、続いて江戸末期よりの左記の如くの系譜と略歴を述べられている。

○豊山派声明血脈㊂

快照―津守快栄―近藤良空―高橋了照―青木融光┬孤嶋由昌
　　　　　　　　　　　　　　　　　　　　　└新井弘順

(1) 快照《かいしょう》　寛政四年～明治三年（一七九二～一八七〇）

天保十三年（一八四二）に海典に声明許可印信・乞戒声明許状・阿闍梨声明許状を授けられている。付法に津守快栄がいる。

(2) 津守快栄《つもりかいえい》　文政五年～明治二十七年（一八二二～一八九四）

明治二十年（一八八七）に長谷寺で声明一流伝授が執り行われ、明治三十四年（一九〇一）に伝授録『声明聴書』が刊行されている。

(3) 近藤良空《こんどうりょうくう》

大正十二年（一九二三）四月、『豊山声明大全』を刊行。近代における、豊山における最も大きな声明集である。

(4) 小野塚与澄《おのづかよちょう》　明治八年～昭和二十二年（一八七五～一九四七）

事相、論議、声明の整備に尽力された。『仮博士所作付二箇法要法則』を編輯、今日の豊山声明教則本として用いられている。門下に、中義乗・高橋宥順がいる。

(5) 青木融光《あおきゆうこう》　明治二十四年～昭和六十年（一八九一～一九八五）

声明は高橋了照より受け、小野塚与澄よりは伝法大会の声明と法式を受ける。瑜伽教如より四座講式の伝授と声明許可灌頂を受け、伊藤憲興よりは豊山に伝わる四座講式を学ぶ。宗立事相研究所指導阿闍梨として、生涯にわたり声明と法流の伝授につとめられた。豊山声明をレコードに収録した『新義真言声明集成』『四座講式』を発行。また、国内外での豊山声明公演にもつとめられた。付法に、新井弘順・孤嶋由昌等がいる。

(6) 中義乗《なかぎじょう》　明治二十五年～昭和五十二年（一八九二～一九七七）

声明は小野塚与澄、また瑜伽教如からも受ける。金田一春彦に四座講式を指導した。小野塚与澄の『仮博士所作付二箇法要法則』増補改訂版を刊行した。また、『中義乗声明集』レコード版を発行した。

※以上、豊山派の声明の参考文献は、「豊山声明の歩み」（『新義真言声明集成』楽譜篇）、「声明の歴史と理論」（『日本音楽の理論と実践』）、『四座講式の研究』である。

第三章　声明の伝授次第と伝授作法

第一節　声明伝授次第

葦原寂照『声明大意略頌文解』（続真全三〇・三四四頁）に、「秘階とは秘は秘密、階は階梯の義にして、即ち堂に登るの道なり。謂わく、声明道に於いて重重の階梯あり。凡そ始め魚山集より諸表白・諸法則・諸講式乃至三箇の秘韻に至る之なり」と示されている。

また、中川善教「南山進流声明概説」（『仏教学論集』三八七頁）には、伝授次第は『魚山蠆芥集』・諸伽陀・諸表白・諸法則・諸講式・秘讃・乞戒声明・大阿闍梨声明とされている。なお、その中で『魚山蠆芥集』の次第は、近年讃より始めるのが多いが、三礼より始めると散華より始めるという伝があり、理峯は散華より始められたと紹介されている。事実、廉峯『声明聞書』（続真全三〇・二二〇頁）には、「普門院理峯の指南は散華より始めて讃の前に三礼唄之を教る所なり」と記されている。

中川は、続けて秘讃、乞戒声明、大阿闍梨声明の三箇秘韻は、容易に授けず、器量を見定め、非器の者には相伝しないという契約書を師に提出させる。その上で三箇秘韻を授け、終わって声明印信と血脈を授与すると述べられ

ている。

　昭和五十六年九月七日より昭和五十九年十一月十九日に至る、吉田寛如による南山進流声明一流伝授は、右記の理峯・寂照・中川とほぼ同で、『魚山蠆芥集』・諸祭文・諸表白・諸法則・諸講式・秘讃・乞戒声明・大阿闍梨声明であったが、受者の要望により『魚山蠆芥集』の間に弘法大師誕生会法則や諸祭文の伝授があった。そして、諸講式が終わり、大阿に契約書を提出し、三箇秘韻を受け、声明印信と血脈を授受し、音曲伝灯阿闍梨位を授かるという次第であった。

　葦原寂照『三箇秘韻聞記』（続真全三〇・三〇五頁）に、「夫れ三箇の秘韻とは秘讃乞戒大阿闍梨是なり。宥快師曰く。三階之秘韻は密蔵の眼目当道の肝心なり。師口に云く。三箇の秘声は次の如く仏蓮金の三部なり。是の如く最極秘重の声韻なるが故に。其の器を見ざるんば容易に伝うべからざるものなり」と、三箇秘韻は密教の眼目、声明道の肝心であり、仏部・蓮華部・金剛部の三部の境界であり、声明に重々の階梯があるが、最も奥深い声明である故に、機根を見ることなく、容易に授けてはならないと説かれている。『声明大意略頌文解』にも同文があり、続けて、「三箇とは曰く。秘讃初重曰く乞戒二重大阿闍梨声明三重是なり。而して此の三重は次の如く仏蓮金の三部三密なり。上代は三箇の秘韻を授くること器に随って一準ならずと雖も、未だ曾て同日或いは同月に授受することなし。或いは許すに隔月を以てし、或いは授くるに隔年を以てす。其の厳重なる其れ此の如し」と、秘讃は初重、乞戒は二重、大阿闍梨声明は三重と階梯があり、器量に従い同等ではないが、同日・同月に授けてはならないし、また隔月・隔年に許し授けるべきである。三箇秘韻は最極秘重の声明である故に、このように厳重なる規則があると説かれている。

第二節　声明伝授作法

古来、真言密教を伝えるのに講義、伝授、講伝の三の方法があった。一は、教相を講義の如く伝える。二は、儀軌・次第等の事相を伝えることで、伝授という。三は、理趣経・秘蔵記・曼荼羅等で、これらを伝えるのを講伝という。

伝授、講伝には、広、中、略、最略の四種の許可作法がある。

広式は、伝法灌頂のように壇を設け、供養法を修し、投華得仏する等をいう。中式は、壇を設け、供養法を修するが、投華得仏はせず、印明のみ授ける。略式は、持仏堂等の密壇にて許可の作法をなし印明を授ける。最略式は、塗香、洒水を用いるのみで、許可作法は行わず、塗香を三昧耶戒、洒水を灌頂と見る。

現近、一流伝授は中式、講伝は多く最略式による。

声明一流伝授は、常の伝授の席は最略式により、許可作法は中式による。

第三節　声明伝授の御法楽

南山進流声明一流伝授の御法楽は左記である。

先、本尊・祖師三礼

次、大阿三礼

次、護身法
次、塗香・洒水
次、声明略頌文
次、金剛歌菩薩真言

　oṃ《オン》　vajra《バザラ》（金剛）　gīte《ギテイ》（歌）　gīḥ《ギク》（種子）

次、大師宝号

　南無大師遍照金剛・南無遍照金剛

次、当山鎮守

　声明略頌文よりの御法楽の間に、大阿は洒水塗香。
伝授終わってより後の御法楽は左記である。

先、金剛歌菩薩真言
次、大師宝号
次、当山鎮守
次、廻向
次、大阿三礼
次、本尊・祖師三礼

大阿三礼の時は、能礼所礼で、能化も所化も礼拝する、供養し合う、すなわち相互礼拝をせよとは、吉田の口訣である。

『秘蔵記』第四一（弘全和五・三〇頁）に、「我が本来自性清浄の心は世間出世間に於いて最勝最尊なり。故に本尊という。また已成の仏の本来自性清浄の理も世間出世間に於いて最勝最尊なり。故に本尊という。仏と我と無二無別なり。乃至一切衆生の各別の身中の本来自性清浄の理も世間出世間に於いて最勝最尊なり。我と仏と及び一切衆生と無二無別なり。是三平等の心なり」と、自心、已成仏、衆生が本来具足している自性清浄心は、最勝最尊である故に本尊というとしている。

したがって、大阿三礼は師資ともに自性清浄心を本具した本尊であると観じ、相互供養の曼荼羅の悟りの境界に入り、大阿も受者もともに互いが本尊と観じて三礼するのが、真言密教の深義である。

大師宝号は、南無遍照金剛と南無大師遍照金剛の二がある。遍照金剛とは、弘法大師が恵果和尚より灌頂を受けた時に投華得仏した大日如来の金剛号である。宥快『般若心経秘鍵鈔』（真全一六・一八八頁）に、「遍照は胎蔵の遍一切処作大照明の義。金剛は金界の五智金剛と義を取る。或は遍は胎蔵の理。理は周遍を本とす。故に照は金界の智。智の照了を功と為す。故に此の如く両部に分別し、金剛は両部に通じて堅固不壊の義と料簡したる事も之有り。但し遍照金剛は共に両部大日の密号なる故に此一種の金剛号に両部大日の秘号を通摂す」と、説かれている。

ちなみに、広沢方と高野山は大師御宝号を「南無大師遍照金剛」とお唱えし、大師お一人に対する帰依をあらわす。広沢方を除く京都では、「南無遍照金剛」とお唱えするが、大師と大日如来を共に礼拝する、大日即大師との不二一体の義があらわれていると伝えられている。

第四節　声明伝授師資作法

葦原寂照『要覧』に、「凡そ梵唄を授受するに師資の作法あり。先ず師たる者の始渉者には始に五音初二三重の十一位を幾度も吟ぜしめ、能く十一位の分斉階級を了解せしめて後、全身を直居し両手を外縛して、為に一唱す。此の時資たる者も亦た全身を直居し両手を外縛して、師の面貌を見守り、両耳を正うし心を臍輪に収め之を聴く。第二回は師資同音に唱え、第三回は資独唱す。此の時師甫めて其の堪否を察し、爾後呂律甲乙中曲等の口訣を授く。但し資の機根に依て斟酌あるべし」と、師資の作法について述べられている。

まず初めに、師匠は初心者に対し、五音初二三重の十一位を何度も唱えさせる。五音初二三重の十一位とは、五音とは宮・商・角・徴・羽であり、本来は初重に五音、二重に五音、三重に五音があり、合わせて十五音がある。しかし、実際には、初重の宮・商・角は有位無声（理論的には有位で位はあるが、実際には無声で用いられない）、三重の羽も有位無声で用いられない。だから、有位有声として声明に実際に用いられるのは、初重は徴・羽の二位、二重は宮・商・角・徴・羽の五位、三重は宮・商・角・徴の四位であり、合わせて十一位となる。

ところが、南山進流の魚山集の声明は、一越調呂曲・平調律曲・双調呂曲・盤渉調律曲・黄鐘調中曲の五調子で作曲されているので、十一位の高さは一定ではなく、それぞれの調子によって自ずと異なっているのである。したがって、その十一位の高低の相違を了解せしめるために、幾度も吟ぜしめよというのである。

しかし、近年の進流声明は、五調子の五音博士の唱え様は高低通りにはいかないので、伝授等で五音初二三重の十一位を幾度も吟ぜしめるという、洋楽でいう発声練習のようなことはしなくなっており、直ちに実際の声明の伝

授ということとなっている。

いずれにしても右記の師資作法では、十一位を幾度も吟ぜしめたその後に、実際の声明の稽古に入るという次第になっている。

まず、師匠は全身を直居して外縛して、一回目は師が独唱する。この時に受者も全身を直居し外縛して、師匠の顔を見守り、両耳に全身全霊を傾け聴く。二回目は師資ともに唱える。三回目は資が独唱する。その時に、師匠は弟子の機根を察知して、何度も唱えせしめる。そして、呂曲・律曲・甲乙反音・中曲等も授けるのであるという。

『声明聞書』（続真全三〇・二一一頁）に、「声明は百遍稽古して善悪を沙汰あるべし。設い器用の仁たりとも唯五遍十遍の分にては其旨趣得難し」とある。声明は百遍の稽古をして善悪を沙汰していただく、たとえ器量のある人であっても、五遍十遍の稽古では何をかいわんやであると述べられている。

伝授の席だけではなく、自坊等で最低百遍の稽古をして、また師の前に至り独唱させてもらい、その声明の善悪を教導していただく。そして、さらに何遍も反復練習をして旨趣を得るべく精進すべきであると説かれているのである。

第五節　声明三病之事

『声明聞書』（続真全三〇・二一一頁）に、「声明に三病あり。能音の者と拍子善き者と請取り早き者也。此の三の者は倶に音声に於て自の声と自の利根とに任て早合点を成し終に音声の妙曲に達すること莫し」と述べられている。能の者とは能力のある器量のある人の意である。拍子善き者とは今でいう音感の優れた人という意であろうか。請

取り早き者とは頭の回転のよい人で一を聞いて十を知るというほどの人であろうか。

これらの能力は望んでもなかなか得られるものではないが、これらを持する人は、一方では小技を誇り、慢心を起こすが故に、音声の妙曲に達することができないと説かれている。

声明を志す者は、常に心すべきことであり、生涯を通じて慢心を起こさず、謙虚さをもって日々精進すべきであると説かれている。

また、吉田の教示の中に、「曲節が唱えられるようになってからが大切である」との言があった。普通は、声明がそつなく唱えられるようになると良しとする人が多い。ところが、曲節が唱えられるようになっても、それは流行歌を歌うのと同じであり、仏教音楽の声明とはいえない。それからが大事であり、何度も何度も反復練習をしなければ、重厚で有難い声明は唱えられないと述べられていた。

第四章　南山進流の声明本

第一節　南山進流の声明集

『魚山蠆芥集』とは南山進流の伝授本・教則本で、三礼から始まり教化に終わる合計三十一曲が収載されている。多くの声明が集録されており、一々の声明には、『声明集略頌』によって調子が指示されている。

表題・尾題は『魚山蠆芥集』で、内題は『魚山私鈔』である。

『魚山蠆芥集』の名称の初見は、明応五年（一四九六）に長恵が『私案記』を本として編纂した祖本を後に書写した高野山桜池院所蔵の写本である。表題等についての論文はあまり見られないが、中川善教『仏教学論集』（三八八頁・四二六頁）、大山公淳『仏教音楽と声明』（二二二頁）等によると、表題は『声名（明）集』と『魚山蠆芥集』の名が併記され、尾題は『魚山蠆芥集乙』（甲乙二巻の乙のみ残っている）となっている。その長恵本に、朝意が慈鏡『声決書』付録の『音律開合名目』と自身の研究を付加した書写本が高野山普門院・遍照光院等に三本あり、表題が「魚山私鈔」とされている。この朝意本が世に珍重されるようになり、爾来、後世の刊本は長恵の『魚山蠆芥集』を表題に、朝意の『魚山私鈔』を内題に併用することになったと伝えられている。

古くは甲乙二巻本もあったが、後世は上・中・下の三巻となり、現在は散逸することを恐れ、三巻合本となっている。

内容は、まず巻頭に十二調子の事と甲乙順八逆六呂律の事、本調子の事があげられている。

上巻は、三礼・如来唄・云何唄・出家唄・散華・梵音・三條錫杖・九條錫杖・対揚である。中巻は、五悔・胎蔵界（九方便）・後夜偈・理趣経・礼懺文である。下巻は、四智梵語・大日讃・不動讃・四智漢語・心略漢語・仏讃・文殊・吉慶漢語・吉慶梵語・阿弥陀讃・四波羅蜜・金剛薩埵・金剛宝・金剛法・金剛業・仏名・教化である。

巻末に五音三重図の事、諸流声明調子譜の事があげられている。付録として、『声決書』の音律開合名目より、五音・五調子・五章反音・五種拍子・四種反音・八音異・九声・六調子・五調子五音・七声各具が引かれており、さらに初心探調子口伝・暗調子図・五調子各具五調子・七声図・竹之図・祭文月日博士・十二律名が収録されている。

『魚山蘆芥集』の命名は、『性霊集』巻六（弘全和一〇・八六頁）にある「方丈の草堂は法界を呑んで蘆芥なり。華山の松林は宝樹に変じて刹説なり。梵曲は魚山の如く錦華は龍淵の如し」との一節によると伝えられている。

魚山は、中国の声明の根本道場である魚山をいうが、今はその名を借りて声明を指している。

蘆芥集は、『寛保魚山集』の尾題「魚山蘆芥集下終」の「蘆」の左横に「アクタ」の注があり、「芥」の左横には「チリ」と注がされ、普通には声明をチリ・アクタほど多く集めた曲集という意味に用いられている。しかし、理峯『私鈔略解』（続真全三〇・一三三頁）に、「今此の所集の梵唄歌讃等は皆な是仏菩薩等の所説なれば、一一の文句なれば皆な同じく金玉の如くにして、蘆芥を集むるが如くには非ざるべし。若し而らば此れは是れ集記者長恵金石を弁ぜずして漫りに之を集記せんと云う自謙の詞ならんか」と、チリ・アクタと解されているが、声明はすべて仏菩薩の説かれた教えであり、実際の蘆芥を集めたものではない。したがって、この蘆芥の言は集記者の長恵が金

玉を集めたといっていないのは、自らの謙譲を込めて薑芥といったのであろうと記されている。『魚山薑芥集』の読み様は、「タイカイ」と「タイガイ」の二説があるが、伝統的には、正保・寛保魚山集等の尾題には「芥」の四声点が平声本濁音となっているので、「タイガイ」と読むのが正しいといえる。なお、「タイカイ」と読むのは『仏教音楽辞典』、「タイガイ」と読むのは、『仏教音楽と声明』（六三頁）、『仏教学論集』（四二八頁）、『密教大辞典』、金田一春彦『四座講式の研究』（六頁）である。

第二節　『声明大意略頌文解』収載の『魚山薑芥集』

①譜博士魚山　　南院にあり

②覚暁魚山二巻　　直筆大聖院にあり

　後ち隆然と改む。覚証院に住す。進流蓋世の名匠にして諸声明の頌文を作す。末徒皆な之に拠る。

③長恵魚山三巻　　直筆如意輪寺にあり

　師曰く。是れは覚意所製の十五折博士を以て点譜し隆然の頌文を置き弟子勢遍に授与する所の本なり。之を正保の魚山と賞称す。後ち寛保年中理峯真源の二師之れに序跋を加補し以て上梓せり。表題に寛保再校の四字を安す。即ち今ま流布する所の本是れなり。又新義派にも此本を以て上木し之を呼て新義版と称す。因みに云ふ。武蔵の国英長の本あり。是れも亦新義版と云ふ。巻首に五音三重の博士の図を示す。但し此本は誤り多ほし。

④朝意魚山三巻　　直筆普門院にあり

師曰く。此師は啻に声明業の達人のみならす又事教兼備の名匠なり。勢遍より受く。光台院の中真善院に住す。余も直筆一本を有す。上巻の終に梵字の光明真言あり。書体凡を脱し博士妙を究はむ。

⑤冠註魚山　多聞院にあり作者不詳

⑥明応魚山　肥前国黒髪山にあり

⑦横本魚山　北谷法泉院にあり

余曽て幸にして之を観る。文字博士頗る絶妙。其跋文に曰く。明暦二年丙午《ママ》。権大僧都宥信。朝下無双の愚筆たりと雖も、五音七声呂律甲乙の韻曲を継んがため、魚嶺の末音を学び、能書の哢を羞ず。徒に紙墨を竭すものなり。

永正六年沽洗三月上旬六日。

右筆播州住泉識本名円明房○○○

○○○六字虫喰文字不詳　七年南無三宝云々

以上七本写本

①明応魚山

②天文魚山　寂静院蔵版　国字（名）なし

③正保魚山　丙戌三年刻成。往往記の文に依る。旧本にして可なり。

④進流魚山　正保の再刻

⑤慶安魚山　己丑二年上木す。正保と同本。但し此本は可なり。

⑥天和魚山　二年上木。新義の版。但し此本は誤り多し。

⑦天和魚山　　三年刻成
⑧貞享魚山　　二年刻成る誤り多し。
⑨正徳魚山　　元年上梓。新義仙師の本誤多。

以上九本印本

以上は、葦原寂照『声明大意略頌文解』（続真全三〇・三四三頁）による写本と刊本である。

これらの写本・刊本の列挙は全同ではないが、廉峯『声明聞書』によっている。

以下、『仏教音楽と声明』、『仏教学論集』等により、加えて中川善教『展観目録』、廉峯『声明聞書』等を参勘すると左記である。

なお、（　）内の数字は、『展観目録』の整理番号である。

写本①・②は何処にあるのかわからないという。『展観目録』にも収載されてはいない。

写本③は、長恵の祖本の初期の写本。覚意の博士によって点譜し、隆然の頌文を置き、弟子勢遍に書き与えたもので、後世の『魚山蠆芥集』の底本。大山、中川ともに三巻とあるが、甲乙の二巻とすべきという。写本は桜池院所蔵で二巻の乙のみある。『展観目録』の『声明集乙』一帖・桜池院蔵（写本7）に、「明応五年丙辰梅雨十二日高野山往生院之内清浄光院又二階堂入寺長恵智生房生年卅九」とあるにより、写本③と同本か。

写本④は、朝意が長恵本を底本に書き与えたもので三本ある。一は、最も古く永禄十二年本（一五六九）で普門院蔵。二は、天正六年本（一五七八）で西門院蔵。「光明真言アリ」とは、中川によるとこの天正六年写本にあるという。三は、天正九年本（一五八一）で遍照光院蔵である。『展観目録』の『魚山蠆芥集上中下』三帖・普門院蔵

（写本13）が奥書に永禄十二年とあるので写本④の一と同本、『展観目録』の『魚山蠆芥集甲中乙』三帖・西門院蔵（写本14）が奥書に天正六年とあるので写本④の二と同本、『展観目録』の『魚山蠆芥集上中下』三帖・遍照光院蔵（写本15）が奥書に天正九年とあるので写本④の三と同本の『魚山蠆芥集』である。

写本⑤・⑥は、何を指すのかわからない。

写本⑦は、文字博士頗る絶妙といっているが、何を指すのかわからない。

刊本①は、何を指すのかわからない。

刊本②は、大山は、天文十年（一五四一）三月二十一日に金剛峯寺文殊院が開版した大山所蔵の声明集がこれにあたるかもしれないといっているが、詳細はわからない。『展観目録』の『声明集』一帖・水原堯栄蔵（刊本66）に、「天文十三月廿一日　金剛峯寺　文殊院開蔵版」とあり、「天文十三《ママ》月」とはおそらく天文十年三月で年が欠落しているのであろうが、大山所蔵の刊本②と対応しているので、同本と思われる。

刊本③は、正保三年（一六四六）三月刊行。長恵本を底本に朝意の楽理を付録として載せている。進流声明家の珍重する声明集である。『展観目録』の『魚山蠆芥集』一冊・一乗院蔵（刊本68）で、「正保三丙戌暦姑洗日二條寺町西田勝兵衛尉」とあり、刊本③である。

刊本④は、正保魚山の再版というが、それは見あたらない。

刊本⑤は、慶安二年（一六四九）正月刊行。正保魚山と同版で、進流声明家の珍重する声明集である。『展観目録』の『南山進流魚山蠆芥集』一冊・本覚院蔵（刊本69）で、「慶安二己丑暦孟春吉辰　中野小左衛門」とあり、刊本⑤と同本である。

刊本⑥は、天和二年（一六八二）七月、智積院方丈炎上のため天和魚山の初版であるが焼失した。

刊本⑦は、天和三年（一六八三）刻成るとあるが、天和二年十二月に頼正が弟子の頼仁に命じ、文字に四声点を付して再版した。

刊本⑧は、貞享二年（一六八五）十二月刊行。智山上座の英長が天和魚山の文字博士に校訂を加えて刊行した。『展観目録』の『魚山私鈔』一冊・親王院蔵（刊本72）で、「貞享二乙丑冬十二月一日武州英長村上勘兵衛雕刻」とあり、刊本⑧と同本である。

刊本⑨は、正徳元年（一七一一）十二月刊行。智山上座の鏡寛が貞享魚山を改訂し刊行した。『展観目録』の『魚山私鈔』一冊・大山公淳蔵（刊本74）で、「正徳元年辛卯臘月吉日銅陀坊書肆平楽寺村上勘兵衛開板」とあり、刊本⑨と同本である。

第三節　『声明大意略頌文解』収載以外の魚山集・声明集

(1)『南山進流寛保再版　魚山蠆芥集』（『寛保魚山集』）

寛保三年（一七四三）七月、正保魚山を底本にして刊行。序文は真源、跋文は理峯による。題上に「南山進流寛保再版」の八字を冠する。

『展観目録』には二本がある。一本は『魚山蠆芥集』一冊・親王院蔵（刊本77）で、「寛保三年癸亥七月重訂　経師八左衛門校刻」とあり、もう一本は『魚山蠆芥集』一冊・親王院蔵（刊本78）で、「寛保三年癸亥七月重訂　南記《ママ》高野山経師市兵衛」と、刊行年月日は同じであるが、版元が一は経師八左衛門、他の一は経師市兵衛と異なっているので、二本あったのか。

（2）『声明正律』（天保魚山）

天保五年（一八三四）三月、報恩院薀善により上梓。「声明正律」と名づけられている。寛洞の跋文によると、大師御入定一千年御遠忌にあたり、報恩謝徳のために刊行されたとしている。『展観目録』の『声明正律上中下』一冊・高室院蔵（刊本82）で、「天保五年春三月上梓　金剛峰寺報恩院蔵版」とあり、序文の後の日時と筆者名が「文政二年己卯三月　南山報恩院法印薀善」となっており、天保魚山と同本である。

（3）『南山進流魚山集仮譜』

明治二十四年（一八九一）、葦原寂照が序文によると、東南院寛光の原本を底本に上梓すると述べられている。如来唄・云何唄・散花上段は全ての文言が示され点譜されている。他に、散花中段・散花下段・梵音・三條錫杖・九條錫杖・対揚・五悔・九方便・中曲・四智梵語・心略梵語・不動梵語・四智漢語・心略漢語・仏讃・吉慶漢語・文殊讃・阿弥陀讃・四波羅蜜・金剛薩埵・金剛宝・仏名・教化が収録されている。しかし、曲名が記されておらず、諸曲の一字か二字の文言に博士が付されているのみである。

（4）『南山進流明治改正　魚山蠆芥集』（『明治魚山集』）

葦原寂照が『寛保魚山集』を底本に正傍二伝ある中、傍伝を捨て正伝を取り、諸家の口訣等を注記して上梓する。中川善教「魚山蠆芥集上板」（『堀内寛仁先生喜寿記念密教文化論集』二五二頁）によると、明治二十五年（一八九二）四月二十七日と明治二十五年五月十日の二版があると述べられている。

(5)『新義声明大典』

大正六年（一九一七）六月刊行、大正十一年（一九二二）八月再版。題上に「増補改訂」の四字を冠する。瑜伽教如が常用の貞享魚山が読み難いために、弟子の内山正如に校本を与え上梓せしめた。その後版を重ね、平成十六年（二〇〇四）に『平成新版　智山声明大典』（第七版）として刊行されている。

(6)『便蒙魚山仮譜』

大正十四年（一九二五）三月刊行。淡路の松帆諦円が魚山集に仮譜を付して上梓する。

(7)『南山進流声明類聚附伽陀』

昭和五年（一九三〇）九月刊行。宮野宥智が上梓。『明治魚山集』に朱書きで仮譜を付し、また頭注に口訣等を載せる。近年の、南山進流の教則本として多く依用されている。

(8)『昭和改板　進流魚山蠆芥集』

昭和十七年（一九四二）刊行。岩原諦信が、すべて仮譜で首巻・一巻・二巻・三巻を上梓。三箇秘韻等も収載されている。

(9)『南山進流声明集附仮譜』

昭和三十二年（一九五七）刊行。鈴木智弁が上下二巻を本譜仮譜併記で上梓。諸講式、三箇秘韻等も収載されて

いる。

（10）『南山進流詳解魚山蠆芥集』五音譜篇上・下

平成九年（一九九七）五月刊行。吉田寛如が上梓。魚山集の声明のほかに諸法会法則の声明をも数多く収録している。

（11）『豊山声明大成』

平成十八年（二〇〇六）刊行。新井弘順の監修・解説により、豊山声明大成刊行会から出版されている。

※以上は、右記の各声明集、『仏教音楽と声明』、『仏教学論集』、『密教大辞典』の参考文献による。

第四節　醍醐流・相応院流の声明集

醍醐流は、「声明集」という。

仁和寺相応院流は「法則集」と呼ばれ、上中下三巻の巻子本である。

西大寺は仁和寺相応院流西方院方による声明集で、「要略集」と呼ばれる。伝授用の巻子本と法会用の次第型がある。

南山進流は、伝授用の教則本は『魚山蠆芥集』、法会用は次第型で「声明集」といわれる。また法会に応じて、次第型の「法則」がある。

ちなみに、真言宗では、法要に一箇ノ法要・二箇ノ法要・四箇ノ法要と三種類がある。一箇ノ法要は、三礼・如来唄で、顕立・密立に通じて用いられる。得度式・御最勝講・山王院問講等に用いられる。二箇ノ法要は、唄・散華で、密立のみに用いられる。唄は云何唄で、散華中段は大日と決まっている。理趣三昧・土砂加持・大曼荼羅供・三昧耶戒等の密教独自の法会に用いられる。四箇ノ法要は、唄・散華・錫杖・梵音で、顕教立の法会に用いられる。唄は如来唄・散華中段は釈迦あるいはそれぞれの本尊を用いる。また、大般若の如く、散華の次に対揚を用いる時は錫杖・梵音を略する。常楽会・仏名会・仏生会等の法会に用いられる。

また、法会と法要の違いについて、中川善教は『法要集』の後序で、「法要は法会を荘厳する一部分のものである」と述べられている。すなわち、理趣三昧法会であれば、唄・散華・対揚・唱礼・前讃・理趣経・後讃・廻向の全体を法会と呼び、その一部の唄・散華を法要とすると主張されている。

ところが、『密教大辞典』では、おそらく執筆者は児玉雪玄であると思われるが、「一説には法要と法用とを別義に解し、法用は法のはたらきの義なり、一箇・二箇・四箇のときは法用と書く可し、法要は法会と同義なりと云う」と、理趣三昧の唄・散華は法用、全体は法会または法要と述べられている。

第五節　口決等

○聖尊撰『音律菁花集』（大正蔵八四）
○聖尊撰『声明口伝』（大正蔵八四）

○作者不詳『大阿闍梨声明系図』（大正蔵八四）
○作者不詳『十二調子事』（大正蔵八四）
○凝然述『声明源流記』（大正蔵八四）
○凝然述『音曲秘要鈔』（大正蔵八四）
○作者不詳『声実抄』（続真全三〇）
○作者不詳『声明集聞書』（続真全三〇）
○忠我記『声明口伝』（続真全三〇）
○作者不詳『声明集私案記』（続真全三〇）
○理峯記『魚山私鈔略解』（続真全三〇）
○廉峯記『声明聞書』（続真全三〇）
○作者不詳『博士指口伝事』（続真全三〇）
○慈鏡撰述『声明声決書』（続真全三〇）
○真源著『乞戒声明古草捃拾』（続真全三〇）
○蘊善著『諸講表白甲乙之事』（続真全三〇）
○宥雄記『進流声明撮要』（続真全三〇）
○寂照記『三箇秘韻聞記』（続真全三〇）
○寂照記『声明大意略頌文解』（続真全三〇）
○寂照記『魚山蠆芥集要覧』

○恵岳記『声明愚通集』（続真全三〇）
○真亮撰『式一貫秘口伝鈔』（続真全三〇）
○景義著『四座講式註解』（続真全三〇）
○雲翁誌『密宗声明系譜』（続真全三〇）
○作者不詳『声明決疑抄』（写本）
○作者不詳『声明呂律秘伝集』（写本）
○瑜伽教如口・上村教仁筆『魚山精義』（刊本）
※以上、口訣類は他にも多くあると思うが、『大正新脩大蔵経』『続真言宗全書』に収載されているものと、写本二本のみを列挙した。

第六節　辞典・解題・目録・研究書

○種智院大学密教学会編『密教大辞典』（法藏館）
○横道萬里雄・片岡義道監修『声明辞典』（法藏館）
○天納伝中・岩田宗一・播磨照浩・飛鳥寛栗編『仏教音楽辞典』（法藏館）
○種智院大学密教学会編『密教関係文献目録』（同朋舎）
○夏目祐伸『密教関係雑誌論文目録』（文政堂）
○岩田宗一編『声明関係資料年表』（平楽寺書店）

○岩田宗一編『声明・儀礼資料年表』（法藏館）
○神奈川県立金沢文庫『金沢文庫資料全書』第七巻 歌謡・声明篇、第八巻 歌謡・声明篇 続（便利堂）
○中川善教『声明本展観目録』（松本日進堂）
○児玉雪玄『南山進流声明類聚の解説』（六大新報社）
○岩原諦信『南山進流声明の研究』（山城屋文政堂）
○岩原諦信『南山進流声明教典』（松本日進堂）
○大山公淳『仏教音楽と声明』（高野山大学大山教授記念出版会）
○中川善教『仏教学論集』（山喜房仏書林）
○金田一春彦『四座講式の研究』（三省堂）
○吉田寛如『南山進流声明大事典』（四大徳報恩出版会）
○潮弘憲『南山進流声明の解説』三巻（仁和伝法所）

※研究書は、南山進流に関する主要なもののみ列挙し、研究論文の紹介は省略した。なお、研究書・研究論文は、『新義真言声明集成』楽譜篇の参考文献資料に詳しく紹介されているので参照されたし。
　また本書の巻末に原典資料・参考文献をあげている。

第七節　レコード・テープ・CD

○鈴木智弁『南山進流声明全集』（鈴木智弁先生声明レコード保存会・LPレコード）

○児玉雪玄『児玉雪玄大僧正相伝南山進流声明類聚』（六大新報社・テープ、河内真和会・ＣＤ再版）
○岩原諦信『南山進流声明』（五穀寺保存用・テープ、東方出版・テープ再版、四季社・ＣＤ再版）
○中川善教『南山進流魚山蠆芥集』（高野山出版社・テープ、ＣＤ再版）
○玉島宥雅『南山進流声明要集』（大阪南山進流声明研修会・テープ、大阪南山進流声明研修会・ＣＤ再版）
○稲葉義猛『南山進流声明集成』（高野山真言宗青年教師会・ＣＤ）
○鈴木智弁・加藤宥雄『声明大全』（鈴木智弁・加藤宥雄声明大全刊行会・ＣＤ）
○吉田寛如『南山進流声明全集』（正興寺・ＣＤ）

第五章　南山進流声明の楽理

第一節　声明の楽理

第一項　十二律

十二律は音名であり、洋楽では国によって音名が異なる。たとえば、アメリカ、イギリスではA・B・C・D・E・F・Gであり、日本ではイ・ロ・ハ・ニ・ホ・ヘ・トである。

十二律は古代中国で考案されたものであり、七三五年に吉備真備が請来した中国の音楽理論書『楽書要録』によって日本に紹介され、後年それに基づき声明等に日本独自の十二律名が用いられるようになった。

中国周時代の歴史書・司馬遷『史記』等には、十二律の算出法が紹介されており、それは三分損益法によったと記されている。三分損益法とは、時代によって変遷があるが、『史記』では長さ八寸七分（二六・三㎝）、後世長くなり九寸（二七・二㎝）直径三分三厘三毛（一㎝）としているが、その長さの竹管の下部をつめて吹き鳴らした音を黄鐘（日本名・一越）とする。

竹管の三分損益法㋑

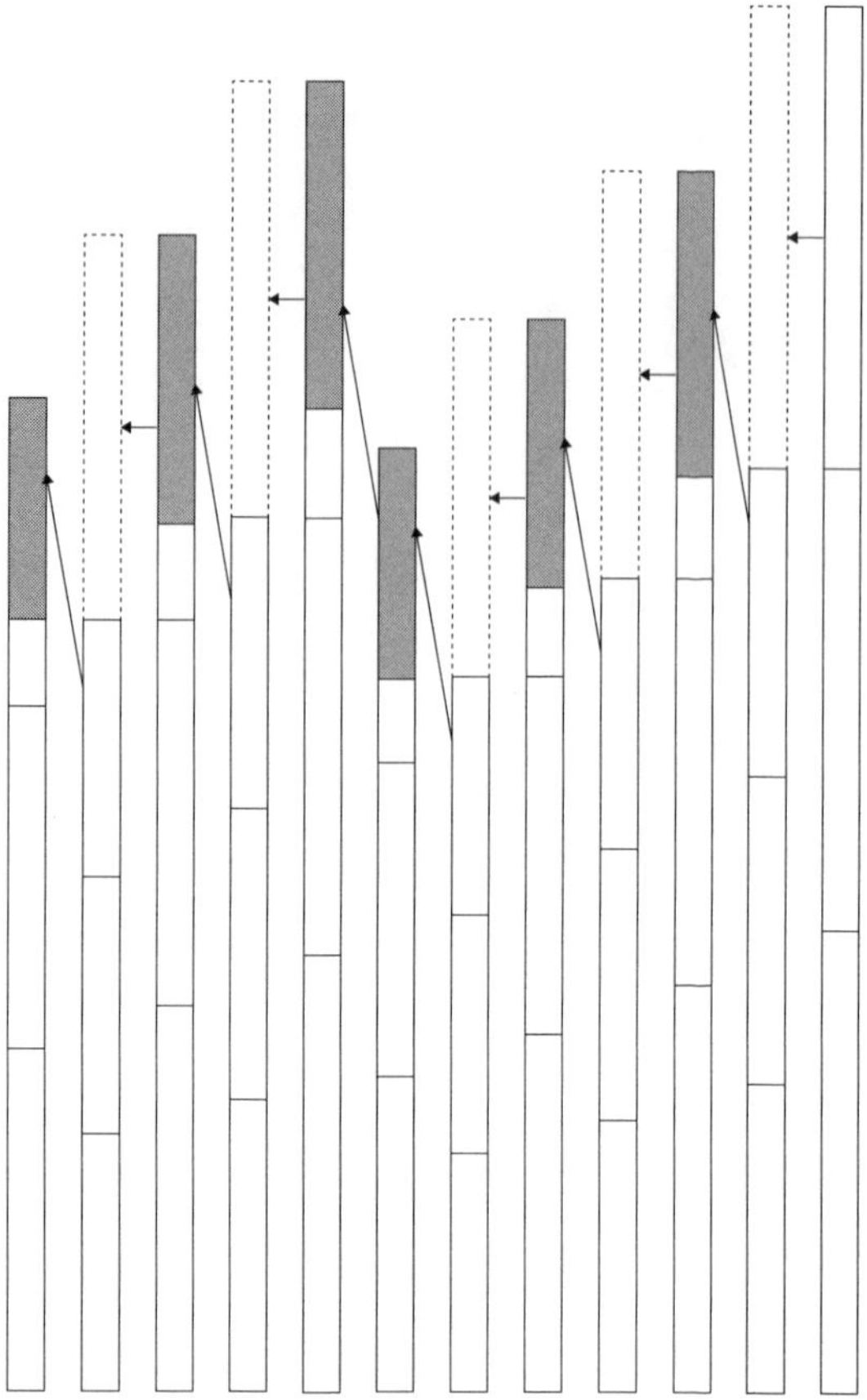

黄鐘（一越）九寸
←$\frac{2}{3}$ 林鐘（黄鐘）六寸
←$\frac{4}{3}$ 太簇（平調）八寸
←$\frac{2}{3}$ 南呂（盤渉）五寸三分三厘
←$\frac{4}{3}$ 姑洗（下無）七寸一分一厘
←$\frac{2}{3}$ 応鐘（上無）四寸七分四厘
←$\frac{4}{3}$ 蕤賓（鳧鐘）六寸三分二厘
←$\frac{4}{3}$ 大呂（断金）八寸四分二厘
←$\frac{2}{3}$ 夷則（鸞鏡）五寸六分一厘
←$\frac{4}{3}$ 夾鐘（勝絶）七寸四分九厘
←$\frac{2}{3}$ 無射（神仙）四寸九分九厘
←$\frac{4}{3}$ 仲呂（双調）六寸六分五厘

日本・中国の十二律名㋺

日本名	中国名	月名	音階
上無	応鐘	十月	呂
神仙	無射	九月	律
盤渉	南呂	八月	呂
鸞鏡	夷則	七月	律
黄鐘	林鐘	六月	呂
鳧鐘	蕤賓	五月	律
双調	仲呂	四月	呂
下無	姑洗	三月	律
勝絶	夾鐘	二月	呂
平調	太簇	一月	律
断金	大呂	十一月	呂
一越	黄鐘	十二月	律

聖尊『菁花集』（大正蔵八四・八五五ｃ）の後半部の十二律管の事は、中国の黄帝の時に、長さ九寸（二七・二㎝）の竹管を中国名黄鐘・日本名一越として、三分損益を繰り返し、十二律管を作るとしている。まず、その黄鐘（日本名・一越）の竹管の三分の一を切り取って（三分損一～2/3）得られた音が林鐘（日本名・黄鐘）である。これが、十二律の高い方へ順に八律上がる順八である。さらに、林鐘の竹管の三分の一の長さをつけ加えて（三分益一～4/3）得られた音が太簇（日本名・平調）である。これが、十二律の低い方へ逆に六律下がる逆六である。そして、この三分損益を十一回繰り返し、この法則によって十二律の音名が定められたのである。

ただし、三分損一（2/3）した時に、笛の長さが最初の笛・黄鐘（日本名・一越）の半分より短くなると、音の高さが一オクターブを越えてしまう。したがって、蕤賓（日本名・鳧鐘）から2/3とするところを4/3にする。その時に得られた音が大呂（日本名・断金）である。そして次は2/3、その次は4/3と、また三分損益を繰り返すのである。

三分益一は上に音を生み、三分損一は下に音を生むと説かれ、黄鐘・大呂・太簇・夾鐘・姑洗・仲呂・蕤賓は上、林鐘・夷則・南呂・無射・応鐘は下であり、上が低い音、下が高い音となる。

『秘要鈔』（大正蔵八四・八六六ｂ）には、黄鐘・大呂・太簇等の中国名の十二律は十二律名、一越・断金・平調等の日本名の十二律は十二律調子をあらわすというが、我が国では日本名の十二律名を以て、また調子名として併せて用いられているのである。さらに『秘要鈔』には、日本、中国の十二律名と、十二律に十二月と音階の呂律を配している。歴代の「魚山集」の初めに「呂五音曰偶。律五音曰奇」とあるのは、呂は偶数月、律は奇数月に配している故である。

『菁花集』（大正蔵八四・八五五ｃ）には、「十一月は黄帝誕生の月也。之に依て最初となす」とある。伝説によれ

ば、黄帝によって十二律竹管が作られ、十二律が定められた。また、竹管の三分損益も黄鐘、日本名の一越が最初である。したがって、黄帝誕生の月といわれる十一月を一越に配当する。

竹管の三分損益法㋑と、日本・中国の十二律名㋺は一五二頁の図である。

なお、『菁花集』（大正蔵八四・八五三b）は、「おんりつせいかしゅう」、あるいは「おんりつせんけしゅう」とも読まれ、『音律肝要抄』『菁花集』『音律條々』ともいわれ、聖尊（一三〇三～一三七〇）撰とされている。しかし、頼験・玄慶撰との説もある。頼験説は、奥書に頼験の説を高野山にて記すとあることによる。玄慶説は、奥書に玄慶記とあることによるが、玄慶記とするのは末文の変音事の部分のみであり、『菁花集』本文は玄慶撰ではないとの説が有力である。

第二項　博士（墨譜）

南山進流では、音符を博士または墨譜という。筆太に書く。○┃の○は四声点の名残りといわれる。洋楽の♪等の音符が、博士にあたる。

博士とは、理峯『私鈔略解』（続真全三〇・一三七頁）に、「凡ソ儒家及ビ医陰両家ニ於イテ共ニ是ヲ博識博達ノ人ト名ク。謂ク此ノ士能ク人ノ為ニ学業ヲ示スニ今ノ声明ノ博士モ亦タ復是ノ如シ。謂ク諸ノ初心ノ徒ノ為ニ其ノ音道ヲ示スニ即チ其ノ宮商角徴羽ノ博士ヲ以テ其ノ指南ト為。是ノ故ニ以テ名ク焉」と解説されている。

また、墨譜は五音を墨で筆太にしるすのでかくいう。『私鈔略解』（続真全三〇・一七〇頁）に、「博士纖少ハ甚ダ悪キ事也。大ニ鮮ニ墨黒ニ仮名佐和也加ニ之ヲ指ス可シ。以テ吉シト為」と述べられている。

顕教声明の譜は細くしるされるが、進流声明の譜は細きを忌み、筆太に墨痕あざやかに黒々としるされるのを習

いとするのである。

(1) 博士の種類

博士は、大山公淳『仏教音楽と声明』『声明辞典』によると、古博士（只博士）、五音博士、目安博士の三に分けられている。

古博士は、久安年間の声明談合以前の譜に名づけられ、四声点により採譜された単純な線の譜をいう。

五音博士は、覚意が考案した譜で、それまでは呂は呂曲の五音、律は律曲の五音と区別してしるされていたが、三音階を通じ、同一の譜で音の高低が正しく理解できるようになった。

目安博士は、上げ・下げ・ユリ等を図で見てすぐわかる如く工夫した譜をいう。天台の目安博士が代表的なものであるが、真言宗では寛光の「五音伽陀仮博士」が初見であり、これを進流では仮譜という。

(2) 五音博士図

進流では、本来の正式な博士で、本譜また本博士ともいわれる。

五音博士を考案したのは覚意であるが、真源『乞戒声明古草捃拾』（続真全三〇・二七八頁）には、醍醐任賢、高貴寺石蔵院信海、隆然の各五音図があげられており、その中、隆然の図は覚意五音博士であり、この図を以て乞戒声明に譜が点じられたと記されている。

しかし、覚意、隆然以降も聖尊『菁花集』『声明口伝』、忠我『声明口伝』には種々の五音博士が掲載されている。

大山公淳によると、覚意はいまだ五音三重十五位の図を完成していなかった。もし図を完成していれば、このよ

うな変化も起こらず、初めから完全な形で書き伝えられたであろうと述べられている。

新井弘順「声明の記譜法の変遷」（『日本音楽史研究』第一号）には、覚意は五音博士を用いて進流・醍醐流の声明に譜をつけたが、高野山ではすぐに受け入れられず、鎌倉に下向し称名寺の剣阿等に伝授した。したがって覚意五音博士は金沢文庫に多く伝わっていると述べられている。

『金沢文庫資料全書』第八巻（二九六―二九九頁）の血脈によれば、剣阿は新相応院流西方院方（密宗声明血脈㋠）と天台妙音院流の声明は受け継いでおり、二流の血脈はあるが、進流の血脈は収載されていない。

しかし、覚意の五音博士による十六大菩薩梵漢讃の巻末には、定蓮房憲海―般若房定意―宝蓮房祐真―證蓮房覚意―明忍房剣阿の系譜が掲載されている。このことは、進流声明を皆伝し、印信血脈を授かったのかどうか明らかではないが、少なくとも十六大菩薩梵漢讃は覚意より相伝されたことは間違いがないといえる。なお、この讃は秘讃であるので、印信血脈を授かっている可能性は大いにあるといえる。

巻末の解題によると、剣阿が直接覚意から相伝したものかどうか明らかではないが、金沢文庫に伝わる譜本は散華等の常用声明・秘讃・十六大菩薩梵漢讃・乞戒声明と豊富にあり、これらの資料により覚意が五音譜を考案し点譜を始めた時期は文永七年（一二七〇）の初句で、しかも声明全体にわたっていたことが明らかとなったと述べられている。

(3) 仮譜

本譜よりも曲節をわかりやすくするために、上げ・下げ・ユリ・ソリ・イロ・ユルグ等を、線画で見てすぐわかるように表記された譜をいう。進流では、本譜に対し仮譜という。寛政元年（一七八九）、寛光が五音伽陀仮博士

をあらわしたのが、進流における仮譜の最初であろうとされている。

第三項　呂曲・律曲・中曲

進流には、音階は呂曲・律曲・中曲の三がある。洋楽では、音階に長音階・短音階の二がある。

(1) 呂曲・律曲

声明を唱える音階には呂曲・律曲・中曲三種がある。反音曲は呂曲と律曲の混交した曲であるので、後述する。

呂曲は、宮・商・角・反徴・徴・羽・反宮の七声より構成される。

律曲は、宮・商・揚商・角・徴・羽・揚羽の七声より構成される。

大山公淳によれば、五音だけでは、呂の角と徴、羽と上宮、律の商と角、羽と上宮は一音半の間隔があり、音楽上柔らかみを欠く。そのために、反徴・反宮・揚羽・揚商の塩梅の音が設けられたと述べられている。

『声実抄』（続真全三〇・二五頁）には、「呂ノ五音ハ形男主リ、律ノ五音ハ形女主ル也。故ニ呂ハサハサハトシテソラシナントセズ、律ハユララカニユリナントスル也。（中略）又商ト羽トノ呂律ノ不同ハ、呂ハソラサズ、律ハソラスナリ。但シ何五音モ呂はソラササルナリ」と、呂は男性的、律は女性的、呂はソラズ、律はソリ、ユルなりという。

また、口伝も、「律に高下あり、呂に高下なし」、「呂のユリにトメあり」等、多くある。

宮野宥智『声明類聚』には、『寛保魚山集』『明治魚山集』とほぼ同であるが、呂律五音の別について左記の如く記している。

その中、偶と奇について、『私鈔略解』（続真全三〇・一三四頁）に、「恐くは此れ写誤ならん乎。しかる所以は謂く呂は陽にして男声。即ち一三五七等の半数に当たる。律は則ち陰にして女声。又た即ち二四六等の重数に当たる。而も此の重半は逆次に奇数偶数に当たるを以てなり。但し義門無窮なるが故に又た呂を陰と為し律を陽と為し律を男と為し呂を女と為す義ある」と、呂を偶、律を奇と為すのは写誤であり、逆に呂を奇、律を偶と為すこともあるとしている。

呂五音　曰偶麁顕声也
宮　ウルワシク麁ク由ル譬ヘバ石ヲ並ベタルガ如シ
商　少シク働ク多クハ直シ
角　スクム
徴　麁ク由ル譬ヘバ石ヲ並ベタルガ如クスベシ
羽　少シク働ク又ハ直シ由ルコトナシ

律五音　曰奇輭密声也
宮　直シ但シ事ニ随テ半由アリ半由トハ直音ノ末ヲ少シ動カスナリ
商　ソラシテ働ク
角　スクム又ハ由ルナリ
徴　細ニ由ルナリ
羽　深クソル又ハ浅クソルコトアリ

呂曲・律曲の音階については、左記の如く五説あげる。

第一説は、『薫花集』（大正蔵八四・八五三c—八五四a）の呂曲・律曲である。吉備真備が請来した中国の音楽理論書『楽書要録』の説により呂音階が示され、安然『悉曇蔵』（大正蔵八四・三八二ab）の説により律音階が示されている。ただ、十二律名が『薫花集』には、断金が鸞鏡、鸞鏡が断金と逆となっている。また、下無が龍吟、上

無が鳳音となっている。

呂曲・律曲の七声は、宮・商・徴・羽は同音である。角が呂曲より律曲が一律高い。呂曲には、宮音より一律低い反宮（または変宮）、徴音より一律低い反徴（または変徴）がある。律曲には、商音より一律高い揚商（または瓔商）、羽音より一律高い揚羽（または瓔羽）がある。

ちなみに、『菁花集』呂音階には、七声以外に均外という語があるが、十二律管の中で七声に配した七管以外の五管で調子に入らない管をいう。

第二説は、『秘要鈔』（大正蔵八四・八六六b）に図で示された呂曲・律曲である。ただし、呂曲は双調で、律曲は平調で図示されているが、いずれも一越調に改めたが、呂曲の反徴が徴より二律低い。また、律曲の商が『菁花集』慈鏡『声決書』等の商より一律高い。

第三節は、『声決書』（続真全三〇・二七三頁）に説かれる呂曲・律曲である。呂曲は『秘要鈔』と、律曲は『菁花集』と全同である。その中で一越調呂曲の反宮が上無下と横笛管名が下となっているが、上無は七管以外なので誤りと思われる。

第四説は、近年の進流声明の呂曲・律曲の音階であり、『菁花集』の音階と全く同じであり、『菁花集』の音階が進流声明における呂曲・律曲音階の典拠となっているということが窺われるのである。

第五説は、天台宗の音階である。呂音階は真言宗の呂音階と全く同じである。しかし、天台宗の律音階は五音のみで徴と羽の間が三律であるが、真言宗の律音階は五音と揚羽・揚商の七声であり徴と羽の間が二律と異なる。

なお、進流では一越調は呂曲のみで、律曲・中曲には一越調はないのであるが、比較しやすきため一越調で図示した。

○**呂曲・律曲音階**

十二律	上無	神仙	盤渉	鸞鏡	黄鐘	鳧鐘	双調	下無	勝絶	平調	断金	一越
横笛		下	中		夕		上	五		干		六
一　菁花集呂曲	変宮	均外	羽	均外	徴	変徴	均外	角	均外	商	均外	宮
一　菁花集律曲		瓔羽	羽		徴		角		瓔商	商		宮
二　秘要鈔呂曲	反宮		羽		徴		反徴	角		商		宮
二　秘要鈔律曲	揚羽	羽			徴		角	揚商	商			宮
三　声決書呂曲	反宮		羽		徴		反徴	角		商		宮
三　声決書律曲		揚羽	羽		徴		角		揚商	商		宮
四　進流呂曲	反宮		羽		徴	反徴		角		商		宮
四　進流律曲		揚羽	羽		徴		角		揚商	商		宮
五　天台呂曲	反宮		羽		徴	反徴		角		商		宮
五　天台律曲		羽			徴		角			商		宮

⑵　中曲

中曲は、『声決書』（続真全三〇・二六二頁）に、高野には中曲といい、醍醐には半呂半律というとある。なお、中曲音階は次の如く八説をあげる。

第一説は、『菁花集』（大正蔵八四・八五四ａ）の呂曲・律曲が混用された説である。『菁花集』の「呂律七声並用る事」としての音階は、妙音院師長の説をあげ、十二律管の音名の図に律七声・呂七声を配当している。この音階

は中曲音階との説もあるが、妙音院の呂律の七声を示したものであるという説が有力である。なお、十二律管の中で二管に犯声の語があるが、調子に入らない管である。

第二説は、『秘要鈔』（大正蔵八四・八六七c）の五音と反徴・反宮による七声による音階である。しかし、反徴は普通は一律低い音であるが、二律低い音としている。

第三説は、歴代の「魚山集」付録にのる『声決書』の七声各具であらわされている音階であるが、律曲の音階と全く同じである。であるならば、中曲音階として別に定める必要性がないといえる。

第四説と第五説は、『忠我記』による、岩原と中川の考案された中曲音階であるが、その典拠が何故か左図の如く二種ある。図㋑は『忠我記』（続真全三〇・六九頁）に載る音階であり、図㋺は中川善教「南山進流声明概説」（『仏教学論集』四〇五頁）に収載されている観心寺蔵本『忠我記』による音階である。図㋑は「徴・反徴・羽・ソル」、図㋺は「山ユル・才・塩梅ソル」と表示が異なる

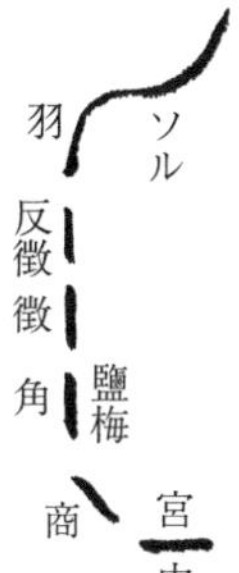

図㋑

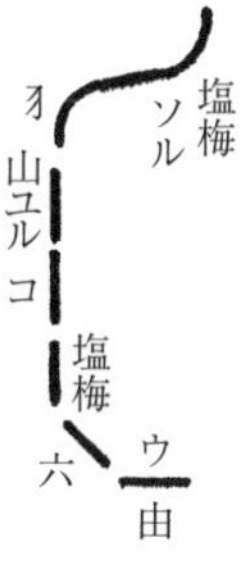

図㋺

第四説は、岩原の図㋑により考案された中曲音階であり、塩梅を揚商、反徴を揚徴とし、羽ソルとあるから、羽を置かず揚羽のみとしている。この岩原説であれば、羽がない以外は殆ど律曲と同音階である。

第五説は、中川の図㋺により考案された中曲音階であり、中川は図㋺の塩梅を揚商、ユルを徴より一律低い反徴と考えている。反徴については、理趣経中曲の勧請の舎・染・遇・世・師等も『寛保魚山集』には由下に「ユリオリ」の注があり、近年の実唱はユリの後に同音でツク如く唱えるが、古来はユリて下し唱えよと口伝されていたの

である。また、五悔勧請の「四方四智」の「四」の由下は呂曲のユリを唱え、少し音を上げてそれから下げてユルのである。いずれも、徴よりも一律低い反徴で唱えるのが正であり、中川説が妥当であるといえよう。ただ、中川説は宮と徴の位置が呂曲・律曲・中曲ともに同じ順八逆六の関係でなければならないのに、順九逆五の関係となり不自然である。宮より順八逆六で徴の位置を定めるべきであり、その徴より一律下がった位置を必然的に反徴とすべきである。

岩原は伽陀類を中曲としているが、どの伽陀をとってみても揚羽だけではなく羽も用いられている。しかし、岩原の音階には羽が欠落しており、自身の主張と音階には矛盾がある。したがって、伽陀の博士のみから考えると、『声決書』の音階が妥当といえよう。また、中川説は羽があるが揚羽がない。前述の如く揚羽も用いるべきである。なお、図㋑・図㋺にはいずれも宮に「由」の符号がある。岩原・中川ともに触れていないが、中川が徴のユルを一律低い反徴としているのであれば、宮の「由」も反宮とするのが妥当なのではなかろうか。

第六説は、以上を考え合わせ、私見であるが、『忠我記』の中曲音階は宮・商・揚商・角・反徴・徴・羽・揚羽・反宮であるとした。この中曲音階は、呂曲に用いられる反徴・反宮、律曲に用いられる揚商・揚羽もあり、半呂半律すなわち呂曲と律曲が混在した音階とする言に合致しているといえるのではなかろうか。

第七説は、近年の進流声明で実唱されている中曲であり、『忠我記』の音階より、実際には用いられていない反宮を除いた音階である。

第八説は、天台宗の中曲音階であるが、真言宗の律曲音階と全く同じである。

ちなみに、進流では中曲は黄鐘調のみであるが、比較しやすきため一越調で図示した。

○中曲音階

十二律	上無	神仙	盤渉	鸞鏡	黄鐘	鳧鐘	双調	下無	勝絶	平調	断金	一越
横笛		下	中		夕		上	五		干		六
一　菁花集	呂反宮	律反宮	羽	犯声	徴	呂反徴	角	呂角	律角	商	犯声	宮
二　秘要鈔		反宮		羽	徴		反徴		角	商		宮
三　声決書		揚羽	羽		徴		角		揚商	商		宮
四　岩原説		揚羽		揚徴	徴		角		揚商	商		宮
五　中川説		羽		徴	ユル		角		塩梅	商		宮
六　忠我記	反宮	揚羽	羽		徴	反徴	角		揚商	商		宮
七　進流中曲		揚羽	羽		徴	反徴	角		揚商	商		宮
八　天台宗		揚羽	羽		徴		角		揚商	商		宮

第四項　五音・塩梅音

進流の階名にあたるのが五音と塩梅音である。五音とは、宮・商・角・徴・羽であり、塩梅音とは、揚羽・揚商・反徴・反宮である。

洋楽では、ド・レ・ミ・ファ・ソ・ラ・シの七音。

また、「揚羽・揚商」の「揚」は半律高い、洋楽では半音高い「♯」、「反徴・反宮」の「反」は半律低い、洋楽では半音低い「♭」にあたる。

○南山進流声明五調子各音の位置（岩原諦信『南山進流声明の研究』を参照）

平調律曲		一越調呂曲		盤渉調律曲		黄鐘調中曲		双調呂曲		横笛音名	十二律	洋楽音名	
	徴									中	盤渉	ロ	b
											鸞鏡		■
	角		徴							夕	黄鐘	イ	a
三			反徴								鳧鐘		■
重	揚商									上	双調	ト	g
	商	三	角		徴					五	下無		■
		重									勝絶	ヘ	f
	宮		商		角		徴			干	平調	ホ	e
				三			反徴				断金		■
	揚羽		宮	重	揚商	三	角		徴	六	一越	ニ	d
	羽		反宮		商	重			反徴		上無		■
							揚商			下	神仙	ハ	c
	徴		羽		宮		商	三	角	中	盤渉	ロ	b
二								重			鸞鏡		■
重	角		徴		揚羽		宮		商	夕	黄鐘	イ	a
		二	反徴		羽						鳧鐘		■
	揚商	重					揚羽		宮	上	双調	ト	g
	商		角		徴		羽		反宮	五	下無		■
				二							勝絶	ヘ	f
	宮		商	重	角	二	徴		羽	干	平調	ホ	e
						重	反徴				断金		■
	揚羽		宮		揚商		角		徴	六	一越	ニ	d
初	羽		反宮		商			二	反徴		上無		■
重							揚商	重		下	神仙	ハ	c
	徴		羽		宮		商		角	中	盤渉	ロ	b
		初									鸞鏡		■
		重	徴		揚羽		宮		商	夕	黄鐘	イ	a
			反徴	初	羽						鳧鐘		■
				重			揚羽		宮	上	双調	ト	g
					徴	初	羽		反宮	五	下無		■
						重					勝絶	ヘ	f
							徴	初	羽	干	平調	ホ	e
								重			断金		■
									徴	六	一越	ニ	d

葦原寂照『声明大意略頌文解』（続真全三〇・三四〇頁）に、「反徴は徴の塩、角の梅に由て秘曲を料理する如く。徴角二音の塩梅に依て美味の妙曲を成するものなり。又揚羽揚商も之に準じて知るべし。所詮塩梅の音は毫端に尽くし難し」と、料理も塩と梅によって美味が生ずるように、反徴・反宮・揚羽・揚商も料理における塩梅に相当するものであり、この塩梅音が用いられることにより、美味の妙曲を成すものであると説かれる。

しかし、進流では、五音三重をすべて合わせると理論上は十五位となるが、実際に使われるのは初重の徴・羽、二重の宮・商・角・徴・羽、三重の宮・商・角・徴の合計十一位となる。この十一位が有位有声、これ以外の初重の宮・商・角と三重の羽が有位無声である。

廉峯『声明聞書』（続真全三〇・二一二頁）に、「五音とは梵語の𑖀𑖂𑖄𑖊𑖌の五音。即ち宮・商・角・徴・羽の五音なり。或いは又如来の五音清浄の音声と義取る。諸教要集第四に云わく。長阿含経に云わく。その音声に五種ノ清浄有り。乃至梵声と名づく。何等が五と為すや。一は其音正音なり。二は其音和雅なり。三は声清徹なり。四は其音深満なり。五は其音遠聞周遍なり。此の五音を具するを乃ち梵音と名づく」と、

また、続けて五音正説として、図示されている。

「宮。呂の時は大にユル。律の時はスクム。中曲の時は半より末をユルなり。
商。呂の時はスクム。律の時はソル。中曲の時は塩梅なり。
角。呂の時はスクム。律の時はスグなり。中曲の時はソラザル音此なり。
徴。呂の時は大にユル。律の時は少しユル。中曲の時は少しサシワル。
羽。呂の時はスクム。律の時はソル。中曲の時は塩梅なり」

と、記されている。

『音律開合名目』には、五音は中曲についてはふれていないが、呂曲・律曲の音動はほぼ右記と同である。なお、その下部には、一越調五音の諸楽器による音の高さが示されている。『寛保魚山集』（二丁左）に収載されているのは左記である。

左図の配当は、全同ではないが、『声決書』によるところが大であると考えられる。五音を中央・東・西・南・北の五方、土用・春・夏・秋・冬の四季、一越調・双調・盤渉調・平調・黄鐘調の五調子、そして大日・阿弥陀・阿閦・宝生・釈迦の五仏に配している。そして、ここには記されていないが、五仏であるので当然に五智の法界体

一本調子事

宮	土用	中央大日	一越	呂四
商	西秋	阿弥陀	平調	律五
角	東春	阿閦	双調	呂一
徴	南夏	宝生	黄鐘	中曲二
羽	北冬	釈迦	盤渉	律三

性智・妙観察智・大円鏡智・平等性智・成所作智の五智にも配されることとなる。したがって、現象世界のすべての存在は五方・四季等に至るまで五大であり、その五大の音声が五調子であり、その名字をあらわしたのが五音である。『声明大意略頌文解』（続真全三〇・三四八頁）によると、衆生の身も五大で理法身の仏、五智は衆生の心にして識大で智法身の仏であり、すなわち衆生の身心は理智法身である故に、五調子五音の根本実体である五大五智を直に自身仏というと説かれている。

第五項　調子

洋楽では、ハ長調・ヘ短調・ト長調……と多くある。

理論的には、呂曲が十二調子、律曲が十二調子、中曲が十二調子の合計三十六調子ができるのであるが、進流所用の歴代の『魚山集』で実際に用いられるのは、一越調呂曲・双調呂曲・盤渉調律曲・平調律曲・黄鐘調中曲の五調子と定められている。

日本では、十二律名をそのまま十二調子名とする。その調子名が如何に決められるかといえば、十二律の中、五音の第一音の宮の位置によって決定する。

十二調子甲乙図

たとえば、宮が十二律の一越に位置すれば一越調、盤渉に位置すれば盤渉調となる。そして、宮が決まれば他の四音は順八逆六によって自然に決まる。すなわち、呂曲は十二調子甲乙の輪転図によって、順八逆六を繰り返すことにより割り出すことができ、五音七声による調子ができる。律曲・中曲は、大山説によると、呂旋法の羽を本として順六逆八を、揚商を本として順八逆六を繰り返せば、五音七声による調子が割り出せる。ただし、中曲はこの五音七声に宮・徴より一律低い反宮・反徴を定めると中曲音階ができる。

進流では、隆然の『声明略頌』によって、「三礼如来双唯呂。如来唄双唯呂。云何呂一反音曲……」等、声明各曲の調子が定められている。

『音律開合名目』には五調子名をあげ、下部に五調子の宮のみであるが、諸楽器による音の高さが示されている。

なお、十二律を定めるのには諸口訣に収載されている輪転図によるのであるが、『菁花集』（大正蔵八四・八五五ａ）の輪転図の甲乙は鳧鐘から鸞鏡となっているが、正しくは鳧鐘から断金である。

また、『秘要鈔』（大正蔵八四・八六九ｂ）の輪転図は完全とはいえず、不備である。

前頁の図は、忠我『声明口伝』（続真全三〇・六八頁）の輪転図である。しかし、鳧鏡は誤字で、鳧鐘が正である。

第六項　反音曲

進流では、七声反・隣次反・甲乙反・曲中反の四種の反音がある。

ただし、この四種反音以外に、講式・光明真言・文殊讃・阿弥陀讃等の高低をつけて唱える反音がある。

洋楽では、転調・移調である。

『密教大辞典』では、前者を反音曲、後者を反音として区別している。ただし、もう一方では反音に両者を包含している。

(1) 七声反

横笛には六・干・五・上・夕・中・下の七穴があり、その穴につき五調子と下無・神仙（上無）の七調子ができる。その上位二位と下方二位の調子に反音するので、実際には十四調子ができる。

『音律開合名目』に、「第一七声反」として、「干平調双反上反。五下無黄反一反。上双調盤反平反。夕黄鐘下反上反。中盤渉一反双反。下上無平反黄反。六一越下反盤反」と図示されており、平調（宮の横笛の穴は干）は双調と上無調（実際は神仙に宮の横笛の穴がある）に反音する。下無調（宮の横笛の穴は五）は黄鐘調と一越調に反音する。

双調（宮の横笛の穴は上）は盤渉調と平調に反音する。黄鐘調（宮の横笛の穴は夕）は下無調と上無調（実際は神仙に宮の横笛の穴がある）に反音する。盤渉調（宮の横笛の穴は夕）は一越調と双調に反音する。上無調（実際は神仙に宮の横笛の穴がある）は平調と黄鐘に反音する。一越調（宮の横笛の穴は六）は下無調と盤渉調に反音する。

(2) 隣次反

歴代の『魚山集』に、実際に用いられる一越調呂曲・双調呂曲・盤渉調律曲・平調律曲・黄鐘調中曲の五調子が、隣の調子に反音する。五調子のそれぞれの調子が上位・下位の二調子に反音するので、合計十調子ができる。『音律開合名目』に、「第二隣次反」として、「一越平反順盤反逆。平調双反順一反逆。双調黄反順平反逆。黄鐘盤反順双反逆。盤渉一反順黄反逆」と図示されており、一越調は上位順の平調と下位逆の盤渉調に反音する。平調は上位順の双調と下位逆の一越調に反音する。双調は上位順の黄鐘調と下位逆の平調に反音する。黄鐘調は上位順の盤渉調と下位逆の双調に反音する。盤渉調は上位順の一越調と下位逆の黄鐘調に反音する。

(3) 甲乙反

五調子のある調子が、甲乙の関係に反音する。すなわち、順八逆六と順六逆八に反音する。呂曲も律曲も中曲もすべて宮と徴は順八逆六の完全協和音の関係になる。甲乙反の甲とは高音の意、乙とは低音の意である。したがって、ある音階の宮（甲）から十二律を低い方へ逆に逆六して、徴（乙）の音を宮とした音階の調子をつくると、甲乙反の一の調子ができる。次に、ある音階の宮（甲）から十二律を低い方へ逆（乙）に逆八して、徴（乙）の音を宮とした音階の調子をつくると、甲乙反のまた一の調子ができる。このように、五調子それぞれには順八逆六と順

六逆八の二の甲乙反ができるので、五調子に二調子ずつ、すなわち十調子の甲乙反となる。

『音律開合名目』に、「第三甲乙反」として、「一越黄反順双反逆。平調盤反順黄反逆。双調一反順盤反逆。黄鐘平反順一反逆。盤渉双反順平反逆」と図示されており、一越調は順八逆六（順）の黄鐘調と順六逆八（逆）の双調に反音する。平調は順八逆六（順）の盤渉調と順六逆八（逆）の黄鐘調に反音する。双調は順八逆六（順）の一越調と順六逆八（逆）の盤渉調に反音する。黄鐘調は順八逆六（順）の平調と順六逆八（逆）の一越調に反音する。盤渉調は順八逆六（順）の双調と順六逆八（逆）の平調に反音する。

（4）曲中反

曲の中において、呂曲の中のある一部分が律曲に、律曲の中のある一部分が呂曲に反音する。七声反・隣次反・甲乙反・曲中反の四種反音の中、実際に歴代の『魚山集』に現れる反音は曲中反である。

『音律開合名目』に、「第四曲中反」として、「黄鐘は中曲の故に第四反音には之を除く。盤渉律曲一越反。一越呂曲盤渉反。平調律曲双調反。双調呂曲平調反」と図示されており、盤渉調律曲の中の一部が一越呂曲に反音する。また、逆に一越呂曲の中の一部が盤渉調律曲に反音する。平調律曲の中の一部が双調呂曲に反音する。また、逆に双調呂曲の中の一部が平調律曲に反音する。

（5）大般若法則の表白

一つの曲を、本音の乙音で唱える部分から、一部分を高音の甲音に反音して唱える。

(6) 光明真言・釈迦念仏

㋑二オクターブに三重を配分している、すなわち初重・三重は平調、二重は盤渉調といわれる方もいる。詳細は略するが、この説によると、二重の徴と初重の宮が一音の隔たりであり、初重と二重の高低が殆ど変わらないという矛盾に陥る。

㋺光明真言等の初・二・三重は決して㋑の如く調子を変えて唱えるのではなく、同調子と解し唱えるべきである。また、光明真言の初重といってもダラとヤの博士の一部が初重の羽だけで、後はすべて二重の宮・商・角である。光言の二重は二重の角・徴・羽と三重の宮である。光言の三重は二重の羽・三重の宮・商・角である。したがって、光明真言等の初・二・三重は略頌文でいう初二三重十一位のそれではなく、三者を低・中・高の相関関係で唱えよということである。

(7) 文殊讃

㋑反音の「願当来世生浄」は、博士を少し変えただけのもので、隣座の一人が本音と同じ高度で唱える。反音の「土法王家」は、頭人が高声で唱える。

㋺古来、反音は、本音より高く唱えるというのが習いである。したがって、反音の「願当来世生浄」は、隣座の一人が本音よりも高く唱える。反音の「土法王家」は、頭人がさらに高声で唱える。

(8) 阿弥陀讃

㋑反音の「莫護愚拏羅怛曩」は、諸衆が本音と同じ高さで唱える。反音の「珊者塩」は、諸衆が本音の高さで、

頭人は高声で唱える、いわゆる二重合唱の如くなる。

㋺反音の「莫護愚拏羅怛嚢」は、諸衆が本音より高く唱える。反音の「珊者塩」は、頭人のみさらに高声で唱える。
※理趣経中曲の善哉にも、昔、一部、二重合唱があった。

(9)　吉慶漢語・光明真言秘讃

㋑曲の最終の反音を、本音と同じ高さで、頭人のみ、博士を変えて唱える。

㋺曲の最終の反音を、文殊讃と同じく、頭人のみ、高声で唱える。

(10)　伽陀

讃嘆伽陀等の一字、また頭を上音で高声で唱える。

(11)　講式

下音・初重・二重・三重と四種の高低をつけて唱える曲である。

講式は、声明伝授次第では三箇秘韻の前に授けられる大切な声明で、この諸講式を習得することにより、声量が豊かになり、声の抑揚も自由になり荘重な声明が唱えられるようになるといわれている。

第七項　補助記号

五音博士は、音名と音の高低は正しく示すことができるが、旋律は表現できない。そこで、旋律を表現するため

文字や記号で博士を補助する。

岩原はその記号を補助記号といい、中川善教「南山進流声明概説」(『仏教学論集』四一二頁)は約束記号、『声明愚通集』(続真全三〇・三七二頁)は符丁と記している。

補助記号には、ユ、ユリソリ(七ツユリ、藤ユリ)、荒由(地由)、賓由、由下、突由、イロ、ツヤ、ユルグ、打カケ、折捨、自下(本自下、浅自下、略自下)、ス、直、ソリ、ソリ切、ハネル、マワス、打付、トメ、吹(吹切)、カカル、置声(音)、受声(音)、押(押下)、キキ、入、ツメル、半音、スカシ、スカシ声(音)、他にも多くあるが、詳細は本論で解説する。

いずれにしても、実際の口唱は、博士よりも、この補助記号によって唱えているところが大であるといえる。

第八項　拍子

進流はあまり拍子に関しては説かず、拍子を指示しているのは、ただ『声明類聚』の五悔に、只拍子、楽拍子の名称が見られる程度である。
『音律開合名目』には、五種拍子として、只拍子・楽拍子・八多羅拍子・穿貝拍子・虚拍子が記載されている。
『仏教音楽と声明』(三三九頁)によると、廉峯の記をあげ、
只拍子　　二字を引き合わせてうつなり。
楽拍子　　一字一拍子を均等にうつなり。
八多羅拍子　楽拍子のはやきものなり。
穿貝拍子　　只拍子のはやきものなり。

虚拍子　　打たずして押すなり。

乱拍子　　楽拍子・只拍子交雑する。又は楽拍子にもあらず只拍子にもあらざるなり。

と、記されている。

いずれにしても、近年、『魚山集』の中で拍子を指示するのは、前述した如く五悔・九方便のみである。五悔の頭注に、「拍子に三説あり。一には上の四字は只拍子、下三字は楽拍子、二には七字とも楽拍子、三には字により博士に随って二拍子交わると但し此説可なり」とあるが、実際にはこの如くではない。

葦原寂照『要覧』に、「一切仏以下は楽拍子なり。楽拍子とは或記に曰く、一字一拍子に当てて長短高下なく拍つなり。又或記に楽拍子とは上下の文字を同長に拍つなり」とあるが、『魚山精義』には、「楽拍子と云い、只拍子と云うは雅楽の所伝とは言同義別なりと知るべし。東密所伝の只拍子とは帰命の二字、若し二字の帰の字極短に速く唱えて一拍子にすれば之を只拍子と云う」と、雅楽と東密声明の拍子は言同義別とされている。

岩原諦信『声明教典』（八八頁）は、歴代の「魚山集」巻末の五種拍子について、「これ等の拍子を声明の何れの曲に如何様に用ゆるのか分からない。強いて云えば五悔九方便に何れかの拍子を用ゆるのであるが、これとて仔細に検すると何れの拍子にもあたらないようである」と記され、その時の条件によって、速度を速めても遅らせてもよいとまで主張されている。

第二節　声明の師資相承と口伝

第一項　師資相承

真言宗は、すべてにわたって師資相承である。瓶の水を一滴も漏らさず次の瓶に移すように、師匠から弟子に伝えていく（師伝口伝）のが本義である。

声明も、師匠から弟子へ伝えられるべきものであり、実際に師匠の伝授にまたなければならないのは勿論である。魚山集・口訣により、楽理が理解できても、声明は決して唱えることはできない。師匠と対面して、師匠の口から直接、曲節を伝授していただく、これが南山進流において最も重大な意義を有している。

南山進流声明の伝授は、声明講伝師資作法では、一回目は師が唱える。二回目は師資ともに唱える。三回目は資が独唱する。そして、師が弟子の声明を聞き善悪を沙汰する。吉田寛如の一流伝授も、この師資作法の如くであった。

であるが故に、『声明聞書』（続真全三〇・二二一頁）に、「声明は百遍稽古して善悪を沙汰あるべし。設い器用の仁たりとも唯五遍十遍の分にては其旨趣得難し」と説かれているように、研修会や伝授の席の稽古だけではなく、自坊・自宅で最低百遍稽古をする。勿論、それだけでは充分というのではない。それからが大切で、それ以上に何十倍も何百倍も稽古をするということが求められる。

第二項　口伝について

進流の生命は師よりの曲節の伝授であるが、その相伝をより確実なものにするために、音名・音階・調子・五音博士・補助記号等の楽理が必要となってくる。そして、その曲節・楽理だけでも、まだまだ説明できない多くの声明がある。古来、進流ではそれを口伝によって説明してきた。口伝は多くあるが、ここでは二のみ解説する。

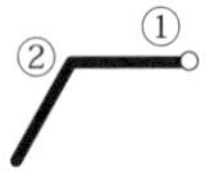

図㋑

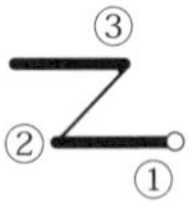

図㋺

図㋑は、四智梵語の「唵」の博士である。①は角、②は商であるので、本来①から②と下げて唱えなければならない。

ところが、実際には①から②とツク如く同音で唱えることになっている。洋楽の五線譜では音譜が下がっているのに同音で歌うことなど考えられないことであるが、進流声明の呂曲では、口伝「呂に高下なし」として同音でツク如く唱えることになっている。

図㋺の博士は、①は角、②はモドリ（五音博士には含まれない）、③は角の博士である。呂曲の声明は、①、②、③と同音でツク如く唱えるが、律曲の声明は、①を唱え、②のモドリを高く唱え、③は①の元の音に下げて唱える。

これを、口伝「呂に高下なし。律に高下あり」と、伝えるのである。

第三項　師伝・口伝に対する姿勢

師伝・口伝に対する姿勢について、岩原諦信は『声明の研究』（二二三頁）の中で、声明の学び方に三ある。一は師伝口伝に絶対無条件で従う、二は師伝口伝の外にたって全く新しい道を歩む、三はできるだけ師伝口伝は尊重す

るが全く不合理なものは改めていくとある。その中で、岩原は第三の道をいくと述べられている。

吉田寛如も、この岩原の第三の姿勢で声明を学んでいると述べられ、岩原の完全に不都合な箇所は改められている。『声決書』（続真全三〇・二五九―二六〇頁）には、非器であるにもかかわらず、正しい相伝でない声明を、多くの人々に伝えたという了栄房の非節が紹介されている。現在における警鐘でもある。

岩原は、「合理的なる師伝口伝は何処までも尊重するが、不合理なものはそれが何人のものであろうとも捨てることを辞さないのである」と、厳しく論じられている。声明を志す者の心すべきことである。

また、進流声明には秘事が多い。『声明大意略頌文解』（続真全三〇・三四四頁）に、「対揚の対告衆の句の薩の註に曰く。律の商をゆれば宮になるなり。是則ち中台に帰する習いあり。更に問えと。此の事既に上に弁ずる如く、彎ば必ず一位上り、由れば必ず一位下るものなり。故に薩の商を由れば宮の位になるものなり。其れ宮は則ち大日如来なり。蓋し商をゆりて宮にする。意趣は則ち対告衆をして中台大日に結帰せしめ、以て因果一如、一門即普門の実理を示すものなり」と、これを「魚山集中秘事多」というなりと述べられている。

第三節　声明の発声法と声の鍛錬

進流声明では、口訣等を探っても、その発声法の記述は少ないし、研修会や伝授でも、発声に関する講義は殆どなかった。そこで、師の伝授、少ない資料、声楽の先生の話を考究して述べてみたい。

第一項　声明の呼吸法

洋楽と声明は、呼吸法は大体同じで、横隔膜（胸と腹の境い目にある筋肉でできた膜）の呼吸である。声楽では深い呼吸をして歌えといわれるが、具体的にいえば腹部の呼吸でそれを支える力が下腹部である。声明も、腹部に力を入れ、お腹の辺りまで息を大きく吸い込み、その息を出すと同時に声を出す。昔から「腹から声を出せ」といわれるが、まさにそれである。

発声の鍛錬法は、毎日、息をお腹の下腹に吸い込む（数字を七まで読む）ようなイメージで一杯一杯吸う。そして、数字を七ほど読む間、普通に呼吸する。これを十回ほど繰り返せばよいとされている。

第二項　声明の発声法

昔から「腹から声を出せ」といわれるが、お腹から声など出るはずがない。声は、声帯が振動して出る。ところが、声帯の振動だけでは、かすかな蛙の鳴き声のような奇妙な声しか出ないという。その声帯の振動に共鳴が加わって、大きなすばらしい声となるのである。たとえば、ギターは弦だけではかすかな音しか出ない。しかし、それにひょうたん型の胴（共鳴箱）が加わると、それに共鳴して、すばらしい美しい音が出るのである。

人間の声で、その共鳴箱にあたるのが、胸と頭である。声帯の振動を胸部に響かせると低い声、頭部に響かせると高い声となる。

しかし、声の共鳴は頭部と胸部のどちらにもミックスされており、図㋑のようにどちらに多く共鳴しているかで、高低の違いがあらわれる。

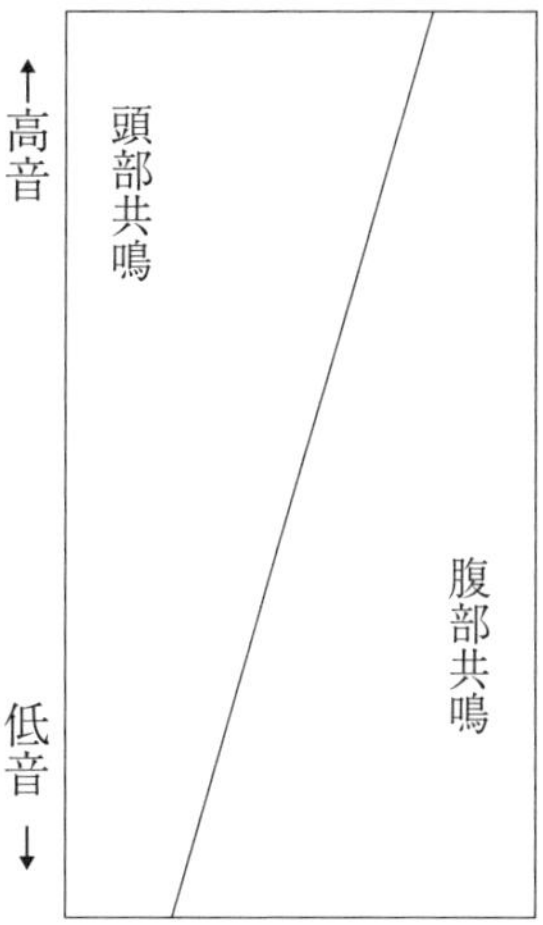

図㋑　高音・低音の共鳴

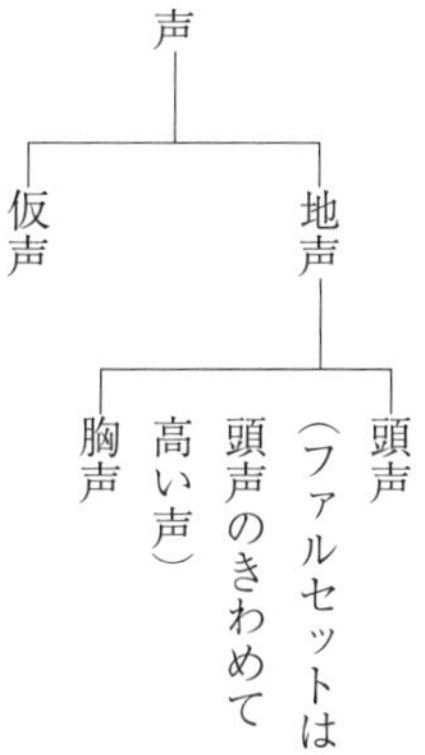

図㋺　声の分類

声を分類すると図㋺の如くである。

(1) 仮声

仮声は、声帯の薄い部分である仮声帯を振動させて出る声をいう。この声は、下腹に力を入れず、深い呼吸をせず、喉をせばめ、胸・喉に力を入れて声を出すので、高く鼻にかかった頼りないフワッとした声となる。

(2) 地声

地声は、声帯の厚い部分である真声帯を振動させて出る声をいう。この声は、下腹に力を入れ、深い呼吸をして、共鳴のよくできた正しい発声法による声で、頭声と胸声の二種がある。

●頭声

頭声は、正しい発声法で、頭部に響かせて出る高い声である。ファルセットは、その頭声のきわめて高い声をいう。

声楽の先生によると、ファルセットは下腹に力を入れ、きわめて深い呼吸をして頭部に響かせ、しかも頭の頂上から声を出すようなイメージをして歌うという。

声明の庭讃等のスカシは、このファルセットに近い。

また、錫杖の「浄」のスカシ声はスカシと同じと誤られるが、実際は別であり、どちらかといえば仮声に近い発声法といえる。

『声明の研究』に説くスカシ声とスカシは端的に述べると左記である。

スカシ声は、声の区域が変わるという意味である。声明特有の重々しい男性的な声から、薄い、美しい、女性的な味わいを含んだ声に移る意で、女声の本領である声帯の内部の薄い部分を振動させて出す声、すなわち薄声ともいわれる。

スカシは、ある高さの声を次第に強くして、少しも緩めずに唱え、仮声に滑り込んで唱える声である。

したがって、『要覧』に、スカシ声について、「大切という意なり」と、正しく唱えんがために注意して声を大事に丁寧に唱えよとの意であると説き、また、スカシ声は本当は息を吐きながら発声するが、イメージとしては吸う如く唱えよと口伝されている。

スカシは、強い声から仮声に滑り込むというが、師伝の実唱を聞いていると、正しい呼吸法で、深い呼吸をして、ある高さの声を終わりまで緩めずに、しかも頭の頂上から声を出すようなイメージで唱えていたと思われる。

●胸声

胸声は、胸部に響かせた太い低い声である。

声明の声は基本的にこの胸声であると思う。下腹に力を入れ、お腹一杯に大きく息を吸い込み、その息を出すと

同時に声を出す。声は、実際には口から外へ出しているのであるが、お腹から出すような感じで発声する。このことは、声帯の振動を胸で充分に共鳴させていることにつながっている。

また、もう少し具体的にいうと、背筋を伸ばし、顎を引き、下腹に力を入れ（足の付け根に力を入れる）、遠くまで聞こえるようにイメージして唱えると、低く荘重でよく響く声明がお唱えできる。

『声明類聚』の「声明発音心得之事」には、聖尊『声明口伝』（大正蔵八四・八五八ａ）を引用し、「発音せんとする時は、内心を強く張り外表を悠滑にすべし。内心弱き時は愁嘆の声を成ず。又内外強く張る時は忿怒の声を成ずる。又口を大に開くべからず。啻に外貌を失するのみならず音声細かに息短かし」と記されている。

また、聖尊『声明口伝』には、「四種悪声之事」として、声明における四種の悪声で、亡国の声は哀傷愁嘆の声、人法不和合の声は調子はずれの声、短命病患の声は細く弱く赤子の泣く如き声、天魔障礙の声は喧怒喚叫の声と解説されている。さらに、「音曲之心持之事」としては、声明を唱える時の心の持ち様で、内心を強く張り、外面を悠滑にして唱えるべしと説かれている。

第三項　声の鍛錬法

声の鍛錬法は、毎日、右記の呼吸法で、「あー」、「いー」、「うー」、「えー」、「おー」と、一字一字息を吐ききるまで、大きな声で練習をする。勿論、下腹に力を入れ、お腹から声を出すようなイメージで発声練習をすると良いとされている。

声明と洋楽は、発声をする上で大きな違いがある。

洋楽は、立って、口を大きく開けて、身体全体を動かして歌う。

声明は、坐ったまま、口を大きく開けてはいけない、身体を動かしてはいけない等々、いろいろな制約がある。したがって、声明を含む伝統音楽には、この不利な条件を克服するためにも、独特な鍛錬が課せられてきた。いわゆる、「寒声をとる」ということである。昔から寒稽古といって、冬の寒い時期に、外で寒風に向かって何度も何度も大きな声を出す稽古をする。そのうちに声帯の膜が充血して破れる。ところが、そこで止めずにまた稽古をする。破れては治り、破れては治りして、段々と太い重厚な声ができ上がってくるのである。

『声明聞書』（続真全三〇・二二一頁）に、「悪声モ喉ヨリ血出ル程ニツカヘバ能クナルナリ」と、記されている。悪声も、喉より血が出るほど稽古をすると良くなるというのである。喉から血が出るほどというから、基本的に寒稽古と同じ理屈である。何度も何度も反復練習をする。それが、そのまま声の鍛錬にもつながるというのであり、この短い言葉に、声明の声の鍛錬方法が集約されているといえる。

吉田寛如は、岩原諦信の重厚な声と自分の声と声質が違うのに気づき、質問すると、「鏡を見て、喉の奥の懸壅垂（喉チンコ）を動かす練習をしなさい」と、伝授されたそうである。

これは、動物のようなきわめて低い声を出さなければ、懸壅垂は動かない。これは理屈的には寒稽古と同じで、何回も繰り返すことにより、声帯を鍛え厚くすることにつながる。しかし、岩原の鍛錬法が続かない場合は、たとえば「庭讃・文殊讃・阿弥陀讃」等の高声でお唱えしなければならない反音の稽古をする。それも、何度も何度も反復練習をする。すると、ごく当然なことであるが、声は完全といってもよいほどつぶれてしまう。これを繰り返すことにより、少しは太い重厚な声に近づくのではなかろうか。

以上、声明はとにもかくにも反復練習あるのみである。そして、反復練習こそが声を作るのであり、声明の飛翔につながるのである。

『声明聞書』（続真全三〇・二一一頁）に、「声明は百遍稽古して善悪を沙汰あるべし。設ひ器用の仁たりとも唯五遍十遍の分にては其旨趣得難し」と述べられている。

少しばかりの稽古をして曲節ができるようになると、それでよしとされる人が多い。それを厳しく誡められているのである。

『声明略頌文』に「心住寂静離分別」と説かれ、心を静めて澄み切った境地で、声明を何遍も何遍も繰り返し修習し唱えれば、我他彼此の虚妄分別の見を離れることができる。それも自利成就だけではなく、利他行も合わせて満足するが故に、音律声明道を以て上求菩提下化衆生の法門とすると説かれている。

『理趣釈経』（大正蔵一九・六一〇b）にも悟りの障りとなる分別について、「如来の無漏の五識成所作智と相応するに由て、三業の化を現じて浄妙国土及び雑染世界に於て任運無功用無分別にして仏事と有情の事を作す」と釈している。すなわち、因位には識強の故に智之に相応（『秘要鈔』）するによって、羯磨部の三密のはたらきである不空成就如来の身をあらわして、自然なあるがままの無作無分別の迷いの分別を超えた作業によって、仏のはたらきである衆生教化と有情にとっても大切な自利利他のはたらきをなすことができると、『声明略頌文』と同意の深義が説かれている。

大師『御請来目録』（弘全和一・九五頁）に、「密蔵深玄にして翰墨に載せがたし。さらに図画を仮りて悟らざるに開示す」と、密教は奥深く文章では述べ難いので、図画すなわち曼荼羅で悟りの境地を示すと教示されている。

声明も曼荼羅である。聖尊『声明口伝』（大正蔵八四・八五九頁）の後半部に、呂の声明は胎蔵法大日の説法、律

の声明は金剛界大日の説法と説き、続いて口伝として呂の声明の中に律あり、律の声明の中に呂ありとして、図画の曼荼羅と同じく、呂律いずれの声明も結局は両部不二の説法であるとの密教の深義が述べられている。

また、密教の三密行も曼荼羅である。浄厳口・妙粋記『理趣釈訣影抄』（続真全七・四三一頁）に、「大曼は身の威儀なる故に身密なり。三昧耶曼荼羅は意密なり。法曼は語密なり。羯磨曼は三密が上の事業を云う故に、三密四曼は開合の異のみなり」とあり、三密と四曼は同一であり、三密相応するを曼荼羅というとしている。また、他の説には、手に印を結び、また合掌するのは羯磨曼荼羅であり、口に真言を誦ずるのは法曼荼羅であり、意に本尊の誓願を念ずるのは三昧耶曼荼羅であり、これらの三密を円満具足したるものが大曼荼羅であり、悟りそのものと説かれている。

声明を唱えることも、まさしく自利利他円満の三密行であり、曼荼羅すなわち悟りの境地をこの現象世界に顕現することである。したがって、当然なることであるが、倦まず弛まず常に謙虚さを持って、まだまだ足らないと、生涯を通じて努力精進すべきであるといえる。

第二篇

南山進流声明の諸法則

第一章　理趣三昧

第一節　理趣三昧について

第一項　理趣三昧の濫觴

理趣三昧とは、導師が「理趣経法」を修し、職衆が『理趣経』を読誦する、真言宗で最も多く執り行われている代表的な法会である。

理趣三昧では導師が理趣経法を修するが、この呼称に「理趣法」と「理趣経法」の二がある。筆者は、「理趣経法」と呼称する方が妥当であると思えるが、詳しくは本章第二節「理趣経法の本尊と次第」で後述する。

法三宮真寂親王の記、『里取経』（理趣経の片字―八結第一）に、「青龍寺恵果和尚恵日寺の数口の僧侶を請じて、五日間十五時に懺悔の法を修し、真言教中の大乗経之を転読し、並びに秘法を修し、滅罪を祈る。夢中に不空三蔵来りて云く。真言中の肝心、我殊に此法を以て心と為す々々。是の如く一両度之を示す」と述べられている。

頼瑜『薄草子口決』第三（大正蔵七九・一九四ａ）には、「口決に云く。表紙の記は是理趣三昧なり。真言教中大

乗経とは是理趣経なり。秘法は此れ経法なり」と、五日間十五座、大乗経すなわち『理趣経』を転読し、秘法である理趣経法を修し、懺悔法である理趣三昧を厳修したと釈している。

滅罪は、修法を三種・四種・五種・六種法に分類する時、どこにもその名称は見当たらない。すなわち、三種法とは息災・増益・降伏、四種法とは息災・増益・降伏・敬愛、五種法とは息災・増益・降伏・敬愛・鉤召、六種法とは息災・増益・降伏・敬愛・鉤召・延命である。

実恵『護摩法略抄』（弘法大師諸弟子全集・上・二八三頁）に、息災護摩に滅罪息災・滅苦息災・除難息災・悉地息災の四種ありとし、滅罪息災とは四重・五逆・十悪等の罪を息滅すと説かれている。

恵果口・大師記（他にも不空・文秘等の説あり）『秘蔵記』（弘全和五・四六頁）にも、一法に四種法を具すとして、たとえば息災法を行ずる時に、貪瞋痴の三毒を調伏するのは息災であって降伏であり、煩悩の闇を除けば智慧の光が増して増益である。他の法も同であり、各法は互いに各法を具すと述べられている。

したがって、滅罪は息災に包含せらるべき法であるといえるが、理趣経法は滅罪だけではない。各段には、息災・増益・降伏・敬愛が説かれており、各法に修されるべき法であり、特に過去の滅罪を祈り追福菩提のために修するのに功徳があるとされている。

第二項　弘法大師と理趣三昧

真雅僧正の『五日三時𑖭𑖺《ソ》𑖨𑖿𑖧《リヤ》𑖟《ダ》𑖨𑖿𑖦《ルマ》』（弘法大師諸弟子全集・中・二二八頁）の外題は『五日三時𑖭𑖺𑖨𑖿𑖧𑖟𑖨𑖿𑖦』、内題は「理趣経法」である。そして、内題の「理趣経法」の下に、「貞観寺御記」とあり、続いて「弘仁十三年自十二月十一日至十五日毎日三時被修理趣経法」とある。「貞観寺御記」は、『弘法大師諸弟子全集』編纂者の長谷宝秀による

と、古来、真雅僧正の作と伝えられているとしている。

年月日は、弘法大師が青龍寺恵果和尚への報恩のため、高雄山において、弘仁十三年（八二二）十二月十一日より十五日に至るまでの五日間、毎日三時、五日三時の理趣三昧を厳修、導師は理趣経法を修された典拠とされている。

また、大師『性霊集』巻七の中に、理趣三昧による供養ではないが、『理趣経』による供養が見られる。左記の二文である。

一、**為故藤中納言奉造十七尊像願文**（弘全和一〇・九四頁）

弘仁十二年（八二一）九月七日、故藤原葛野麿のために遺品の綾の衣の糸で十七尊曼荼羅を描き、『理趣経』を書写し「経を演ぶ」と記されている。

演とは、講讃されたのか、読誦されたのか定かではないが、少なくとも『理趣経』による供養の初見であるといえる。

二、**為忠延師先妣講理趣経表白文**（弘全和一〇・一一九頁）

大師十大弟子の一人・忠延の亡き母親のために、『理趣経』を書写し「文義を講演し」と述べられているので、『理趣経』の教えを説かれたと、すなわち講讃であり、広義における『理趣経』による供養であるといえる。

講讃の年月日は不明であり、忠延の生没は不詳であるが、『弘法大師弟子伝』によると、天長（八二四〜八三四）の初めに東大寺で具足戒を受くとあるから、右記の一よりも後年と思える。

『性霊集』の中に、故人の追善法要のための文が、はっきりと三七日忌、七七日忌、一周忌、三回忌、あるいは忌日追善のために法要、講説、料物寄進等が供養として執り行われたという御文章が十一文収載されている。

また、忌日があげられていないが、桓武天皇供養のため、伊予親王供養のため、藤原葛野麿供養のため等の多く

の願文等が、右記の他に二十五文収載されている。このように、『性霊集』には供養に関する文章は多くあるが、はっきりと『理趣経』による供養を明記した文章は右記の二文である。

このことから、大師の時代には、高雄山での五日三時の理趣三昧は勿論のこと、他にも『理趣経』の書写、講讃による供養が執り行われていたことが窺われる。

第三項　高野山・東寺における理趣三昧

東寺では、『東宝記』第六（続々群一二・一一七頁）に、「同宮長日理趣三昧」として、「永仁六年二月十三日、長者大僧正守恵時始レ之」と、同宮とは八幡宮で、毎日欠かさず理趣三昧を行ずるということであり、長者守恵の時に永仁六年（一二九八）二月十三日より始行とある。また、『東宝記』第六（同・一一七頁）の「毎日三時勤」の条に、「朝理趣三昧。日中尊勝陀羅尼。夕礼懺。去延応二年庚子三月二十一日。始て之を行ず」と、三時の朝の勤行が理趣三昧で、延応二年（一二四〇）始行せられたとある。それが、声明が唱えられる理趣三昧か、ただ理趣経のみ唱える理趣三昧なのか明らかではないが、朝の勤行に真言宗で最も依用せられている理趣三昧が、真言宗の根本道場である東寺で修されていたということに、大きな意義があると思われる。

高野山では、『高野春秋』巻四（大日仏全一三一・六六頁）の治安三年（一〇二三）十月二十二日の條に、「御堂殿下登御。是いわゆる夢を感じて以来拝殿及び御廟橋を造替ならびに今般金泥法華経を手写し墨書の理趣経三十巻を納賓して之を供養し往生都史の直因と為すと欲するなり。（中略）御法事は法華八講。導師は三井寺心誉僧正。翌日理趣三昧。導師検校峯杲」とある。『奥院興廃記』（大日仏全一二〇・一一二頁）にも同文が記されているが、理趣三昧については触れられていない。御堂《みどう》殿下とは法成寺ノ大相国禅門殿下とも号し、藤原道長のことであり、高野

山参詣の折、奥院拝殿と御廟橋を造営し、金泥法華経と理趣経三十巻を奉納し、兜率往生を願い、一日目は法華八講、二日目は検校峯杲が導師となり、理趣三昧が厳修されたとある。爾来、『高野春秋』にも、しばしば理趣三昧が修された記事が見られるようになる。このことから、高野山においては、藤原道長の高野山参詣を起因として、理趣三昧が重要な法会として定着してきたことが窺える。また、『高野春秋』巻五（大日仏全一三一・八一頁）嘉保元年（一〇九四）秋七月七日の條に、「七月七日。昼夜不断理趣三昧会を中院大堂に始行。十三夜に至り結願矣。以て後格と為すなり」と、不断経の始行が記されている。

高野山では、水原堯栄『金剛峯寺年中行事』首帖に「金剛峯寺年中行事対照表」があり、文永六年（一二六九）・正応四年（一二九一）・慶安三年（一六五〇）・安永七年（一七七八）・享和二年（一八〇二）・現在（昭和八年・一九三三）の年中行事が各月毎に収載されている。それによると、理趣三昧が執行された記録は左記である。

文永六年　毎月十六日に山王院理趣三昧・七月七日に七日七夜金堂不断経。

正応四年　毎月十六日に山王院理趣三昧・七月七日に金堂一七日夜不断経。

慶安三年　毎月十六日に山王院理趣三昧・四月二十二日に夏中理趣三昧。
自七月七日至十四日に金堂昼夜不断経・七月十五日に奥院御廟出仕理趣三昧。

安永七年　毎月十六日の山王院理趣三昧と自七月七日至十四日の不断経の記録がない。
政所慈尊院鎮守七社明神平座理趣三昧。

享和二年　毎月十六日の山王院理趣三昧と自七月七日至十四日の不断経の記録がない。
四月十六日に青巌寺理趣三昧・四月十七日に青巌寺中曲理趣三昧。
自四月十四日至七月十四日に金堂夏中理趣三昧。

昭和八年　毎月十六日の山王院理趣三昧の記録が見当たらない。
　　八月七日より七日間、金堂不断経。

第二節　理趣経法の本尊と次第

「理趣経法」は、『理趣経』による後述の曼荼羅かその中位の尊かいずれかを本尊としているのであるが、その本尊には左記の如く数説ある。

『薄草子口決』第三（大正蔵七九・一九三b）には、十八会曼荼羅・理趣会曼荼羅・五秘密曼荼羅の三説があげられている。

『覚禅鈔』第二十八（大正図四・七〇六a）には、「静誉は段々尊」「聖賢は般若菩薩」とあり、静誉は各段の曼荼羅の諸尊を、聖賢は般若菩薩を本尊とするとしているが、現行の理趣経法には見当たらない。

葦原寂照『乳味鈔』巻八（四二丁表―裏）には、「一は十八会の曼荼羅、一は理趣会曼荼羅、一は五秘密曼荼羅なり」と三説あげられている。

その中、十八会の曼荼羅には、「十八会とは十七段の曼荼羅と、所説《ママ》の曼荼羅是れなり。而して序品の曼荼羅は能説にして、十七段は所説なり。乃ち能所合して十八会なり。此則ち金剛智三蔵の図する所の曼荼羅なり」と割注されている。所説は序品の誤植と思われるが、十八会とは序品の能説の曼荼羅と所説の十七段の曼荼羅をいうとしている。そして、本文の最後に「本流の秘伝は序品能説の曼荼羅を以て本尊とす」と記されている。

高見寛恭『理趣法の意得』（四頁）には、五説をあげている。一は十七段各々の主尊を本尊とするが独立一尊で

はなく眷族を伴う曼荼羅の形をとる。二は十七段全部を会して曼荼羅とする仁海・心覚等の十八会曼荼羅である。三は法性不二の大日であり、四は初段の大日であり、五は初段の金剛薩埵としている。そして、三宝院流は法性不二の大日を本尊とした能説曼荼羅と理趣会曼荼羅、中院流は法性不二の大日と五秘密曼荼羅を本尊とすると述べられている。

上田霊城『真言密教事相概説』諸尊法・灌頂部（一五三頁）には、まず本尊を金剛薩埵と大日に大別し、金剛薩埵を本尊とするのは理趣会曼荼羅・五秘密曼荼羅・金剛薩埵一尊の三説であり、大日を本尊とするのは金剛界大日・能説曼荼羅・十八会曼荼羅・法性不二の大日と四説あげられている。

右記の如く、本尊には多種あるが、その中、十八会曼荼羅・能説曼荼羅・金剛界大日・法性不二の大日・十七尊曼荼羅（理趣会曼荼羅）・金剛薩埵・五秘密曼荼羅の七種に集約し、各法流の理趣経法の本尊と次第を述べ、その本尊の依拠となっている『理趣経』の段等を〰〰線で示した。

第一項　十八会曼荼羅を本尊とする

頼瑜『秘鈔問答』第七（大正蔵七九・四〇三c）に、この経の曼荼羅に多種ありとして、「一に十八会曼荼羅なり。十七段の曼荼羅に序品曼荼羅を加えるなり。序品を能説曼荼羅とす。如是我聞より而為説法に至る是れなり初中後善以下十七段の曼荼羅を所説曼荼羅とす。なかんずく前の十六段の曼荼羅を因曼荼羅とし、十六大生を表す。後の一段の五秘密の曼荼羅を果曼荼羅とし、五智円満の義を顕す」と、序分を能説曼荼羅とし、正説分の十七段を所説曼荼羅とし、前の十六段を因曼荼羅、最後の十七段の五秘密段を五智円満の果曼荼羅としている。ただし、割注の「如是我聞より而為説法に至る是れなり」は不可解である。序分の能説曼荼羅は、『理趣経開題』（弘全和四・九九頁）は「恭敬囲繞」ま

で、『真実経文句』（弘全和四・一〇一頁）は「清浄潔白」までとされているので、訂正すべきと思われる。

『秘鈔問答』第七（大正蔵七九・四〇三c）には、この十八会曼荼羅は「金剛智自筆薦福寺金泥曼荼羅なり。御記に云く。金泥曼荼羅は凡そ諸曼荼羅之を合集す」と、金剛智自筆の薦福寺の金泥曼荼羅は十八会曼荼羅であり、諸曼荼羅を合集すとあるので、序分と十七段の曼荼羅を会した十八会曼荼羅と思われる。しかし、つづけて『理趣釈』の「具には金泥の曼荼羅の像の東南の隅の如きが是れなり」の説文を引き、五秘密の曼荼羅との説もあげられている。

心覚の理趣経曼荼羅は『秘鈔問答』に全同ではないが、『理趣経』序分の能説曼荼羅を金剛界、所説の初段十七尊曼荼羅を胎蔵界とし、第二段から十六段までを金胎いずれかに属せしめ、この両部を合一したのが第十七段の五秘密曼荼羅としている。名号を梵字で記した種子曼荼羅である。

しかし、仁海の十八会曼荼羅（大正図四・三二二頁）は『秘鈔問答』と大きく異なる。

仁海の十八会曼荼羅は、『理趣経』十七段の曼荼羅に説会の曼荼羅を加えた十八会曼荼羅を縦六枠、横三枠の一会にまとめられた掛け軸の曼荼羅である。図様は十八の枠に漢字で名号が画かれている。

『理趣経』十七段の曼荼羅に説会の曼荼羅を加えた十八会を本尊とする。

動潮『三宝院流洞泉相承口訣』第五（真全三三・一四一頁）に、「和上云く。当流秘説は十八会の曼荼羅を本尊とする也」と述べられているが、現近行じられている理趣経法にはこの十八会曼荼羅を本尊とする次第はない。

第二項　能説の曼荼羅を本尊とする

『理趣経』の縁起分に説かれている教主大日を中心に、八大菩薩と内の四供養菩薩・外の四供養菩薩・四摂の菩薩衆が囲繞する説会曼荼羅を本尊とする。

法性不二の大日が会場の他化自在天王宮において、八大菩薩等のために、大楽大貪染の法を説かれた。『一法界𑖭𑖝法』を加味した次第で、深秘な法である。

この法性不二の大日を本尊とする法は、三憲方の『秘鈔』巻六（大正蔵七八・五一三b—五一七a）等に伝わっている。すなわち、能説曼荼羅を本尊とし、その中尊は法性不二の大日であるが、三憲方では深秘であまり用いられず、普通には第五項の理趣会曼荼羅を本尊とする法が用いられる。なお、中院流院家相承に伝わる「理趣法」も法性不二の大日を本尊とするが、能説の曼荼羅ではない。

『秘鈔問答』第七（大正蔵七九・四〇五a）に、「問。下の理趣経法に総呪を用う。今説経曼荼羅を以て本尊と為す。故に本尊則ち大日の故に𑖀を用いるなり。而るに若何ぞ道観の中𑖪𑖽字を種と為すや。答。今の法両部不二を以て宗と為す。故に種𑖪𑖽。言𑖀歟。恐くは彼の形像定印に住す。種尊不二の義歟」と、「下の理趣経法」とは『秘鈔』の理趣会曼荼羅を本尊とする「理趣経法」をいい、真言は総呪の「𑖌𑖼《オン》𑖦《マ》𑖮𑖯《カ》𑖭𑖲《ソ》𑖏《ギャ》𑖪《バ》𑖪𑖕𑖿𑖨《ザラ》𑖭《サ》𑖝𑖿𑖪《トバ》𑖕𑖾《ジャク》𑖮𑖳𑖽《ウン》𑖪𑖽《バン》𑖮𑖺𑖾《コク》𑖭𑖲《ソ》𑖨《ラ》𑖝《タ》𑖭𑖿𑖝𑖿𑖪𑖽《サトバン》」を用いる。また、『秘鈔』の深秘なる「理趣経法」の本尊は説経曼荼羅であり、大日である故に真言は𑖀字、道場観の種子は𑖪𑖽字を用い、両部不二を宗とする。また、種子𑖪𑖽字は金界、尊形は胎蔵の故に種子尊形も不二をあらわすと説かれている。故に、本尊は法性不二の大日と説くのである。

次第は、右記の『秘鈔』の「理趣経法」の他に、随心院流の「理趣経法」、勧修寺流の「理趣経法」、浄厳撰の「理趣経行法」である。

ただし、宗叡の能説曼荼羅の中尊は胎蔵大日であり、右記と異なり、『理趣経』の教主を胎大日としている。

また、道宝『理趣経秘決鈔』（日大蔵三一・七四頁）には、序説分の曼荼羅として、現図の胎蔵中台八葉院の中位大毘盧遮那仏を八大菩薩が囲繞する曼荼羅が描かれている。そして、「但し此の八葉九尊常途に似ず。仏は金の三

十七尊。位は胎蔵の八葉なり。是れ不二曼荼羅を顕すなり」と、能住の九尊は金界の智をあらわし、所住所の八葉は胎蔵の理をあらわし、理智不二の法門を説く深旨をあらわすと説かれる。したがって、中尊の大日は金界大日である。

現行の理趣経法には、右記の宗叡・道宝の曼荼羅を本尊とする次第はない。

守覚法親王輯録『秘鈔』までの血脈を考証すると左記である。

弘法—真雅—源仁—聖宝—観賢—淳祐—元杲—仁海—成尊—範俊—良雅—定海—元海—実運—勝賢—守覚となる。

第三項　金剛界大日を本尊とする

金剛界曼荼羅（九会曼荼羅）をかけて、理趣経法を修する。

『理趣経』第二段の始覚の大日、修生の大日である報身大日を本尊とする。

『理趣釈経』巻上（大正蔵一九・六一〇b）では、報身について、第二段の「毘盧遮那如来といっぱ遍照と名く。報身の仏なり」と説かれ、注釈書には顕教の阿弥陀等の報身ではなく、自受用報身なりと述べられている。

『理趣経』と『理趣釈経』所説の印は智拳印であるが、口伝にて如来拳印、明は本覚の金剛界大日の𑖪《バ》𑖕𑖿𑖨《ザラ》𑖠《ダ》𑖝𑖲《ト》𑖪𑖽《バン》ではなく、修生の大日であるので𑖪《バ》𑖕𑖿𑖨《ザラ》𑖠《ダ》𑖝𑖲《ト》𑖁𑖾《アーク》の印明である。

『小田慈舟講伝録』第二巻（一六二頁）に、「普通は金剛界大日には𑖪𑖽《バン》字を種子とし、胎蔵大日には𑖁𑖾《アーク》字を用いる。然るに今金大日に𑖁𑖾字を用いるは如何なる理由によるか。一伝には印は金界を表として智拳印を結び、真言に胎の𑖁𑖾字を用いることによって両部不二を示すためという。また一伝には金界羯磨会の大日は𑖪𑖽字を種子とし、三昧耶会の大日は𑖁𑖾字を種子とする。𑖁𑖾字は胎蔵に限らないという」と、『理趣釈秘要鈔』を引用し、この第二段

の𑖁𑖾字は胎大日の種子（印は金剛界で両部不二をあらわす）あるいは三昧耶会の大日の種子としている。

また、『理趣釈経』（大正蔵一九・六一〇c）には、「𑖁𑖾悪引字心真言とは具に四字を合して一体と為す」と、𑖁𑖾字は𑖀𑖁𑖀𑖽𑖀𑖾四字合成の字と説かれている。𑖁𑖾字は寂静法性現等覚（法界体性智）であり、四字はそれぞれ𑖀は金剛平等現等覚（大円鏡智）、𑖁は義平等現等覚（平等性智）、𑖀𑖽は法平等現等覚（妙観察智）、𑖀𑖾は一切業平等現等覚（成所作智）の四種の現等覚（四智）をあらわしている。

したがって、𑖁𑖾字は本来は五点具足の𑖁𑖽𑖾《アーンク》字であるが、空点を省く。その理由は、浄厳『理趣釈訣影抄』（続真全七・四四六頁）に「アンクとよべば空点の声が中間になる故に梵文の法にそむく。然れども菩提は涅槃の前なる故に空点を前によぶなり。されども悉曇の法にそむく故に此の字に空点を省くなり。その相をあらわさぬが即ち空の形なる故なり。故に空点を除いて悪《ああく》とよんで置くなり」と、五点具足の𑖁𑖽𑖾字はアーンクと読むが、空は無相なる故に、空点を省きアアクと読むべきと釈されている。

近年の理趣経法の十七段印明の第二段は、多くは𑖀𑖾（アク）字である。しかし、この𑖁𑖾字は、『理趣釈経』の第二段の四字合成の𑖁𑖾の大日、すなわち四種の現等覚（四智）即寂静法性現等覚（法界体性智）の大日という意に反する。東密では『理趣経』は『理趣釈経』により理解するというのが習いであり、全て『理趣釈経』によらねばならない。

すると、第二段の心真言については、「𑖁𑖾悪引字」と説かれ、悪字で引くとあるので、やはり正しくは𑖁𑖾字でアークである。上田霊城「理趣経法」・「理趣三昧供養法」、堀内寛仁『理趣経の話』には𑖁𑖾字と示されている。

栂尾祥雲『理趣経の研究』（一五二―一五三頁）には、第二段の種子について、「菩提流志訳では唵（oṃ）、蔵訳『理趣広経』では阿（a）、法賢訳では阿引（ā）、金剛智訳と現存梵本と施護訳とでは盎（aṃ）、若くは闇引（āṃ）、

蔵訳『金剛場荘厳経』と不空訳とでは噁（aḥ）ということになっている」と、唵（oṃ）、阿（a）、阿引（ā）、盎（aṃ）、闇引（āṃ）、噁引（āḥ）の六種があげられている。さらに、この種子の異なりについて、「唵（oṃ）の如きは印度の一般宗教の上に崇拝せられ、かつ『守護国界主陀羅尼経』第九などにもある如く、これを以て法、報、応の三身を象徴することになっているのであるから、これらの思想に基き、一切如来の覚体を標幟するに、この唵字を以てしたものらしい。その他の類本の種子の如きは、多少の異りがないではないけれども、何れも阿（a）の転化に過ぎない」と、唵字は法、報、応の三身の義があり一切如来の覚体を標幟する故であり、阿（a）、阿引（ā）、盎（aṃ）、闇引（āṃ）、噁引（āḥ）は阿（a）の転化に過ぎないと述べられている。

なお、第二段の種子として多く用いられている𑖀𑖾字について、『理趣経の話』には、要点だけ述べると、日本ではアクとアークと短い長いを余り問題にしなかったので、𑖀𑖾と𑖁𑖾と混乱したのであろうと解説されている。筆者は𑖀𑖾字については寡聞にして知らないが、第二段の大日は𑖀𑖁𑖀𑖽𑖀𑖾と修生する大日の故に、『理趣経の研究』に述べられている如く阿（a）の転化であり、特に𑖀𑖾の入涅槃の種子が用いられたのではなかろうかと思われる。

また、「玉取三日共良法」（八結第一・理趣三昧供養法の片字）の中に、「重𑖁𑖾。三十。身本。口十言余𑖪𑖽其処力𑖁𑖾。已上師説以之為習」とある。重は種の片字で、種子は𑖁𑖾《アーク》。三は三昧耶形、十は本の略字で、三昧耶形は本の定め通り𑖪𑖽《バン》一字塔。身は印で、本の定め通り智拳印。口は真言で本の定め通り、言は𑖪𑖕𑖿𑖨𑖠𑖯𑖝𑖲𑖪𑖽《バザラダトバン》で𑖪𑖽を余（除）き、其の処へ𑖁𑖾を力（加）うという意である。また、師説とは堀池ノ僧正信証の説ということであり、之を以て習いとすとある如く、西院流では常にはこの「理趣三昧供養法」を用いる。

したがって、金界大日を本尊とする次第は、西院流の「理趣三昧供養法」である。

この「玉取三日共良法」は西人とある。西とは西院、人とは西院二世の任覚法印の任の片字で人偏をあらわして

いる。この血脈を示すと左記である。

弘法―真雅―源仁―益信―┬寛平―寛空―済信―性信―寛助―信証―任覚となる。
　　　　　　　　　　　└神日

第四項　法性不二の大日を本尊とする

真雅僧正『五日三時𑖭《ソ》𑖨𑖿𑖧《リヤ》𑖠《ダ》𑖨𑖿𑖦《ルマ》』（弘法大師諸弟子全集・中・八六頁）が初めで、法三宮真寂親王の記「理趣経」（八結第一）に相伝されている。

本尊は種子𑖪𑖽、三昧耶形は宝珠、尊形は身色白月の輝（金）の如くにして、五智の宝冠（金）を戴き、法界定印（胎）に住して、千葉の白蓮華（胎）に坐し、茎は五股杵（金）。すなわち、金胎不二の大日の尊形である。『秘鈔問答』第七（大正蔵七九・四〇四a）にも、「理智不二の尊、両部一心の仏なり。種子は𑖪𑖽金、尊形は定印台、印は智拳印、言は𑖀」と、種子と印は金剛界、尊形の印と真言は胎蔵で両部不二と説く。

「一法界𑖭𑖨𑖿𑖧法」の一は、種子の𑖪𑖽一字を指す。法界は、この𑖪𑖽一字より成り立っているということである。また、一伝には『理趣経』は𑖪𑖽一字の功徳を説く故ともいう。

𑖭𑖨𑖿𑖧とは、栂尾祥雲『秘密事相の研究』に、「蘇哩耶とは理趣の梵語であるという説があるけれども、此は誤りで、理趣の梵語は娜耶 naya であって、決して蘇哩耶ではない。蘇哩耶 sūrya とは太陽即ち日輪のことである。思うに此は一法界大日法と云うことで、理智不二、法性不二の一法界大日を本尊として修する理趣経法の義なることは明らかである」と、𑖭𑖨𑖿𑖧とは、梵語の sūrya で日の意、したがって一法界大日法をいうと説かれている。

あるいは一法界彼法の意であるとも説かれる。彼法とは、如意宝珠法のことを秘して一法界彼法ともいう。また、

sūrya と śarīra が相通ずるために、śarīra すなわち舎利耶あるいは舎利羅にとり、舎利と宝珠が一体なるために、如意宝珠法ととる伝もある。

法性不二の大日とは法界体性智をいい、六大法界の体性であり、金胎不二の法界を体性とする大日である。そしてこれを縮めると衆生本具の浄菩提心であり、深秘には浄菩提心即如意宝珠と解するのである。すべての現象はこの菩提心である如意宝珠より出生し、あたかも宝珠より珍宝を降らすに似ている故、宝珠を以てあらわすのである。

一、『理趣経』は如意宝珠の法

教舜『秘鈔口訣』（真全二八・一七九頁）に、「今此の流には理趣経を以て即ち宝珠の法と為す。是れ不共の秘秘中の秘密の習い也」と、『理趣経』を宝珠の法とするのは、四重秘釈の中でも最深秘の深義と説かれている。

亮禅『白宝口鈔』（大正図六・五七八c—五七九a）に、「凡そ理趣経はहूं字功徳を説く。此れ大日は如意宝珠を根本と為す故なり。此の理趣経を宝珠と習うは宗の大事、不共の秘秘中の深秘なり。此の故に後七日御修法の時、仁密密に此の経を転読すべきと意得べきなり。一々の文字宝珠となって虚空に遍じて、少福無恵の衆生を利益すると之を観ずべきなり」と説かれている。

『醍醐三宝院憲深方伝授録』第三巻（五三頁）に、『龍暁大和尚伝授録』に依ればとして、「理趣経をもって宝珠の法と習うは、宗の大事なり。この故に、後七日御修法に、密々に転読す。経の一々の文字宝珠となって虚空に遍じて、少福無恵の衆生を利益すると観ずべし。また念誦のあいだ、わが心月輪の中にहूं字あり、如意宝珠となる。変じて大日尊となる。一々の毛孔より、世間出世間の珍宝を流出して衆生を利益すと観ずべし。理趣経とはहूं字の功徳を説くなり。この大日は如意宝珠を根本とする」と、『白宝口鈔』と同文の意が述べられている。『密教大辞

典』にも、この『龍暁伝授録』によると思われるが、全く同様の文が記されている。

すなわち、『理趣経』は、経の一字一字が宝珠となって虚空に遍満して衆生を利益するという、大日の如意宝珠の法が説かれており、この『理趣経』により「一法界〓〓法」が成立しているということは明らかである。『理趣経』の全段にわたり、種子は〓字、三昧耶形は宝珠、尊形は金胎不二の法性の大日である本尊が説かれている。

次第は、各法流の全ての「一法界〓〓法」である。

二、「一法界〓〓法」の系譜

「一法界〓〓法」は、真寂「理趣経」（八結第一）に、弘法―真雅―源仁―益信―神日―真寂と血脈が示されている。『理趣法の意得』には、私に考証された血脈を示すとして左記があげられている。

弘法―真雅―源仁―益信―神日―真寂……寛空―寛朝―深覚―信覚―厳覚―宗意―実厳―頼真―成厳―寛海―兼慧―寛伊―成慧―光誉―隆雅―興雅―宥快―成雄―快尊……。

益信より寛朝は広沢であり、深覚（寛朝より灌頂を受く）、信覚、厳覚は勧修寺、宗意（厳覚より灌頂を受く）、実厳、頼真以下十葉は安祥寺、宥快以下は高野山宝性院である。したがって、広沢方より（勧修寺と）安祥寺に伝わり、高野山宝性院に相伝され、中院流に取り入れられ相承されている。

また、「一法界〓〓法」は醍醐にも伝わっている。『秘鈔問答』第七（大正蔵七九・四〇四b）によれば、「此の法の相承は良雅阿闍梨大僧正定海に伝う」とある。良雅とは小野・大乗院に住し、範俊の上足で厳覚とは同門であり、勧修寺流良雅方の祖である。定海とは醍醐山座主で東寺長者でもあり、三宝院流の祖である。良雅の資としては、

この定海と明寂等がいる。明寂は高野山最禅院の学僧で、覚鑁が師事せられた師であり、醍醐の法を高野山に伝えられた師である。したがって、「一法界𑖭𑖝法」は安祥寺からだけではなく、醍醐より高野山に伝えられた可能性も大いにあるといえるのではなかろうか。

この醍醐系の血脈は、『秘鈔』の「能説曼荼羅」に同じである。

三、「理趣経法」について

栂尾祥雲『秘密事相の研究』（二一一―二一二頁）では、「理趣経法」を「理趣法」ともいうとして、「理趣経法」と「理趣法」は同との見解をとられており、「一法界𑖭𑖝法」も「理趣経法」を意味することは古来殆ど定説となっていると述べられている。

古来、重んじられてきた聖教を見ていくと、成賢『薄双紙』は「理趣経法」、守覚『秘鈔』は「理趣経」と「理趣経法」、実運『金宝集』は「理趣経」、実運『諸尊要抄』は「理趣経法」、元海『厚造紙』は「理趣経」、西院『金玉』は「理趣経　金玉」、勧修寺流は「理趣経法」等である。

近年では、水原堯栄は「理趣経法」（中院流）、宮野宥智は「理趣経法」（中院流）、中川善教は「理趣経法」（中院流）、三井英光は「理趣経法」（中院流）、稲葉義猛は「理趣経法」（中院流）、吉田寛如は「中院流理趣経法撮要」、池田龍潤は「理趣経法」（随心院流）、加藤宥雄は「理趣経法」（報恩院流・三憲のこと）、上田霊城は「理趣経法」（報恩院流）と「理趣経法」（西院流）としている。

このように、近年に至るまでのすべての次第が、そろって「理趣経」あるいは「理趣経法」と題されている。その中、不二の大日を本尊とする次第も、すべて「理趣経法」である。

そして、何よりも、後世の「一法界𑖭𑖨法」の底本である、法三宮真寂「一法界𑖭𑖨法」は「理趣経」である。真雅『五日三時𑖭𑖨𑖝𑖦』（外題）の内題も「理趣法」ではなく「理趣経法」と題されている。淡路の五日三時では、導師はこの『五日三時𑖭𑖨𑖝𑖦』を修法する。この次第は真寂「一法界𑖭𑖨法」と道場観は同じであり、本尊は法性不二の大日である。ただし、五相成身観が付加されており、他にも振鈴の後の十七段印明が六種印明であり、三種秘観の後の本尊加持は十二種印明と偈となっており異なっている。

十二種印明は大日加持の印明であるが、六種印明とは金剛薩埵・虚空蔵・文殊・不空成就・愛染明王・毘沙門である。この六種印明が挙げられている理由について、加藤宥雄『一法界𑖭𑖨法　五日三時口訣類』には口伝がないので分明でないとしながら、「今私に云く、理趣経一部は悉く金剛薩埵の内証三真地法門なるが故に、此の印明を挙げたまうか。次に虚空蔵の秘印を挙げることは今この五日三時の法門は、当経一部文々句々悉く宝部にして如意宝珠と観ずる故に、南方宝部の因菩薩たる秘印明を結誦するか。次に文殊菩薩を挙ぐる事は、文殊は是れ般若の総部主なるが故に之を挙ぐるか。次に不空成就の印明を結誦するは、不空成就菩薩と極喜三昧耶と同体にして、これ又金剛薩埵と同体にして理趣般若の総体なるが故に之を挙ぐるか。次に愛染明王を挙げたまう事は金薩愛染は同体なるが故に之を挙げ給うか。次に毘沙門天を挙げ給うは、此の尊は、これ又宝部守護の天部なるが故に之を挙げるか」と、『理趣経』は金剛薩埵の内証法門、宝部で如意宝珠と観ずる故に虚空蔵、般若の総部主の故に文殊、不空成就の三昧耶会の極喜三昧耶印は『理趣経』の総印であり金剛薩埵と同体の故、愛染明王は金剛薩埵と同体なる故、毘沙門天は宝部守護の天部なる故としている。したがって、内題も「理趣経法」であり、『理趣経』を依拠とした経部の供養法であることは明らかであるといえる。

付加するならば、前述の如く、『理趣経』は宝珠の法にして、一々の文字が宝珠となって衆生を利益すると説か

れる深秘の経典である。その経王ともいうべき『理趣経』を所依として、宝珠法を合行して、「一法界[梵字]法」が編作されたということは、多くの口訣により明らかである。したがって、「理趣法」というよりも、当然に「理趣経法」と題することの方が深秘な呼称であり、妥当といえるのではなかろうか。

四、「理趣法」について

『理趣法の意得』（三頁）によると、法性不二の大日を本尊とするのを「理趣法」、その他は「理趣経法」とする。「理趣経法」は、『理趣経』に基づいた法で浅略で、法性不二の大日以外を本尊とする法である。「理趣法」は、法性不二の大日を本尊とし、如意宝珠法を合行する深秘の法と述べられている。さらに、「理趣経法」は単に『理趣経』に基づく経法の意味であるが、「理趣法」は理趣によって組織せられた法の意味で、かかる理趣を説くのは何も『理趣経』だけではなく、経軌一切に基づく経法という意味であり、「理趣経法」と同一視してはならないと説かれている。

さらに、『理趣法の意得』には、院家相承の「一法界[梵字]法」、「五秘密法」（中院流聖教・一三巻）の内題はいずれも、「理趣法　金」、「理趣法　胎」とされているとして、それを「理趣法」の呼称の典拠とされている。これ以外にも典拠があるのであろうが、筆者は寡聞にして知らない。また、恐らくは師伝にもよったものであろうかとも思われる。

ところが、院家相承の「一法界[梵字]法」、「五秘密法」の内題はいずれも、「理趣法　金」、「理趣法　胎」と、「理趣法」と題されている。「一法界[梵字]法」の本尊は不二の大日であり問題はないが、「五秘密法」（内題「理趣法」）は不二の大日ではなく、金薩を中心に欲触愛慢等の十七尊の理趣会曼荼羅を本尊とするのであるな

らば、「理趣経法」は『理趣経』に基づいた法で法性不二の大日以外を本尊とする法であり、「理趣法」は法性不二の大日を本尊とし如意宝珠法を合行し深秘の法と述べられている論が、この「五秘密法」の内題「理趣法」一事をみる限りは、成り立たないのではないかという疑問が生ずる。

霊瑞『密宗諸法会儀則』巻中（一八丁裏―一九丁表）にも、「𑖭𑖝𑖿𑖪の法を修する時は両部界会の故に別に本尊の句なし。或は五秘密の法を行ずる時は本尊金剛慾触愛慢の句を加え、又別尊の法を行ずる時は某某の本尊の句を加う」と、また『理趣法の意得』には、中院流「五秘密法」の九方便の本尊入句として、「本尊金剛慾触愛慢」としている。大日を本尊として行ずる時は、五悔・九方便ともに本尊入句はなしというのが口伝であるが、両者とも「本尊金剛慾触愛慢」と入句しており、本尊は「一法界𑖭𑖝𑖿𑖪法」の不二の大日でなく、五秘密尊であることは明らかであるといえる。

この疑に対しては、『理趣法の意得』（二二一―二二三頁）に、道場観で観ずる本尊と三種秘観で作法する本尊が一致していなければならないのであるが、道場観本尊は五秘密尊であり、三種秘観は「一法界𑖭𑖝𑖿𑖪法」と同であり、本尊が相違して不可と思われるがと、一応は疑を呈している。その上で、ある中院流伝授目録に「これ当流不共の法則なり、因果不二を詮顕して此の如し云々」と、これを会通している。すなわち、五秘密尊は因位、一法界𑖭𑖝𑖿𑖪は果位で、因果不二詮顕といっても、「あくまでそれを五秘密の立場で見ていくのであることを知らねばならない。したがって三種秘観の一法界𑖭𑖝𑖿𑖪も果位の五秘密尊という意味で作法するのである。要するに因位の立場から見た因果不二詮顕であることを知らねばならない」と記されている。

さらに、『理趣法の意得』（二一四頁）に、中院流「一法界𑖭𑖝𑖿𑖪法」「五秘密法」について、「これ等両帖は一法界𑖭𑖝𑖿𑖪に基づく行法であって、一は果位より、一は因位より一法界𑖭𑖝𑖿𑖪理趣の堂奥に入我我入せんとする秘法であ

る。その意味に於て、前述する所に依れば、両帖共に理趣経法でなくて理趣法である」と、「五秘密法」は因位の五秘密尊ではなく果位の五秘密尊として修法するのであり、「一法界[illegible]法」と共に理趣法とされている。

第五項　理趣会曼荼羅を本尊とする

金剛薩埵を中心に欲・触・愛・慢等の十七尊を図絵した理趣会曼荼羅を本尊とする。

しかし、『理趣釈経』・大師『真実経文句』には、初段の十七清浄句を十七尊の三摩地として、金薩を中尊に欲・触・愛・慢を四親近とし、内の四供養、外の四供養、四摂が配されているが、金剛界理趣会曼荼羅とは全く同じではなく、内の四供養菩薩と外の四供養菩薩が逆に安布されている。

元海『厚造紙』（大正蔵七八・二七八a）は、道場観に「金剛界理趣会用之」と説く如く、『真実経文句』を典拠とし、金剛界理趣会曼荼羅を初段の十七尊曼荼羅としているのである。この理趣会曼荼羅を本尊として行ずる次第は、『厚造紙』の「理趣経法」をはじめ、『薄双紙』初重の「理趣経法」（大正蔵七八・六二五c―六二六c）、『秘鈔』巻六の「理趣経法」（大正蔵七八・五一一a―五一三b）、中院流の「五秘密法 中」、御流の「理趣三昧」である。

これらの次第は、次表の如く、尊名は『真実経文句』に全同ではないが、初段の十七尊曼荼羅を金剛界理趣会曼荼羅としているのである。『理趣釈』では、欲等の十七が清浄であるという境地を得て、十七尊の尊位を獲得したことをあらわしたのが十七尊曼荼羅であり、大三法羯の四種曼荼羅の何れを描いても可と説かれている。したがって、真言密教は『理趣経』を『理趣釈』により理解すべきと伝えられているので、金剛界理趣会曼荼羅を本尊とするが、それに準じ、次表の『理趣釈』の初段十七清浄句の三摩地である十七尊曼荼羅を観想し修すべきであると思われる。

ただし、中院流「五秘密法」は第十七段の五秘密尊ではなく、初段の五秘密尊すなわち理趣会曼荼羅を本尊としている。十七尊を本尊とするのと、五秘密を本尊とするの区別は、金剛薩埵の初後の三摩地である。「理趣経法」は初すなわち初段の金剛薩埵であり、金薩・欲・触・愛・慢の五尊が各々別々の月輪に住す。「五秘密法」は後すなわち第十七段の金剛薩埵であり、五尊が同一月輪同一蓮花に住す。

右記の現行次第の道場観は、五月輪の中に金薩・欲・触・愛・慢の五尊を観じ、次に八供四摂を観ずることになっている。ところが、八供四摂の菩薩は終わりに「八供四摂等の菩薩聖衆前後に囲繞せり」とあるのみで、それぞれの尊名・座位については具体的に示されてはいない。

師伝によるべきであるが、内外の八供養菩薩の座位については異説がある。

宗叡の十七尊曼荼羅は金剛界九会曼荼羅の理趣会に同じで、内四供養菩薩が香・華・灯・塗、外四供養菩薩は嬉・鬘・歌・舞であり、成身会の内外の供養菩薩と入れ替わっている。

その理趣会・宗叡十七尊曼荼羅等の内外の供養菩薩が成身会と逆になっているのは、『金剛頂経』第六会の『七巻理趣経』によっているとされている。また、他にも不空訳『金剛頂勝初瑜伽経中略出大楽金剛薩埵念誦儀軌』・不空訳『大楽金剛薩埵修行成就儀軌』等の儀軌も内外の八供養菩薩が反対になっている。慈雲口・祥瑞記『両部曼荼羅随聞記』略本巻上（『慈雲尊者全集』八・四三一頁）には、尊者書入れとして、「嬉鬘等は大日の所変なり。内は外に趣く用あるなり。是を以て今外院にあるなり。香華等は四仏の所変。今内に居す」と、嬉鬘等は大日の四仏に供養するため出生するにより、本来は内であるが、内は外に展開する働きがある故に外院に、香華等は四仏の大日に供養するため出生するにより、本来は外であるが四仏の内院に居すと説かれている。なお、『大山公淳先徳聞書集成』第二巻（一五七頁）には、理趣会の現図と『理趣経』の配置に相違ありとして、「内外二様あるは内外融即

十七尊曼荼羅の尊名

理趣経十七清浄句	理趣会曼荼羅	理趣釈 獲得菩薩位	理趣釈 法智印明	理趣釈 曼荼羅位	真実経文句	十七尊義述
妙適	金剛薩埵	普賢菩薩	oṃ 金剛薩埵	金剛薩埵	大楽金剛普賢延命 金剛薩埵菩薩	大楽不空三昧真実 金剛菩薩
欲箭	欲金剛	欲金剛菩薩	ma 欲金剛	欲金剛	欲金剛	意生金剛菩薩
触	触金剛	金剛髻離吉羅菩薩	hā 金剛悦喜	髻離吉羅	触金剛	髻離吉羅金剛菩薩
愛縛	愛金剛	愛縛金剛菩薩	su 愛金剛	愛楽金剛	愛金剛	悲愍金剛菩薩
一切自在主	慢金剛	金剛傲菩薩	kha 慢金剛	金剛慢	金剛傲	金剛慢菩薩
見	金剛香	意生金剛菩薩	va 意生金剛	意生金剛	意生金剛	金剛見菩薩
適悦	金剛華	適悦金剛菩薩	jra 金剛髻離吉羅	髻離吉羅	適悦金剛	金剛適悦菩薩
愛	金剛灯	貪金剛菩薩	sa 愛金剛	愛金剛	貪金剛	金剛貪菩薩
慢	金剛塗	金剛慢菩薩	tva 金剛傲	傲金剛	金剛慢	金剛自在菩薩

荘厳	金剛嬉	春金剛菩薩	jaḥ 春金剛	春金剛	春金剛	金剛春菩薩
意滋沢	金剛鬘	雲金剛菩薩	hūṃ 雲金剛	雲金剛	雲金剛	金剛雲菩薩
光明	金剛歌	秋金剛菩薩	vaṃ 秋金剛	秋金剛	秋金剛	金剛秋菩薩
身楽	金剛舞	冬金剛菩薩	hoḥ 冬金剛	冬金剛	冬金剛	金剛霜雪菩薩
色	金剛鉤	色金剛菩薩	su 色金剛	色金剛	色金剛	金剛色菩薩
声	金剛索	声金剛菩薩	ra 声金剛	声金剛	声金剛	金剛声菩薩
香	金剛鎖	香金剛菩薩	ta 香金剛	香金剛	香金剛	金剛香菩薩
味	金剛鈴	味金剛菩薩	stvam 味金剛	味金剛	味金剛	金剛味菩薩

の深旨を表わすものにして、共に実義と伝う」と、内と外の四供養菩薩が相違するのは、内外の融即すなわち密接不離をあらわす深義で、ともに実義と述べられている。

『理趣釈経』（大正蔵一九・六〇八b―六一〇a）には、十七尊の尊位を獲得した尊名・法智印名・曼荼羅の座位を分けて説く箇所の尊名と三が説かれている。その中、曼荼羅位を説く尊名は、内四供養菩薩は意生金剛（見清

浄）・髻梨吉羅（適悦清浄）・愛金剛（愛清浄）・傲金剛（慢清浄）、外四供養菩薩は春金剛（荘厳清浄）・雲金剛（意滋沢清浄）・秋金剛（光明清浄）・冬金剛（身楽清浄）と安布している。経文中には内外供養菩薩との語はないが、たとえば「右辺の前の隅に意生金剛を安じ」等の説文で曼荼羅を安立しており、以下同である。『理趣釈経』の注釈書である杲宝口・賢宝記『理趣釈秘要鈔』巻四（大日蔵・五三五頁）は、「欲女乃至慢女内四供と為す。已上内院。春雲秋冬次の如く華香灯塗なり。外四供と為す」として、欲女（意生金剛）・触女（髻梨吉羅）・愛女（愛金剛）・慢女（傲金剛）は内四供養菩薩、春金剛・雲金剛・秋金剛・冬金剛は華・香・灯・塗で外四供養菩薩に配している。

『真実経文句』（弘全和四・一〇三頁）は、「次に内の四供養の菩薩とは謂く意生金剛（義述には金剛見と云う）・適悦金剛（釈には髻梨吉羅と云う）・貪金剛（釈には愛と云う）・金剛慢（釈には傲と云い義述には自在と云う）、亦便ち次の如く右辺の前後の隅み左辺の後前の隅みに依て住すなり。次に外の四供養の菩薩とは謂く春金剛雲金剛秋金剛冬金剛なり。亦復次の如く右辺の前後の隅と左辺の後前の隅とに依て住す。亦是れ次の如く華香灯塗なり」と、意生金剛・適悦金剛・貪金剛・金剛慢を内四供養菩薩の嬉・鬘・歌・舞として、春金剛・雲金剛・秋金剛・冬金剛を華・香・灯・塗の外四供養菩薩に配している。すなわち、初段の十七清浄句を十七尊の三摩地として、金剛界理趣会曼荼羅に対応し、金薩を中尊に欲・触・愛・慢を四親近とし、内の四供養、外の四供養、四摂を配している。

このように、『理趣釈経』『真実経文句』に説く八供養菩薩は、理趣会の座位とは全く反対で異なる。むしろ、成身会の八供養菩薩に等しいのであるが、ただ外四供養菩薩の香・華の二菩薩の座位が入れ替わっている。これは金剛薩埵の一部の儀軌も香・華・灯・塗が華・香・灯・塗と香・華が華・香と逆になっている。その理由については、筆者は寡聞にして知らない。ただ『理趣経の話』（一七〇頁）に、要点のみ述べると、荘厳（春金剛）は華、意滋沢（雲金剛）は潤沢という意味なので香、それで順序が変わり、華・香・灯・塗に入れ替わっていると述べられている。

いずれにしても、現在、『理趣釈経』『真実経文句』と宗叡十七尊曼荼羅等との内外供養菩薩の座位が全く逆である二説より、観想されているようである。

このことは、『理趣釈経』『真実経文句』は初段の金薩を中心に欲・触・愛・慢・等の十七尊を図絵した十七尊曼荼羅を本尊としているのであり、宗叡十七尊曼荼羅等は金剛界理趣会により図絵された十七尊を本尊としていることによると思われる。したがって、『理趣釈経』の説による限りは、内四供養菩薩は意生金剛（嬉）・髻梨吉羅（鬘）・愛金剛（歌）・傲金剛（舞）、外四供養菩薩は春金剛（華）・雲金剛（香）・秋金剛（灯）・冬金剛（塗）として、理趣経法を修するべきが妥当かと考えられる。

一、「五秘密法」は「一法界𑖭𑖝𑖿𑖪法」か

中院流「五秘密法」は、道場観は理趣会曼荼羅であるが、三種秘観は「一法界𑖭𑖝𑖿𑖪法」と同であるので、本尊の五秘密尊は果位の本尊であり、これを以て「一法界𑖭𑖝𑖿𑖪法」とする説もある。

この中院流「五秘密法」の血脈は、『理趣法の意得』によると左記である。

弘法―真雅―源仁―聖宝―観賢―淳祐―元杲―仁海―成尊―義範―定海《ママ》―元海―実運―勝賢―成賢―憲深―
実深―覚雅―憲淳―隆勝―隆舜―経深―隆源―隆寛―隆済―賢深―澄恵―源雅―深応―雅厳―源朝―寛済―有
雅―寛順―性善―妙瑞―密門―龍海……。

右記の血脈の中、義範の次に醍醐三宝院開祖の勝覚が欠落している。誤植と思われるので、挿入すべきである。

この血脈は三宝院流憲深方洞泉相承の高野相伝の血脈であり、筆者の血脈と完全に合致する。

その中、『薄双紙』初重の「理趣経法」（大正蔵七八・六二五c―六二六a）も、中院流「五秘密法」と同じく道場観は理趣会曼荼羅であり、正念誦は「𑖌𑖼《オン》𑖀《ア》𑖭𑖿𑖪𑖯《ソワ》𑖮𑖯《カ》」である。

『三宝院流洞泉相承口訣』第五（真全三三・一四二頁）に、「正念誦𑖌𑖼𑖀𑖭𑖿𑖪𑖯𑖮𑖯。此れ胎の大日の種子なり。本尊因果不二の故なり」と、正念誦の𑖀字は果位の胎蔵大日の種子であるが、𑖌𑖼𑖀𑖭𑖿𑖪𑖯𑖮𑖯を金剛薩埵の真言として用いる。これが、因果不二を示す深義であると説かれている。

『乳味鈔』巻八（四五丁表）には、「正念誦　阿字は則ち本有浄菩提心の種子なる故に之を誦ずるなり」と、本有浄菩提心をあらわす種子が阿字であると説く。胎蔵法は本有性徳の理体である故に、本有浄菩提心の種子とは胎蔵大日の種子であり、また衆生の堅固な菩提心を尊格化せしが金剛薩埵であるので、𑖀字は金剛薩埵の種子でもあり、両様の義があるといえる。

『秘蔵記』（弘全和五・四六―四七頁）には「毘盧遮那経には阿字を毘盧遮那の種子とし、吽字を金剛薩埵の種子とす。金剛頂経には吽字を毘盧遮那の種子とし、阿字を金剛薩埵の種子とす。（中略）当に知るべし。是れ互に主伴と作るの義なり」と、阿字は『大日経』では胎蔵大日の種子であるが『金剛頂経』では金剛薩埵の種子であり、吽字は『大日経』では金剛薩埵の種子であり『金剛頂経』では金剛界大日の種子となると説かれている。すなわち、𑖀字は胎蔵では大日、金剛界では金剛薩埵の種子となる。つまり、𑖀字は胎蔵大日の種子であり、𑖌𑖼𑖀𑖭𑖿𑖪𑖯𑖮𑖯は金剛薩埵の真言でもあり、因果不二を示す証左であるといえる。

上田霊城『三宝院憲深方洞泉相承伝授録』上巻（三五七―三五八頁）にも「𑖌𑖼𑖀𑖭𑖿𑖪𑖯𑖮𑖯を用いるのは深秘である。𑖀字は胎蔵大日の種子であるが、これを本尊金剛薩埵の真言とすることは、金剛薩埵と大日と因果不二の義によ

る」と、[梵字]字は胎蔵大日の種子であるが、大日と金薩と因果不二により、[梵字][梵字][梵字][梵字]を金剛薩埵の真言とするのであるとしている。

したがって、三宝院流の『薄双紙』の「理趣経法」では、五秘密尊の中尊の金剛薩埵と胎蔵大日を因果不二としているのである。

ところが、中院流「五秘密法」は三宝院流「理趣経法」とほとんど全同であるが、中院流不共の法則として異なるという。『理趣法の意得』(二二一―二二三頁)によると、五秘密尊は因位、一法界[梵字][梵字]は果位であり、三種秘観も一法界[梵字][梵字]の果位の五秘密尊という意味で作法するのであり、その意味に於いて中院流「五秘密法」は「一法界[梵字][梵字]法」であるとしている。『理趣法の意得』には、ここまでしか述べられていないが、「一法界[梵字][梵字]法」は「如意宝珠法」を合行した法であり、本尊は法性不二の大日であるというのであるから、[梵字][梵字][梵字][梵字]の[梵字]字は三宝院流と異なり、果位の五秘密尊即ち法性不二の大日として修法すべきとの深義があると思われる。

第六項　金剛薩埵を本尊とする

『理趣経』初段の金剛薩埵の一尊を本尊とする。

『理趣釈』の注釈書として最も詳しく、古義では最重要視される良書である、杲宝口・賢宝記『理趣釈秘要鈔』(日大蔵三一・四八一頁)に、大宗事として、「凡そ此の経は金剛薩埵内証法門なり」と『理趣経』は金剛薩埵の悟りの境地を説いた経であるとし、つづけて初段の薩埵の内証を開いて中間の十五段に摂し、さらに薩埵の内証である凡身即仏・即事而真の深旨を第十七段に帰結すると釈されている。

つまり、『理趣経』は全段にわたって、金剛薩埵の悟りの境地が説かれているので、金剛薩埵一尊を本尊とする

と説かれているのである。

本尊は、「理趣会曼荼羅」をかける。あるいは、理趣会の曼荼羅があるから、「九会曼荼羅」をかける。

金剛薩埵を本尊とする現行の次第は、西院流「理趣三昧供養法」と保寿院流「理趣経法」である。しかし、西院流「理趣三昧供養法」の道場観は、まず大日如来の種三尊を観じ、次に諸尊に囲繞せられた大日如来の心月輪に𑖁𑖾（あるいは𑖮𑖳𑖽）と五股と金剛薩埵一尊の尊形を観ずるのである。高見寛恭『保寿院流伝授聞書』下巻（九九一—一〇〇頁）には、保寿院流は「理趣経の奥に少しだけ金剛薩埵を本尊とすることがでている」とし、それ以外は不明であるので、大法立によって本尊に金剛薩埵を繰り入れて修すとし、さらに「この流は金剛薩埵を主としたものであり、金剛界法により大日即金剛薩埵となる」と、西院流の本尊と同様のことが伝授されている。

実運『諸尊要鈔』巻四の「理趣経法」（大正蔵七八・二九六a）は、前述の二の次第の金剛薩埵と印明等が異なるが、金剛薩埵を本尊としている。

「本尊金剛薩埵　種子𑖮𑖳𑖽　三五股　部主大日　諸尊三十七尊　印内五股　真言 𑖡 𑖦𑖾 𑖭 𑖦 𑖡𑖿𑖝 𑖪 𑖕𑖿𑖨𑖯 𑖜𑖯𑖽 𑖓 𑖜𑖿𑖚 𑖦 𑖮𑖯 𑖨𑖺 𑖬 𑖜 𑖮𑖳𑖽 𑖭𑖿𑖪𑖯 𑖮𑖯 曩莫三曼多縛曰羅赦戦拏摩訶盧灑拏吽娑縛賀　梵号阿利耶縛曰羅薩怛縛　梵号 𑖁 𑖨𑖿𑖧 𑖪 𑖕𑖿𑖨 𑖭 𑖝𑖿𑖪 阿利耶縛曰羅薩怛縛　密号真如金剛　師主口授曰。振鈴次段段印。一一結之」とある。印は内五股で胎蔵、真言は胎真言である。『乳味鈔』巻二一（九丁裏）にも、『諸尊要鈔』の真言について、「印言は胎蔵なり」とあるのみで、殆どの口訣・研究書等も口を閉ざしている。また、種子も𑖮𑖳𑖽で胎蔵である。吽𑖮𑖳𑖽は胎金薩の種子であると同時に、『理趣経』初段の心真言でもある。これだけでは何れか決定はできないが、初段金薩を指している可能性もある。三五股とは三昧耶形が五股ということで金胎両部に通じ、密号も真如金剛で両部に通じる。すると、胎蔵法の金剛手院の金剛薩埵かというと、金剛手院ならば金剛薩埵を主尊に合計三十三尊であり、諸尊三十七尊とあることに反する。

すなわち、三十七尊とは金剛界曼荼羅の諸尊をいっているのであると思われ、おそらくは金剛界曼荼羅の諸尊に囲繞された主尊が胎蔵金剛薩埵であり、金胎不二をあらわし、その曼荼羅の主尊である胎蔵金剛薩埵一尊を本尊とするというのであろうと思われる。

第七項　五秘密曼荼羅を本尊とする

金薩、欲・触・愛・慢の五尊を、同一蓮花、同一月輪の中に描いた『理趣経』第十七段の曼荼羅である。杲宝口・賢宝記『理趣釈秘要鈔』（日大蔵三一・六七三頁）に「五秘密とは初中後無き頓悟頓入、倶時円満の三摩地なり」と述べられ、実範『理趣釈口訣鈔』（日大蔵三一・三五九頁）には、その五秘密について「五秘密とは大日内証の五智の徳なり」と説かれている。また、玄広『般若理趣経愚解鈔』（続真全七・四二一頁）に、「初段の五尊は座位別立して五種の蓮月に住す。四菩薩は次の如く因行証入の次第を表す。此は是れ初中後なり。当段の五尊は同く薩埵の覚徳にして同一蓮華同一月輪に居して五尊倶時円満の頓悟を表す。是れ初中後の義無きなり」と、さらに「同一月輪の故には常に大智の秘宮に住して生死に沈まず、同一蓮華の故には鎮に大秘《ママ》の泥中に処して涅槃に至らず。有漏の凡体を以て直ちに無辺の有情を利し具縛の依身を以て頓に遮那の妙果を証す。肉身を転ぜずして無漏果の覚悟を得」と釈されている。

第十七段の五秘密尊が同一蓮華、同一月輪に住すことは、大智の故に生死に沈まず、大悲の故に涅槃に至らずと説き、煩悩具縛の身をもって直ちに妙果を成就するという煩悩即菩提、現象世界がそのまま実相であるという即事而真を説いている。そして、五秘密尊の悟りの境地は、因行証入を修行の四段階ととらず、初中後の修行の段階がなく、倶時円満、頓悟頓入であり、発心すれば直ちに涅槃に入るという密教の深旨が説かれている。

五秘密尊は『五秘密儀軌』、『理趣経』第十七段に説かれる。元来、「五秘密法」の本尊である。『理趣釈』（大正蔵一九・六一七a）に、「具には金泥の曼荼羅の像の東南の隅の如きが是れなり」と、金剛智自筆の薦福寺の金泥曼荼羅に五秘密の曼荼羅が東南隅に図されていると述べられている。

薦福寺とは唐の十大寺の左京五箇寺の一であり、その薦福寺に金剛智自筆の金泥曼荼羅があり、その曼荼羅は凝然『秘要鈔』（日大蔵三一・六七五頁）によると金剛界曼荼羅とされており、「彼の曼荼羅の理趣会に五秘密曼荼羅を図す。西方に向い曼荼羅を安ず故に理趣会東南隅に当るなり」と、西方に向いているので、東南の隅の理趣会に五秘密曼荼羅が画かれているが、常途の九会図様に非ずとしている。また、『決影抄』（続真全七・四六二頁）には「此の金泥の曼荼羅を直に見ぬ事なる故にいか様にしてあるもしらず。兎角金泥の曼荼羅に此の五秘密の曼荼羅の図ありとだに思ておれば埒あくなり」と、金泥の曼荼羅を実際に見ていないので、如何なる曼荼羅か知らないが、五秘密曼荼羅が図されていると知るべきとしている。

真愿大徳の中院流本流相伝の「五秘密　中院」が、第十七段の五秘密尊を本尊としているが、現行の諸流には、五秘密曼荼羅を本尊としている次第はない。

現在の中院流院家相承の「五秘密法」は、この第十七段の金剛薩埵ではなく、初段の金剛薩埵、すなわち理趣会曼荼羅を本尊としている。

第三節　理趣三昧法則

中川善教『展観目録』には、何故か『理趣三昧法則』の写本・刊本が収録されていない。

したがって、筆者所蔵『理趣三昧法則』を三のみあげる。

一は、密門亮範編輯『理趣三昧法則』であり、昭和十六年十月十日、松本日進堂より上梓されている。二は、中川善教編輯『理趣三昧法則』であり、『弘法大師御入定千百五十年御遠忌大法会事務局よりの刊行である。三は、筆者編輯『理趣三昧法則』十四帖の中の一帖で、弘法大師御入定御遠忌大法会諸法則』であり、中院流・三宝院流・憲深方・西院流・随心院流・保寿院流の五流を通じて修行できる『理趣三昧法則』である。

第四節　理趣三昧の法会次第

理趣三昧の法会には、広略がある。

岩原諦信『真言宗諸法会作法解説』には、三種の理趣三昧があげられている。一は伝供・唱礼（短音）・理趣経（切切経）・後讃・廻向、二は伝供・唱礼（長音）・理趣経（中曲）・後讃・廻向である。三は最も丁重なる理趣三昧で左記である。

先、唄

次、散華対揚

次、唱礼　長音

次、前讃

次、中曲

次、後讃

次、廻向

右記の理趣三昧は、唄・散華の二箇法要を付する法要付理趣三昧であり、密立であるので、唄は云何唄、散華中段は大日である。

唱礼は、金剛界は五悔、胎蔵法は九方便で、長音で唱える。

前讃は、四智梵語・心略梵語・不動梵語である。鉢の数は、十五・三十・二十四である。

理趣経は中曲である。勧請・廻向の入句は高野山と京都により異なる。高野山は、切切経に勧請の入句は用いないが、廻向の入句は用いる。中曲は、勧請の入句は用いるが、廻向の入句は用いない。京都は、切切経・中曲とも勧請の入句は用いるが、廻向の入句は本尊・弘法大師等の法楽には用いないが、過去聖霊の廻向等には用いるのが習いである。

後讃は、四智漢語・心略漢語・仏讃である。鉢の数は、十二・三十・三十九である。

諷誦文の用否は意楽である。

なお、近年、理趣三昧に総礼伽陀、廻向伽陀、称名礼を用いているが、本来、伽陀は顕立法会に用いるべきもので、理趣三昧の如き密立法会には用いるべきではないのである。しかし、近年、華美なる声明の故、よく用いられるようになったのである。

第五節　理趣三昧の声明

1 云何唄

一、出　典

『寛保魚山集』『明治魚山集』、宮野宥智『声明類聚』には、出典は「涅槃経文」とある。また、頭注に「此唄は大般涅槃経第三寿量品第一の三の文なり。而して此品九十一頌ある中、初四句を略出するものなり」と注されているが、出典は北涼曇無讖訳『大般涅槃経』巻三・寿命品第一之三（大正蔵一二・三七九c）であり、その中の五字九十二句の偈文の初の五字四句である。

二、調　子

調子については、『寛保魚山集』『明治魚山集』『声明類聚』に『声明集略頌』を引いて「頌曰云何呂一反音曲」とあり、その下に割注で「何因縁の三字律なり。故に反音曲と曰うなり」と、すなわち呂曲一越調で何因縁の三字を曲中反の律曲盤渉調で唱えるということである。

云何唄は右記の如く一越調と定められている。この調子は相当高く、散華と同調子であるので、散華と同じ高度で唱えられるべきであるが、実際には散華よりもかなり低く唱えられる。このことについて、岩原諦信『声明の研究』には、

「平常練習する時や小さい道場では高すぎるように感じられて自然に高度が下がってくるのであろうが、相当大なる道場で緊張して唱える時にはやはり一越調が適当なのであろう。もし高度を下げて唱える場合には、(イ) 一オクターブ下げて唱えるか、(ロ) 甲乙反の法則に依って黄鐘調に移調して唱えるか、(ハ) 甲乙反の法則に依って双調に移調して唱えるか」として、原調か、もしくは下げるのであれば (ロ) くらいな高さが適当かも知れないと論じられている。

しかし、(ロ)・(ハ) にしても、まだまだ相当高い。『声明の研究』(一八八頁) によれば、「一オクターブも二オクターブも高低の違っている音でも絶対協和音の関係にある両音はすべて同音として取り扱う」ということからも、また師伝の調声より考えても、一越調呂曲二重を一オクターブ下げた (イ) 説の一越調呂曲初重の高度で唱えるのが最も妥当と思われる。すると、律曲は必然的に曲中反により盤渉調の初重で唱えることとなる。

もちろん、博士は二重で点譜されているのであり、それは初重の博士は見慣れていないために唱え難いということと、角・商等の有位無声の博士があると同時に初重よりも低い羽という無位無声の博士があるという、その二の弊があるために、一オクターブ高い二重で点譜されていると思われる。

ところが、一越調呂曲の徴 (たとえば「云何」の徴) と盤渉調律曲の徴 (たとえば「何因」の徴) は、一音半の高低差がある。しかし、実際には同音に唱えている。このことは音階は呂曲と律曲と異なるが、調子は同じ調子で点譜されていると考えるべきである。すなわち、云何唄の調子は一越調反音曲であるので、散華の上段の「場」と同じく、「何因縁」は盤渉調律曲であるが、実際は一越調律曲で点譜されていると解すべきである。

三、概　説

云何唄とは唄匿 (bhāsā) のことである。

廉峯『声明聞書』（続真全三〇・二一九頁）に、「云何唄とは委き梵語には唄匧《ママ》此には止」とあるが、唄匿の誤植と思われる。意は止であるという。ちなみに、云何唄だけではなく、如来唄・出家唄も唄匿である。

唄匿とは、バイトクあるいはバイノクとも読み、略して唄と称する。

理峯『私鈔略解』（続真全三〇・一三六頁）に、「唄とは梵語なり。具には唄匿と云う。此には止と翻ず。此れ則ち世の散動を止め一会をして安静ならしめ、而して後に仏事を作さしめんが為と見たり」と、唄匿をバイシャと仮名している。また、葦原寂照『魚山蠆芥集要覧』に、「名義集十一に曰く。唄匿或は梵唄此には止と云う。言ろは此唄を唱うるに因て外縁已に止む。其時寂静なるを以て法事を成すことを得」と解説されている。

これらによると、唄は唱えることにより、外の諸縁を止め会場を安静にせしめ、寂静となり、厳粛な法会を執り行うことができるということから、法会の最初に唄を唱えることになっている。

云何唄は、「云何得長寿」の「云何」を最初に唱えることより云何唄といわれる。また、密立の二箇法要のみに、云何唄を用いる。すなわち、理趣三昧・土砂加持・大曼荼羅供・三昧耶戒等の真言密教独自の法会にのみ用いられるので、相応院流では特に真言唄と称される。

なお、唄は唱えるといわず、『私鈔略解』（続真全三〇・一七九頁）に、古来、引くという。おそらくは、散華は若僧役の故にキッパリと高く唱えるが、それに比べ唄は老僧の役の故に、ユリ等も重々しくユッタリと引く如く唱える故と思われる。

唄士は散華には善唄比丘の故実より、立座しないというのが習いである。葦原寂照『声明大意略頌文解』（続真全三〇・三四一頁）に、「大唐噜山に善唄比丘有り。唄の音曲他に勝る。時の帝皇大法会を行ず。之を召して唄士と為す。然るに此人甚だ短身なり。故に起座すべからざるの宣旨有り。彼の例を以て今に於て唄士座を起たざるな

り」として、唐の帝皇は大法会に、特に声明に優れている善唄比丘を召し唄士とされていたが、善唄比丘は短身の故に起座するに及ばずとの宣旨を出された。爾来、この善唄比丘の故実により、散華には唄士は立座しないこととなっている。

　また、葦原寂照『声明大意略頌文解』には、善唄比丘の故実を割注で実深の記としているが、他に善唄比丘を仏在世の人とする説もありとしている。

宮五表一行

云

　最後にンの仮名をなし、後へ引かず。

『声明集聞書』（続真全三〇・四一頁）に、「云ムノカナヲ徴ノ中程ニ成ス云何の二字同長なり」と、古来は徴の博士の中ほどに唱えていたようであるが、現在は最後にンの仮名を唱える。『要覧』（一一丁右左）に、「凡そ博士の初め又は中程に施すべき時はムの仮名を用い、博士の終に付する時はンの仮名を用いる。是れ当道の約束なり」と記され、譜の初め、中ほどにンを唱える時は「ム」、最後にンを唱える時は「ン」と記すのが習いであると述べられている。

【ス】

『声明の研究』に、「ス」は素で、素通りの意味でユリのないという意味に解している。したがって、ユラずにまっすぐに唱える。

宮五表一行

何

【呂曲のユリ】

三ツ、四ツ等、いろいろな伝があるが、二ツ半ユル。初め声を引く①、少し下げ②、

《仮譜》

《実唱》

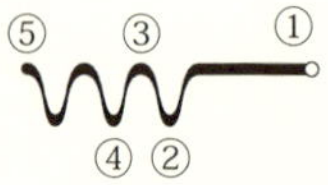

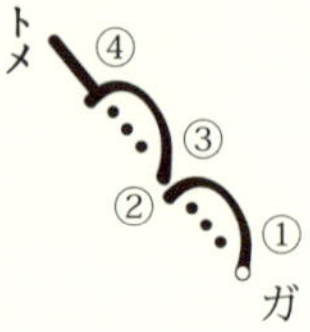

トメ④があるのは呂曲のみ。

宮五表一行

得

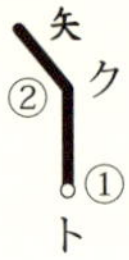

ユリに移る。ユリの頂点③を太く強くアタリ、少し下げる④。その②③④のユリを合計二ツ。最後は短く前のユリの半分ほどをユル。

大山公淳「講究会の記（一）」（『高野山時報』）には、葦原寂照の伝として、「三ツと定められたれど、口訣には四つまでとあるものあり、（中略）総じて呂のユリは小石を並列したる如く」と、三つユル、四つユル伝があげられ、小石を並べるように唱えると教示されている。

【呂曲の由合】

ユリを二ツ以上重ねる場合をいう。呂曲の由合は、①のユリの後、一刹那、切音不切息（息は切らず声のみ切る）して②、声を改めて、あたって③のユリを唱える。

【トメ】

ユリをして声をとめるの意である。口伝に「呂にトメあり、律にトメなし」とある。しかし、呂曲もすべてにわたってトメがあるとは限らない。有無は不定である。

初め少し引き上げる①。博士の折り目（①と②の間）に、「ク」の仮名を唱える。

【矢】

短の片字。『寛保魚山集』では逆で「豆」となっている。『明治魚山集』より「矢」。短く唱えよとの意。矢が最後にある時は、切らずに、次に続けるのが習いである。他に、長・少短・少矢等あるが、矢に比して知るべし。

宮五表一行

長

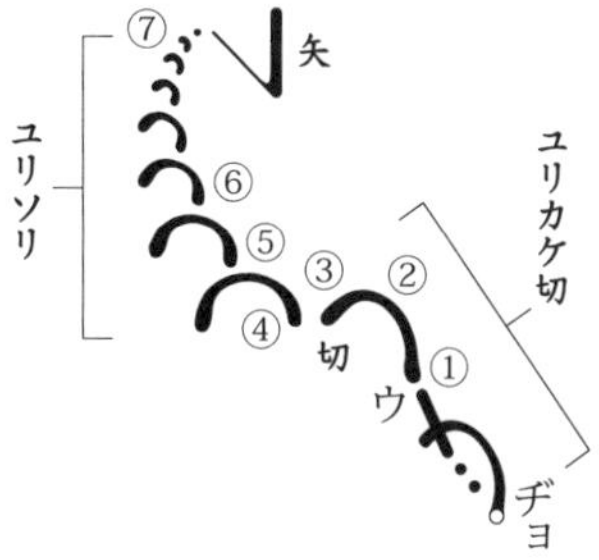

【ユリカケ切】

初め声をため太く強く①、中ほどを少し細く弱く②、後をまた太く強く打ち付ける如く唱える③。次に、声を切り息を継ぎ七ツユリに移る。

【ユリソリ】

何伝かあるが、二伝のみあげる。

《一》七ツユリ・藤ユリとも呼ばれる。七ツほどユル故に七ツユリといわれ、藤の花の如く徐々に小さくユル故に藤ユリともいわれる。④⑤は、①②③のユリカケと同じ音動で唱える。次に、前の如きユリを少し早く短く二ツ三ツほど⑥、最後に呂曲のユリの如きユリを二ツ半ほど⑦唱える。

《二》大きく五ツ、小さく八ツあるいは九ツ、合計十三あるいは十四ほどユル。

しかし、古来の七ツユリの呼称から考えると、七ツ八ツほどユルのが妥当かと思われる。

宮五表一行

長寿

『寛保魚山集』『明治魚山集』『声明類聚』は脚注に、理峯『私案記』（続真全三〇・九一頁）の「得長寿の三字を一といきにするなり」をとり、ただ短息の者は難しい故に「長」のユリカケにて切り、「寿」に続くべしと、祈禱等には「長寿」の間を切るのは不吉と注されている。

また、『声明聞書』（続真全三〇・二一九頁）には、「古に云わく。長より寿に移には音を切り、息を切らずと云う。知らざる様に声を切る時、息を早く切るべきなり。此れ盗みの息と云々」と、少し解し難いが、「長」より「寿」に移る時は切音不切息する。ただ声を切る時に、息を切るとは、息継ぎをするということで、それも周囲にわから

ぬように息を継ぐ、これを盗みの息というとされている。

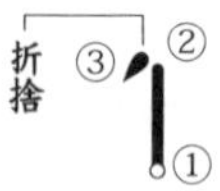

【折捨】

口内アタリで少し引き上げ①、一刹那、声を切り②、折捨に移ると③、声をおしまず、きよくきっぱりと捨てる如く唱える。音を必ず後に引いてはいけない。

宮五表二行

不

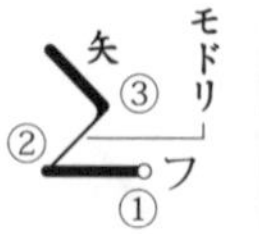

『要覧』（八丁右）に、「不、角のモドリ強くなすべからず。角、モドリ、徴の三位同音にすべし。此の譜は呂なるが故に以下準知すべし」と、説かれている。

また口伝にも、「律に高下あり、呂に高下なし」と説く。故に、角①モドリ②徴③の三位は、すべてツク如く同音に唱える。他も同様である。特に、呂曲のモドリは音を上げず、同音に唱えるのが習いである。

宮五表二行

身

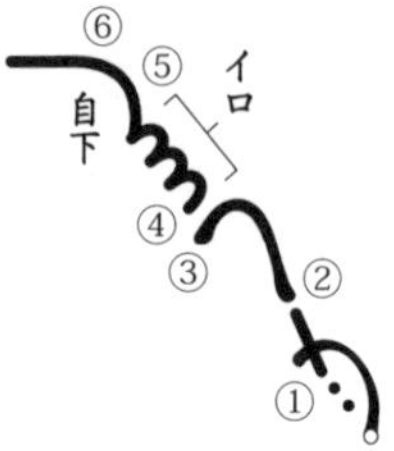

【本自下】

自下に、本自下・浅自下・略自下の三種がある。その一である。初め、呂のユリの三ツ目①を、なめらかに持ち上げる如く唱える。その上がった音②を同音で引き、また前の音になめらかに下げ③、イロを三ツほどユリ④、四ツ目をなめらかに持ち上げ⑤、次に意識せずに自然に下げる⑥。

なお、この①②の唱え方について、二伝ある。

《一》上記の如く、三ツ目のユリをなめらかに持ち上げる。

《二》呂曲のユリを唱えた後に、すなわち四ツ目のユリをなめらかに持ち上げる。

【イロ】

呂曲のユリと同じくらいの波動であるが、最初のユリの始まりは声をため太く強く唱え、全体に呂曲のユリよりも強くユル。このイロに数種あるが、三種のみあげる。一は、終わりをもたないイロ。二は、イロを三ツ、四ツ、最後をモツ。三は、歩幅の大きいイロ二ツとモツ一ツ。

宮五表三行

復　以

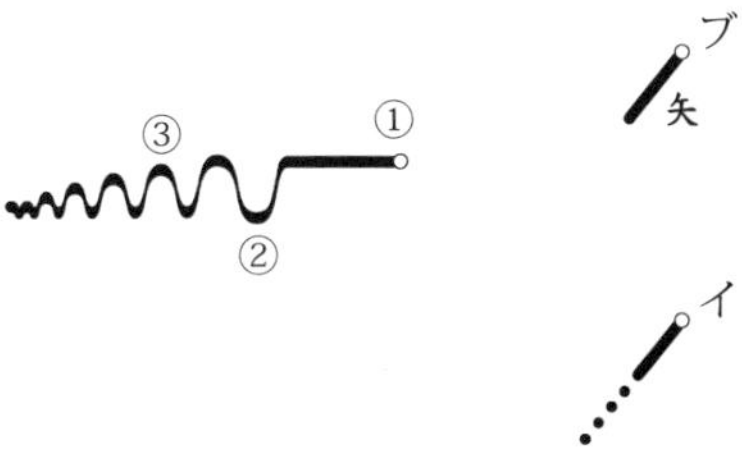

二伝あり。

《一》「身」の終わりより、一音ほど下げて唱える。

《二》「身」の終わりと同音に唱える。

「以」は呂曲であるが、律曲に反音する前は、律曲に移る準備として、律曲のユリで唱えるのが習いである。

【律曲のユリ】

初め声を引き①、少し下げ②、ユリに移る。ユリは五ツから七ツほど。また、ユリを多く唱える伝では、九から十一ほどユル伝もある。ユリは、初め大きく、徐々に小さくユリて③唱える。

「講究会の記（一）」に、「律には七・八のユリあるようである。律のユリは小波のチリチリと行くが如くにいうべきものとす」と、七ツから八ツをユリ、小波の押し寄せる如く細かくチリチリとユルと示されている。

宮五表三行

何因縁

『私案記』（続真全三〇・九二頁）に、「何因縁の三字は律なり。但し縁の末の徴より呂なり」と、また『寛保魚山集』『明治魚山集』『声明類聚』も、「何」に「以下三字律也」と注し、「縁」の終わりの徴に「此徴より呂」と注されている。

『要覧』（八丁右左）に、「三字の三は二の誤ならん乎。然れども縁の終の徴に此徴より呂と注せり。是に由て之を観れば三は二の誤りに非らざること煥乎たり。然らば縁の律なること明著なり。然れども師伝の調声に於て律の調曲に由リソリ折捨等あることなし。斯く論究する時は蒙として其実を得る能わず。然らば註者と師伝と何れを取て可ならん乎。余は躊躇せず進んで師伝を取るものなり。然らば何因は律にして縁は呂なるべし」と、歴代の「魚山集」と異なり、「何因」は律であり、「縁」は呂と述べられている。

『声明の研究』（三二七―三三〇頁）には、要点のみ述べると、「何因」の二字は曲中反で反音した盤渉調律曲の墨譜に書き直していると解しているが、「縁」はユリソリ等があることから律でなく呂でなければならないとしている。しかし、歴代の「魚山集」には「何」に「以下三字律也」と注記されているので、「縁」を呂としては見たくないが、墨譜より見ると律としても見たくないと記している。そこで、結局は、「此徴より呂」としているのが妥当ではなく、「縁」の初めの角までが律であり、商より呂に復帰すると主張されている。

「寿」「壊」は徴にユリソリがあり、「縁」は同じような曲節であるにもかかわらず、商にユリソリが付されている。一見しただけで不可解な博士である。作曲者が誤って点譜したのかとも考えられる。

しかし、「縁」は、『要覧』・岩原説の如く、ユリソリあるいは角・商・モドリの墨譜を高下をつけずに唱える等より考えると、呂曲と決定して間違いはないと思われる。ただ、歴代の「魚山集」の「以下三字律也」を如何にみるかということが問題である。

洋楽音名	十二律	横笛	一越調		盤渉調	
イ	黄鐘	夕	徴	三重		
■	鳧鐘		反徴			
ト	双調	上				
■	下無	五	角		徴	三重
ヘ	勝絶					
ホ	平調	干	商		角	
■	断金					
ニ	一越	六	宮		揚商	
■	上無		反宮		商	
ハ	神仙	下				
ロ	盤渉	中	羽	二重	宮	
■	鸞鏡					
イ	黄鐘	夕	〈徴〉		揚羽	二重
■	鳧鐘		反徴		羽	
ト	双調	上				
■	下無	五	(角)		(徴)	
ヘ	勝絶					
ホ	平調	干	(商)		(角)	
■	断金					
ニ	一越	六	宮		揚商	
■	上無		反宮		[商]	
ハ	神仙	下				
ロ	盤渉	中	羽	初重	宮	
■	鸞鏡					
イ	黄鐘	夕	徴		揚羽	初重
■	鳧鐘		反徴		羽	
ト	双調	上				
■	下無	五			徴	
ヘ	勝絶					
ホ	平調	干				
■	断金					
ニ	一越	六				
■	上無					

「因」が盤渉調律曲、「縁」が一越調呂曲で点譜されていると考えると、「因」の最後の(角)を唱えて「縁」の(角)を一音高く高下をつけて唱えなければならない。ところが、実唱は「因」の最後の(角)と「縁」の(角)を同音で唱える。この音程の高低差がないことより、「因」と「縁」の初めの(角)までを同じ盤渉調律曲とみる考え方もできる。すると、「縁」の初めの(角)までが盤渉調律曲で点譜され、「縁」の商より一越調呂曲で点譜されているのかという疑問が残る。しかし、同じ連続した博士で、音階が変わる曲は数多くあるが、調子が変わることは少なく、殆どの曲は初めの調子で最後まで同調子で点譜されていることが多い。

加えて、云何唄は徴が主音であるが、呂曲が一越調、律曲が盤渉調であれば、呂曲の〈徴〉の方が律曲の(徴)よりも一音半高い。ところが、実唱はいずれの〈徴〉もほぼ同音に唱えているので、音階は異なるが同調子と考えるべきである。

したがって、「縁」は云何唄の他の博士と比べても変な博士であるが、云何唄の初めから「復以」までは一越調呂曲、「何因」と「縁」の(角)のみ一越調律曲で、「縁」の(商)より云何唄の最後までは一越調呂曲で点譜されているとすると、歴代の「魚山集」の「以下三字律也」の注記に合致するといえるのではなかろうか。

宮五表三行

何

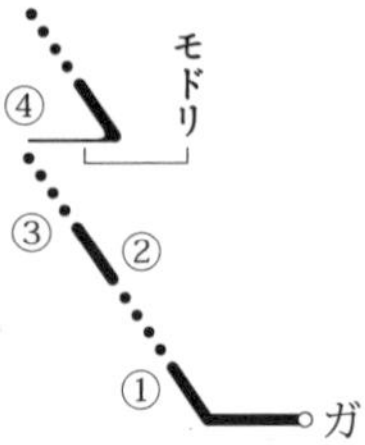

【律曲の由合】

ユリを二ツ以上合わせて唱えることをいう。ユリ①からユリ③に移る時、声を直線②で引くが、律曲の場合は、その②をあたらずにスムーズに引いて唱える。

【モドリ】

モドリ④は、律曲は強く高く唱える。『要覧』（八丁左）に、「全て律の声明は譜の何たるを択ばず、戻り音は本位より一位高くすべし」と説く。

宮五表三行

因

【押下】

二伝あり。

《一》

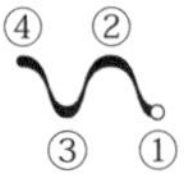

「因」の押下は、角のイロを二ツほど、次に四ツ目のイロを大きく強く声をため①、少し声を高く上げ②、後あたかも物を押し下げるような感じで低い音に移り③、次に元の高さ②まで声を上げて④、「イー（①②高）イー（③低）イー（④高）」と唱える。

《二》

前の①②③と同じく、「イー（①②高）イー（③低）」とマワシ下げる如く唱える。

【ソリ切リ】

「因」のソリ切リは、切音不切息（息を切らず声のみ少し切る）した後、男声の最低音に近い声でソリ切リをなす。初重の羽の大変低いソリ切リなので、最後は口内で唱える如く、また急に終わらず口内に引き込む如く、大切なものをあつかう如く、いつまでも余韻を引いて唱え終わる。

二伝あり。

《一》

初め力のソリ（①②）、すなわちきわめて低い音から出し①、徐々に太く強く唱え②、最後にひっかける如く強く短く出し③、最後にハネル如く弱く短くすべる如く唱える④。

《二》

前の伝よりも①②を短く唱え、真ん中で呂曲のユリのもう少し強きユリを初め強く、徐々に弱く小さく三・四ツほど唱へ③、最後は前者の④を唱える。

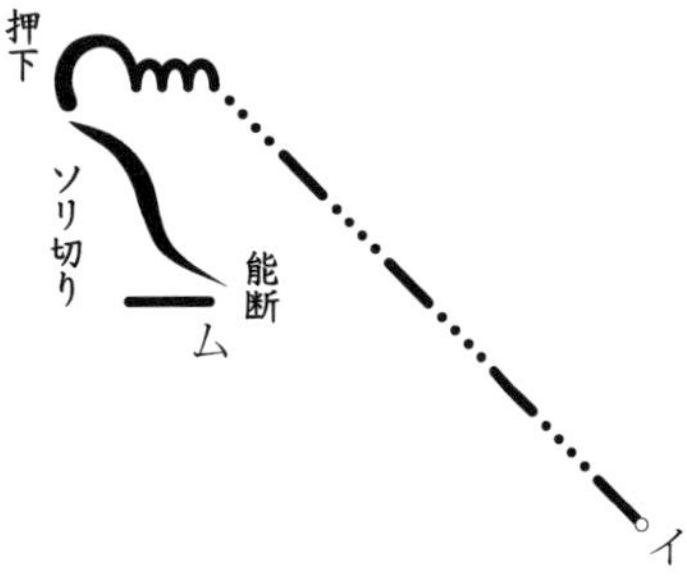

【能断】

『明治魚山集』『声明類聚』の脚注に、「因三ツ目の羽より角に移るに息を切らずして音を能く断滅して而後角に移るに究めて重々しく又和かにすべし。是を能断と云う。短息者は一息にすること難し。由て羽のソリ切リにて密に息を続くべし。夫れ能断の曲たる八箇秘曲の其一にして尤も塩梅の音なり」とある。文の如くであり、息を切らず、音を能く断滅（能断）して、次の角に移るのに、やわらかに口内アタリをして、きわめて重々しく「ム」の音を出す。

ちなみに八箇秘曲とは、葦原寂照『声明大意略頌文解』（続真全三〇・三四〇頁）に、「木食朝意の八箇の秘曲に曰く。一には反徴。二には反宮。三には自下。四には能断。

五には揚羽。六には揚商。七には塩梅の角。八には塩梅の羽」とある。詳細に論ずれば、割注があり、能断は云何唄の「因」、塩梅ノ角は心略の「一切」の角、塩梅ノ羽は阿弥陀讃の「底蠅」の「蠅」の羽と注されている。

力

宮五裏一行

「力」の最後の徴は、『明治魚山集』『岩原魚山集』は三由、『声明類聚』は二由である。「キ」の仮名を唱えるのに二伝がある。

《一》三由として、二由目のユリに「キ」の仮名を付す。

《二》中川善教『南山進流魚山蠆芥集解説』（一一頁）に、「宮野宥智前官御房がフツクチキにはユリ合無しということで、終わりの力の最後の徴を初めからキに移って二ユリにされたが、今は用いなかった」とある。二由として述べているのであり、徴の初めから「キ」を唱える伝もあると紹介されている。したがって、三由とすると、初めのユリから「キ」を唱え三ユするということである。

2 散華 上段

一、出典

『寛保魚山集』『明治魚山集』『声明類聚』には、上段の出典は「金剛頂経文」とあるが、古くより不可解とされている。瑜伽教如口・上村教仁筆『魚山精義』（一五丁左）にも、「金剛頂教王経等を披見するに絶て此文見当らず。（中略）倶舎の文に在らんかと就て尋ぬるに漸くにして願我の二字のみ散見せり。次に香華等の五字は大日散華の

本拠たる金剛頂三摩地の儀軌に香華、又は供養と云う二字づつ往々散見せり。依て考うるに古徳経論を趣意して初段の二句を作意せしものか」と、『金剛頂教王経』とは『金剛頂一切如来真実摂大乗現証大教王経』三巻・不空訳をいっているると思われるが、その中には上段の二句は見当たらない。しかし、『倶舎論』、『金剛頂三摩地儀軌』（具名は『金剛頂経瑜伽修習毘盧遮那三摩地法』で中段の本軌）に散見され、先徳が経論を趣意して作文せしものと述べられ、上段を『金剛頂経』の全文とするのは後人を迷わすものとまで批判されている。

二、調　子

『寛保魚山集』『明治魚山集』『声明類聚』には、調子について、「頌曰散花一越反音曲如来唄時商徴同○云何唄時同徴音文　此意ハ双調ノ上ノ重ノ商ト一越ノ中ノ重ノ徴トハ同音ナリ之ニ由テ商徴同ト云ナリ又云何唄ト散花ハ共ニ一越調ノ故ニ同徴音と云ナリ」と記されている。

云何唄・散華ともに一越調呂曲であるので、散華の初めの「ン」の㊥音は、云何唄の㊥音と同音であるという意である。また、如来唄は双調呂曲であるので、左図の如く、散華の初めの「ン」の中の重すなわち二重㊥音は、如来唄の上の重すなわち三重㊔と同音に出すべきという意である。しかし実際は、云何唄の調子の項で述べた如く、実唱は一オクターブ下げた高度で、すなわち徴で唱える。また如来唄も一オクターブ下げた高度の商で唱える。

この一オクターブ異なっているにもかかわらず、同音という矛盾に対し、岩原諦信『声明教典』には、「二つの音が、一オクターブも二オクターブも高さが違っておっても、振動数が倍数の関係にある音は同音として取り扱うても少しも不都合はない」としている。すなわち、岩原諦信「声明六調子各音の位置」の十二律振動数より見ると、散華一越調の「ン」の二重㊥は十二律では黄鐘であり、振動数は２１８・５０ヘルツ、如来唄の双調の二重商、云

何唄の一越調の初重[徵]は、ともに十二律では一オクターブ低い黄鐘であり振動数は109・25ヘルツである。したがって、如来唄の双調の二重[商]、云何唄の一越調の初重[徵]の振動数の二倍にあたるのが散華一越調の「ン」の二重(徵)の振動数となり、一オクターブの隔たりがあるが、同音というと主張されている。

他に、徳島・弘誓寺の宥雄説があるが、不可解であり、対揚の項で詳説する。

洋楽音名	十二律	横笛	如来唄（双調）		云何唄（一越調）		散華（一越調）	
イ	黄鐘	夕			徵		徵	
■	鳧鐘				反徵		反徵	
ト	双調	上						
■	下無	五			角	三重	角	三重
ヘ	勝絶							
ホ	平調	干			商		商	
■	断金							
ニ	一越	六	徵		宮		宮	
■	上無		反徵		反宮		反宮	
ハ	神仙	下						
ロ	盤渉	中	角	三重	羽		羽	
■	鸞鏡							
イ	黄鐘	夕	(商)		(徵)		(徵)	
■	鳧鐘				反徵		反徵	
ト	双調	上	宮					
■	下無	五	反宮		角	二重	角	二重
ヘ	勝絶							
ホ	平調	干	羽		商		商	
■	断金							
ニ	一越	六	徵		宮		宮	
■	上無		反徵		反宮		反宮	
ハ	神仙	下						
ロ	盤渉	中	角	二重	羽		羽	
■	鸞鏡					初重		初重
イ	黄鐘	夕	[商]		[徵]		徵	
■	鳧鐘				反徵		反徵	
ト	双調	上	宮					
■	下無	五	反宮					
ヘ	勝絶							
ホ	平調	干	羽					
■	断金			初重				
ニ	一越	六	徵					
■	上無		反徵					

三、概　説

散華とは、児玉雪玄『類聚の解説』(二一七頁)に、「散華は諸仏を供養するために花を散布することであるが、今散華というのは法会の時華籠に入れたる花を散じながら唱うる梵唄をいう」と述べられている。

『要覧』(一一丁右)に、「問曰散華の本説ありや。答陀羅尼集経十三巻廿四丁に曰く。弟子をして手中の花を散ぜしむ」と、弟子に教えて手中の花を道場内に散ぜしむると説かれているのを、散華の典拠としているという。

また、『声明類聚』に散華を「結界ノ義也」としているのは、『乳味鈔』巻一五(十七丁表)に、「問花を仏に供して何の功徳あるや。答花開けば清浄妙香十方仏刹に散ず。又諸仏来て花に座し玉う。是故に下界の中には花を以て浄土とす。色香を見聞するに諸の悪鬼神之を嫌うこと人糞の穢よりも甚しと。之に由て諸の悪鬼神退いて障碍を止む。故に仏を請して容易に志願を成す者なり」と、花の清浄な妙香は十方の仏国土に遍満し、諸仏が来臨し花に座せられる。また、悪鬼神は花の色香を人糞の穢れの如く嫌い、散華により結界となり障碍を止めるので、仏を勧請し容易に祈願が成就すると、すなわち散華は諸仏への供養であるとともに、悪鬼神の障碍を止める結界となると説かれている。

散華には、上段・中段・下段の三段がある。中段は密立法要以外は法会の本尊によって異なる。

散華の種類は、次第散華・普通散華の二種がある。

次第散華は、大曼荼羅供等の大法会に用いられる散華で、新義では連散華ともいう。散華師は上段の全句を独唱すると職衆も全句を繰り返し唱える。中段と下段も、上段と同様に、散華師が全句を唱え、次に職衆が全句を唱える。次第散華の博士は「場」と「仏」のみが異なり、他は同である。

普通散華は、『密教大辞典』によれば略散華・頸散華ともいい、新義では皆散華、広沢では同音散華というとあ

る。散華師は三段ともに頭句のみ唱え、助より職衆が斉唱する。

　また、散華には、次第・普通の別なく普通行道と大行道の行道散華がある。普通行道は堂内を、大行道は堂外の外縁を用いるのと露地に筵道を敷いて用いるのとの二種がある。

　『乳味鈔』巻一五（七丁表—裏）に、「花籠の本説如何。答摂真実経上巻七丁に曰く。手に衣裓を執り空中に施転して以て仏を供養したてまつる。衣裓とは花籠にして即ち散華菩薩の三形なり。其の垂るる紐は瓔珞なり」と、『摂真実経（具名『諸仏境界摂真実経』）』巻上（大正蔵一八・二七一a—b）に、手に花籠を持し諸仏に供養するのが本説であり、散華菩薩すなわち金剛華菩薩の三昧耶形で、垂れている紐は瓔珞と説かれている。なお、『声明類聚』の頭注に、「広沢にはケコと云う。醍醐にはハナゴと云う。高野にはハナカゴと云う」と、花籠の読み様の異なりが注されている。

宮六裏一行

ン

　『要覧』（九丁右左）に「ン」について詳説されているが、長文となるので要点のみ記す。五説がある。

　一は、廉峯の説である。能生所生の関係で、「ン」の仮名は「グワン」と口を開く時、直前に能生の「ン」の音があり、後に所生の「グワン」を唱える。すなわち能生

についていう。
　二は、明王院忠義の説である。「ン」は博士を付すべきものではなく、初めより口を塞いで唱える。ただ調子をとるをいう。
　三は、楽家の説で、雅楽の音取りの意。上代は朱で付点せしものであり、時代を経て黒字黒譜を点ずに至るという。

四は、『忠我記』に、「ン」は譜に非ずただ調子をとるのみという。

五は、密花院南龍説で、経説にないので、「ン」の仮名を用いないという。この説に対しては、寂照は「ン」を唱えるのは千古以来の師伝で、長恵・朝意の『魚山集』にもすでに載せられているのであり、南龍の説は師伝を無視した憶測であると、痛烈に批判されている。

『声明教典』（一三八頁）には、ガ行は非音楽的なもので、音楽の敵とまでいわれ、古人はその発声に非常に苦心をしてきた。ガ行は鼻音の「グ」に五母音が結合してできた音であるので、まず「ン」を唱え、「ンガ」「ンギ」「ング」と唱えることにより、柔らかい正しい音を出すことができる。したがって、「グワン」の前に「ン」を唱えると主張されている。

宮六裏一行

ン願

近年「ンガン」と唱えられる師がいるが、「ングワン」と発声する。

『寛保魚山集』には、仮名がはっきりせず明らかではないが、「舌ノサキヲ上ノ歯ノ根ノホトリニ付テ可出」と、また『明治魚山集』『声明類聚』は、「口ヲ半開スベシ」として「ン」と「願」を同長としている。この意は、舌を歯の根元につけ、口を半開して、「ン」と「グワン」を同じ長さで唱えるということである。

ところが、「講究会の記（一）」には、「真鍋師の説かるる所に依るに、廉峯師の伝にてはングワンと四位同長にして、寂照の伝にては（図）の如く声の用い方、円められていた」という。近年は、この伝がとられている。

三伝ある。

《一》図の如く「ンーグーワーン」と声を「ンーグーワー」と三字同長で丸く唱え、最後に「ン」をなし後を引か

ない。

《二》口を半開して、「ン」と「グワン」を同じ長さで唱える。

《三》「ンーグーワーンー」と四字同長で唱える。

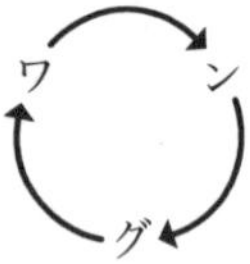

宮六裏一行

場

角をユルのは散華のみである。本来、律曲・呂曲ともに、角はユルことはない。ところが、この「場」の角の博士はユル。この「場」は曲中反で盤渉調律曲に反音しているが、一越調律曲で点譜されている故である。したがって、盤渉調律曲に博士を直すと、一越調の(角)は盤渉調の(徵)に該当する。徵は本来ユルことになっているので、楽理にかなうことになる。

洋楽音名	十二律	横笛	場（一越調）		場（盤渉調）	
イ	黄鐘	夕	徵			
■	鳧鐘		反徵			
ト	双調	上				
■	下無	五	角	三重	徵	
ヘ	勝絶					
ホ	平調	干	商		角	
■	断金					三重
ニ	一越	六	宮		揚商	
■	上無		反宮		商	
ハ	神仙	下				
ロ	盤渉	中	羽		宮	
■	鸞鏡					
イ	黄鐘	夕	徵		揚羽	
■	鳧鐘		反徵		羽	
ト	双調	上				
■	下無	五	(角)	二重	(徵)	二重
ヘ	勝絶					
ホ	平調	干	商		角	
■	断金					
ニ	一越	六	宮		揚商	
■	上無		反宮		商	
ハ	神仙	下				
ロ	盤渉	中	羽		宮	
■	鸞鏡			初重		
イ	黄鐘	夕	徵		揚羽	初重
■	鳧鐘		反徵		羽	
ト	双調	上				
■	下無	五			徵	
ヘ	勝絶					
ホ	平調	干				
■	断金					
ニ	一越	六				
■	上無					

『声明類聚』の頭注に「律の角は呂の徴の位に当る」と注されているのは、「呂の角は律の徴に当る」の誤りである。

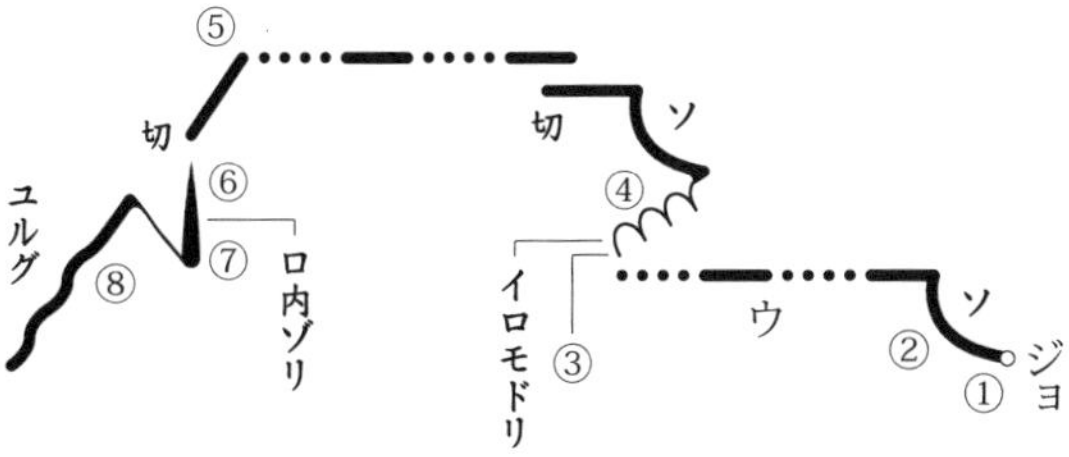

【ソリ】

声のソリ。初めの声①を前の「道」より低く出し、②の部分でなめらかに声をソリ上げる。

声のソリとは、声の高低のソリ。力のソリとは、強弱のソリ。

【イロモドリ】

二伝ある。

《一》まず初めのイロで声をため、アタッテ直前の角より半音高く③を出す。後のイロも同音に唱える。

《二》まず初めのイロで声をため、アタッテ太く強く高く出す③。後のイロは初めと同じ高さであるが、前よりは弱くユル④。最後は長くモタズに前と同じ歩幅で終わる。

【横下シ】

大きく音を下げずに、商⑤は一音ほど⑤下げる。

本下シは二音半ほど下げるので、落ち着いた安定した感じとなる。

【口内ゾリ】

「講究会の記（二）」に、真鍋戒善説は口内ゾリと口内アタリとは同じ、鈴木智弁は桑本の伝として口内アタリと口内ゾリとは全く不同であり、むしろ少ソに近きものとの見解を紹介されている。

前の横下シより、宮⑥はさらに音を下げ⑥、後になるほど力のソリで強く太く唱え、そして終わりを急にビシッ

と止めると⑦、自然に口の中でソル如くなる。すなわち、口内のソリである。決して外に聞こえる如く、あらわにソッたりハネたりしてはいけない。

【ユルグ】

商⑧はきわめてゆるやかに柔らかくユル⑧。「講究会の記（一）」に、「鈴木師は故桑本僧正の伝を受けて場のユルグはユルヤカニ。（中略）座長は場の末呂となるが故にユルヤカにヤワラカにユル。ユルグとは杖の端に縄を纏いしが如くあれと聞いていると」と紹介されている。座長は宮野宥智であり、ユルグとはユルヤカにヤワラカに、また杖の先に縄をつけてゆすると縄のユルヤカにユレル如くという、まさしくユリの中で最も波動の大きな、かつユリの高低が低く、ユッタリしたユリという意である。

宮六裏二行

香

角のキキとは、博士は商であるが、実際は角の高さで唱えるという意である。

宮六裏二行

華

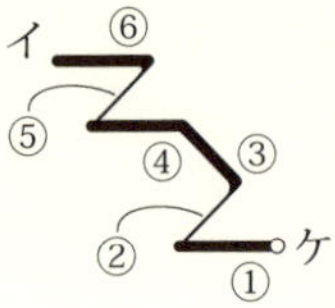

『明治魚山集』『声明類聚』には、「此譜モドリトモ六位長短高下ナク突ク如クス以下皆同」とあるが、『寛保魚山集』には、この注記はない。つまり、角①モドリ②徴③角④モドリ⑤角⑥の六位を、長い短い高い低いの別なく唱えよとの意である。

最後の「イ」は、六内《ろくない》の仮名・工合の仮名ともいわれる。「講究会の記（一）」には、「花の尾のエと次の音供養仏を出すとは、余りに音の変化不自然に従うが故に、その中間の音としてエの末をイにうつし更に供を出すものである」と、「花」の「エ」か

ら「供養」の「ク」へ移るには発音があまりにも不自然であるために、「イ」と唱えると述べられている。

『要覧』（一〇丁左）に、「イ」について、「六内口舌鼻唇歯喉の仮名といい弘栄師は工合の仮名という。又梵音の妙花の花のンの仮名、三條錫杖の以清の清にンの仮名を施すこと皆此意なり。魚山私鈔略解に曰く三段香花仏の花に伊の仮名を付す。而るに花の響は恵なり。然れども仮伊を呼ぶ時は則ち音能く収り唇塞がって音道鮮なり。若し恵を唱えざるときは唇塞がらず。故に声収まらざるなり。自から唱えて之を知れ。凡そ伊恵相通ずること悉曇家に於て定めて其の沙汰あらん乎。又依の字呉音には恵なれども漢音には伊と読む。恵伊相通ずること此等に準じて知るべし」と、「イ」は六内の仮名といい、詳しくは悉曇家に聞けと教えられ、サンスクリット語の先生方に聞いたのであるが、六内とはわからないとのことであった。

ちなみに、児玉義隆『印と梵字事典』（一七六―一七七頁）に、「五類声《ごるいじょう》は五句ともいい、発声する器官ごとに五字一組で分類した、五つのグループをいう。順に第一句は喉で発音する喉音《こうおん》、第二句は舌端を上顎に当てて急に離して発音する顎音《がくおん》、第三句は舌端を上顎につけて発音する舌音《ぜつおん》、第四句は歯を使って発音する歯音《しおん》、第五句は唇で発音する唇音《しんおん》である」と、梵字の発声について述べられている。

『声実抄』（続真全三〇・二七頁）には、「宮は是喉の音土　商は是顎《がく》の音金　徴は是舌の音火　羽は是唇の音水　角は是牙の音木」と、五音に発声器官を配している。

『要覧』（一〇丁右左）の六内は五類声に「鼻」が加えられ、割注で口・舌・鼻・唇・歯・喉という六器官が列挙されているので、文章より推測する限りは、これら発声に関わる六器官を正しく用いることにより、重々しく荘重な声明の発声ができるということではなかろうか。

また、『私鈔略解』を引用し、「ケエ」と唱えると声が収まらず、「ケイ」と唱えれば唇が塞がり音がよく収まり、

音道があざやかになると、これを称して工合の仮名というと説かれている。さらに、依の字は、呉音は恵、漢音伊であり、恵伊相通ずるので、「エ」を「イ」と唱えると述べられている。

宮六裏二行

仏

各段の「仏」について、「講究会の記（一）」に、「仏の字祈禱の時には澄みて読み、仏事には濁って読む。真鍋師は私案記の文を読みて、追善には成仏と毘盧遮那仏との仏を濁り、供養仏は澄み、皆供の供も澄むと」と、いずれも祈禱は清み、仏事は濁って唱えていたが、近年は祈祷・追善とも清んで唱える。中段・下段も同である。

【入】

入は、唇と歯をわずかに開き、舌の先端を上のアギトにつけ、鼻に息を抜くと同時に、「ツン」という如き音を唱える。

3 散華 中段

一、出典

『寛保魚山集』『明治魚山集』『声明類聚』には、中段の出典は「金剛頂三摩地法文」とある。『金剛頂三摩地儀軌』ともいい、具名は『金剛頂経瑜伽修習毘盧遮那三摩地法』であり、冒頭の偈頌（大正蔵一八・三二七a）に説かれている。

二、調子

調子は上段に同じで、一越調反音曲である。

三、概説

散華は、如何なる法会であっても上段・下段は同じであるが、中段は法会によって異なってくる。理趣三昧は密立法要なので、中段は大日である。

しかし、密立以外は法会の本尊によって異なり、左記の如く多種ある。

『私案記』『寛保魚山集』『明治魚山集』『声明類聚』には、大日以外に、釈迦・薬師・阿弥陀が収録されている。

『声実抄』(続真全三〇・六―七頁)には、散華中段事として、十一面・千手・如意輪・弥勒・虚空蔵・地蔵・准胝・毘沙門・阿難・盂蘭盆が収録されている。

『密宗諸法会儀則』巻下には、高野山で修されていたと思われる多くの講の次第が列挙されており、その中に中段の散華が記されている。羅漢講(顕立・釈迦)・仁王供(密行・大日)・大般若法則(顕立或密行・釈迦)・大楽院常楽会法則(顕立・釈迦)・仏生会(顕立・釈迦)・弘法大師誕生会(密立・大日)・盂蘭盆会(顕立兼密行・釈迦)・五段舎利講(顕立・釈迦)・往生講(顕立・阿弥陀)・弁天講(密立・大日)・大黒講(顕立・釈迦)・仏名会(顕立・釈迦)・神祇講(密立・大日)・不動講(密立・大日)・愛染講(密立・大日)・毘沙門講(密立・大日)・聖天講(顕立・釈迦)・上宮太子講(顕立・釈迦)・四社明神講(密立・大日)・八幡講(顕立・阿弥陀)・役行者講(顕立・釈迦)・虚空蔵講(密立・大日)・虚空蔵法則(顕立・虚空蔵)・薬師講(顕立・薬師)・阿弥陀講(顕立・阿弥陀)・聖観音講(顕立・釈迦)・千手講(顕立・千手)・十一面講(顕立・十一面)・如意輪講(顕立・如意輪)・弥勒講(密立・大日)・弥勒法則(顕立・弥

勒）・文殊講（顕立・釈迦）・地蔵講（顕立兼密行・地蔵）・地蔵法則（密立・大日）・光明真言講（密立・大日）・光明真言法則（顕立・釈迦）であり、『私案記』、歴代の「魚山集」、『声実抄』に収録されている中段散華が用いられている。

次第散華の博士は「甚」「教」「仏」のみが異なり、他は同である。

盧

宮七裏一行

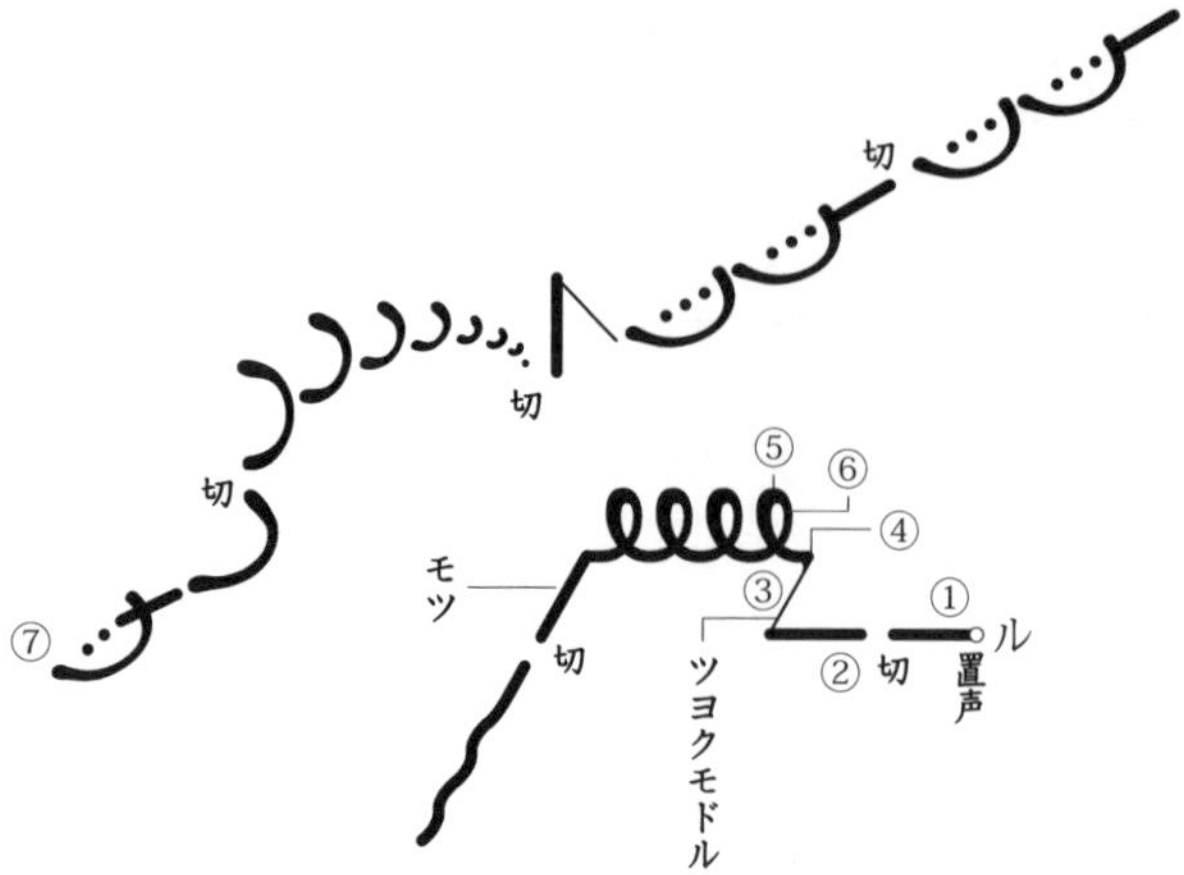

【置声】

置音ともいう。前の最後の譜から声を切らず、そのままの高さ強さで「ル」と、あたかも前の声を置く如く角①を唱える。次に、声を切った後、同音で角②を唱える。

【ツキモドリ】

呂曲と異なり、律曲なる故、モドリ③は高くモドル。

【四由】

二伝あり。

《一》均等にユル。

《二》徐々にユリを小さくする。

三重宮の手前の商ユルグまでは律曲である。呂曲・律曲いずれも角をユルことはないのであるが、上段の「場」と同じく、博士は一越調呂曲で点譜されているからであり、本来の盤渉調律曲に翻譜すると角は徴となり、徴は本来ユルことになっている。ユリは律曲のユリではない。七

ツユリのユリカケ切リのユリよりも、ユリ始め④から頂点⑤まで、勢いをつけ強くハネ上げる如く唱え、後なめらかに下げる⑥。このユリを四ツほど均等にユル。

「講究会の記（二）」でも、《一》は覚証院方の伝、《二》は東南院方の伝として、葦原寂照も覚証院方の均等の伝を受けていると記されている。

【三重】

⑦より三重宮なる故、きわめて高く発声する。

中川善教『魚山蠆芥集解説』（一一―一二頁）に、第二段「盧」のユリカケにて切り、第三段「功」のユリカケは切らないのが習いである。ただし、この「盧」のユリカケを切らずに続けて唱える時は、「功」のユリカケは切る。「盧」「功」の切・不切は頭人の意楽である。また、顕立の散華の時は、中段で切らずに廻向句で切るというのが習いであると述べられている。

ただし、「講究会の記（二）」に、「葦原僧正は特にこの点を注意して、中段にてユリカケ切リとし、下段には切らずと注せられてあるから、此の注に従うを常の習いとしてある」と記されており、中段は切り、下段は切らずに唱えるのが近年の習いとなっているようである。

宮七裏一行

舎

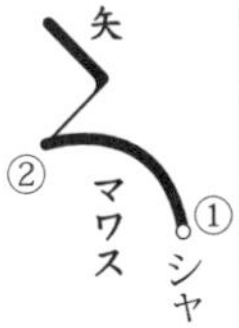

『魚山精義』（一七丁左）に、「舎の字より常には助音す。之について盧の字末は三重宮にして音頗る高し。依て助音者は用心せざるべからず。伝に云う。助音中の上座又は衆中声明熟練の人助音を程よく発音したらば他の助音者一同は之に和すべしとなり」と、「盧」の末の三重宮より、「舎」を助音する時、急に音を下げて唱えねばなら

ないため、注意しなければならない。古来、上座あるいは声明已達の人の発音を待って、一同がこれに和すべしと口伝されている。

【マワス】

声のソリとは逆で、高い音①から低い音②へ、なめらかにすべって唱える。

宮七表一行

佛

「ブッ」と読むが、半音で「ブ」のみ唱え、最後をツメル。

【ツメル】

古本「魚山集」では、舌突とか突音とかの補助記号が見られる。「ブ」と唱えて、舌を口の奥へ突き、パッと唇を閉じると、自然にツメルとなる。

宮七裏一行

門

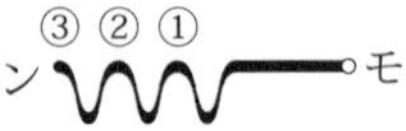

呂曲のユリ①②の二ツをユリ、三ツ目③のユリの最後に「ン」の仮名を唱える。

宮七裏二行

深

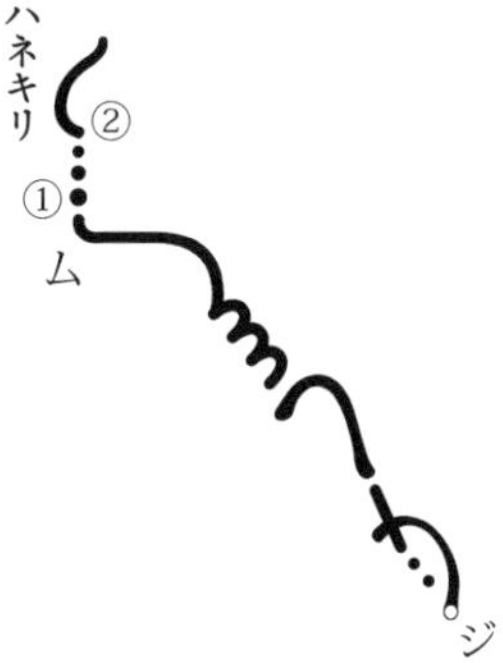

【ハネ切り】

呂曲の羽は本来ユルことがないのであるが、律曲に移る準備として律曲の音動で唱える。古本「魚山集」に、「押しつける心」とある。したがって、上顎の歯の根元に舌の末をつけて、声を舌に押しつけるように、重い声で太い長い声から徐々に短く、「ンンー・ンー・ン」と三ツ①、次に②の初めを口内アタリして少し声を太く強くしてハネ、かつ流す如く唱える。

4 散華　下段

一、出　典

『寛保魚山集』『明治魚山集』『声明類聚』には、下段の出典は「法花経第三巻化城喩品文」とある。具名は『妙法蓮華経』であり、巻三・化城喩品第七（大正蔵九・二四c）に説かれている。

二、調　子

調子は上段に同じで、一越調反音曲である。

三、概説

第三段・後段・廻向段とも称される。この廻向段は、顕密を問わず如何なる法会にも用いられる。

次第散華の博士は「切」「道」「仏」のみが異なり、他は同である。

宮九裏一行

徳

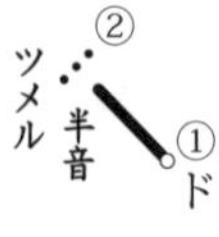

中段の「舎」と同じく、三重宮の後なので、助音する時、高さに注意すべし。

また、「徳」は半音。半音とは、「ドク」と発音せずに、徴①は半分の音の「ド」のみを発音する①をいう。

「徳」はツメル。「ド」と唱えて、舌を口の奥へ突き、パッと唇を閉じると、自然にツメル②となる。

宮九裏二行

普

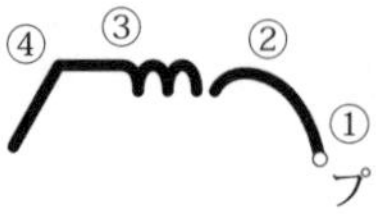

「プ」と半濁音で唱える。徴①を唱え、イロに移る前に少しなめらかにマワシ下げ②、イロを二ツ、三ツ目をモチ③、商④を下げる。

宮九裏二行

及《ワル》

①キ　徴ノキ、
②ウ

「徴のキキ」とは、博士は角であるが、実際は徴の位で唱えるをいう。

【ワル】

二字仮名で「キウ」であるが、初めから「キュウ」と唱えず、初めを「キ」角①、後を「ウ」②と分けて唱える。

宮九裏二行

於

漢音は「ヨ」、呉音は「オ」であり、博士をつけずに唱える時は、「オ」と唱える。しかし、声明では、「オ」と「ヨ」の二伝がある。

「講究会の記（二）」には、「廻向段の及於をギウヲと仮名し、或いはヨと仮名す。その中ヨを可とす」と、声明講究会では「ヨ」と決着されている。

『智山声明大典』（七〇頁）にも、「及於共の漢音について快説云此の三字のみ漢音を用いること古説なるべし。既に根嶺の古本凡そ二百六十年前の数本を見るに、安永年間皆な於字にヨの仮名を附せりと云々」と、続けて「ヨ」は誤りで「オ」が正しいという説に対し、新義における古本を見ざる論であり、二百六十年以前の数多くの声明集にも、於はみな「ヨ」の仮名を付しているのが最大の典拠であり、「ヨ」が正しいと主張されている。

しかし、呉音ということからか、「オ」と唱える伝もある。なお、『智山声明大典』に及於共の三字を漢音で唱えるということであるが、「共」のみは「ク」と呉音で唱えているので、不可解である。

宮九裏二行

我

宮一〇表一行

佛

打付は、極短の音①を唱え、一刹那、切音不切息（息は切らず声のみ切る）して、①よりも音を下げて商②で声を引く。

『寛保魚山集』の諸声明には打付の符号はみられないが、『明治魚山集』より打付の符号がみられる。

「仏」の最後の角より律曲である。歴代の「魚山集」には、羽①徴②をツク如しとあるが、①②同音と②は①よりも少し下げるの二伝ある。

《一》徴②は羽①と同音にツク如く唱え、羽③の初めを口内アタリして、投げ上げる如く声を引き上げ、その終わりの音を鼻にぬき、「ツン」という如き音を唱える。そして、一刹那、切音不切息して、大きく音を下げ、「入」で唱えた高さのままで律曲の角ユリ④をなす。

《二》徴②は羽①よりも下げて唱える。羽③以下は高さが少し異なるが、唱え様は同である。

5 対揚

一、出典

『寛保魚山集』『明治魚山集』『声明類聚』には、出典はあげられていない。

『要覧』に、「問曰対揚の作例及び本説ありや。答本拠は大般若経第五百巻七十二丁に出ず。初に教主を揚げ、後に対告衆を出だす。是を作例とす。問曰諸対揚は誰の作なるや。答声明呂律秘伝集に因るに伝法結縁曼荼羅の三種は大師の御作。余は皆仁海僧正の作なり」と、対揚の典拠は『大般若波羅蜜多経』巻五百（大正蔵七）と述べられているが、筆者の見る限りは見当たらない。また、伝法灌頂・結縁灌頂・曼荼羅供の対揚は大師の作、他の法会の対揚は仁海僧正の作とされている。岩原『声明教典』にも、「私は仁海の作と云う説に賛するものである。海師は朝僧正と略同時代であるから、作詞は海師で、作曲は当代声明の第一人者である朝僧正の手になったものかと考えられる」と、典拠は示されていないが、『要覧』と少し異なり、作詞は仁海、作曲は寛朝とされている。

二、調　子

『寛保魚山集』『明治魚山集』『声明類聚』には、調子について、「頌曰対揚唯律盤渉調　散花仏末羽位出文」と、唯律とは呂曲をまじえていない純粋に律曲のみという意であり、律曲の盤渉調で唱える。

「散花仏末羽位出」は、散華の「仏」の末の羽と、対揚の「南」の宮と同音に唱えるとの意である。

ところが、左図のように、散華の「仏」の末の羽は二重羽であり、この羽と同音ということであれば、必然的に対揚の「南」の宮は三重宮となる。すると、魚山集に点譜されている「南」の博士は二重宮であり、一オクターブの隔たりがあり、「散花仏末羽位出」の頌文との間に大きな矛盾が生ずる。この矛盾に対し、岩原説・宥雄説と二伝がある。

まず、散華の項で述べたが、『声明教典』に一オクターブも二オクターブもの高さの異なりがあっても、振動数が倍数の関係にある音は同音とするとしている。すなわち、「声明六調子各音の位置」の十二律振動数より見ると、

散華一越調の「仏」の二重羽は十二律では盤渉であり振動数は245・75ヘルツ、対揚の盤渉調の二重(宮)は十二律では一オクターブ低い盤渉であり振動数は122・87ヘルツである。したがって、対揚の盤渉調の二重(宮)の振動数の二倍にあたるのが散華一越調の「仏」の二重(羽)の振動数となり、一オクターブの隔たりがあるが、同音というと主張されている。

徳島・弘誓寺の宥雄（江戸時代）は、このような矛盾を解決するために、『進流声明撮要』（続真全三〇）を編纂され、前図の如く、乙三重は略頌の初二三重であり、その十一位を一オクターブ上げて甲の初二三重をつくられた。

洋楽音名	十二律	横笛	散華一越調（乙）	散華一越調	散華一越調（甲）	対揚盤渉調（乙）	対揚盤渉調	対揚盤渉調（甲）
イ	黄鐘	夕		徴	甲三重			
■	鳧鐘			反徴				
ト	双調	上						
■	下無	五		角			徴	甲三重
ヘ	勝絶							
ホ	平調	干		商			角	
■	断金							
ニ	一越	六		宮			揚商	
■	上無			反宮			商	
ハ	神仙	下						
ロ	盤渉	中		羽	甲二重		宮	
■	鸞鏡							
イ	黄鐘	夕	乙三重	徴			揚羽	甲二重
■	鳧鐘			反徴			羽	
ト	双調	上						
■	下無	五		角		乙三重	徴	
ヘ	勝絶							
ホ	平調	干		商			角	
■	断金							
ニ	一越	六		宮			揚商	
■	上無			反宮			商	
ハ	神仙	下						
ロ	盤渉	中	乙二重	(羽)	甲初重		(宮)	
■	鸞鏡							
イ	黄鐘	夕		徴		乙二重	揚羽	甲初重
■	鳧鐘			反徴			羽	
ト	双調	上						
■	下無	五		角			徴	
ヘ	勝絶							
ホ	平調	干		商			角	
■	断金							
ニ	一越	六		宮			揚商	
■	上無			反宮			商	
ハ	神仙	下						
ロ	盤渉	中	乙初重	羽			(宮)	
■	鸞鏡							
イ	黄鐘	夕		徴		乙初重	揚羽	
■	鳧鐘			反徴			羽	
ト	双調	上						
■	下無	五					徴	

『進流声明撮要』（続真全三〇・二九六頁）には、「散華一乙徴黄夕」とあり、散華は一越調で乙二重の徴より唱え、十二律は黄鐘で横笛の穴は夕ということである。また、「対揚盤甲宮音中」で、対揚は盤渉調で甲二重（実際の略頌では乙三重）の宮⃝より唱え、横笛の穴は中ということである。

しかし、この『進流声明撮要』は、散華は乙二重羽⃝、対揚は甲二重宮⃝で、いずれも二重で同音ということを主張したいがための論であるというにすぎない。つまり、実際に唱えるのは、甲二重というが、乙三重宮⃝である。すなわち我々が常に唱えている略頌の三重である。これでは、対揚全曲の博士が三重となり、あまりにも高すぎるといわざるをえない。特に、頭の「三」の徴の音は乙三重の徴となり、岩原「声明六調子各音の位置」によると、成年男子の肉声が出せる最高音とされている。

したがって、師伝の対揚の実唱から考えてみても、三重で唱えるほど高くはないし、岩原のいう如く、一オクターブ下げた十二律も同じ振動数で絶対協和音でありそれをも同音とするということであるので、乙二重のその宮⃝音で唱えるのが妥当であると思われる。

三、概　説

対揚とは、対告衆が如来の説法を聞いて如来の徳を称揚することから、対揚と呼ばれる。教主に帰依し、仏法の常住安穏を祈る偈文である。

句数は、『要覧』（一七丁右）に、「問曰句数の取り方如何。答進流は七句九句十一句等と半数を取る。相応院には重半不定なり。此に総別の二あり。総とは教主の句の名、別とは諸句の号なり。而して進流は総句を加えて半数を取るなり」と、進流は教主の句を加えて奇数、相応院流は偶数・奇数いずれも可という意である。ただし、大覚

寺は偶数をとるのが古来の習いである。

『私案記』（続真全三〇・九九頁）に「灌頂には九句に結ぶなり」とあり、『文明記』（続真全三〇・四八頁）には「灌頂には十句之を用う。南無より終りの所願の句までかぞうるなり」と、その句数の変遷が記されている。ちなみに、歴代の「魚山集」には妙典句を「灌頂には仏性無漏三摩耶戒」とすると注されている。

また魚山集では、総句つまり教主の句は大日であり、他に証誠句・神祇句・霊句・聖朝句・伽藍句・妙典句・対告衆句がある。加えて、対告衆句の後に三句が付加されている。これは『要覧』（一八丁右）に、「禅定法皇以下の三句は高野山勅願曼供の所須なり。護持太皇とは覚法法親王の御事にして、本名は行信と称す。白河院第四の皇子なり。是を高野御室と称し、覚性法親王を紫金台寺御室、又は金剛乗院の御室と号す」とある。筆者所蔵の『寛保魚山集』の朱書きがあり、そこには「此句無用と雖も異譜の故に音道稽古の為に此を示す」と注されている。

『寛保魚山集』『明治魚山集』『声明類聚』には、教主大日以外に最勝講・大般若・法花経・盂蘭盆経・仁王経の五が収録されている。

『声実抄』（続真全三〇・一〇―一二頁）には、法華・梵網経・大品経・盂蘭盆経・孔雀経・涅槃経・華厳経・報恩経・仁王経・大般若・般若心経の十一の対揚が収録されている。

散華・対揚の配役について、「講究会の記（四）」に、「高野では一人の役を習いとし、京都でも近来泉山東寺等何れも一人の役たるが如く、或は二人各別の役とすることあるは相応院の習いか」と、頭人が高野山・泉涌寺・東寺は一人、二人は相応院の習いかと、断定はされていないが、疑問を呈されている。

宮一八表一行

無

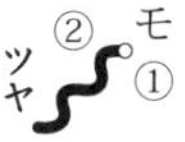

宮一八表一行

界

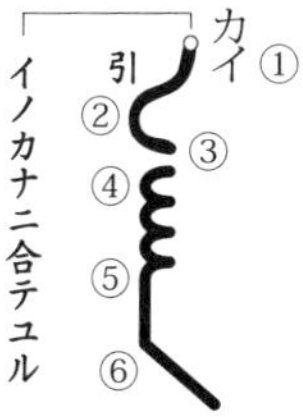

宮一八表一行

道　場

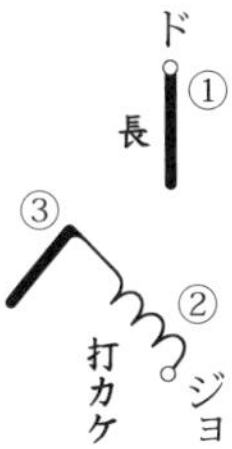

「講究会の記（三）」には、「ツヤはイロのヤワラカなるもの、イロはツヤの少し強いもの」との記述があるが、それだけではなく、イロよりも波がゆるやかでヤワラカで弱い。低点①が強く太く、頂点②は弱く細く、二ツ半唱える。

「カイ」の「イ」の仮名を引き①、②に移るとなめらかに音を下げる。そして、その下がった音③よりイロを二ツほど宮でユル④。三ツ目を長くモチ宮⑤、次の譜を下げて初重羽⑥唱える。

【打カケ】

「道」の宮①から「場」の商③へ移るのに、イロモドリ②を介在して連結したもの。本譜には、このイロモドリはあらわされていない。対揚には、この打カケが非常に多く見受けられる。「場」の打カケは、イロモドリで、イロを三ツ、四ツ目は長くモチ、次の譜を下げて唱える。

宮一八表一行

三

『要覧』（一七丁左）に、「而して商より徴に上ぐるに前滅後生の働あるなり。前滅とは商音断滅するを云い、後生とは商音既に断滅して、而して後、徴音の生ずるを云うなり」と説く。前滅後生とは、事相の焼香の意である。新しく盛っている香が薫じ燃える（前滅）ことによって新しい香煙（後生）が生ずる、これが前滅後生である。つまり、切音不切息をいい、前滅とは商音が断滅することであり、後生とは商音が滅した後に徴音が生ずることをいう。

「三」の商①について、『要覧』（一七丁左）に、「東南院には商をソル。覚証院には然らず。只徴へ上る勢をなすまでにして、決して強くソラざるなり」と、声のソリで大きくソリ上げず、いわゆる、力のソリで太く強く商①を唱え、一刹那、切音不切息して②、次の徴の音③を高く唱える。

宮一八表一行

密

『要覧』（一七丁左）に、「角の末に押下あり。次に商を長く強く張り出だす。必ずソルべからず。東南院には之をソル。角は短く末を詰めるなり」とある。商音は長く強く張り出すように唱え、角は短くツメて唱えよとの意である。

宮一八表二行

四方四佛

【ハホノ中音】

『声明類聚』には「以上四字一息」と注があり、声を切らずに一息で唱える。

「方」に「ハホノ中音」との注がある。他にも、歴代の『魚山集』にはダドノ中音・サソノ中音・カコノ中音・ウヲノ中音・ナノノ中音・ヲワノ中音等がある。これを、『声明の研究』（二五五頁）には、「ダドノ中音」をあげ、

「タ音を引いていると結局はアの母音になる。故にタ音を発音した終わりの口形はアの母音を発音した時と同じ大きさの口形になる。又ト音を長く引いていると結局はオの母音になる。故にト音を発音した終わりの口形はオの母音を発音した時と同じ大きさの口形になる。（中略）そこでダドノ中音とはアを発音した時の口形とオを発音した時の口形との中間の口形にして発音せよとの注意である」と、したがって「ハホノ中音」とは「ア」と「オ」の中間の口形で唱えよとの意となる。

宮一八表二行

方

宮ツヤ①で二ツユル。三ツ目は長く引き宮②、次の商を同音で突いて商③を唱える。

宮一八表二行

四

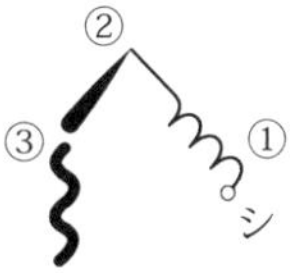

「四」の打カケ①はイロモドリで高く唱える。商②は下げ、力のソリで徐々に太く強く唱え、さらに宮③に下げツヤを二ツ半唱え、次を切らずに四字目のツヤにつなげる。

※以下、各句の三字目の打カケはイロモドリを用いる。

宮一八表二行

佛

半音で「ブ」のみ唱え、ツヤを二ツ半、最後をツメル。

宮一八表二行

誠

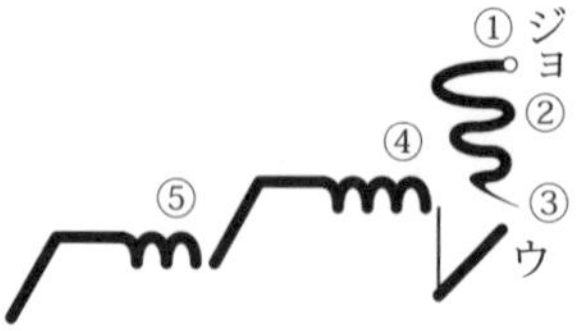

『声明類聚』に、「宮ノ始ニ二ツ三ツオドリアリ是レ宮音ノ働ナリ」と注がある。「誠」の初めにオドリといって、ツヤの如きユリを二ツ三ツほどつける伝がある。『要覧』（一八丁左）にも、「宮の初に二ツ三ツ程、音に躍りあり。之れ宮音の働なり。但し此働は誠に限り余は然らず」と、オドリを宮音の働という。ただし、このオドリは「誠」のみで他の句にはないとされている。

　しかし現近、殆どそのオドリの伝はとられていない。

『寛保魚山集』には、「誠宮ヲ二ユリテ、サテリリメキノ音アリ。唐糸ヲツヨク引ハリテ切タルニチチムカ如クリリメク声アリ」と、初めの二ユとは前述の如きオドリであり、リリメキの音とは①②③であり三ツユル。すなわち糸を強く引っ張り切ると、初め大きく、徐々に小さく縮む如く、①②③の如く唱える。①は角をたてず、なめらかにやわらかに大きくユル、②は中ほどの大きさでユリ、③は短く引っかける如くキッパリと唱える。

　角④のイロは三ツ、四ツ目のイロはモッ、角⑤のイロは歩幅を大きくして二ツ、三ツ目のイロは大きくモッテ唱える。

宮一八裏一行

法

《一》

《二》

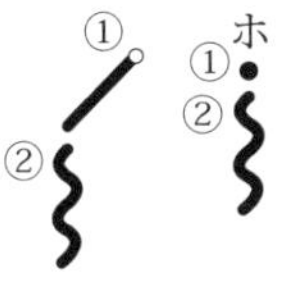

二伝あり。

《一》進流は、打付をする。打付とは、極短の音①を唱え、一刹那、切音不切息して、①より音を下げて宮ツヤ②を二ツ半②唱える。

《二》相応院流は、打付ではなく、商・宮と唱える。したがって、「ホウ」商①と長く唱え、音を下げてツヤを二ツ半宮②唱える。

宮一八裏二行

所

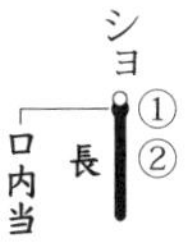

口内アタリは、ある音宮②の初めに、その音よりも少し低い極短の音①をつけて引っかける如くなめらかに唱える。

宮一九表一行

佛　道

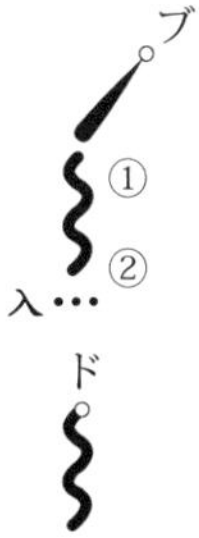

宮ツヤを二ツ①唱え、後の半分②の最後に入をして、鼻に息をぬくと同時に「ツン」という如き音を唱え、次を切らずにすぐ「道」に続け、ツヤ二ツ半唱える。

宮一九表二行

家

①の三ユが終わり、商②の仮名が「イ」。これは、散華の「イ」と同じく六内の仮名、工合の仮名である。詳細は本節2「散華上段」を参照すべし。

宮一九表三行

伽

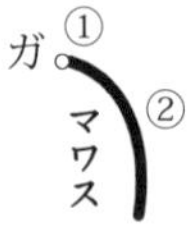

マワスと記号が付されている。マワスは高い音から低い音へすべり込む如く唱えるをいう。ところが、この「伽」は低い音初重羽①から高い音宮②へと、逆に唱えることになっており、声のソリの性質を有している。しかし、ソリと改められないのは、なめらかにあたかもマワス如く唱えられるから、かく名づけられたのであろうと思われる。

宮一九裏二行

所願成辨

『声明類聚』には、「以上四字少シ早ク一息ニスベシ是則所願速成ノ義ナリ」とあり、所願を早く円満せしめんがために、四字を速く一息に唱える。

宮一九裏二行
金

宮一九裏二行
剛

宮一九裏二行
菩

宮一九裏二行
薩

教主の句の「三」の初めは商・徴である。この「金」は宮・徴である故に、「三」の商よりも、「金」の宮を低く太く唱える。

律曲のユリで、一番最末のユリ、すなわち波の七ツ目ほどに「ウ」の仮名をなす。

よくソリ上げて唱えているが、ソラずに短くキッパリと唱える。

歴代の「魚山集」に、「律ノ商ヲユレバ宮ニナル是則中台ニ帰スル習アリ更ニ問」と注記されている。『声明大意略頌文解』（続真全三〇・三四四頁）は「秘事多し」を釈して、「彎《それ》ば必ず一位上り、由れば必ず一位下るものなり。故に薩の商を由れば宮の位になるものなり。其れ宮は則ち大日如来なり。蓋し商をユリて宮にする。意趣は則ち対告衆をして中台大日に結帰せしめ、以て因果一如、一門即普門の実理を示すものなり」と、ソレば一位上がり、ユレば一位下がると口伝されており、すなわち対告衆の最末の商をユレば一位下がり宮となる。宮は五音を五智五仏に配当すれば、中台大日の法界体性智である。秘事とは因位一門の対告衆の金剛薩埵を果位普門の大日に結帰せしめるという義が説かれているのであり、その深意を

もって法事を営むべしと説かれている。

また、最後のユリは、たとえ律曲であっても、終曲の関係から、重々しく落ち着いた感じで終わらせんがために、呂曲のユリで終わるのが習いである。

6 五悔

一、出典

『寛保魚山集』『明治魚山集』『声明類聚』には、出典はあげられていない。

『別行次第秘記』巻二、『乳味鈔』巻一（四二丁表—裏）には、『成就妙法蓮華経王瑜伽観智儀軌』不空訳（大正蔵一九・五九六b）の「普賢行願ヲ誦ズルコト一遍セヨ」が本説で、普賢行願とは五悔の異名であると説かれる。したがって、『観智儀軌』にいう普賢行願とは、『大方広仏華厳経』（四十華厳経）巻四〇・入不思議解脱境界普賢行願品（大正蔵一〇・八四四b—八四六b）に説かれる普賢菩薩の十大願そのものではなく、十大願を要約した五悔をいう。十大願と五悔は開合の不同の故である。五悔が載る他の儀軌は次の如くである。

『薬師如来観行儀軌法』金剛智訳（大正蔵一九）・『金剛頂経瑜伽修習毘盧遮那三摩地法』金剛智訳（大正蔵一八）・『金剛頂一切如来真実摂大乗現証大教王経』不空訳（大正蔵一八）・『大悲心陀羅尼修行念誦略儀』不空訳（大正蔵二〇）・『金剛頂蓮華部心念誦儀軌』不空訳（大正蔵一八）・『観自在菩薩如意輪念誦儀軌』不空訳（大正蔵二〇）・『阿閦如来念誦供養法』不空訳（大正蔵一九）である。これら「五悔」の典拠である経軌は、五悔の区分けがなされていなかったり、一段が欠落していたり、少し文に小異があったり、「帰命頂礼大毘盧舎那仏」の句がなかったりで、

今の五悔とは全同ではない。

『金剛界礼懺』にも五悔が説かれている。『金剛界礼懺』は、空海請来の『金剛頂経金剛界大道場毘盧遮那如来自受用身内証智眷属法身異名仏最上乗秘密三摩地礼懺文』不空訳（大正蔵一八・三三六c）を典拠としているが、現在唱えられている『礼懺』とは文句に少異があり、日本で再治されたとされる。

現在唱えられている広義の意味での「唱礼」はその『金剛界礼懺』を典拠として成立し、大師以後の成立との説もあるが、『乳味鈔』等では大師御伝とされ、成立年代は明らかではない。

大師作と伝えられる金剛界次第は左記であるが、これらの次第は大師真作もあるが、真偽未決の次第もある。しかし、大師作にあらずといわれても、古来、大師口説により編纂されたと伝えられている。金剛界では、『金剛界黄紙次第』（弘全和五）・『金剛界大儀軌』（弘全和一二）・『無尽荘厳蔵三昧念誦次第私記』（弘全和一二）である。これらは「五悔」の名称のみであり、これだけをもってしては現在と同一の「金剛界唱礼」であったかどうか窺い知ることはできないが、大師の時代に、現在と同じ「金剛界唱礼」が唱えられていた可能性はあるといえる。

近年、敬礼三宝・浄三業真言・普礼真言・五悔・発菩提心真言・三昧耶戒真言・勧請・五大願・普供養真言・三力偈・祈願・礼仏のすべてを、広義の意味で唱礼という。

五悔以外の出典は『乳味鈔』によると、全てにわたり網羅されていないが左記である。

敬礼三宝は、「一切恭敬等、此の一句は儀軌に無し。大師の十八道次第及び理源大師の持金金剛次第に之を載す」（『乳味鈔』巻一・四二丁裏）と、儀軌には無く、大師『十八道次第』と理源大師『持宝金剛次第』に載せられているとしている。

浄三業真言・普礼真言は、「此の二印明は無量寿如来修観行供養儀軌の説なり」（『乳味鈔』巻一・四三丁表）と、

『無量寿如来観行供養儀軌』の説としている。

祈願は、「経軌並に大師の次第等には之なし。尊師の持宝金剛次第に甫めて之を載す。又元祖の略法則集に祈願の詞あり」（『乳味鈔』巻二・三六丁表）と、経軌や大師の次第にはなく、理源大師『持宝金剛次第』と憲深『略法則集』に載せられていると記されている。なお、金剛界唱礼の出典については、『豊山声明大成』が最も詳しいので参照されたし。

二、調　子

『寛保魚山集』『明治魚山集』『声明類聚』には、調子について、「頌曰五悔双調唯呂曲文」と、唯呂とは律曲をまじえていない純粋に呂曲のみという意であり、呂曲の双調で唱える。

歴代の「魚山集」に、「一切ノ一ノ徴ノ位御影供導師ノ表白ノ廻向大菩提ノ菩ノ本ノ角ノ位ニ可レ出云云彼ノ菩ノ角ト一ノ徴トハ笛ノ六ノ穴ニ当ル故也」とあり、御影供導師表白の詳しくは教化の「廻向大菩提」の「菩」の角の高さで、五悔の「一切恭敬敬礼常住三宝」の「一」を唱える。教化「菩」は中曲黄鐘調の角であり、五悔の「一」は呂曲双調の徴であり、ともに横笛の六の穴で十二律は一越である故に、同音に唱えるのである。

また、歴代の「魚山集」に、「五悔ハ老僧ノ所作ヲ為レ本仍縦若輩ナリトモ老僧ノ声ノ如クスベシ」と注されている。この注記について明確な釈はないが、ただ『魚山精義』（二六丁裏）に、「一切の一の字の徴は双調の故、彼の徴は一越なるべきも口伝にて双の宮に落して之を唱うるなり（一越の低声は初重の徴の声故に余程の能音に非ざれば発声不可能なり）。宮は土用に配す。字義は容なり、含なりと云うて四時を含容するの意なり。宮と云えば五智具足の法音となるなり。或は堂塔の広き所には黄鐘の声にも発すべし。即ち双調の商なり」と、一オクターブ低い双調初

重の徴に落として唱えるは成年男子の声では不可能であるので、順八逆六の反音により、双調二重の宮か黄鐘調の宮（双調の商）に落として唱える。宮は大日で五智具足の法音であり、商は阿弥陀で説法断疑を司り大日弥陀一体の深意もあり、重々しく荘重に唱えるべきと口伝されている。

「講究会の記（四）」に、「娑縛以下を稍々高声に誦ずること、箸尾前官（遍照尊院の前代）の口によれば一切の句は前の讃の中に済み、娑縛より職衆に聞き得るが如くあれど、或いは堂の広狭に従って娑縛以下高声なれと注するものあり」とあり、「娑縛婆縛秫駄」以下は、「一切恭敬敬礼常住三宝」と堂の広狭によって高度を変えて高く唱えても可とある。

『声明の研究』（二五七—二六〇頁）にも、要点のみ述べると、「一」の声明を唱える場合に、できるだけ隆然の頌文の通りの高さで唱えるべきであるが、「各自の声に依って唱えよ」との口伝があり、その人の声によっては高度を変えなくては唱えられないものは、反音の法則によって自由に移調して唱えるべきであると主張されている。

近年は、「一切恭敬敬礼常住三宝」と「娑縛婆縛秫駄」以下を同音に低く唱えるのと、「娑縛婆縛秫駄」より高く唱えるのと二伝あるが、多くは前者をとられている。

次に、歴代の「魚山集」に、勧請を「頌曰勧請中曲黄鐘調文」と隆然の頌文をあげ、中曲黄鐘調と指示されている。そして、勧請の「帰」の横に「鏤の角に出すべし」と注があるが、また「記曰」として「五悔若し高くは帰を鏤の商に出す可し」との注記がある。

「記」とは『私案記』のことである。五悔は呂曲双調、勧請は中曲黄鐘調であるので、本来は双調の商と黄鐘調の宮と同音であるが、実際は「鏤」の双調の角と同音に「帰」を出し、五悔が高ければ「鏤」の双調の商に出すという意である。しかし、理論上からいえば、「鏤」の商と同音に「帰」の宮を出すというのが本義である。

五大願・普供養真言・三力偈・祈願・礼仏は、調子の指示はないが、勧請と同じく中曲黄鐘調である。『声明の研究』も中曲黄鐘調とされている。

三、概　説

唱礼と五悔の名称

唱礼とは、曼荼羅の諸尊を礼拝し唱える声明をいう。したがって、狭義には礼仏を唱礼という。台密では先に唱礼（ショウライ）すなわち礼仏を唱え、後で金剛界では五悔、胎蔵界では九方便を唱える。東密では五悔、九方便を先に唱え、後で唱礼すなわち礼仏を唱える。

近年、敬礼三宝・浄三業真言・普礼真言・五悔より礼仏まですべてを、広義の意味で唱礼という。

「魚山集」編纂以前の『声実抄』（続真全三〇・一二頁）、『声明集私案記』（続真全三〇・一〇五頁）には、金剛界は「五悔」、『声実抄』（続真全三〇・一四頁）に胎蔵法は「九方便」の曲名が用いられている。『私案記』（続真全三〇・九九頁）には、「五悔」「胎蔵」の曲名が用いられている。

歴代の「魚山集」と現在の最も普及している『声明類聚』は、金剛界は「五悔」、胎蔵法は「胎蔵界」と題されている。

これら声明集に載る「五悔」は、至心帰命・至心懺悔等の五段よりなる五悔だけではなく、敬礼三宝・浄三業真言・普礼真言・五悔・発菩提心真言・三昧耶戒真言・勧請・五大願・普供養真言・三力偈・祈願・礼仏等のすべてを合わせていうのである。

なお、『声実抄』（続真全三〇・一四頁）の中で、博士が記された後に「以上両界唱礼畢」、また「唱礼勧請入句

事」、「唱礼導師」（続真全三〇・一五頁）等、唱礼の名称が各処に用いられている。

したがって、『声実抄』が撰せられたと伝えられる鎌倉期には、正式曲名は「五悔」であったが、すでに「唱礼」の呼称が用いられていたといえる。

五悔の意味

真言宗ではゴクヮイと読み、天台宗ではゴケと読む。

五悔とは、右記に述べた如く、普賢十願と開合の不同であり、至心帰依・至心懺悔・至心随喜・至心勧請・至心廻向の五段よりなる金剛界の懺悔礼仏法である。

『乳味鈔』巻一（四一丁裏―四二丁表）に、浅深の二義ありとする。まず浅権の義を説く。第一は、未だかつて帰命せざる過を懺悔し、至心に帰依する。第二は、無始以来の業障を至心に懺悔する。第三は、未だかつて随喜せざる罪と嫉妬の過を懺悔し、至心に随喜する。第四は、未だかつて諸仏を勧請せざる罪と説法を妨碍せし罪を懺悔し、至心に勧請する。第五は、廻向せざりしを懺悔して、至心に廻向する。次に、深実の義を説くと、普賢とは行者の浄菩提心の体性であり、この体に五智の徳を具す。是を五悔とする。第一句を法界体性智、第二句を大円鏡智、第三句を平等性智、第四句を妙観察智、第五句を成所作智に配している。

懺悔は第二段のみであるのに、何故五段すべてを五悔というのかという疑問があるが、右記のようにすべての段に懺悔があるからである。

また、『乳味鈔』巻一（四〇丁裏）に、「五悔は金界にして五智に約す。九方便は胎蔵にして九識に約す。今は則ち五仏の果を成せむと欲する故に五悔の因を修するなり」と、五智五仏の果位を成就せんがために、因位の五悔を修すると説かれている。

唱礼導師について

『密教辞典』に、「往古は供養導師の外に唱礼導師ありて別に座を設けて唱導せりという一伝あり。然るに現時は供養導師兼ねて唱礼導師を勤む。従つて現時にても供養導師大老なる時は別に唱礼導師を設くるとも仔細なかるべし」と、典拠は示されていないが、供養導師が大老である時は唱礼導師を別に設けても差し支えがないと記されている。これは瑜伽教如口・上村教仁記『魚山精義』（二六丁裏）に「今云古へは唱礼は別に坐を設けて之を唱導と云なり。今は導師唱礼を兼ぬるなり。或は導師大老なる時は別坐に代て唱礼を唱うるも仔細なき乎」とほぼ同文が述べられており、『密教辞典』の典拠は『魚山精義』かとも考えられる。

筆者も、平成四年に、大覚寺派青年教師会より委嘱を受け編纂した『保寿院流理趣三昧作法解説』（二一頁）に『密教辞典』の同文をそのままに引用している。その折は、唱礼導師とは供養導師の代わりに、五悔等のすべての唱礼を唱える導師と受け取っていたのであるが、今では誤りであると考えを改めている。

唱礼導師の呼称は、真言宗関係の声明集・口訣等では、管見の限り、『声実抄』（続真全三〇・一五頁）、霊瑞『密宗諸法会儀則』巻中（一七丁表―一八丁裏）、瑜伽教如口・上村教仁記『魚山精義』、『智山声明大典』頭注（七八―七九頁）である。

『密宗諸法会儀則』には、「唱礼師作法」として収載されている。内容は供養法師としての解説であり、三礼して登壇、前方便を修し、五悔を発音、閼伽華座の後、味清浄句是菩薩位の句の所に至て鈴を振るべし等、明らかに供養導師の作法が述べられており、唱礼師即供養導師として解説されているのである。

『声実抄』には、「唱礼導師とて供養法師の傍にして香花を持し礼仏することもあり。東寺には之無き歟。仍て当時の供養法を唱礼と書くは謬り歟」とあり、唱礼導師とは供養導師の傍らで香花を持し礼仏（南無摩訶等）するの

を唱礼導師というのであり、唱礼導師は五悔・九方便等の広義の意味の唱礼をすべて唱えるとは、決して述べられていない。ちなみに、天台宗は唱礼を「ショウライ」と読み、礼仏のことであり、その後に五悔・九方便等を唱えるのである。また、「供養法を唱礼と書くは謬りか」との文章も、唱礼とは厳密には礼仏をいうのであり、供養法の五悔・九方便等を唱礼と書くのは謬りであるとの意と思われる。

『智山声明大典』には、「或は云く。唱礼導師とて昔し供養導師の傍に柄香呂を持して礼仏することありと（ただし東寺には曽て無きことなり）。恐くは右の唱礼導師を供養導師にて兼ぬることより全分他名の有財釈を以て供養導師を直ちに唱礼導師と称せしものか」と、『声実抄』を引用し、唱礼導師とは供養導師の傍で柄香呂を持して礼仏するをいうが、東寺にはかつて設けることのなかったことであるとしている。そして、唱礼導師を供養導師が兼ねることより、有財釈すなわち自ら他財によって自の呼称を立てるの義より、供養導師を直ちに唱礼導師と称するのであるとしている。すなわち、供養導師の外に唱礼導師という別役を設けるのではなく、供養導師が唱礼導師そのものであると主張されている。

これら『声実抄』『智山声明大典』頭注より考察すれば、筆者の『作法解説』等は、礼仏のみ唱える狭義の意味の唱礼と五悔・九方便等を加えた広義の意味の唱礼とを混同した論であるといえよう。つまり、唱礼導師とは昔は柄香呂を持して礼仏を唱えるのをいったが、近年は礼仏を唱える唱礼導師を別に立てるということではなく、供養導師が唱礼導師を兼ねるのだと説かれていると考えて間違いはないであろう。

さらに、『声実抄』に「東寺には之無き歟」とある。この東寺については、東寺一箇寺のみをいっているのではなく、真言宗各山のすべてを指しているのである。左記に、その典拠を三義あげる。

一は、時代は遡るが、平安初期、『叡岳要記』下（群類二四・五四四頁）等によると、比叡山において、天台・南

都・真言の合行による法会が何度か執り行われている。その記事によると、真言宗では、大師・実恵・真済・真雅・道雄・真然・円明・恵運等の名前が見られ、その下に「東」「東寺」等と割注されている。詳しい記述がないので、断定はできないが、東寺というと、真言宗の根本道場であるので、「東」「東寺」とは真言宗全体を指していると考えられる。二は、後世、東寺の一長者・二長者・三長者・四長者は、仁和寺・醍醐三宝院・大覚寺・勧修寺等より補せられていたのであるから、東寺とは総じて真言宗の諸山を指すといっても過言ではないであろう。三は、古来、真言密教を東密と呼称する。東密とは天台宗の台密に対し、東寺の密教ということであり、真言密教を指しているということは古来の通説である。これらのことからも、『声実抄』の東寺というのは真言宗全体の総名であるということが解るのである。

ところで、前述の如く、唱礼は天台宗では礼仏のことであり、礼仏のみ唱えるのを唱礼導師といい、天台宗に用いられる呼称であるといえる。また、『声明辞典』に、「天台宗では唱礼の頭をとる役を導師と別に立てることが多く、その役を唱礼師と称する」と記されている。加えて、真言宗では唱礼導師を立てる儀は、どの記録を探しても見当たらない。したがって、『声実抄』の意は、天台宗では唱礼導師は設けるが、東寺すなわち真言宗のすべてにわたって、唱礼導師を設けることはないと、述べられていると考えるべきである。

なお、野沢諸流の血脈と『密宗声明系譜』（続真全三〇）『大阿闍梨声明系図』（大正蔵八四・八五九c—八六〇a）等を対照すると、法流の正嫡として名前を連ねる人は声明の大家でもあり、声明の大家は法流の正嫡でもある人が多い。これは「略頌文」にも「久習純熟すれば自ら妙を得」とあり、長く久しく修学し、この上もなく練行すれば自ら妙音を得て、法においても自在を証すると釈されるのである。すなわち、声明の妙音を獲得することが、そのまま法の上でも自在の境地を成就することにつながると説かれているのであり、法流の正嫡が声明の大家でもある

ことの証左であるといえる。また、灌頂を初めとする密教の法会においては、唱礼等の声明が欠くことなき重要な位置を占めるのであるから、法流の正嫡が即ち声明の大家であるというのはごく当然なことであるといえる。

特に、五悔・九方便等の唱礼は、『智山声明大典』頭注（七六頁）・『類聚の解説』（四八頁）に、古来の伝として、「伝曰。唱礼は導師の説法称揚に擬す故に、導師は中台の法界体性智なるを以て五智五音具足の法音に発する習なりと云々」と、導師は中台法界体性智の境地にあり、説法称揚になぞらえるのであるから、五智五音具足の法音でもって厳重にお唱えしなければならないと口伝されている。

したがって、曼荼羅供・灌頂等の厳儀には、大阿自らが大日の境地に立ち、広義の意味の唱礼をすべてお唱えしなければならないことは勿論のことであるといえよう。

大阿は依止師である。依止師とは、後進のよりどころであり、後進を指導する立場にある人である。そのよりどころである依止師が大日の法音でもって、重厚で有難い声明を唱える。すると、後進は十法行の諦聴すなわち心をこめて声明を聴き、そのことによりますます帰敬の念が厚くなり、自らも声明道において久習純熟する。そして、「略頌文」の「自他同証大菩提」、すなわち声明の甚深広大な功徳により、自他ともに無上の大菩提を成就することができると説かれるのである。

敬礼三宝

囶二四表一行

一切恭敬敬禮常住三寶

三伝あり。

《一》「一」以下を右記の如く、一オクターブ低い双調初重徴に落として唱えるべきであるが、低すぎて唱えられないので、順八逆六の反音により、双調二重宮か黄鐘調の宮（双調の商）に落として唱える。「娑縛婆縛秫駄」以下も首句と同じ高さで唱える（鈴木智弁・児玉雪玄・岩原諦信・玉島宥雅・稲葉義猛・吉田寛如）。

《二》「一」以下を双調二重徴で唱える。「娑縛婆縛秫駄」以下も首句と同じ高さで唱える（中川善教）。

《三》「一」以下を双調二重宮か黄鐘調宮（双調の商）に落として唱え、「娑縛婆縛秫駄」以下を首句よりも高く唱える（稲葉義猛）。

禮

宮二四表一行

『声明類聚』では、記号はイロとあるが、初めきわめて太く強いタマリをつけ、イロ二ツの後、モツを一ツ唱える。『類聚の解説』（四九頁）に、「礼のイロは賓由の如く浅くイロ、常の打付はやわらかに少し打付、底アタリの如く唱う」と記されている。

常

宮二四表一行

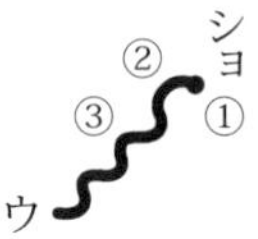

『寛保魚山集』に、「常に打付をする人あり、非なり」として、続けて、「礼は徴、常は商にして角の打付は角の一位を隔てたり。既に上に云う如く呂の声明は上ぐる時も任運にして俄に上げず。又下ぐる時も之に同じ。然して今は角の一位を隔つが故に必ず打付をせざるべからず。東南には打付をなさず。是れ当流の習なり。是れ二家の異なり」と、「礼」と「常」は一位を隔てているが故に、したがって、「常」は前の「礼」から声を切らず、声をためて太くやわらかに打ちつけ①、また声を切らずなめらかに下げる②。次に、記号

はイロとあるが、ツヤ③の如く低点を太く強く二ツ半唱える。これは覚証院方である。東南院方は打付をしないという伝である。

宮二四表一行

住

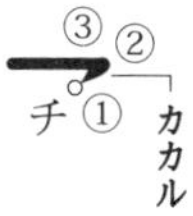

【カカル】
カカルは、まず極短の音を唱え①、一刹那、切音不切息②して、角③は①と同音で唱える。

浄三業真言

宮二四表二行

縛

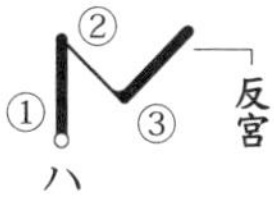

「娑縛」の「縛」は、羽①モドリ②三重反宮③の三位を、高低をつけずに同音で唱える。『私案記』（続真全三〇・一〇〇頁）には、「娑縛の縛の末の宮③は実の宮にあらず反宮となり。但し反宮は少しユルガシテ末を少しソラスなり」とあるが、近年はユルガシたり、ソラシたりはしない。理論上は反宮とは三重宮の半音低いものであるが、近年の実唱は羽・モドリ・反宮を右記の如く同音に唱えている。

しかし、「講究会の記（四）」には、この注について四説あげられている。宮野は宮の半律を次に直ちに続けるために幾分下げる。半律とは本来の宮より半律下げることであり、その反宮より幾分下げて、次の羽と同音に唱えるという意であろう。松帆は宮の半律は下り羽の半律は上る。高橋は羽の位よりモドリ

半音上がり、宮をさらに半音上げるので、宮を本調子よりやや低くするので、これを反宮とする。山田は呂であるので大いにソラスは不可、心持ちソラス、本調子の宮を出さずやや低い、よって反宮とされている。

宮二四表二行

婆

『類聚の解説』（四八頁）には、「の譜は羽は強く、徴は弱く、の譜はその逆なり。徴と羽とは強弱の差のみにて、高下なし」と、羽・徴も徴・羽も同音で、羽は強く、徴は弱く唱えると述べられている。以下みな同である。

宮二四表二行

秫

「秫駄」の「秫」の和ニハヌルは、やわらかに半円を描く如く唱え、終わりを急に止めると、自然にハヌル如くなる。ハヌルは口内にて、外に聞こえる如くハネざるなり。

宮二四裏二行

度

「婆縛婆縛秫度」の「度」にスカシ音との注がある。スカシとスカシ音は別なるものである。

【スカシ音（声）】

ここはスカシ声である。

スカシとは、庭讃の如く正しい発声法で、頭部に響かせて出るきわめて高い声である。

スカシ声とは、声帯の薄い部分である仮声帯を振動させて出る声で、下腹に力を入れず、深い呼吸をせず、喉を

せばめ、胸・喉に力を入れて声を出すので、高く鼻にかかった頼りないフワッとした声。声をひっくり返したような裏声をいう。

九條錫杖のスカシ声は、宮より徴に移るのに四位を隔てているので、ややもすれば徴の正しい音より外れ、調子外れの音声を出す場合が多い。したがって、正しい声を失しないために、スカシ声で唱えるという。

なお、『要覧』（一五丁左―一六丁右）のスカシ声について「大切という意なり」とあり、スカシ声は徴を正しく唱えんがために、注意して声を大事に丁寧に唱えよとの意である。

この五悔のスカシ声は、高度の異なりにより、高さを外さぬためというのではない。何度も何度も唱えてみると、和ニハヌルというのは最後が非常に声が細く弱くなる。この細い声より急に唇を閉ざしたオ行の「度」に飛ぶために、その調子を外さずに徴を正しく発声するためにスカシ声で唱える。また、スカシ声は本当は息を吐きながら発声するが、イメージとしては吸う如く唱える。詳しくは第一篇第五章第三節第二項「声明の発声法」を参照すべし。実唱は、初め口内アタリ、次に仮声帯で息を吸う如くかすかに声を細め、かつマワシ、ソリ上げ唱える。

普礼真言

宮二四裏三行

他

【似自下】

似自下は、自下に似たるものとの意である。

自下は、本自下・浅自下・略自下の三がある。この似自下は前の三にはなく、自下に似たる音動という意である。

似自下は、呂曲のユリの三ツ目をモチ上げ①、次の角②を下げる。それも、上げた音をにわかに下げず、自然に

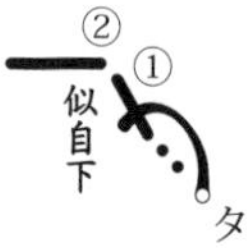

なめらかに下げて（自下）唱える。

宮二五表一行

曩

頭は呂曲のユリを二ツとトメ。助音は呂曲のユリを一ツ。

口伝に、「呂にトメあり、律にトメなし」とある。しかし、呂曲にもトメをつけずに終わる箇所も多くあり、有無不定である。ユリで声を止めるの意であると思われる。

至心帰依

宮二五表二行

十

頭の「十」は、半音なる故、「シ」だけ唱える。

二伝あり。

《一》口内アタリをして、高く出してなめらかにマワシ下げる。

《二》口伝に口内アタリをするは不可とある。したがって、口内アタリをせずにマワシ下げ唱える。

宮二五表二行

切

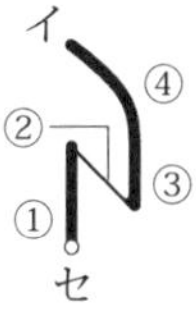

「一切」の「切」は、モドリ②を下げて唱える人がいるが不可である。羽①モドリ②羽③は同音で突く如く唱え、③より④は突かずに引きまわす如く「エーイ」とノバシ唱える。

宮二五表三行

勝

《一》

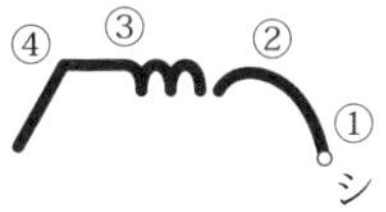

《二》

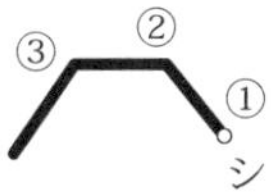

「最勝」の「勝」は、『要覧』によると、「倉掛け博士と云う。譜形牛馬の鞍掛に似たる故に」と倉掛け博士としている。

イロをつけるのと、つけないのと二伝がある。

《一》『声明類聚』に、「徴角二位ヲ浅クマワシテ角ノ終ニ二三イロアリ以下皆同」とあり、『明治魚山集』まではイロが用いられるのが本義であったと思われる。仮譜を見ると大いにマワス如く見えるが、徴①を唱え、イロに移る時、②自然に少し下がるのであるから、別に意識せずともよい。次に、イロを二ツ、角③三ツ目をモチ、商④へ下げる。

《二》徴①より角②へ同音で突き、商③へ下げる。

近年、このイロをつけずに唱える伝が多く用いられている。

宮二五表三行

菩

『声明類聚』に、「菩」の本譜の横に細譜が点じられている。『要覧』（一九丁左）に、「菩。以下細譜を用う。此は廉峯師の訂す所にして、即ち南山古より唱和し来る所の

長音の正譜なり」とあるが、近年は「呂に高下なし」の口伝あるにより、前の「法」と同音に突いて唱える。

宮二五表三行

提

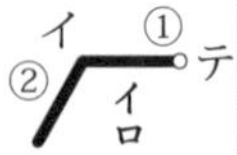

二伝あり。
《一》は、角①より商②に横下シで一音下げて唱える。
《二》は、角①より商②に本下シで二音半下げて唱える。

宮二五裏一行

身

「身」の博士は、頭は同音に唱えるも、「以身」の「身」は助音である故に、高下をつける。しかし、『要覧』に、「羽のモドリ古代はスカス。今は然らず強くするなり。此譜以下皆同じ」と、古代はスカスとあるので、かなり高下をつけて唱えていたと思われる。今は強弱をつけるとある。「講究会の記（四）」によると、「真鍋師の所説によるに離於をスカスは東南院の伝にして、覚証院方はすかさず。葦原僧正の習いはモドリを心持ち強く云うのみ。以身のモドリは太く誦じてスカスのではない」と、きわめて高くモドリせずに、太く強くモドリをすると、すなわち羽①は次のモドリに移る準備として、徐々に太く強く唱え、モドリ②をきわめて強く太くかつ高く上げ、三重宮③は元の音にモドリ、①と同音で唱える。

『私案記』（続真全三〇・一〇〇頁）に、「以身の身は先の博士上の反宮の如き也」と記されている。この先の博士とは、浄三業の「娑縛」の「縛」である。すると、『私案記』の時代には、近年の如く頭と助の博士は同じでも唱

え様を違えて唱えていたのではなく、同じ唱え様で唱えていたと思われる。

宮二五裏一行　**浄**

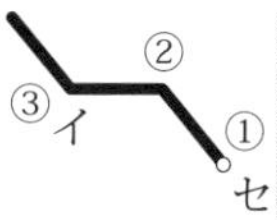

「清浄業」の「浄」は、「セ」①と唱え、一音下げて角②を唱える。次に、「イ」の仮名をなし、また一音上げて①と同音に徴③を唱える。

宮二五裏二行　**合**

「合掌」の「合」は、半音なる故、「ガ」のみ唱える。連声のソリなり。『要覧』（二〇丁右）に、「連声のソリとは、浅くソルをいう。依って必ずソルべからず」とある。したがって、声のソリの如くあまり声をソリ上げず、その半分ほどにて、また末になるほど太く唱える。

宮二五裏三行　**帰**

二伝あり。
《一》「帰」を前の「恭敬礼」のよりも高く唱える。
《二》「帰」を前の「礼」と同音に唱える。

宮二五裏三行

禮

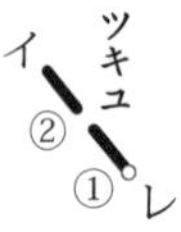

突由の故に、徴①②と同音に唱える。ただし、徴①を長く徴②を短く唱える。しかるに、徴①よりも徴②を高く唱える人もいるが、不可である。

宮二五裏三行

大

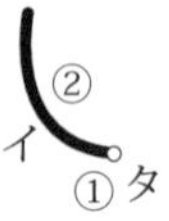

徴①羽②となめらかに引きマワシて唱える。

至心懺悔

宮二六表三行

如　佛

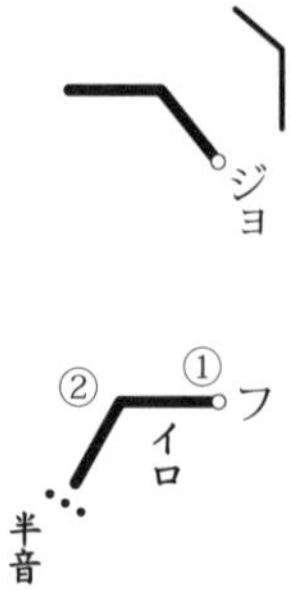

「菩提」の第二伝と同じく、角①より商②に本下シで二音半下げて唱える。

至心随喜の「諸仏」、至心廻向の「諸仏」も、右記の「如仏」と同じく、角①より商②に本下シで二音半下げて唱える。

宮二六表三行

菩

「如仏菩薩」の「菩」は、連声のソリである。深くソルべからずと口伝されている。

至心随喜

宮二六裏二行

發

音で「バ」と唱える。

頭の「発」は、半濁音で半音で「パ」のみ唱える。『私案記』（続真全三〇・一〇一頁）には、「相応院には此の発の字を濁してする也」とある如く、相応院流では、濁

宮二六裏三行

福

「所生福」の「福」は、「フク」と唱える伝もあるが、「フ」のみ半音で唱える。

至心勧請

宮二七裏三行

三

「三有」の「三」は、羽①徴②を「サーム」と同音で引き延ばし、角③を同音で突く如く唱える。

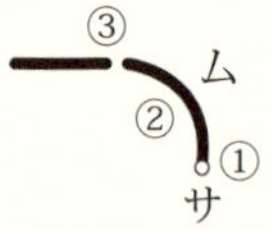

宮二八表二行

轉

『声明類聚』に、「轉於」の「轉」の博士に「ム」の仮名が付されている。中ほどにンを唱える時は「ム」、最後にンを唱える時は「ン」と記すのが習いであるので、最後に「ン」の仮名を唱えるのではなく、博士の途中で「ム」に移り、「テーンー」と唱える。

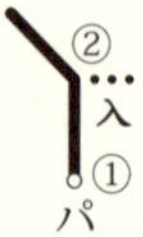

宮二八裏一行

般

「臨般」の「般」は、羽①を「パ」と半濁音で唱え、徵②を入で唱える。『私案記』には、「相応院に此の般の字に少し末にムのかなをなす」と、羽①を「パ」と半濁音で唱え、徵②を「ム」と唱える。

至心廻向

宮二九表一行

福

「勧請福」の「福」は、「フク」と唱える伝もあるが、「フ」のみ半音で唱える。

宮二九表二行

我

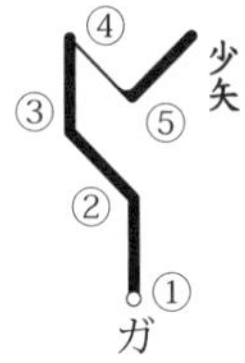

「願我」の「我」は、羽①と徴②を同音に突く如く唱え、羽③モドリ④三重宮⑤は右記に述べた如く唱える。しかし、徴②をよく下げて唱える人がいるが不可である。

宮二九表二行

不

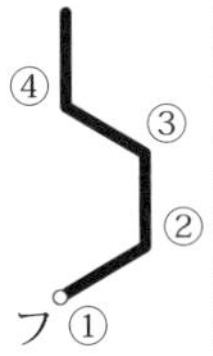

「不失」の「不」は、『声明類聚』に「四位トモ長短高下ナシ」とあり、三重宮①羽②徴③羽④を同音で突く如く唱える。『要覧』（二〇丁右）に、「三ツ目の徴、落とすべからず。宮羽徴羽の四位高下長短なし。所以何となれば五悔は拍子ものなる故に強いて五音の格を正さざるなり」と、よく三ツ目の徴③を下げて唱える人がいるが不可である。四位を長短高下なく唱えるのは、拍子をとって唱える声明である故であると説かれる。また、呂曲の故でもある。

宮三〇裏一行

屬

「眷属」の「属」は、半音で「ショ」のみ唱える。声明集により、本濁音・新濁音・清音等があるが、『寛保魚山集』『明治魚山集』『声明類聚』では清音に読む。

なお、典拠は忘失したが、高野山は清音、京都は濁音に読むと口伝されている。

宮三一表三行

大悲毘盧遮那

「大」の徴①と同音で、「悲」の羽②を唱え、徴③を下げ少し長く唱える。次に、徴③と同音にすばやく「毘」角④を短くヒロウ如く唱え、「盧」商⑤に続ける。そして、商⑤より徴⑥へなめらかにソリ上げて唱える。「遮那」は、角④商⑤徴⑥の角④の音を少し下げて同じ如く唱える。近年では、「大」を引いて、「悲」を唱えず、直ちに「毘」を唱える伝もあるが、「講究会の記（四）」によると、「加藤法印は古本を出されて、如上の高野の風をもって不可とされ、且つ常の博士の用い風甚粗末であると注意あり、葦原師の如く丁寧に譜に合わして誦ずべきものと説明された。但し、悲の音少短、毘は急なりと」とある。加藤法印は古本により高野山は「悲」を唱えず、直ちに「毘」を唱えるのは不可とされ、「悲」「毘」の二字ともにはっきりと唱える。ただし、「悲」は少短、「毘」は急としている。しかし、「毘」は急であるが、「悲」は羽②は少短、徴③は少長に唱えている。

宮三一表三行

佛

《一》

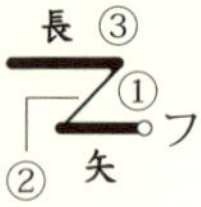

《二》

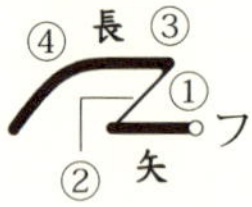

二伝あり。

《一》角①モドリ②角③の三位を同音で唱える。

《二》角①モドリ②を同音で突き、角③に同音で移り、末④を流し下げて唱える。これは、『声明の研究』によると、文保の写本の「商ノ位へ少シ押シ下ル如クス」の注に符合するという。

発菩提心真言

発菩提心真言・三昧耶戒真言・普供養真言・三力偈・祈願・礼仏は、京都では導師が唱えると職衆が斉唱《せいしょう》する、すなわち次第をとるが、高野山では導師が微音《みおん》で独唱する。法流によって、句読が異なる。

『要覧』（二〇丁右）に、「問曰入仏三昧耶及び普賢三昧耶等の真言、他山には頭助次第を取る。然るに独り南山に限り導師微音に誦して頭助なきは如何なる故実なるや。答声明集口伝に快英曰往昔四社明神の宝前に於て之を修せし時、上の二真言及び胎蔵の転法輪の真言を明神親から次第を取らせ給うことあり。爾来敬畏をなして導師独り微音に唱うるなり」と、高野山では明神の故実により、明神に敬畏をあらわし、次第をとらず、導師のみ微音で独唱すると伝えられている。

『類聚の解説』（五〇―五一頁）に、「高野山にては明神の故実によりて導師独唱すれども、地方にては声明にて指授する句読によって頭助次第をとるべきではなかろうか」と、高野山の鎮守は明神の故に導師独唱すべきであるが、地方では明神以外のそれぞれの鎮守であるので、頭助次第をとるべきと主張されている。

宮三一裏一行

冒

《本譜》　《仮譜》

前の「唵」よりヒロウ如く商①に続け、徐々に太く唱え②、賓由（やわらかなユリ）の如きユリを自然に三ツ四ツ③、一刹那、切音不切息して、声を改め少し高く徴④を唱える。

地　宮三一裏一行

『声明類聚』に、「地ハ小野ハ清、広沢ハ濁」とあり、小野方（中院・醍醐・隨心院流等）は「チ」と清み、広沢方（西院・保寿院流等）は「ヂ」と濁音で唱える。

多　宮三一裏一行

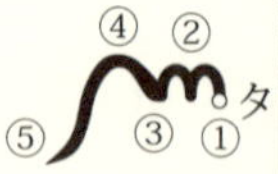

まず、声をため「タ」と太く唱え①、②は①と同じ如きイロ、③は①よりもさらに太く強く引っかける如く唱え、その勢いで④の頂点に声を上げ、次にカドもなくマワス如く、にわかに終わらず最後は喉へ引き込むように、大切なものを扱う如くサイレンが鳴り終わるように余韻を残して唱え終わる⑤。

三昧耶戒真言

摩　宮三一裏二行

「冐」と同じ如く唱える。

耶　宮三一裏二行

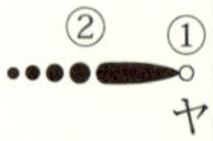

角①の初めを徐々に太く唱え、角②を「冐」の③と同じく賓由の如きユリを少し付け加えて唱える。

薩　宮三二裏二行

「冒」と同じ如く唱える。

鑁　宮三二裏二行

「多」と同じ如く唱える。

勧請

唱礼勧請等に広説（具説）・略説の二あり。『要覧』（二〇丁左―二一丁右）の解説から、要点のみ記す。

広説は全句の博士を唱えるをいう。略説は頭字の二・三字を唱え、後を略するをいう。

上代は、宜しきに従って広略を使い分けていたが、近代は略説のみで、広説の呼称すら知らぬ人が多い。しかし、略説を用いても、必ず後の句を微音に唱え、全句を唱うべしとは、先徳の教誡なり。五大願・普供養真言・三力偈・祈願・礼仏・理趣経の勧請廻向等もすべて同である。

勧請の入句は、本尊入句は「十六八供」の次、権現入句は「降臨壇場」の次、聖霊入句は「三国伝灯」の次に入句する。ただし、理趣三昧等で大日如来を本尊とする時には入句をしないのが習いである。

[宮]二一裏三行

帰

歴代の「魚山集」の「鏺」の注記に「此角を受て帰を出すべし」、また「帰」の注記に「記曰五悔若し高くは帰を鏺の商に出すべし」とある。いずれも、「帰」の(宮)は前の「鏺」の(角)に出すとしている。『私案記』の説としては、五悔が高ければ「鏺」の(商)に出すとある。しかし、これらは「鏺」の双調の(商)と勧請の「帰」の黄鐘調の(宮)とは同音であるので、理論的には矛盾しているといえる。この矛盾に対し岩原・吉田は左記の如く和会している。

岩原は『声明の研究』（五七三頁）で、「記曰五悔若し高くはとは、実は理論と合致した高さで五悔が唱えられた

洋楽音名	十二律	横笛	鏺（呂曲双調）		帰（中曲黄鐘調）		摩（中曲一越調）	
イ	黄鐘	夕					徴	
■	鳧鐘						反徴	
ト	双調	上						
■	下無	五					角	三重
へ	勝絶							
ホ	平調	干			徴		商	
■	断金				反徴			
ニ	一越	六	徴		角	三重	宮	
■	上無		反徴					
ハ	神仙	下			揚商		揚羽	
ロ	盤渉	中	角	三重	商		羽	
■	鸞鏡							
イ	黄鐘	夕	商		宮		徴	
■	鳧鐘						反徴	
ト	双調	上	宮		揚羽		角	二重
■	下無	五	反宮		羽			
へ	勝絶						揚商	
ホ	平調	干	羽		徴		商	
■	断金				反徴			
ニ	一越	六	徴		角	二重	宮	
■	上無		反徴					
ハ	神仙	下			揚商		揚羽	
ロ	盤渉	中	(角)	二重	(商)		羽	
■	鸞鏡							初重
イ	黄鐘	夕	(商)		(宮)		(徴)	
■	鳧鐘						反徴	
ト	双調	上	[宮]		揚羽		[角]	
■	下無	五	反宮		羽			
へ	勝絶					初重	揚商	
ホ	平調	干	羽		徴		[商]	
■	断金			初重	反徴			
ニ	一越	六	徴					
■	上無		反徴					

ならばと云う意になるのである」として、「帰」の宮を「鏤」の商と同音に出せばよく、五悔の高さが一音低くなった時は「鏤」の角と同音に「帰」の宮を出せばよいと主張されている。すなわち、歴代の「魚山集」の注記は、五悔が低ければ「帰」の宮は「鏤」の角と同音に唱える。しかし、理論通りの高さであれば「帰」の宮を「鏤」の商と同音に唱えよとの意であるとしている。

また、吉田寛如『詳解魚山集』解説篇（二四二頁）には、右記の岩原の説を踏襲するとともに、もう一つの説をあげられ、「この注記の角を商の写誤と解して、此の商を受けて帰を出すべしと読めば、双調呂曲の商と中曲黄鐘調の宮は同高音だから、鏤の商の高さで帰を発声すれば声の関連が適正であるとの意である」として、㊈は㊄の誤写と理解し、「此商を受て帰を出すべし」と訂正すれば、「帰」の㊆は「鏤」の㊄の高さで唱えよとの指示となり、理論通り双調呂曲の㊄と中曲黄鐘調の㊆と同音となり、同じ高さで唱えられると述べられている。

㊆二一裏三行

帰命摩訶毘盧遮那佛

「帰」は、歴代の「魚山集」により、黄鐘調中曲であることは間違いのないところであり「帰」「命」いずれも㊆、「摩」は㊄である。この音名にしたがうと、当然なることに「帰」「命」よりも「摩」の方が一音高くなる。また、「命」は律曲のユリを二由する。口伝に「ユレバ一位下ガル」とされており、「命」の宮をユレば初重羽となる。しかし、実唱は「命」は下げず、「帰」の宮と同音に唱えている。そして、「帰」「命」の㊆よりも「摩」を一音下げて唱えられており、『声明教典』音譜篇も一音下げて採譜されている。

何故、このような矛盾があるのか、如何なる声明集・聞書・論文等を見ても、その解答は示されていない。したがって、私見を次の如くあげさせていただいた。

黄鐘調中曲という同調子の博士の相関関係から見ると、「帰命」よりも「摩」の方を高く唱えなければならないのであるが、実唱は逆に「摩」の商⃝を低く唱えている。同じ調子で商⃝よりも宮⃝を高く唱えるなど、到底考えられないことである。すると、必然的に、「帰命」と「摩」が同じ黄鐘調中曲ではなく、異なった調子に反音していると考えるべきである。

反音には、七声反・隣次反・甲乙反・曲中反の四種があるが、黄鐘調には曲中反はなく、七声反・隣次反・甲乙反の三種がある。七声反は下無調と上無調、隣次反は盤渉調と双調、甲乙反は平調と一越調である。

そこで、実唱音を探ると、「帰命」の宮⃝と「摩」の徴⃝を同音に唱えている。これを「音階対照表」から見ると、黄鐘調中曲二重宮⃝と一越調初重徴⃝とは同音であり、勧請の主音である徴⃝は、黄鐘調中曲二重宮⃝と同音に唱える。また、五調子を五仏に配すると、一越調は大日であり、勧請帰命の句の「摩訶毘盧遮那仏」に相応するために、平調よりも一越調へ反音したと考える方が妥当である。ただし、「摩」の商はソリであるが、「ソレば一位上がる」との口伝があり、「摩」の商⃞をソリ上げると一位上がり角⃞となる。すると、商⃞の最後のソリ上げた音と徴⃝の音と同音に唱える実唱とは合致しない。実際は、「摩」の商⃞は角⃞の高さで唱えており、それをソリ上げると一位上がり徴⃝となり、徴⃝と同音で唱えることとなる。これは、高さの違う音と音をなめらかにつなぐ洋楽のスラーの如き役割を果たしているのではなかろうか。厳密にいえば、スラーとは異なるが、本来は角の音動はスクムであり、ソル音動はないために、商で代用せしめたのであり、黄鐘調中曲二重宮⃝より一音下げ、商（実際は角⃞）を一位ソリ上げ徴⃝の高さとし、次に徴⃝を唱えることになったのではなかろうかと思われる。

ところが、初重商は博士がなく有位無声である。位はあるが、実際の声としては唱えられず、魚山集等にも表記されていない。また仮に表記されても常に見慣れておらず　唱え難い。これら二の理由により、実際は一越調中曲

初重であるが、一越調中曲二重の博士で点譜されていると考えるべきではなかろうか。

それでは、「帰命」だけではなく、何故「摩」以下もすべて黄鐘調中曲で点譜されていないのかとの疑問が残る。一越調中曲の「摩」「訶」の博士はすべて二重で、「摩」は商、「訶」は商・徴・角・モドリ・角・徴（実唱はモドリは唱えない）である。これを黄鐘調中曲で点譜すると、「摩」は初重徴、「訶」は初重徴・二重宮・初重羽・モドリ・初重羽・初重徴となる。「摩」以下、「帰命」と同じく、黄鐘調中曲で点譜してもなんら問題はないといえる。それをあえて「摩」以下を一越調中曲の博士に翻譜されているのである。その理由は何か。

それは、音楽的理由によるというよりも、宗教的理由によるとしか考えられない。

『理趣経』の切切経で、「帰命」の「帰」を唱えないのは、毘盧遮那と凡夫の命根の凡聖不二をあらわすために、「帰」を唱えないとの口伝がある。

この勧請も「帰命」は宮であり、その宮を五仏に配すると毘盧遮那大日であり、「帰命」する凡夫と「宮」すなわち大日と凡聖不二をあらわしているとも考えられる。

しかし、実唱は「帰命」の宮よりも、「毘」の商を低く唱えており、それが何故なのかとの解答にはなっていない。

五悔勧請の「摩訶毘盧遮那仏」とは真言宗の総徳の本尊である大日如来である。その本尊に帰命するのに、「帰命摩訶毘盧遮那仏」のすべての博士が黄鐘調中曲であれば、「摩」の博士は初重徴であり、「帰命」の二重宮よりも低い博士となる。これでは博士の上で身命をさし出して仏に帰依するという「帰命」に反することとなる。

したがって、博士を通じて宗教的理由を満足せしめるため、「帰命」の博士よりも本尊である「摩訶毘盧遮那仏」の博士を高く表記するために、「帰命」は黄鐘調中曲、「摩」は甲乙反により一越調中曲の初重を二重の博士に翻譜して点譜されたと考えると、近年の実唱の曲節に合致しているといえるのではなかろうか。

四

宮三一表一行

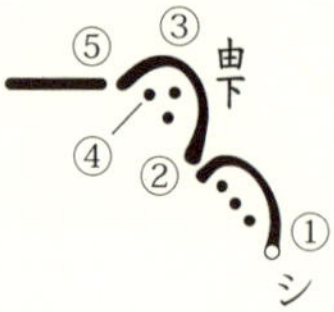

中曲黄鐘調に限り用いられる反徴の一種である。まず「シ」と呂曲のユリの如き（呂曲ではなく中曲であるので）ユリを一ユ徴①して声をため、より音を高く②してマワシ下げる③、そして③と同音でユリ④、次に④の三ツ目のユリの高さで角⑤を唱える。一旦、音の高さを上げて、それから下げてユルので由下という。

外

宮三一裏二行

近年、中院・西院・随心院流等は「ゲ」と唱え、醍醐等は「エ」と唱える。醍醐で「外」を「エ」と唱えることについては、典拠を忘失してしまったが、筆者の『魚山集』に二義ありと朱書きしている。一は「ゲ」の発音は「エ」のヒビキであるということ、二は「ゲ」と発音すると「外」は疎外する意になるので不可であると、二義あげている。

下

宮三二裏三行

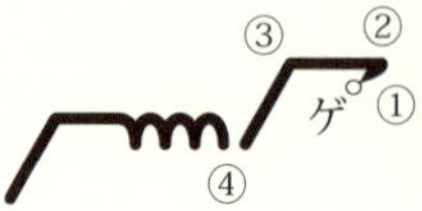

最初はカカルなので、①を「ゲ」と短く唱え、一刹那、切音不切息して、①と同音で角②を引き、商③を下げる。次の角イロ④を唱えるのに二伝ある。

《一》商③とイロ二ツ④を同音に唱え、モツ一ツを高く唱える。

《二》角イロ④を商③よりも高く唱える。

宮三三裏三行

同

ハルはハネルとは異なる。ハルは徐々に太く強くゆるみなく唱える。

五大願

宮三四表二行

福

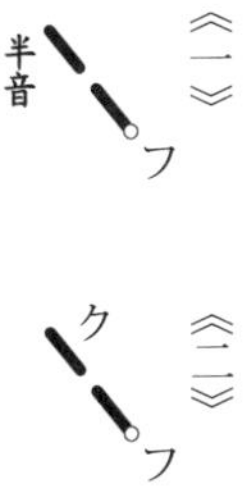

二伝あり。

《一》半音で「フ」のみ唱える。

《二》徴の中ほどで「ク」を唱える。

宮三四裏一行

門

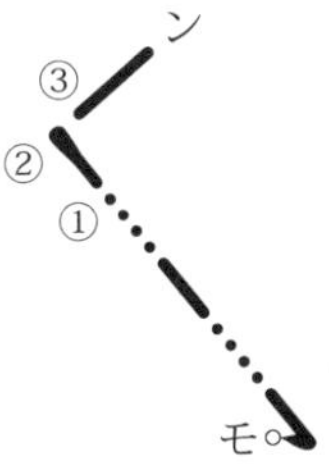

カカルの後、律曲のユリを二ユした後徴①、力のソリの如く徐々に太く強く②、次の三重宮に上げるため、少し高く唱え勢いをつけ、一刹那、切音不切息して、三重宮③を声をゆるみなく張り上げて唱える。

7 四智梵語

一、出　典

『寛保魚山集』『明治魚山集』『声明類聚』には、出典について、「略出経ノ文又攝大ノ軌ニ載ス但シ唵字ナシ此讃ヲ金剛界大日ノ讃トモ名ク」とあるが、『密教大辞典』には、「時処軌・三摩地軌・摂大軌・三巻大教王経等に説く」とある。

『略出経（具名『金剛頂瑜伽中略出念誦経』）』巻四（大正蔵一八・二四八a）には、「四智梵語」ではなく「四智漢語」が説かれている。『摂大ノ軌（具名『摂大毘盧遮那成仏神変加持経入蓮華胎蔵海会悲生曼荼羅広大念誦儀軌供養方便会』）』巻二（大正蔵一八・六八a―b）には、唵字なしの梵讃があげられている。『時処ノ軌（具名『金剛頂経一字頂輪王瑜伽一切時処念誦成仏儀軌』）』（大正蔵一九・三二四a―b）には、唵字以下の梵語と音写漢字の両様で四智讃が示されている。『三摩地軌（具名『金剛頂経瑜伽修習毘盧遮那三摩地法』）』（大正蔵一八・三三〇b）には、唵字以下の音写漢字が説かれている。『三巻大教王経（具名『金剛頂一切如来真実摂大乗現証大教王経』）』巻下（大正蔵一八・二二三a）には、唵字以下の音写漢字が説かれている。

二、調　子

『寛保魚山集』『明治魚山集』『声明類聚』には、調子について、「頌曰四智反音一越調常途平座双調呂曲文」と指示されている。『要覧』（二九丁左）に、「此の意解し難し如何。答庭上にては一越調に出だすとは、則ち細字宮商角商の

洋楽音名	十二律	横笛	双調呂曲		平調律曲	
イ	黄鐘	夕			角	
■	鳧鐘					
ト	双調	上			揚商	
■	下無	五			商	三重
ヘ	勝絶					
ホ	平調	干			宮	
■	断金					
ニ	一越	六	徴		揚羽	
■	上無		反徴		◇羽	
ハ	神仙	下				
ロ	盤渉	中	角	三重	徴	
■	鸞鏡				反徴	
イ	黄鐘	夕	商		角	二重
■	鳧鐘					
ト	双調	上	宮		揚商	
■	下無	五	反宮		商	
ヘ	勝絶					
ホ	平調	干	羽		宮	
■	断金					
ニ	一越	六	徴		揚羽	
■	上無		反徴		◎羽	
ハ	神仙	下				初重
ロ	盤渉	中	角	二重	徴	
■	鸞鏡				反徴	
イ	黄鐘	夕	○商		角	
■	鳧鐘					
ト	双調	上	宮		揚商	
■	下無	五	反宮		商	
ヘ	勝絶					
ホ	平調	干	羽		宮	
■	断金			初重		
ニ	一越	六	徴			
■	上無		反徴			

唵字の譜の如く宮一越より出すことを云い、常途平座等とは則ち唵字の角双調より出すを云うなり」と、四智梵語は庭儀における庭讃にも用いられるが、その「唵」は一越調の細譜の宮・商・角・商を用い、平座での「唵」は双調の角・商を用いるとの意であると説かれている。角双調は角盤渉の誤りである。

すなわち、平座は双調呂曲、律曲は必然的に曲中反の平調で唱えることとなる。しかし、呂曲は妥当であるが、律曲の平調は高すぎる。たとえば「達」の呂曲の○商より、「麼」の律曲◇羽に移るのに、その間には一オクターブよりも高い八音の隔たりがあり、尋常ではない高低差である。したがって、この曲中反の律曲の博士は平調律曲二重により点譜されているが、実際には平調律曲初重で唱えると解するべきである。すなわち、初重で点譜するとなると、初重の博士では唱えにくい難があり、加えて初重の角・商は有位無声である故である。すると、「麼」は初重

の㊚羽となり、「達」の㊚商との高低差が二音となり、その相関関係は妥当であると思われる。

なお、岩原の五線譜は呂曲・律曲ともに甲乙反の一越調呂曲とその呂曲の曲中反の盤渉調律曲で採譜されている。

三、概　説

金剛界大日の徳を讃嘆する梵語の讃である。

『智山声明大典』（七頁）に、「問。何故に四智と云て五智と云ざるか。答。वं上人曰四智具足すれば即ち大日なり。四智を讃ずれば即ち大日を讃ずるに等しと云々」と、四智がそのまま五智であり法界体性智であり、すなわち大日であると説かれている。

『魚山精義』（三一丁左）に、「此讃は声明中第一の大事ある讃として古来声明家は甚だ重く教授する讃なり。金剛頂経には此讃を歌詠の讃と云い、摂大ノ儀軌には発㆓清音㆒慇懃唱㆑之」と記されており、声明の中で最も大事な讃である故に、清音で慇懃に唱えよと教示されている。

『要覧』（二八丁右左）に、「問曰く四智心略の二讃諸尊に通じて之を用ゆること如何。答吾師曰く四智心略の二讃は金胎大日の讃なるが故に、諸尊に通用するなり。所以何となれば大日は総徳、諸尊は別徳にして内証不二総別一如なるが故に、諸仏菩薩明王天等に至るまで、総徳の讃を以て別徳の諸尊に通用せしむるなり。但し諸尊の別徳の讃は後讃第三段に用いるなり。前讃の第三段には当尊の部主の讃を用ゆべし。若し別徳の讃之なき尊には、前讃第三段には不動の梵讃を用い、後讃の第三段には部主の讃を用いる是れ伝習なり。又仏讃を用ゆるも敢て妨なし」と、四智・心略の讃は総徳の讃であり、前讃・後讃の第一段・第二段に用いる。前讃の第三段は部主の讃、後讃第三段は別徳の讃を用いる。別徳の讃のなき時は不動梵語ノ讃、後讃第三段には部主の讃、または仏讃を用いる。

	初段	二段	三段
前讃	四智梵語	心略梵語	当尊の部主ノ讃 金剛部～東方讃 宝　部～南方讃 蓮華部～西方讃 羯磨部～北方讃 別徳ノ讃ない時 不動梵語
後讃	四智漢語	心略漢語	諸尊の別徳ノ讃 別徳ノ讃ない時 当尊の部主ノ讃 仏讃

なお、部主の讃とは、諸尊の所住、すなわち曼荼羅の中の金剛部の諸尊は東方讃、宝部は南方讃、蓮華部は西方讃、羯磨部は北方讃を用いる。

前後讃とも、『要覧』（二八丁右―二九丁右）の説を表示すると左記である。

奠供とは伝供とも称される。祭奠供養の意で、仏さまに供物をお供えする故に、奠供という。または、百味の供物をお供えするのに、手から手へ送り伝えることから伝供ともいわれる。讃は、四智、心略梵語、本尊讃（または不動梵語）である。四智梵語一讃の時もあるが、略儀である。導師の洒水の始められるを見て発音する。導師の奠供という声を聞いて発音するという伝もある。奠供を用いる時は、総礼伽陀、唄、散華、対揚等は用いない。

前讃は、金剛界は五大願の次、胎蔵法は五誓願の次に唱える讃である。前供養の時に唱える讃、すなわち前供養の讃の略語である。また、読経の前、すなわち経前の讃の意もある。

後讃は、金剛界は後鈴の後、胎蔵は後供養の閼伽の音を聞いて唱える讃である。後供養の時に唱える讃すなわち後供養の讃の略語、または後鈴後の讃、経後の讃ともいわれる。

前讃と後讃の讃頭は同一人であり、奠供と後讃の讃頭は別人である。

奠供の鈸の数は、初段は十五、二段は三十、三段は二十四であり、奠供ある時の後讃の鈸の数は、初段は十五、

二段は三十、三段は二十四である。

前讃の鈸の数は、初段は十五、二段は三十、三段は二十四であり、前讃ある時の後讃の鈸の数は、初段は十二、二段は三十、三段は三十九である。

宮六三表一行

唵

「ウオノ中音」。「オーム」と唱えているが、「ウ」と「オ」の両音をいずれに重点をおき発音するでもなく、均等に「ウオー」と発声する。

「律に高下あり、呂に高下なし」という口伝がある。角・商と一位下がっているが、呂曲の故に、同音で唱える。

宮六三表一行

薩

「羅」の七ツユリより息を継がず続けて、「サ」角①と唱え、次に角②モドリ③角④と、突いて、すべて呂曲の故に、同音で唱える。

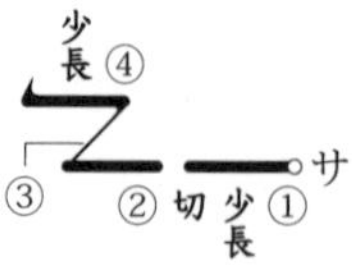

宮六三表二行

蘊

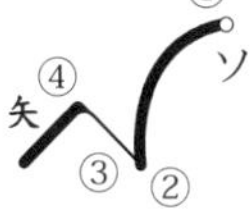

宮六三裏二行

麼

宮六三裏二行

夜

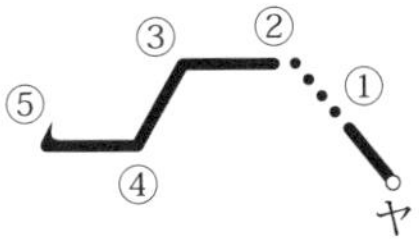

高い音商①から低い音宮②へ、なめらかに下げてマワシ、モドリ③と商④と同音で突く。

この「麼」より、律曲に反音（曲中反）する。『声明類聚』には大ソとある。したがって、羽①②と力のソリの如く唱え、後半大きく声のソリ③をする。

律曲の故に、徴①は律曲のユリ。角②は徴①と同音。商③は角②よりも下げる。なお、角より商に下げる時は、フッと力を抜きがちであるが、声は下げるが、力は抜いてはならぬというのが、古来の習いである。余も同様であるので、留意すべきである。角④は商③よりも上げる。⑤はハヌル心。ハヌルではない。すなわち、隣座の人に聞こえぬよう、気持ちだけハヌル如く唱える。角④を商③より高くゆるみなく唱え、口をパッと閉じるとハヌル心となる。

宮六三裏三行

那

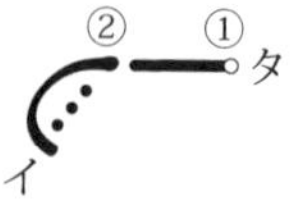

商②より、また呂曲に反音（曲中反）する故、商②は呂曲のユリで唱える。

宮六三裏三行

羯磨迦

『声明の研究』（三一五―三一六頁）では、「羯磨迦」は博士の形態から見れば、律曲と思われる。歴代の「魚山集」の中で、天保版のみ、「麼誐夜」以下終わりまで律と断定しているとして、岩原は少し疑問を呈しつつも、天保版の律曲に賛意をあらわされている。

宮六三裏三行

羯

《一》

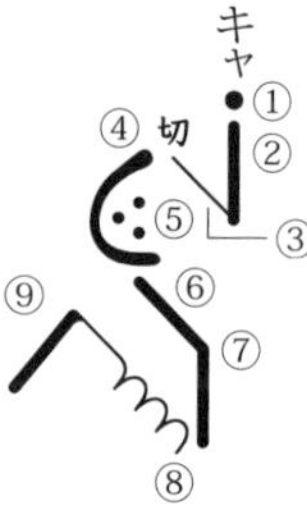

打付なる故、「キャ」と短く①唱え、一刹那、切音不切息して、音を下げ宮②、そしてモドリ③を①と同音に戻して唱え、声を切り息を継ぐ。次のユリは二伝ある。

《一》宮④を③のモドリと同音で唱え、ユリ⑤に移る前に下げ、特に第一番目のユリを初め太く強く底上げの如く、後の二ユは短く唱え、初重羽⑥を下げ、宮⑦を元の宮④と同音に戻し、モドリ⑧をイロモドリで高く強く戻り、商⑨を下げる。

《二》

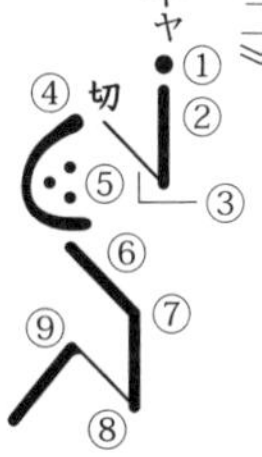

《二》④⑤のユリが宮なので、当然宮②と同音に唱えるという伝である。したがってモドリ③よりも下げ、宮④を唱え、⑤の三ユも宮④と同音で唱える。次に、初重羽⑥を下げ、宮⑦を元の宮④の音に戻し、モドリ⑧をツキモドリで高く突き上げ、商⑨を下げる。

8 庭讃

一、出典

出典等は、本節7「四智梵語」を参照。

二、調子

庭儀・堂上の厳儀の時に、庭上・堂縁上で列を組み、高声で唱える讃である。四智梵語讃を用いる。

調子は、『寛保魚山集』『明治魚山集』『声明類聚』には、『声明集略頌』を引いて「頌曰四智反音一越調常途平座双調呂」とある。さらに、『寛保魚山集』には「常座にては双調なるべしと也」と、『明治魚山集』『声明類聚』には「此意は平座には角より出すを云。若し庭上ならば宮より出すべし」とあり、三本ともに庭上の「唵」の博士が宮・商・角・商と細譜で示されている。すなわち、平座堂内では双調反音曲で、庭上では一越調反音曲で高声に唱えよとの指示である。

また、当然なることであるが、この『略頌』の指示は頭だけではなく、助も一越調反音曲で唱えよとの意である。

三、概　説

灌頂・曼荼羅供等の庭儀・堂上の厳儀の時に、庭上・縁上で高声に唱える讃である。

『要覧』（三〇丁右左）には、庭讃の来由について記されているが、長文になるので簡潔に述べると、龍猛菩薩が南天鉄塔開塔の時に、この讃を高声に唱えると塔中に入ること得給いし故に、二種灌頂等の大法会には必ずこの讃を高声に唱えるものであると力説されている。

また、反音の意については数説あげられている。一は、或記の説として、初度は大阿闍梨を讃じ、二度は新阿闍梨を嘆ずる義なり、三度目は職衆を讃嘆するなりと。二は、『小野六帖』の説として、古代は三返誦す。後の二返は「唵」を除く。天竺では人を讃嘆するには多くは三度なりという。三は、真源阿闍梨の説として、師徳を再三嘆ず。四は、洞泉阿闍梨の説として、初めの一返は冥の五智を嘆じ、次の一返は現前大阿闍梨を讃嘆すると説かれている。近年は二返唱えるが、一返目は頭助ともに高声で唱え、二返目は「唵」を除き、「縛曰羅薩怛縛」のみ唱え、助は唱えない。

なお、庭儀は前述の如く、本来は灌頂・曼荼羅供等の厳儀のみに用いられるべきものであるが、近年は華やかな儀であるために、堂塔落慶法会の理趣三昧法会等にも修せられることが多い。したがって、本義ではないが、庭讃を理趣三昧の声明として収録させていただいた。

唵

次頁のA図は、『詳解魚山集』解説篇（二九七頁）の庭讃の目安の譜であり、五線譜に直され、唱え様について解説されている。

吉田によると、唵の最初の宮は洋楽音名「ニ」の高さで唱え、次第に高くして一オクターブ上の「・ニ」か「・ホ」く

A図

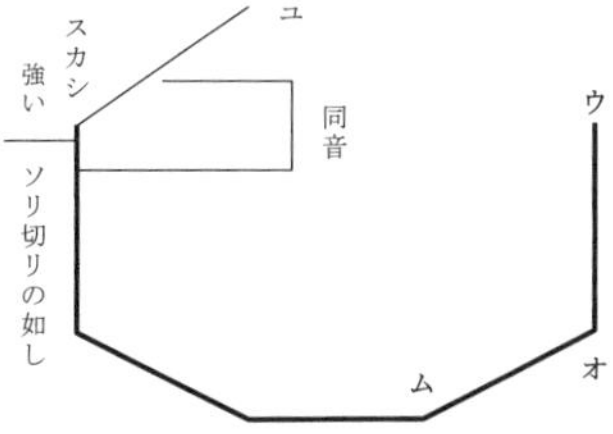

B図

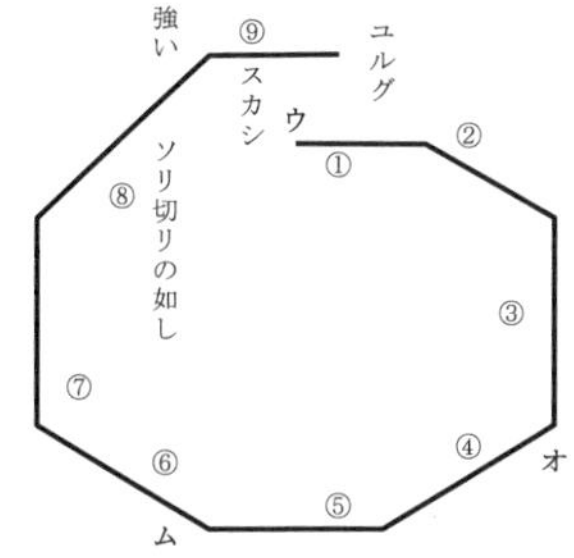

らいに達したら、声をソリ切リの如く強め、急に仮声に移り、律曲のユリの如く一ユして休止し次に進む。休止は二呼吸程度であると記されている。

『声明の研究』（三一四―三一五頁）では、洋楽音名「ホ」くらいの声からあらゆる声をすべって次第に上昇して、上の「·ホ」に達した時に急に仮声に入り（スカス）一ユリして休止、次へ進むのであると、吉田とほぼ同である。さらに、実際の唱え様は徐々に声が上昇していき声の変化はないので、魚山の庭上の博士は宮・商・角・商であり、高くなりまた商と下がっているので、実際の唱え様とは符合しないと主張されている。

岩原・吉田が一オクターブ上の「·ニ」か「·ホ」に達したらというのであれば、A図のように二重宮で始まっているのであれば、達した音というのは三重宮でなければならない。しかし、実際に唱えている最初の音①は、二重宮の洋楽音名「ニ」や「ホ」ではなく、低い洋楽音名「い」くらいから、すなわち初重徴①くらいから唱えている。

ちなみに、『魚山精義』（三二丁左）に、「詮に秋鹿の鳴く喩を出す。之に付て近来奈良市伊藤某検校の説に鹿の声は妙に十二律に叶う様に鳴くものなり。たとえば初め一越に発すれば終りは必ず一越に了る妙の得意あるものなりと云云。詮者偶然の言と雖も亦た味あるべき乎」と、『寛保魚山集』の秋鹿の鳴く声に同じを釈し、岩原・吉田の「唵」の初めと終わりが一オクターブ異なると説くのと一致する。

しかし、近年はB図の如く唱えられている。すなわち、初重徴①くらいから徐々に初重羽②宮③商④角⑤徴⑥羽

⑦とせり上げていき、⑧で三重に至り徐々に太く強く唱え、最後はソリ切りの如く、かつ強くハク如く唱え、次に三重商⑨をスカシで唱える。また一伝によると、末をユルグで二ツ半ゆったりと由る。休止は二呼吸とされているが、三～四呼吸する。

スカシは、強い声から仮声にすべり込むというが、師伝の実唱によると、正しい呼吸法で、深い呼吸をして、ある高さの声を終わりまでゆるめずに、しかも頭の頂上から声を出すようなイメージで唱える。

薩

《仮譜》

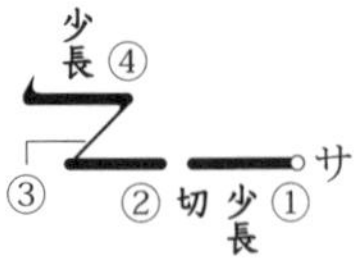

《実唱》

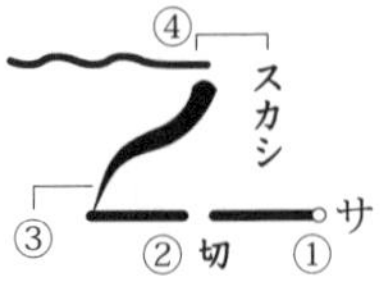

およそ高声に唱える時は、口内アタリをするのが習いである。

したがって、角①の初めを口内アタリし、切で三～四呼吸してから、角②を同音で唱え、次にモドリ③を徐々に高く強く唱え、かつソリ切りの如く、強くハク如く唱え、角④をスカシで唱える。

「講究会の記（六八）」に、「高橋師の薩のモドリより角を出す。その角全部をスカス。松橋師はその角の末をスカス。而して縛もトメの後をスカシ、高橋師はトメをスカシ、宮野師はユリの後をスカス。唵はウヲノ中音にして融師は自然に細く消えるが如くに云い他の人は途中に吹き出すが如き風あり。薩にはカカリあり、羅にもカカリあり、高橋師は此のカカリシッカリと長く、総じてカカリあるは声に勢あらしめんが為である」と記されている。

縛

《仮譜》

《実唱》

高声で呂のユリを唱え、三ツ目のユリを強く吐く如く唱え、トメをスカシ、末を二ツ半ユルグで唱える。

9 大日讃

一、出　典

『寛保魚山集』『明治魚山集』『声明類聚』には、出典について、「青龍軌文」とある。具名は、『大毘盧遮那成仏神変加持経蓮華胎蔵菩提幢標幟普通真言蔵広大成就瑜伽』であり、大日讃の文は巻上（大正蔵一八・一五〇c）に説かれているが、「唵」字はない。

二、調　子

『寛保魚山集』『明治魚山集』『声明類聚』には、「大日双調唯呂曲乃至不動亦如是文」と、双調呂曲と指示されて

いるが、左記の如く反音曲としている説もある。

『私案記』（続真全三〇・一二二頁）には、「謨の宮より角へつき上る也。角より次の字率の字まで律歟」と疑問を呈しているが、「謨」の角より「率」までを律曲としている。

『寛保魚山集』は、「謨」は「律ニナル也」、「率」の最後には「已上律」と注され、「謨率」の二字を律としつつ、脚注で「唯呂曲云云律ニナル義如何只呂ノ内ノ節歟。已下呂云云但此讃唯呂ナラバ都テ呂なるべし不レ尓隆然ノ頌違べキ也」と、隆然の略頌に反する故に、律の唱え様であるが、あくまでも呂の範疇の曲節であると注されている。妥当な説といえるのではなかろうか。

『声明の研究』（三一六頁）には、「謨率覩」は明応版以後より寛保版までの「魚山集」は疑問を呈しており、その中で天保版のみ律と断定していると述べられている。

『智山声明大典』（九頁）は隆然略頌をあげ、続いて「但シ中古以来常途ニ一越反音ニ唱来リ」として、双調呂曲ではなく、一越調呂曲で唱え、終わりの「謨率覩」を律曲に反音して唱える。

三、概　説

胎蔵大日の徳を讃嘆する梵語の讃である。

『要覧』（三〇丁左）に、「吾師曰此は胎蔵大日の讃なり。是を心略の讃と名くることは胎蔵大日は色法を表として心法を略するが故に而か名くるなり」と、胎蔵大日は色法である故に、心法を略する故に心略というと記されている。しかし、心法を略するといっても、密教では色心不二と説かれるので、この説には首肯できないといえる。

『智山声明大典』（一一頁）には、「古本声明集に心略讃と云う心如何。答大讃の中肝心略出の故心略讃と云う。師

曰大讃とは玄法ノ儀軌上に之を出す。彼の冠注に有る人云く此の讃を大日大讃と号す」と、心略とは心法を略するということではなく、大日大讃の肝心を略出した讃という意であると述べられており、妥当な説といえる。

また、『要覧』（三〇丁左―三一丁右）に、「声実鈔曰く心略の梵語に唵字を加うること山本僧正の口伝に因れば灌頂の時のみ之を用う。然れども仁和寺には常に之を加うるなり。「迦」。濁音但し広沢相応院には清音、是れ二家の異なり」と、山本僧正覚済の口伝によると、灌頂の時は大日讃の初めに「唵」字を加える。仁和寺は常に「唵」字を加える。「唵」の博士は、四智梵語と同じく、角・商に唱える。

なお、五日三時の後讃次第によると、第二日目の日中の後讃は、心略梵語・仏讃・不動梵語であり、この心略梵語にも「唵」字を加えて唱える。

唵

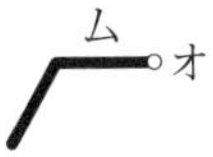

灌頂・五日三時の第二日目の日中には、大日讃の初めに「唵」字を付加する。博士は上記の如く、角・商と唱える。

宮六四表二行

薩

二伝あり。

《一》マワスである故、高い音商①と低い音宮②へ一音ほど、なめらかに下げて唱える。次に、モドリ③より半音ほど高く商④を唱える。

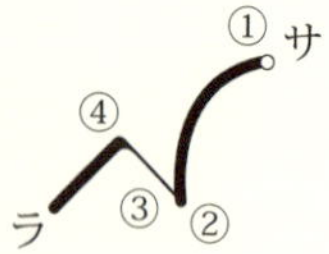

《二》マワスで商①から宮②へ打ち付ける如く太く半音ほど下げて唱え、宮②と同音にモドリ③を、さらに同音に突いて商④を唱える。

宮六四表二行

縛

ユルとユラザルの二伝あり。ユルは東南院方の所用で、覚証院方はユラザルを用いる。

宮六四裏一～二行

素　蘖　多

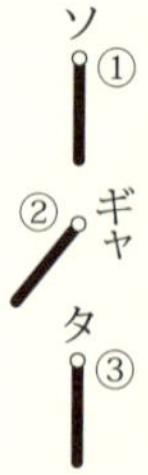

二伝あり。

《一》「素」宮①・「蘖」商②・「多」宮③の三字を同音で唱える。

《二》「素」宮①を下げ、「蘖」商②・「多」宮③の二字を同音で唱える。

宮六四裏三行

迦

二伝あり。

《一》進流では「ギャ」と濁音で唱える。

《二》『要覧』（三二丁右）に、「迦。濁音但し広沢相応院には清音、是れ二家の異なり」と、広沢相応院流は清音で唱えるとされている。

宮六五表一行

謨

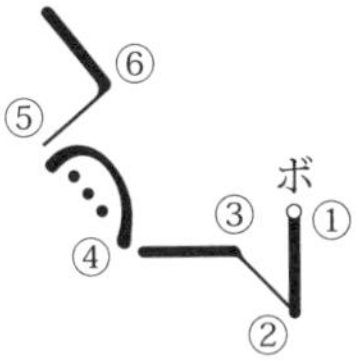

前の「嚢」の打付で下げた音の高さで、「ボ」宮①と唱え、次のモドリ②を上げる。後は角③徴④モドリ⑤徴⑥とすべて同音で唱える。

宮六五表二行

帝

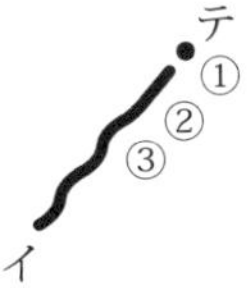

「テ」①と打付、音を下げて商②を引く。次に、二ツ半ユルグ③。「講究会の記(六)」に、「最後の帝の字ユルグの後にイのカナを付けると、カナにうつって後ユルグとの二説ありて、その前説を可とす」と記されている。

宮六五表一～二行

謨率観帝

『私案記』は、疑を呈しつつも、「謨」の角より「率」までを律曲としている。『寛保魚山集』は「謨率」の二字を律としつつ、隆然の略頌に反するので、唱え様は律であるが、あくまでも呂の範疇の曲節であるとする。『声明の研究』は、「謨率観」は歴代の「魚山集」で天保版のみ律と断定していると述べられている。『智山声明大典』は、一越調呂曲で唱え、終わりの「謨率観」を律曲に反音して唱えるとしている。その中、『寛保魚山集』が妥当と思われる。

10 不動讃

一、出　典

『寛保魚山集』『明治魚山集』『声明類聚』には、出典について、「又名守護讃出底哩《ち》三昧経説」とある。『底哩三昧耶経』一巻本（具名『底哩三昧耶不動尊威怒王使者念誦法』〈大正蔵二一・九九b〉）・三巻本（具名『底哩三昧耶不動尊聖者念誦秘密法』〈大正蔵二一・一九b〉）に説かれている。また、『密教大辞典』によれば、『一字頂輪王念誦儀軌』（大正蔵一九・三一二a）・『金輪王仏頂要略念誦法』（大正蔵一九・一九〇a）にも説かれている。

二、調　子

『寛保魚山集』『明治魚山集』『声明類聚』の大日讃に、「大日双調唯呂曲乃至不動亦如是文」とある。『智山声明大典』（一一頁）に、「問。頌中の乃至とは如何。答。此乃至は言葉の乃至なり。天台の某師は乃至に窮到と越略の二ツあり。晦日乃至朔日の如きは窮到にして、一日乃至五日の如きは越略なり。今は窮到の乃至なりと知るべし」と、すなわち大日の調子と窮めて到る同じ調子の双調呂曲で唱えるとの意である。

ただし、『私案記』（続真全三〇・一一二頁）には、「帝娑婆の三字は律也」として、「帝娑婆」を律曲としている。『寛保魚山集』に、「帝巳下ノ三字律ト云一説有、此時ハ唯呂曲ト云ニ違スル也」と、「帝娑婆」の三字が律という説があるが、唯呂曲という隆然略頌に反すると述べられている。妥当な説といえるのではなかろうか。

『声明の研究』（三一六頁）には、「帝娑婆」は歴代の「魚山集」で明応版以下寛保版までは疑を呈しているが、

天保版のみ律と断定していると記されている。

『智山声明大典』（一二頁）は隆然略頌をあげ、続いて「中古以来一越反音曲ナリ」として、双調呂曲ではなく、一越調呂曲で唱え、「古魚山云帝已下三字律ト」され、律曲に反音して唱えるとされている。

三、概　説

不動明王の徳を讃嘆する梵語の讃である。

『要覧』（三二丁右）に、「又守護の讃と名く。出底哩三昧経の説。問曰寛保再校魚山に曰く。此讃は祈禱の時前讃第三段に之を誦ずべし。此説是非如何。答是れ古来の一義のみ。又追善に誦して尤も善所以何んとなれば不動立印の軌に曰く。復た六十万恒河沙倶胝の如来有《いま》す。皆教示を蒙て無上正等菩提を成ずることを得」と、不動讃は祈禱のみで、追善は仏讃に限るという不心得なる人がいるが、追善に用いても可である。典拠は『不動立印ノ軌』（具名『金剛手光明灌頂経最勝立印聖無動尊大威怒王念誦儀軌法品』〈大正蔵二一〉）である。

宮六五裏一行

縛○没

二伝あり。

《一》「没」の宮②を「縛」商①よりも下げて唱え、商③を上げて唱える。

《二》商①宮②商③を同音で唱える。

宮六五裏二行

南

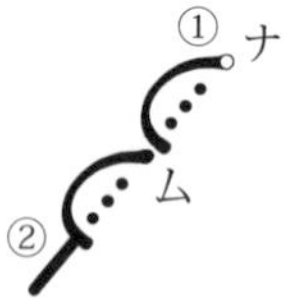

宮六五裏三行

羅○僧

宮六五裏三行

彌

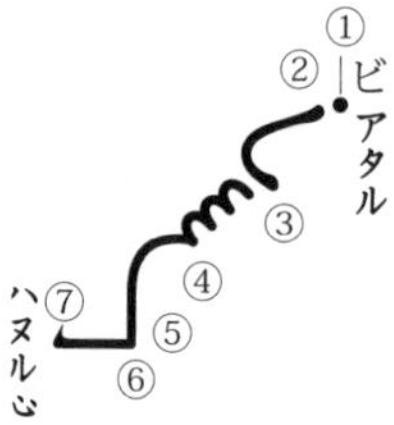

呂曲のユリを二ツ、すなわち由合を唱え、同音で商トメ②を短く唱える。

二伝あり。

《一》「羅」の初重羽①と「僧」の宮②を同音で唱え、商③を上げて唱える。

《二》「羅」の初重羽①よりも宮②を下げて唱え、商③を上げる。

【浅自下】

本自下は①の部分を呂曲のユリで唱える。浅自下は極短の音を唱え、一刹那、切音不切息、後の②③④⑤⑥は本自下（本節[1]「云何唄」を参照）と同。⑦はハヌル心で、角⑥を唱え、最後はツメル如く声を引かず、ビシッと止めると、自然にハヌル心となる。

宮六五表一行

謨

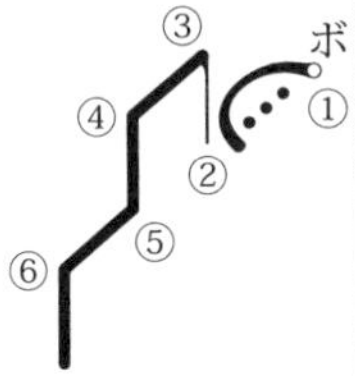

二伝あり。

《一》呂曲のユリ①を唱え、モドリ②を高く唱える。次に商③を下げ、さらに宮④を下げ、商⑤を上げ（商③と同音）、宮⑥を下げる。

《二》呂曲のユリ①を唱え、モドリ②と商③を同音で、宮④を下げ、商⑤を商③と同音、宮⑥を下げ④と同音に唱える。

宮六六表二行

素都帝

二伝あり。

《一》「膜」の最後の宮と同音に商①・商②を出し、角③を高く唱える。

《二》「膜」の最後の宮よりも、高く①を唱え、後商②角③を商①と同音に唱える。

宮六六表二行

帝娑婆

『私案記』は「帝娑婆」の三字を律曲としている。『寛保魚山集』は「帝娑婆」の三字が律という説があるが、隆然略頌の呂曲に反すると述べられている。『声明の研究』は、「帝娑婆」は歴代の「魚山集」で天保版のみ律と断定していると記され賛意をあらわされている。『智山声明大典』は「古魚山云帝已下三字律ト」され、律曲に反音して唱えるとされている。その中、『寛保魚山集』が妥当と思われる。

宮六六表二行

娑婆訶

「娑婆訶」（svāhā）の「婆」について、『寛保魚山集』『明治魚山集』は四声点なし。『声明類聚』は平声に新濁音。『松帆魚山集』は平声に新濁音。『鈴木声明集』は四声点なしで「ソワカ」と仮名されている。『智山声明大典』は平声に新濁音。『豊山声明大成』も平声に新濁音。『声明類聚』によると新濁音であるので、「ソバカ」と濁音で唱えるべきであるが、岩原・児玉・中川・玉島・吉田のテープ・CDは「ソワカ」と清音で唱えている。なお、『豊山声明大成』にも新濁音であるが、豊山声明では今日では「ソワカ」と清音で唱えていると記されている。

11 普供養 三力

普供養の出典は、『密教大辞典』によると、『無量寿如来観行供養儀軌』（大正蔵一九・七〇b）と『不空羂索神変真言経』巻二九・不空摩尼供養真言品（大正蔵二〇・三八七a）である。

三力の出典は、『大日経』巻三・悉地出現品第六（大正蔵一八・一九a）・『大日経』巻七・供養儀式品第三（大正蔵一八・四八b）である。

調子は、五悔の勧請と同じく、中曲黄鐘調である。

普供養は、五供・八供等に対して、総の供養である。普供養の印明を結誦することにより、摩尼宝珠が珍宝を雨すように、広大な供養となり、仏菩薩に供養し、それによって衆生を救済し、あるいは自利利他の行法を成就するように用いる。

三力は、自分の功徳力、諸仏の加持力、全宇宙法界の力であり、この三力を合わせなければ、広く供養が行き渡

らない。したがって、この偈によってそれを祈念する。

京都では導師が唱えると職衆が斉唱《せいしょう》する、すなわち次第をとるが、高野山では導師が微音《みおん》で独唱する。法流によって、句読が異なる。

宮三五表一行

阿

「ア」と「ナ」と読むの二伝あり。多くは、「ア」と読むのを正としている。『声明類聚』には、「阿」に連声の故にか、「ナ」と仮名を付されている。

相応院流では、普供養の初めの「唵」字を唱えず、「阿」より唱えるとあるが、近年は「唵」も唱える。

歴代の「魚山集」には、「已下等分ニヒラフベシ」と、「阿」より「隷」まで同長にヒロウ如く唱える。

12 理趣経　中曲

一、出　典

大師『理趣経開題』（弘全和四・九一頁）に、「此の経は則ち十八会の中の第六会なり」と、『理趣経』は『金剛頂経』十八会の中の第六会の経であると説かれている。

真言宗の伝統的な考え方は、『最上根本大楽金剛不空三昧大教王経』（大正蔵八）で『理趣広経』『七巻理趣経』ともいわれ、他化自在天宮において説かれた『金剛頂経』第六会の経題である『大安楽不空三昧耶真実瑜伽』（金剛頂経瑜伽十八会指帰《しき》による）に当たる。「般若波羅蜜多理趣品」の品号は、第六会の経の前半に説く般若波羅蜜多の理趣を要約抜粋したものなので、『大楽金剛不空真実三摩耶経』は第六会の総名、「般若波羅蜜多理趣品」の品号

は別号という。しかし、大師開題の一本には、『大楽金剛不空真実三摩耶経』を別号、「般若波羅蜜多理趣品」を通号とする説もある。『理趣釈秘要抄』（日蔵・理趣経釈章疏）には、大楽金剛不空真実三摩耶は初段と第十七段に説かれるので別号、般若波羅蜜多理趣は十七段すべてにわたって説かれている故に通号と述べられている。

したがって、伝統説は、第六会の経である『七巻理趣経』の広本より曼荼羅や儀軌を除いて成立したのが、略本の『一巻理趣経』であると説かれる。

しかしながら、松長有慶『理趣経の成立』『理趣経講讃』によると、近年では広本から略本への伝統説は殆ど支持されず、『大般若経』の「般若理趣分」を起源とし、『実相般若経』に発展し、さらに『理趣経』へと次第に密教経典化してきたと説く。この略本の『理趣経』は儀軌的な要素は少ないが、「五秘密」関係の儀軌の影響を受け、印・真言・曼荼羅・修法面が付け加えられて、完全な密教経典の広本に生まれ変わったと説かれる。真言宗で常に読誦されているのは、略本の『理趣経』である。

ちなみに、『金剛頂経』は十八度（十八会）にわたって説かれた経典の集成であるとされているが、日本にはそのほぼ全てが伝わっていない。ごく一部で、その中の一が不空訳『金剛頂一切如来真実摂大乗現証大教王経』三巻（大正蔵一八）である。これは『金剛頂経』十八会の中、初会で説かれた「金剛界品大曼荼羅分」の漢訳であり、東密ではこれを以って『金剛頂経』というのである。

二、調　子

『寛保魚山集』『明治魚山集』『声明類聚』に、「頌曰理趣勧請亦復同。頌曰地音一越唯呂曲。金剛手言ハ律。合殺ハ呂律交参。廻向ハ中曲ナリ」と指示されているが、本来の隆然頌文は、「理趣勧請亦復同。地音一越唯呂曲。金

剛手言盤律反。合殺律音六行呂。廻向黄鐘半呂律」である。

「頌曰理趣勧請亦復同」とは、下文に「此意ハ両界ノ勧請ノ如クスル故ニ亦復同ト云也」というように、理趣経の勧請は両界の唱礼と同じく、黄鐘調中曲で唱えよとの意である。

ところが、同じ黄鐘調中曲で唱えよと示されているが、理趣経はきわめて高く、両界はきわめて低く唱えられる。これは如何なる理由によるのか。『声明の研究』（五八三頁）にこれを解決する唯一の材料として、『寛保魚山集』の「古ク云ウ。理趣経ノ調声ハ浅臈の役ニ相定ル間縦ヒ老僧スル事アリトモ声ヲ若クカロク仕ベシ」を音楽的に解し、大人の第三重が子供の第二重になるので、両界勧請は大人の第二重、理趣経勧請は子供の第二重、すなわち大人の第三重で唱えるべきである。しかし、大人には黄鐘調第三重は高すぎて唱えるのが困難であるので、甲乙反で平調か一越調へ移すとよいが、岩原の声では一越調が適当であると述べられている。

「地音一越唯呂曲」は、『声明教典』（一七六頁）に、「地音とは頭に対する語であるから、頌文に特に地音と断ってある以上は、地音一越唯呂曲の語の中には、理趣経各段の頭は除外されてある筈である。若し然らずんば地音の文字を置く必要がない」として、続いて各段の頭の調子は中曲とされている。その根拠は、要約すると、寛朝僧正は理趣経を中曲音階で作曲されているのに、各段の頭が一越唯呂曲ならば理趣経中に中曲の部分が一としてないこととなる。次に、呂曲は高下なしに唱えられるのに、中曲の各曲は大体において墨譜と実際が合致しており、この各段の頭の実際の高下も墨譜と一致する。これらの理由により、岩原は理趣経の頭は黄鐘調中曲、助は一越唯呂曲と主張されている。

しかし、岩原CDの実唱を聞く限りは、勧請・経題（大楽金剛等）は平調中曲の二重、各段頭の調子も平声中曲の二重である。ただし、後述するが、勧請「帰命」のみ黄鐘調中曲三重宮で、「摩以下」は黄鐘調三重の甲乙反の

一越調三重に移すのではなく、本来の黄鐘調二重の甲乙反である一越調二重に移し、その調子で唱えるのが妥当であると思われる。

「金剛手言ハ律」は、隆然頌文に「金剛手言盤律反」と盤渉調律曲と指示されている。『要覧』（二四丁左―二五丁右）には、長文となるので要略すると、「善哉」の讃は、古くより平調・盤渉調の二説があるが、諸讃に盤渉調はないので、平調を正とすべきであるとされている。しかし、隆然頌文には盤渉調律曲とされており、金剛手言は地音すなわち助であるので呂曲であるが、律曲に反音する前は、律曲に移る準備として、律曲で唱えるのが習いである。したがって、『声明教典』（一七九頁）は、「善哉已下盤渉調律曲に移り行く準備として、呂でありながら、盤渉調の音動にするの意である」と、「善哉」の讃の調子は指示されていないが、「金剛手言」は本来は地音である故に一越唯呂曲であるが、善哉の讃は盤渉調律曲なる故に、律に移る準備として盤渉調律曲で唱えるとされている。なお、近年絶えているが、反音すなわち二重合唱する箇所があるが、後述する。

「合殺ハ呂律交参」とは、盤渉調律曲反音で一部が一越調呂曲との意であるが、『明治魚山集』『声明類聚』は、第六行目に、隆然頌文の「合殺律音六行呂」を注し、第六行を呂としている。

「廻向ハ中曲ナリ」は、廻向は黄鐘調中曲で唱えよとの指示である。しかし、低すぎるので、勧請との整合性から考えても、一越調中曲で唱えるべきである。

三、概　説

『理趣経』の相伝は、大日―金薩―龍猛―龍智―不空―恵果―弘法と相承、金剛智は除かれ、七祖相承である。不空は金剛智の遷化後に入竺して、龍智より『理趣経』の梵本を直接に相承し翻訳されたと伝えられている。

『理趣経』の請来は、入唐八家の中、弘法・伝教・慈覚・智証の四家である。

『理趣経』の大意は、杲宝口・賢宝記『理趣釈秘要抄』（日大蔵三一・四八一頁）に、大宗の事として「凡そ此の経は金剛薩埵内証の法門なり」と、『理趣経』は金剛薩埵の悟りの境地が説かれた教えであるとされている。すなわち、教主大日如来が金剛薩埵の三摩地に入り、現象世界の一切の存在が自性清浄であることを説き、瞑想の境地を実践修行することにより、仏の境地、すなわち大楽三昧を獲得することができると説かれている。

理趣経曼荼羅は、『理趣経』各段の法門が説かれている。『七巻理趣経』が最も詳しく説かれているが、この経が漢訳されたのが宋代であるので、唐代には不空の『理趣釈』が唯一の曼荼羅の依拠であった。しかし、それは依り拠となる経典があったのではなく、『金剛頂経』初会の金剛界曼荼羅に準拠して図絵されたといわれている。

ただし、伝統説によると、不空は金剛智の遷化後に入竺して、龍智より『金剛頂経』の梵本を相承したとされているので、その『金剛頂経』第六会にあたる『理趣広経』も当然相承せられたと考えるのが妥当と思われるが、事実は明らかではない。

『般若波羅蜜多理趣経大楽不空三昧真実金剛薩埵菩薩等一十七聖大曼荼羅義述』（大正蔵一九・六一八b）の巻末に、「今但し粗綱目を挙ぐるのみ。金剛頂経第十三会大三昧耶真実瑜伽を出して大意を略鈔す」と、『大三昧耶真実瑜伽』（金剛頂経第十三会）の大意を略述したとあるにより、日本には伝わっていない十三会を目にしていたことは間違いのないところである。そして、不空はその十三会の『大三昧耶真実瑜伽』に基づいて、十七清浄句を十七尊に配当し、『十七尊義述』を撰せられ、初段の十七尊曼荼羅を説かれたとしているのである。

なお、栂尾祥雲『理趣経の研究・別冊』にすべて網羅はされていないが、栂尾が『里趣広経』所説により画かれた理趣広経の曼荼羅①、宗叡請来の理趣経曼荼羅②、仁海の十八会曼荼羅③、あるいは心覚④、厳覚⑤、道宝⑦、

一空⑧、補陀洛院版⑩の理趣経曼荼羅が収録されている。

①理趣広経の曼荼羅（『理趣経の研究・別冊』）

『理趣広経』の所説をそのまま画いた曼荼羅は今はない。『理趣広経』の所説により『理趣経の研究・別冊』に画かれている。

②宗叡請来の理趣経曼荼羅（『理趣経の研究・別冊』）

大師は『理趣釈』を請来されたが、理趣経曼荼羅は請来されなかったのである。安然の『諸阿闍梨真言密教部類総録（略名『八家秘録』）』（大正蔵五五・一一三一b）の録外に、「理趣経十八会曼荼羅十八幀　仁・叡」とある。仁は円仁で、叡は宗叡で、二人が請来したことになっているが、円仁のものは発見されていないと伝わっていた。しかし、筆者は岡山市の安住院の経蔵より発見されたという、奥書に勧修寺で書写され、慈覚大師請来本と記された「理趣経十八会曼荼羅」の複写本を頂戴した。宗叡本と比較すると少しだけ尊容等に異なりがあるが、殆ど同である。

宗叡本は最初の理趣経曼荼羅とされており、『理趣釈』を基本とするといわれるが、金剛界曼荼羅をも参考に画かれており、『理趣釈』に多々合致しない点が多い。図様は尊形と三昧耶形の混用である。

③仁海の十八会曼荼羅（大正図四）

理趣経法が成立し、その修法の本尊としての曼荼羅が必要になってきた。そこで、『理趣経』十七段の曼荼羅に説会の曼荼羅を加えた十八会曼荼羅を縦六枠、横三枠の一会にまとめ掛け軸にした曼荼羅が考案された。図様は十八の枠に漢字で名号が画かれている。

④心覚の理趣経曼荼羅（『理趣経の研究・別冊』）

理趣経法の本尊として、十八会を一会にまとめた曼荼羅で、仁海のと配列は異なる。名号を梵字で記した種子曼荼羅である。理趣経序分の能説の曼荼羅を金剛界、所説の初段の十七尊曼荼羅を胎蔵界とし、第二段から十六段までを金胎いずれかに属せしめ、この両部を合一したのが第十七段の五秘密曼荼羅としている。

⑤厳覚作の理趣経曼荼羅（大正図五）

宗叡請来の曼荼羅の尊形と三昧耶形を種子であらわした曼荼羅。その各尊の種子は現図金剛界曼荼羅の種子等を基本としている。

⑥興然の理趣経曼荼羅（大正図四）

興然の『理趣経秘蔵鈔』に収載されている曼荼羅で、覚禅が師の興然から相伝し、それを『覚禅鈔』に載せている。この曼荼羅は、宗叡請来の曼荼羅が『理趣釈』の所説と異なるということより、その相違点を訂正し、『理趣釈』に合わせたもの。各段の曼荼羅を画き、月輪の中に種子と漢字の名号で座位を示している。

⑦道宝の理趣経曼荼羅（日大蔵三一）

道宝の『理趣経秘決鈔』の中に収載されている曼荼羅で、初めに宝塔を画き『理趣経』の説処の他化自在天をあらわしている。また、現図の中台八葉院にならって、聴衆の八大菩薩を示し、各段の曼荼羅は種子と三昧耶形で画いている。さらに、種子で二様の理趣経総曼荼羅を図示している。

⑧一空の理趣経十七段曼荼羅（『理趣経の研究・別冊』）

高野山宝寿院に秘蔵する彩色の尊形曼荼羅で、「理趣経十七段曼荼羅」と表題し、「大師の理趣釈経に依りて図す」と書かれている。明和四年（一七六七）開版。理趣経十七段の曼荼羅に説会の曼荼羅を加えた十八会を、興然の図によりて、宗叡請来図を画き改めたものである。

⑨補陀洛院真海の理趣経十七段曼荼羅（『理趣経の研究・別冊』）
興然、一空等の曼荼羅は、『理趣釈』に合うように、宗叡請来図を改訂せしものである。しかし、まだ完全ではなかったので、それを改訂せし曼荼羅である。また、『理趣経』の奥旨は愛染明王の敬愛三昧による衆生の煩悩即菩提に引入することにあることより、巻頭に愛染が画かれている。
⑩補陀洛院堅意の理趣釈経曼荼羅
真海開版の曼荼羅が焼失したので、天保五年（一八三四）に堅意が開版。現存。真海の第一版とほぼ同じであるが、細かいところで異なりが多い。

『理趣経』の読誦の功徳については、真言宗では、所依の経典の『大日経』『金剛頂経』が常に用いられず、『理趣経』が最も多く読誦されている。その理由は、松長有慶『理趣経講讃』によると、『理趣経』を読誦するのは『金剛頂経』を唱えることに通ずるという会通説もあるが、両部の大経には経典読誦の功徳が説かれていない。しかし、『理趣経』は般若経典の流れを汲んでおり、衆生の救済を目的とし経典読誦の功徳を盛んに鼓舞している。したがって、真言宗では、功徳をあまり説かない両部の大経を避けて、多くの段で読誦功徳を説く『理趣経』を常用経典として用いると主張されている。

『理趣経』の読誦の口伝故実については、高野山普門院理峯の口伝である真、行、草の読み方がある。真の読み方は勧請の「帰」と「仏」、各段の「時」の字もすべて唱え、きわめて緩やかに読む。行の読み方は勧請の「帰」、「仏」、第四段以下の「時」の字もすべて略し、緩急甲乙なく雨だれの落ちる如く読む。草の読み方は勧請の「帰」、「仏」、各段の「時」の字もすべて略し、きわめて急に読む。速疾成就を願う祈禱、速疾菩提を旨とする葬式、枕経等は早く読み、法会、年忌等の仏事等は緩やかに読むと伝えられている。

また、『理趣経』を呉音ではなく漢音で読む理由については、那須政隆『理趣経達意』（二四頁）は左記の四説をあげられている。

第一説は、養老および延暦の勅令に、仏典と儒書は漢音で読むべしというのによる。『理趣経講讃』・『理趣経の話』はこの説が妥当とされている。

第二説は、漢音は中天竺の音に、呉音は南天竺の音にかなっている。自宗は中天竺の音を相承する故に漢音を用いるという。これは浄厳『悉曇三密鈔』によるとされているが、『理趣経達意』によると漢音に読む理由にはならないとされている。

第三説は、漢音に読むのはただ読み癖であって深い意味はないとしている。また、『大山公淳先徳聞書集成』（第二巻・講伝門）にも、本山における読み習いであり、これが最も良いとされている。

第四説は、呉音に読めば聞くものが邪見を起こす恐れがあるによる。すなわち、『理趣経』の教えが深秘なるが故である。これに二がある。

まず、第一は、初段の「妙適清浄句是菩薩位」である。妙適 surata は妙住・妙楽・男女の悦楽等の問題ある語であり、呉音では誤解を招くので漢音で唱えられると説かれる。

『理趣釈』（大正蔵一九・六〇八b―c）は「妙適とは即ち梵音の蘇羅多《そらた》なり。蘇羅多とは世間の那羅那哩《ならなり》の如し」と、蘇羅多とは那羅 nara 那哩 nāri すなわち男性女性の意の故に、後世さまざまな解釈をする。

一は、童男童女の娯楽の如しとしている。杲宝口・賢宝記『理趣釈秘要鈔』（日大蔵三一・五三六頁）には、那羅は童男、那哩は童女であり、未だ淫愛の心おこらざる無執無着の遊戯娯楽をいい、金剛薩埵も無縁の大悲を以て衆生界を愛念する如しとしている。

二は、歌舞の義にとる。『秘要鈔』（五三六頁）に、智証大師伝に云くとして、「世間の歌舞の類を指し那羅那哩と名づくなり。梵語には歌人を以て緊那羅と名づけ、舞人を以て那哩地耶と名づく。歌舞を以て人心をして適悦歓喜せしめる義なり」と、歌人を（緊）那羅、舞人を那哩（地耶）と称し、歌舞を以て人心を適悦歓喜せしめる故、歌舞をもって妙適とするとしている。

三は、男女の二根和合にとる。済暹『大楽経顕義抄』（大正蔵六一・六二二c）には、「夫婦二根交合して身心に悦楽を得る」と、つづけて子息を懐妊し、慈愛を以て育てるのにしばらくとも休むことなしの義に喩えられるとしている。『理趣経の研究』（一二二頁）は、妙適は男女二根交会の時の快楽で、他の十六清浄句はその快楽を分解したものとし、この快楽に迷う者が凡夫であり、悟る者が仏であると述べられている。

この難問について、注釈書類は、左記の如く、多くの説をあげられている。

『理趣経』は、現象世界のすべての存在が自他の対立をはなれ自他無二平等という境地が清浄であると説く。浄厳『理趣経綱要』（真全六・一九四頁）にも金剛薩埵の大悲の境地を、「我と衆生と自他一味の故に他の苦は即ち自の苦、他の楽はまた自の楽なり」と、男女関係が清浄とは決していっていないが、自らの苦しみは他の苦しみ、他の苦しみは自らの苦しみ、自らの楽しみは他の楽しみ、他の楽しみは自らの楽しみと、文字通りの自他の無二一体という境地が清浄であり、金剛薩埵の悟りそのものと釈されている。『理趣経』は密教経典であるので果分可説で悟りの境地そのものを説く。我々の男女関係は利己的な小欲によるものであるので清浄とはいえない。すなわち、『顕義抄』等の意は私利私欲による欲望によるのではなく、他の苦しみは自らの苦しみ、自らの苦しみは他の苦しみという、文字通り自他無二一体という悟りの境地からの大欲による、浄化された欲望から見る男女関係が清浄であると説いていると思われる。

しかし、浄厳口『理趣釈決影抄』（続真全七・四三八頁）によれば、男女二根交会と説くのを、「是れ邪義に近し、加様の事よりして種々の邪義おこるなり」と批判している。さらに、『秘要鈔』『大教王経』を引き、那羅那哩は童子童女で無心無執の戯楽を喩えにとっているとし、また「夫婦交会の悦楽を喩えに取るともそれは喩えと云うものなり」と、男女関係にとるとも、それはあくまでも喩えであると記されている。

杲宝『理趣経略鈔』（日大蔵三二・二〇八頁）には「妙適は大楽大貪染の義なり。金剛薩埵は貪染法界に住す。是れ則ち貪煩悩を動ぜず法性に住す三摩地なり。世間の貪是れ小貪なり。謂く纔に男女の一境に染着し眼前の五欲に躭着す」と、我々は私利私欲による男女関係に執着し眼前の五欲に耽溺するので小貪であるが、金剛薩埵は貪煩悩に染まった世界の中にあっても、衆生を救済する大楽大貪染の境地に住している、それを妙適というとしている。

『大山公淳先徳聞書集成』（第二巻・五七頁）にも、「釈経の御釈は、如来の内証の教は言に示すべからず。故に譬えを以って一分如来の内証を示す。謂わゆる世間ナラナリ娯楽を以って、金薩の大欲を譬えを以って示す。絶大の大貪を、小貪を以って示せるものとす」と、如来の悟りの境地は言葉でもっては示すことができない。したがって世間のナラナリによって、大欲の教えをあらわす。すなわち、我々小貪による男女関係が清浄であるというのではない。世間の男女関係をもって金剛薩埵の大楽大貪染の悟りの境地に喩えているのである。いわゆる金薩の大貪の境地を、世間の小貪で示すとしている。そして、衆生も本来は本有金剛薩埵であるが、修生修顕せざる時は在纏すなわち煩悩にまとわれ迷いにある本有の仏性であると述べられている。すなわち、修行しなければ迷いの本有の仏性であり、本有の普賢金剛薩埵はあらわれないとしている。

『理趣釈』（大正蔵一九・六〇八b―c）にも、「金剛薩埵瑜伽の三摩地を修するに由て妙適清浄の句を得。是の故に普賢菩薩の位を獲得す」と、金剛薩埵の瞑想の境地を修行することにより、妙適が清浄であるという境地を成就

することができ、金剛薩埵の尊位を獲得することができると説かれている。さらに、その前の説文に「金剛薩埵もまた是れ蘇羅多なり。無縁の大悲を以て遍く無尽の衆生界を縁じて安楽利益を得しめんと願て心に曽て休息無く自他平等にして無二なり。故に蘇羅多と名く」と、金剛薩埵も蘇羅多と説き、能縁所縁の対立を超えた無縁の大悲によって、一切衆生を救うために衆生と不二一体となり、一時も休むことなく手をさしのべていくと説くのが伝統的な解釈である。

第二は、第三段の「設害三界一切有情不堕悪趣」である。この句は、『理趣釈』（大正蔵一九・六一一c）に「貪等の三毒を調伏するが為なり。故に速かに無上菩提を証することを得」と、衆生を殺害するということではなく、衆生の三界輪廻の因である三毒を断ずることで悪趣に落ちず無上の菩提を証得するという意であると説かれている。また、『理趣釈決影抄』（続真全七・四四八頁）には、「降三世の大自在天を踏みころし下うたるが如くなり」と説かれている。このことは『理趣経の話』（二七八頁）に、降三世が大自在天を踏み殺すが、また再生させて最勝明菩薩となるとの説文（『金剛頂経』初会・降三世品）を引用されているが、それに当たるのであろうと思われる。つづけて『理趣釈決影抄』には、「諸煩悩を命根として居る有情なる故に、その命根を害すると云は煩悩を断じてやるなり」と、『理趣釈』と同意が述べられている。

いずれにしても、曲解される恐れがある故に漢音で読まれるという。

勧請、廻向の入句については、高野山は切切経に勧請の入句は用いないが、廻向の入句は用いる。中曲は勧請の入句は用いるが、廻向の入句は用いない。京都は切切経、中曲とも、勧請の入句は用いる。但し、廻向の入句は本尊、大師等の法楽には用いないが、過去精霊の廻向等には用いるのが習いである。

合殺の名義については、運敞『寂照堂谷響集』第三（大日仏全一四九・三九頁）に、七あるいは十一と翻訳すると

云うが、所據なく、義つまびらかでないとして、唐の舞楽がまさに終わらんとする時に演奏される曲と述べられている。寂照『要覧』には、寂厳和尚曰わくとして、合殺は梵語であり、経の終わりに佛名を唱え行道する奉送の義であるとしている。また、堀内寛仁『理趣経のはなし』には典拠は天台宗とされており、上田霊城『理趣経講録』は天台の『例時作法』に阿弥陀佛の句が八句で十一遍唱えることになっており、『理趣経』の合殺は、この阿弥陀佛を毘盧遮名佛に変えたことは明らかであるとされている。『私鈔略解』（続真全三〇・一四三頁）に、「密花院儀則に合殺とは梵漢並べ挙ぐ。合は此れ漢語。殺は則ち梵語。此には翻じて六と為す。則ち十二と為る故に十二反之を唱うるなり。（中略）進流には句を作れる法皆奇を定れる数と為す。是の故に十二の中に於て既に其の一を減して而十一反と為す。良に以あるかな。其の他三反五反七反十七反二十一反三十七反の合殺之有り」と、殺は梵語の sas すなわち数の六であり、六を合わせて十二とし、進流は句を作れるに皆奇数とする故に、一を減じて十一とすると説いている。

　また、『要覧』に、十一遍唱えるのに十一行ではなく八行なのは、金胎の四佛を合わせて八とする。また『理趣経』は八大菩薩の内証を説く故に八行とすると記されている。

　さらに、『要覧』に、「問曰。合殺の遍数は十一遍に限るや将た異説之ありや。答。一定の説なし。或は二十一、三十七、又四、三等の唱え方あり。醍醐には十二遍唱うるなり。是は常恒二六時中を表するなり。」と、合殺の遍数は十一遍に限らず、三・四・二十一・三十七等があると示されている。この中、四反は偶数であり、『私鈔略解』の進流は奇数に定むとの言とは異なる。

　廉峯『声明聞書』（続真全三〇・二二八―二二九頁）に、永正五年（一五〇八）三月十七日に無量寿院で、同十一日に二階堂で執行された御影供は合殺は十七遍、しかし道場の寛狭によって十七遍・二十一遍の説ありとしている。寛政

十一年（一七九九）には寛光が弘栄と共に三十七遍合殺を新しく刊行し御影堂に百四十部を納め、百四十部を天野舞楽用に勧学院に納めたとあり、高野山も上古は正御影供を院院に於いて多くは合殺三昧が営まれていたと記されている。

また、『私鈔略解』（続真全三〇・一四三―一四四頁）に同意が述べられ、つづけて往古は御影堂・天野舞楽ともに三月二十一日に二十一遍の合殺が用いられていた。しかし、明和三年（一七六六）天野舞楽の時に、合殺行道が終わって、職衆が着座しても、まだ舞楽が余っているのを、廉峯がみて理峯・真源の口説にしたがって三十七遍に改める、さらに高野山御影堂の合殺三昧は二十一遍を用いていたのであるが、行法を修しがたいので、寛政二年（一七九〇）より如意輪寺弘栄と相議し、三十七遍の合殺を刊行し、御影堂・天野舞楽用に百二十部づつ奉納し、爾来御影堂・天野舞楽にも三十七遍の合殺がもちいられるようになったと述べられている。『声明聞書』と『魚山私鈔略解』は、記述に少し異なる点もあるが、いずれも二十一遍の合殺を改め、寛政年間に三十七遍の合殺が用いられるようになったとされているのは同である。

高野山と京都の『理趣経』の読み方について、左記の如く相違がある。なお、高野山の読み方は中川善教『真言宗常用諸経要集』、京都の読み方は児玉雪玄『真言諸経典』によった。

〈初段〉

「八十倶胝」　（高）ハッシュウクーチー
　　　　　　　（京）ハッシュウクーシー

「菩薩摩訶薩」（高）ホーサンバーカーサー
　　　　　　　（京）ホーサーバーカーサー

「愛縛清浄句是菩薩位。一切自在主清浄句是菩薩位」

（高）アイハクセーセークーシーホーサーイッセイシーサイシュウセーセークーシーホーサーイ

（京）アイハクセーセークーシーホーサーイ。イッセイシーサイシュウセーセークーシーホーサーイ

「荘厳清浄句是菩薩位。意滋沢清浄句是菩薩位」

（高）ソウゲンセーセークーシーホーサーイシタクセーセークーシーホーサーイ

（京）ソウゲンセーセークーシーホーサーイ。イシタクセーセークーシーホーサーイ

「地獄等趣」

（高）チーギョクトウシュ

（京）チーキョクトウシュ

「為欲重顕明此義故」

（高）イヨチョウオンビシイーコ

（京）イヨチョオービシギーコ

〈十段〉

「金剛牙恐怖」

（高）キンコウカキョウフ

（京）キンコウカキョウホ

〈讃〉

「皆大歓喜信受行」

（高）カイターイカンギシンシュウコウ

（京）カイターイカンキシンシュウコウ

〈廻向〉
「同一性故入阿字」　（高）ドウイッショウコニュウアジ
「同一性故証菩提」　（京）ドウイッショウコショウボダイ

なお、「触清浄句是菩薩位」は、『諸経要聚』『真言諸経典』ともに「触」を「色」の「ショク」と混用せぬために呉音で「ソク」と仮名が付されているが、岩原諦信『仮名付昭和新版　般若理趣経』（昭和三十九年発行）には「ショク」と漢音で仮名されている。しかし近年は、『諸経要聚』『真言諸経典』の如く、呉音で「ソク」と読むのが習いとなっている。

中曲の経文の読み方は、『声明類聚』の頭注によると、理趣経中曲の時、高野山の切切経と異なる読み方をする箇所は左記である。切切経は（切）、中曲は（中）と表記した。

〈初段〉
「金剛大」　（切）キンコウターイ
　　　　　（中）キンコウタイ
「愛縛清浄句是菩薩位。一切自在主清浄句是菩薩位」
（切）アイハクセーセークーシーホーサーイッセイシーサイシュウセーセークーシーホーサーイ
（中）アイハクセーセークーシーホーサーイ。イッセイシーサイシュウセーセークーシー

ホーサーイ

「荘厳清浄句是菩薩位。意滋沢清浄句是菩薩位」

（切）ソウゲンセーセークーシーホーサーイシタクセーセークーシーホーサーイ

（中）ソウゲンセーセークーシーホーサーイ。イーシータクセーセークーシーホーサーイ

「乃至」

（切）ダーイシ

（中）ダイシー

「作意」

（切）サークイ

（中）サクイー

「欲重顕明此」

（切）ヨチョウオンビシ

（中）ヨクチョウケンベイシ

〈二段〉

「覚意」

（切）カークイ

（中）カクイー

〈四段〉

「故即般若」

（切）コーソークファンジャ

（中）コーソクファンジャ

〈六段〉

「即為」

（切）ソークイ

以上、各段ともに、「作意」「欲重顕明此」「即為」は右記の如く、中曲の読み方で唱えるのが習いである。

（中）ソクイー

中曲については、『声明聞書』（続真全三〇・二二七頁）に、「中曲は黄鐘声明徴の音なり。此の徴の音は半呂半律の音なり。即ち呂律の音相い交わる故に不二の韻之有り。故に又呂に五音あり。是れ廉《ママ》顕声にして亦た偶と名く。律に五音あり。奥《ママ》密声にして是に奇と名く。此二の五音は金胎両部五仏の音声即ち説法なり。又金胎不二の声は是れ南方平等性智宝生仏の宝珠の三昧なり。尤も理趣灌頂《ママ》又は是れ南方平等性智不二の音響なり。此の経の調声を唱る中に一越唯呂の曲あり。又或は地は呂一なり。金剛手言は律なり。合殺は呂律相交る音なり。廻向は別して中曲なり。而も一経悉く宝珠の三昧なるが故に南方徴の音を主る不二を本と為す。故に一経通じて中曲と名く」と記されている。その中、廉《ママ》顕は麁顕、奥《ママ》密は軟密、理趣灌頂《ママ》は理趣勧請の誤まりである。中曲は五調子・五音・五方・五仏・五智に配すると、黄鐘調・徴・南方・宝生仏・平等性智である。また、理趣経中曲の時には、勧請は黄鐘中曲、地音は一越唯呂曲、金剛手言と讃は盤渉反音曲、合殺は盤渉反音曲、廻向は黄鐘中曲と調子は一定せず、さまざまな調子・音階で唱えることになっているが、『理趣経』一経ことごとく宝珠の三昧であるが故に、一経を通じて中曲というと説かれている。

理趣三昧は、『高野春秋』巻四（大日仏全一三一・六六頁）によると、前述の如く、治安三年（一〇二三）十月二十二日に藤原道長が参詣せられし時に執行されたのが初例とされる。

しかし、**中曲理趣三昧**の濫觴について『要覧』（二三丁左）には、『声明聞書』を引用し、「問曰く。我邦に於て中曲三昧は何人を以て元始とするや。答。南山中院明算師を権輿とす。時に二人の異僧有て来る。空智空円と名く。

音韻清濁を謬まらず之を相伝す。又席を分ち僧次を定む。是れ則ち南天鉄塔内自然讃詠の儀式なり。明算大徳在世は弥勒堂に於て之を修す。爾後金堂に遷つす。今代七月七日に起首し十三日に終て之を行ず。所謂る不断経是なり」と、『高野春秋』巻五（大日仏全一三一・八四頁）も参照すると、康和四年（一一〇二）、明算が中院大堂において経行中、不空の使者である空智・空円の二僧が現れ、明算に汝は理趣経を何故誦持するのかと尋ねた。十願ありと答えると、再びその初願はと尋ねられた。そこで、一切衆生を都史多天に生ぜしめんがためであると返答すると、善哉その願いといい音曲を唱えられたが、清亮優雅で何度も反復し、姿を消された。その後、明算は高野山住侶にその模様を伝えられ、精励修習しこの法会が金堂に移り、後格となり盛んになった。これを中曲理趣三昧の不断経というと伝えられている。

勧　請

宮五三表一行

帰命毘盧舎那佛

理趣経勧請の「帰命毘盧舎那仏」は「声明集略頌」には黄鐘調中曲と指示されている。

ところが、歴代の「魚山集」では、「帰」「命」は黄鐘調中曲二重宮であり、「帰」「命」いずれも宮で、「毘」は商である。この音名により唱えると、実唱と異なり、二の問題点がある。一は、全体に低すぎるということである。二は、実唱は「帰」の宮よりも「毘」の商を低く唱えているが、「毘」も黄鐘調中曲二重であれば、「毘」の方を高く唱えなければならないことになる。

この矛盾に対しては、如何なる声明集・聞書・論文等も一切口を閉ざしている。したがって、誤解を恐れずに私

見として述べさせていただきたい。

一は、魚山集の「帰命毘盧舎那仏」の博士は二重で表記されており、これを黄鐘調中曲の二重[宮]とすると、十二律は黄鐘であり、あまりにも低すぎることは、衆目の一致するところである。近年の実唱音を探ると、「帰」「命」は一オクターブ高く唱えられている。これを五調子の五音で割り出すと、「帰命」は黄鐘調中曲三重(宮)にあたる。したがって、魚山集の「帰命」の博士は、実唱は黄鐘調中曲三重で唱えており、本来は黄鐘調中曲三重の(宮)の博士で点譜すべきであるが、何らかの理由で黄鐘調中曲二重[宮]で表記されていると考えるべきである。

二は、「帰命」の宮よりも「毘」の商のソリ初めを低く唱えている。前述の如く、「帰命」を黄鐘調中曲三重の(宮)とすると、博士の上では「毘」も黄鐘調中曲三重(商)となり、一音高くなる。しかし、実唱は、逆に「毘」の商の

洋楽音名	十二律	横笛	帰（中曲黄鐘調）		摩（中曲一越調）	
イ	黄鐘	夕			徴	
■	鳧鐘				反徴	
ト	双調	上			角	三重
■	下無	五				
ヘ	勝絶				揚商	
ホ	平調	干	徴		商	
■	断金		反徴			
ニ	一越	六	角	三重	宮	
■	上無					
ハ	神仙	下	揚商		揚羽	
ロ	盤渉	中	(商)		羽	
■	鸞鏡					
イ	黄鐘	夕	(宮)		(徴)	二重
■	鳧鐘				反徴	
ト	双調	上	揚羽		[角]	
■	下無	五	羽			
ヘ	勝絶				揚商	
ホ	平調	干	徴		[商]	
■	断金		反徴			
ニ	一越	六	角	二重	宮	
■	上無					
ハ	神仙	下	揚商		揚羽	
ロ	盤渉	中	[商]		羽	
■	鸞鏡					初重
イ	黄鐘	夕	[宮]		徴	
■	鳧鐘				反徴	
ト	双調	上	揚羽			
■	下無	五	羽			
ヘ	勝絶			初重		
ホ	平調	干	徴			
■	断金		反徴			
ニ	一越	六				
■	上無					

ソリ初めを一音低く唱えている。進流声明で同調子の商⃝よりも宮⃝を高く唱えるなど考えられないことである。すると、必然的に、「帰命」と「毘」の調子が異なっており、他の調子に反音していると受け取るべきである。

反音には、七声反・隣次反・甲乙反・曲中反の四種反音があるが、黄鐘調には曲中反はなく、七声反・隣次反・甲乙反の三種がある。七声反は下無調と上無調、隣次反は盤渉調と双調、甲乙反は平調と一越調である。

『声明の研究』（五八三頁）にも、理趣経勧請は子供の第二重すなわち大人の第三重で唱えるべきであるが、大人には黄鐘調第三重は高すぎて唱えるのが困難であるので、甲乙反で平調か一越調へ移すとよいと述べられている。

そこで、実唱音をよくよく探ると、「帰命」の宮⃝と「毘」の徴⃝を同音に唱えている。これを「音階対照表」から見ると、黄鐘調中曲三重宮⃝と一越調二重徴⃝とは同音であり、主音である徴⃝が、黄鐘調中曲三重宮⃝と同音に唱えるために、平調よりも一越調へ反音したと考えるべきである。また、五調子を五仏に配すると、一越調は大日であり、勧請帰命の句の「毘盧舎那仏」に相応するし、各段の頭・廻向もすべて一越調とすると、『理趣経』は大日の説法という縁起分の経説にかなうこととなる。ただし、「毘」の商⃞はソリであるが、「ソレば一位上がる」との口伝があり、「毘」の商⃞をソリ上げると一位上がり角⃞となる。すると、徴⃝と同音に唱える実唱とは合致しない。「毘」の商⃞は、実際は角⃞の高さで唱えており、ソリ上げると一位すなわち徴⃝となり、同音で唱えることとなる。これは、高さの違う音と音をなめらかにつなぐ洋楽のスラーの如き役割を果たしているのであろうか。厳密にいえばスラーとは異なるが、本来は角の音動はスクムであり、ソル音動はないために、商で代用せしめたのではなかろうか。黄鐘調中曲三重の宮⃝より一音下げ、商（実際は角⃞）を一位ソリ上げ徴⃝の高さとし、次に徴⃝を唱えることになったのではなかろうかと思われる。

しかし、「帰命」だけではなく、何故「毘」以下もすべて黄鐘調中曲で点譜されていないのか、その理由は何な

のかとの疑問が残る。

歴代の「魚山集」の「毘」の博士はすべて一越調中曲の二重であり、商・徴・角・モドリ・角・徴（実唱はモドリは唱えない）である。これを黄鐘調中曲に直すと、二重徴・三重宮・二重羽・モドリ・三重宮となる。「毘」以下の博士を、「帰命」と同じく、黄鐘調中曲で点譜してもなんら問題はないといえるが、それをあえて「毘」以下を一越調中曲の博士に翻譜されているのである。

それは、音楽的理由によるというよりも、宗教的理由によるとしか考えられない。

『理趣経』の切切経で、「帰命」の「帰」を唱えないのは、毘盧遮那と凡夫の命根の凡聖不二をあらわすために、「帰」を唱えないとの口伝がある。

この中曲も「帰命」は宮であり、その宮を五仏に配すると毘盧遮那大日であり、「帰命」する凡夫と「宮」すなわち大日と凡聖不二をあらわしているとも考えられる。また、最後の「同一性故入阿字」の「入阿字」は宮であり、すべての衆生が菩提心を具足し、「阿字」すなわち大日に帰入するとの深意をあらわしており、勧請の大日に初まり「入阿字」の大日に終わるまで、一経すべて阿字本不生すなわち教主大日の内証が説かれていると解すべきと思う。

くわえて、「毘盧舎那仏」は商・角・徴の博士で点譜されている。商・角・徴は五仏五智に配するとそれぞれ阿弥陀妙観察智・阿閦大円鏡智・宝生平等性智である。羽の釈迦（不空成就と同体）成所作智を欠くが、その自利利他の作業は三仏が当然具足しているものであり、この「毘盧舎那仏」の博士には四仏四智が具わっていると考えるべきである。したがって、商・角・徴の博士すなわち三仏三智は四仏四智であり、四仏四智は毘盧遮那仏すなわち大日法界体性智であり、博士の上からも大日である毘盧遮那仏に帰命するということであるといえる。

しかし、何故、実唱は「帰命」の宮よりも、「毘」の商を低く唱えるかが難儀な問題である。

玄広『般若理趣経愚解抄』（続真全七・三一九頁）に、「この経の奥義は勧請の一句に有りと云う事、先匠の語なりと伝え聞くところなり。（中略）初めの句は人を挙げ、この句は法を挙ぐ。凡そ所帰無量なりといえども人法に出でず。この故に今人法を挙げて帰敬したまうとなり」と、『理趣経』の奥義は勧請の一句にありとして、毘盧遮那仏は人、無染無著は法であり、毘盧遮那仏と無染無著の人法に帰敬するをあらわすと述べられている。

毘盧遮那仏と無染無著の法に帰命するのに、「帰命毘盧舎那仏」のすべての博士が黄鐘調中曲であれば、「毘」の博士は二重徴であり、「帰命」の二重宮よりも低い博士となる。これでは博士の上で命をさし出して仏と法に帰依するという「帰命」に反することとなる。

したがって、博士を通じて宗教的理由を満足せしめるため、「帰命」の博士よりも本尊である「摩訶毘盧舎那仏」の博士を高く表記するために、「帰命」は黄鐘調中曲、「摩」は甲乙反により一越調中曲の二重の博士に翻譜して点譜されたと考えると、近年の実唱の曲節に対応しているといえるのではなかろうか。

宮五三表一行

帰

『要覧』（二四丁左）に、「咧ぬること金界勧請の帰よりは潔よくなすなり。彼は上﨟の役、此は浅﨟の役なるが故に」とある。

中曲頭人は浅﨟の役の故、音声を軽く潔く、ユリ等も細やかにすべしと説かれる。したがって、高声で宮①を唱え、末に急に力を強くして②、急に口を閉じて終わると、ハヌルになる。

宮五三表一行

毘

二伝あり。以下、「那」のユリも二伝がある。

《一》ユリの直前をマワシ下げて、ユリは律曲のユリの如く唱える。

《二》由下で、ユリの直前をマワシ下げて、ユリは二ツ半唱える。

宮五三表一行

舎

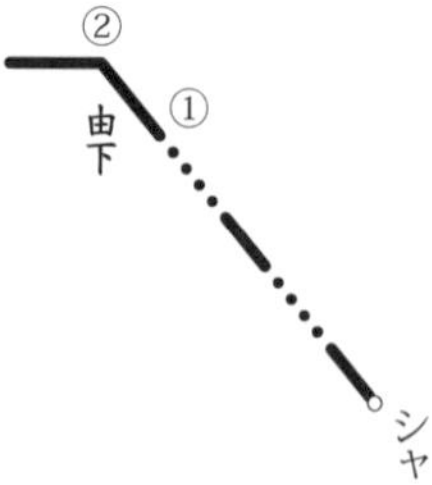

由下に二種ある。一は、金剛界唱礼の「四方」の「四」等であり、二は、理趣経中曲勧請の「舎」「染」「遇」「世」「師」である。一伝に、前者の由下をユゲ、後者の由下をユリオリと称して区別する。『寛保魚山集』はユリオリ、『明治魚山集』は由下と注されている。

『要覧』（二四丁左）に、「吾師曰く。舎、染、遇、世、師等の由下は、常の由下とは異にして、徴を由りて後只突くのみ、是れ所伝なり」と、ユリの後、徴①と角②と同音で突いて唱えると説かれている。「講究会の記（五）」には、「舎の譜、朝意師はユリと伝え、葦原師は由下、深敬上綱は一ツユリテ下ル故ユリオリと云うと、ユリオリは由下のこと、仮博士にユリオリとあるは寛光師の伝とす。由下は反徴となる」と、諸説をあげられている。

由下・ユリオリと反徴は同との見解をとられる人がいるが、由下・ユリオリは徴とユリを合わせた音動であり、反徴は徴の半音下がった音であり、両者は異なる。

『声明類聚』には、「染」の朱の仮譜が示され、初の徴は朱で「山」と、ユリの後の角に反徴と注されている。すなわち、深敬上綱のいう如くユリテ下シテ唱えていたのであろうが、近年は『要覧』（二四丁左）の「徴を由りて後只突くのみ」との伝により、すべて①と②と同音に唱えている。

宮五三表一行

佛

頭人のみ唱え、職衆は唱えない。

宮五三表二行三字目

無

『声明類聚』には、打付とあるが、極短の音から、切音不切息して、低い音へ移る常の打付とは異なり、近年は押下で唱えている。押下については本節1「云何唄」の「因」を参照すべし。

宮五三表三行

生　生

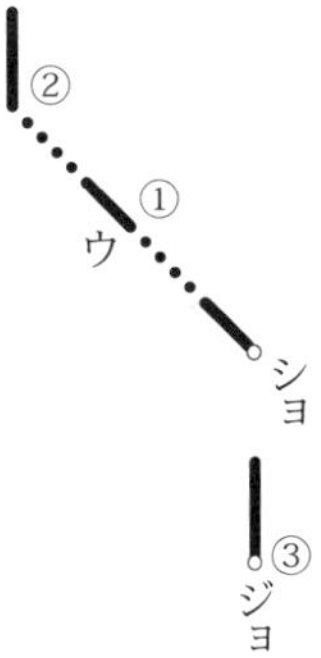

由合の中ほど徴①で「ウ」に移る。羽②で声を上げるのに、角をたてずになめらかに唱える。そして、同音で少し口内アタリをして羽③の「生」の羽を唱える。

宮五三表三行

遇

歴代の「魚山集」の四声点を比較すると、『声明類聚』は、平声清音である。天和版と正徳版は、平声で本濁音である。

正保版と『寛保魚山集』『明治魚山集』は、四声点は付されていない。しかし、拙寺にある正保版二本、『寛保魚山集』三本には、朱で平調に本濁音の手入れがされている。

『豊山声明大成』『智山声明大典』も平声本濁音である。

『鈴木声明集』、中川善教『真言宗常用諸経要集』、児玉雪玄『真言諸経典』は「グ」と仮名が付されている。

また、鈴木智弁・児玉雪玄・岩原諦信・中川善教・玉島実雅・稲葉義猛・吉田寛如のCDもすべて「グ」と唱えられている。したがって、『声明類聚』の四声点は誤植であると思われる。

宮五三裏二行

増

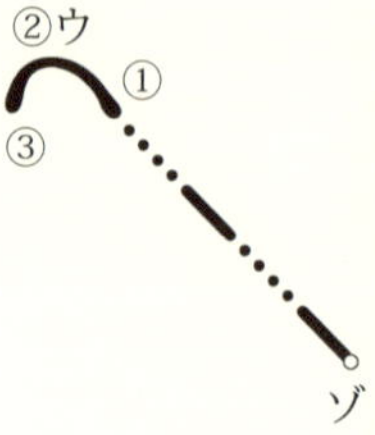

二ユの後、少し声を引き①、「ウ」②に移り、ユリソリの如く末の③を太く強く打ちつける如く唱え終わる。

宮五三裏二行六字目

法

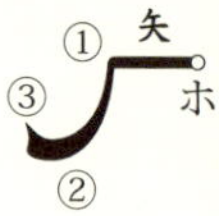

初の角より音を下げ①、少しソリながら音を上げ、②を太く強く、そして急に力を抜く如くハヌル③。先徳の言によれば、筆の先を少しハネル如く唱えると説く。

経題

宮五四表一行

大楽

『寛保魚山集』に、「短声の時イラッとするなり。タの声なし。長音の時はタイラとする也」とある。理趣経中曲に短音と長音の二種がある。長音は、金堂の不断経に用いられる。普通の理趣三昧に用いられる中曲は短音である。したがって普通の理趣三昧では、「大」は「イ」と短く、「楽」は「ラー」と長く、すなわち「イラー」と、高く軽く清らかに唱える。

縁起分

宮五四表二行

如

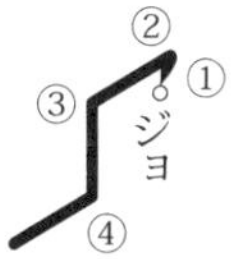

カカルであるので、初め「ジョ」と短く唱え①、次に切音不切息して同音で商②を引く。そして宮③を下げ、また①商②と同じ高さに商④を上げる。

宮五四表二行

聞

カカルであるので、初め「ブ」と短く唱え①、次に切音不切息して同音ですぐに角イロを二ツ②、③を押下（本節1「云何唄」の「因」を参照）、③の末より一音ほど下げて商④を唱え、また一音ほど上げて商⑤を唱える。

『明治魚山集』に、《二》は本譜として、《三》は本譜の下に細譜として付加され、両者ともの注として押の次の商に、「商ヲツク但シツクモノハ少シ高シ」とある。近年は本譜を略し、《三》の如く、それを仮譜で示せば《一》の如く唱える。

ただし、『声明の研究』によれば、本譜は、角・モドリ・角・商であるが、直前の「是我」が徴・徴であるので、実唱は徴・モドリ・徴・角・徴として論じているが、煩雑なため《一》で解説する。

すなわち、商⑤を揚商という説もあるが、揚商ならば直前の音商④から商⑤へ半音上がる。今は一音上がっているので、揚商ではない。終わりの商④が当位よりも一位引き上げられたため、そのままでは落ち着かないので、一音高い商⑤が付加された、いわゆる「静止」の関係から高く唱えると主張されている。

第二段　毘盧遮那理趣会品

宮五四裏一行

薄伽梵

歴代の「魚山集」の本譜は不断経の長音の博士である。以下同。

「ファ」角①から「キャ」商②へ下げ、また「ファン」角③と、角①と同音に上げる。その「ファン」は、なめらかにスクウ如く軽やかに唱える。以下、各段の頭みな同である。

宮五四裏一行

盧

『類聚の解説』（五七頁）に、「盧の商をキカス。キカスとは一位高く唱うるを云う」とあるが、近年は前の「毘」の商と同音に唱えている。

宮五四裏一行

来

「急」の注がある故、きわめて短く早く唱える。

第三段　降三世品

宮五四裏二行

調伏難調

歴代の「魚山集」の本譜は不断経の長音の博士であり、《一》は中川・稲葉の短音の唱え様、《二》は『岩原魚山集』・『吉田声明集』に収録されている中曲理趣三昧短音の博士である。

二伝あり。

《一》

《一》角①を唱え、商②を下げ、商②と同音に商③④を唱える。

《二》

《二》角①を唱え、商②を下げ、商②と同音に商③を、さらに宮④を下げて唱える。

宮五四裏二行

迦

《一》

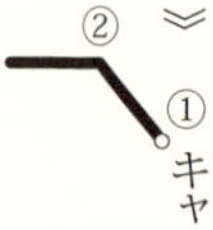

《二》

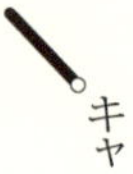

二伝あり。

《一》博士が徴・角とあり、前の「釈」と同音に徴①を唱え、次に角②を下げて唱える。

《二》博士が徴のみであり、前の「釈」と同音に唱える。

第四段　観自在菩薩般若理趣会品

宮五四裏三行

自

《一》

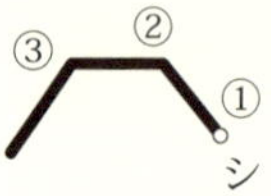

《二》

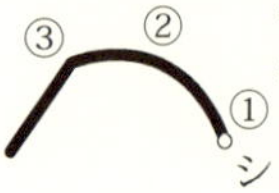

二伝あり。

《一》徴①角②を折り下げ、さらに商③を下げて、三段折りに下げて唱える。

《二》徴①角②をマワシ下げ、さらに商③を下げて唱える。

第五段　虚空蔵品

主
宮五五表一行

如
宮五五表一行

『類聚の解説』（五七頁）に、「主の角キカス」とあり、すなわち一位高く徴のキキで唱えよと説く。

『類聚の解説』（五七頁）に、「如の商角《ママ》は古来の如く角商に訂正」とある。文中、商角の角はママで商宮であり、『明治魚山集』も商宮である。『寛保魚山集』以前は角商である故に、古来の如く角商に訂正としているのである。師伝の実唱も角商である。

第六段　金剛拳理趣会品

如
宮五五表二行

印
宮五五表二行

如の商宮は、古来の如く角商に訂正して唱える。

商角の角をキカス、すなわち角を一位高く徴のキキで唱える。

第七段　文殊師利理趣品

宮五五表三行

論

商角の角をキカス、すなわち角を一位高く徴のキキで唱える。

第八段　纔発意菩薩理趣品

宮五五裏一行

切

『寛保魚山集』の注に、「徴角同長也」とあり、当時、高下同と長短同の二説あったようであるが、近年は長短同にとり、徴①を唱え、角②を下げ、徴③を高く徴①と同音に唱える。

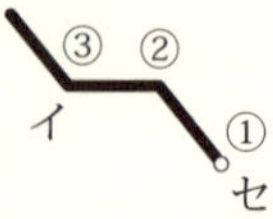

第九段　虚空庫菩薩理趣品

宮五五裏二行

種　種

博士の最末にいずれも「ウ」の仮名が付されているが、あらわに唱えないのが習いである。

第十段　摧一切魔菩薩理趣品

宮五五裏三行

拳

商角の角をキカス、すなわち角を一位高く徴のキキで唱える。

宮五六表三行

金剛手言

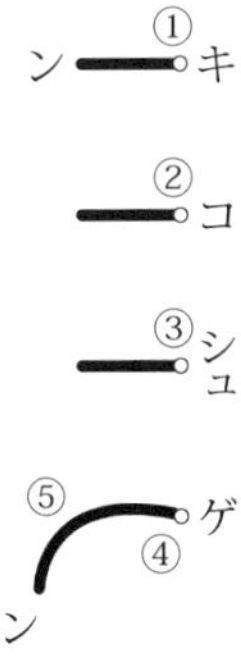

『要覧』（二四丁左）に、「問曰。金剛手言の言の譜、古代は譜の如く唱えしものなるや如何。答。然り是れ所謂る諸声明に広略二種ある中の広説なり。而して近来其伝を失す。惜哉。今は略に就て角商の二位を唱うるのみ」と述べられている。

古くは、広説で歴代の「魚山集」に載る複雑な古譜で唱えられていたのであるが、近年その伝は絶えてしまい、略説の角商の二位を唱えるようになっているのである。

現近、実際に唱えられているのは、角①②③④徴⑤の如くである。「金剛」角①②とヒロウ如く唱え、少し切音不切息して、「手」角③を口内アタリの如く強く唱え、続けて「言」角④よりマワス如く徐々に音を下げ徴⑤、末を「ン」で終わる。よく「言」を大声で唱えている人がいるが、歴代の「魚山集」にも、『口訣』にも、大声で唱えよとの指示はない。留意すべきである。

讃

宮五六裏一行一字目

善

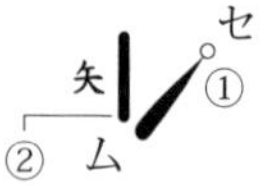

商①を「セー」と力のソリで徐々に太く強く唱え、次に羽②を「ン」と三音半ほど高く引き上げて唱える。

宮五六裏一行二字目

哉

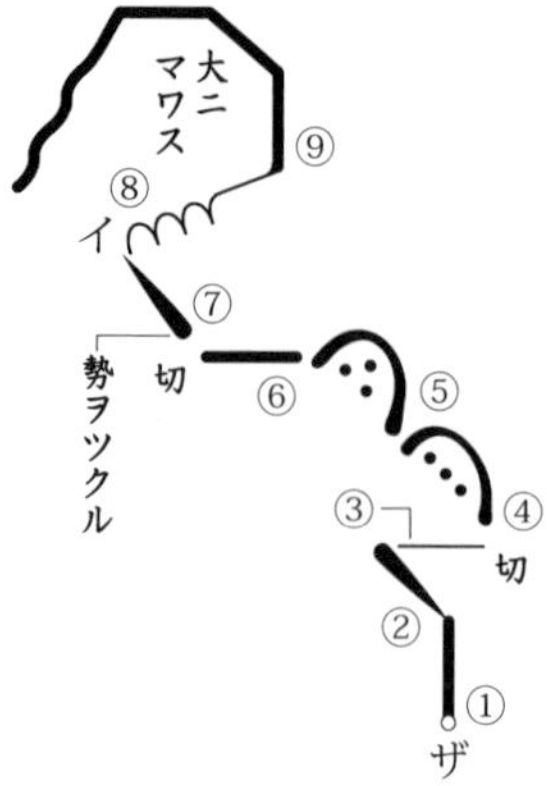

二伝あり。

《一》「善」の最後の羽と同音で「ザ」羽①を唱え、少し下げ、徴②で声のソリをして高く上げ、その音でモドリ③に移る。徴④のユリを下げずに徴③と同音で唱える。次に徴⑤のユリを初め徴④と同音に引き、由下の如く下げて後に二ツ半ユッテ唱え（由下は中曲のみに用いられるものであり、この善哉の讃は盤渉調律曲なる故、由下ではなく由下に似たる音動である。唱え様は由下と全く同である）、徴⑤の最後のユリと同音で角⑥にツク。『明治魚山集』『声明類聚』に「勢ヲツクル」とあるが、ここは口内アタリをして声のソリで高く徴⑦をそり上げ、さらに音を上げイロ⑧を四ツとモツを一ツ唱え、少し音を下げ大ニマワス⑨のである。大ニマワスとは、口内アタリをして初めは高く出し、次に少し下げ、後は低く出すというように、「イーイーイー」と三段階にマワシ下げるのである。そして、最後は二ツ半ユルグで唱えるのである。

《二》大きく異なる箇所のみ列記する。

「ザ」と羽①を出し、徴②を少し下げ末になるほど太く強く力のソリで唱え、またモドリ③を高く、羽①と同音に唱える。そして、声を切り息を継ぎ、モドリ③より音を下げ、徴④のユリを徴②と同音（④も②も徴の位の故に同音）に出す。次に、徴⑤のユリを初め④よりも高く引き、由下の如く下げて後に二ツ半ユッテ唱え、徴⑤の最後のユリと同音で角⑥にツク。そして徴⑦で始めを口内アタリして力のソリで太く強く唱え、勢いをつけ⑧のイロを三ツとモツを一ツ、少し音を下げ大ニマワス⑨のである。

なお、「善哉」の二ツ目のユリについては由下の如くであるが、黄鐘調に限るのに何故かとの疑問があるのに対し、『要覧』には、モドリが強いので、その強い音を受けて一ツユリ、二ツ目のユリで本来の徴の位に戻らんために終わりを下げるのであって、中曲の由下と混用してはいけないと説かれている。

哉

宮五六裏一行四字目

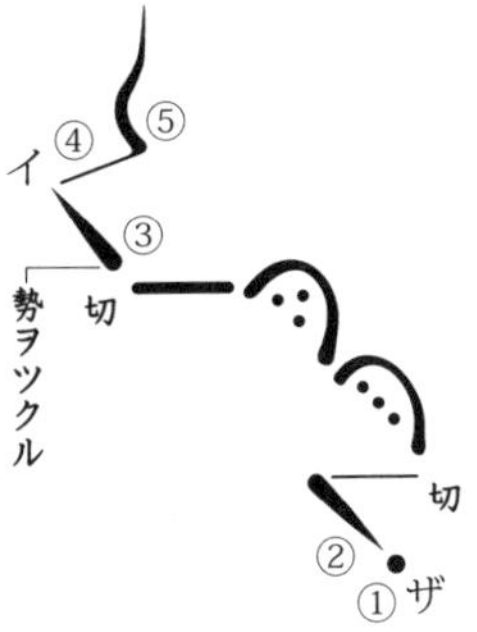

二伝あり。

《一》打付なる故に、「ザ」①を唱え、切音不切息して、音を下げ徴②で声のソリをして高く上げて唱える。次に、徴③まで初めの「哉」と大体同じ。そして、徴③で声のソリをして高く上げ、その同じ高さの音でモドリ④を突き、少し音を下げ羽⑤を声のソリで高くソリ上げる。

《二》打付なる故に、「ザ」①を唱え、切音不切息して、音を下げ徴②で力のソリで太く強く唱える。次に、徴③まで初めの「哉」と大体同じ。そして、徴③で勢いをつけ、④のツキモドリを高く唱え、少し音を下げ羽⑤を声のソリで高くソリ

上げる。

楽

宮五六裏二行

二伝あり。

《一》①より宮②へ打付をして下げ、③のモドリを上げ、息を継ぎ、モドリ③と同音に宮④を引き、かなり低く（二音ほど）下げて底上げの如く、初めのユリを唱え、続けて二ツユル、合計三ツ、次に初重羽⑥を下げ、また宮⑦を宮②と同音に上げ、高くイロモドリ⑧を三ツ、モツをさらに高く一ツ、最後は商⑨を低く下げて唱え終わる。

《二》ユリのみ異なる。モドリ③より音を下げ宮②と同音に④を引き、また同音にユリを三ツ、以下同である。

「講究会の記（六）」に、「大安楽・大智恵・不能壊等のは交互に本由とツキユとあるものとす。猶一部の通則として律にては心持ち商を長く、角を短く唱え、呂にては角を長くし商を短く云う」と記されている。

哉

宮五六裏三行二字目

最初の「哉」と同じであるが、一ツ目のユリの前のモドリの後を切らずに唱える。

宮五六裏三行四字目

哉　摩

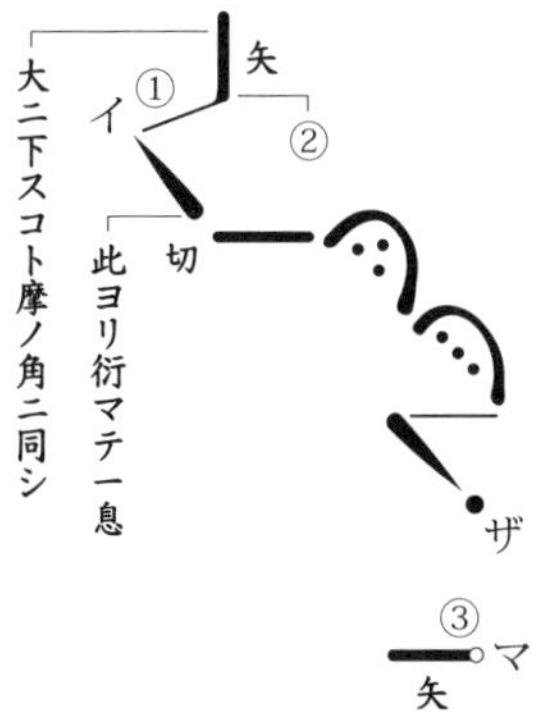

二伝あり。

《一》モドリ①までは前出の二つ目の「哉」と殆ど同じである。そして直前の徴の声のソリのソリ上げた音と同音にモドリ①を唱えた後、横下と同じ如く一音半ほど下げて羽②を唱え、さらに角③を同音に唱える。

《二》直前の徴の力のソリを唱え、その音よりも三音半ほど高く上げてモドリ①を唱えた後、三音半ほど下げて羽②を唱え、さらに角③を同音に唱える。

宮五七表一行

恵

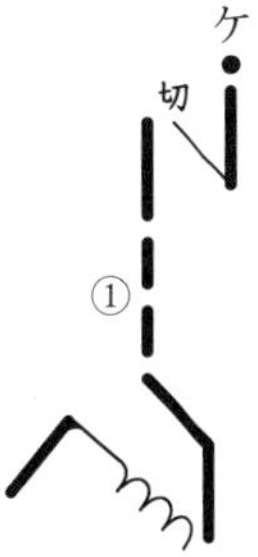

前出の「楽」と殆ど同である。異なる箇所は、宮①のユリを突由にして唱えるのみである。

宮五七表二行

演説此

『要覧』（二五丁左）に、「演説の演《ママ》は前半ノソリという。此は初めよりソルなり」とあるが、ソリは「説」であり「演」は「説」の誤りと思われる。「演」は羽で唱え、「説」のソリは二伝がある。すなわち、前半《ぜんぱん》のソリで唱える《二》と、唱えない《一》

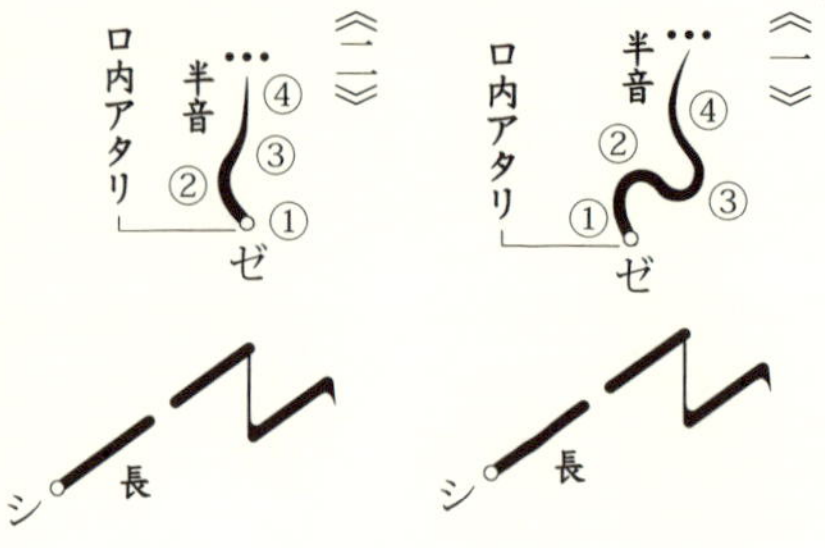

の後半《ごはん》のソリで唱える二伝がある。

《一》直前の「演」と同音に、「ゼ」と口内アタリをして声を引く①。次に、②で声を少しやわらかく下げ流す。③より声を徐々に上げ、④で高くソリ上げて唱える。

《二》前半のソリで唱える。初めよりソルを前半のソリという。

直前の「演」と同音に、「ゼ」と口内アタリ①をして声を引き②、すぐに声を少しだけ短く下げ③、④で高くソリ上げて唱える。

教金剛

宮五七表二行〜三行

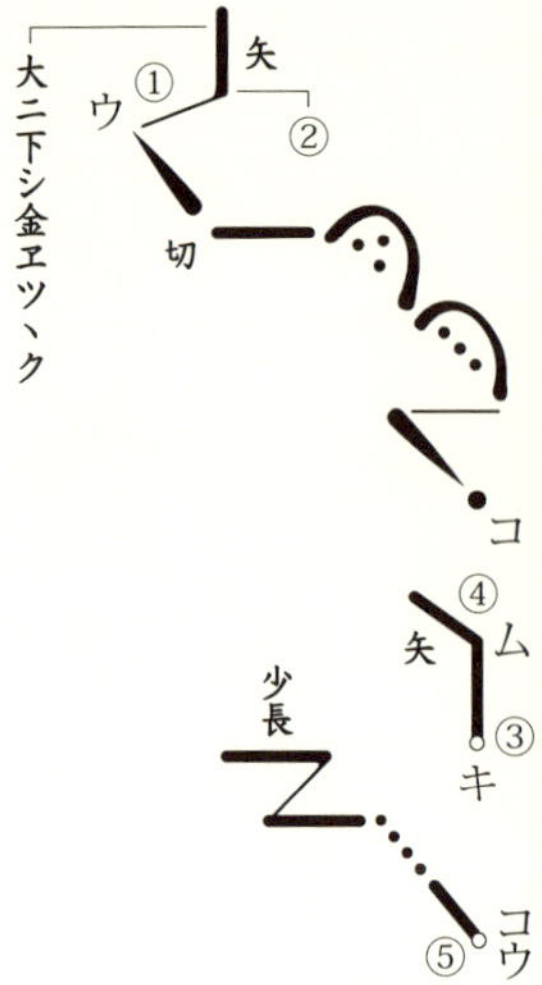

二伝あり。

《一》「教」は前出の「哉摩」の「哉」《一》と同に唱える。そして、モドリ①より一音半ほど下げた羽②と同音に「金」羽③を唱え、徴④⑤と突いて同音に唱える。

《二》「教」は前出の「哉摩」の「哉」《二》と同に唱える。そして、モドリ①より三音半ほど下げた羽②と同音に「金」羽③を唱え、徴④⑤と突いて同音に唱える。

宮五七裏一行

持此最

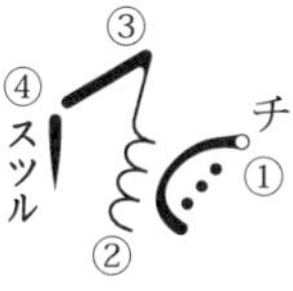

宮五七裏三行

得

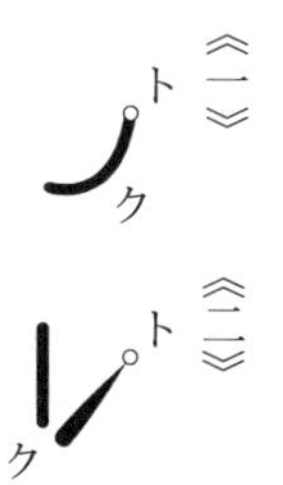

宮五七裏三行

菩薩

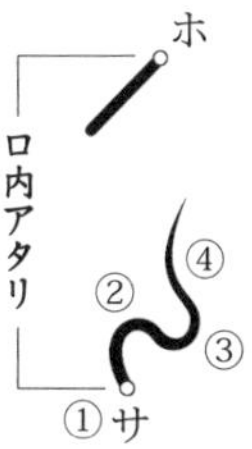

「持此最」の三字は呂曲である。

商①でユリ、②で高くイロモドリをして、商③で少し下げてハル。ハルとは、やや強く太くゆるみなしに唱える音動。そして、最後は急に短く弱く力を抜いたような、かつ捨てたような唱え様、すなわちステル④で唱える。

二伝あり。

《一》歴代の「魚山集」の博士は商のみ。『声明類聚』もこの伝をとる。商を声のソリで高くソリ上げて唱え、譜の中ほどで「ク」の仮名をなす。

《二》博士を商・羽で唱える。

二伝あり。

《一》「菩」は歴代の「魚山集」では、博士は商であるが、次の「薩」の羽と同音に口内アタリをして声を張り上げ、羽のキキで唱える。「薩」は「演説」の「説」の《一》の後半のソリと同様に唱える。すなわち、「サ」と口内アタリをして声を引く①、次に、②で声を少しやわらかく下げ流す。③より声を徐々に上げ、④で高くソリ上げて唱える。

《二》「菩」の博士は商であるので、直前の「仏」の最後の商と同音に口内アタリをして低く唱える。「薩」は《一》の後半のソリと同様に唱える。

『類聚の解説』（五七頁）には、「菩の商を少し上げて唱える伝あれども、得仏の仏の最後の商と同じく、下げて唱える伝の方宜し。菩の口内アタリは下げんがためであり、次の薩の口内アタリは俄に上げんがためである」と主張されているが、近年は、「演説」の前半のソリも、「菩薩」の後半のソリも同じ《一》の唱え方で、菩を上げて唱える伝をとっている。

宮五七裏三行

勝

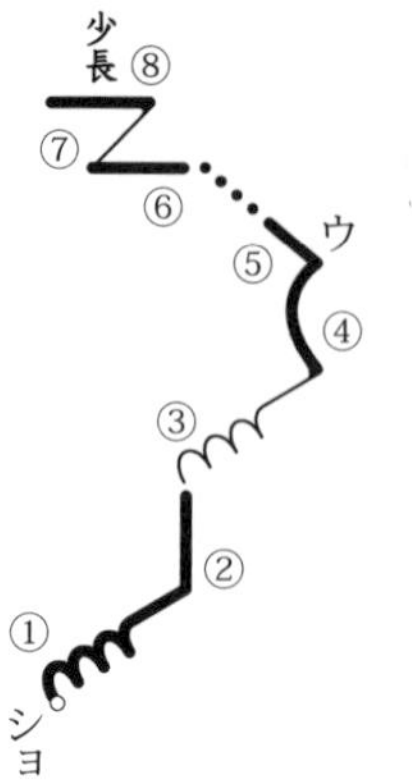

「最」の最後の音と同音で三重宮①のイロ三ツ、モツ一ツ、羽②を下げ、また③のイロモドリを三重宮①と同音に唱える。次に、音を下げて④を声のソリをして高くソリ上げ、また大きく下げて律の徴ユリを一ユ⑤、角⑥は徴⑤と同音に突き、モドリ⑦を上げ、角⑧を下げて⑥と同音に唱える。

また、現在は絶えてしまっているが、古来は反音があった。諸反《もろがえし》と片反《かたがえし》の二伝があり、「勝」の四ツ目の徴⑤より「不久」まで、「成」の四ツ目の徴⑤より「受行」までの二を反音するを諸反、「成」の四ツ目の徴⑤より「受行」までの一を反音するを片反という。諸衆は本音の盤渉調で、座次二、三人は甲乙反で高声の平調で、いわゆる二重合唱で唱える反音をいう。

宮五八表二行

一切如来及

歴代の「魚山集」には「切」の最後の商に、「此ヨリ及ノ商マデ呂。記ノ意ナリ」と、『私案記』（一二八頁）には商より及まで呂と注されていると記されている。「如来及」の三字は呂であるが、「及」の商は律に移る音動にしてソルで唱える。「キウ」とワル。まず「キ」と唱え、ソリ上げて後、末に「ウ」に移る。後を引くのは不可という。

宮五八裏一行

持者

「菩薩」と同に唱える。

合殺

（合殺一行目）

宮五九表一行

盧

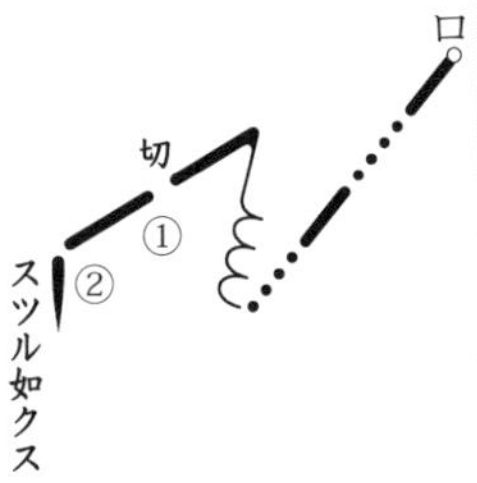

商①は、やや太く強くゆるみなく唱え、宮②は『声明類聚』に「スツル如クス」と注されている故、短く弱く力を抜いたような、かつ捨てたように唱える。

宮五九表一行

佛

角から徴へ、『寛保魚山集』は「切」であり、『明治魚山集』『声明類聚』は「密ニ切ル之ヲ塩梅ノ角ト云」との注記がある。

『声明の研究』（四二四―四二八頁）には、このような没常識な塩梅ノ角の有るべき道理はないと批判し、師口をあげ、「仏」の角ではなく、「那」の終わりの角が塩梅ノ角であるという。その角を、歴代の「魚山集」は「ソル」か「口内ニテ突意アリ」、天和版は「ソルニ口伝アリ」、『明治魚山集』のみ「仏へツック」としている。実唱は呂曲の角であるので、ソリといっても声のソリではなく、力のソリで少しソリ上げ唱える。

塩梅ノ角とは、岩原は半音高い揚角としている。角は元来ソルべきものでないのを口伝によって少しソルのを塩梅ノ角として、角から徴を唱えるときに、一音半の音程差があり、唱えがたいので、角を一律すなわち半音高い塩梅ノ角で唱えるようになったと述べられている。また、文保の写本には、「那」は呂曲で「仏」は律曲である。「那」の盤渉調で点譜されている角の譜は一越調に直すと商であり、「仏」の徴に移るのに実際の音程差は一音であるが、呂の商から律の徴へ移るのであるから、その間に音程差があるかの如く誤解し、塩梅ノ角を口伝するにいたったのではなかろうかと主張されている。

しかし、隆然『略頌』に従うと、「合殺律音六行呂」とあり、合殺は律曲であるが、第六行目のみ呂曲と指示されており、この文によると第一行目は律曲ということになる。『声明教典』（一八一頁）にも、「合殺の第一行は呂であるという説もあるが私は律として相伝している」と主張されている。また、実唱は商をソリ上げるし、モドリも高く唱えており、近年は律曲として唱えていると考えて間違いがないと思われる。

次に、『明治魚山集』『声明類聚』の塩梅ノ角であるが、進流の八箇秘曲の一として相承されている。その塩梅ノ角について、『声明の研究』は魚山集中で合殺の一箇所しかないとし、『密教辞典』は合殺の第一句・第七句の

「仏」と心略漢語讃の頭句「切」の譜の角としている。その中、心略漢語の「切」の角は同じ博士が四智漢語の「捶」等、他にも多くあり不可解である。しかし、両者はユリが律曲のユリと由下の如き音動（由下は中曲のみ）と異なるが、いずれにしてもユリの後に角があり、その後に切り、次に徴の博士がある。実際に意識せずに普通に何度も唱えてみると、ユリの後の角で切る時には、角の博士は力が抜け、高度も下がりがちになり、加えて徴の音が本来の音よりも低くなるといえる。そこで、その弊を補わんがために、塩梅ノ角と注記されたのではなかろうか。すなわち、『声明の研究』に、「塩梅の角とはカゲンされたる角と云う意味である。即ち角の高さが時によって少し高いことがあり、また低いことがあるとの意である」とあり、つづけて角の正位置の高度より半音高い位置が塩梅されたる角であり、師口によると角は元来ソルべきでないのを、少しソルのを塩梅ノ角ということではなかろうかと述べられている。この意（岩原説は塩梅ノ角を「仏」ではなく「那」の終わりの角としており異なるが音動は同じである）は、揚羽・揚商・反徴・反宮等の呂曲・律曲における定まった塩梅音ではなく、角の高度を時により高く唱えたり低く唱えたりしてカゲンするということであり、この「仏」の角の場合は、力のソリで強く太く半音程（声のソリは一音上げる）高く唱える。すなわち、下がりがちになる角を、しっかりと力のソリで下がらないように、カゲンをして逆に少し高くソリ上げ唱えるのを塩梅ノ角というのではなかろうかと思われる。

（合殺二行目）

宮五九表二行

那　佛

「講究会の記（六）」に、「鈴木師第二行の那の譜に由り方口授と註されてあるけれど、これは由下の如くにユレとの意」とある。由下は中曲のみに用いられるものであり、ここは律曲である故、由下の如くユレとの意と記されている。

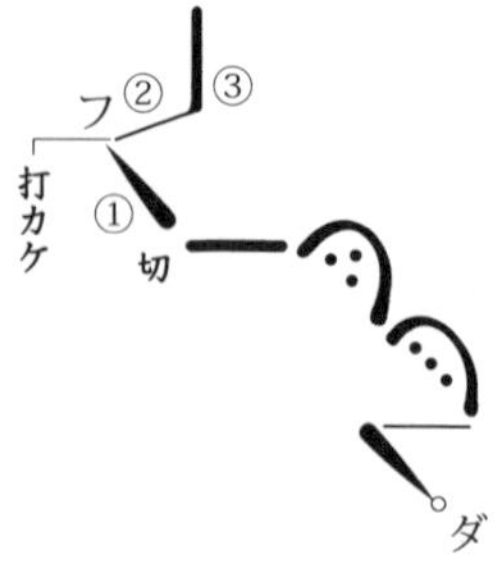

「那」徴①と「仏」羽③を、打カケ②すなわちツキモドリで連結して唱えるとされているが、「講究会の記（六）」に、「松帆師第二の行の仏は打カケとあり、打カケは商に就くものにして、今の如く羽の位にあれば前半のソリというべきものである」と、羽には打カケは介在しないので、②は打カケではなく前半のソリと主張されている。さらに、打カケはモドリと心得るべきと述べられているので、前半のソリというのは妥当であると思われる。

『明治魚山集』『声明類聚』脚注にある「開譜合音」とは、実際の本譜は「那」と「仏」の譜は開いているが、朱の仮譜の如く、前半のソリ②で徴①と羽③を連結し、音を合わせて唱えるという意である。

（合殺三行目）

宮五九表三行

毘

歴代の「魚山集」には、ソと注されているが、声のソリではなく、力のソリで、末になるほど、強く太く唱える。

宮五九表三行

那

羽①を声のソリで唱え、モドリ②を上げ、羽③を下げ、さらに羽④を羽③と同音よりソリ上げる。

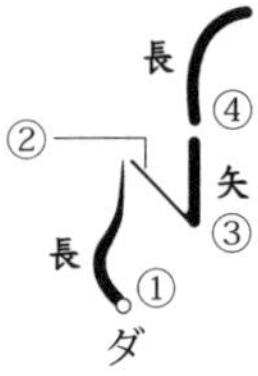

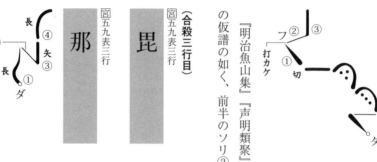

[宮]五九表三行

佛

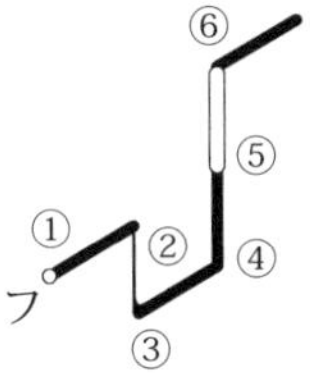

前の「那」のソリ上げた高い音と同音で三重宮①を唱える。モドリ②を上げ、三重宮③を三重宮①と同音で唱える。次に、羽④を下げ、揚羽⑤を上げ、三重宮⑥を揚羽⑤と同音で唱える。ちなみに、揚羽・揚商の後の三重宮・角は、直前の揚羽・揚商と同音で唱えるのが習いである。

（合殺四行目）

[宮]五九裏一行

毘

力のソリで、きわめて高く強く突き出すように三重商①を出し、三重宮②に下げる。

（合殺五行目）

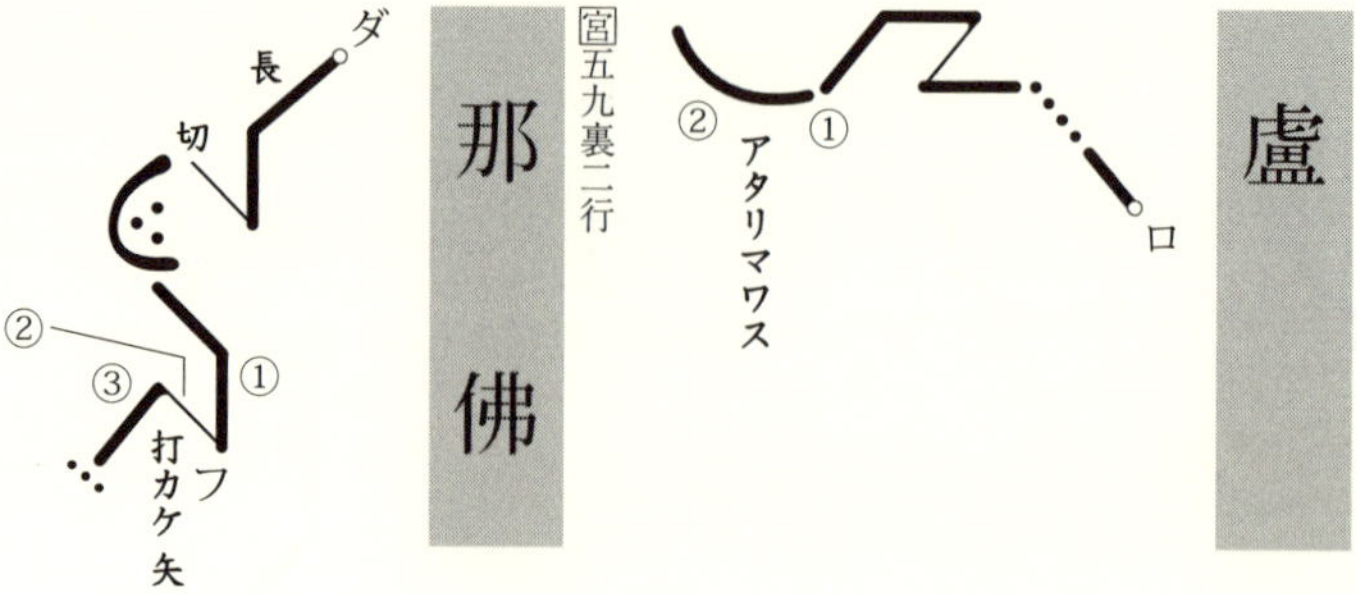

『声明類聚』に、アタリマワスと注されている。①で、少し切音不切息して、改めて「オ」と発声して低い音から高い音へ、なめらかにマワス如く自然に音を上げていく。

開譜合音である。「那」の宮①と「仏」の商③を②の打カケ、ツキモドリで合音して唱える。

「講究会の記（六）」に、「第二第五第六の行の那仏の二字の譜は、一つの譜を別に開き置いたものなのであろう。然らば打カケといい打ツケというも一の譜のモドリと心得て可であろう」と、開譜合音というよりも、一の譜を開いたものと解すると、打カケはモドリと心得るべきと述べられている。

（合殺六行目）

宮五九裏三行

舎那佛

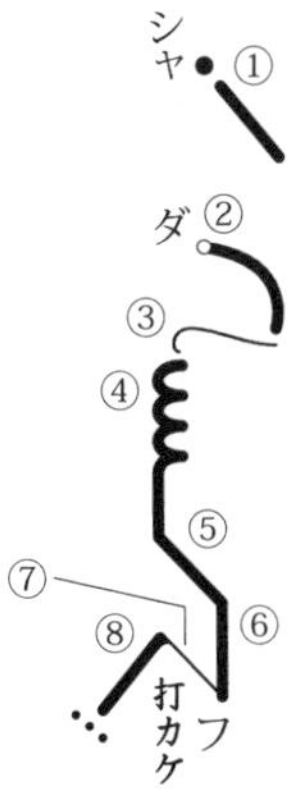

打付で横下シで音を下げ①、初重羽②を前の音と同音の低い音で声のソリで高く上げる。そして、その上げた音を太く声をためて少し口内アタリをしてなめらかに下げ③、宮④でイロ三ツとモツ一ツ、初重羽⑤で音を下げ、宮⑥を宮④と同音に唱え、⑦の打カケをツキモドリで高く上げ、商⑧を下げる。ここも開譜合音であり、「那」と「仏」の譜を打カケで合音して唱える。

（合殺十一行目）

宮六〇表二行

盧

《本譜》

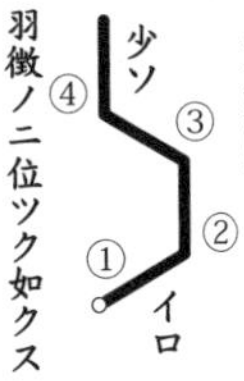

《仮譜》

『声明類聚』に、「徴羽ノ二位ツク如クス」と注されている。三重宮①をイロ三ツとモツ一ツ、羽②を下げ、徴③羽④を「講究会の記（六）」によれば、「徴羽二位ツク如くして少ソの註用いず」とされているが、近年は徴③・羽④を合わせて、声のソリで唱える。

廻向

宮六〇裏一行

我等

「ガ」は短くツメテ唱え、「トウ」は長く少しソリ唱える。

宮六〇裏一行

所修

『声明類聚』に、ユと注されている。ツキユで唱える。
「所」の「ショ」徴①を長く、「オ」徴②を短く同音で突いて唱える。
「修」の徴③④も同に唱える。

宮六一表一行

一切

『理趣経』の経題・縁起分・正説分・流通分・合殺は漢音で読むが、勧請・廻向は呉音で読む。

古版は「貴賤」であったが、差別的な表現であるとして、真言宗では各山によって異なるが、「一切」「法界」等と改められている。
「一切」を漢音で本文と同じく「イッセイ」と漢音で読む人がいるが、「イッサイ」と呉音で読む方が正しいといえる。しかし、漢音を呉音で読む箇所も多いので、あながち誤りといえないのではなかろうか。
ちなみに、『理趣経』の本文の中でも、漢音で読むべきを呉音で読む箇所もある。
「摧一切魔菩薩摩訶薩」の「魔」は、漢音は「バ」、呉音は「マ」であるが、高野山・京都ともに、呉音で「マ」

と読む。

「触清浄句是菩薩位」の「触」は、漢音は「ショク」、呉音は「ソク」であるが、後の句の「色清浄句是菩薩位」の「色」と混乱する故、近年は高野山・京都ともに、呉音で「ソク」と読む。

ただし、老僧等は漢音で「ショク」と読まれる方が多い。

宮六一裏二行

故

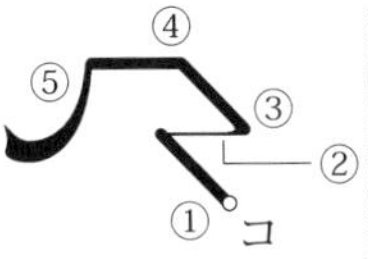

徴①を唱え、モドリ②を高く上げる。徴③角④は同音で突く。商⑤は徐々に太く強く唱え、末に口をパッと閉じ、ハヌルで、すなわち筆の先をはねる時の如く強く押さえて末をはねる。

13 四智漢語

一、出　典

『寛保魚山集』『明治魚山集』『声明類聚』に、出典については「略出経文」とある。具名は『金剛頂瑜伽中略出念誦経』であり、巻四（大正蔵一八・二四八a）に説かれている。『金剛頂経』の灌頂の秘要を略出された経典で、東密灌頂の典拠になる最も肝要な経典である。

二、調　子

『寛保魚山集』『明治魚山集』『声明類聚』には、調子について、「頌曰四智心略漢平反文」と指示されている。「金剛薩」「金剛言」が呂曲と注されており双調呂曲、それ以外は平調律曲という意である。

ところが、実際には平調律曲二重は高すぎる。したがって、甲乙反により盤渉調律曲で唱えるべきである。すると、呂曲は必然的に一越調となるが、一越調呂曲「金剛薩」の◇羽が盤渉調律曲「捶」等の○徴よりも二音半も高くなり、違和感がある。したがって、この曲中反の呂曲の博士は一越調呂曲により点譜されているのではなく、散華の「場」の如く（実際には律曲であるが呂曲の博士で点譜されている）、実際には一越調呂曲であるが盤渉調律曲で点譜されていると解するべきである。すると、「金剛薩」の○羽は、「捶」等の○徴と一音の差であり、その相関関係は

洋楽音名	十二律	横笛	一越調	一越調（重）	盤渉調	盤渉調（重）
イ	黄鐘	夕	徴			
■	鳧鐘		反徴			
ト	双調	上				
■	下無	五	角	三重	徴	
ヘ	勝絶					
ホ	平調	干	商		角	三重
■	断金					
ニ	一越	六	宮		揚商	
■	上無		反宮		商	
ハ	神仙	下				
ロ	盤渉	中	◇羽		宮	
■	鸞鏡					
イ	黄鐘	夕	徴		揚羽	
■	鳧鐘		反徴		○羽	
ト	双調	上				
■	下無	五	角	二重	○徴	二重
ヘ	勝絶					
ホ	平調	干	□商		角	
■	断金					
ニ	一越	六	宮		揚商	
■	上無		反宮		□商	
ハ	神仙	下				
ロ	盤渉	中	羽	初重	宮	
■	鸞鏡					
イ	黄鐘	夕	徴		揚羽	初重
■	鳧鐘		反徴		羽	
ト	双調	上				
■	下無	五			徴	
ヘ	勝絶					
ホ	平調	干				
■	断金					
ニ	一越	六				
■	上無					

妥当であると思われる。

また、助の「金剛宝」の「宝」の律曲最後の商と「金剛言」の「金」の呂曲商を同音に唱える。「金」が呂曲商で点譜されているのであれば、一音半下げて唱えなければならない。ところが、「宝」の商と「金」の商を同音に唱える。このことは、「金剛薩」と同じく、「金剛言」の呂曲も律曲で点譜されているということを実証している。

なお、呂曲の箇所について、『寛保魚山集』には異説が三あげられている。一は、「一義云摂ノ字マデ呂ト云云。此時ハ受已下律也。但今時ハ上三字呂ト云ヲ用也」と「金剛薩埵摂」まで呂曲という説と、「金剛薩」の三字を呂曲という二説を示されている。二は、「宝」について、『寛保魚山集』には「此商ヨリ呂ニスル時ハ由アリ則太クユルラカニユリテソラザルナリ」と注記されている。「此商ヨリ呂ニスル時ハ」と記されているのは呂曲か律曲か決めかねているのであると思われる。三は、「業」についても、歴代の「魚山集」に「呂ニトムルコト深旨アリ上ニ記ス如シ」とあり、これを呂曲とする説もある。

三、概　説

金剛界大日の徳を讃嘆する漢語の讃である。

『智山声明大典』（一八頁）の頭注に、「問。大唐を漢と云う。如何。答。仏法始めて漢代に渡る故に、其の当時梵語に対し漢語と云う。此れ自り習来せり。或いは漢代久しく続く故に多分に約し漢と云う歟」と、二あげている。一は、仏教が漢代に中国に伝来せし故に、その当時梵語に対し漢語という、二は、漢代が長く続いた故に、大方につづめて漢語というと記されている。

『略出経』巻四には、第四句の「願成金剛承仕業」が「願成金剛勝事業」であるが、四智漢語が説かれた後に、

「復以金剛語言。応以清美音讃之」と、清美なる音声を以て讃嘆すべしと説かれている。

『智山声明大典』（一七頁）に、「インコウと云わぬようにキの音をハッキリと聞こゆるように云う」と、「キ」の音を意識して「キーン」とハッキリと発声すると記されている。

宮六六裏一行

金剛

「剛」は、最後に「ウ」の仮名を唱え、後を引かぬように唱える。

『要覧』（三一丁右）に、「問曰。金の肩書に呂に出すべし此意如何。答。金の羽を彎らざるを云うなり。凡そ羽は呂律を問わず彎るを以て用とす。然れども呂の羽は深く彎らざるなり。今は此義に依る是れ習いなり」と、歴代の「魚山集」に「呂ニ出スベシ」と注されているのは、呂律ともに羽はソル働きがあるが、呂は深くソラないのを以て習いとしている故、ソラずに唱える。

また、『声明類聚』に「金剛」の二字ともに、「直」の朱注がある。これは、岩原は『声明の研究』で、墨譜の初めと終わりに強弱をつけず、終始同じ強さで唱えるとあるが、この「金剛」に関する限りは、「直」の字の意そのままに、ソラずに直線で唱えると解すべきと思われる。

宮六六裏一行

薩

半音の故に、「サ」のみ唱える。

呂曲であるが、律曲に反音する前は、律曲に移る準備として、律曲で唱えるのが習いである。

したがって、声のソリで唱える。中ほどより、なめらかにソリ上げる。

埵

宮六六裏一行

《一》

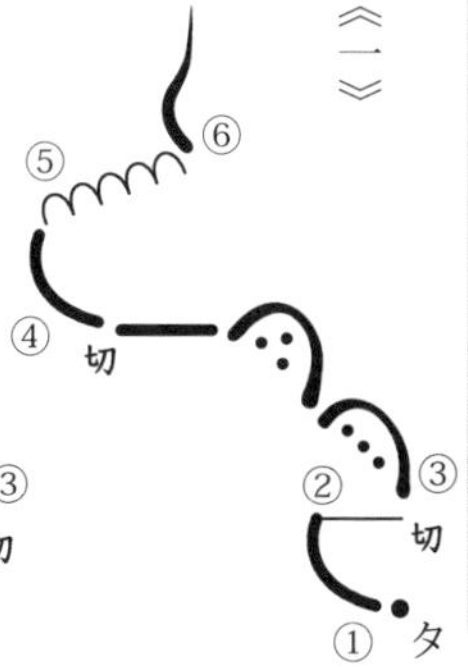

《二》

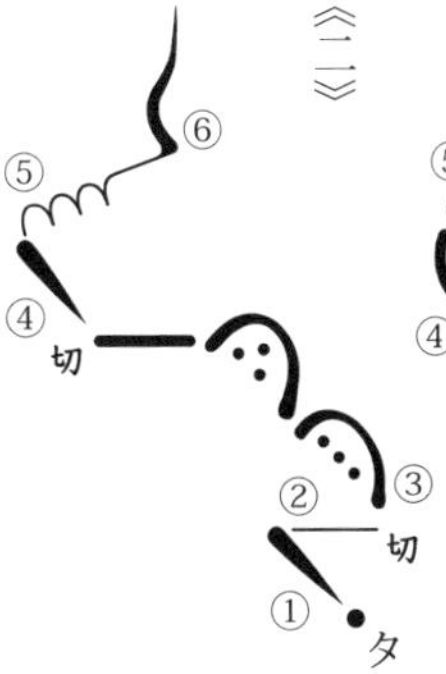

理趣経中曲の、「善哉」の讃の二字目の「哉」とほぼ同である。

二伝あり。

《一》打付で、音を下げて徴①を声のソリでソリ上げ、そのソリ上がった音でモドリ②、ユリ二の③は①②と同音、徴④は声のソリで唱え、イロは下げて五ツほど⑤モツはなし、さらに少し下げソリ上げる⑥。

《二》打付で、音を下げて徴①を力のソリで唱え、モドリ②を上げ、ユリ二の③は②よりも下げ①と同音、徴④は力のソリ、イロ⑤は上げてイロ三ツとモツ一ツ、さらに少し下げソリ上げる⑥。

『類聚の解説』（六〇頁）に、「頭人は埵の羽にて必ず切る。攝へ続くべからず」と、「埵」の後に必ず切り、「攝」へ続けてはならないというのが習いと説かれている。

しかし、現今の唱え方は「攝」へ続けて唱える。

攝

宮六六裏一行

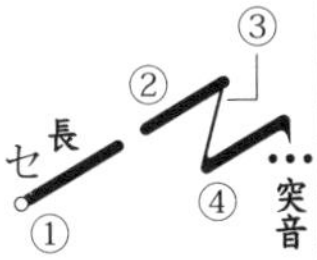

前の「埵」の最後の声のソリでソリ上がった音と同音で、息を切らず、「セ」と①を唱える。この後、切音不切息して、①と同音で②を唱え、③のモドリを高く出し、また②と同音に④を唱え、最後を突音、すなわちツメテ唱える。

宮六六裏二行

宝

『寛保魚山集』には「此商ヨリ呂ニスル時ハ由アリ則太クユルラカニユリテソラザルナリ」と注されているが、呂の時はユルとあるが、近年はユラずに唱えるので律曲と考えるべきである。

宮六六裏三行

剛

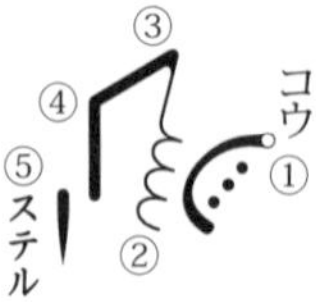

①で呂曲のユリ、②で高くイロモドリ、③で少し下げてハル、すなわち強くゆるみなしに唱え、④で下げ、⑤で少し上げてステル。ステルとは、急に短く弱く力を抜いたような、かつ捨てたように唱えるをいう。

なお、④の下げるに二伝あり。

《一》横下シで、一音ないし一音半下して唱える。

《二》本下シで、二音半下して唱える。

宮六七表一行

業

歴代の「魚山集」に「呂ニトムルコト深旨アリ上ニ記ス如シ」とあり、これを呂曲とする説もあるが、「上ニ記ス如シ」とは、対揚の最末の「薩」の「律ノ商ヲユレバ宮ニナル是則中台ニ帰スル習アリ更ニ問」を指しているものと思われ、二意がある。一は、ユレば一位下がるの口伝があり、商をユレば一位下がり宮となる。宮は五音を五智五仏に配当すれば、中台法界体性智となる。二は、最後のユリは、たとえ律曲であっても、終曲の関係から、重々しく落ち着いた感じで終わらせんがために、呂曲のユリで終わるのが習いである。

したがって歴代の「魚山集」の注記は、呂曲に反音するということではなく、右記の二意により、律曲であるが、

呂曲のユリで唱え終わるということである。

14 心略漢語

一、出典

『寛保魚山集』『明治魚山集』『声明類聚』に、出典については「青龍軌文」とある。具名は『大毘盧遮那成仏神変加持経蓮華胎蔵菩提幢標幟普通真言蔵広大成就瑜伽』であり、巻上（大正蔵一八・一五〇c）に説かれている。

二、調子

『寛保魚山集』『明治魚山集』『声明類聚』には、四智漢語の題下に調子について、「頌曰四智心略漢平反文」と指示されている。「三界如大」と「礼」の最末の商が呂曲と注されており双調呂曲、それ以外は平調律曲という意である。

ところが、四智漢語と同じく平調律曲二重は高すぎる。したがって、甲乙反により盤渉調律曲と呂曲は一越調で唱えるべきであるが、実際には呂曲も盤渉調律曲で点譜されている。

ただ、『寛保魚山集』には「大」に「已上四字呂也大ノ末ヨリ律ニナルナリ」と、「大」一字が呂ではなく、末より律曲と注されている。『類聚の解説』（六〇頁）に、「大は摂在は呂なれども律の音働なり」とあり、最も妥当な説である。

『寛保魚山集』には異説も二あげられている。一は、「礙」について「或説者此商ヨリ呂ト云云。或尚律ト云云」と、最末の商より呂あるいは律かと決しかねている。二は、最後の「礼」について、「一説云終ノ句ノ末ノ商必呂

ニスベシト云云」と注されているが、一説に呂曲とあるので、必ずしも呂曲と指示しているものではないと思われる。四智漢語の「業」と同意であるので、詳しくは本節⑭「四智漢語」を参照すべし。

三、概　説

胎蔵大日の徳を讃嘆する漢語の讃である。

『智山声明大典』（一九頁）に、「主の字青龍軌には種に作る。慈順僧正云く。一切の善は種子を生ずという義乎と。師云く。一切の善とは五戒十善等の有漏の善歟。種子とは法性無漏の種子生ずる義也。されば善は種の増上縁なり。今主に作るは主は種の音仮借乎《おがしゃ》」と、たしかに『青龍軌』には、「善生種」である。一切の善を生ずる意であり、一切の善は五戒十善等の有漏の善で、法性無漏の種子を生ずる増上縁であり、「主」を用いるのは「種」の仮借文字（同音の漢字を転用する）であると述べられている。

宮六七表二行

一

『要覧』（三一丁右）に、「問曰。一の肩書に律に出すべし此意如何。答。彎るを云うなり。夫れ律は本来彎の用あり。故に爾云なり」と、律の羽はソル働きがある故に、声のソリで唱える。

宮六七表二行

善生主

『寛保魚山集』には「善生主ニ多クノ曲節アリ別ニ記之」との注があり、『明治魚山集』には「善」の肩書に三重宮・徴の細譜を付し、「此細譜ハ善ニ多々ノ秘曲アル中ノ其一ナリ任意可唱」と、『声明類聚』には「善」「生」「主」の三字に細譜が付され、「此細譜ハ善ニ多々ノ秘曲ア

ル中ノ其一ナリ」との注記がある。

　これらは、秘讃の曲節の中の一があげられている。厳密にいえば、「善」には十六曲、「生」には四曲、「主」には三曲ある。なお、秘讃については第三章第五節④「心略漢語秘讃」と第四篇第一章第三節㉔「心略漢語」を参照すべし。

生

宮六七表二行

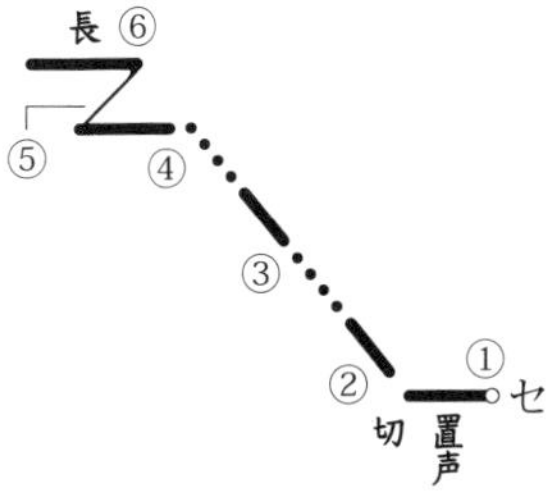

　「善」の博士をすべて唱えて後、「セ」と置声をするのであるから、歴代の「魚山集」には切の注記はないが、置声の後は切る。置声は置音ともいい、前の「善」の最後の徴から声を切らず、そのままの高さ強さで「セ」と、あたかも前の声を置く①如く唱え、次に声を切った後、同音で次の②を出す。そして、律曲のユリを二ツ③、同音で角④を唱え、モドリ⑤を高く出し、最後は④と同音にもどし、角⑥を唱える。

如大王

宮六七裏二行

　二伝あり。

《一》「大」の商①よりも「王」の角②を高く、②よりも「王」の徴③を高く唱える。いわゆる、三段上がりにする。

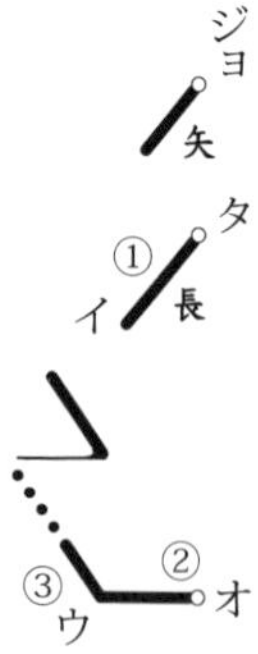

《三》商①は低く、角②を上げ、徴③は②と同音で唱える。いわゆる、徴角同音で唱える。

15 仏讃

一、出典

『寛保魚山集』『明治魚山集』『声明類聚』に、出典については「広大軌文」とある。具名は『大毘盧遮那経広大儀軌』であり、巻上（大正蔵一八・九七c）に説かれている。略名は『広大儀軌』ともいう。

二、調子

『寛保魚山集』『明治魚山集』『声明類聚』には、「頌曰仏讃文殊平唯律文」と、平調律曲で唱えよと指示されている。ところが、四智漢語・心略漢語と同じく平調律曲一重は高すぎる。甲乙反により盤渉調律曲で唱えるべきであり、呂曲は一越調である。

ただし、『寛保魚山集』に、「抳」に「呂ノモヤウ也。或ハユルカスト云云」と、また「擔」に「呂ニモスル也准上」と注されている。「抳」については『類聚』では律曲の「宮音の働」であり、「呂ノモヤウ」とは不可解である。むしろ「或ハユルカス」の方が妥当である。「擔」の「呂ニモスル也准上」については、四智漢語の「業」と同意

であるので、詳しくは本節⑭「四智漢語」を参照すべし。

三、概　説

三宝の中の仏宝を讃嘆する梵語の讃である。

『智山声明大典』（一六頁）に、「問。仏讃とは何の仏の讃なりや。答。広大儀軌上に曰く。五讃嘆有り。一は仏を讃ず。二は法を讃ず。三は僧を讃ず。四は普賢を讃ず。五は金剛手を讃ず也と。其の第一の讃仏は正しくは胎蔵大日兼ねては十方諸仏世尊歟。蘇悉地経下には（中略）三宝は仏、第四は蓮、第五は金にして即ち仏蓮金の三部の讃嘆也」とある。五讃嘆説かれている中の仏讃は胎蔵大日十方諸仏世尊をいう。また三宝の讃は仏部、第四は蓮華部、第五は金剛部の讃とも説く。なお、『声明類聚』の注記には三宝各々の讃があるけれども、仏讃の功徳が最も殊勝である故に博士を付して唱えると記されている。

宮六八表一行

摩

二伝あり。

《一》声のソリで長く、末になるほど高く唱える。

《二》力のソリで低く、末を太く、少しソリ上げ唱える。

『類聚の解説』（六一頁）に、「寛保魚山にタオヤカにソルという。押さえて引き込むように少しソル（力のソリ）」とあり、《二》の伝をとられている。

嚕　宮六八表一行

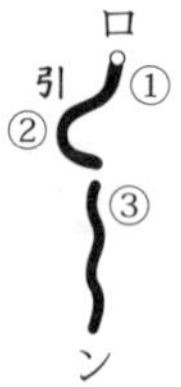

「ロ」と声を引き①、なめらかに少し下げ②、ユルグを二ツ半③。最後に「ン」の仮名を唱える。

抳　宮六八表一行

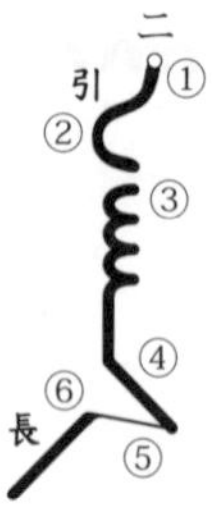

『声明類聚』の朱注に「宮音ノ働」とある。「二」と声を引き①、なめらかに少し下げ②、次にイロ二ツとモツ一ツ③、④で下げ、モドリ⑤を大きく高く上げ、また⑥で下げる。

建　宮六八表一行

「抳」のモドリ⑤と同音で唱える。

捨　宮六八表一行

二伝あり。

『寛保魚山集』には「ソ」の注記、『明治魚山集』『声明類聚』には「大ソ」の注記がある。

《一》初め力のソリの如く太く強く唱え、末になるほど高くスクウ如くソリ上げ唱える。

《二》声のソリをして中ほどから高くソリ上げる。

吠

宮六八裏一行

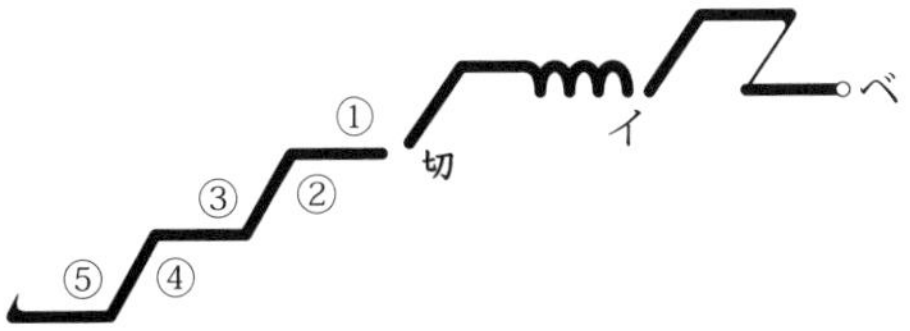

①までの博士は、すでに解説済みなる故に省略する。

『寛保魚山集』に「入子ノ如クスベシト云云」とあり、入子の如く徐々に小さくユルとあるが、近年は角①と角③、商②と商④は同長で同音に唱える。角⑤は①③よりも少し長く唱える。

宮六八裏一行

南　本

二伝あり。

《一》「南」を打付で下げ②、「本」の商③をその打ち付ける前の極短の音①と同音に唱え、宮④に下げる。

《二》「南」を打付で下げ②、「本」の商③をその下げた②と同音に唱え、宮④に下げる。

宮六八裏二行

寠

『寛保魚山集』の「寠」に「記ニハ末に星アリ」と、『私案記』に星ありと記されているとしている。また、「寠」に「切音不切息約束也」と注されているので、星の符号であり、切音不切息の印とされている。

宮六八裏二行

摩　弭

『明治魚山集』『声明類聚』に、「開譜合音」の注がある。「摩」の初重羽①と「弭」の商③をモドリ②すなわち打カケで連結して唱える。

16 祈願　礼仏

調子は、普供養三力と同じく、中曲黄鐘調である。

祈願は、五大願の総祈願・大祈願に対し小祈願とも呼ばれ、行者自らの祈願をいう。『乳味鈔』巻二（三五丁裏—三六丁表）には、「小とは前の五大願に対して云うなり。此の小祈願は経軌並に大師の次第等には之なし。尊師の持宝金剛次第に甫《はじ》めて之を載す」と、五大願の総祈願・大祈願に対し小祈願というとあり、また経軌や大師の次第には祈願はないが、尊師すなわち聖宝の如意輪の次第に、初めて祈願が載せられていると記されている。

礼仏は、『乳味鈔』巻二（三六丁表）に、「仏名を称して而して礼する故に爾云う。曰く前の小祈願の旨趣を再び本尊に対し上つり、決定円満せんことを祈らんが為に称名し礼拝するなり」と、本尊諸尊の御名を唱えて礼拝帰命して願意を成就せしめたまえと祈念するをいう。

京都では導師が唱えると職衆が斉唱《せいしょう》する、すなわち次第をとるが、高野山では導師が微音《みおん》で独唱する。法流によって句読が異なる。

宮三五表三行

普供養

「普供」は二字ともに急なる故、「フク」と続けて早く読み、「養」は「ヨー」と伸ばして唱える。

宮三五表三行

摩

低く力のソリで末になるほど、太く強く唱える。

宮三五表三行

護

『明治魚山集』『声明類聚』には、マワスと注されている。①よりなめらかに下げ②、③で底上げの如くして、「ウ」を最後に唱える。

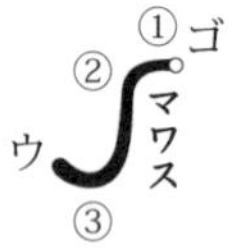

宮三五裏一行

哀

「アイ」であるが、「所説」より「哀」を続けて唱える時は、連声で「タイ」と唱える。しかし京都では、「所説」と「哀愍」を別々に次第をとる時は、「アイミン」と唱える。

宮三五裏一行

天下平等

『類聚の解説』（六一頁）に、「小祈願の中に明治板にては少し小字に天下、平等の二句を挿入す。これは醍醐の所用を因みに挙げたので、南山進流の所用ではない。随って中院流としてはこの二句は除いて唱うべきである」とあるが、中院流では、中川善教『理趣経法』のみは「天下平等」の句が挿入されている。

宮三八表一行一～二字目

南　無

歴代の「魚山集」に「声明集中最下声也」とあり、さらに「下徴也」と注されている。南山進流の魚山集で実際に用いられる調子は、低い調子から双調呂曲・黄鐘調中曲・盤渉調律曲・一越調呂曲・平調律曲と定められている。双調呂曲初重の徴はあまりにも低い故に用いられず、次に低い調子の黄鐘調中曲初重の徴が最も低い音となる。したがって、この「南」の黄鐘調初重の徴が魚山集に載る諸声明の中で最下の音となる。

きわめて低い声で「ノウ」①と唱え、初重徴①より初重羽②、②より二重宮③と、次第に声を高くして唱える。

宮三六表一行

南無阿閦

「ナモ」と「急」で早く唱える。以下同である。

高野山では、「南無摩訶」のみ「ノウボウ」、後の句は「ナモ」と唱える。醍醐も高野山と同。広沢方・随心院流は全句を「ノウボウ」と唱える。

しかし、本尊の句を梵語で唱える時は、高野山は「ノウボウ」、醍醐は「ナモ」と唱える。

宮三六表三行

供

「供」は、まず「キョ」とナマル如くアタル如く唱え、少し下げ、最後は「オ」と押さえる如く唱える。

宮三六裏一行

南無金剛界

博士は異なるが、すべて同音で唱える。

宮三六裏一行

南無大悲胎蔵界

「南」は、初め力のソリの如く徐々に太く強く唱え①、次に自然に意識せずにユル②。そのユリも、リリメカスといい、初め大きいユリから徐々に小さくしてユリ唱える。

いる。

廻向大菩提　至心廻向

宮三六裏一行

「廻向大菩提」については、『明治魚山集』『声明類聚』に調子の指示はない。ただ、『吉田声明集』に双調呂曲と注記されている。

『声明教典』音譜篇は、礼仏の「南無大悲胎蔵界」の「界」の最後の宮と「廻向」の徴を同音としており、近年の実唱も同音で唱えている。

すると、黄鐘調の宮と同音は一越調の初重徴（実唱は初重であるが博士は二重で表記）であり、次の「至心」の羽も一越調の初重羽とすると、実唱にぴたりと一致することになる。したがって、「廻向大菩提」「至心廻向」の調子は双調とするよりも、一越調とする方が妥当であると思われる。

さらに、「懺悔随喜」の助も、『理趣経』の助と同じ位の高度で唱えている。このことは、『理趣経』の助は一越調とされているので、「懺悔随喜」の助も一越調とするのが妥当であり、「廻向大菩提」「至心廻向」「懺悔随喜」の頭・助すべてにわたり一越調と考えて間違いはないと考えられる。

17 表白

表白は、事相では「ヒョウヒャク」と清音に読むのを習いとする。

『乳味鈔』巻一（三五丁表―裏）に、「表とは心中を表示し、白とは願旨を啓白す。先ず本尊並に三宝の境界に帰命し、次に本尊内証外用の本誓願力を讃嘆し、次に行者の所願を表白するなり。表白の文は新案古草意に任すべし」と述べられている。

「表」は、行者の意思表示。「白」は、所願をもの申（白）す。すなわち、開白の時、最初に本尊と三宝に帰命し、次に本尊のお徳を讃嘆、一座行法の主旨を本尊に申し上げ、行者の所願を啓白し、その利益を衆生に及ぼそうとするのである。また、諸表白は御影供の表白を規範とするというが、決して決まった文言を唱えなければならないということはなく、古来、新案古草よろしきに従って用いるべしと説かれている。しかし、加藤宥雄『醍醐三宝院憲深方伝授録』第一巻（四一頁）によれば、「行者が自分で作文すべきもので、過去の作例を並べて作文することは本尊に対して不敬である」と主張されている。

『声明聞書』（続真全三〇・一三九頁）には、「表白は時に依り人に依り俄に作るものなれば博士を指すを一大事とす」と、声明の大徳であった廉峯の「時に依り人に依り俄に作る」との文章からみれば、加藤の説の方が妥当であろうかと思われるが、近年は既成の表白文を読むことの方が多い。

調子は、『声明集略頌』には表白の旋律は示されていないが、師伝によると、中曲黄鐘調と伝えられている。『私鈔略解』（続真全三〇・一四五頁）にも、「諸表白。諸祭文。仏名。諸教化皆な悉く中曲黄鐘調也」と指示されている。二箇法要では近来、下座の職衆が散華、対揚をお唱えしている間に、導師が表白、神分を微音にお唱えする。しかし本来、下座の対揚が終わるのを待って表白、神分をお唱えするのが本義である。

表白の唱え方

初めに、神降ノ句があって、次に傍ノ句（放ノ句、いわゆる繫ぎの句）、そして、甲ノ句、乙ノ句と、甲乙甲乙と重ねていく。

神降ノ句とは、表白の「敬って」より「白して言さく」までをいう。

傍ノ句とは、放ノ句ともいい、繋ぎの句であり、殊、総、夫、或、又等である。葦原寂照『三箇秘韻聞記』（続真全三〇・三一七頁）に、『乞戒捃拾』を引き、「乞戒表白は御影供表白と全同也。凡そ其表白進の様は多分甲乙甲乙として丙丁は希なり。終わりの句は進の様も仁和の様も皆丙丁なり」と、すなわち、すべての表白に通ずることであるが、甲乙に始まり、最後は丙丁でおさまり、「敬白」で終わる。丙丁、丙丁と続くことは決してない。

なお、丙ノ句、丁ノ句は一表白の中に三箇所を越えるべからず。しかし、例外として、四箇所ある場合もある。甲乙丙のユリ、「殊には」、「総じては」等の徴重ねの譜、その他の変わりたる譜のある箇所は、緩やかに唱え、余は急に潔く唱える。

また、徴の博士は大体において突由で唱えるが、突由で唱えない博士もある。

一、甲ノ句

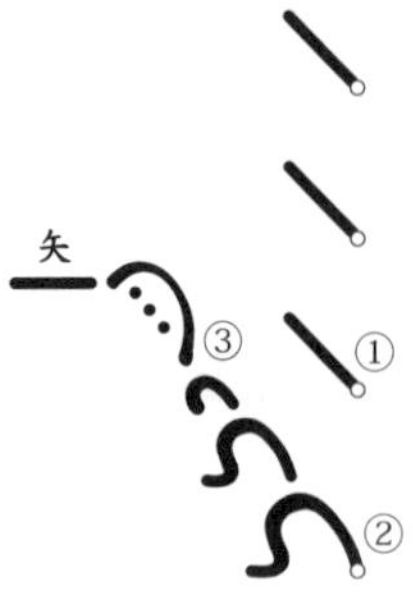

甲ノユリの前の徴①は、突由にせずに少し長く唱える。徴のユリ②は伽陀の三由の如きユリ、③は呂曲のユリを一ツ唱える。

二、乙ノ句

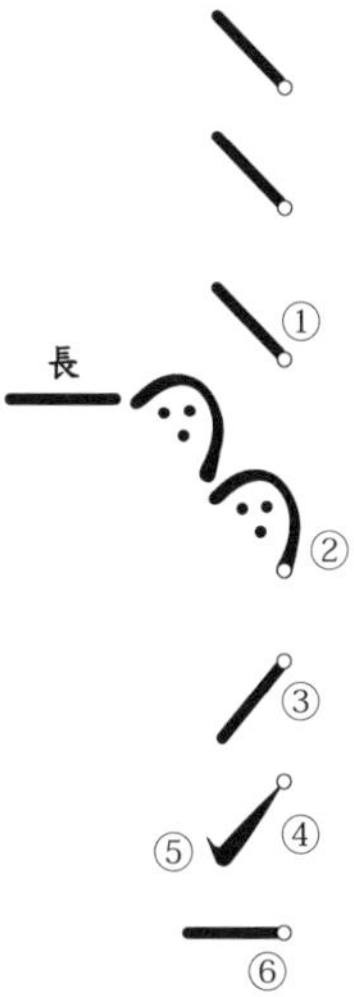

三、丙ノ句

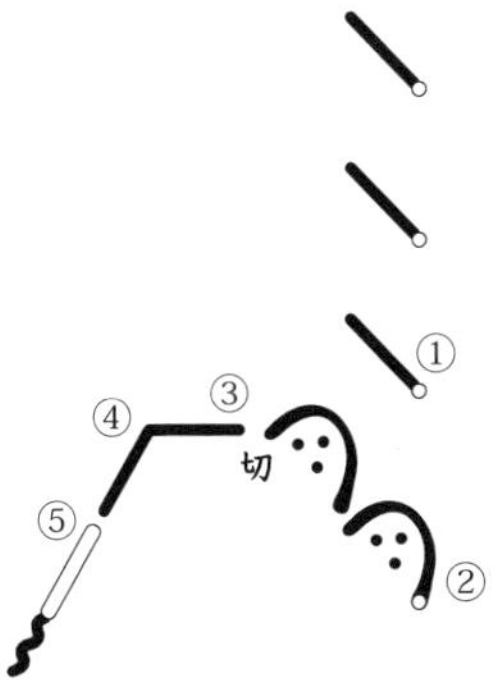

四、丁ノ句

乙ノユリの前の徴①も突由にせずに少し長く唱え、②を由下で唱える。③④を商に下げ少し賓由の如きユリをして、切音不切息して⑤を短く唱え、その⑤と同音に角⑥を唱える。

丙ノユリの前の徴①も突由にせずに少し長く唱える。徴のユリ②は由下。そのユリと同音で角③、次に商④に下げ、揚商⑤を半音ほど上げ、最後を賓由の如きユリをする。

商②は①と同音で唱え、末を賓由の如きユリをして、少し切音不切息して③を短く唱え、その③と同音に角④、商⑤を下げ、⑥⑦は②③と同じ唱え様、⑦と同音に⑧⑨⑩、ただし角⑨は末を賓由の如きユリで長く、角⑩は矢で短く唱え終わる。

五、徴重ね

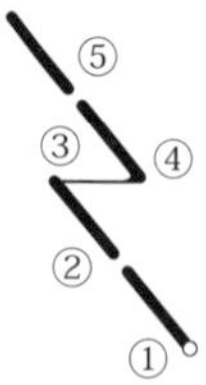

②は徴①の音で始まり、徐々に太く強く少し高く、モドリ③をさらに高く、徴④⑤を②の元の音に戻り突由する。

六、敬白

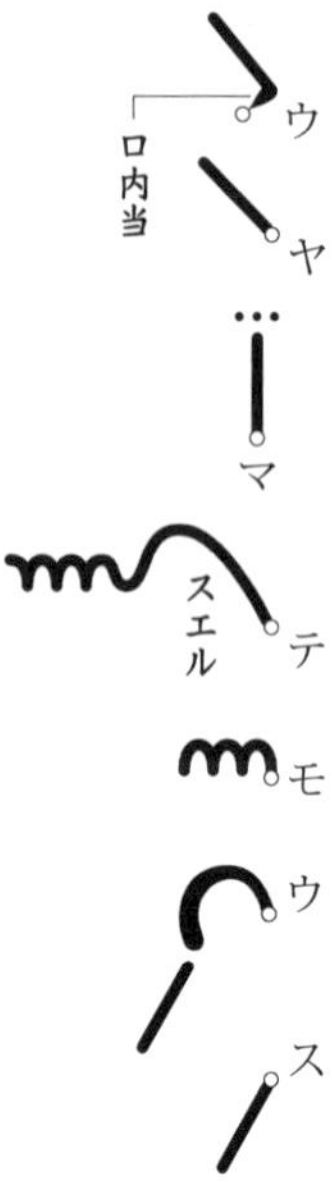

「ウ」は口内アタリ、「マ」は引き上げて高く、「テ」は初め「マ」と同音で後に「エ」でイロ三ツ、「ウ」は押下げさらに商を下げ、その「ウ」の末の音と同音で「ス」を表白ナマリではっきりときっぱりと唱えず、ナマッタ、含んだような音で終わる。

岩一巻六二左三行

初中後善

『理趣経』は、「初中後善」を、本来は漢音で読むので、「ショチュウコウセン」と読むべきであるが、「初」を呉音に読み、「ソチュウコウセン」と読む。

ここの表白でも、二伝がある。一は、『理趣経』と同じく「ソチュウコウセン」と読む。二は、「初」を漢音で「ショチュウコウセン」と読む。

経典の勝徳としては、顕教では初善・中善・後善・文巧・義妙・純一・円満・清浄・潔白・梵行の十善が説かれるが、『理趣経』には初中後善・文巧・義妙・純一・円満・清浄・潔白の七善が説かれる。

囶一巻六五右四行

三五夜之秋ニ

「サンゴヤノアキニ」と読まれる伝もあるが、「サンゴヤノトキニ」と読む。三五とは十五であり、十五夜のことである。

18 神　分

『乳味鈔』巻一（三七丁表）によると、「神分」の「神」は、曼荼羅の外金剛部、および本朝の神祇を総称。「分」は分与の意で、法施を諸神に分け与える義であると述べられている。

どれほどの大法会でも、諸神の協力がなかったら悉地成就がおぼつかないので、一座の修法が成就するよう、仏教擁護の諸天善神、日本国中の大小神祇に祈念する。

表白と同じく、御影供の神分を規範とする。

調子は表白と同で、中曲黄鐘調と伝えられている。

神分の唱え方

神分の旋律も表白と同じく、中曲黄鐘調といわれている。

中院流は、表白、神分ともに博士を付するが、醍醐、隨心院等他流の大方は、表白のみ博士を付し、神分は微音に唱えるのを習いとする。

表白は開白のみであるから、次々の座からは「令法久住利益人天の為に」と唱え、次に「外金剛部」より以下をお唱えする。

神分は、さらに細かく分ければ、神分、霊分、祈願となる。神分は、初めの「抑」から「大般若経」までをいう。霊分は、「弘法大師」「過去聖霊」等。祈願は、「今上陛下」「院内安穏」「天下法界」等。

仰乞、請乞の唱え方は諸流により異なる。醍醐は、仰乞でアオギウケタマワリコウ。広沢は、仰乞でアオイデコウ、またはアオギコウ。随心院は、請乞でウケコウ、またはショウシコウ。勧修寺は、請乞でウケコウ。中院流は、他流の如き仰乞、請乞以下の祈願はなし。

一、スエル

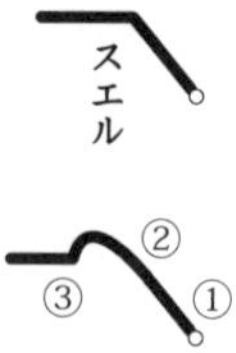

徴角の博士で二字仮名の時、用いる。まず徴①を唱え、次にその徴①に角の初めの半分の角②をスエル如く連れた後、押さえる如くスムーズに下げる。そして、その後、本来の角の高さで後半の角③を唱える。

二、中下

《実唱》

中下をスエルの別名という師がいるが、不可である。

徴①より角②③に移る時、初めの角②を、前の徴①に連れ同音に少し長く唱え、後の角③を本来の角の高さに下げ短く唱える。

三、流シ

一字仮名でも、二字仮名でも、一字のキキの時に用いる。
前の徴①より、急に強く捨てるかの如く角②に下げて短く唱えるをいう。

四、カカリ徴

角①の次にあるカカリ徴②を角に唱え、後を少し流し下げ、次の徴③を強く当たって唱える。

[岩]一巻五八左四行

護法天等

「ゴオウテンドウ」と「ゴオウデンドウ」の二伝がある。

[岩]一巻五九右三行

日　域

「ニチイキ」とも読むが、「ジチイキ」と読むを正とする。太陽が出る東方の地域の意で、中国から日本を指していった言葉である。

「日本大小神祇」とある時は、「講究会の記（八）」に「読み曲について日本はニホン」と読むとある。

[19] 諷誦文

諷誦文《ふじゅノもん》は、過去帳・噠嚫文《だっしんノもん》ともいわれる。諷誦文とは、施主が布施をして読経を請う旨を作文し、導師が読経の

後にその文章を読むをいう。過去帳は、本来は過去に亡くなられた死者の戒名・俗名・年齢等を記録した名簿であるが、法会の功徳、宗祖等への法楽、聖霊の追福菩提、施主の現世利益等を祈る文章をいう。嗟嘆文の嗟嘆とは、布施の梵語であり、諷誦文と同じ意である。

諷誦文は、表白と同じく、決して決まった文言を読まなければならないということはない。古来、新案古草よろしきに従って用いるべしと伝えられている。また諷誦文は、指声《さしごえ》で読むというのが習いである。指声とは、四声を指して読むという意である。すなわち、声読《しょうよ》みのことである。『十巻章《じっかんじょう》』等は、古来、この声読みで読むことになっている。

四声とは、平声《ひょうじょう》・上声《じょうしょう》・去声《きょしょう》・入声《にっしょう》の四である。この四によってそれぞれ読み方が異なるので、その四声に従って読むということである。しかし、過去帳すべてにわたって四声を調べ、指声で読むというのは、きわめて難儀なことであるので、指声らしく抑揚をつけて読む等、よろしきに従うべきである。

また、過去帳の文言の中には独特な読み方、あるいは連声で送り仮名等が変化したりと、初心の方がしばしば戸惑う箇所がある。そこで、ここに『声明類聚』付録の「理趣三昧諷誦文」を転載し、初心の便に資するため、仮名を付させていただいた。

敬《うやまっ》て白《もう》す般若理趣三昧法会功徳廻向之事

伏《ふ》して惟《おもんみ》れば三世諸仏出世の本懐《ほんがい》は一切衆生成仏《入》の指南如来所説の八万四千の法門は《(な)》生死の苦海を渡《わた》す筏《いかだ》なりと

蓋《けだ》し夫れ六大無碍の臺《うてな》には迷悟同く優遊《ゆうゆう》し三密平等の床《ゆか》には生仏互に自楽《じらく》す　之に迷《まど》う者は長く三界《さんがい》の淤泥《おでい》に沈み之を

悟る者は恒に五智の霊臺《れいたい》に遊ぶ　是の故に諸仏《しょぶっ(た)》は彼の六趣《ろくしゅ》の塗《と》炭《たん(の)》を悲《ひ》愍《みん(じて)》して抜苦《ばっく》の道《どう》を開き菩薩は《(た)》其の三途《さんず》の沈淪《ちんりん(の)》を哀《あい》

憐《れん》して与楽《よらく》の法を示し玉《たも》ふ《(う)》茲《ここ》に深甚広大抜苦与楽の法あり　所謂《いわゆる》般若理趣三昧秘密薫修《くんじゅ》の秘法是れ也　経に曰く若し此の本初《ほんじょ》の般若理趣を聞き日日晨《にちにちしん》朝《ちょう》に或は誦《じゅ》じ或は聞くものあれば彼れ一切の安楽を得《え》　乃至如来執金剛《しゅうこんごう》の位《くらい》を得《う》と

爰《ここ》に今日《こんにち》の法会は護持信心の施主〇〇氏《うじ》過去聖霊《しょうりょう》の追福菩提を祈らんがため恭《うやうや》しく若干《そこばく》の浄侶《じょうりょ》を屈請《くっしょう》じて一座の法筵《ほうえん》を《(の)》開き理趣般若の秘法を修《しゅ》し恒沙《ごうじゃ》の神咒《じんじゅ》を唱え梵唄を奏し仏徳を讃ず　音声《おんじょう》即ち実相を顕す　生死《しょうじ》豈《あ》に涅槃《ねふぁん》に非ざらんや《(にゃ)》　仰《あお》ぎ願くは此の功力《くりき》を以て恣《ほしい》ままに極楽国土に往生し速《すみやか》に自他円満の真果《しんが》を証得《しょうとく》せんことを　依て金《きん》磬《けい》を鳴し過現名簿《めいぼ》を唱えて廻向すること左《さ》の如し

一、奉《おん》㆓為三世《ためさんぜ》覚満十方賢聖《じっぽうげんじょう》浄仏国土成就衆生の㆒

一、奉《おん》㆓為《ため》弘法大師を始め奉《たてま》って三国伝燈《でんとう》諸大阿闍梨耶普賢行願皆令《ふげんぎょうがんかいりょう》満足の㆒

一、為㆓当会聖霊〇〇〇〇〇〇〇〇追福菩提の㆒

一、為㆓当会施主〇〇〇〇〇〇氏《うじ》家門繁栄子孫長久《ちょうきゅう》息災延命六親眷属《ろくしんけんぞく》如意円満の㆒

一、為㆓三界六道《さんがいろくどう》有縁無縁一切聖霊乃至《ないし》法界《ほうかい》平等利益の㆒

右唱へ挙る所件《くだん》の如し

昭和　　年今月今日　　　　護持法主敬白

○「敬白」は、読み方に二伝ある。

《一》「ウヤ」と大きな声で読み、一刹那、間をおいて、「マッテ」と続けて読む。

《二》「ウヤー」と声を引き「マッテ」と続けて読む。

○「仰ギ」は、「アオギ」と「オオギ」の二伝がある。

○「真果」は、「シンガ」と「シンカ」の二伝がある。
○「名簿」は、「メイボ」と「ミョウブ」の二伝がある。
○「繁栄」は、「ハンネイ」と連声で読む伝と、「ハンエイ」とそのままに読む伝の二伝がある。
○導師は、「何々ノ為」のところで磬を打つ。この読み様について、三伝がある。
《一》「何々ノ為」とだけ唱え、一ツは読まない。

《二》「一ツ、何々ノ為二」。

《三》「何々ノ為二一ツ」。

高野山は《一》、京都は《二》《三》が多く用いられる。
○年月日以下は、高野山では博士に読み、京都では博士に読まず棒読みにする。また、月日はたとえ何月何日と書かれてあっても、「今月今日《コンガッコンニチ》」と読むのが習いである。

平成二十六年今月今日護持法主敬白

○「法主」の「主」は、よく「シュ」か「ス」かどちらで読むかと聞かれるが、「シュ」と漢音で読む。中川善教・吉田寛如等の殆どの声明家も、「ホッシュ」と読まれている。
※連声で、送り仮名等が変化する場合は、（　）で、その横に付させていただいた。

第二章　五日三時法

第一節　五日三時法について

第一項　五日三時法とは

五日三時《ノ》法とは、五日間、毎日三時に理趣三昧を厳修する法会をいう。

「五日三時口伝」（『五日三時法』四帖ノ内）によると、五日は五智・五仏をあらわし、第一日は大日如来・法界体性智、第二日は阿閦如来・大円鏡智、第三日は宝生如来・平等性智、第四日は無量寿如来・妙観察智、第五日は不空成就如来・成所作智に配当している。三時は道場観で各別に、後夜には種子を、日中には三昧耶形を、初夜には尊形を観ずるをいうとしている。すなわち、第一日後夜は種子𑖪𑖽字、日中は水晶如意珠、初夜は大日尊形を観想する。第二日後夜は種子𑖮𑖳𑖽字、日中は瑪瑙如意珠、初夜は阿閦尊形を観想する。第三日後夜は種子𑖝𑖿𑖨𑖯𑖾字、日中は摩尼如意珠、初夜は宝生尊形を観想する。第四日後夜は種子𑖮𑖿𑖨𑖱𑖾字、日中は琥珀如意珠、初夜は無量寿尊形を観想する。第五日後夜は種子𑖀𑖾字、日中は瑠璃如意珠、初夜は不空成就尊形を観想する。また、他の伝によると、五

日は金剛界五智、三時は胎蔵三部をあらわすと説かれる。

五日三時法は滅罪に修すとされているが、滅罪だけではない。『理趣経』各段には、息災・増益・降伏・敬愛が説かれており、各法に修されるべき法であり、その中でも特に過去の滅罪を祈り追福菩提のために修するのに功徳があるとされている。

第二項　五日三時法の歴史

法三宮真寂親王の記、『里取経』（八結第一）に、中国では、恵果和尚が不空三蔵への報恩のため、五日三時法を厳修なされたところ、不空三蔵が現れ、大いに随喜なされたと伝えられている。日本では、真雅『五日三時《ソリヤ》《ダルマ》』（弘法大師諸弟子全集・中・二二八頁）によると、弘法大師が恵果和尚への報恩のため、高雄山において、弘仁十三年（八二二）十二月十一日より十五日に至るまでの五日間、毎日三時、理趣三昧を厳修なされたことが証されており、理趣三昧は真言宗における報恩行の最も奥深い法会として捉えられるようになった。高見寛恭『理趣法の意得』（二四四頁）によると、高野山でも大師一千年御忌に、龍光院で大師報恩のために、増応によって執行されているのを最近の例とするとされている。そして、その報恩行は僧家における先師報恩のために修されるだけではなく、在家にありても、亡父母への報恩、さらには亡家族すべての追福菩提を祈る法会として、執り行われるようになったと述べられている。

現在、五日三時法は全国で執行されている地域は少なくなっているが、淡路島・徳島・神戸・播磨等で、新精霊供養のために厳修されている。

特に、淡路島が最も盛んで、毎年十月より十二月にかけて、全島にわたって法会期間が重なることのないように、

各地域の結衆において日時が配当され執行されている。

淡路島では二夜三日といい、三日間に縮小されている地域もある。また、淡路以外では一日だけの法会が多いようである。

なお、五日三時法を、お十夜と呼ぶ場合がある。浄土門のお十夜と混乱するが、真言宗の場合は一日に後夜・初夜と二夜あり、それが五日間なので十夜というと伝えられている。

第二節　五日三時法の本尊

五日三時法は、導師が『五日三時[illegible]』で修法する。筆者の所蔵する『五日三時[illegible]』は龍光院増応の跋文によると、「此法は大師の御直伝、貞観寺真雅僧正の御記にして元は頸次第なり。此の度高祖一千年御忌報恩の為、行用に備え、私に五悔等及び声譜又金剛眼より成菩提に至るの印文真言を加う」とあり、原本は真雅『五日三時[illegible]』と述べられている。

道場観は「一法界[illegible]法」で、理趣経法の「一法界[illegible]法」と全く同じであり、本尊は法性不二の大日如来である。詳しくは本篇第一章第二節「理趣経法の本尊と次第」を参照されたい。

第三節　五日三時法の法会次第

五日三時法の法会次第は、理趣三昧法会である。

地域によってその法会次第は異なるが、『理趣法の意得』（二四五頁）によると、「座によって、中曲理趣三昧を用いたり、或いは居三昧を用いたりする。唱礼も長音、短音等臨機応変に変え用いる。極略には壇と下座と別にて、下座の職衆は礼文・理趣経（切切経）・讃・廻向・光明真言・大師宝号にてすます場合もある」と記されている。

ただし、筆者の結束では、奠供・理趣経（切切経）・後讃・廻向の次第であり、中日のみ理趣経は中曲を用いる。

なお、前讃はなしで、理趣経の前に奠供を用いる。

第四節　五日三時法の後讃の讃規

後讃は常の法会と異なり讃規があり、さまざまな讃が用いられる。

○第一日
- 後夜　四智梵語・心略梵語・東方讃
- 日中　吉慶漢一・吉慶漢二・吉慶漢三
- 初夜　四智漢語・心略漢語・西方讃

○第二日
- 後夜　吉慶漢四・吉慶漢五・仏讃
- 日中　心略梵語（加俺字）・仏讃・不動梵語
- 初夜　四智梵語・心略梵語・四波羅蜜

○第三日
- 後夜　吉慶漢三・吉慶漢四・吉慶漢五
- 日中　四智梵語・心略梵語・吉慶梵一
- 初夜　四智漢語・吉慶漢四・文殊讃

○第四日
- 後夜　吉慶漢一・吉慶漢二・毘沙門讃
- 日中　四智梵語・心略梵語・東方讃
- 初夜　心略漢語・四波羅蜜・西方讃

○第五日
- 後夜　四智漢語・心略漢語・阿弥陀讃
- 日中　四智梵語・心略梵語・孔雀経讃
- 初夜　四智漢語・心略漢語・仏讃

右記は、淡路島・延命寺所蔵の讃規であるが、『理趣法の意得』に収録されている讃規と次の如く異なる。異なる讃のみ列記する。

○第三日――初夜　吉慶漢一・吉慶漢二・毘沙門讃

○第四日――後夜　四智漢語・吉慶漢四・文殊讃

○第五日
- 後夜　四智梵語・心略梵語・孔雀経讃
- 日中　吉慶梵語一・吉慶梵語二・吉慶梵語三
- 初夜　四智梵語・不動梵語・東方讃

『理趣法の意得』（二四七頁）によると、文殊讃反音を用いる場合は四智漢語・吉慶漢四の二讃は略すと述べられている。

第五節　五日三時法の声明

五日三時法の法会次第は、『理趣法の意得』（二四五頁）に、礼文・理趣経・讃・廻向・光明真言・大師宝号と記

されている。五日三時の声明の中、すでに解説されている声明は省略する。それらは左記であるので参照すべし。

○理趣経　　本篇第一章第五節⑫
○四智梵語　本篇第一章第五節⑦
○心略梵語　本篇第一章第五節⑨
○不動梵語　本篇第一章第五節⑩
○四智漢語　本篇第一章第五節⑬
○心略漢語　本篇第一章第五節⑭
○仏讃　　　本篇第一章第五節⑮

①礼　文

一、出　典

礼文は南山進流一流伝授目録にはないが、勤行・廻向の時に最初に唱えられる偈文なので、よく研修会等において伝授される。しかし、阿闍梨により、地方により異なりがあり、現在も多くの曲節が伝わっている。

出典は『観自在菩薩如意輪念誦儀軌』（大正蔵二〇・二〇四a）、『勝鬘師子吼一乗大方便方廣経（略名『勝鬘経』）』（大正蔵一二・二一七a）、『大方広仏華厳経』（四十華厳経）巻四〇・入不思議解脱境界普賢行願品（大正蔵一〇・八四七a）である。

偈文は、帰命三宝・嘆仏三身・懺悔業障・随喜功徳・請転法輪・請仏住世・普皆廻向の七段より成っており、帰

命三宝・懺悔業障は『如意輪念誦儀軌』の五悔、嘆仏三身は『勝鬘経』の嘆仏偈、随喜功徳・請転法輪・請仏住世・普皆廻向は『四十華厳経』の普賢行願品より取捨した文である。

七段中には、懺悔・随喜・勧請・廻向等もあるが、最初の段が三宝に帰命し、清浄な身口意をもって慇懃に合掌し恭敬し礼拝するとあるにより、題号を礼文と名づけるのである。しかし、根本は、普賢行願すなわち十大願である。その十願の中の広修供養・常随仏学・恒順衆生の三願を略し、残り七願の中、帰命三宝・懺悔業障は『如意輪念誦儀軌』の五悔の文を、嘆仏三身は『勝鬘経』の嘆仏偈にかえて用いているのである。

礼文と普賢行願の開合の図と典拠は次の通りである。

礼文	十大願	典拠	五悔
帰命三宝	敬禮諸仏	『如意輪念誦儀軌』五悔	至心帰命
嘆仏三身	称讃如来	『勝鬘経』の嘆仏偈	
	広修供養		
懺悔業障	懺悔業障	『如意輪念誦儀軌』五悔	至心懺悔
随喜功徳	随喜功徳	『四十華厳経』の普賢行願品	至心随喜
請転法輪	請転法輪	『四十華厳経』の普賢行願品	至心勧請
請仏住世	請仏住世	『四十華厳経』の普賢行願品	
	常随仏学		至心廻向
	恒順衆生		
普皆廻向	普皆廻向	『四十華厳経』の普賢行願品	

なお、十大願と五悔は開合の不同である。葦原寂照『乳味鈔』巻一（四二丁表―裏）には、『成就妙法蓮華経王瑜伽観智儀軌』不空訳（大正蔵一九・五九六b）の「普賢行願ヲ誦ズルコト一遍セヨ」が本説で、普賢行願とは五悔の異名であると説かれる。したがって、『観智儀軌』にいう普賢行願とは、『四十華厳経』に説かれている普賢菩薩の十大願そのものではなく、十大願を要約した五悔をいうのである。

二、調　子

調子は、岩原諦信『声明の研究』（五九四頁）には、「調子は或師の伝では黄鐘調であろうとの事であるが、黄鐘調と云えば律旋の黄鐘調か中曲の黄鐘調か問題である。何れで唱えてみても唱えられないことはないようであるが、私の研究する所では、中曲よりも寧ろ律旋の黄鐘調の方が現流の実際に近いようである」と述べられている。しかし、岩原諦信『声明教典』（二〇四頁）では、「高さは黄鐘調が適当であろう。旋法は律か中曲かであるが、一種のフリユリを存する点から考えると、律と云うよりも中曲と見る方がよいかと思う」と、律曲でも中曲でも、何れでもよいとしながらも、中曲の黄鐘調と主張されている。

この乖離は何故なのか。研究を進めるうちに、説を改められたとしか考えられない。したがって『声明の研究』の発行年月日は昭和七年六月六日であり、『声明教典』は昭和十三年十月二十一日であるので、『声明教典』執筆にあたり、『声明の研究』の律曲黄鐘調の前説を中曲黄鐘調に改められたとしか考えられない。

筆者も、中曲は比較的博士に忠実に唱え五線譜に合う唱え方をするので、その点から考えても、礼文は中曲黄鐘調と決定して間違いはないと思われる。

三、概説

金田一春彦「魚山蠆芥集の墨譜の問題点について」（中川善教先生頌徳記念論集『仏教と文化』、一八九頁）には、「叡尊を通して高野山に伝えられたと見られる曲が多くあり、礼文という曲がそれ、布薩という曲がそれ」と記されている。伝承説として数説あげられているが、その中、二説をあげる。一は、叡尊の外甥にあたる信日が西大寺にいたことがあり、叡尊―信日と声明が伝わった。二は、『声実抄』の巻頭の文章を引き、叡尊より隆然に伝承された。なお、叡尊は覚証より仁和寺の声明を伝えられたとの説をあげられている。すなわち、仁和寺から西大寺、そして高野山に伝わったとの説を展開されている。

新井弘順「声明の記譜法の変遷」（『日本音楽史研究』第一号）によると、西大寺の声明集を『要略集』といい、顕と密の二巻に分かれ、密教声明は相応院流、顕教声明は天台大原流であるが、妙音院流も混じっていると記されている。そして、進流・醍醐・相応院・天台等の多くの譜本の資料をあげ記譜法を考証され、金田一説を批判し、南山進流は、相応院流よりも醍醐流と天台大原流の大きな影響を受け、その伝承を受けたものであると主張されている。

『声明の研究』（五九三頁）は、礼文は元醍醐寺閻魔堂所用の『三時勤行次第』の最初に載せられており、西大寺興正菩薩叡尊が写して南都に伝え、後に大楽院信日が高野山に弘められた。光明真言和讃や安心和讃は菩薩の作と伝えられているので、礼文は菩薩の作曲かとも考えられるし、醍醐の声明で進流のものではなかった可能性もあると述べられている。

以上、礼文は、一は仁和寺から西大寺そして高野山へ、二は醍醐から西大寺そして高野山と二の伝承説が伝えられている。しかし、現在では、岩原の醍醐『三時勤行次第』に収載されている礼文と新井の実証的な研究からすれば、二の醍醐から西大寺そして高野山という伝承説が有力なのではなかろうか。

なお、礼文の実唱は前述の如くきわめて多くの伝があるが、中川善教『真言宗常用諸経要聚』（以後、『諸経要聚』とする）と岩原諦信『便蒙真言宗檀用経典』（以後、『檀用経典』とする）の二本のみをあげ、左記に比較した。

帰命

《中川『諸経要聚』》

徴①と徴②を同音で唱える。

《岩原『檀用経典』》

羽①を高く、徴②を下げて高下をつけて唱える。

方

《中川『諸経要聚』》

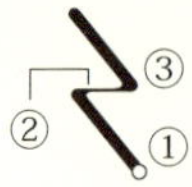

「方」の中川の博士は不可解である。徴①モドリ②徴③であれば、徴①を唱え、②を高く、徴③を下げ、徴①と同音に唱えるべきである。

しかし、実唱は徴①を唱え、モドリ②をやわらかく少し下げ、切音不切息せずに声を裏返し、徴③を元の徴①の音にもどり唱える。

以下、同博士は同じ曲節で唱える。

なお、中川の礼文の唱え様は、博士と博士の間は、切音不切息せずに、つまり徴①とモドリ②、モドリ②と徴③の間は、切らずに続け曲線的にマワス如く唱える。以下、同。

《岩原『檀用経典』》

中川『諸経要聚』と異なり、徴の博士にユの記号があるのみである。岩原は一種のフリユリとしている。

《吉田『詳解魚山集』》解説篇

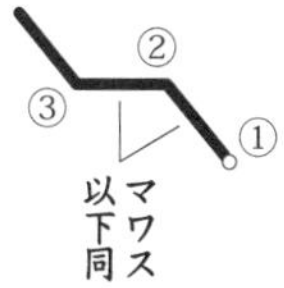

吉田寛如『詳解魚山集』解説篇（八二一頁）に、「礼文」岩原諦信採譜として、上記の博士にかえ、マワス以下同としている。しかし、この博士で見る限り、徴①と角②をマワス、すなわち高きから低きへやわらかく下げ、切音不切息して、徴③を元の徴①で唱える曲節となる。

しかし、実唱は、中川と同じ如く唱えている。

結局は、中川・岩原・吉田、同じ唱え様である。すなわち、中川・吉田の博士徴①を唱え、角②をフリユリの如く初めやわらかく下げ、切音不切息せずに声を裏返し、徴③を元の徴①で唱える。つまり、実唱からみる上において、中川・吉田の博士は少し違和感があり、岩原の「ユ」と符号する方が妥当であるといえよう。

一切仏

《中川『諸経要聚』》

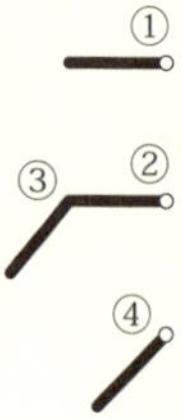

《岩原『檀用経典』》

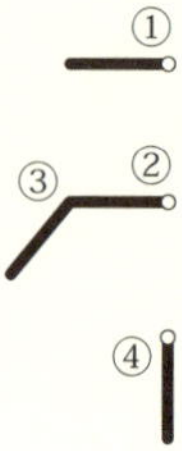

角①と角②を同音、商③を横下シで下げ、商④を商③と同音で長く唱える。

角①と角②を同音、商③を横下シで下げ、宮④を本オロシで大きく下げ唱える。

以身口意清浄業

《中川『諸経要聚』》

《岩原『檀用経典』》

徴⑤の博士がある時は、「以身口意」と同音、「以」徴①を唱え、「清」徴②は一音ソリ上げ高く唱え、徴③は初めを徴②と同音で④をマワシ少し下げ、徴⑤に移る。

「以」角ソリ①で高くソリ上げる。口伝に「ソレば一位上がる」とあるので、角を一位上げると徴であるので、同音で徴②を唱える。「清浄業」の博士は中川『諸経要聚』と異なるが、実唱は同である。

無比

《岩原『檀用経典』》

《吉田『詳解魚山集』》解説篇

「無」は徴ソリ①であるので、本来は一位上がり羽で唱えるべきであるが、実唱は徴①と徴②と同音に唱えている。

『詳解魚山集』解説篇（八二二頁）には、上記の如く、右記の「以身」と同博士であり、この博士の方が理論と口伝にかなっているといえる。

転於無上妙法輪

《中川『諸経要聚』》

《岩原『檀用経典』》

徴①は前の「請」の徴よりも羽のキキで高く唱え、三重宮②は高く張り上げ、三重宮③④⑤は三重宮②と同音、徴⑥は本下シで下げ、徴⑦⑧⑨と徴⑥と同音で唱える。

中川『諸経要聚』と異なり、①は羽であり、この博士の方が実唱に合致する。三重宮②③④⑤は同音。羽⑥を下げ、徴⑦を

さらに下げ、徴⑧と同音、徴⑨を先の「業」の如く唱える。

諸仏若欲示涅槃

《中川『諸経要聚』》

《岩原『檀用経典』》

「転」と博士は異なるが同で唱え、羽①よりも三重宮②を高く唱え三重宮②と三重宮③を同音、羽④を入で下げ、次に羽④徴⑤⑥を同音、角⑦をさらに下げ、角⑧を同音、商⑨を横下シで下げ、商⑨⑩と同音に唱える。

中川『諸経要聚』と三重宮①と宮⑤が異なる。三重宮①宮を高く張り上げ、三重宮②を同音。羽③を下げ、徴④をさらに下げる。宮⑤は直前の音より本下シで大きく下げる。

2 金剛薩埵

一、出　典

『寛保魚山集』『明治魚山集』、宮野宥智『声明類聚』に、出典については触れられていない。梵讃は、『金剛頂蓮

華部心念誦儀軌』（大正蔵一八・三〇四ａ）・『金剛頂一切如来真実摂大乗現証大教王経（二巻教王教）』巻上（大正蔵一八・三一六ａ）が典拠である。

二、調　子

調子については、『寛保魚山集』『明治魚山集』『声明類聚』に、『声明集略頌』を引いて「頌曰四方双調唯呂曲但東早高餘下静文」とあるが、東方讃・南方讃・西方讃・北方讃ともに、口伝により平調律曲に唱えるのが習いである。

『声明の研究』には、この口伝について、「元来双調唯呂であったものが、隆然師以後に於いて、律に変化してしまったものであるか、他に何か混乱を存したものであるか、今日としては全く知る由もない」と述べられている。ところが、実際には平調律曲二重は高すぎる。したがって、甲乙反により盤渉調律曲で唱えるべきである。

頭の「縛」は平座では「バン」と上声で高く極短に唱えよ、庭上では「バーン」と去声にて高声に唱えよとの口伝はあるが、調子についてはいかなる魚山集、聞書等にも指示はない。

平座の時の「縛」は『声明教典』音譜篇の五線譜をみると「曰」と同音としているが、実唱は「縛」より「曰」は横下シと同じく一音下げて唱え、次の「羅」は初めを「曰」と同音で、後をソリ上げる。すなわち、口伝の「ソレバ一位上ガル」でソリ上げた「羅」は三重宮となる。この三重宮と「縛」は同音で唱えているので、「縛」は博士は羽であるが、実際は三重宮のキキで唱えるのが正である。

庭上の「縛」は、『声明教典』音譜篇に五線譜はないが、師伝では庭上である故に、初めより終わりまで高声に唱えられているが、調子については教示はなかった。

『乳味鈔』巻一七（一八丁裏―一九丁表）によると、伝法灌頂の嘆徳の調子について、「音調は黄鐘調にして、全然御影供の如し、然れども庭上の所作なる故に、一律を上げて盤渉の音調を用い、又由をも荒々しく唱えるべし。此れ故実なり」と、調子は黄鐘調と異なるが、庭儀であるので一律上げて盤渉調でといわれている。しかし、盤渉調と指示しているので、正確には二律すなわち一音上げた盤渉調で唱えるという意である。

したがって、東方讃も、庭上にて唱える場合は、嘆徳に準じて一音高く上げて唱えるべきと思われる。

三、概　説

『寛保魚山集』『明治魚山集』『声明類聚』等は、「金剛薩埵」と大きく題し、小文字で右下に「或名東方讃」と書かれている。すなわち、東方阿閦如来の四親近の上首である金剛薩埵を讃嘆する讃である。なお、讃は必ず「ノ」の仮名を付すのが習いである。

宮八〇裏一行一字目

縛

ン　早高　バ

『声明集略頌』の「東早高餘下静」は、東方ノ讃は一讃すべてにわたって速疾に、他の三方は静かにゆっくりと唱えよとの指示である。

『寛保魚山集』に、「此讃を出には先口を能々つくろいすまして𑖪𑖽とかなのわさわさと聞る程にすべし。又隣座の人の驚く程にすべし。又此讃を早く出し人の驚くやうに出す事深旨あり。是則初地に速疾に万徳を円備する習也。早く出すは速疾の義也。或又初地サタの内証をば因位の一分と思しに諸徳を円備する事を驚き歓喜適悦する深義也。餘三方化他門の故にのびてする也。化他は無終無尽の故に化他に応じ利生速疾ならざる也」と、また「東方讃を出す声の譬に或は茶碗の鉢へ貝のからを投入るるが様

出す可し。或は又雷電の大にはたとなりて次第に遠く鳴しずまるが如く出可。此雷電の鳴声の喩を秘蔵のたとえとすと」と、さらに『声明類聚』頭注に、「縛の一字を早く唱えるのみならず、一讃挙て疾くするなり」と述べられている。縛の一字だけではなく、一讃ことごとく早めに唱えるのは、初地即究竟正覚の故に、隣座の人の驚くほどに早疾に高声に出すという意である。他の三方は、無終無尽の化他門である故に、低くゆったりと唱えるとの意である。無終無尽とは、『理趣経』の「恒作衆生利　而不趣涅槃」について、『般若理趣経愚解鈔』巻五（続真全七・四二三頁）に「有情尽きざるが故に涅槃に入る時なし」と釈されている如く、教化すべき有情が尽きることがない故に、三方の化他は終わりもなく尽きることもないという意であり、東方讃の早く高く出すことに対し、無終無尽の故にゆったりと低く唱えよとの指示である。

したがって、平座の時、「縛」は上声にて茶碗に貝のカラを投げ入れる如く、また雷電の鳴る如く、早く高く極短に、わさわさと、すなわち、てきぱきときわめて早く「バン」と唱える。

児玉雪玄『類聚の解説』（六六頁）に、「伝法灌頂後朝嘆徳の時などは、庭上にて四智梵・心略梵・金剛薩埵の三讃を唱う。斯る庭上の時は縛の一字は去声にて極急に「バアン」と発音し、人の驚く程高声にすべし。曰羅以下は普通の声なり。但し全文悉く速疾に唱えるのを習いとす」と、庭上の時、「縛」は去声にて「バーン」とソル如く、人の驚くほどにきわめて高声に出し、「曰羅」以下は普通の本音で唱えると述べられている。

また、平座、庭上とも、一讃にわたって早く唱える。

伝法灌頂後朝嘆徳とは、霊瑞『密宗諸法会儀則』巻中（三丁表―六丁表）に詳述されているが、伝法灌頂の還列終わり、後朝に新阿闍梨の徳を嘆ずる儀式をいう。すなわち、新阿闍梨が嘆徳所の二畳台に座すると、職衆が庭上の薦の上に上臈前に立列、正頭が四智梵語・心略梵語・東方讃を唱え、嘆徳師が少し進み出て嘆徳の詞を述べ、新

阿闍梨による返答の詞がある儀式をいう。

縛

宮八〇裏一行六字目

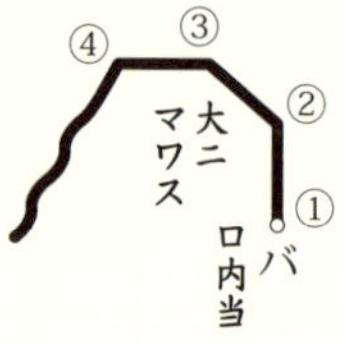

初め口内アタリをして、羽①を高く引き上げ、徴②角③を下げ、商④をさらに下げ、三段に徐々に下げ唱え、商④の終わりをユルグで、きわめてゆったりと波動を大きく、かつユリの高低を低く唱える。

摩

宮八〇裏一行

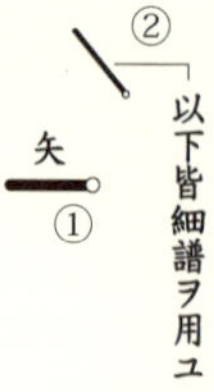

『明治魚山集』『声明類聚』は、角①を点譜し、その右上に細譜の徴②を置き、「以下皆細譜ヲ用ユ」と注記している。『吉田声明集』の仮譜は徴②である。『寛保魚山集』は、細譜の徴②はなく角①のみであり、「若頭人縛ノ商へ声ヲチスハ摩ヲ商ニテ付ベシ」と注記されている。頭人が「縛」の商に声が落ちなければ、助の「摩」は商にて唱えよとの意である。このことは、「縛」の最後の商を本来の商よりも高く唱えると、その高い商に対する角で唱えると、高くなりすぎるが故に、「摩」の角を商の高さで唱えよとの意である。

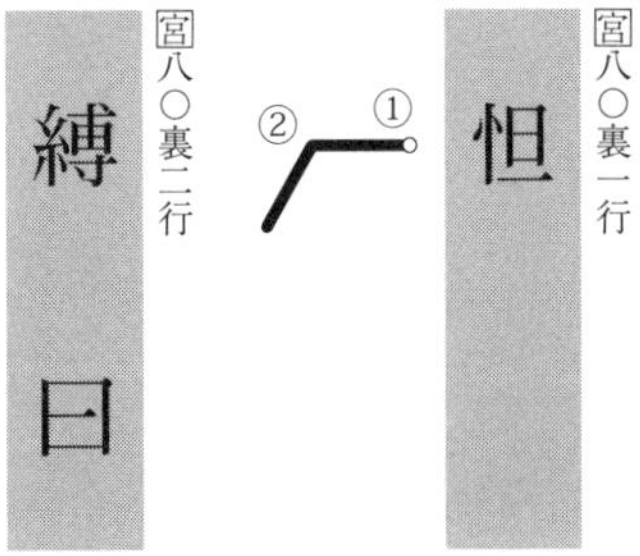

二伝あり。

《一》角①より商②に下げるのは、本下シで唱える。

《二》角①より商②に下げるのは、横下シで唱える。

「他」（宮八〇裏二行）、「怛」（宮八〇裏三行）、「儜」（宮八〇裏二行）も同じである。

『声明類聚』の二行目・三行目下の「縛曰」も、右記の「摩」と同じく細譜の徴で唱える。

3 吉慶漢語

一、出　典

『寛保魚山集』には出典について「吉漢ハ略出経灌頂ノ軌ヨリ」とあり、『明治魚山集』『声明類聚』には出典について「略出経灌頂軌文或名八相成道讃」とある。『略出経』すなわち具名『金剛頂瑜伽中略出念誦経』巻四（大正蔵一八・二五一b）と、『灌頂軌』すなわち具名『阿闍梨大曼荼羅灌頂儀軌』（大正蔵一八・一九一a―b）に説かれている。

『明治魚山集』『声明類聚』にある「八相成道讃」とは、釈尊の八相成道にちなみ、灌頂の時に受者が正覚位に昇れることを慶賀し、その徳を讃嘆する讃の意である。葦原寂照『要覧』に、「此讃に五段あるは応身仏成道に約して受者の徳を嘆ず。便ち第一段は降天、第二段は誕生、第三段は降魔、第四第五は転法輪なり」と説く。

しかし、『智山声明大典』（二八頁）頭注に、「第四段は小乗の転法輪なる故、心不足の感あり。依て第五段を出す乎と」、第四段、第五段は転法輪であるが、第四段は小乗の転法輪である故に、第五段に大乗の転法輪を出すかと注されている。

『豊山声明大成』（二九九頁）には、「第五段は、恵果説と伝えられる『灌頂軌』にのみみられ、前四段を総括して利益衆生を強調して補足されたものと考えられている」とあり、この説が妥当と思われる。

二、調　子

『寛保魚山集』『明治魚山集』『声明類聚』に、『声明集略頌』を引いて「頌曰吉慶漢語平調反文」とある。すなわち、吉慶漢語五段すべてにわたって、平調律曲で一部双調呂曲の反音曲で唱える。

ところが、実際には平調律曲二重は高すぎる。したがって、甲乙反により盤渉調律曲と呂曲は一越調で唱えるべきであるが、実際には呂曲も盤渉調律曲で点譜されている。

三、概　説

八相成道とは、釈尊の生涯の重要な事柄であり、第一は降天、第二は托胎、第三は出胎、第四は出家、第五は降魔、第六は成道、第七は転法輪、第八は入滅であり、特に第六の成道が中心であるので、八相成道という。八相成道讃は、この釈尊の八相成道にちなみ、灌頂の時に受者が正覚位に昇れることを慶賀し、その徳を讃嘆する讃である。

『密教大辞典』には、この吉慶漢語について、「灌頂・曼供・土砂加持・誕生会等に用う」とあるが、近年の曼供には用いられていない。

題目の吉慶漢語について、『豊山声明大成』（二九九頁）には「曲名は出典の経軌にはみられない。『御請来目録』の梵字吉慶讃に準じて命名されたものか」と記されている。

なお、吉慶は漢音ではケイ、呉音ではケゥ（キョウ）であり、本来はキッケイカンゴと読むべきであるが、キッキョウカンゴと読むのを習いとする。『智山声明大典』（二一頁）頭注にも、「慶《キヤウ》ト呉音ニヨム習ナリ」と注されている。

諸仏観史　第一段

宮七〇裏一行

諸

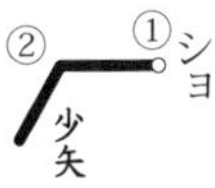

二伝あり。

《一》呂曲なる故に、角①と商②とツク如く同音で唱える。

《二》角①より商②を下げて唱える。

なお、『私案記』下（続真全三〇・一一六頁）に、「諸をば商よりも出す。又角よりも出す。何れも苦しからず。晴の座敷などには商より出す。諸の末の商と仏の商と少しゆるがす也」と、「諸」を角・商でも商でもいずれでも可であり、「諸」の商と「仏」の商をユル。また、晴の時は角・商ではなく、商より唱えると説かれている。『寛保魚山集』は、この晴の時の伝のみをとり、「諸」の右肩に「記意晴時商ヨリ出ベシ」と注されている。すなわち、寛保の頃には『私案記』の説をとり、晴の時は「諸」を角・商ではなく、商より唱えると注されているのである。しかし、近年は、晴の時も角・商で唱えている。

宮七〇裏一行

観史

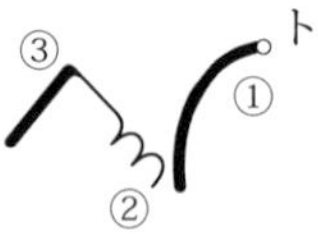

二伝あり。

《一》商①をマワシ大いに下げ、②のイロモドリのイロを①の下がった音で同音に二ツ、イロの後のモツを高く上げ、商③を下げて唱える。

《二》商①を太く強くマワシ下げ、②のイロモドリのイロを高く二ツ、イロの後のモツをさらに高く上げ、商③を下げて唱える。

宮七〇裏二行

釋

『寛保魚山集』に、「セツセキセイ三音異説あり。今はセイを用いる也」と、セイと唱えると説く。

『声明集私案記』下（続真全三〇・一一六―一一七頁）に、「釋梵の釈に異説あり。高野の院中には皆セイハンとする也。取分て金剛三昧院にはセツ（ン㋑）とする也。田舎は（多分）㋑セイハンとする也」と、高野はセイハン、金剛三昧院はセツ（ン）、田舎はセイハンとするとある。

近年は、セイハンと唱えている。

なお、『私案記』の底本は新別処所蔵の寛政七年の写本であり、㋑は親王院所蔵の元治元年の校合本である。

宮七〇裏二行

梵

理趣経中曲の「哉摩」の「哉」と同である。本篇第二章⑫「理趣経 中曲」を参照。

迦毘羅衛　第二段

宮七一表二行

釋

宮七一表三行

沐

宮七一裏一行

諸天供養

《一》

呉音はシャク・ヤク、漢音はセキ・エキ、また第一段にセイと読んでいる。歴史的に音韻の変遷があったといわれるので、古来はセイと読んでいたのであろうか。いずれにしても、セキ・セイの半音なのでセと読む。

賓由は和由・仮由ともいう。徴①を徐々に太く強く唱え、②のユリを、波の高さを低く、小さく、やわらかく由る。和由とはやわらかく由る故に、仮由とは呂曲・律曲の本由に対し仮のユリという意である。

『寛保魚山集』に、「濁は相応院の様、清は進流也」と、『明治魚山集』『吉田声明集』はホウと清音、『声明類聚』『松帆魚山集』『岩原魚山集』『智山声明大典』『豊山声明大成』はボウと濁音、『鈴木声明集』はモウと仮名されている。

二伝あり。

《一》①と②は呂曲のユリを二由する。

《二》①と②は呂曲のユリを一由する。

『声明類聚』の頭注に、「諸天供及び金座等の博士は律にして音働は呂なり。散花の場に反して知るべし」と。散花の博

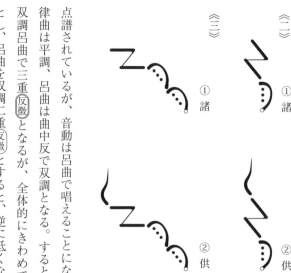

《二》

①諸　②供

《三》

①諸　②供

士は一越調呂曲で点譜されているが、実際の調子は盤渉調律曲である。しかし、ここの「諸天供」は散花と逆で、実際は双調呂曲であるが、平調律曲で点譜されている。『声明類聚』では、本譜が律曲、宮野前官が朱書きしている仮譜が呂曲である。

大山公淳「講究会の記（七）」（『高野山時報』）にも、「諸天の諸の羽は呂の故に一位低きものとす」とあり、したがって、「諸」と「供」のみを、双調呂曲で点譜すると上記《三》である。

『声明類聚』にしたがえば、「諸」の羽・徴の博士は律曲で点譜されているが、音動は呂曲で唱えることになる。さらに、調子は「頌曰吉慶漢語平調反」と記されているので、律曲は平調、呂曲は曲中反で双調となる。すると、図㋐によると、「諸」の羽を平調律曲二重とすると、曲中反は双調呂曲で三重反徴となるが、全体的にきわめて高すぎる感がある。次に、四智梵語の如く、律曲を平調初重羽とし、呂曲を双調二重反徴とすると、逆に低くなりすぎるといえる。

したがって、甲乙反により移調し、律曲を盤渉調、呂曲を曲中反で一越調とすべきである。すなわち、呂曲の部分の実唱の音動は一越調呂曲であり、博士は盤渉調律曲により点譜することとなる。二調子の相関関係をみると、図㋑の如くなる。「諸」の盤渉調律曲の羽は一越調呂曲に翻譜すると反徴であり、妥当な高度となる。

㋐吉慶漢語　平調律曲と双調呂曲

洋楽音名	十二律	横笛		諸（双調）		諸（平調）
ロ	盤渉	中				徴
■	鸞鏡					
イ	黄鐘	夕			三	角
■	鳧鐘				重	
ト	双調	上				揚商
■	下無	五				商
ヘ	勝絶					
ホ	平調	干				宮
■	断金					
ニ	一越	六		徴		揚羽
■	上無			(反徴)		(羽)
ハ	神仙	下				
ロ	盤渉	中	三	角		徴
■	鸞鏡		重			
イ	黄鐘	夕		商	二	角
■	鳧鐘				重	
ト	双調	上		宮		揚商
■	下無	五		反宮		商
ヘ	勝絶					
ホ	平調	干		羽		宮
■	断金					
ニ	一越	六		徴		揚羽
■	上無			(反徴)	初	(羽)
ハ	神仙	下			重	
ロ	盤渉	中	二	角		徴
■	鸞鏡		重			
イ	黄鐘	夕		商		
■	鳧鐘					
ト	双調	上		宮		
■	下無	五				
ヘ	勝絶					
ホ	平調	干	初	羽		
■	断金		重			
ニ	一越	六		徴		

㋑吉慶漢語　盤渉調と一越調

洋楽音名	十二律	横笛		諸（一越調）		諸（盤渉調）
ロ	盤渉	中		羽		
■	鸞鏡					
イ	黄鐘	夕		徴		揚羽
■	鳧鐘			反徴		羽
ト	双調	上				
■	下無	五	三	角	三	徴
ヘ	勝絶		重		重	
ホ	平調	干		商		角
■	断金					
ニ	一越	六		宮		揚商
■	上無			反宮		商
ハ	神仙	下				
ロ	盤渉	中		羽		宮
■	鸞鏡					
イ	黄鐘	夕		徴		揚羽
■	鳧鐘			[反徴]		[羽]
ト	双調	上				
■	下無	五	二	角	二	徴
ヘ	勝絶		重		重	
ホ	平調	干		商		角
■	断金					
ニ	一越	六		宮		揚商
■	上無			反宮		商
ハ	神仙	下				
ロ	盤渉	中		羽		宮
■	鸞鏡		初			
イ	黄鐘	夕	重	徴		揚羽
■	鳧鐘			反徴	初	羽
ト	双調	上			重	
■	下無	五				徴
ヘ	勝絶					
ホ	平調	干				
■	断金					
ニ	一越	六				

金剛座上　第三段

宮七一裏三行

金剛座

第二段の諸天供と同じく、平調律曲の譜を反音して、双調呂曲の譜で唱える。

宮七一裏三行

座

殆どの声明集は、①をスカスとしているが、正しくはスカシ声。

スカスとは、庭讃の如く正しい発声法で、頭部に響かせて出るきわめて高い声である。

スカシ声とは、声帯の薄い部分である仮声帯を振動させて出る声で、下腹に力を入れず、深い呼吸をせず、喉をせばめ、胸・喉に力を入れて声を出すので、高く鼻にかかった、頼りないフワッとした声。声をひっくり返したような裏声をいい、スカシ声の直前の徴を深くソリ上げ、実際には息を吐きながら唱えるが、イメージとしては吸う如く唱える。

宮七二表三行

悉

漢音はシツ、呉音はシチ。すべての声明集はシンと唱える。

『声明類聚』の頭注に、寛光私に曰くとして、「志津能成と唱える時は不音便也。然るに悉と尽と義通ず。是の故に上の尽能得に同じく悉を志牟と唱うるものか」と、不音便ではシツノウセイと唱えるが、悉と尽と意味は同じなので、第一段の尽能得に同じくして悉能成をシンノウセイと唱える。

波羅捺園　第四段

宮七二裏一行

荘

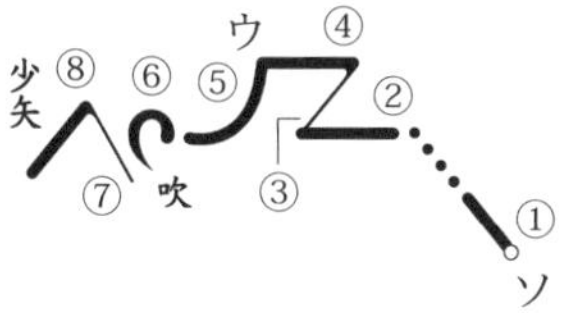

徴①を律のユリ、角②を徴①と同音に唱え、モドリ③を高く、角④を角②と同音に下げ、商⑤を声のソリでソリ上げ、吹切⑥は商⑤の最後の声を太くためて引き、あたって押しつけるかの如く、強くあたかも吹く如く短くはねる。ツキモドリ⑦は吹切の最後の音と同音でモドリ⑦を唱え、商⑧を下げる。

宮七三表一行

獲得

「獲」は半音と記号され、「キ」と仮名されている。半音であるならば、本来は「クヮ」のみを唱え、「キ」は唱えずである。しかし、「キ」と仮名されているので、かすかに微音で「キ」を唱えるべきか。

諸仏大悲　第五段

宮七三表三行

法

漢音は「ハウ」であるが、ツメルの符号ある故に「ハ」のみ唱える。また、三重宮の故に一声高く唱える。

宮七三裏二行

四無礙智汝當得

『寛保魚山集』に、「此の一行第三の句よりは少しきりきりと誦ずべき也」と、第三句と博士が同じであるので、少しく早く、きびきびと唱えるべしとの意である。

4 吉慶梵語

一、出　典

『寛保魚山集』には、出典について題上に「大日経疏第八」とあり、『明治魚山集』『声明類聚』には、出典については いずれも題下に「大日経疏第八ノ文」とある。『大日経疏』巻八・入曼荼羅具縁品（大正蔵三九・六六七—六六九）である。

『豊山声明大成』（三一一頁）には、『大日経疏』巻八に、「『吉慶阿梨沙偈』十一偈とその漢訳偈がみられる。吉慶梵語第一段は、その第四偈に相当する。第二段、第三段に相当する偈はみられない」と述べられている。事実、音写漢字はかなり異なり、対照するのは難儀であるが、『豊山声明大成』にいう如く、吉慶梵語三段に対応するのは第一段のみであると思われる。

二、調　子

『寛保魚山集』『明治魚山集』『声明類聚』に、『声明集略頌』を引いて「頌曰乃至梵語平唯律文」とある。吉慶漢語の「吉慶漢語平調反」につづいて「乃至」吉慶梵語も三段すべてにわたって、平調律曲で唱えるという意である。しかし、吉慶漢語は反音曲であるが、この吉慶梵語はただ平調律曲のみである。

ところが、実際には平調律曲二重は高すぎる。したがって、甲乙反により盤渉調律曲で唱えるべきである。

三、概　説

吉慶漢語と同じく、釈尊の八相成道にちなみ灌頂の時に受者が正覚位に昇れることを慶賀し、その徳を讃嘆する讃である。

『密教大辞典』には、この吉慶梵語について、「現時灌頂・曼供等に用うる梵讃は三偈あり」とあるが、近年の曼供には用いられていない。

吉慶梵語　第一段

宮七四表一行二字目

怛

初めの宮①のユルグを長くまのびさせて引いた後、②の二ツのユルグを少し早く唱え、③の三ツ目のモツを長く唱える。

宮七四表一行

蓸

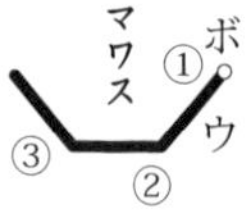

『要覧』（三五丁左）に、「蓸の博士古昔は三段ともに商角徴の三位を押し回せり。而るに近代は廉峰師の口説に據り、中段は商角徴の三位にするなり」とある。古来は三段ともに商角徴の三位を押し回して唱えられていた。しかし近年、第二段のみを商角徴の三位に高下をつけて唱え、第一段・第三段を押し回して唱える。

商①のボーウーと延ばし唱え、また角②でウーと引き、徴③を高く唱え上げる。

宮七四表二行

蘗婆

『寛保魚山集』には、「婆」に「今相流ニ同ジテ清」と注されており、「ハ」と清むで唱えると指示されている。「講究会の記（七）」には、「相応院方ではハを澄み、進流はバと濁るを習いとす。これ私案記の説にして、木食朝意師の如きは濁ってある。而し高野山近来の伝は皆澄むことになっておる」と、『寛保魚山集』と同じく「ハ」と清む伝をとられている。

宮七四表二行

那

『声明類聚』に、「今時はナと云」とあるが、殆どの声明集はナゥと唱える。

宮七四表二行

羅

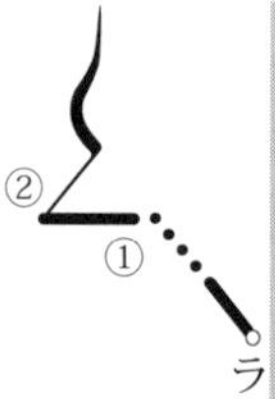

吉慶漢語第三段の「金剛座」の「座」の如し。角①を強く太くソリで唱え、②をスカシ声で吸う如く裏声で唱える。

宮七四表三行

耶○賽

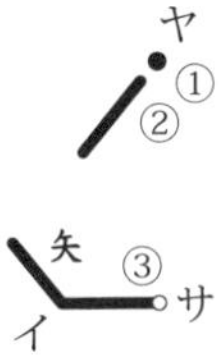

二伝あり。

《一》角③を打付①と同音に唱える。

《二》角③を打付で下がった商②と同音に唱える。

宮七四裏二行

写○怛

二伝あり。

《一》宮③を打付①と同音に唱える。

《二》宮③を打付で下がった商②と同音に唱える。

宮七四裏二行

婆縛都扇

「講究会の記（七）」に、「高橋師は聞苦しい読み方なればハバと上を澄みて下を濁るようにして読むが可かと、されど鈴木師は語呂合なるの故をもって師伝を変ずるは不可と反対さる」と、鈴木の「ババトセン」と読むが可とされている。第二段・第三段も同である。

吉慶梵語三段には秘讃がある。すなわち、「婆縛都扇底迦蘭莕縛儞也」にそれぞれ秘曲がある。この秘讃を唱えようと思えば、已授の頭人が頭の「萅」の異譜を唱える。諸衆は之を聞き「婆縛都」の直前の「萅誐覧」で声を止める。すると頭人一人にて「婆」以下の秘讃を独唱する。

ただし、この秘讃の「婆」は「ハ」と清んで唱える習いである。

宮七四裏三行

儞　也

吉慶梵語　第二段

宮七五表一行

蓸

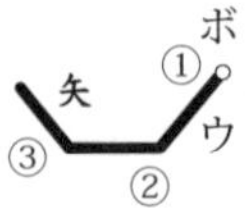

宮七五表二行

惹

『声明類聚』に、「二字同時になす以下同」と、「ニャ」と同時に唱える。打付の後をユルとユラズの二伝あり。

ユルは、『寛保魚山集』『声明類聚』『智山声明大典』である。

ユラズは、『明治魚山集』『松帆魚山集』『鈴木声明集』『岩原魚山集』『吉田声明集』である。

第一段・第三段の「蓸」は、商角徴の三位を押し回す。第二段のみを商角徴の三位に唱える。すなわち、商①よりも角②、角②よりも徴③を高く唱える。

第一段はすべての声明集は濁音であるが、第三段の「惹」は『明治魚山集』『鈴木声明集』『岩原魚山集』『吉田声明集』は清音、『声明類聚』『松帆魚山集』『智山声明大典』は濁音である。

宮七五裏一～二行

縛哩鼻羅戌物哩

「講究会の記（七）」に、「七字を一息とする伝と、次の地曳の二字をも加えて九字一息として、地の第二の商の末にて息を切るとの伝がある」と、一は七字一息の伝、二は「地曳」を加えた九字を八字目の「地」の第二の商まで一息、次に「地」の角より「曳」まで一息に唱える伝である。近年は、前者の一の伝が多く用いられている。

宮七五裏二行

曳∘怛

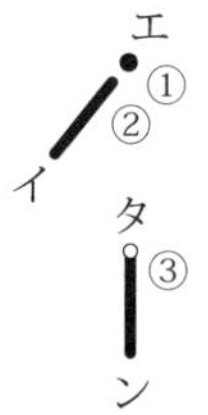

二伝あり。

《一》宮③を打付①と同音に唱える。

《二》宮③を打付で下がった商②と同音に唱える。

吉慶梵語　第三段

宮七六表一行

瞢

第一段の「瞢」と同で、商角徴の三位を押し回す。

宮七六裏一～二行

盧　毘　寧　舎

二伝あり。

《一》打付①角③角④を同音で唱える。

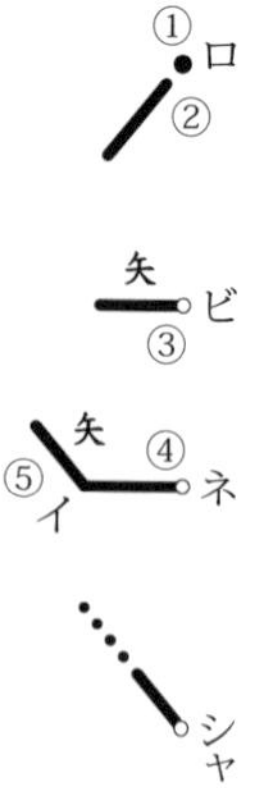

《二》商②角③角④を同音で唱え、角④徴⑤とスクウで唱え、徴⑤を高く唱える。

5 金剛法

一、出　典

『寛保魚山集』『明治魚山集』『声明類聚』には、出典については触れられていない。梵讃は、『金剛頂蓮華部心念誦儀軌』（大正蔵一八・三〇四b）、『金剛頂一切如来真実摂大乗現証大教王経（二巻教王経）』巻上（大正蔵一八・三一六b）が典拠である。

二、調　子

『寛保魚山集』『明治魚山集』『声明類聚』の東方讃に、『声明集略頌』を引いて「頌曰四方双調唯呂曲」とあり、本来は双調唯呂曲で唱えるべきであるが、東方讃・南方讃・西方讃・北方讃ともに平調律曲に唱えるのが習いである。ところが、実際には平調律曲二重は高すぎる。したがって、甲乙反により盤渉調律曲で唱えるべきである。

三、概　説

『寛保魚山集』『明治魚山集』『声明類聚』等は、「金剛法」と大きく題し、小文字で右下に「或名西方讃」と書か

れている。すなわち、西方無量寿如来の四親近の上首である金剛法菩薩を讃嘆する讃であり、普通には西方讃と呼称されている。

宮八二表一行

怛

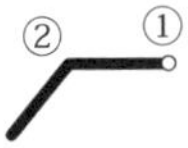

二伝あり。

《一》角①より商②に下げるのは、本下シで唱える。

《二》角①より商②に下げるのは、横下シで唱える。

「娜」（同丁表二行）、「縛」（同丁裏一行）、「怛」（同丁裏二行）も同である。

宮八二表二行

輸

シュ

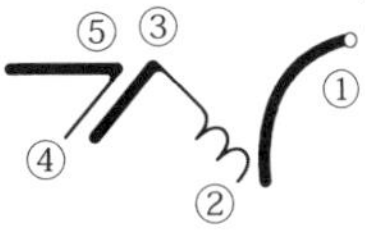

二伝あり。

《一》商①を大きくマワシ下げ、下げた音と同じ音で②のイロを二ツ、モツを高く引き上げ、商③を下げ、モドリ④を高く上げ、角⑤を下げる。

《二》商①を末を強く太く少しだけ下げ、②のイロを高く二ツモツをさらに高く、商③を下げ、モドリ④を高く上げ、角⑤を下げる。

6 四波羅蜜

一、出典

『寛保魚山集』には、出典について題下に「瑜祇経説」とあり、『明治魚山集』『声明類聚』には、出典についてはいずれも左肩に「瑜祇経説」とある。具名は、『金剛峯楼閣一切瑜伽瑜祇経』であり、巻下・金剛吉祥大成就品（大正蔵一八・二六〇c—二六一a）に説かれてある。

二、調子

『寛保魚山集』『明治魚山集』『声明類聚』に、『声明集略頌』を引いて「頌曰四波平反音曲」とある。すなわち、平調律曲と双調呂曲で交互に唱える。

ところが、実際には平調律曲二重は高すぎる。したがって、甲乙反により盤渉調律曲と呂曲は一越調で唱えるべきであるが、実際には呂曲も盤渉調律曲で点譜されている。

四親近の各尊を呂曲・律曲・呂曲・律曲、そして「帝」を呂曲で交互に唱える。

三、概説

金剛界大日如来の四親近である金剛波羅蜜・法波羅蜜・羯磨波羅蜜の四波羅蜜菩薩を讃嘆する讃である。

題名は、『寛保魚山集』は「四波羅蜜」、『明治魚山集』『声明類聚』は「四波羅密」であるが、『寛保魚山集』の

「四波羅蜜」が正といえる。

『寛保魚山集』『明治魚山集』『声明類聚』に「此讃ヲ伝供ニ誦スルコトモアルヘシ」と、伝供に唱えられることもあるとされている。また『寛保魚山集』に「當《ママ》寺正御影供後讃第三段必誦之」とある。當寺は誤りであり、東寺の後讃の第三段に必ずこの四波羅蜜の讃が唱えられていたと記されている。

四波羅蜜菩薩は、インドでは夫婦尊でもよくあらわされるというので、それに基づいているのであろうか。日本的な悉曇学の解釈であるが、「五十字文図」というのがあり、アカサタナハマヤラワのア行十字は初位、イキシチニヒミイリイのイ行十字は二位、ウクスツヌフムユルウのウ行十字は三位、エケセテネヘメエレエの十字エ行は四位、オコソトノホモヨロオの十字オ行は五位として、初位のアカサタナハマヤラワの直音十字は男声、イ等の二位・三位・四位・五位の直音の四十字ならびに拗音一百字（つまびらかには五百八十字あり）は女声とされている。

宥快『般若心経秘鍵信力鈔』にも、「文殊は是れ女声曼殊は是れ男声なり」とある。文殊は「モ」で五位の故に女声、曼殊は「マ」で初位の故に男声としている。

したがって、縛曰羅はvajra（金剛（夫））で男声、縛曰哩はvajri（金剛妃）で女声としているのは、縛曰羅は「ラ」で初位の故に男声、縛曰哩は「リ」で二位の故に女声という意である。

『智山声明大典』（三八頁）に、「経には四波とも縛曰哩《ジリ》とあり。有云今は大師御請来の本に依て各々男声（バザラ）女声（バジリ）の区別を明にせりと云々」と、四波羅蜜菩薩は諸尊能生の母で定尊で女形であるので、経には縛曰哩であるが、声明では大師御請来本により男声と女声を交互に立てるという。

四波羅蜜菩薩は、インドでは元来男形であったが、中国に入り女形になったといわれている。しかし、インドで

は夫婦尊でもよくあらわされるというので、それに基づいているのであろうか解らない。縛曰羅はvajra（金剛夫）であり、縛曰哩はvajrī（金剛妃）である。

宮七九表一行

薩怛

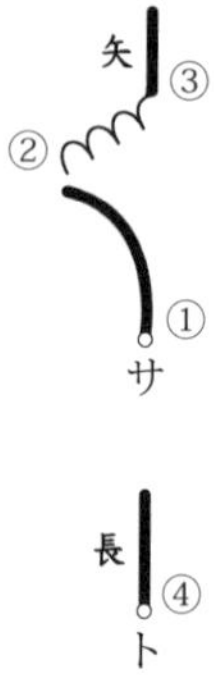

二伝あり。

《一》羽①をマワシ、その最後の高さと同音にイロ②を三ツ、次にそのイロの高さで、羽③を同音にツキ、羽④を同音に唱える。

《二》羽①をマワシ、②のイロを三ツ高く、モツをさらに高く引き、羽③に下げ、羽④を同音に唱える。

宮七九表一行四字目

縛

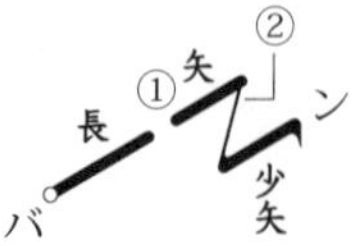

「薩怛縛縛曰羅」は呂曲なる故、モドリ②は上げずに、三重宮①と同音にツキ唱える。モドリ②を、律曲の如く上げて唱えている声明家もおられる。

宮七九表一行

謨

二伝あり。

《一》徴①をユリ、その高さで同音にイロ②を三ツ、次に最後のイロの高さより少し

《一》

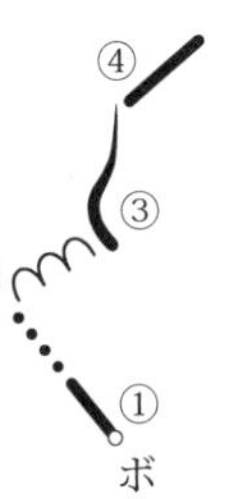

《二》

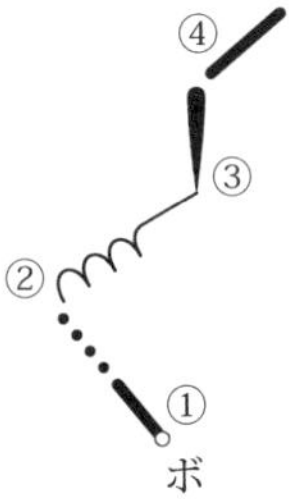

下げて、声のソリ③でソリ上げる。さらにソリの最後の音と同じ高さで、三重宮④を同音に唱える。

《二》徴①をユリ、イロ②を三ツ高く、モツをさらに高く引き、羽③を力のソリで強く太く、声は高く上げず唱え、三重宮④をさらに高く唱える。

7 文殊

一、出典

『寛保魚山集』の文は少し異なるが大体同であるので、『明治魚山集』『声明類聚』頭注のみあげる。頭注には、「古云此讃を清涼ノ讃とも云う。是即ち白居易清涼山に詣し此讃を作り文殊を讃嘆するに因れり」と注されている。すなわち、白居易（白楽天）が清涼山（五台山で中国の文殊菩薩の根本霊場）に参詣した折、この讃を作り文殊菩薩を讃嘆したことにより、清涼ノ讃ともいわれると述べられている。

また、『明治魚山集』『声明類聚』の「文殊」という題目の次に、「載請来録」とあるが、『御請来目録』には題目のみであり、詳細は不明であるが、文殊讃に相当する名目は見当たらず不可解である。

『声明決疑抄』（写本）に、「問って云わく、普通の文殊讃は誰人の作ぞ。答、白居易が作なり。難じて云わく、諸讃の梵漢大都経軌より出でたり。何ぞ、此の文殊讃独り凡人の作なるか。答、此の讃旧記を考うるに、玄宗皇帝の御宇天宝元年に、文殊五台山に出現したまう。其の後代宗の御宇大暦六年に、白居易出生し在世七十四歳の間に、文殊の出現を貴んで、白居易此の讃を作り文殊を讃ずとなり」と、声明の出典は大方において経軌であるが、この文殊讃は唐の第十一代皇帝の代宗の御代（七六二―七七九）の大暦六年（七七一）に、白楽天が文殊菩薩の出現を尊んで、この讃を作られたと説かれている。

二、調　子

『声明集略頌』には「仏讃文殊平唯律」とあり、それを引いて『寛保魚山集』は題目の右肩に「平調唯律也」とし、『明治魚山集』『声明類聚』は題下に「平調律ナリ」としている。いずれにしても、平調律曲で唱えよとの指示である。

ところが、実際には平調律曲二重は高すぎる。したがって、甲乙反により盤渉調律曲で唱えるべきである。

三、概　説

文殊菩薩の徳を讃嘆する漢語の讃である。

『声明決疑抄』に、「此讃は普通にして進流正伝の秘曲は載せて秘讃の中にあり」とある。『寛保魚山集』には白楽天の文殊讃嘆の讃に対し、「文殊返報に秘讃を作出したまう。それは文殊讃とて別に秘讃あり」と、すなわち白楽天の讃に対し文殊が返礼に作り出されたのが秘讃であるという。「秘讃目録」には、八字文殊讃大漢語・文殊合

殺讃の二があるが不可解である。

ただ、筆者が所蔵している『諸秘讃』の複写本に録外分として、文殊梵讃が収録されているので、近年伝授される秘讃の伝授目録以外の、録外の秘讃の可能性はあるといえる。

宮六九表一行

文殊

宮①を低く出し、宮②は『寛保魚山集』以前はユのみ。『明治魚山集』以後はイロとあるが、ユルグの如くユッタリと唱える。

宮六九表一行

清涼

「清」のマワスの最後の音と、「涼」の徴とが同音になるように唱える。マワスは以下皆同である。

宮六九表一行～二行

神通力

「神」の角・「通」の角・「力」の徴の三位を同音で唱える。

宮六九表二行

現

『声明類聚』は最後は「ム」であるが誤り。『寛保魚山集』『明治魚山集』の「ン」が正である。

宮六九裏一行

子

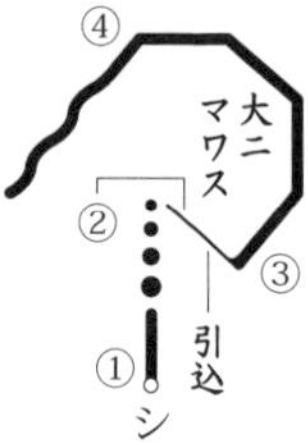

羽①は初めを徐々に太く強く力のソリで唱え、イロに移る。そのイロは最初の歩幅を大きく徐々に小さく高くして唱える。モドリ②の引込は、寂照は「声を細めて指込むなり」と。岩原は「直前の音より非常に高いツキモドリの一種の故、特別な力の用い方が必要となり、あたかも喉の奥に引きこむ如く唱えるので、この名がおこったのである」と解説されている。すなわち、口をあけてあたかも息を喉に引き込むように、裏声でマワス如く、またサイレンが鳴り終わるように、余韻をひいて唱え終わる。③の三重宮③・二重羽・徴・角・商は三段にマワシ下げ、最後の商④をユルグで終わる。

宮六九裏一行

生

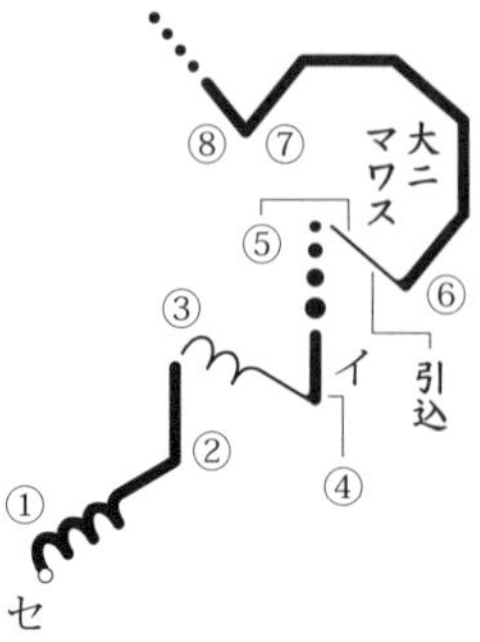

三重宮①はイロ三ツとモツ一ツを唱え、羽②を下げる。イロモドリ③を高くイロ二ツとモツ一ツを唱える。次に、羽④モドリ⑤の引込・三重宮⑥・二重羽・徴・角・商は、右記の「子」に同じ。商⑦徴⑧は、「引込ある時は、商徴同」という口伝により、同音で唱える。なお、引込のない普通の時は、商よりも徴を高く唱える。

宮七〇表一行

来

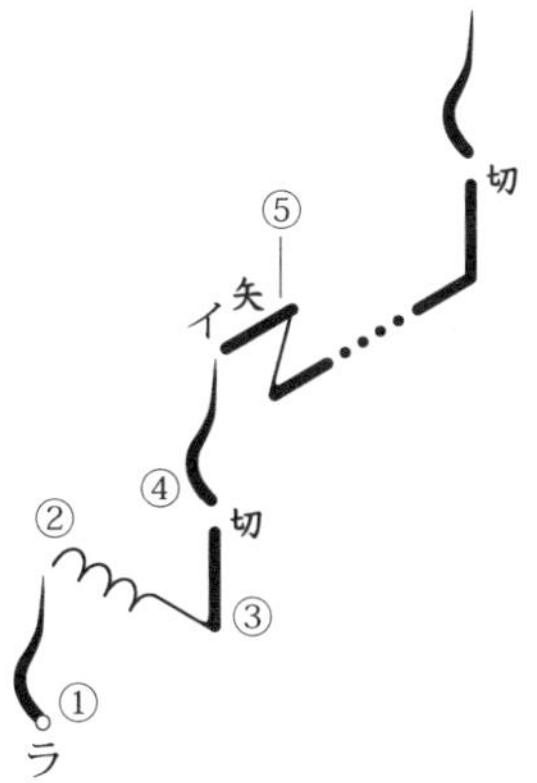

羽①を声のソリでソリ上げ、ソリ上げた音と同音で②のイロモドリをイロを三ツ、モツを一ツ少し長く高く唱え、羽③を下げ、羽④のソルを声のソリでソリ上げて、そのソリ上げた音と同音で三重宮⑤を唱える。なお、「イ」の仮名は三重宮の初めに合わせる。

四、反音について

『鈴木声明集』には、「高声の時はカドカドを口内当にして力強く唱うるを口伝とす」と、文殊讃の反音のようなきわめて高声に唱える声明は博士のカドカドを強く口内アタリをして唱えよと述べられている。以下、皆同である。

宮七〇表二行

願

初めを口内アタリして、強く高く長く唱える。

宮七〇表二行

土

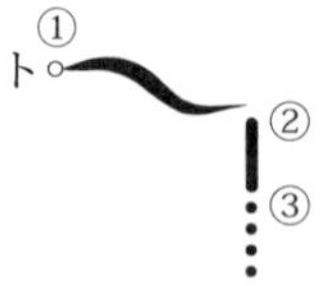

①の初めを口内アタリしてソリ切リ、サイレンが鳴り終わるように最後まで声を引く。また、②の初めを口内アタリして少し引き、声を切らずに③をツヤで唱える。そのツヤは初めは低点より、高点に移りユルがせ、徐々にスムーズに小さくしていく。

文殊讃反音の墨譜と高度

①『寛保魚山集』

「願当来世生浄」は二重と三重宮で点譜されている。「土法王家」の譜は、三重宮・商・角・徴で点譜されている。反音の「願当」（以下、来世生浄を略す）は助の「願当」と曲節が異なっているだけで、助と同じ平調律曲二重の高度で唱えよとの意であると思われる。

しかし、反音の「土法」（以下、王家を略す）は助の「土法」と曲節も異なっているが、すべての譜が三重であり、さらに「若し、頭人平調よりも高く出して土法王家の反音に声とつかずんば上の土法王家まで唱えて反音を略すべし。所詮、平調に出せざるは讃頭の恥辱なるべきや」と述べられていることにより、平調律曲三重の高度で唱えるべきとの指示であると考えられる。

なお、その三重の譜の左に一オクターブ低い二重の細譜が示されているが、その理由は三重の譜は唱え難き故に二重で示されており、実際は三重で唱えよという意である。

②『明治魚山集』『声明類聚』

『寛保魚山集』と全同である。

③『鈴木声明集』

反音「願当」の高度は明記されてないが、反音「土法」については、「土法王家の四字に三重の譜あるにより之を知るべし。三重の譜は知れ難き故に二重の譜にて改めて甲音に唱うるなり」と解説しているので、「土法」は平調律曲三重の高度で唱えよと説くのである。

④『声明類聚の解説』児玉雪玄（一三七頁）

反音「願当」は古来、本音より少し高く唱え、反音「土法」は特に高声に唱えられてきたと説く。具体的な調子の指示は別にない。

⑤『松帆魚山集』

「願当の六字黄甲反音」と説く。反音「願当」の六字は『撮要』の黄鐘調（大部分が二重、一部の願・当・来に三重宮あり）甲で唱える。『便蒙仮譜』付録の諸声明の高度を示した図によると、反音の「願」は黄鐘調甲三重の宮（横笛は夕）で唱え、反音「土」は平調甲二重（実際は略頌の乙三重）の商（横笛は上《ママ》）で唱えよとの指示である。

⑥『声明の研究』（四九〇―四九三頁）、『詳解魚山集』解説篇（三三七頁）

岩原・吉田は同説である。反音「願当」は博士を少し変えただけで、高度も本音と同じ。反音「土法」は博士が平調律曲三重で書かれているが、平調三重の徴の音は日本人成年男子では発声が不可能である。したがって、甲乙反によって盤渉調三重か、乙甲反によって黄鐘調三重で唱えるとよいと説く。

なお、岩原は松帆説を左記の如く批判している。

反音「願当」の一行すべてを乙甲反により黄鐘調に反音すると、助「願当」よりも非常に低いものとなる。この種の反音は助よりも高くなければならない筈であるから不可である。しからば、もう一重あげて唱えよ（実際はそのような譜はないが）との論が考えられるが、黄鐘調に反音したのは、平調三重が高すぎて声が出ないからである。しかるに、それ以上に高くなっては、反音する理由がなくなると批判している。

⑦『智山声明大典』

反音「願当」は博士を少し変えただけ、反音「土法」は三重の博士で点譜され、「頭人上重に反音す」とあり、左横に鶏声と注がなされている。

⑧『豊山声明大成』

「頭と助では一重（一オクターブ）高さが異なる。平調の三重の徴は高音すぎるので、岩原諦信師の提案のように甲乙反音盤渉調で唱えるのが妥当である」とあることにより、反音「願当」は平調二重、反音「土法」は盤渉調三重で唱えよと指示されている。

文殊讃の反音は誰が唱えるか

①『寛保魚山集』

反音「願当」は「頭の隣座より可返也」、反音「土法」は「頭人高声に反音すべし」とある。したがって、「願当」は頭人の隣座の一人が、「土法」は頭人が高声に唱えて終わるのである。

②『類聚の解説』（一三七頁）

「願当」は一座の中の一人という他は、ほぼ同じ。

③『智山声明大典』（一七八頁）

反音「願当」は頭人の隣座より反す。一に頭人が出すともいう。「土法」は頭人が上重に反音すると説く。

④『豊山声明大成』（三四六頁）

反音「願当」は頭人の隣座、あるいは頭人が独唱する。反音「土法」は職衆が二重の譜で、頭人が三重の譜で、頭人と職衆が別の高度で、すなわち二重合唱で唱える。

文殊讃の反音は何回か

『寛保魚山集』に、行基が男山八幡宮で此讃を誦ぜられた時、願当来世今一度御所望ありし故、また立ち帰って博士を少し変えて誦ぜらるると説かれる。よって、反音は一遍か。

また、「行基菩薩は或る本に行教和尚に作る。行教は益信の兄、貞観の初め、男山を開く。此等は並に皆過無し」と述べられている。これだけでは詳細はわからないが、行基・行教いずれであっても誤りではないということであろうか。事実、瑜伽教如『魚山精義』（三四丁左）には、男山には行基が三国の土を集めて五輪塔を建てた旧跡があり、必ずしも誤伝ではないと説かれている。しかし、『智山声明大典』（一七一―一七二頁）には、行基は聖武天皇の御宇、行教は貞観二年（八六〇）に宇佐より勧請されたのであり、その年代の差は百十年ほどある。故に、行基は行教の誤りであると強調されている。さらに、この讃を白楽天が作られたとすると、行基の遷化は白楽天に先立つこと二十四年の差がある故にと述べられている（行基の遷化は七四九年、白楽天の誕生は七七二年であるので、行基の存命中は、いまだこの讃が作られていなかったことになる）。

また、『要覧』（三二丁右）に細谷の恵海の記を引き（『寛保魚山集』『明治魚山集』『声明類聚』にもあげられている）、「問曰、反音は一遍に限るや将た定数なきや。答、一遍に限るなり。有人、住吉神社に詣し此讃を唱う、神感の余り、願当来世の句、また更に唱うるを乞い給う。便ち之を誦ず。依って二遍（照曰、本音反音合して二遍也）之を用

いる也。是一遍に限る例証なり。然るに或地方に於いては数回の反音をなすあり。無稽も亦甚しからずや」と、反音は一回に限るべしと説かれている。

なお、『類聚の解説』（一三六頁）には、行基・行教の男山八幡、有人の住吉神社の説の他に、「醍醐山の有雅は憲深の門下玄慶が丹後切戸の文殊に詣でし時として同功異曲の説をなせり」と、丹後切戸の文殊に参詣せし時に此讃を唱えたとある。

文殊讃反音口唱の現況

歴代の「魚山集」では、本音は平調二重で、反音の「願当」は平調二重で唱え、「土法」は平調三重で唱えることになっている。すなわち、図㋐の如く、本音「願」は(羽)・(宮)で、反音「願」は平調三重(宮)、反音「土法」は平調三重◇商・◇徴である。反音「願当来世生浄」は平調で唱えることができるが、「土法王家」の平調は成年男子には高すぎて唱えられない。

『声明の研究』では、本音については、諸讃の調子を盤渉調二重としている見解と異なり、平調二重のままにしている。しかし、実際には平調律曲二重は高すぎる。本音「願」は(羽)・(宮)であり、本音としては高すぎるといえよう。したがって、甲乙反により盤渉調律曲二重で唱えるべきである。すると、図㋑の如く、本音「願」は[羽]・[宮]となり適切な高度となる。

反音については、大方の説は、『類聚の解説』に、具体的な調子の指示はないが、反音「願当」は本音より少し高く唱え、反音「土法」は特に高声に唱えられてきたとの説に近い。これを実唱に準じ翻譜すると、図㋑の如く、本音は盤渉調二重であるので、反音「願」はそれより高く乙甲反で本来の平調(宮)で、反音「土法」は『宥保魚山集』『智山声明大典』の「頭人上重に反音す」により、盤渉調律曲三重◇商・◇徴で唱えると、妥当な高度となる。

㋐文殊讃「魚山集」等の本音・反音の高度

洋楽音名	十二律	横笛		本音「願」（平調）		反音「願」（平調）		反音「土法」（平調）
ロ	盤渉	中		徴		徴		◇徴
■	鸞鏡							
イ	黄鐘	夕	三重	角	三重	角	三重	角
■	鳧鐘							
ト	双調	上		揚商		揚商		揚商
■	下無	五		商		商		◇商
ヘ	勝絶							
ホ	平調	干		◯宮		◯宮		宮
■	断金							
ニ	一越	六		揚羽		揚羽		揚羽
■	上無			◯羽		羽		羽
ハ	神仙	下						
ロ	盤渉	中		徴		徴		徴
■	鸞鏡							
イ	黄鐘	夕	二重	角	二重	角	二重	角
■	鳧鐘							
ト	双調	上		揚商		揚商		揚商
■	下無	五		商		商		商
ヘ	勝絶							
ホ	平調	干		宮		宮		宮
■	断金							
ニ	一越	六		揚羽		揚羽		揚羽
■	上無		初重	羽	初重	羽	初重	羽
ハ	神仙	下						
ロ	盤渉	中		徴		徴		徴
■	鸞鏡							
イ	黄鐘	夕						
■	鳧鐘							
ト	双調	上						
■	下無	五						
ヘ	勝絶							
ホ	平調	干						
■	断金							
ニ	一越	六						

また、反音を唱える人は、「願当」は頭人の隣座の一人が唱え、「土法」は頭人が高声に唱える。また、反音は一遍に限るというのが伝統的な説である。

ところが、現近は決してその如くには唱えられていない。淡路の例をあげると左記である。

淡路では、五日三時の法会で、どこの地区結衆においても、多くの職衆が交互に反音を数回繰り返し唱える。声明の大家である葦原寂照が無稽も甚しいと戒めているにもかかわらず、なおかつ数回繰り返す。というのは、おそ

らくそれなりの理由があったのではなかろうかと思われる。

また、反音の高度もおそらく考慮して唱えてはいないと思うが、どちらかといえば右記の「願当」は平調二重、「土法」は盤渉調三重で唱えるというのが、現在の実唱に合致していると思える。

古来、淡路の五日三時の法会は、その年の新聖霊を供養するため、多くの檀信徒が参詣する。そして、反音には、「一に施主を敬う。二には調声を賞す。三には長座の睡眠を驚覚す」という三義があるため、特に文殊讃等の反音

㋑文殊讃　現在口唱の本音・反音の高度

洋楽音名	十二律	横笛	本音「願」（盤渉調）		反音「願」（平調）		反音「土法」（盤渉調）	
ロ	盤渉	中			徵			
■	鸞鏡							
イ	黄鐘	夕			角	三重		
■	鳧鐘							
ト	双調	上			揚商			
■	下無	五	徵	三重	商		◇徵	三重
ヘ	勝絶							
ホ	平調	干	角		(宮)		角	
■	断金							
ニ	一越	六	揚商		揚羽		揚商	
■	上無		商		羽		(商)	
ハ	神仙	下						
ロ	盤渉	中	[宮]		徵		宮	
■	鸞鏡							
イ	黄鐘	夕	揚羽		角	二重	揚羽	
■	鳧鐘		[羽]				羽	
ト	双調	上			揚商			
■	下無	五	徵	二重	商		徵	二重
ヘ	勝絶							
ホ	平調	干	角		宮		角	
■	断金							
ニ	一越	六	揚商		揚羽		揚商	
■	上無		商		羽	初重	商	
ハ	神仙	下						
ロ	盤渉	中	宮		徵		宮	
■	鸞鏡							
イ	黄鐘	夕	揚羽	初重			揚羽	初重
■	鳧鐘		羽				羽	
ト	双調	上						
■	下無	五	徵				徵	
ヘ	勝絶							
ホ	平調	干						
■	断金							
ニ	一越	六						

を用いるのは初夜であるがため、その三の理由を何度も何度も満足せしめんがため、「願当」も「土法」もきわめて高声で、しかも諸衆が交互に反音を数回繰り返すようになったかと思われる。

8 毘沙門讃

一、出　典

出典は、『摂大儀軌』（大正蔵一八・七九b）、『金剛頂瑜伽護摩儀軌』（大正蔵一八・九二三c）等である。

二、調　子

調子は、師伝によると盤渉調律曲で唱える。

三、概　説

毘沙門天の徳を讃嘆する梵語の讃である。

秘讃の一。毘沙門天（多聞天）の心真言に博士を点譜したる讃である。

毘沙門天には、他に毘沙門秘曲・毘沙門讃（博士が異なる）・毘沙門合讃・毘沙門秘讃がある。

助音について三説がある。一は那より、二は耶より、三は助をつけず頭人が独唱する。この中、三の説を可とする。淡路の五日三時もこの説をとっている。

岩二巻五四左二行

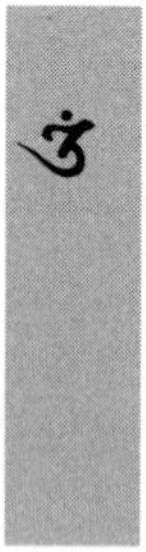

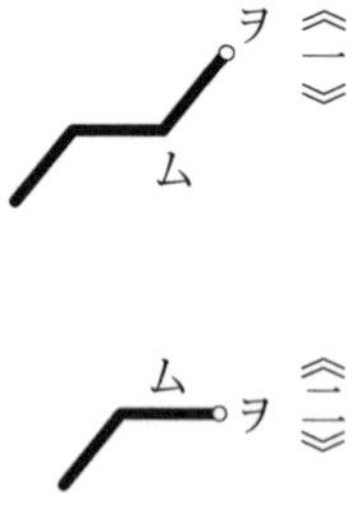

岩二巻五四左二行

吠

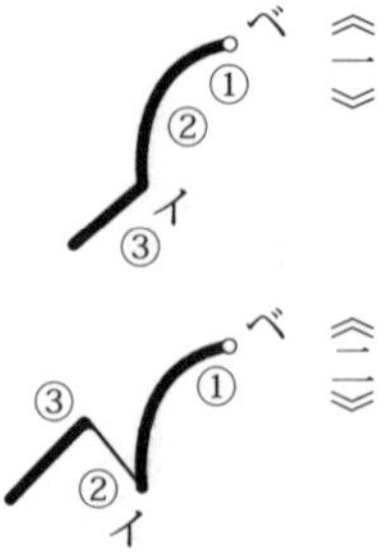

古来は《一》の博士を用い唱えられたようであるが、近年は《二》の博士により唱えられている。

二伝あり。

《一》 商①宮②とマワシ下げ、上げて商①と同音に商③を唱える。

《二》 商①を「ベ」とナメラカに下げおろし、モドリ②で「イ」の仮名に移り、そのモドリを高く唱え、商③の商を同音でツキ唱える。

9 阿弥陀讃

一、出　典

『寛保魚山集』『明治魚山集』『声明類聚』には、出典について「無量寿儀軌説」とある如く、『無量寿儀軌』すなわち具名『無量寿如来観行供養儀軌』（大正蔵一九・七〇b―七一a）が典拠である。

二、調　子

『寛保魚山集』『明治魚山集』『声明類聚』に、調子について、『声明集略頌』を引いて「頌曰弥陀平調反音曲」とある。普通には、双調呂曲で始まり、平調律曲と交互に唱え双調呂曲で終わるのであれば、双調反音曲とすべきであるが、平調反音曲と指示されている。このことは、諸讃は殆どが平調律曲である故に、あえて平調反音曲としたのであろうか。寡聞にして知らない。

阿弥陀讃が平調ならば羽は♯ハであり実唱と異なり高すぎる。また、呂曲は必然的に曲中反で双調となるが、冒頭の「那」の羽が双調呂曲で点譜されているとなると、ホとなり、その高度の相関関係がきわめて乖離しているといえる。すると、「那」が呂曲でなく、律曲で点譜されているとすると、「那」の羽は♯ハ、三重宮もホであり、高音であり本音としては不可であるといえる。次に、逆に律曲の箇所も、双調で点譜されているとすると、ホであり、少し低い感がある。

したがって、諸讃と同じく、本音を甲乙反により、盤渉律曲で唱えるべきである。そして、呂曲は曲中反により、

一越調とすべきである。

しかし、本音の羽・徴等の博士は、呂曲・律曲ともに殆ど同音で唱えられている。このことは、曲中反により、呂曲律曲等と反音しているが、同調子で点譜されていると解すべきである。すなわち、吉慶漢語の「諸天供」の如く、一越調呂曲の部分も盤渉調律曲に翻譜した博士により唱えよとの意と考えるべきである。

阿弥陀讃の調子音階については、殆どの口訣・解説書等には触れられていないが、唯一、岩原が『声明の研究』の中で、右記の平調より盤渉調への移調については述べられていないが、呂曲への反音の箇所を少しだけ述べられている。

『声明の研究』（五三七頁）には、「此の讃では反音の部分については相当に異説があって、一致していないことは前表の通りであるが、私は明治版の通りでよいと思う」とし、反音の部分を左記の如く分けられている。

（イ）「那」から「羅」まで二十一字
（ロ）「那慕彌陀婆」の五字
（ハ）「蘇佉縛底蝿也」の六字
（ニ）「迦那」から「那南」まで十字
（ホ）「羅稜」から「愚拏」まで十七字
（ヘ）「莫護」以下終わりまで

阿弥陀讃は平調反音曲（実唱は盤渉調）であるので、右記の分類は双調呂曲（実唱は一越調）に反音する部分のみあげている。ただし、（ホ）「羅稜」から「愚拏」まで十七字を呂曲としているが、『寛保魚山集』は「羅稜」から「躭」までの五字は呂曲、「怛縛」から「荅」までの六字は律曲、「鉢羅」から「愚拏」までは呂曲としている。こ

の中、「怛縛」から「荅」までの六字の実唱はまさしく律曲の音動であり、岩原の呂曲という分類よりも、『寛保魚山集』の律曲との指示の方が妥当であるといえよう。

なお、「莫護」以下終わりまでは双調呂曲に反音する箇所というのではなく、「甲乙反である。即ち変った旋法の曲に転ずるのでなくして、同じ旋法の高いものへ転ずるのである」と、同じ音階であるが高声に唱える、甲乙反の反音をいっていると述べられている。

「莫護愚拏羅怛曩珊者塩」だけに限って論ずれば、『明治魚山集』は『寛保魚山集』『声明類聚』と同であり、「莫護愚拏羅」と「怛」のモドリを除く五つ目の角までは律、「怛」の最後の徴は『寛保魚山集』が「此山ヨリ呂」、『明治魚山集』『声明類聚』が「以下呂」と注されているので、いずれも「怛」の最後の徴より「曩珊者塩」の最後までは、呂曲という意であると思われる。

岩原の「私は明治版の通りでよいと思う」という言と、右記の分類は矛盾している。すなわち、『明治魚山集』は「莫護愚拏羅怛」は律曲であり、「怛」の最後の徴以下呂曲としているが、岩原の分類には「莫護」以下終わりまでを呂曲としてあげられているのである。

歴代の「魚山集」を校合すれば、『明治魚山集』『寛保魚山集』『声明類聚』の三本のみが「怛」以下が呂とされているが、他の歴代の「魚山集」はすべて「莫護愚拏羅怛曩珊者塩」が律と定められている。

岩原も右記の分類に一反目の本音の「曩珊者塩」を呂曲の反音としてあげられているのではなく、（へ）「莫護」以下終わりまでの分類を二反目の高声の反音としてあげられているのである。

このことは、「曩珊者塩」をおそらくは当然律曲と考えられていたのであろうが、「莫護愚拏羅怛曩珊者塩」については、二反目の甲乙反の高声反音について、詳細に論じられているがために、律曲と呂曲の曲中反については筆

が及ばなかったのであろうと推察される。

したがって、「曩珊者塩」を呂曲とするのは誰しも到底首肯しがたいことである。事実、「曩珊者塩」は律曲の唱え様であるし、南山進流の正本とされている正保版をはじめ殆どの魚山集は律曲としているので、「莫護愚拏羅怛曩珊者塩」の句はすべて律曲と断定して間違いはないと思われる。

三、概　説

阿弥陀如来の徳を讃嘆する梵語の讃である。

歴代の「魚山集」には、「阿弥陀三昧には必ず之を誦ずべし。或いは西方讃も用いるべき也」と、西方の讃とともに、阿弥陀三昧の法会に用いるべしと説かれている。さらに、五日三時の法会にも、後讃として用いられる。なお、阿弥陀三昧とは、導師が阿弥陀法を修し、職衆は阿弥陀経・念仏・唱礼・前讃・後讃等をお唱えする法会であり、詳しくは、『密宗諸法会儀則』巻下（四三丁表―裏）を参照されたし。

また、『明治魚山集』『声明類聚』に「此韻曲は高野御室の示点なり。当流の韻曲は載せて秘讃の中にあり」と、『寛保魚山集』には「此の阿弥陀讃は相応流の博士也。当流進の様の博士別紙に之有り。さらに習って之を誦ぜよ。能覚と大進上人同朋故に声明博士互いに用談し玉う也」と、この魚山集の阿弥陀讃は相応院流、秘讃の阿弥陀讃は南山進流のものであると説くのである。

金沢文庫に伝わる相応院流の阿弥陀讃（図㋒、『金沢文庫資料全書』第八巻・一五六頁）と南山進流『声明類聚』の阿弥陀讃（図㋐）を、頭句の「那慕弥陀婆也」のみであるが対比すると、『声明類聚』の阿弥陀讃は「相応流の博士也」と伝えられているが、相応院流の博士をそのままに点譜されたのでないことは一目瞭然である。

『豊山声明大成』（三五四頁）によると、「実際は『蕓芥集』所載の阿弥陀讃の博士は醍醐流系のものである。これに対し相応院流の博士は『諸秘讃』に所載の譜と対応し」と、歴代の「魚山集」の阿弥陀讃は醍醐流系であり、相応院流の博士による阿弥陀讃は『諸秘讃』としている。

たしかに、相応院流の阿弥陀讃は進流秘讃の「当流𑖀𑖦𑖰𑖝讃」（図㋑）とは、頭句、助ともに、ところどころ異なる博士、あるいは進流の本譜にない曲線的な博士もあるが、大体において対応しているといえる。

一方、相応院流阿弥陀讃と『声明類聚』阿弥陀讃とを見比べてみると大いに異なる。しかし、相応院流では進流の徴にあたる博士は、相応院流では羽の博士である。すると、相応院流の羽の博士を進流の博士に翻譜すると、進流の羽となり、全同ではないが、相応院流阿弥陀讃と『声明類聚』阿弥陀讃と対応しているといえる。

また、醍醐流『声明集』（筆者所蔵）の阿弥陀讃には、図㋓の如き博士が点譜されている。醍醐流では、進流の角にあたる博士は醍醐流の徴の博士である。したがって、醍醐流の徴の博士を進流に翻譜すると、進流の徴となり、これも全同ではないが、醍醐流阿弥陀讃と「当流𑖀𑖦𑖰𑖝讃」とは対応しているといえる。

したがって、頭句のみで結論をだすのは乱暴であるが、近年、唱えられている『声明類聚』阿弥陀讃も「当流𑖀𑖦𑖰𑖝讃」のいずれも、相応院流の博士を進流の博士に翻譜して唱えられており、醍醐流阿弥陀讃は「当流𑖀𑖦𑖰𑖝讃」ときわめて対応しているので、『声明類聚』阿弥陀讃、秘讃「当流𑖀𑖦𑖰𑖝讃」、相応院流阿弥陀讃、醍醐流阿弥陀讃の四者はともに深い相関関係があると考えて間違いはないのではなかろうか。

㋐進流『声明類聚』阿弥陀讃

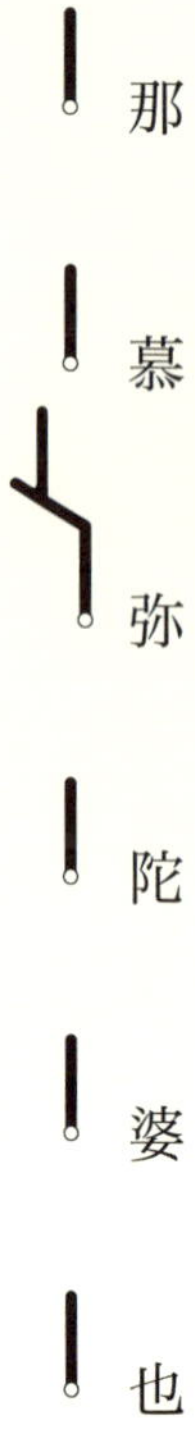

㋑進流秘讃「当流𑖀𑖦𑖰𑖝讃」

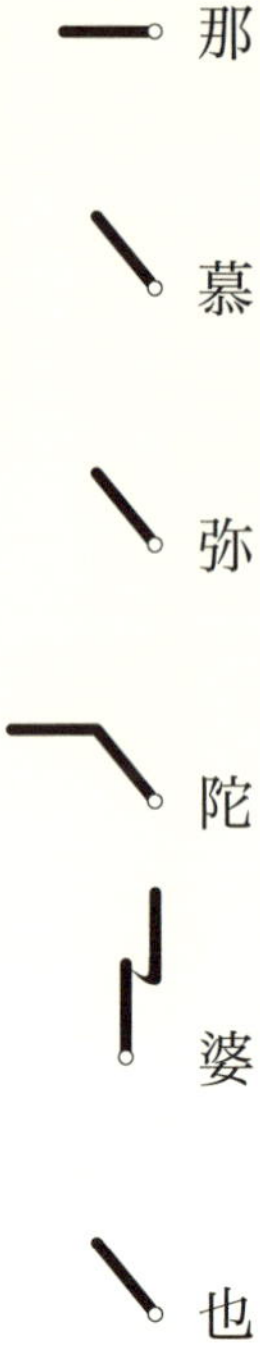

㋒相応院流阿弥陀讃

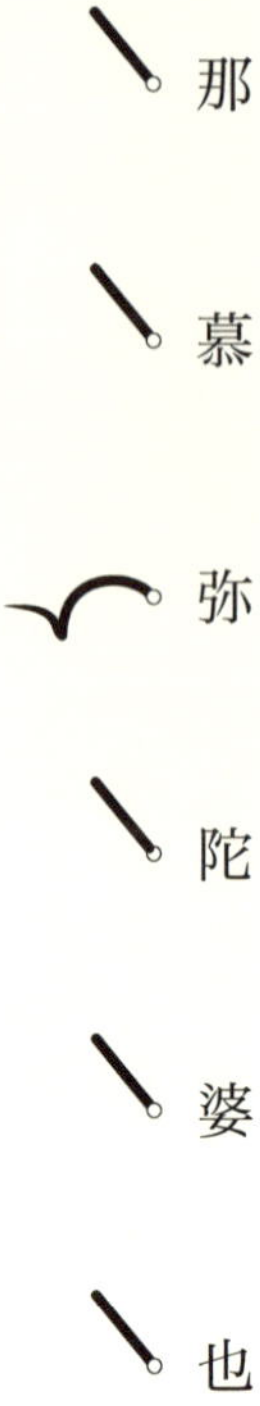

㋓醍醐流・阿弥陀讃

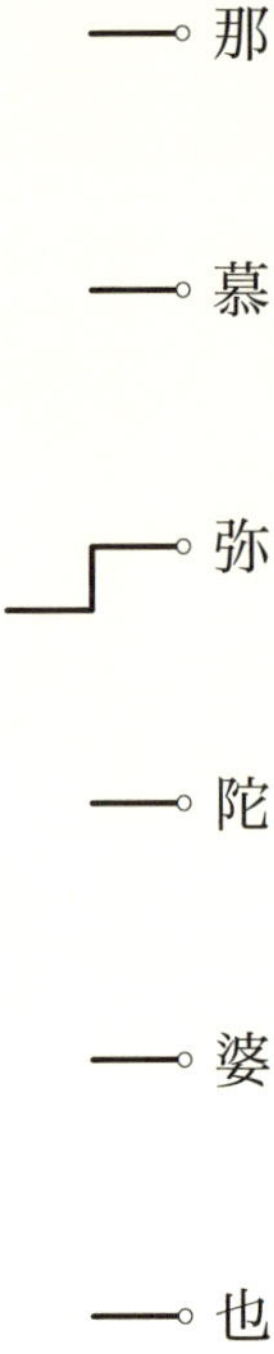

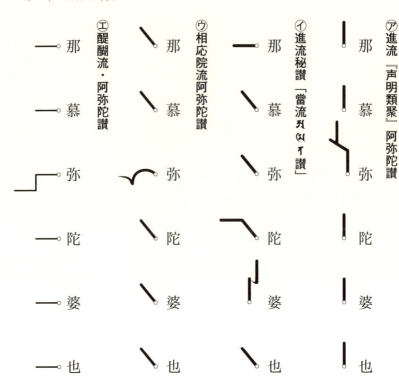

宮七七表一行

彌

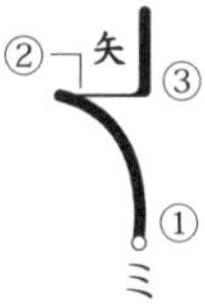

宮七七表一行

婆也

宮七七表一行

庾

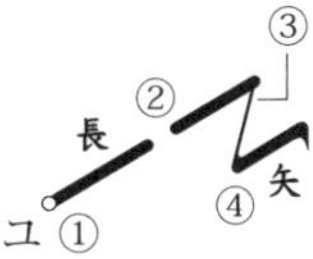

羽①のマワスを長くなめらかに一音マワシ下げ、下げた音より一音上げモドリ②を、さらに同音で羽③をツク。以下、同博士は同じ曲節で唱える。

羽①のソリをなめらかに長くソリ上げ、羽②を口内アタリをして長く唱える。以下、同博士は同じ曲節で唱える。

直前の陀の羽のソリ上げた音と同音で三重宮①を唱え、切音不切息して三重宮②を、さらにモドリ③を同音でツク如く唱え（呂曲の故にモドリ同音）、三重宮④も同音で唱える。

以下、同博士は同じ曲節で唱える。

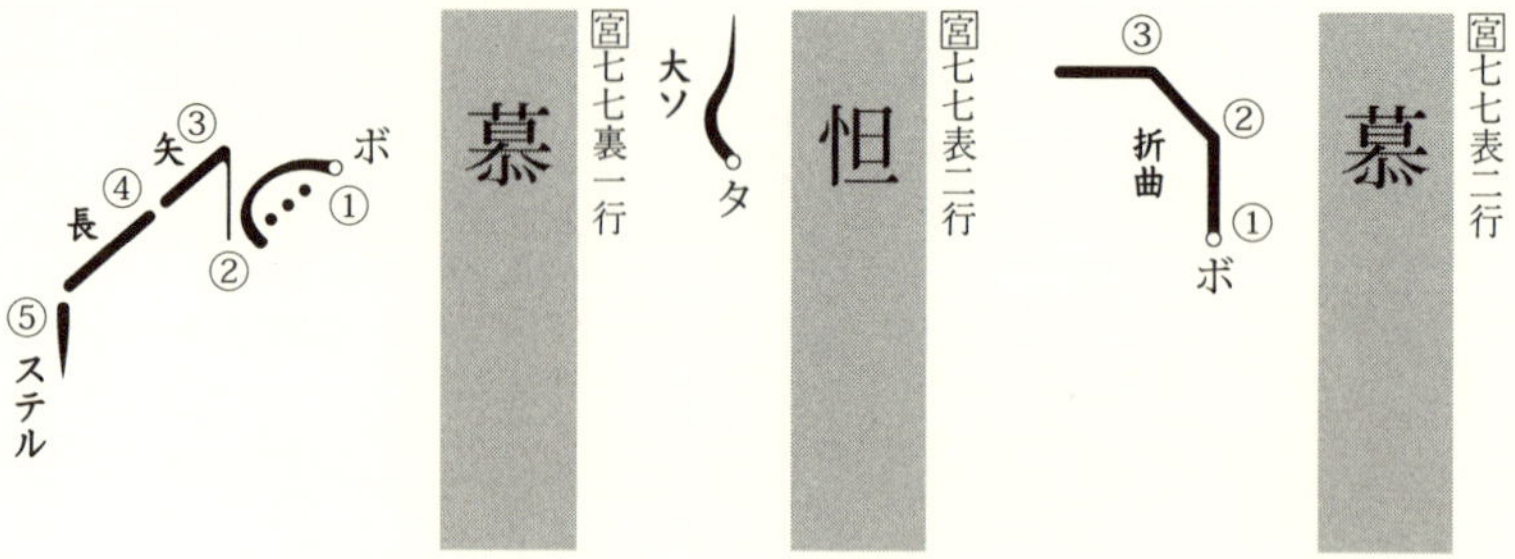

二伝がある。以下、同博士は同じ曲節で唱える。

《一》直前の那と同音で羽①を唱え、徴②を下げ、その徴②と同音に角③を唱える。

《二》羽①徴②角③の三をすべて同音に唱える。

大ソの補助記号が数箇所あり。『要覧』に、「羽の末を詰めて刎ぬる如くするなり。これを律音の本来のソリと云うなり」と。大きく声のソリによりソリ上げ、最後の音をかすかにはねる如くするをいう。以下、同博士は同じ曲節で唱える。

直前の那と同音で呂曲の商ユリ①を唱える。あと、二伝がある。

《一》モドリ②を高く唱え、商③を下げ、商④の初め商③と同音、徐々に太く強く唱え、宮⑤を急に短く弱く、あたかも捨てたかの如く唱え終わる。

《二》商①と同音にモドリ②商③④を唱え、宮⑤を右記と同じようにステルで唱える。

宮七七裏二行

蝿　也

『声明類聚』には、「ムヤ」と仮名をされているが、「ムニャ」と唱える。

四、反音について

助は、最後の「莫護愚拏羅怛曩珊者塩」まで唱え、再び「莫護愚拏羅怛曩」と「珊者塩」を博士と高度を変えて繰り返し唱える。

『鈴木声明集』には、「反音は譜のカドカド口内当り。塩の二由は調子は下げず声を細くしてイロを少しなまる様にし、次の羽より元の如く口内当りにして唱うべし」と記されている。

宮七八裏二行

莫

『寛保魚山集』はソのみ。『明治魚山集』『声明類聚』『松帆魚山集』『吉田声明集』は大ソと補助記号が付されている。『鈴木声明集』は仮譜で大きなソリが示されている。

宮七八裏二行

護

『寛保魚山集』はユのみで、筆者所蔵のものには朱で二ユとされている。『明治魚山集』『声明類聚』『松帆魚山集』『岩原魚山集』『吉田声明集』には、助の博士のみが点譜され、その左横に「反音には二ユ」と記号が付されている。『鈴木声明集』は仮譜で二由（以下、同の故に略す）が付されている。

宮七八裏二行

羅

初めの徴は、『寛保魚山集』はユのみで、筆者所蔵のものには朱で二ユとされている。『明治魚山集』『声明類聚』『松帆魚山集』『岩原魚山集』『吉田声明集』には、助の博士のみが点譜され、その左横に「反音には二ユ」と記号が付されている。『鈴木声明集』は仮譜で二由（以下、同の故に略す）が付されている。

二番目の徴は、『寛保魚山集』はユのみ。『明治魚山集』『声明類聚』『松帆魚山集』『吉田声明集』は「反一ユ」。『岩原魚山集』のみ反ユとしるされているが、おそらく一ユと思われるが、判然としない。

宮七八裏二行

怛

初めの徴は、前の「羅」の初めの徴と同である。

最後の徴は、『寛保魚山集』はユ。『明治魚山集』『声明類聚』はスなる故にユラズ。『松帆魚山集』は仮譜にユリで点譜されている。『鈴木声明集』『岩原魚山集』『吉田声明集』はユの指示はない。

宮七八裏二行

珊

初めの商は『寛保魚山集』はソのみ。『明治魚山集』『声明類聚』『松帆魚山集』『岩原魚山集』『吉田声明集』は反ソリ切リ。『鈴木声明集』は仮譜でイロをつけ、ソリ切リと記されている。

次の徴は、『寛保魚山集』はユのみ、『明治魚山集』『声明類聚』『松帆魚山集』『岩原魚山集』『吉田声明集』は反一ユである。

宮七八裏二行

壚

宮のユリ。『寛保魚山集』はユ二。『明治魚山集』『声明類聚』『岩原魚山集』『吉田声明集』は反二ユ。

阿弥陀讃反音の高度と誰が唱えるのか

①『寛保魚山集』

「莫」の右横に「此より反す也」、また「珊」の右横には「反音已下三字高声誦之」としるされている。したがって、「莫護愚拏羅怛曩」（以下、愚拏羅怛曩を略す）を本音と同じ高度で、「珊者塩」を高声に唱えよとの意と考えられる。

さらに、「珊者塩」について詳しく述べられている。「頭人珊者塩を高声に上の重にて誦ぜば衆僧は地声によくつれて之を誦ずべし。頭人能音なれば其声衆僧の助音に共会して甲乙一律の調子を成ずる也」と、また「大塔など又広座ならば両人或いは三人計り隣座の衆をして反音すべき也」と記されている。すなわち、「珊者塩」を職衆は平調二重で唱え、頭人は上重というので平調三重で唱える。すると二重と三重が共会して甲乙一律の調子、洋楽でいう二重合唱の如くなるというのである。また、大塔のような広い道場ならば、頭人は隣座の二、三人とともに三重で唱えよというのである。

②『明治魚山集』『声明類聚』

「莫護」・「珊者塩」を二重の譜で示し、「莫護」は「以下衆僧反音」、「珊者塩」は「以下頭人高声に唱」とある。「珊者塩」のみ高声にと注がされているのであるから、「莫護」は職衆が平調二重で、「珊者塩」は頭人が調子は指定されていないが、高声に唱えよとの意である。

③『松帆魚山集』

付録の諸声明の高度を示した図によると、反音「莫」は平調甲二重（実際は略頌の乙三重）の羽（横笛は六）で唱え、反音「珊」は平調甲二重（実際は略頌の乙三重）の商（横笛は上《ママ》）で唱えよとの指示である。

④『類聚の解説』

「現時多くは衆僧珊者塩まで本音にて唱え、更に反音の時は衆僧声を高くして莫護等反音の墨譜の如く由を多くして怛曩まで唱え、頭人のみ珊者塩を三重の墨譜にて高声に唱う」と、反音「莫護」は職衆が如何なる調子か明記されていないが、本音より高声に唱え、反音「珊者塩」は頭人のみ博士は平調二重で点譜されているが、実際は三重の高さで唱える。

⑤『岩原魚山集』

『明治魚山集』『声明類聚』と博士・補助記号はほぼ同である。

しかし、岩原は『声明の研究』（五三七頁）において、文保の写本をひき、反音「珊者塩」を三重の譜で示している。そして、「これは平調の三重で唱えたらよいのであろうか。と云うにしからず。これは甲乙反によって盤渉調の三重で唱うべきである」と述べられている。すなわち、文殊讃と同じく、平調三重は日本成年男子では唱えられないので、甲乙反により盤渉調三重で唱えるべきと説かれているのである。吉田寛如も同である。

阿弥陀讃反音口唱の現況

文殊讃で述べた如く、本音を平調二重とすると、図㋐の如く、「莫護」は(羽)・(徴)で本音としては高すぎる。したがって、図㋑の如く、甲乙反により盤渉調二重の[羽]・[徴]で唱えるべきである。

反音は、大きく二伝ある。一は、歴代の「魚山集」による説であり、反音「莫護」を職衆が平調二重で、反音

㋐阿弥陀讃　歴代の「魚山集」等の本音・反音の高度

洋楽音名	十二律	横笛	本音「莫」（平調）		反音「莫」（平調）		反音「珊」（平調）	
ロ	盤渉	中	徴		徴		◇徴	
■	鸞鏡							
イ	黄鐘	夕	角	三重	角	三重	角	三重
■	鳧鐘							
ト	双調	上	揚商		揚商		揚商	
■	下無	五	商		商		◇商	
ヘ	勝絶							
ホ	平調	干	宮		宮		宮	
■	断金							
ニ	一越	六	揚羽		揚羽		揚羽	
■	上無		○羽		○羽		羽	
ハ	神仙	下						
ロ	盤渉	中	○徴		○徴		徴	
■	鸞鏡							
イ	黄鐘	夕	角	二重	角	二重	角	二重
■	鳧鐘							
ト	双調	上	揚商		揚商		揚商	
■	下無	五	商		商		商	
ヘ	勝絶							
ホ	平調	干	宮		宮		宮	
■	断金							
ニ	一越	六	揚羽		揚羽		揚羽	
■	上無		羽	初重	羽	初重	羽	初重
ハ	神仙	下						
ロ	盤渉	中	徴		徴		徴	
■	鸞鏡							
イ	黄鐘	夕						
■	鳧鐘							
ト	双調	上						
■	下無	五						
ヘ	勝絶							
ホ	平調	干						
■	断金							
ニ	一越	六						

「珊者塩」は職衆が平調二重で、頭人のみ平調三重で、すなわち二重合唱の如く唱えると説く。二は、『声明の研究』に、反音「莫護」を平調二重で、反音「珊者塩」は頭人のみ平調三重で唱えると説く。

しかし、いずれの伝も反音「莫護」は、図㋐・㋑の如く、平調二重は○羽・○徴で妥当な高度であるが、反音「珊者塩」の頭人の平調三重は高すぎるといえよう。すなわち反音「珊」を平調三重で唱えると、◇商・◇徴であり、成年男子には高すぎて唱え難い。

歴代の「魚山集」には「頭人珊者塩を高声に上の重にて誦ぜば」とあり、本音の実唱は盤渉調二重で唱えることになっているので、図㋑の如く、本音「莫」は羽・徴で、反音「莫」は乙甲反の平調羽・徴で、反音「珊」はその上の重すなわち盤渉調三重商・徴で唱えるべきであると思われる。

それでは、阿弥陀讃が阿弥陀三昧で用いられるということであるが、この法会が執行されたということは寡聞にして聞かず、現在この讃が用いられているのは五日三時の法会のみであるといえよう。

㋑阿弥陀讃　現在口唱の本音・反音の高度

洋楽音名	十二律	横笛	本音「莫」（盤渉調）		反音「莫」（平調）		反音「珊」（盤渉調）	
ロ	盤渉	中			徴			
■	鸞鏡							
イ	黄鐘	夕			角	三重		
■	鳧鐘							
ト	双調	上			揚商			
■	下無	五	徴		商		徴	
ヘ	勝絶							
ホ	平調	干	角	三重	宮		角	三重
■	断金							
ニ	一越	六	揚商		揚羽		揚商	
■	上無		商		羽		商	
ハ	神仙	下						
ロ	盤渉	中	宮		徴		宮	
■	鸞鏡							
イ	黄鐘	夕	揚羽		角	二重	揚羽	
■	鳧鐘		羽				羽	
ト	双調	上			揚商			
■	下無	五	徴	二重	商		徴	二重
ヘ	勝絶							
ホ	平調	干	角		宮		角	
■	断金							
ニ	一越	六	揚商		揚羽		揚商	
■	上無		商		羽	初重	商	
ハ	神仙	下						
ロ	盤渉	中	宮		徴		宮	
■	鸞鏡							
イ	黄鐘	夕	揚羽				揚羽	
■	鳧鐘		羽	初重			羽	初重
ト	双調	上						
■	下無	五	徴				徴	
ヘ	勝絶							
ホ	平調	干						
■	断金							
ニ	一越	六						

近年、淡路の五日三時では、右記の如くには唱えられていない。

文殊讃と同じく、多くの職衆が交互に反音「莫護」と反音「珊者塩」を数回繰り返し唱える。高度は、『類聚の解説』の説と同じく、「莫護」は本音より高声に、「珊者塩」はさらに高く唱える。

反音には、「一に施主を敬う。二には調声を賞す。三には長座の睡眠を驚覚す」という三義があるため、この讃も文殊讃と同じく初夜に用いられるため、その三の理由を何度も何度も満足せしめんがため、「莫護」も「珊者塩」もきわめて高声に、しかも諸衆が交互に反音を数回繰り返すようになったかと思われる。

⑩ 孔雀経讃

一、出　典

出典は、『孔雀経』である。『孔雀経』には六本あり、その中の不空訳『仏母大孔雀明王経』巻中（大正蔵一九・四三二a）にこの讃が見られる。

二、調　子

調子は、師伝によると盤渉調反音曲で唱える。

三、概　説

秘讃の一。諸天鬼神の供養のために唱える讃であり、天龍八部讃とも名付けられる。

天龍八部讃には、梵漢の二種がある。梵讃は天龍八部の本地を讃嘆し孔雀経讃と称され、漢讃は天龍八部の功徳を讃嘆し天龍八部讃と称される。なお、孔雀経讃・毘沙門讃・天龍八部讃の三は、三箇秘韻として尊重される。

八句あり、呂と律を交互に唱える。ただし、第三句の上三字は呂曲で唱える。

第一句目は呂曲であるが、モドリ①は上げて唱える。岩原は律曲としている。

［岩］三巻五五右二行

没

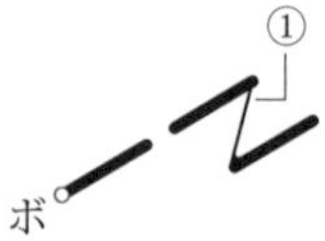

［岩］三巻五五右二行

駄

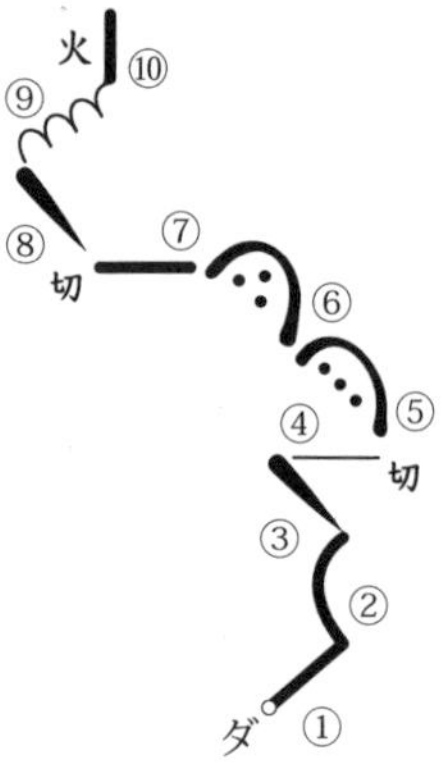

「没」の最後の音で三重宮①を唱え、羽②をソリ上げ、さらに徴③を羽②と同じソリで唱え、そのソリ上げた音と同で徴⑤の呂曲のユリ、つづけて⑥の由下を唱え、その最後の音で角⑦をツク。切の後の徴⑧をソリ上げ、同音で三重宮イロ⑨、少し下げ羽⑩を直で唱え、同音で次の「野」を唱える。

囧三巻五五左一行

曳

《一》

《二》

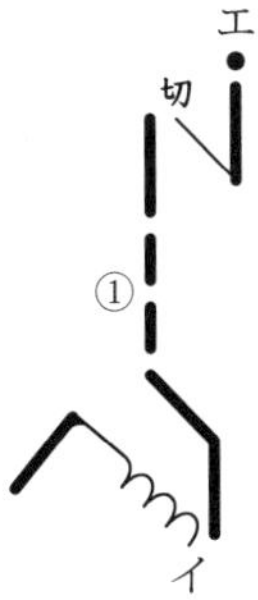

二伝あり。

《一》宮①は、「秘讃に突由なし」との口伝あるにより、由下に似たる音動を用いる。

《二》宮①は、突由で唱える。

第三章　土砂加持

第一節　土砂加持について

第一項　土砂加持とは

加持土砂法会ともいう。

土砂加持は、『不空羂索神変真言経』巻二八（大正蔵二〇・三八五c）に、「若し諸の衆生具さに十悪五逆四重の諸罪を造り、猶し微塵のこの世界に満つる如くにして、身壊し命終して諸の悪道に堕せんに、是の真言を以て土砂を加持すること一百八遍し、屍陀林の中の亡者の死骸の上に散じ、あるいは墓の上、塔の上に散じ、遇う皆に之を散ずるに彼の所の亡者、若しは地獄の中、若しは餓鬼の中、若しは修羅の中、若しは傍生の中にありとも、一切不空如来不空毘盧遮那如来真実本願大灌頂光真言加持土砂の力を以て、時に応じて、即ち光明、身に及ぶを得て、諸々の罪報を除き、所苦の身を捨て、西方極楽国土に往き、蓮華に化生し、乃し菩提に至るまで更に堕落せず」という説文を典拠として、土砂を光明真言で加持し、導師は光明真言法を修し、下座の職衆が光明真言に博士をつけ

て唱え、滅罪のために厳修するが、多くは過去聖霊追福菩提を祈るために修する法会である。

明恵『光明真言句義釈』（真言宗安心全書・巻下・二一―三頁）に、「とは一切の真言の本母なり。の四字合成にして三身具足する義等は常に説くが如し。阿謨伽吠嚧左曩摩賀母捺羅は不空毘盧遮那大印なり。即ち摩抳鉢納麼入縛攞は、摩抳とは是れ摩尼珠なり。即ち一切如来の福徳聚門なり。即ち下の大智大悲所生の功徳なり。鉢納麼とは是れ蓮華なり。即ち一切如来の法身なり。又是れ大悲なり。とは是れ光明なり。即ち一切如来の大智恵なり。上の三種は是れ不空大印の体なり。又阿謨伽吠嚧左曩とは是れ法界体性智毘盧遮那如来。法界体性智を以て不空の徳となす。摩賀母捺羅とは大円鏡智なり。能く法界智を以て所依となして三十七尊等の塵数の海会を印現するなり。次に摩抳と言っぱ是れ平等性智なり。摩尼珠の明浄無垢なるが如し。此の智能く倶生の我法二執の差別の垢を浄めて平等性の理を証す。是の故に宝生尊は此の智より生ず。鉢納麼は是れ蓮華なり。妙観察智なり。此の智深く諸法の自相共相を観察して諸の疑惑を断じて心花を開敷するなり。是の故に五部の中に此の智を以て蓮華部に寄するなり。次に入縛攞は是れ光明なり。即ち成所作智なり。大智円満して無量の神通を現ず。前の四智は是れ体。神通は是れ用なり。用を以て光明に喩るなり。或は神通の中に光明は是れ其の一なるが故に、先ず之を挙て一切の神通を摂するなり。次に鉢羅韈多とは易きなり転ずるなり。謂く前の諸の功徳、此の真言の功力に依れば成就し易きなり。又上の功徳を転じて即ち我が身に充満し罪障を転滅し福徳を転得するなり。（中略）字とは因の義なり。因の義とは謂く菩提心を因とす。即ち一切如来の菩提心亦た是れ一切如来の不共真如の妙体なり。恒沙の功徳皆な此より生ず」とある。 amogha-vairocana は法界体性智・毘盧遮那如来、 mahāmudra は大円鏡智・阿閦如来、 maṇi は平等性智・宝生如来、 padma は妙観察智・無量寿如来、

𑖕𑖿𑖪𑖩 jvala は成所作智・不空成就如来とし、五智・五仏に配している。また、𑖢𑖟𑖿𑖦のみ蓮華部と説かれているのみで、他の句については触れられていないが、これに比すると、必然的に𑖀𑖦𑖺𑖑𑖪𑖹𑖨𑖺𑖓𑖡は仏部、𑖦𑖮𑖯𑖦𑖲𑖟𑖿𑖨𑖯は金剛部、𑖦𑖜𑖰は宝部、𑖕𑖿𑖪𑖩は羯磨部となる。

つづけて、功徳について『光明真言句義釈』（真言宗安心全書・二頁）巻上に、「𑖦𑖜𑖰摩抳の句は貪業を除て大富饒を得。内には慳貪の罪を除て無貪の善根を成ず。𑖢𑖟𑖿𑖦鉢納麼の句は敬愛を成じて衆人の愛敬を受く。内には瞋恚を除て慈悲を成ず。𑖕𑖿𑖪𑖩入縛攞の句は大勢力を具して怨敵を降伏す。内には愚痴を除て大智恵を得るなり」と、𑖦𑖜𑖰の句は大富饒を得とあるので増益、𑖢𑖟𑖿𑖦の句は敬愛を成ずるとあるので敬愛、𑖕𑖿𑖪𑖩の句は怨敵を降伏すとあるので降伏に配することができる。ただし、𑖀𑖦𑖺𑖑𑖪𑖹𑖨𑖺𑖓𑖡の句の法界体性智、𑖦𑖮𑖯𑖦𑖲𑖟𑖿𑖨𑖯の句の大円鏡智は触れられていないが、𑖀𑖦𑖺𑖑𑖪𑖹𑖨𑖺𑖓𑖡の句は息災法、𑖦𑖮𑖯𑖦𑖲𑖟𑖿𑖨𑖯の句は降伏法である。また、𑖕𑖿𑖪𑖩の句は成所作智であり、鉤召であるが、降伏に配されている。しかし、「内には愚痴を除て大智恵を得るなり」とあるので、鉤召法とも考えらないことはないといえる。

したがって、光明真言を唱える土砂加持は、滅罪だけではなく、息災・増益・敬愛・降伏・鉤召の全てを祈る法会であるといえる。

第二項　光明三昧とは

正しくは光明真言三昧という。

導師が光明真言法を修し、下座の職衆が光明真言に博士をつけて唱え、滅罪、除病、息災のために厳修するが、多くは過去聖霊追福菩提を祈るために修する法会である。

光明真言法を修する法会には、土砂加持法会、光明三昧の二がある。土砂加持は経立で理趣経を読誦する法会であり、光明三昧は咒立で光明真言中心の法会である。

因みに、霊瑞『密宗諸法会儀則』巻下（四六丁表―四七丁裏）には、講式中心の法会である光明真言講（密立、顕立）と光明三昧の法会があげられているが、二種は別である。近年、土砂加持、光明三昧の二は行じられているが、光明真言講は廃絶している。

『密宗諸法会儀則』巻下（四七丁裏）に、「興正菩薩本乎優婆塞戒経金言乃於西大浄刹文永元年九月十四日起首一七日之間昼夜不断修光明真言秘法其徒亦随行光明三昧梵軌自爾以来以為恒軌」と、興正菩薩叡尊により、西大寺において、文永元年九月十四日より七日間、昼夜不断に光明三昧を厳修され、以来恒例となると記されている。しかし、叡尊の『感身学正記』には、「九月四日於一室始修七ヶ日夜光明真言」とある。また、西大寺比丘性海により文永元年八月晦日記すとある西大寺の光明真言法の表白の跋文に、「文永元年九月四日始行之」とあることからも、九月四日の誤りと思われる。

第三項　光明真言法

光明真言法とは功力のある光明真言を中心として組織する供養法をいい、菩提流支訳『不空羂索神変真言経』巻二八・灌頂真言成就品（大正蔵二〇）、不空訳『不空羂索毘盧遮那仏大灌頂光真言』一巻（大正蔵一九）、不空訳『毘盧遮那仏説金剛頂経光明真言儀軌』（写本）一巻の一経二軌を本拠とする。

その中、『毘盧遮那仏説金剛頂経光明真言儀軌』は、『仏書解説大辞典』によると、不空訳とされるが『貞元録』『八家秘録』等にも収録されていないことにより、恵什（一一三五年頃・『尊容鈔』十巻）・心覚（一一一七～一一八〇

年・常喜院流祖・『別尊雑記』）・通玄（一七三一年頃・河内蓮光寺学僧）等は偽作とし、豊山の亮汰（一六二一～一六八〇年・長谷寺十一世）は真作であると強調しているが、おそらくは前者が正であろうと述べられている。

しかし、頼瑜『秘鈔問答』第三（大正蔵七九・三四六c―三四七a）の光明真言法の條に、儀軌（『光明真言儀軌』）に云わくとして、「若し衆生有りて処に随い此の大灌頂光明真言二三七反聞くことを得て耳根を経れば即ち一切罪障を除滅することを得。（中略）是の真言を以て病者の前に於て一二三日高声に此の真言一千八十反誦ずれば即ち宿業病障を除滅することを得」と儀軌の文を引用し、光明真言の功徳を讃えられている。さらに、葦原寂照『乳味鈔』巻八（二四丁表）の光明真言法の條に、『光明真言儀軌』は真偽未決着であるが、説文に訝しく誤ったところがないので依用するとして、『光明真言儀軌』の、「光明の力に依て地獄餓鬼畜生阿修羅等皆悉く悪趣を解脱して速に正覚を成ずることを得るが故に光明真言と名く」との文を引用し、光明の力で悪趣を解脱し悟りを成就するので光明真言というとされている。したがって、『光明真言儀軌』を偽作とする説もあるが、『乳味鈔』にいう如く『光明真言儀軌』に誤りなき故、これらの説文により光明真言法が編作されたと伝えられている。

第四項　土砂加持の歴史

『高貴寺縁起』（蓮体作とされている）によれば、弘法大師が初めて率塔婆に光明真言を書かれたと伝えられている。高貴寺にはその当時の塔婆はないが、江戸時代に書き改められたとされる塔婆が現在も残っている。これを真とすれば、真言宗における光明真言敬信の濫觴とされて間違いがないと思われるが、あくまでも伝承である。

栂尾祥雲『秘密事相の研究』（一九七頁）によると、光明真言が一座の行法すなわち光明真言法として組織せられ行ぜられるようになったのは、天台の頼昭が承保元年（一〇七四）二月に藤原頼通の逝去にあたって修せられた

のが最初であるという。また東密では応徳元年（一〇八四）九月に、醍醐義範が白河天皇の妃の藤原賢子の逝去の折に、胎蔵大日を本尊として行ぜられたのが、東密の光明真言法の濫觴とされている。そして、嘉承二年（一一〇七）、堀河天皇崩御の時には仁和寺恵什、永暦元年（一一六〇）、美福門院崩御の時には醍醐の源運、安元二年（一一七六）、建春門院崩御の時には醍醐の勝賢が光明真言法を修されており、以来、東密では亡者得脱のために、盛んにこの法が行じられるようになったと説かれている。

守覚『秘鈔』作法（真常巻子本・種智院大学刊）に、三礼・如来唄・発願・五大願・光明真言百遍有観・廻向の次第で、土砂加持作法が収録されており、光明真言により土砂を加持する作法のみが説かれている。また、『秘鈔』の注釈書である亮禅口・亮尊撰『白宝口鈔』（大正図一九・一八二c—一八三a）には、着座後の土砂加持と光明真言法の散念誦で光明真言を唱え、五色光印を結び、土砂を加持する法が説かれている。いずれにしても、守覚の時代には、すでに土砂加持が行われていたのであるが、その信仰がひろく弘通するまでには至っていなかった。

鎌倉時代に入ると、明恵上人高弁が『光明真言句義釈』（真言宗安心全書・巻上）、『土砂勧信記』（真言宗安心全書・巻上）、『土砂勧信別記』（真言宗安心全書・巻上）、『光明真言加持土砂義』（真言宗安心全書・巻上）等をあらわされた。

明恵『光明真言加持土砂義』（同上・一三頁）には、「高山寺石水院草庵西に盤石有り。東に清水流る。常に此の水中の土砂を漉し取て金銅器の中に盛て之を仏前に置て、常に之を加持し敬重すること仏舎利の如し。有縁に付けて之を流布す。到る所の存亡の類、人畜を論ぜず。悉く無上の法利を成就せん」と、土砂を加持し、単なる土砂としてではなく、仏舎利の如く重々しく敬礼すれば、無上の利益があると説かれている。さらに同書（同上・八頁）に、土砂の加持について、「仏智の用土砂の中に遍ずるを加といい、土砂仏智の用を持するを持と名く」と、さらに「仏智の用を持すれば種々無辺の神変無方の大用無窮無尽なり」と、仏智が土砂に遍ずるを「加」、土砂が仏智

の用を持するを「持」、さらに仏智の用を持すれば神変この上もなしと説かれている。

明恵『土砂勧信記』（同上・一五—一六頁）には、「此の真言にてすなごを加持しつれば、此のすなごすなわち真言の一々の文字となりて、此の真言の字義を具足し句義を成就して、其のすなごを亡者のかばね、はかのうえにもちらしつれば、此の亡者一生のあいだおもきつみをつくりて、一分の善根をも修せずして、無間地獄等におちたれども、このすなごたちまちに真言のひかりをはなちて罪苦のところにおよぶに其のつみおのづからきえて極楽世界へ往生する也」と、光明真言ですなご、すなわち土砂を加持すれば、その土砂が真言の一々の文字となり、字義句義を具足し、罪障を生滅し、極楽世界に往生すると説かれている。

これらの説文により、土砂加持の意義を高調し、自らも清水の砂を加持して、大衆に弘通してから大いに弘まっていったのである。

児玉雪玄『類聚の解説』（七一頁）に、土砂加持は「光明真言法を修し、土砂即ち舎利即ち宝珠なりと観じ、主として滅罪のために行ず。即ち此法は光明真言法の中へ土砂を加持する法を組入れたもので、現近修するような土砂加持法が往古からあったものではなく、恐らく明恵上人の頃からと思われる」と、土砂即舎利即宝珠と観ずると説かれている。また、『光明真言句義釈』（同上・二頁）に明らかなように、光明真言は五智が説かれており、息災・増益・降伏・敬愛・鉤召に通ずるが、主に滅罪（滅罪息災・本篇第一章第一節第一項「理趣三昧の濫觴」参照）のために行ぜられ、明恵上人の頃から厳修されてきたと記されている。

第二節　土砂加持の本尊

土砂加持法会は、導師が光明真言法か理趣経法のいずれかを修法するのであるが、その導師の修する本尊を、土砂加持法会の本尊として執行する。岩原諦信「土砂加持について」（『密教文化』一四）では、導師の行法は、高野山の宝門は「光明真言法」、寿門は「理趣経法」とされているが、「今日としては導師の考えで両者何れの行法を用いるも任意である」と主張されている。

なお、光明三昧は導師が「光明真言法」を修するので、左記の「光明真言法」の本尊を本尊とする。

第一項　光明真言法の本尊

『乳味鈔』巻八（二四丁表―二五丁表）に、「光明真言法」の本尊について、「此の本尊に就て諸流の伝習各別なり。或は金界大日を本尊とす。此の伝は金界は智なり智は則ち光明に相応する故に。或は阿弥陀を本尊とす。此義は儀軌に弥陀大日一体と習う説に依る。或は不空羂索を本尊とす。此伝は同経に光明真言を説くが故に。斯の如く諸流の伝習各別なり。但し本流は胎蔵大日を本尊とす。然かる所以は胎蔵大日を或は百光遍照王如来と名く故に。又胎蔵大日は十界輪円の曼荼羅なるが故に。最も斯法の本尊に契当す。是故に之を用て本尊と為すなり」と、法流により金大日・阿弥陀・不空羂索を本尊とするが、報恩院流は胎大日を本尊とすると述べられている。

『秘鈔問答』第三（大正蔵七九・三四三c）には、「今台大日を以て本尊と為す。是秘伝と為す。故に本尊を秘す為に両界曼荼羅を懸くるなり」と、三宝院流では胎大日が本尊で秘伝であり、その本尊を秘するために両界曼荼羅

を懸けると説かれている。

また、上田霊城『真言宗事相概説』諸尊法灌頂部・上（三五四―三五五頁）には、「法性不二の大日を本尊とする伝は醍醐の勝覚に始まり、三宝院実運、乗海を経て成賢に相伝され、三宝院流には秘説とされる」と、右記の四尊の他に、三宝院流の秘説として、法性不二の大日を本尊とすると説かれている。『秘密事相の研究』・高井観海『密教事相大系』にも、同意の説が説かれている。

第二項　理趣経法の本尊

理趣経法を修する場合は、本篇第一章第二節「理趣経法の本尊と次第」を参照すべし。

第三節　土砂加持の法会次第

第一項　六座土砂加持と一座土砂加持

『秘密事相の研究』（二〇四頁）に、「法会も初は一会一座のものに過ぎざりしが、次第に発達し、六道二十五有の亡霊を救済する意味に於て、二十五口の浄侶を屈請し、一会六座の法要を厳修することになったのである」と、一座より六座に発達展開していったと説かれている。

『類聚の解説』（七一頁）にも、土砂加持法会は、本来は一座であったが、おそらくは宥快の頃より、六座に開いて修するに至った。しかし、もともと土砂加持法会は一会一座が本義であり、特に、京都各山では一会一座金剛界

立で厳修されてきたと述べられている。

しかし、水原堯栄『金剛峯寺年中行事』四帖（五頁）に、「現在では多く一座土砂加持が行われているが、これは非法である。何時頃より山上に始行したかは不明である」と、一座は非法であると断定されている。事実、『密宗諸法会儀則』には、一座はなく、六座土砂加持の法則のみが収録されている。霊瑞（一七二一―一八〇四）は江戸中期の人であり、この時代には一座はなく、六座の土砂加持のみが修されていたと思われる。以後、水原によると、高野山においては、大正四年に遍照光院で、大正九年には光台院で、六座の土砂加持が厳修されてより後、一座のみの土砂加持であると述べられている。

このように、近年、一座のみが行じられるようになったのだが、岩原諦信『真言宗諸法会作法解説』（九一頁）も、「近来一座土砂加持が流行するけれども本儀ではない」と、一座はあくまでも六座の略儀であると記している。

なお、高野山の六座土砂加持法会は、宝門では六座ともに導師は光明真言法を修し金剛界立で、寿門では理趣経法を修し金胎金胎金金の次第で執行されていた。

『金剛峯寺年中行事』首帖に、「金剛峯寺年中行事対照表」があり、文永六年（一二六九）・正応四年（一二九一）・慶安三年（一六五〇）・安永七年（一七七八）・享和二年（一八〇二）・昭和八年（一九三三）の年中行事が各月毎に収載されている。それによると、昭和八年九月の彼岸中日に「於金堂土砂加持」としてあげられている。

第二項　六座土砂加持の法会次第

初座

先、土砂加持

次、総礼伽陀

次、云何唄

次、散華
次、対揚
次、五悔　長音
次、前讃
　四智梵語
　心略梵語
　不動漢語或は不動梵語・讃
次、中曲　勧請句より合殺まで
次、中間讃
　吉慶梵語第一段
　吉慶漢語第一段　或用反音
次、光明真言　行道初重二反・二重二反・三重一反・二重一反・初重一反　以上七反

第二座
先、九方便　短音
次、中曲　大楽金剛より合殺まで
次、中間讃

　吉慶梵語第二段
　吉慶漢語第二段　或用反音
次、光明真言　初座の如し行道無し五反

第三座
先、五悔　短音
次、中曲　前の如し
次、中間讃
　吉慶梵語第三段
　吉慶漢語第三段　或用反音
次、光明真言　前の如し

第四座
先、九方便　短音
次、中曲　前の如し
次、中間讃
　四波羅蜜
　吉慶漢語第四段　或用反音
次、光明真言　前の如し

第五座

先、五悔　短音
次、中曲　前の如し
次、中間讃
　西方讃
　吉慶漢語第五段
次、光明真言　前の如し
第六座
先、五悔　長音
次、中曲　大楽金剛より廻向の句まで唱える
次、過去帳
次、後讃
　四智漢語
　心略漢語
　光明真言秘讃
次、廻向
次、光明真言　初座の如し
次、舎利礼
次、廻向伽陀
次、称名礼

前讃は、四智梵語・心略梵語・不動梵語あるいは不動漢語である。ただし、不動梵語の時は、頭人の助が終わって後、（梵字）讃を独唱する。鉢の数は、十五・三十・二十四である。

中間讃は、反音に秘讃を唱えるのは、いずれかの段であり、二段とも唱えない。ただし、初座は秘讃を唱えない。また、座毎にも唱えない。鉢の数は、各座ともに、二段とも三十である。

後讃は、四智漢語・心略漢語・光明真言秘讃である。ただし、心略漢語に秘讃を用いる時は光明真言秘讃に反音を用いず、光明真言秘讃に反音を用いる時は心略漢語に秘讃を用いない。鉢の数は、十二・三十・三十九である。

なお、右記の六座土砂加持法会次第は、明治二十五年発刊の葦原寂照『土砂加持法則』による。跋文によると、原本は廉峯の法則によると紹介されている。

第三項　一座土砂加持の法会次第

先、総礼
次、唄
次、散対
次、唱礼
次、前讃
次、中曲

次、過去帳　有無不定秋季金堂法会には無し
次、後讃
次、光明真言
次、舎利礼
次、廻向伽陀
次、称名礼

『金剛峯寺年中行事』四帖（五頁）に、一座は厳密な意味では非法としながら、現行の一座土砂加持の法会次第をあげられている。右記の如くである。その中、総礼はおそらく総礼伽陀と思われる。また、前讃・後讃は六座に同じである。

土砂加持は、高野山あるいは多くの地方寺院では、諸衆が着座すると、土砂を配布、護身法、七種秘印明の結誦、光明真言一百八反を誦じ土砂を加持、土砂の撤収の次第であり、その後に導師が登壇し、法会が執行される。『類聚の解説』（七二頁）に、「土砂は予て加持したる上土砂瓶に納めてあり、土砂加持法会中に導師また土砂を加持するのであるから、土砂加持法会に当って必ずしもこの作法を行わずともよいので、京都各山の土砂加持法会にはこの儀を行わない」と、京都各山は土砂をあらかじめ加持するか、法会中に導師が加持するかという二があげられている。

この土砂加持作法について、『真言宗事相概説』諸尊法灌頂部・上（三六七―三六八頁）にも文章表現は異なるが、

同意の二種があげられている。一は、供養法の中で修する法で、五伝あげられているが、「多分は野沢ともに散念誦のところで行う」とされている。二は、土砂加持を独行する作法で、三礼・発願・五大願・五色光印にて土砂を加持・廻向という次第の作法である。

なお、法会の前に諸衆が土砂を加持するを別加持、導師のみが加持するを総加持という。

京都等の諸本山も、近年ほとんど一座土砂加持法会であり、次第は右記とほぼ同である。ただし、普供養・三力・祈願・礼仏は高野山と異なり、導師・職衆が次第をとる。法会次第は左記である。

総礼伽陀・唄・散華・対揚・唱礼・前讃（四智梵語・心略梵語・不動漢語あるいは不動梵語と[illegible]讃）・普供養・三力・中曲・過去帳・後讃（四智漢語・心略漢語・光明真言秘讃）・普供養・三力・祈願礼仏・至心廻向・光明真言・舎利礼・光明真言伽陀・別廻向伽陀・総廻向伽陀・称名礼の法会次第である。

第四節　土砂加持法則

土砂加持法則は、中川善教『展観目録』に、左記の写本・刊本が収録されている。

写本は三本である。一は、『土砂加持法則』一帖折本・宝寿院蔵（110）で、奥書に、「天保十一年十一月十六日為私所用抄之了恵宏」とある。二は、『土砂加持法則』一帖折本・成福院蔵（111）、三は、『土砂加持法則』一帖・光臺院蔵（112）である。

刊本は一本で、『蔵刻土砂加持法則』一帖折本・成福院蔵（一六九）である。

『展観目録』以外には、高見寛恭『中院流院家相承伝授録』下（八四頁）によれば、如意輪寺弘栄『土砂加持法

則』二帖一具と寛光『土砂加持法』があり、ともに内容はほぼ同様とあり、導師所用の光明真言法と職衆所用の六座土砂加持の法則であるという。

他に、六座の次第としては、明治二十五年九月二十日発刊の葦原寂照『土砂加持法則』がある。跋文によると、原本は廉峯の法則によるとされている。

一座の次第は、多くあり、昭和九年に弘法大師一千百年御遠忌の奉為として密門亮範『土砂加持法則』、昭和四十年発刊の加藤諦道『土砂加持法則』、昭和五十八年発刊の中川善教『土砂加持法則』がある。

第五節　土砂加持の声明

土砂加持の法会次第は、第三節に六座と一座の次第を記している。一座の声明は六座の声明に包含されているので、六座の次第で解説していく。

なお、土砂加持の声明の中、すでに解説されている声明は省略する。それらは左記であるので参照すべし。

○云何唄　本篇第一章第五節[1]
○散華　本篇第一章第五節[2]・[3]・[4]
○対揚　本篇第一章第五節[5]
○五悔　本篇第一章第五節[6]
○四智梵語　本篇第一章第五節[7]
○心略梵語　本篇第一章第五節[9]

○理趣経　本篇第一章第五節[12]
○四智漢語　本篇第一章第五節[13]
○心略漢語　本篇第一章第五節[14]
○吉慶漢語第一～五段　本篇第二章第五節[3]
○吉慶梵語第一～三段　本篇第二章第五節[4]
○表白　本篇第一章第五節[17]
○神分　本篇第一章第五節[18]
○過去帳　本篇第一章第五節[19]

土砂加持法会の対揚は、証誠句は「四方四仏　証誠加持」と唱え、妙典句は「不空羂索　薫入土砂」と唱える。

また、土砂加持の表白・神分・過去帳も、理趣三昧と文言が異なるのみである。

[1] 総礼伽陀

一、出　典

総礼伽陀は、『寛保魚山集』『明治魚山集』には収録されていない。しかし、出典は『法華三昧懺儀』の注釈書の『略法華三昧補助儀幷序』（大正蔵四六・九五六c）である。全同ではなく、『補助儀』の「釈迦牟尼影現中」が伽陀では「十方三宝影現中」、『補助儀』の「我今影現牟尼前」が伽陀では「我身影現三宝前」と少異がある。

二、調　子

音階は、揚羽・揚商が多くあるので律曲とみる人もいる。しかし、岩原諦信『声明の研究』『声明教典』によれば、岩原は中曲として二の論拠をあげられている。

一は、伽陀の中に呂のユリと律のユリが混在しており、半呂半律の中曲であることをあらわしていること。二は、中曲特有の由下が存在していること。この二により、岩原は伽陀を中曲と断定している。

高度については、『声明の研究』（五八六頁）では、「伽陀は平調と黄鐘調との両説があるようであるが、伽陀の墨譜について之を観るに第三重の角迄使用してある。若し平調とすれば第三重の角は相当高い音であって、十人並では出し難い位な音である。且又実際上でもそんなに高く唱えられて居ないようであるから、黄鐘調の説の方が正しいようである。要するに低ければ黄鐘調、高ければ其の甲乙反に依って一越調がよいと思われる」と、典拠は明らかでないが、平調と黄鐘調との両説があり、伽陀には第三重角があり、この第三重角は平調では成年男子では唱えられないので、黄鐘調の方が正しい。また、黄鐘調が低ければ乙甲反に依り一越調がよいとされている。

吉田寛如『詳解魚山集』解説篇（四八二頁）も、音階は中曲、調子は黄鐘調か一越調と同説である。

三、概　説

総礼伽陀とは、三世十方の諸仏を総じて礼拝する伽陀をいう。

天台の声明集である『魚山六巻帖』（一四丁左）の伽陀の頭注に、「伽陀はサンスクリットの gāthā の音写。五季により五調子が示されているが、現行は盤渉調である。四言・五言・七言など四句一連の偈頌に定型の旋律を添譜して唱える曲。訓伽陀もある」と、天台は真言と異なり調子は盤渉調と指示されているが、四言・五言・七言など

四句一連の偈頌とは同じであり、総礼伽陀は七言四句の伽陀である。また、漢文・和文混在の訓読みの伽陀もあるのは、真言と同である。

『密宗諸法会儀則』巻下（一三丁裏―一七丁裏）に、門前伽陀・総礼伽陀・別礼伽陀・讃嘆伽陀・廻向伽陀の五種伽陀が説かれている。長文であるので、略述すると左記である。

門前伽陀とは、職衆浅﨟前に縁の左右に群立して内に向かい、浅﨟の人が調声して二頌および称名礼三句を唱え起居礼する。しかし、近世この伽陀は廃して一百余年用いずと記されている。

総礼伽陀とは、職衆着座して後、踞跪して、浅﨟の人が調声して二頌および称名礼三句を唱え起居礼する。

別礼伽陀とは、職衆踞跪して、伽陀および称名礼三句を唱え起居礼する。

讃嘆伽陀とは、職衆平座にて唱える。一段式乃至八段式の一段毎に、一頌および四頌を唱える。ただし称名礼は唱えないが、式師が諸衆に代わりて称名礼三遍を微音に唱える。

廻向伽陀とは、各講に通じて用いられる。称名礼は九遍・六遍・三遍等があり、調声の人の意楽に任せる。また各句の文言は異なるが、終句は必ず自他法界の言とする。

なお、寛永年間以降、総別の伽陀の名が混交した。それは総礼伽陀は諸講式に通じ用いられる故に、その名を記さなかったがために、総礼を別礼、別礼を総礼と称するようになった。しかし、文が大いに異なる故に、対見して知るべし。また称名礼を用いないが、礼を為すべしと説かれている。

また、恵岳『声明愚通集』（続真全三〇・三七四頁）に、「三世諸仏を礼するを総礼と云う。一尊を礼するを別礼と云う」と、きわめてわかりやすく端的に解されている。

場

宮土砂加持一表一行

《一》

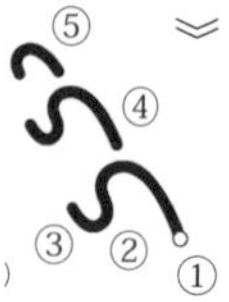

《二》

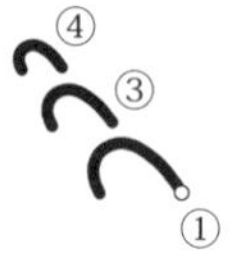

【突由】

二伝あり。

《一》初めをあまりアタラズ、徴の音を少し長く引いて①、終わりをなめらかに少し押さえる如く下げ②、音を元の高さ（①）に上げてツク③。次に、④は①②③を前よりも少し短く唱え、⑤は「ウ・ウ」と④の音動をきわめて短く唱える。

《二》七ツユリのユリカケ切リの音動とよく似ている。ただし、初めをあまりアタラズ、徴の音を少し長く引いて①、終わりをなめらかに少し押さえる如く下げ②唱える。次に、③を前の《一》よりも少し短く、④は前の⑤と同じ如く唱える。

如

宮土砂加持一表一行

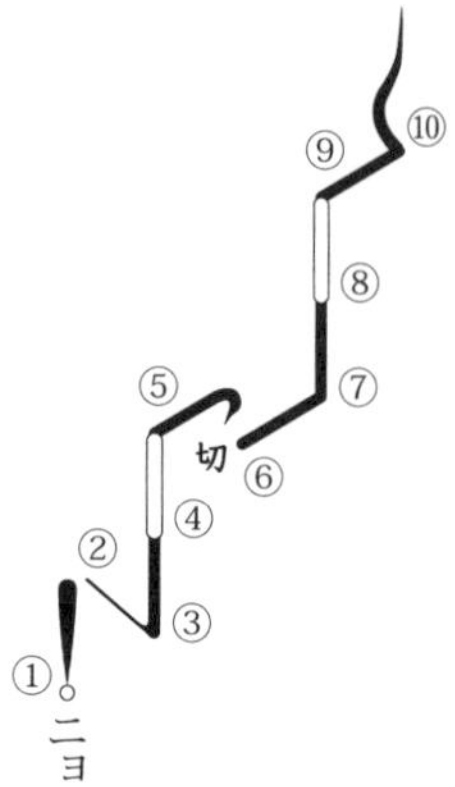

初め羽①を力のソリで唱え、モドリ②上げ、羽③を元の羽①と同音に下げ、揚羽④を羽③より一音上げて唱える。

次に、三重宮⑤は揚羽④と同音に出し、「場」の《一》突由①②③をもう少し全体にユッタリと長く引いて唱える。

三重宮⑥は三重宮⑤と同音に出し、羽⑦を下げ、揚羽⑧を一音上げ、三重宮⑨を揚羽⑧と同音に唱える。そして、最後は一音下げて声のソリ羽⑩をしてソリ上げる。

帝

宮士砂加持一表一行

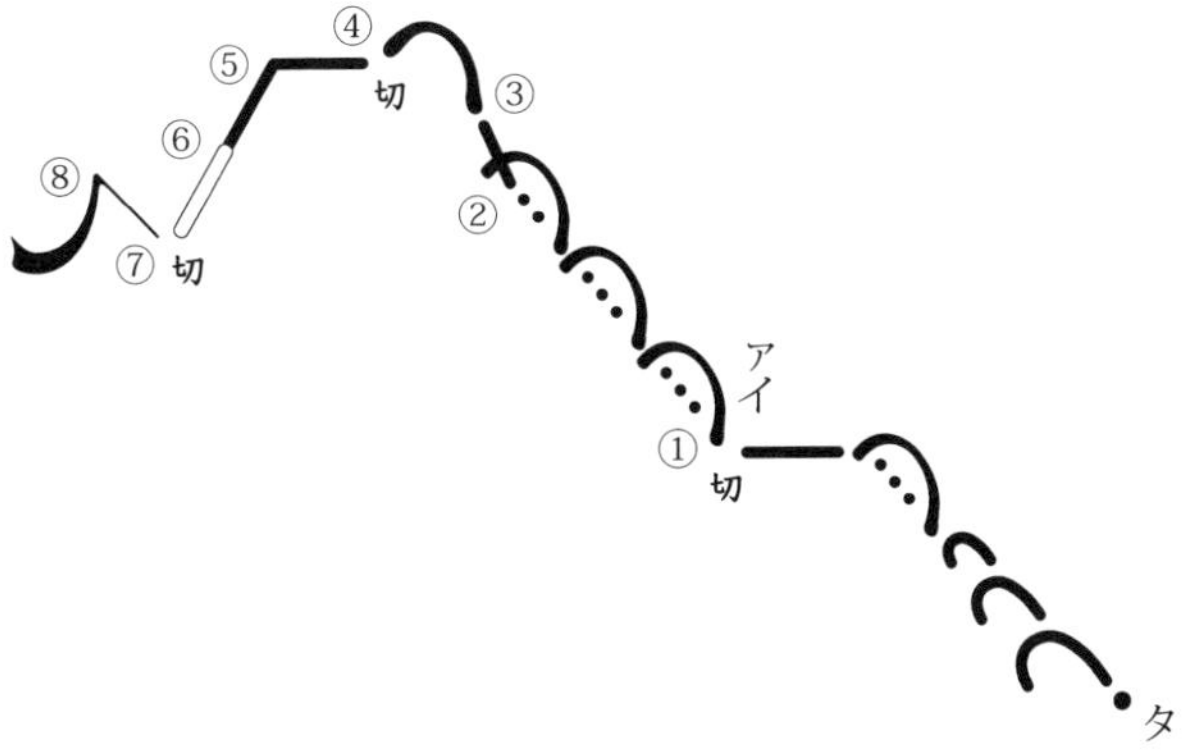

三由根音。ユリが三ツと根音③があるをいう。

根音とは、「コンオン」とも「ネゴエ」とも読まれる。伽陀特有の名称であり、これに二がある。

一は、根音の次に角の博士がある時の反徴をいう。「帝」の③の反徴が根音であり、ユリカケ切リの如く唱える。

二は、根音の次に羽の博士がある時の反徴をいう。総礼伽陀の「身」の反徴が根音であり、少し引っかける如く高く出し、後を下げ押すようになめらかに流す。

徴①のユリに移る前に、「アーイ」と「イ」の仮名をなす。徴②の三ツ目のユリをなめらかにもち上げる如く唱える。そして、その上がった音で、初め声をため太く強く、中ほどを少し細く弱く、後をまた太く強く、打ち付ける如く③唱える。次に、前の③の終わりの音と同音で角④を出し、商⑤を下げ、揚商⑥を商⑤より一音上げ唱える。

次に、息をついだ後、モドリ⑦を揚商⑥と同音に出し、商⑧を下げ、ハヌル。すなわち、徐々に太く強く少し音を上げ、そして急に力を抜く如くハヌル。ハヌルは先徳の記によれば、書道で筆の先を少しハネル如く唱えよと説く。

なお、高野山は頭は三由根音、助は一由根音であり、京都は頭は三由根音、助は二由根音で唱える習いである。

宮土砂加持一表一行

珠

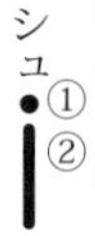

打付である。「帝」の最後の商をソリ上げた音で、①を短く唱えた後、切音不切息して、二音半ほど下げて宮②を唱える。

宮土砂加持一表二行

三

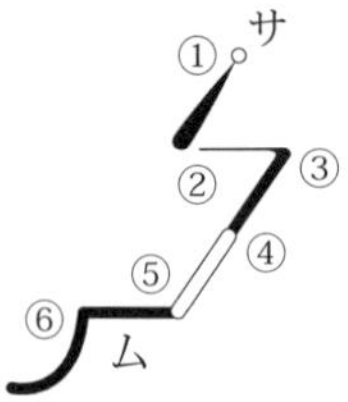

商①は力のソリで徐々に太く強く唱え、モドリ②で一音ほど上げて唱える。商③を下げ、揚商④を一音上げ、角⑤を揚商④と同音で唱え、途中「ム」の仮名をなす。次に、また一音下げた後、声のソリ商⑥でソリ上げる。

宮土砂加持一表二行

寶

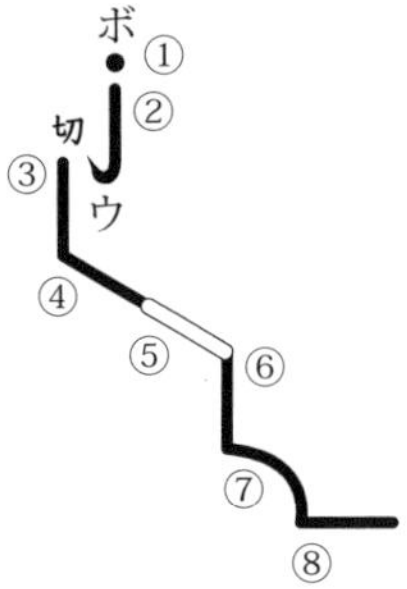

「ボ」①と極短の音をなし、一刹那、切音不切息して、宮②で「オ」と一音下げ、「ウ」の仮名に移ると同時に、押さえる如く少し下げ、また上げて突いて唱える。そして、宮②の最後の音と同音に宮③を出し、初重羽④を下げ、初重揚羽⑤を一音上げ、その⑤と同音に宮⑥を唱える。次に、初重羽⑦を初め下げ、後を声のソリで上げて唱え、初重徴⑧を大きく下げて終わる。

宮士砂加持一表二行

現

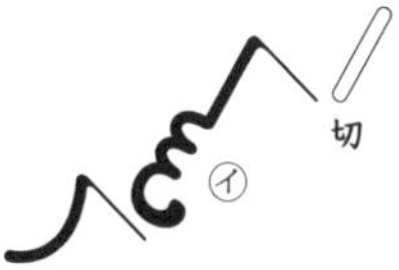

《一》

《二》

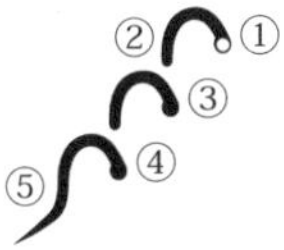

宮士砂加持一表二行

中

揚商の後の二番目の商のフルに二伝あり。

《一》初め①を低く出し、後を②少し太く高く、声をかえす如くまわして唱える。③は①②と同じ。④は前の二ツよりも大きくゆったりと唱え、最後は下げてビシッと止める。

《二》初め①を太く強くあたって出し、後②を打ち付ける如く強く下げて唱える。③は①②と同じ。④は初めは①と同じ如くあたり、後の⑤を強く少し延ばして唱える。

音動は「珠」の打付と全く同じであるが、博士より見ると打かけである。『声明類聚』の付録では打付としている。

しかし、本譜では、商のみであり、近年は、前の「現」の最後の商と、「中」の商をツキモドリで連結している。すなわち、「現」の最後の商をソリ上げた音で、打かけの①を唱えた後、二音半ほど下げて商②を唱える。

宮土砂加持一裏一行

身

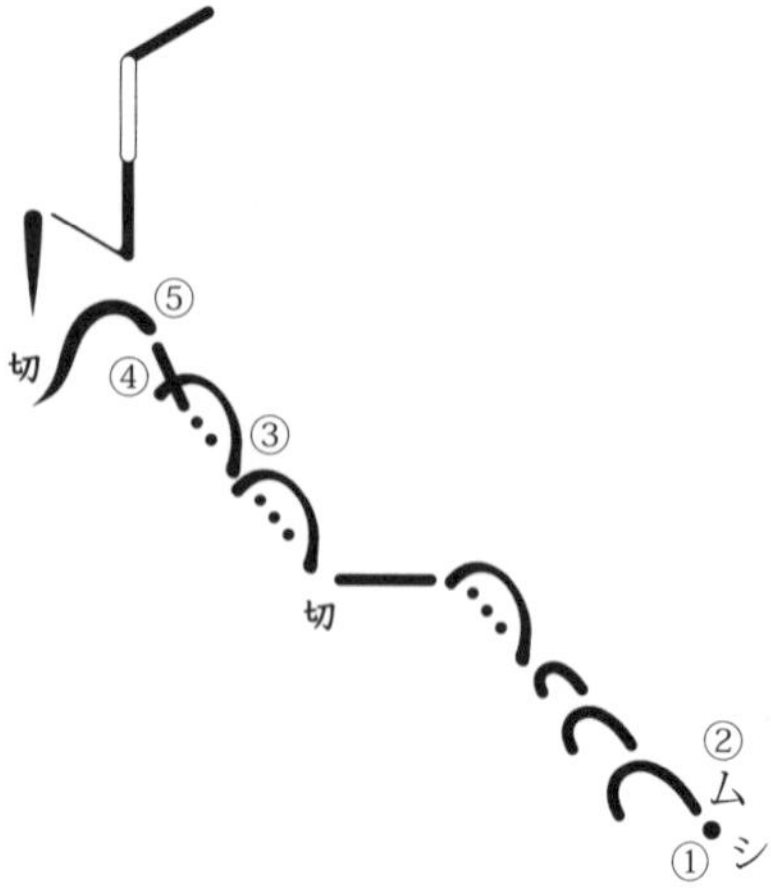

「シ」①と打付をなし、音を下げ②の突由（本項の「場」を参照）に移ると同時に「ム」の仮名をなす。

助の故に二由根音。高野山では一由根音。徴③の三ツ目のユリをなめらかに持ち上げる④如く唱える。そして、その上がった音で初め声をため、太く強く引っかける⑤如く、後をなめらかに流す。

宮土砂加持一裏一行

三

鋸博士と称される。譜の形がノコギリに似ている故である。

三重商①を声のソリでソリ上げる。その上がった音と同音にモドリ②を出し、一音ほど下げて三重商③を唱え、また一音上げて三重揚商④を唱える。

次の三重角⑤であるが、二伝ある。

《一》揚商・揚羽の後の博士は同音に唱える習いであるので、三重角⑤と三重揚商④と同音に唱える。

《二》三重角⑤は三重揚商④より一音ほど上げて唱える。

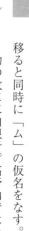

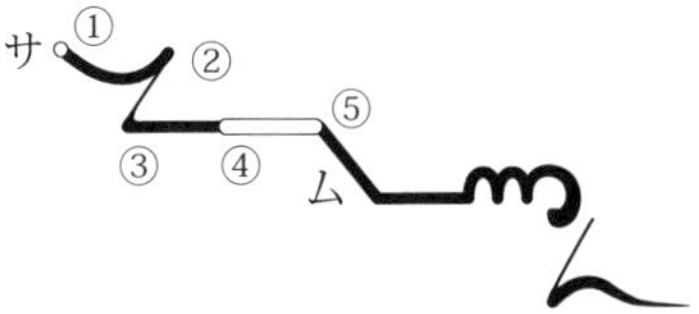

2 九方便

一、出　典

『寛保魚山集』『明治魚山集』『声明類聚』には、出典はあげられていない。

『大日経』巻七・増益守護清浄行品第二（大正蔵一八・四六a—c）に九方便が説かれ、その一々に真言が説かれている。『摂大儀軌』『広大儀軌』『玄法寺儀軌』『青龍寺儀軌』の四部儀軌（大正蔵一八）にも説かれているが、各儀軌に必ずしも九方便すべてが説かれているわけではなく出没がある。

『胎蔵界礼懺』は、『智山声明大典』には、「胎蔵界礼懺は誰人の作なりや。答小野の仁海僧正金剛界に準じて之を作る」と述べられている。栂尾祥雲『常用諸経典和解』にも、典拠は示されていないが、古徳の伝説として、

『胎蔵界礼懺』は仁海僧正が『金剛界礼懺』に準じて、九方便は『大日経』巻七より、八葉九尊等の礼仏は「胎蔵次第」より、帰命発願・結頌等は『金剛界礼懺』より引用して編纂したと伝えられていると述べられている。

右記の『大日経』によるという九方便は、作礼・出罪・帰依・施身・発菩提心・随喜・勧請・奉請法身・廻向の九種方便をいう。九尊等の礼仏は「胎蔵次第」によるというのであるから、仁海僧正が、『大日経』と『胎蔵次第』により、加えて『金剛界礼懺』を引用して、『胎蔵界礼懺』が成立したといっておられるのであろうと思われる。

現在、唱えられている広義の意味での「胎蔵界唱礼」は、その『胎蔵界礼懺』を典拠として再治されているので、右記の文章にしたがうと、仁海僧正以後の成立ということとなる。

いずれにしても、「唱礼」は大師以後の成立との説もあるが、ともに成立年代は明らかではなく、いずれが先か殆どの参考文献は口を閉ざしている。しかし、大師作と伝えられる多くの金剛界次第・胎蔵法次第を見ると、「五悔」「九方便」の名称が見られる。これらの次第は、大師真作の次第もあり、あるいは真偽未決の次第もあるが、大師作にあらずとも、大師口説により編纂されたと伝えられている。その中、「胎蔵次第」のみを見ると、『胎蔵備在次第』（弘全和本一三・三─八頁）・『胎蔵梵字次第』（弘全和六・二─三頁）は現在の「胎蔵界唱礼」とほぼ全同であり、『胎蔵界吽字次第』（弘全和一三・一〇七─一〇八頁）は敬礼三宝・入仏三昧耶真言等の名称のみであるが、現近の「唱礼」と名称の順序が同じである。したがって、大師の時代に、現在と同じ「胎蔵界唱礼」が唱えられていた可能性は少なからずあるといえるのではなかろうか。

近年、敬礼三宝・入仏三昧耶真言・法界生真言・九方便・転法輪真言・無動金剛能成就真言・勧請・五誓願・虚空蔵転明妃真言・三力偈・祈願・礼仏のすべてを、広義の意味で唱礼という。

九方便以外の出典は『乳味鈔』によると、全てにわたり網羅されていないが左記である。

転法輪真言は、「金剛薩埵の真言なり。摂玄青三軌の説なり」（『乳味鈔』巻五・一八丁裏）と、『摂大儀軌』『玄法寺儀軌』『青瀧寺儀軌』の三儀軌の説なりとしている。

普供養・三力・祈願・礼仏は、「普供養・三力・礼仏。此の如く列次するは梵石二次第の説なり。近代は祈願を加行す。此れ梵備二次第の説なり」（『乳味鈔』巻二・三六丁表）と、普供養・三力・祈願・礼仏と次第するのは『胎蔵梵字次第』『胎蔵備在次第』の説としている。

なお、胎蔵法唱礼の出典については、『豊山声明大成』が最も詳しいので参照されたし。

二、調　子

『声明類聚』には、「頌曰胎界調曲如金剛」とは、五悔と同じく勧請の前までは双調呂曲で、勧請より廻向までは中曲黄鐘調で唱えよとの意である。

したがって、敬礼三宝・入仏三昧耶真言・法界生真言・九方便（作礼方便・出罪方便・帰依方便・施身方便・発菩提心方便・随喜方便・勧請方便・奉請法身方便・廻向方便）・転法輪真言・無動金剛能成就真言は双調呂曲、勧請・五誓願・虚空蔵転明妃真言・三力偈・祈願・礼仏・廻向は中曲黄鐘調である。

三、概　説

唱礼と九方便の名称

唱礼とは、曼荼羅の諸尊を礼拝し唱える声明をいう。したがって、狭義には礼仏を唱礼という。

近年、敬礼三宝・入仏三昧耶真言・法界生真言・九方便より礼仏まですべてを、広義の意味で唱礼という。

『魚山集』編纂以前の『声実抄』（続真全三〇・一四頁）には、「九方便」の曲名、『私案記』（続真全三〇・一〇五頁）には「胎蔵」の曲名が用いられている。

歴代の「魚山集」と『声明類聚』は、「胎蔵界」と題されている。なお、『声実抄』（続真全三〇・一四頁）の中で、博士が記された後に「以上両界唱礼畢」、また「唱礼勧請入句事」、「唱礼導師」（続真全三〇・一五頁）等、「唱礼」の名称が用いられている。

このことは、『声実抄』が撰せられたと伝えられる鎌倉期には、正式曲名は「五悔」「九方便」（胎蔵）であったが、すでに「唱礼」の呼称が用いられていたといえる。

九方便の意味

九方便とは、胎蔵界の作礼・出罪・帰依・施身・発菩提心・随喜・勧請・奉請法身・廻向の九種方便よりなる懺悔礼仏法である。

九種方便の一々に、偈頌・真言・印があるが、次第・法流によっては真言を用いず、印もすべて金剛合掌を結印する法流もある。

『乳味鈔』巻五（一一丁裏）に、九種印明の方便力によって真実を成して九種の事をなす故に、或いは所修の法前後方便の故なり。これ方便と名づく所以なりと説き、つづいて金界は果位の五智をあらわさんが為に五悔方便を修し、胎蔵は因位の九識を示さんが為に九方便を行ずとある。これは九識の因を以て五智五仏の果をあらわす義なりと説かれている。

杲宝の『胎蔵界念誦次第要集記』第二（真全二五・四〇—五三頁）には、入仏三昧耶、法界生の印明、九方便の印明等が説かれ、また九方便を九尊に、さらに普賢十願に左記の図の如く配している。

次に、『乳味鈔』巻五（一三丁表―一四丁表）に説く九方便を概説する。

まず、第一の作礼方便は十方の三宝に帰命し礼拝し恭敬する。第二の出罪方便は無始以来の罪業を仏に対し懺悔する。第三の帰依方便は十方三世一切諸仏に帰依する。第四の施身方便は身を一切諸仏に奉献する。第五の発菩提心方便は一切衆生を救度せんと欲して大菩提心を発起する。第六の随喜方便は他の善事をなすをみて心に随喜する。第七の勧請方便は諸仏を勧請して法雨を請う。第八の奉請法身方便は凡夫自身に法身を証せんと請う。第九の廻向方便は所修の善業を一切衆生に廻向する功徳を以て、自他ともに菩提を証する。

胎蔵法唱礼の構成は、左記である。

1、第一作礼方便	普賢	敬礼諸仏
2、第二出罪方便	文殊	懺悔業障
3、第三帰依方便	観音	常随仏学
4、第四施身方便	弥勒	広修供養
5、第五発菩提心方便	宝幢	恒順衆生
6、第六随喜方便	開敷華	称讃如来・随喜功徳
7、第七勧請方便	阿弥陀	請転法輪
8、第八奉請法身方便	天鼓雷	請仏住世
9、第九廻向方便	大日	普皆廻向

敬礼三宝・入仏三昧耶真言・法界生真言・九方便・転法輪真言・無動金剛能成就真言・勧請・五誓願・虚空蔵転明妃真言・三力偈・祈願・礼仏・廻向の次第である。

中院流・西院流・随心院流等は魚山集の如く転法輪真言・無動金剛能成就真言の二を用いるが、醍醐は転法輪真言・擐金剛甲真言である。

句頭、助音の有無等は法流により不同なる故に、また同じ法流にありても師により読み癖があるので、留意すべきである。

敬礼三宝

『寛保魚山集』『明治魚山集』『声明類聚』に「此句字博士共金剛界の如し」とあり、全く金剛界唱礼に同じである。

入仏三昧耶真言

宮三七裏一行

怛　哩

『明治魚山集』『声明類聚』は、「怛」と「哩」の羽の博士の間に「急」の符号がある。また、『寛保魚山集』は、「怛」は「豆」の符号、「哩」は「怛ヨリ長」の注記がある。これらより考察すると、「怛」を短く「哩」に急に唱え移り、「哩」を「怛」より少し長く唱えるとの意と思われる。

宮三七裏二行

三麼曳

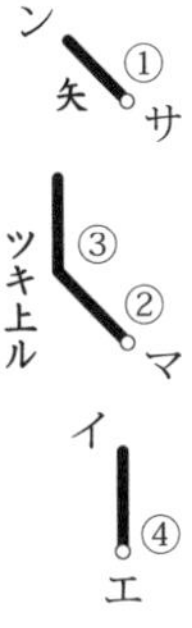

大山公淳「講究会の記（五）」（『高野山時報』）に、「三麼に付く羽の譜はツキ上ゲ、此のツキアゲに於いて高野の伝ではアヤがあり、これ声の自然の音動と認むべきものであろう」と、高野の伝は不可解であるが、アヤとはうるわしいという意であろうか。加えて自然の音動とあるので、ツキ上ゲることにより、賓由の如きを唱えるのであろうと思われる。徴①と徴②を同音に、羽③をツキ上ゲ、すなわちスクウ如く唱え、羽④は羽③と同音に、静かに唱えるを習いとする。

『類聚の解説』（八一頁）は、「三麼曳は大恵師云く。徴・徴・羽・羽と点譜すれども、角・角・羽・羽と徴を角に下げて静かに唱うるを習いとす」と、近年の実唱と同である。

「ナウマクサマンダボダナン」と「アサンメイチリサンメイ」と「サンマエイ」と三切れにして、次第をとる。

法界生真言

「ナウマクサマンダボダナン」と「タラマダドソハハンバクカン」と二切れにして、次第をとる。

宮三八表一行

達

『寛保魚山集』は自下の符号のみであるが、『明治魚山集』『声明類聚』は「打付之ヲ浅自下ト云」とあり、浅自下で唱える。浅自下とは、本自下（本篇第一章第五節1「云何唄」を参照）の呂曲のユリの箇所を打付にして、後は本自下に同である。

作礼方便

宮二八表二行

十方

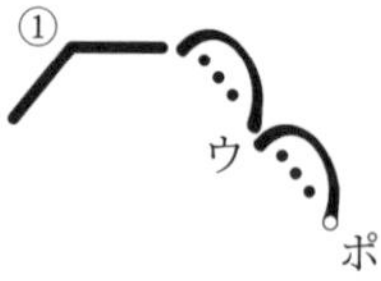

宮二八表二行

正

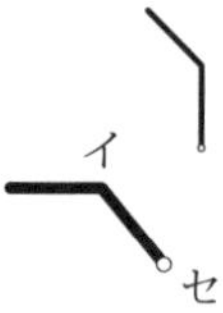

此譜以下皆羽徴ニ訂ス之ヲ知レ

二伝あり。

《一》角より商に下げる時は、古来力をぬかず太く強く力のソリの如く唱えるのが習いである。したがって、ここの商①も力をぬかずに強く太く唱える。

《二》商①は力をぬき消え入る如く唱える。帰依方便の頭の「十方」、施身方便の頭の「身」、発菩提心方便の頭の「心」、随喜方便の頭の「方」、奉請法身方便の頭の「夫」の博士も同である。

『寛保魚山集』には、徴の博士にユの符号があり、由合の注記がある。しかし、『明治魚山集』『声明類聚』は「此譜以下皆羽徴ニ訂ス之ヲ知レ」とあるのみで、ユの符号も由合の注記もない。近年の実唱は、由らずに同音で唱えるのみである。『類聚の解説』（八一頁）も、「徴角の譜は凡べて羽徴に訂すこと金界に同じ」と記されている。

なお、右記の如く、『寛保魚山集』と『明治魚山集』『声明類聚』との間には、異なる唱え様の箇所が多々あるが、以下略することとする。

宮三八表二行

覚

半音の故に、カクと全音を唱えずカのみ唱える。

宮三八表三行

世

『寛保魚山集』は自下の符号のみであるが、『明治魚山集』『声明類聚』は「打付ナシ之ヲ略自下ト云」とあり、略自下で唱える。

略自下とは、浅自下の打付を略し、後は浅自下に同である。

宮三八表三行

具三

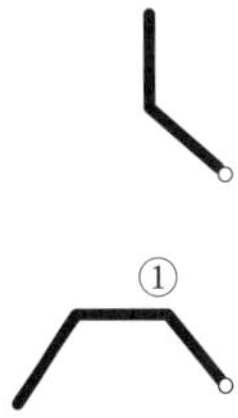

角①をイロで唱えるのと、イロを用いないのと二伝あり。詳しくは本篇第一章第五節[6]「五悔」を参照すべし。

宮三八裏一行

帰命

作礼方便の助の帰命は四あるが、帰のすべてを一拍で唱える伝もある。しかし、自下、延ル以外は同じ調子で二拍で唱えるのが習いである。

宮三八裏一行

一

半音の故に、イチと全音を唱えずイのみ唱える。

宮三九表一行

密　印

以身。口意。

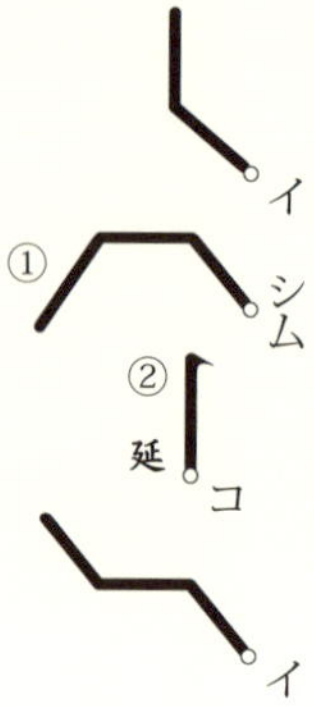

密の漢音はビツで、半音の故にビのみ唱える。印（イン）はチンと唱える。

『声明類聚』二四丁表の頭注に、「五悔九方便のときに一句七字を四字と三字とに切る。但し上より二字目の譜の終わり商にして三字目に羽のあるときは上の二字にて切る是れ習なり」とある。この意は、普通の句は四字目で切るのであるが、二字目の「身」の終わりが商①で、三字目の「口」が羽②である時には、二字目の「身」で切る。

宮三九裏一行

歸命頂禮大

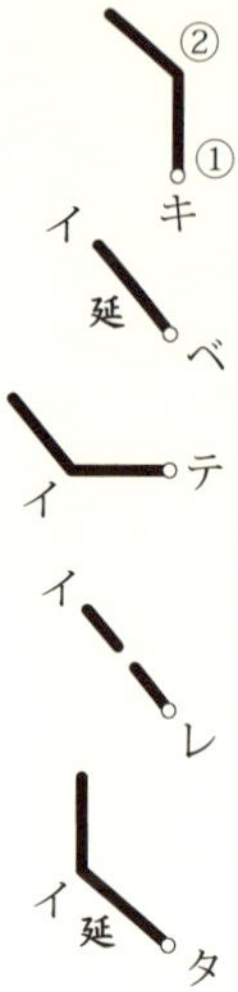

二伝あり。

《一》羽①を高く徴②を下げて唱える。

《二》羽①と徴②を同音に唱える。

以下の「帰命頂礼大」もすべて同である。

出罪方便

宮三九裏三行

罪

二伝あり。

《一》すべてスクウで唱える。

《二》スクウではなく、同音で唱える。

「覆」（四〇丁表一行）、「正」（同丁表二行）、「善」（同丁表三行）、「不」（四一丁表二行）も同である。

宮四〇表三行

識

すべて半音に唱える。

「極」（四〇丁裏三行）、「十」「仏」（四一丁表一行）、「悉」（同丁表二行）も同である。

宮四一表一行

對

『明治魚山集』『声明類聚』では四声点が本濁音である。『岩原魚山集』『吉田声明集』『鈴木声明集』も本濁音。筆者所有の『寛保魚山集』は、朱で新濁音に手入れされている。『松帆魚山集』『智山声明大典』も新濁音である。

帰依方便

宮四一表三行

十

すべて半音に唱える。

「仏」（同丁同行）、「法」（同丁裏一行）、「悉」（同丁裏三行）も同である。

正　宮四一裏一行

二伝あり。

《一》すべてスクウで唱える。

《二》スクウではなく、同音で唱える。「大」（同丁裏二行）と同である。

施身方便

大　宮四二表二行

二伝あり。

《一》すべてスクウで唱える。

《二》スクウではなく、同音で唱える。

刹　宮四二表三行

すべて半音に唱える。

「一」（同丁裏一行）と同である。

塵　宮四二表三行

漢音は「チン」の故、かく唱える。

発菩提心方便

寶　宮四二裏二行

半濁音で「ポゥ」と唱える。

發　宮四二裏三行

漢音は「ハツ」であるが、呉音の「ホツ」で唱えるのが習いである。『寛保魚山集』には、「子細は知らず。先徳は皆ホツと付せられたり」とある。『明治魚山集』『声明類聚』『鈴木声明集』『岩原魚山集』『吉田声明集』『智山声明大典』『松帆魚山集』もすべて、「ホツ」と振り仮名をされている。ただし、「ハツ」と唱える伝もあり。

無　宮四三表二行

二伝あり。

《一》すべてスクウで唱える。

《二》スクウではなく、同音で唱える。

「利」（同丁裏一行）と同である。

解脱　宮四三表三行

『寛保魚山集』は「カタツ」、『類聚の解説』には、「寛保版にはイを付せずカタツと振仮名せり。声明に唱えざる時もカータツと発音す。声明にてもカーと訛る伝の方が宜しきか」とある。『智山声明大典』『松帆魚山集』もカ、『明治魚山集』『声明類聚』『鈴木声明集』『岩原魚山集』

『吉田声明集』はカイと仮名を付している。

「解」は、漢音はカイ、呉音はケ・ゲである。「講究会の記（五）」には「令解脱も呉音にてレイカータツと読みてレイカイタツと読まず」とあるが、カーと呉音に読むというのは不可解であるが、カータツと唱えると述べられている。

脱 宮四三表三行

すべて半音に唱える。

「識」（同丁裏一行）と同である。

随喜方便

十 宮四三裏二行

すべて半音に唱える。

「力」（四四丁表一行）、「及」「仏」（同丁表二行）、「業」（同丁表三行）、「一」（同丁裏一行）も同である。

大 宮四三裏三行

二伝あり。

《一》すべてスクウで唱える。

《二》スクウではなく、同音で唱える。

「仏」（四四丁表二行）と同である。

宮四四表二行

佛子

漢音は「フツ」で、半音であるので「フ」。『声明類聚』『智山声明大典』『松帆魚山集』は清音、『明治魚山集』『鈴木声明集』『岩原魚山集』『吉田声明集』は本濁音としている。

「講究会の記（五）」に、「フッと読むは漢にして、朝意師はブッと濁られてある。或は如法濁と註するものあり、如法とは如意輪寺方のこと。その朱註に不入声の読み方もあり、不入声ならばフーシと続く、これ覚証院方弘栄前官の伝である。但し今は濁るものとす」と、紛らわしく理解に苦しむが、朝意はブッシ、如意輪寺方はブシ、覚証院方弘栄前官の伝はフシ、しかし今は濁ってブシと唱えるのを習いとすると解すべきか。いずれにしても、近年は、「ブシ」と濁音で唱える方が有力である。

勧請方便

宮四四裏二行

来

二伝あり。

《一》すべてスクウで唱える。

《二》スクウではなく、同音で唱える。

「界」（四五丁表一行）も同である。

宮四五表一行

唯

『寛保魚山集』の脚注に「隆然記にはユイと付られたり但し案記の口説古今相違多端なり」とあり、近年は「イ」とすべしと説く。

十

宮四五表一行

半音に唱える。

雲

宮四五表二行

『類聚の解説』（八二頁）に廉峯の『声明聞書』を引いて、「漢音はイン、呉音はウンなり。然れどもこの雲は呉音にてウンと発音する習とす」とあり、「ウン」と呉音に唱えると説く。しかし、『大漢和辞典』は漢音・呉音ともに「ウン」とするなど、「イン」の読み方はない。おそらく、時代によって音韻の変遷があったといわれるので、江戸期には雲を漢音で「イン」と読まれていたと思われる。

法

宮四五表二行

すべての声明集は「ハウ」なり。ただし、『豊山声明大成』は「ホウ」と呉音に仮名が付せられている。これは、おそらく「ハウ」をワルで唱えると「ハ」「ウ」であるが、一字のキキで実唱すると「ホウ」と唱えることとなる故であろう。

奉請法身方便

所

宮四五表三行

漢音はショ、呉音はソであるが、すべての声明集は呉音のソと唱える。

宮四五表三行

住

『声明類聚』はシウ、『鈴木声明集』『智山声明大典』はチウ。

宮四五裏三行

安住

『明治魚山集』『声明類聚』『鈴木声明集』『松帆魚山集』『岩原魚山集』『吉田声明集』は本濁音であり、『智山声明大典』は清音である。

「講究会の記（五）」に、「真鍋師は葦原僧正の伝を受けて安住を読むに、漢音を用いればせまって声苦しけれど、呉音にてはくつろぎゆたかなるによって今はこれを濁って読む、これ所謂安く住するの意に契うと。鈴木師は朝意師もヂウと濁れりと云い、山田は去声の字の故に濁る。此のこと深意の習いあり更に聞けと私案記を引かる。松橋師この字呉音ならば本濁の字である。然らば濁るが常にて、それを澄むによって深意ありというのではないか。蓋し清浄法界に安住するの義なる故にうちくつろいで安く住すべし」と、「住」は慣用音はヂュウ、漢音はチュ、呉音はヂュである。山田の深意について、筆者は『私案記』のすべてに目を通してみたが見出せなかったのでわからない。松橋は、『私案記』の深意について、呉音であれば本濁音であるが、清浄法界に安住する義である故に、清音で唱えるというのが深意であるとしている。筆者所蔵の『寛保魚山集』一本には、「住」の去声に清音の点が付されているので、この松橋説が実証されているとも考えられる。しかし、山田は去声の字の故に濁り、鈴木は朝意説により濁音で、真鍋は葦原寂照の伝として、呉音にてはくつろぎゆたかになるによって濁音に読むと主張されている。近年はこれらの説により濁音で「ヂウ」と唱える。

宮四五裏三行

法　界

入声で「ハッ」と唱える。『私案記』（続真全三〇・一〇八頁）にも、「法界の法はハッとする也」と記されている。

廻向方便

宮四六表三行

盡

二伝あり。

《一》すべてスクウで唱える。

《二》スクウではなく、同音で唱える。

「向」（四六丁表三行）も同である。

宮四六裏一行

至　菩　提

『寛保魚山集』に「或る口に曰く。至菩提の三字少し早くすべし」と記されている。

転法輪真言

「ノゥマクサマンダバンザラダン」と「バンザラタマクカン」と二切れに唱える。高野山は導師のみ独唱するが、京都は次第を取るのは、金剛界に同じである。

無動金剛能成就明

「ノゥマクサマンダバンザラダン」と「オンカアシャラゲンダシャロシャダヤ」と二切れに唱える。高野山は導師のみ独唱するが、京都は次第を取るのは、金剛界に同じである

勧請

『声明類聚』には、「頌曰乃至勧請亦如是」とあり、金剛界の如しという。すなわち、金剛界では勧請の「帰」の音を、三昧耶戒の真言の最後の「鑁」の角に出し、もし五悔が高ければ「鑁」の商に出すことをいうのである。『声明類聚』に、「記に曰く。仰の宮を娑駄耶の耶の位に出すべし。但し耶は徴なりといえども角の音を口内にも ち仰を出すべし。若し然らざれば高に過ぐるなり」と、『私案記』を引き、九方便の勧請の「仰」の㊪も、無動金剛能成就明の「耶」は位は徴であるが㊓に出し、その㊓の音で「仰」の㊪の音を出す。もし九方便が高ければ㊒の音に落として出すと指示されている。

ただし、「耶」の徴は呂曲ユリで唱える。口伝の「ユレバ一位下ガル」に準ずると、「耶」の角（実際の博士は徴であるが）をユルと一位下がり商となる。したがって、五調子各音の位置よりみると、「耶」（呂曲双調）の㊒と「仰」の㊪と同音となるのである。

左記の『声明類聚』の注記によると、無動金剛能成就明の博士は、実唱と異なり一位高く点譜されている。「耶」の博士は徴であるが、実際は角で唱えるのである。すると、五悔勧請の「帰」と同じであり、五悔における岩原・

吉田説を引用すれば、九方便が低くなると「耶」の角⃝（実際の博士は徴）と同音に「仰」の宮⃝を唱えよと指示されているが、理論通りに「耶」を商⃝の位で同音に「仰」の宮⃝の音を出せばよいのである。

仰願胎蔵大日尊

「仰」は、歴代の「魚山集」により、黄鐘調中曲であることは間違いのないところであり、「仰」は宮であるが、

洋楽音名	十二律	横笛	耶（呂曲双調）		仰・願（中曲黄鐘調）		胎（中曲一越調）	
イ	黄鐘	夕					徴	
■	鳧鐘						反徴	
ト	双調	上					角	
■	下無	五						三重
ヘ	勝絶						揚商	
ホ	平調	干			徴		商	
■	断金				反徴			
ニ	一越	六	徴		角		宮	
■	上無		反徴			三重		
ハ	神仙	下			揚商		揚羽	
ロ	盤渉	中	角	三重	商		羽	
■	鸞鏡							
イ	黄鐘	夕	商		宮		徴	
■	鳧鐘						反徴	二重
ト	双調	上	宮		揚羽		角	
■	下無	五	反宮		羽			
ヘ	勝絶						揚商	
ホ	平調	干	羽		徴		商	
■	断金				反徴	二重		
ニ	一越	六	徴		角		宮	
■	上無		反徴	二重				
ハ	神仙	下			揚商		揚羽	
ロ	盤渉	中	角⃝		商⃝		羽	初重
■	鸞鏡							
イ	黄鐘	夕	商⃝		宮⃝		徴⃝	
■	鳧鐘						反徴	
ト	双調	上	宮		揚羽		角⃞	
■	下無	五	反宮		羽	初重		
ヘ	勝絶						揚商	
ホ	平調	干	羽		徴		商⃞	
■	断金			初重	反徴			
ニ	一越	六	徴					
■	上無		反徴					

「願」はユルグであり、「ユレバ一位下ガル」の口伝によると初重羽となる。「胎」は商である。五音の高低にしたがうと、当然なることに「願」の宮よりも「胎」の方が高くなる。しかし、実唱は「願」は下げず、「仰」の宮と同音に唱え、「仰」「願」の宮よりも「胎」のソリ初めを一音下げて唱えている。

同じ調子で宮（口伝に準ずれば初重羽）よりも「胎」の商を一音下げて唱えるということは、「五悔」と同じく、「仰」「願」と「胎」が同じ黄鐘調中曲ではなく、甲乙反により異なった調子に反音していると考えるべきである。黄鐘調の甲乙反は平調か一越調である。

そこで、実唱音より探ると、「仰願」の宮と「胎」の徴を同音に唱えている。これを「音階対照表」から見ると、黄鐘調中曲二重宮と一越調初重徴とは同音であり、主音である徴が、黄鐘調中曲二重宮と同音に唱える。また、五調子を五仏に配すると、一越調は大日であり、勧請帰命の句の「胎蔵大日尊」に相応するために、平調よりも一越調へ反音したと考える方が妥当である。ただし、「胎」の[商]はソリであるが、「ソレば一位上がる」との口伝があり、「胎」の[商]をソリ上げると一位上がり[角]となる。すると、徴と同音に唱える実唱とは合致しない。「胎」の[商]は、実際は[角]の高さで唱えており、ソリ上げると一位上の徴となり、同音で唱えることとなる。これは、高さの違う音と音をなめらかにつなぐ洋楽のスラーの如き役割を果たしているのであろうか。厳密にいえば、スラーとは異なるが、本来は角の音動はスクムであり、ソル音動はないために、商で代用せしめたのではなかろうか。黄鐘調中曲二重宮より一音下げ、[商]（実際は[角]）を一位ソリ上げ徴の高さとし、次に徴を唱えることになったのではなかろうかと思われる。

ところが、初重の商は博士がなく有位無声である。位はあるが、実際の声としては唱えられず、魚山集等にも表記されていない。また仮に表記されても常に見慣れておらず唱え難い。これら二の理由により、実際は一越調中曲

初重であるが、一越調中曲二重の博士で点譜されていると考えるべきである。

それでは、黄鐘調中曲で点譜してもなんら問題はないといえる。それをあえて「胎」以下を一越調中曲の博士に翻譜し、二重商とされているのである。その理由は何か。

この勧請の「仰願」は宮であり、その宮を五仏に配すると毘盧遮那大日であり、「仰願」する凡夫と宮すなわち大日と凡聖不二をあらわしており、実唱も「仰願」の宮と「胎」の主音の徴を同音で唱えており、これも凡聖不二をあらわすと考えられる。

しかし、勧請の「胎蔵大日尊」に仰ぎ願い奉るのに、すべての博士が黄鐘調中曲であれば、「胎」の博士は初重徴であり、「仰願」の二重宮よりも低い博士となる。これでは大日に博士の上で「仰願」する凡夫の博士の方が高くなり、「仰願」の意に反することとなる。

結論だけ述べると、博士を通じて音楽的理由よりも宗教的理由を満足せしめるため、「仰願」の博士よりも本尊である「胎蔵大日尊」の博士を高く表記するために、「仰願」は黄鐘調中曲、「胎」以下は甲乙反により一越調中曲の初重を二重の博士に翻譜されていると考えると、近年の実唱の曲節に合致しているといえるのではなかろうか。

宮四七裏一行

仰願

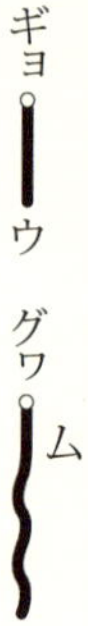

「願」は少し引いてムに移りユルグ。

「講究会の記（五）」には、「仰願の願の譜について朝意師はユル二三と註し、葦原師の本でも一本にはノベツケとなっており今の本ではユルグと註されている」と記されている。

『寛保魚山集』はユの符号があり、二か三かとあるので、二・三ユル。『明治魚山集』『声明類聚』はユルグ。右

記の寂照の一本の延付であるが、『明治魚山集』、寂照『土砂加持法則』もユルグであり、他の声明集に延付の指示があったのか、あるいは次の五誓願の誓願断除一切悪の「願」と勘違いをしているのか、不可解である。

五誓願

宮四八表二行

願

延付である。初め「グヮ」を高く少し長く徐々になめらかにすべらせて唱え、最後の「ン」に移る。

宮四八裏二行

誓願修習一

この句を「羽・三重宮・徴・羽・三重宮・徴・徴」と高声に唱える理由について、『智山声明大典』（一二八頁）では、「此五誓願を五智に配すれば第三は西方弥陀に当たる。弥陀は説法断疑を主どる法門身の故に特に此処に博士を上げ唱ること、尚金剛の五大願の如し」と説かれている。

虚空蔵転明妃真言

『声明類聚』に「以下細譜を点ずること深旨あり」とあるのは、葦原寂照『要覧』（一二丁左）に「両部に就いて甲乙を判ずる時は、金界は甲宮音にして胎蔵は乙徴音なり。之に依て金界の普供養の真言には悉く宮音甲音を点せり。今

此明妃の真言に徴の細譜を点ずることは、胎蔵は乙曼荼羅たる内証を示すものなり」と説かれているのをいう。

金剛界の普供養真言は宮音が主音であり、胎蔵法の虚空蔵転明妃真言の主音は徴である。宮音と徴音は順八逆六の甲乙反の関係にあり、金剛界は甲曼荼羅、胎蔵法は乙曼荼羅の内証であると教示している。

高野山は導師のみ独唱するが、京都は「ノゥマクサラバ」は導師が徴音に独唱し、醍醐・広沢ともに「タタギャテイ」のみ頭助次第をとり、「ビュウビジンバボケイ」、「ウダギャテイビャクサラバクカン」は徴音に唱える。また、『智山声明大典』には、「瓢」について「幸心ハ必ス清ムヘシ他流ハ濁」と、幸心は「ヒュウビ」と清音で唱えるとしている。

礼仏

宮五〇表三行

世

ナマル。少し濁った声で、「セ」とアタル如く唱えマワシ、柔らかに下げる。

宮五〇裏一行

南無阿梨耶

二伝あり。

《一》他の句と同じ調子で一遍唱える。

《二》初重・二重・三重と高さを変えて、合計三遍唱える。

宮五〇裏三行
縛曰羅薬刄

「ヤクシャ」と「ヤキシャ」の二伝あり。『類聚の解説』は小野・中院は「ヤク」、広沢・醍醐は「ヤキ」と説くが、近年、醍醐は「ヤキ」であるが、広沢も「ヤク」と唱えられる伝もある。

宮五一表二行
廻向大菩提　所修一切

「廻向大菩提」については、『明治魚山集』『声明類聚』に調子の指示はない。しかし、胎蔵法は殆ど金剛界の如しとされている。細譜ではなく本譜によると、「南無金剛界一切」の「切」の最後の宮（実唱は宮に下げず商と同音に唱えているが）と「廻向大菩提」の「廻」の徴と同音に唱えている。黄鐘調の宮と同音は一越調の初重徴（実唱は初重であるが博士は二重で表記）であり、次の「所修」の羽も一越調初重羽とすると、実唱にぴたりと一致することになる。したがって、「廻向大菩提」「所修一切」の調子は、一越調として唱えるのが妥当であると思われる。

3 不動漢語

一、出　典
不動梵語の漢訳ではない。出典については不詳である。

二、調　子
『声明の研究』（五四三頁）は、伝によると平調反音曲と説くが、高すぎる感があると説く。『吉田声明集』は不

動漢語の題下に「平反但盤」とあり、おそらくは岩原の伝を受け平調反音曲であるが、高すぎる故に盤渉調反音曲と指示されている。『類聚の解説』は平調反音曲と説き、「寂然三摩」の四字は呂曲としている。

三、概　説

秘讃である。土砂加持の前讃第三段に用いられる。

『秘讃　折紙三十三帖目録共　合帖』（以下、『秘讃』とする）、『鈴木声明集』、『岩原魚山集』の秘讃集に載る不動漢語と、寂照『土砂加持法則』、『吉田声明集』の不動漢語を参照した。この中、『秘讃』は、文禄四年（一五九五）五月九日より五月十五日までの七日間の中、五月十二日の朝意が良尊に授与せし諸秘讃の折紙を、昇道が天保十三年（一八四二）に書写せしものである。『岩原魚山集』の秘讃は、その『秘讃』を底本として編纂せしものである。

[岩]一巻三左一行

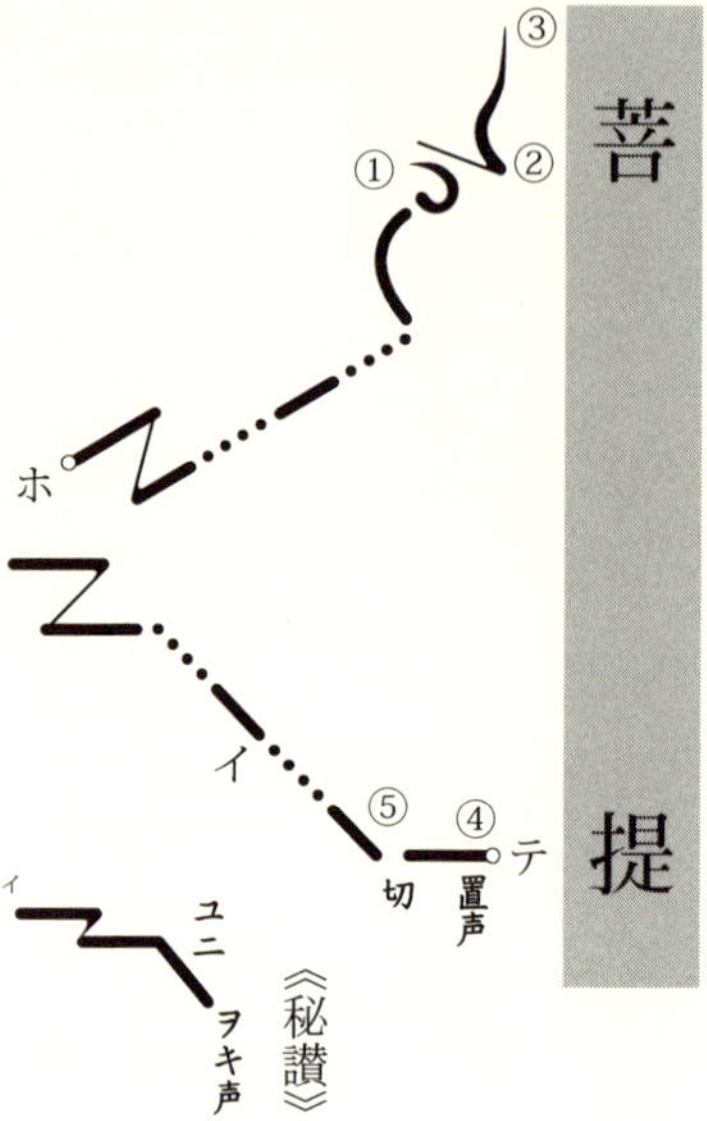

《秘讃》

吹切①は、初めは太く強く直線の如く唱え、中ほどより強く当たって短いソリ切リの如く唱える。

角④は置声。置音ともいい、両者ともオキゴエと読む。

②から③へ声のソリでソリ上げ、④の置声に置く。

その置く声に二伝あり。

《一》ソリ上げた③の高さの音をそのままで角④を唱え、徴⑤を下げて唱える。

《二》ソリ上げた③より高さを下げて角④を唱えるが、あ

たかも声を置く如く唱え、徴⑤を角④と同音で唱える。

なお、「提」については、『岩原魚山集』は法則と同であるが、『秘讃』は下の細譜であり、角はないが、置声の符号があり、徴で置声をして、由合をして唱えるので、博士は異なるが実唱は同である。

岩一巻四右一行

不　壊

《一》　フ　　《二》　フ

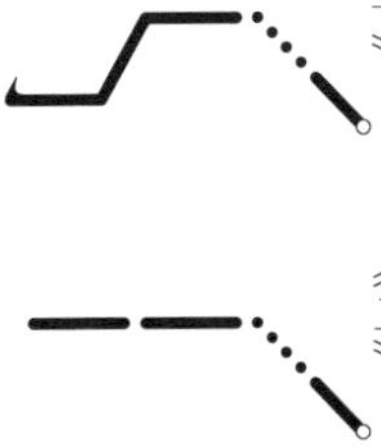

「不」は、寂照『土砂加持法則』と『吉田声明集』には《一》の博士が用いられている。『秘讃』と『鈴木声明集』『岩原魚山集』の秘讃集には《二》の博士が用いられている。

岩一巻四右一行

者

二句目に「金剛不壊者」とあるが、『秘讃』と『鈴木声明集』『岩原魚山集』の秘讃集は「智」である。なお、寂照『土砂加持法則』は「者」、『吉田声明集』は「智(者)」としている。

岩一巻四右三行

無(不)

寂照『土砂加持法則』と『吉田声明集』には「無《ブ》」であり、《一》の博士が用いられている。『秘讃』と『鈴木声明集』『岩原魚山集』の秘讃集では「不《ブ》」であり、《二》

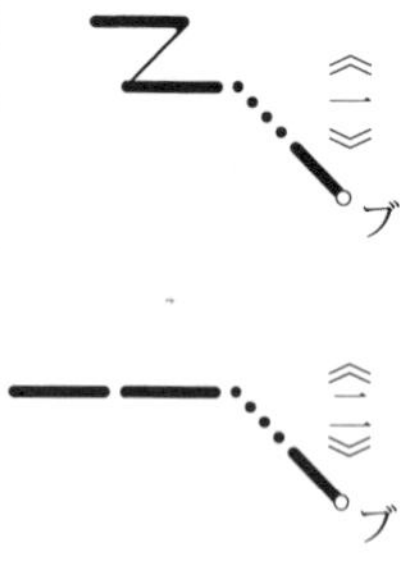

の博士が用いられている。

[岩]一巻四右三行

尊

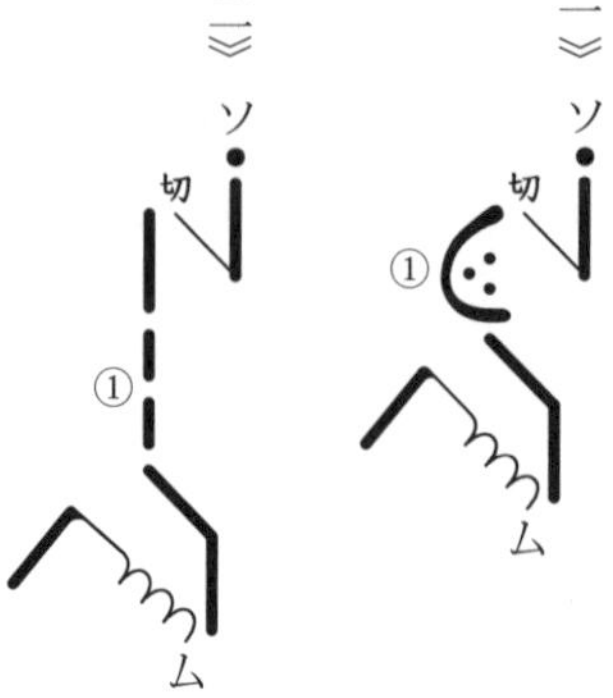

二伝あり。

《一》宮①は、「秘讃に突由なし」との口伝あるにより、由下に似たる音動を用いて唱える。『鈴木声明集』にはこの伝が用いられている。

《二》宮①は、突由で唱える。『岩原魚山集』『吉田声明集』には突由が用いられている。

『秘讃』と寂照『土砂加持法則』は本譜の故に、いずれか不詳である。

[4] 心略漢語秘讃

出典と調子は本篇第一章第五節[15]「心略漢語」の項を参照すべし。

後讃第二段の心略漢語の頭の「善」、「生」、「主」に秘讃を用いる。

あるいは、第二段の頭に秘讃を用いない時は、第三段の光明真言秘讃に反音を用いる。

『明治魚山集』の「善」、「生」、「主」の本譜の右に細譜があり、特に細譜「善」の右に「秘讃中其一」とあり、左には「此細譜ハ善ニ多々ノ秘曲アル中ノ其一ナリ任意可唱」とある。

『秘讃』の心略漢語題下には「善字十六節　生字四節　主字三節」と割注がある。「善」は十六曲、「生」は四曲、「主」は三曲という意である。『声明類聚』の秘讃はその中の一をあげているのである。しかし、『声明類聚』には「善」は二曲のせられている。いずれにしても、多々ある秘讃の中で、頭人の意楽にまかせていずれかの一を唱えるも可なりとせられている。

なお、善通寺所蔵の朝意・廉峯・寛光記の秘讃を類集した東予寒川神社神宮寺住の霊雅が文政年間頃に書写した『声明伝授折紙等類集』に、初めに右記の善字十六節・生字四節・主字三節をあげ、つづいて「心略漢語二十一善此内前十六善有之」と、「善」字には二十一節があるとして、博士を載せられている。

『鈴木声明集』に、「善字徴又は羽にて終るときは生に置声あり其他はなし」と、善字の最後が徴または羽の時は、次の生字に置声をする。十六節の中には、徴・羽以外に商・角・三重宮で終わる博士があるが、その時には置声はしないのが習いであると説く。

宮六七表二行

善

『声明類聚』に秘讃の二節が載せられている。

《一》三重宮①を高く出し、徴②で下げ律曲のユリを二由する。

《二》三重宮①を口内アタリをして高く出し、角②で少し下げ、商③で大きく下げる。

《一》

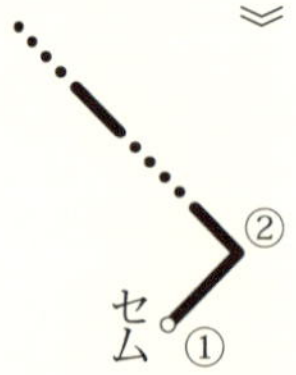

《二》

すなわち、三段にわたって大きくマワシ下げる。次に徴④を高く出し、律曲のユリを一由する。

宮六七表二行

主

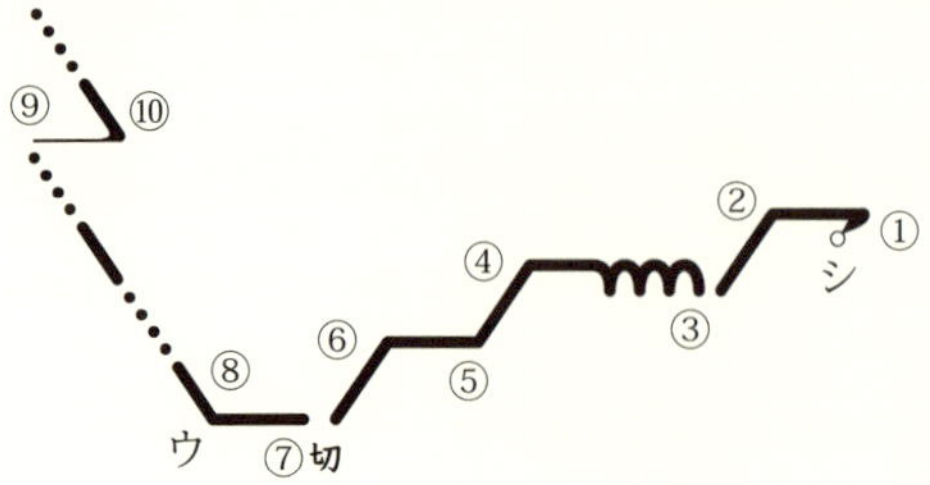

カカル①の故に、短く「シ」と唱え、切音不切息して同音で引く。商②は下げ、角③は音を上げイロ三ツとモツ一ツ。商④を下げ、角⑤を上げ、商⑥を下げ切る。次に角⑦を上げ、ウの仮名に移り、スクウ如く徴⑧を高く唱え二由し、さらにモドリ⑨を高く、徴⑩を下げ一由する。

5 𑖠𑖯𑖝𑖲讃

一、出　典

『密教大辞典』には、「宝光虚空蔵の明に譜曲を付したるものにして、諸秘讃に収む」とある。『五大虚空蔵菩薩速疾大神験《じんげん》秘密式経《しききょう》』金剛智訳（大正蔵二〇・六〇七c）には、「南方菩薩呪曰　唵嚩曰羅曩怛洛」と、南方菩薩呪、すなわち宝光虚空蔵菩薩の真言が説かれているが、𑖠𑖯𑖝𑖲讃に全同ではない。対応する典拠が見当たらず不詳である。

二、調　子

『声明の研究』（五四三頁）は、伝によると平調反音曲と説くが、高すぎる感があると説く。『吉田声明集』は𑖠𑖯𑖝𑖲讃の題下に「盤渉調律反音曲」とあり、おそらくは岩原の伝を受け平調反音曲であるが、高すぎる故に盤渉調反音曲と指示されている。児玉『類聚の解説』（一七二頁）は「最初の二字は呂曲、後は律曲なり」と説く。『声明教典』（二〇〇頁）は「唵囉の二字と終わりの商とが呂で中間は律である」としている。

三、概　説

秘讃である。『秘讃折紙三十三帋目録共　合帖』には、「秘言𑖠𑖯𑖝𑖲賛」と「又説」の二曲が収載されている。土砂加持に用いられる秘讃は前者であり、後者は殆ど同節であるが、「摩」、「尼」、「嚩」の三字の博士が異なる。

𑖠𑖯𑖝𑖲は駄都（dhātu）と音写し、舎利の異名である。『類聚の解説』は、「駄都は如来の遺身舎利にして是れ如意

宝珠なり。その梵偈を駄都ノ讃という」と、舎利すなわち如意宝珠を讃嘆する梵讃と述べられている。

讃文は、唵 oṃ（帰命）囉怛曩 ratuna（宝）摩尼 maṇi（珠）嚩曰羅 vajra（金剛）怛落 trāḥ（種子）と如意宝珠を讃え帰依する偈文となっている。

また、普通は、不動梵語の助が終わり、頭人が全曲を独唱することになっているが、一説には「オンアラタンノウ」が頭、「マニ」以下を職衆が助音するという伝もある。

嚩

［岩］首巻一二三右二行

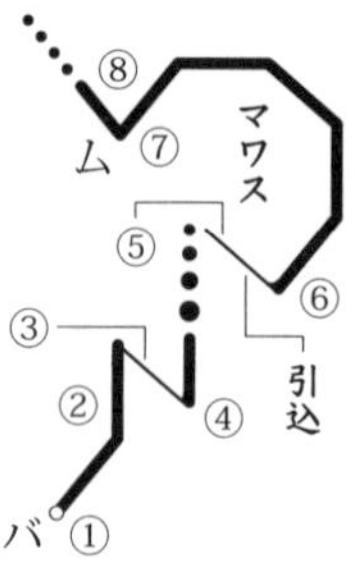

三重宮①は口内アタリをして高く出す。羽②は下げ、ツキモドリ③は上げ、羽④は最初徐々に太く強く力のソリで唱え、イロに移る。そのイロは最初の歩幅を大きく、徐々に小さく高くして唱える。引込⑤は、寂照は「声を細めて指込むなり」と。『声明教典』（一二三頁）は、「直前の音より非常に高いツキモドリの一種の故、特別な力の用い方が必要となり、あたかも喉の奥に引きこむ如く唱えるので、この名がおこったのである」と解説されている。実唱は、口をあけてあたかも息を喉に引き込むように、裏声でマワス如く、またサイレンが鳴り終わるように、余韻をひいて唱え終わる。

次に、三重宮⑥で口内アタリをして高く出し、三段にわたって大きくマワシ下げ（商⑦）、徴⑧を商⑦と同音に唱え一由する。

なお、商⑦と徴⑧は、「引込ある時は商徴同」という口伝あるにより、同音で唱える。引込のない時は、商よりも徴を高く唱える。

また、『秘讃』の注記に、「バザラと続くればユラズ、ユレば切てザラ云うなり」とある。つまり、「嚩曰羅」と三

字つづけて唱えれば「嚩」の徴をユラズ、「嚩」の最末の徴をユレば、切りて後に「曰羅」と唱えるというのである。

6 光明真言秘讃

一、出典

『不空羂索毘盧遮那仏大灌頂光真言』（大正蔵一九・六〇六b）に説かれている。

二、調子

『声明の研究』（五四三頁）には、不動漢語・讃と同じく、伝によると平調反音曲と説くが、高すぎる感があると説く。『声明教典』（一八七頁）では、「平調反音曲であるとの伝で、初めの三字が呂であると云われるから、最後の商も呂で終局すべきである。平調では少し高すぎて荘厳味を欠くかと考える。盤渉調が適当でないか」として盤渉調反音曲と提案されている。『類聚の解説』（七四頁）は平調反音曲として、「の三字は呂なり」としている。『吉田声明集』は光明真言秘讃の題下に「平反」と平調反音曲と指示されている。しかし、光明真言秘讃は「」を反音で高声に唱えるのである故に、平調反音曲では反音が唱え難い。したがって、岩原の盤渉調反音曲が妥当であると思われる。

三、概説

秘讃である。『秘讃』には、「光明真言」とあるのみで、下の「秘讃」は略されているが、「光明真言ノ秘讃」と

読む。

『秘讃』と寂照『土砂加持法則』『吉田声明集』とを対比すると、「𑖨」のみ異なる。『秘讃』の「𑖨」は徴でスの符号がありユラズ、後の二本はユルとなっている。

また、本音と反音とには、秘讃・法則両者ともに、何故か悉曇に小異がある。

本音は「𑖕𑖿𑖪𑖩 jvala 𑖢𑖿𑖨𑖪 prava」であるが、反音は「𑖕𑖪𑖩 javala 𑖢𑖨𑖪 parava」と異なっている。しかし、実唱はいずれも「ジンバラハラ」と同で唱える。

土砂加持の後讃第三段に用いられる。第二段の心略漢語に秘讃を用いない時に、光明真言秘讃に反音を唱える。

『詳解魚山集』解説篇に、「助音の箇所について朝意本には𑖮𑖳𑖽𑖨・𑖧𑖪の両説を出す」とあり、朝意本を引き、助音が𑖮𑖳𑖽𑖨よりと𑖧𑖪よりの二伝があることを紹介されている。

『秘讃』にも、「𑖮𑖳𑖽𑖨《付》」と「𑖧𑖪《爰付両説》」と注記があり、朝意本と対応しており、二伝あることを示されている。

圏一巻二〇左一行

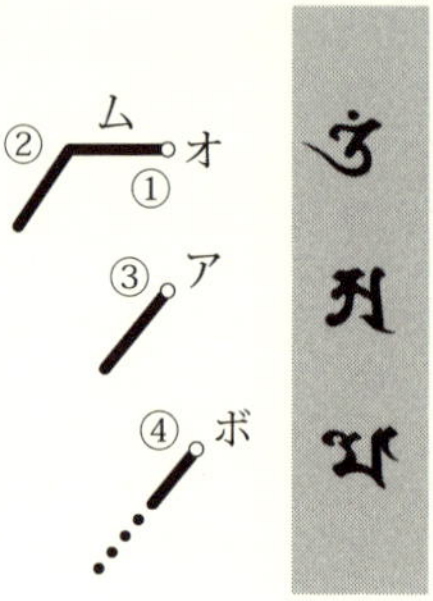

呂の故に角①より突いて商②を同音に唱え、商③も同音、商④も同音に唱える。しかし、「𑖧」は呂曲であるが、最後のユリは律曲に移る準備として律曲のユリで唱える。

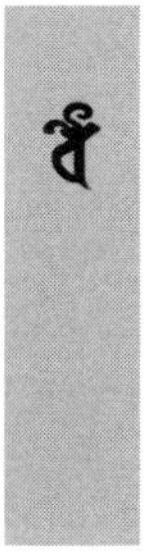

岩一巻二〇左一行

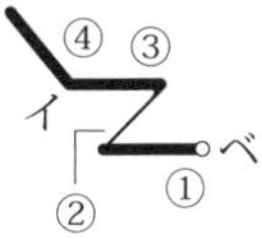

角①を唱え、モドリ②を高く上げ、角③を角①と同音に下げ、イの仮名に移り、徴④を角③と同音に唱える。

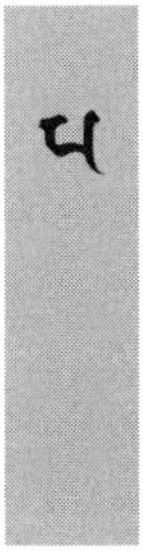

岩一巻二一右二行

二伝あり。

《一》

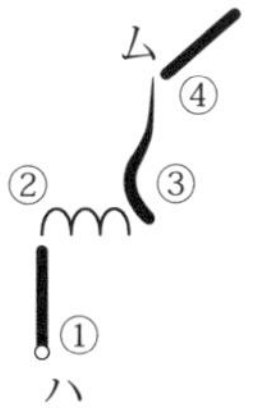

《二》

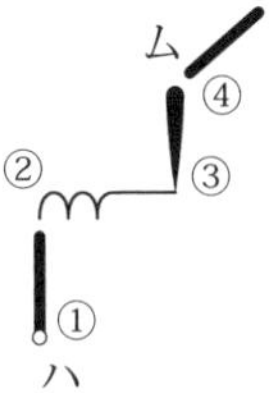

《一》羽①を高く唱え、イロモドリ②を羽①と同音にイロを同じ歩幅で三ツ、羽③を声のソリで高くソリ上げ、そのソリ上げた音と同じ高さで三重宮④を唱える。

《二》羽①を高く唱え羽①よりもイロモドリ②のイロを高く、同じ歩幅のイロを二ツとモツ一ツ、次に羽③を力のソリで②のモツと同音に唱え、さらに三重宮④を高く唱える。

岩一巻二一右二行

「《バ》」は「ハ」と清音で読むのを習いとする。初めに口内アタリをして引いて唱える。

光明真言秘讃反音

『類聚の解説』（七四頁）には、反音について「高声にて独唱す。律のユリなど必ずしも数にとらわれず息のつづく程度にて多くユル」と説く。一伝によると、「ジンバ」で必ず音を切ると説く。

反音の調子については諸説がある。

一は、本音より一オクターブ高い三重で唱える。

二は、一オクターブ高い三重では日本の成年男子では唱えられない。また、羽・その上の宮は無声であり博士にあらわせない。したがって、乙甲反の平調三重では余計に高くなるので用いず、甲乙反の双調三重で唱える。

三は、反音とは博士が変わったという意で高度は本音と同じ高さで唱える。

四は、『類聚の解説』には文殊讃の反音について、「古来反音は本音より少し高く唱える」とある。

『声明類聚』の頭注に、「反音に三義あり。一には施主を敬う、二には調声を賞す、三には長座の睡眠を驚覚す」とある。

以上より考察すると、一は高すぎて唱えられない。三は反音の三義等より考えると論外である。二か四により唱えるべきである。しかし、四は具体的な高さの指示はないが、自らの持ち前の声により本音よりも高く唱えるか、二に準じて唱えるべきであるか、いずれかであろうと思われる。

圏一巻二一左一行

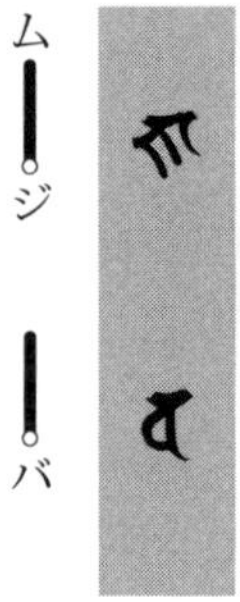

「𑖕𑖰」を口内アタリして高く出し、「𑖤」を「𑖕𑖰」と同音に高く出す。

[岩]一巻二二左一行

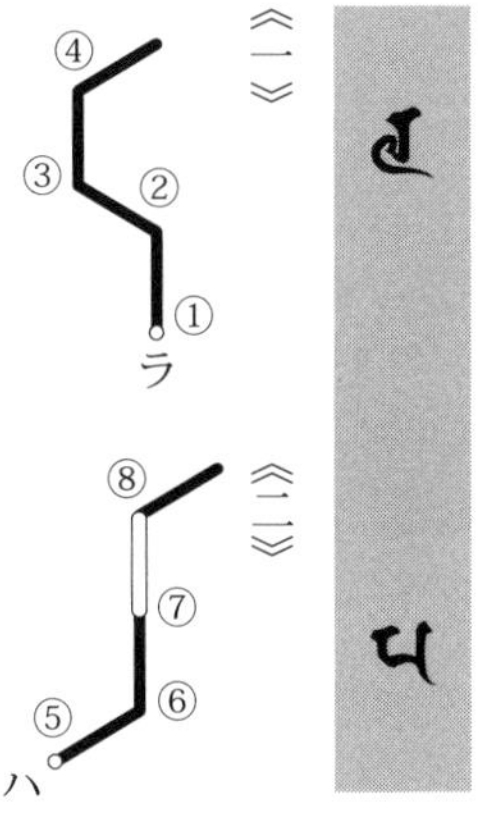

二伝あり。

《一》羽①よりも徴②を下げて唱え、羽③を声のソリでソリ上げ、その最後の音と同じ高さで三重宮④を唱える。その④と同音で三重宮⑤を唱え、羽⑥を下げ、揚羽⑦を上げ、三重宮⑧を同音で唱える。なお、揚羽・揚商の次の博士は揚羽・揚商と同音で唱えるというのが習いである。

《二》羽①よりも徴②を下げて唱え、羽③を力のソリで唱え、三重宮④を高く唱え、その④と同音で三重宮⑤を唱え、後は《一》の伝と同である。

7 光明真言

一、出典

『不空羂索毘盧遮那仏大灌頂光真言』（大正蔵一九・六〇六b）に説かれている。

二、調子

略頌文初・二・三重と光明真言初・二・三重の違いについて

略頌文で唱えられている初・二・三重十一位は、

略頌文の初重　徴・羽の二位

略頌文の二重　宮・商・角・徴・羽の五位

略頌文の三重　　宮・商・角・徴の四位

光明真言の初・二・三重は、

光明真言初重　　羽（初重）・宮（二重）・商（二重）・角（二重）

光明真言二重　　角（二重）・徴（二重）・羽（二重）・宮（三重）

光明真言三重　　羽（二重）・宮（三重）・商（三重）・角（三重）

略頌文で唱えられている初重・二重・三重は、洋楽でいうと三オクターブの異なりである。

光明真言の初重・二重・三重は右記の如く、光言初重といっても羽のみが初重の墨譜で、宮・商・角は二重の墨譜である。光言二重も角・徴・羽は二重の墨譜であるが、宮は三重の墨譜である。光言三重は羽のみが二重の墨譜で宮・商・角は三重の墨譜である。ただし、初重と三重は一オクターブの隔たりがある。

したがって、光明真言の初・二・三重は略頌文初・二・三重の三オクターブをいっているのではなく、初重・二重・三重にわたって、同じ曲節で唱える。そして、初重と三重は一オクターブの違いがあり、二重はその中間の高さに設定し、端的にいえば、高・中・低の高さに分けて唱えるのである。

現在に至るまでの光明真言初・二・三重の墨譜について

光明真言の墨譜の初見は、現段階では、朝意書写本『魚山蠆芥集』上巻（天正六年本）である。その終わりに、図㋐の如く光明真言の墨譜があり、甲二重と乙初重・三重とある。後世、それを典拠として、多くの声明家が、光明真言に墨譜をつけてきたと思われる。

明治二十五年九月二十日発行の寂照『土砂加持法則』跋文には、原本は南山廉峯の点譜せられる所と述べられているが、その原本はいまだ目にすることができていない。

近年では、『鈴木声明集』は図㋑、『岩原魚山集』も図㋑である。寂照『土砂加持法則』、中川善教『土砂加持法則』は図㋒で初重・二重・三重の調子の指示はなく、『吉田声明集』も図㋒であるが、初重・三重を平調、二重を盤渉調と指示している。

ただし、鈴木・岩原は図㋑であるが、後述する通り、墨譜とその解説から考察すると、調子の指定は別として、図㋒の墨譜によって唱えられたと考えられる。

『鈴木声明集』の墨譜は図㋑で、「初二三重共譜同じ、初重は二重の宮より、二重は二重徴より、三重は三重宮より出すべし」と述べられている。

『岩原魚山集』の墨譜も図㋑で、光明真言という曲名の下に、小文字で「以初重墨譜兼用二・三重」と記されている。

図㋐　朝意魚山の博士（頭の三字のみ）

『土砂加持法則』には、図㋒の初重・二重・三重の墨譜があげられているのみで、調子の指示はない。

『吉田声明集』には図㋒の墨譜で、初重・三重を平調、二重を盤渉調と指示している。

中川『土砂加持法則』も図㋒の墨譜であるが、初重乙・二重甲とあるが、三重は甲乙の指示は記されていない。

図㋑　寂照・鈴木・岩原の博士（頭の三字のみ）

図㋒　中川・吉田の初・二・三重の博士（頭の三字のみ）

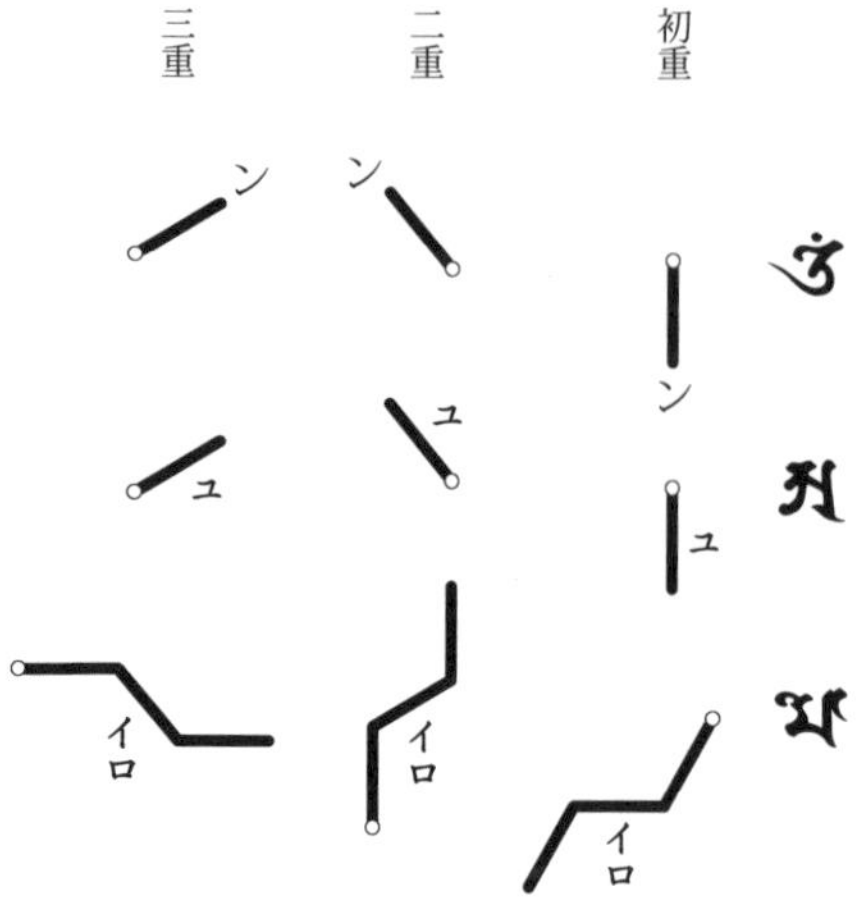

光明真言の初・二・三重の調子について

①光明真言二重は盤渉調、初重・三重は平調

岩原は声明集（図㋑）では調子は指定していないが、『声明の研究』（四三一—四三七頁）で、天正六年写本の朝意『魚山蠆芥集』上巻の終わりに光明真言の墨譜があり、甲二重、乙初重・三重とあるのをあげて、光明真言初・二・三重について論じている。長文となるので略述すると左記である。

光言二重を略頌の初・二・三重十一位（以下、略頌とする）の盤渉調二重（三重宮もあるが）を原調とし甲とするのである。そして、盤渉調二重を甲乙反して、光言初重を略頌の平調初重乙（実際は初重の譜は羽のみで、余の譜は二重）とし、光言三重を略頌の平調三重乙（二重羽もある）とするというのである。

すなわち、光言初重・三重は平調で一オクターブの差があり、その間に光言二重があることになる。光言二重を盤渉調二重（三重宮もあるが）とすることは、高さとしては妥当であると思える。しかし、光言二重の墨譜を盤渉調、光言初重・三重の墨譜を平調とすると、図㋓の如き相関関係となる。

光言の頭の「𑖌𑖼」図㋒の初・二・三重では、初重が宮、二

図㋓　光明真言二重は盤渉調、初重・三重は平調

洋楽音名	十二律	横笛	初重・三重 平調			二重 盤渉調		
■	上無							
ハ	神仙	下						
ロ	盤渉	中	徴					
■	鸞鏡							
イ	黄鐘	夕	角					
■	鳧鐘			略頌三重				
ト	双調	上	揚商		光明真言三重			
■	下無	五	商			徴		
ヘ	勝絶							
ホ	平調	干	◇宮			角	略頌三重	
■	断金							
ニ	一越	六	揚羽			揚商		
■	上無		羽			商		
ハ	神仙	下						
ロ	盤渉	中	徴			宮		
■	鸞鏡			略頌二重				光明真言二重
イ	黄鐘	夕	角			揚羽		
■	鳧鐘					羽		
ト	双調	上	揚商		光明真言初重			
■	下無	五	商			(徴)	略頌二重	
ヘ	勝絶							
ホ	平調	干	[宮]			角		
■	断金							
ニ	一越	六	揚羽	略頌初重		揚商		
■	上無		羽			商		
ハ	神仙	下						
ロ	盤渉	中	徴			宮		
■	鸞鏡							
イ	黄鐘	夕				揚羽	略頌初重	
■	鳧鐘					羽		
ト	双調	上						
■	下無	五				徴		
ヘ	勝絶							
ホ	平調	干						
■	断金							
ニ	一越	六						
■	上無							
ハ	神仙	下						

重が(徴)、三重が◇宮となる。初重と三重が一オクターブの隔たりがあり、その中間に二重があるというのであれば、一瞥しただけで、不自然である。

岩原諦信「南山進流声明六調子各音の位置」によると、成年男子肉声の範囲としての記述がある。それによると、平調三重の声が出るのは揚商までといわれ、角、徴は出ないことになっている。すると、光言三重には略頌平調三重角も入っているので、光言三重は唱えられないということになる。

また、図㋓の如く、光言初重と光言二重は高さが殆ど変わらず、例えば頭の「ॐ」は初重が[宮]、二重が(徴)で、

一音の隔たりしかない。光言の初重・二重といっても、実際には初重・二重の別が殆どないということにもなる。

以上の理由により、光言初重・三重の墨譜を平調で点譜することには、大きな無理があるといえるのではなかろうか。

なお、原調の光言二重を盤渉調以外の調子とすると、いずれも成年男子肉声の範囲によると、初重が低すぎて唱えられず、三重は高すぎて唱えられないということになるので、必然的に盤渉調となるのである。

②光明真言初・二・三重は同一の盤渉調の墨譜で点譜されている

光言二重の墨譜を盤渉調とすることには異論はないが、光言初重・三重の墨譜を平調で点譜することは前述の如く、誤りであるといえる。

岩原は、二重は盤渉調、初重・三重は平調と述べられているが、一方では『声明の研究』（四三五頁）の中で、初重・三重の墨譜は反音した平調で書いているのではなく、原調の盤渉調で点譜されているのだと述べられている。しかし、その理由に関しては触れられていない。

『吉田声明集』の墨譜も、初重・三重を平調、二重を盤渉調としているが、岩原と同じで、実際は盤渉調で点譜されているとも考えられるのではなかろうか。

このことは、魚山集の「散華」にも同様の箇所がある。「散華」は一越調反音曲であり、初段においては「場」が盤渉調律曲に反音する。ただし、「場」の墨譜は盤渉調律曲ではなく、一越調呂曲で点譜されている。

また、「文殊讃」は、古来は三重の墨譜で示されていたが、唱え難きため二重で示すとして、近年は二重の墨譜で書かれている。

光言初重・三重も、平調に甲乙反で反音しているのであるが、散華の如く、黒譜は原調の盤渉調で点譜されてい

図㋔　光明真言初・二・三重は同一の調子で盤渉調

洋楽音名	十二律	横笛	平調		光明真言	初二三重 盤渉調	
■	上無						
ハ	神仙	下					
ロ	盤渉	中	徴				
■	鸞鏡						
イ	黄鐘	夕	角				
■	鳧鐘			略頌三重			
ト	双調	上	揚商				
■	下無	五	商			徴	
ヘ	勝絶						
ホ	平調	干	(宮)		光明真言三重	角	略頌三重
■	断金						
ニ	一越	六	揚羽			揚商	
■	上無		羽			商	
ハ	神仙	下					
ロ	盤渉	中	(徴)		光明真言二重	(宮)	
■	鸞鏡			略頌二重			
イ	黄鐘	夕	角			揚羽	
■	鳧鐘					羽	
ト	双調	上	揚商				
■	下無	五	商			(徴)	
ヘ	勝絶						略頌二重
ホ	平調	干	宮		光明真言初重	角	
■	断金						
ニ	一越	六	揚羽	略頌初重		揚商	
■	上無		羽			商	
ハ	神仙	下					
ロ	盤渉	中	[徴]			[宮]	
■	鸞鏡						
イ	黄鐘	夕				揚羽	略頌初重
■	鳧鐘					羽	
ト	双調	上					
■	下無	五				徴	
ヘ	勝絶						
ホ	平調	干					
■	断金						
ニ	一越	六					
■	上無						
ハ	神仙	下					

るのである。光言初・二・三重の相関関係は図㋔の如くである。

光言二重の墨譜を盤渉調で点譜するのは妥当であるが、光言初重・三重の墨譜は平調で点譜すると不都合な箇所が多い。

例えば、光言の頭の「ॐ」の初重は図㋐㋑の各声明集では盤渉調[宮]で点譜されているが、平調に直すと初重[徴]となる。三重は盤渉調(宮)で点譜されているが、平調に直すと二重(徴)となる。

これを初重・三重の頭のみ平調で点譜すると、光言初重は初重徴・初重徴・初重羽・二重宮（各声明集はモドリ

ではなく三重宮としている）・初重羽・初重徴となる。頭は点譜できるが、助の初重角は略頌初・二・三重十一位の範囲外で有位無声で博士がない。博士がないということは点譜できない。また、光言三重は平調で点譜すると、光言二重の盤渉調の博士と全く同じ博士となり、紛らわしいといえる。これらが、光言の初重・三重を平調で表示できない大きな要因であると思われる。

葦原寂照・中川は初二三重の墨譜をあげているが調子を明記せず、鈴木・岩原は初重の墨譜のみをもって二・三重をあらわしているが、調子は指示していない。それは、前述のような理由を示唆しているのではなかろうか。いずれにしても、調子は本当は平調に反音しているのであるが、一部博士が有位無声で点譜できないということと、唱え難きを唱えやすくするという二の理由のために、同一の盤渉調の墨譜で点譜したと考えられる。

以上、図㋐・図㋒の博士は、平調に移調して点譜されているのではなく、逆六順八の原則により二重を移調して、同じ盤渉調で、高度を上下に移し点譜した博士と解するのが正しいと思われる。

つまり、光言初重の頭の「𑖌𑖼」は盤渉調二重宮⃞（平調では初重徴⃞）、光言二重は盤渉調二重徴⃝、光言三重は盤渉調三重宮⃝（平調では二重徴⃝）で点譜されているのである。ただし、図㋑は光言初重の博士であり、光言二重は二重徴より、光言三重は三重宮より出すべしというのであるから、結局は図㋐・図㋒と同じであるといえる。

なお、光言初重・三重の博士を平調に移調してあらわすとなると、光言初重・二重・三重を注記し、すべて二重と同じ博士で点譜すべきである。すなわち、「𑖌𑖼」の二重は徴⃝、初重は徴⃞、三重は徴⃝となり、妥当な音階となる。

三、概説

光明真言に曲節を付して、初重・二重・三重と高度を異にして唱える声明である。

なお、光明真言の唱え様に二伝ある。一は、博士の通りに高下をつけて唱える。二は、あまり高下をつけず、有り難みをもたせて唱える。二の伝は京都・奈良等において用いられている。

岩首巻七四右一行

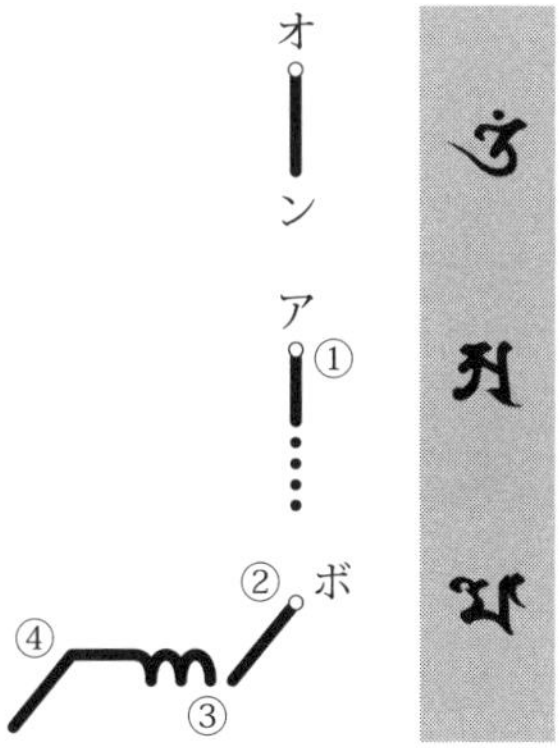

宮①は「オン」からつづけて「ナ」と唱えがちであるが、はっきりと「ア」と唱える。

商②角③商④に、二伝あり。

《一》宮①よりも高く商②を出し、角③のイロを②と同音に二ツ、その後のモツを高く唱え、商④を下げる。

《二》宮①と同音に商②を出し、角③のイロを②と同音に二ツ、その後のモツを少し高く唱え、商④を下げる。

岩首巻七四右一行

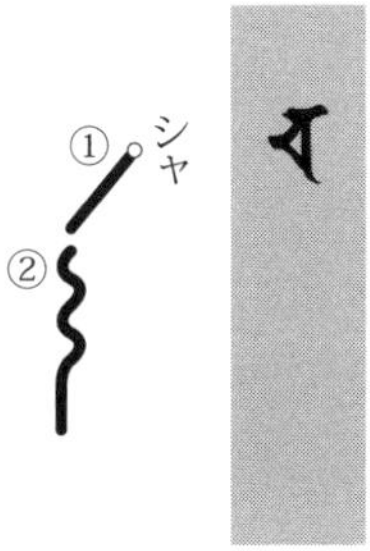

商①を唱え少し引き、商①よりも宮②を下げツヤで唱える。

[岩]首巻七四右三行

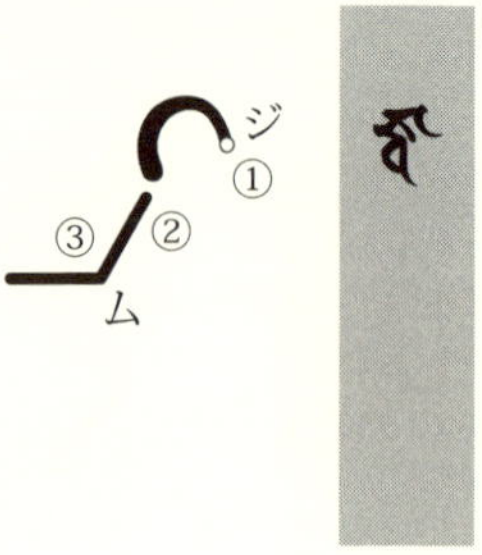

二伝あり。
《一》押し下げ①は、高い音から低い音へ下げ、また高い音へ移る。商②から角③へはスクウ如く上げる。
《二》マワス如く高い音から低い音へ移る。商②から角③へは《一》と同である。

8 舎利礼

一、出　典

出典は『舎利礼文』である。栂尾祥雲『常用諸経典和解』（二六一頁）に、「解脱上人の『舎利十因』によると、此の舎利礼文は不空三蔵が明州の育王山で、仏舎利を礼拝せられた時、造られたものだと言う」と、記されている。明州《めいしゅう》とは、中国浙江省《せっこう》寧波《にんぽー》市の唐時代の古名であり、ここに阿育王がつくられた宝塔と仏舎利が、劉薩訶《りゅうさつが》により発見され、後世、梁武帝の時代に堂塔が建立され、その中に宝塔と仏舎利が安置されたといわれる。その育王山に不空三蔵が参詣された時に撰述されたと伝えられている。

二、調　子

寂照『土砂加持法則』は「七反甲乙如常」とあるのみである。甲乙如常とは光明真言と同じように、甲乙反で二

図㋐　中川『土砂加持法則』初・二・三重の博士

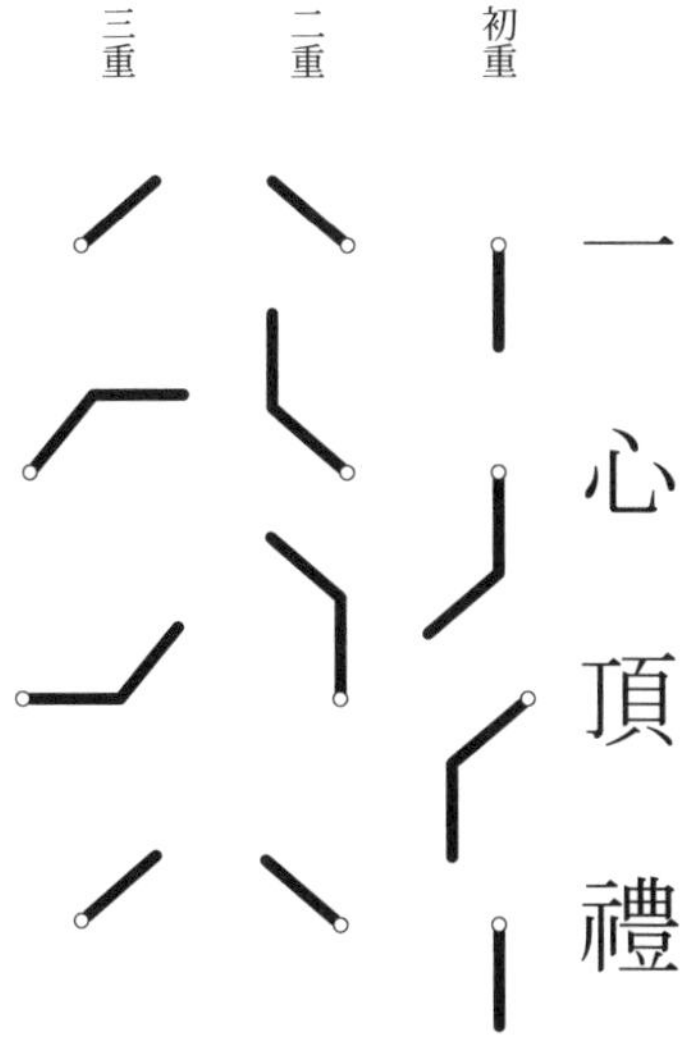

図㋑　『吉田声明集』二重の博士

図㋒　光明真言の「ॐ」と舎利礼の「一」の対比図

重が甲、初重・三重を乙として割り出すという意であろうと思われる。中川『土砂加持法則』には、図㋐の三種の博士が載せられているが、調子と初・二・三重の指示はない。『吉田声明集』には図㋑の二重のみの博士が点譜されているが、調子は記されていない。

『詳解魚山集』解説篇（九四〇頁）には、「反音の法則に基づき原調の二重を中曲双調と定め、甲乙反の順によって同じ音階の新調、一越調に移調して初重をつくり、この初重を一オクターブ上げて新調、三重をつくる」として、二重を中曲双調、初重・三重を中曲一越調としている。しかし、調子を三重に配すると、7光明真言で岩原説の如く、盤渉調以外は成り立たず、必然的に盤渉調となる。

土砂加持法会では、光明真言につづきすぐに舎利礼を唱えることになっており、いずれも初重・二重・三重で唱えるが、実唱の高度は変わらない。光明真言は「ॐ」のみ、舎利礼は「一」のみ対比すると図㋒である。

右記の図の如く、光明真言の「ॐ」と舎利礼の「一」の初重・二重・三重の博士は、いずれも全く同じ博士である。加え

て光明真言と舎利礼の初重・二重・三重の実唱の高度は変わらないのであるから、必然的に同調子とすべきである。

また、図㋐の博士は光明真言と同じく、二重は盤渉調、初重・三重は平調で点譜されているのではなく、初重・二重・三重すべてが中曲盤渉調で点譜されていると考えて間違いはないと思われる。詳しくは、本節7「光明真言」を参照すべし。

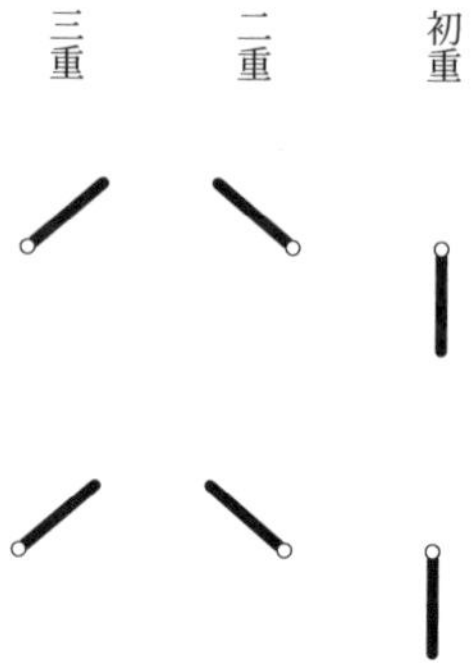

三、概説

舎利礼は、頭を右記の博士を付して唱え、助は博士を付けず常の通り唱える。ただし、助も頭の高度に準じて初重・二重・三重で唱えるべきである。

遍数は、初重二遍・二重二遍・三重一遍・二重一遍・初重一遍の順で、合わせて七遍唱える。

高野山の寿門は「万徳円満」で立ち「我等礼敬」で居し、宝門は「万徳円満」で立ち「入我我入」で居す。京都では「万徳円満」で立ち「利益衆生」で居す。

『類聚の解説』（七五頁）には、「一心頂礼の頭、二返目よりは一を詰めて心頂礼と聞こえるように発音すべしとの口伝あり、或いは七返悉く一心頂礼と唱うべしとなす伝もあり、頭人の意楽に依ってしかるべきか」と二伝あげられているが、近年は殆ど七返ともに「一心頂礼」と唱える伝を用いている。

一心頂禮

「礼」に二伝あり。
《一》「ラーイ」と少し長くのばして唱える。
《二》「ライ」と短くのばさずに唱える。

9 廻向伽陀

光明真言伽陀・別廻向伽陀の出典は不詳である。

総廻向伽陀の出典は、『妙法蓮華経』巻三（大正蔵九・二四c）と『添品妙法蓮華経』巻三（大正蔵九・一五九b）の偈頌の中にある。

調子は、総礼伽陀に、岩原・吉田ともに、音階は中曲、調子は黄鐘調か一越調と指示されている。詳しくは本節1「総礼伽陀」を参照すべし。

廻向伽陀とは、法会で修する功徳を廻らして、一切の聖霊や衆生に向かわしめることを述べた伽陀をいう。

『密教辞典』には廻向伽陀に、「総別二種あり、総廻向伽陀は普通願以此功徳等の文を用い、別廻向伽陀は法事の旨趣に依りて其の文を異にす」として、「光明真言願わくは等」の光明真言伽陀と「聖霊決定生極楽等」の別廻向伽陀と総廻向伽陀を合わせて、光明真言伽陀、あるいは廻向伽陀とも称されると述べられている。

また、『密宗諸法会儀則』巻下（二六丁裏）に、「称名礼或は九遍或は六遍或は三遍調声の人の意楽に任すべし。

又句毎に文言同ならざれども終の句には必ず自他法界の言有るべきなり」と、称名礼の句数は九句・六句・三句等があり、終句は必ず自他法界の文言を用いるべしとあるが、近年は三句で頭助をとり唱えられている。

光明真言伽陀

宮土砂加持二裏一行

夢を驚

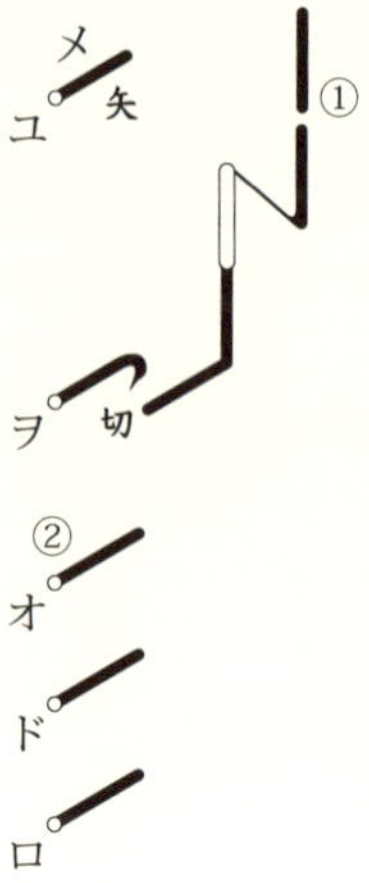

「ヲ」の最末の羽①を唱え、その①よりも、一位高く「オ」の三重宮②を唱える。

別廻向伽陀

宮土砂加持三裏二行

法界

法を「ホッカイ」と入声に読まず、「ホウカイ」と不入声に読む。

総廻向伽陀

普　[宮]土砂加持四表二行

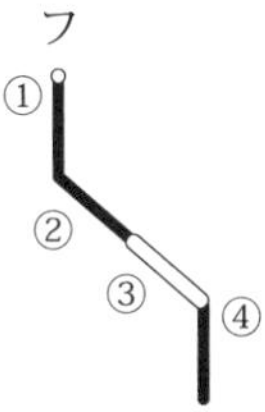

及　[宮]土砂加持四表二行

於　[宮]土砂加持四表二行

共　[宮]土砂加持四裏二行

宮①は、前の「徳」の打付で下がった最後の音と同音に出す。初重羽②は宮①よりも一音下げ、初重揚羽③は初重羽②よりも一音上げ、宮④は初重揚羽③と同音に唱える。

読み様に「キウ」と「ギウ」の二伝がある。普通は「キウ」と読む。

読み様に「ヨ」と「ヲ」の二伝がある。一伝に「声明では於をヨと読む伝をとるなり」とあるが、近年は「ヲ」と唱える伝が多くなっている。

読み様に「ク」と「グ」の二伝がある。普通は「ク」と読む。

宮土砂加持四裏二行

佛

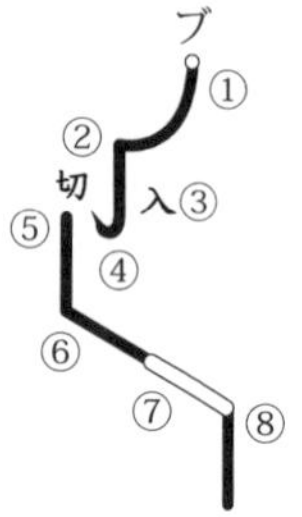

商①で声のソリをなし、音を下げ宮②で「ウー」と唱え、途中で入③で鼻にぬき、押さえて下げ、また上げてツク。次に、④の最後の音と同音に宮⑤、初重羽⑥を下げ、初重揚羽⑦を初重羽⑥よりも一音上げ、宮⑧を初重揚羽⑦と同音に唱える。

10 称名礼

教主・経王等の御名を唱えて礼拝する声明である。

『密宗諸法会儀則』巻下（一三丁裏―一七丁裏）によると、伽陀には門前伽陀・総礼伽陀・別礼伽陀・讃嘆伽陀・廻向伽陀の五種があり、それぞれの伽陀が終わり称名礼を唱えるのが本義とされている。しかし、近年は門前伽陀は廃され唱えられておらず、讃嘆伽陀等には称名礼は略されている。また、称名礼は九遍・六遍・三遍等があり、調声の人の意楽に任せるとするも、現近は三遍で起居礼をする。

調子は、伽陀に同じく音階は中曲、調子は黄鐘調か一越調とされている。詳しくは、本節1「総礼伽陀」を参照すべし。

第一句目

南　宮土砂加持五表一行

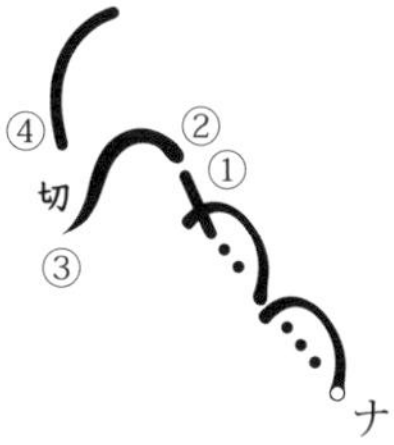

言　宮土砂加持五表一行

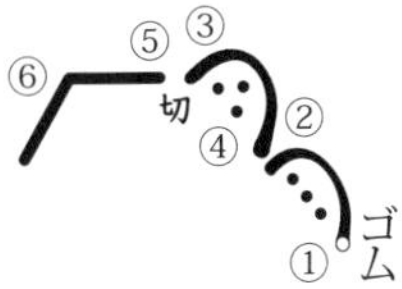

第一句目のユリは呂曲のユリで唱える。

ユリ徴①の三ツ目のユリをなめらかにもち上げ、②の根音の初めを太く声のタマリをつくりひっかける如くして流す。

そして、③を切音不切息して、声のソリに移り、なめらかに声をソリ上げる。

第一句目の根音をこの如く流せば、第三句目の「自」の根音を押さえる。逆に、第一句目の「南」の根音を押さえれば、「自」を流しても可なりとは、称名礼の習いである。また、「南無」は、「ナモ」と唱える。「南」の最後のソリのソリ上げた高さで「モ」を唱える。

由下（徴②③④）は中曲調に限る。

呂曲のユリの後、声を高く上げ七ツユリのユリカケ切リの如く初めを太く強く唱え②、中ほどを細く弱くなめらかにすべらして、また太く強く音の高さを徴①と同音に戻し③、ユリ二ツ半④を唱える。次に息を継ぎ角⑤を④と同音に出し、商⑥を下げて唱える。一旦、音を上げて唱えたものを、下げてからユルので由下という。

第二句目

南

宮 土砂加持五表二行

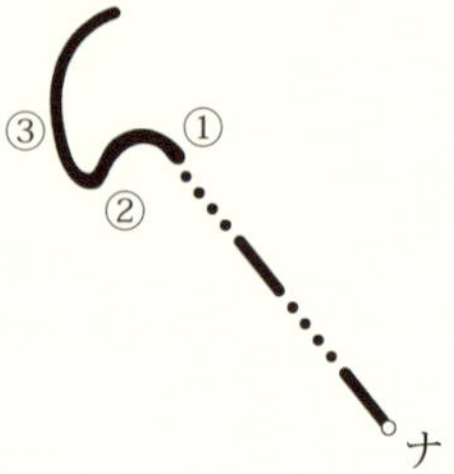

過

宮 土砂加持五表二行

第二句目のユリは律曲のユリで唱える。

二由目の最後をモチ①、ツク如くなめらかに流し、音を下げる②。そして、その最末を切らずに、低き音からなめらかに声のソリ③で唱える。

『類聚の解説』（六三頁）に、「初句の般（今の場合）の譜は宮・揚羽・宮なり。これに対し第二句の過（今の場合）の譜を宮《ママ》・揚羽と、初句の譜とは変えて唱うるは樹下様（京都各山）にして、初句と同じく宮・揚羽・宮と変えずして唱えるは衆徒用（高野山）なり」とある。

しかし、右記はすべて羽を欠落しており、実唱は、初句は宮・羽・揚羽・宮、第二句の樹下様は宮・羽・揚羽、衆徒様は宮・羽・揚羽・宮で唱える。

第三句目

南

宮土砂加持五表三行

《一》

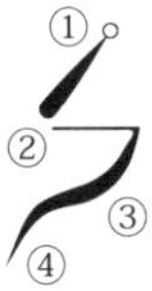

《二》

自

宮土砂加持五表三行

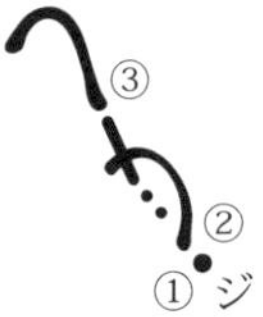

二伝あり。

《一》商①は力のソリ、モドリ②は高く唱える。③④はソリ切りの如くであるが、徐々に太く③唱え、余のソリ切りとは異なり、④を少し強く唱える。

《二》商①を声のソリで高くソリ上げた場合は、モドリ②はソリ上げた最後の音と同音に唱える。

打付なる故に①を短く唱え、切音不切息して、音を下げ②のユリをなし、三ツ目のユリをなめらかにもち上げ、その上がった音で太く強くアタリ、中ほどを細く弱くなめらかに下げ、末をまた太く強く③唱える。

前述の如く、第一句目の「南」の根音をこの③の如く押さえて唱えれば、逆にこの「自」の根音を流して唱えるとは、称名礼の習いである。

第四章　常楽会

第一節　常楽会について

第一項　常楽会とは

涅槃会、涅槃忌、仏忌ともいう。釈尊入滅の二月十五日に、釈尊を追慕いたし、その恩徳に報謝するための法会である。

涅槃とは本来、nirvāṇa 煩悩の火を吹き消した悟りの境地をいうが、釈尊入滅の言葉としても用いられる。ちなみに、涅槃には本来、自性清浄涅槃・有余涅槃・無余涅槃・無住処涅槃の四種があり、釈尊の涅槃は無余涅槃であり、肉体が滅し、心身ともに煩悩の束縛から離れた完全な悟りの状態をいうのである。

常楽会とは、涅槃の四徳である常楽我浄の上二字をとりて名づけたものであり、顕立の四箇法要で、涅槃講、羅漢講、遺跡講、舎利講の四座をつとめる。

なお、中村元『ゴータマ・ブッダ』によると、釈尊の入滅年代は異説が百以上あるという。南方アジアの国々で

は、南方仏教の伝説により紀元前五四四年としている。また、多くの学者は南方仏教伝説により五四四年・四八四年・四八三年・四八二年・四七八年・四七七年の説をあげており、高楠順次郎も紀元前五六六年とされている。また北方仏教の伝説を比較検討し、学者の間では三八八年・三八〇年・三七〇年・三六八年の説があり、宇井伯寿もアショーカ王即位は仏滅後一一六年の二七一年であることを典拠として三八六年とされている。この宇井のアショーカ王即位の年はギリシアの資料によるのであるが、中村元は新しいギリシア研究により修正を施し、即位を仏滅後一一六年の二六八年として、仏滅を紀元前三八三年と主張されている。

第二項　常楽会の歴史

インド・中国においては、玄奘『大唐西域記』（大正蔵五一）、『広弘明集』（大正蔵五二）、『釈氏要覧』（大正蔵五四）等によると、七世紀前半には、すでに涅槃会が行じられていたようである。

日本では、奈良時代には、『東大寺要録』（続々群一一）、『興福寺流記』（大日仏全一二三）等に涅槃会の記述があるが、現在のような法会形式によるのではなく、涅槃経を読誦し講讃するものであったと述べられ、講讃が中心であったようである。『三宝絵詞』（大日仏全一一一・四四四頁）にも、「涅槃経をかくしてすなわち理の会を行い、仏の恩に報ゆるを涅槃という也」とある。

新井弘順「涅槃会の変遷―法要次第を中心に―」（『涅槃会の研究』）によると、平安時代に入ると、涅槃経の講讃であった涅槃会から、興福寺・石山寺等では舞楽付四箇法要が執り行われるようになり、舞楽と四箇法要が中心となる。そして、平安中期以降、さまざまな寺院で涅槃会が厳修されるようになったと述べられている。

平安後期になると、朝廷、貴族も、寺院とは別に涅槃会を催すようになった。この時代、末法思想により浄土信

仰が盛んになる一方、今こそ釈尊に帰ろうという釈尊信仰も広まりをみせ、涅槃経の写経供養などが行われた。鎌倉以降は、明恵が四座講式をあらわし、高山寺において、建保三年（一二一五）に講式による涅槃会が執り行われ、それ以降、恒例不退の大法会としてつづけられ、隆盛になると同時に、講式中心の涅槃会が全国各地の地方寺院に伝わっていった。

真言宗の主要な涅槃会は左記である。

東寺では、『東宝記』第六（続々群一二・一一四頁）に、「一涅槃会　二月十五日金堂に於て之を行ず」とある。年代が記されていないので詳しいことはわからないが、始行はかなり古い時期と考えられる。

高野山では、『紀伊続風土記』高野山之部・巻一五（続真全三九・一五七一頁）の二月十五日の條によると、「金堂常楽会は右会濫觴詳かならず。延久四年掟文中に二月涅槃会と云々」と金堂常楽会の濫觴は不明であるが、延久四年（一〇七二）の掟文に二月涅槃会とあり、つづいて延久年中より始まり、応徳・永久年間に盛んに厳修されていると記録されている。しかし、その時代の法会は古代の法則であり、今時の明恵上人の四座講式と異なると述べられている。したがって、平安後期には、高野山ではすでに涅槃会が行じられていたことになる。その法則は明らかではないが、講式中心の法会でなかったことだけは確かであるといえよう。

明有『野山名霊集』巻一（日野西真定編・四〇頁）に、「毎年二月朔日より同十日まで大楽院に於いて涅槃経の講筵を開き十一日には遺教経を講じ十五日には涅槃会を修す」と、二月十五日の涅槃会の他に、現在行じられていないが毎年二月一日より十日までは涅槃経の講讃、十一日には遺教経の講讃が執行されていたことが記されている。つづいて亀山法皇がこの会の厳重なるを聞いて、法皇自筆の涅槃講式と他の羅漢・遺跡・舎利の式は能筆の公卿に書写せしめ、大師御作の舎利塔、ならびに大師より嵯峨天皇、さらには代々御相伝ありし数軀の尊像を院主信日に

御帰依ありし故ことごとく寄付したまい、また備後国太田の庄等を涅槃会の料として施入なされ、以来、これを勅願の涅槃会と号すると記されている。

この大楽院常楽会について、『紀伊続風土記』高野山之部・巻一五（同）は「右会式は徳治二年本院信日闍梨始て之を張行す。後、亀山法皇御願に寄る」とあり、大楽院常楽会は徳治二年（一三〇七）に信日によって始められたが、後年、亀山法皇の御帰依によって勅願の涅槃会となったと述べられている。また、後世の大楽院常楽会は十四日後夜の鐘より始め十五日七時過ぎに至るとある。

水原堯栄『金剛峯寺年中行事』首帖に「金剛峯寺年中行事対照表」があり、文永六年（一二六九）・正応四年（一二九一）・慶安三年（一六五〇）・安永七年（一七七八）・享和二年（一八〇二）・現在（昭和八年・一九三三）の年中行事が各月毎に収載されている。

それによると、文永六年・正応四年は二月十五日に金堂常楽会、慶安三年は何故か見当たらない。安永七年は二月七日に「宝性院打集開白寿門中廻リ常楽会」とあり、享和二年には二月十五日に「大楽院宝性院門中常楽会」と「両門集会於金堂常楽会」の二がある。現在は金剛峯寺常楽会として記されている。

なお、『金剛峯寺年中行事』一帖（九五—九六頁）によると、近年の高野山常楽会の道場と法則の変遷は左記である。

明治四十五年より大正四年までは、大楽院住持曽山龍城が正智院に転住せしにより正智院で厳修される。

大正五年よりは高野山一山の恒例法会として、金剛峯寺で十四日夜より十五日にかけて執行されるようになる。

法則は、明治初年より、大楽院にて涅槃講だけ行ずる。あるいは、式一本を順年に読む。大正十二年頃に、旧に戻し四座すべてを行ずる。第二次大戦中は、一座を修するだけであったが、昭和二十四年以降は四座すべてを行ずるようになった。

ちなみに、『紀伊続風土記』に「延久四年捉文に二月涅槃会」とあるように、古くは涅槃会と呼称されていたようであるが、『金剛峯寺年中行事』によると、正応四年（一二九一）に常楽会の配役とあり、また承久二年（一二二〇）の覚海の文書に常楽会の名称があることからすると、鎌倉時代には常楽会の名称が用いられていたと思われると記されている。

第二節　常楽会の法会次第

常楽会は四座講を厳修する。四座講とは、四つの座の法会（講）の意であり、涅槃・羅漢・遺跡・舎利講の四をいう。法会は、その四座の講式を唱えるのが中心であり、下座の法要は顕立四箇法要を用いる。

その四座講で用いられる四座講式は、明恵上人の作と説かれている。そして、上人は、建保三年（一二一五）二月十五日以降、毎年、高山寺で涅槃会を厳修し、この講式を唱えるのを習いとしたと伝えられている。岡山県備前市の正楽寺には、明恵自筆本の講式があるといわれるが、真偽両説がある。

平安時代、末法思想の流行により、一般民衆も仏教に救いを求める者が多く出てきたので、寺院も民衆教化のために、仏・祖師のお徳を讃え、法会の拝む対象となる図像を説明するために、解説文（講式）を作成し、これを講読し、これにより法会が執り行われるようになった。

講式は、仏・菩薩・明王・天部・祖師等のお徳を讃嘆した漢文読み下しの文に、博士を付したものであり、初めに、全体の主旨を述べた表白段、つづいて三段式、五段式、六段式があり、由来、因縁、徳行、功徳を讃嘆し、発願廻向して、最後には必ず伽陀、称名礼をお唱えする。

第一項　四座講の法会次第

涅槃講

先、勧請

次、総礼伽陀

次、奠供（四智梵語・心略梵語・金剛業）

次、祭文

次、別礼伽陀

次、如来唄

次、散華（中段釈迦）

次、梵音

次、三條錫杖

次、涅槃講式

次、讃嘆伽陀（涅槃講式と交互に唱える）

次、涅槃講和讃

次、釈迦念仏（初重一反）

次、五悔

次、前讃（四智梵語・心略梵語・駄都讃）

次、釈迦念仏（初重数反・二重五反・三重一反・二重一反・初重一反）

次、後讃（四智漢語・心略漢語・合殺・哭仏讃）

次、廻向

羅漢講

先、別礼伽陀

次、羅漢講式

次、讃嘆伽陀（羅漢講式と交互に唱える）

次、羅漢講和讃

次、釈迦念仏（初重一反）

遺跡講

先、別礼伽陀

次、御前頌

次、遺跡講式

次、讃嘆伽陀（遺跡講式と交互に唱える）

次、遺跡講和讃

次、釈迦念仏（初重一反）

舎利講

先、別礼伽陀

次、舎利講式

次、讃嘆伽陀（舎利講式と交互に唱える）

次、舎利講和讃

次、舎利讃嘆

次、舎利礼

次、奉送

近年、高野山以外の諸山の多くは、四座講を順年に厳修している。

智積院の常楽会は、古来は四座が行じられていたようであるが、近年は十四日の御逮夜法要は遺教経・釈迦念仏・普廻向の法会次第であり、十五日には勧請・勧請伽陀・奠供（四智梵語）・祭文・舎利伽陀・舎利講式・舎利和讃・釈迦念仏・舎利礼・奉送・法楽（尊勝陀羅尼・光明真言・四智讃・心略讃・不動讃）廻向の舎利講一座が執行されている。

第二項　一座講の法会次第

先、勧請

次、総礼伽陀

次、奠供（四智梵語・心略梵語・金剛業）

次、祭文

次、別礼伽陀

次、如来唄

次、散華（中段釈迦）

次、梵音

次、三條錫杖

次、涅槃講式

次、讃嘆伽陀（涅槃講式と交互に唱える）
次、涅槃講和讃
次、釈迦念仏（初重一反）
次、五悔
次、前讃（四智梵語・心略梵語・駄都讃）
次、釈迦念仏（初重数反・二重五反・三重一反・二重一反・初重一反）
次、後讃（四智漢語・心略漢語・合殺・哭仏讃）
次、廻向
次、舎利讃嘆
次、舎利礼
次、奉送

一座講、例えば涅槃講を執行する時は右記の次第によるべきである。

羅漢講・遺跡講・舎利講の時は、それぞれ祭文・別礼伽陀・講式・讃嘆伽陀・和讃をそれぞれの講のものに代えるべきである。

第三節　常楽会法則

常楽会法則は、中川善教『展観目録』に左記の写本・刊本が収録されている。

写本は三本である。一は『常楽会法則』一帖折本・西門院蔵(105)で、奥書に天正二年十月十四日の日付で朝意の書写とある。二は『常楽会法則』一冊・龍光院蔵(106)で、寛永元年秋で金剛仏子長尊秀恵の奥書がある。三は『大楽院常楽会法則』一紙・金剛三昧院蔵(107)である。

刊本は十本である。一は『常楽会法則』一帖折本・龍光院蔵(152)・文禄二年長月吉日・「於南山書之了　泉空」、二は『常楽会法則』一帖折本・安養院蔵(153)・天和二年九月上旬日・高野山経師孫右衛門板行、三は『常楽会法

則』一帖折本・高室院蔵（154）・天和二年九月上旬日・高野山経師久五郎、四は『常楽会法則』一帖折本・金剛三昧院蔵（155）・天和二年九月上旬日・高野山経師八左衛門板行、五は『常楽会法則』一帖折本・金剛三昧院蔵（156）・天和三年十一月穀旦・高野山経師　来田平兵衛板行、六は『四座講法則』一帖折本・桜池院蔵（157）・元禄三年小春穀旦・「日州沙門　舜雅」、七は『常楽会法則』一帖折本・普門院蔵（158）・寛永五年極月下旬・「令書写了道意長運房」、八は『常楽会法則』一帖折本・龍光院蔵（159）・享保六年冬十一月慧操誌・高野山経師八左衛門板行、九は『常楽会法則』一帖折本・親王院蔵（160）・「旹明和己丑仲夏上澣沙門廉峯謹識　金剛峯寺普門院蔵梓　装貼所経師八左衛門」である。

その刊本の中、明和六年本は廉峯が享保本を改刻せしものであり、以後の常楽会正本（以下、『明和法則』とする）となる。

中川はこの明和六年本を増補改訂し、『常楽会法則（以下、『中川法則』とする）』を昭和三十五年二月十五日に第一版発刊、その後に版を重ね、昭和六十一年六月十八日には第四版が発刊され、現近最も多く用いられている法則である。

また、大平智叡は、明和六年本、『中川法則』に『吉田声明集』を参訂して、平成元年二月一日に、仮譜による唱えやすき『常楽会法則（以下、『大平法則』とする）』を発刊している。

第四節　常楽会の声明

常楽会の声明を解説するが、総礼伽陀・別礼伽陀（四座とも）・讃嘆伽陀（四座とも）・奉送・廻向伽陀は上音の

み解説する。和讃も涅槃講和讃のみ解説し、羅漢講・遺跡講・舎利講の和讃は文言が異なるのみであるので割愛する。

また、常楽会の声明の中、すでに解説されている声明は省略する。それらは左記であるので参照すべし。

○四智梵語　　本篇第一章第五節[7]
○心略梵語　　本篇第一章第五節[9]
○散華　　本篇第一章第五節[2]・[4]
○五悔　　本篇第一章第五節[6]
○四智漢語　　本篇第一章第五節[13]
○心略漢語　　本篇第一章第五節[14]
○舎利礼　　本篇第三章第五節[8]

なお、伽陀類については、本篇第三章第五節[1]「総礼伽陀」も参照すべし。
涅槃・羅漢・遺跡・舎利の四座講式は、第三篇第一章で詳述する。

[1] 勧　請

一、出　典

不詳である。

二、調　子

調子は、児玉雲玄『類聚の解説』によると盤渉調律曲、吉田も盤渉調律曲である。対揚と同じくツヤと打カケが多く用いられており、高度も対揚とほぼ同である。

三、概　説

本尊聖衆の降臨道場を勧請し供養を受けたまえと唱える。顕立法要には最初にこの勧請を用いると、最後に奉送を唱える習いである。

岩原諦信『真言宗諸法会作法解説』には、「三段共に第三度目の唯願の句にて立ち受我の句で居す。諸衆も亦同様である。然るに地方では、三段共に、一度づつ唱えるのみで頭人は一心に立ち奉請に居する」と、高野山では各段ともに三遍ずつ唱え、頭助ともに三度目の唯願の句で立ち、受我の句で居する。地方は各段一遍ずつで、頭助ともに一心に立ち、奉請に居すると述べられている。

圏二巻一左一行

一心奉

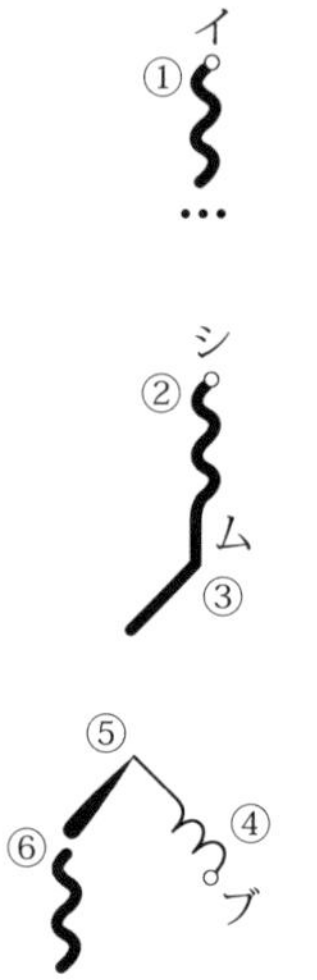

『鈴木声明集』に、勧請の題下に「宮ノ譜降ノ外皆イロ」とあるが、ツヤで唱える。「一」の宮①はツヤ二ツ、「心」の宮②はツヤ二ツとモツ一ツを唱え、商③に下げる。ただし、ツヤではなくイロで唱える伝もある。

しかし、厳密にいえば、『岩原魚山集』によれば、「降」以外にも、宮音で「釈」「護」「眷」「属」「一」「萬」「七」「雙」もツヤ

では唱えない。ただし、『鈴木声明集』のいう如く「降」以外はすべてツヤで唱える伝もある。

『類聚の解説』（八九頁）に、「勧請は盤渉調にて音動は対揚の如しと伝う。初段の沙羅林中等口内アタリしてすべてウカヌ様唱うべし」と、すなわち対揚と同じ如き音動で唱え、口内アタリ等をして軽く高くならぬよう、重々しく唱えるべしとの意と思われる。

「心」の商③と「奉」の商⑤に移るのに、イロモドリ④を介在させて連結したものを打カケという。勧請には、この打カケが非常に多く見受けられる。打カケは、イロモドリで、商③よりも高くイロを二ツ、三ツ目は長くモチ④、次の商⑤を下げ、次に宮⑥をさらに下げて唱える。

『類聚の解説』（八九頁）に、「商宮の譜に悉く色打懸あれども、高野山にては各段共奉・大・願の三字のみに色打懸し、他の色打懸は之を略す。高野山以外の諸山にては色打懸は悉く略さず」とあるが、近年は高野山にてもすべてイロ打カケをして唱えられている。

図二巻一左二行

釋迦

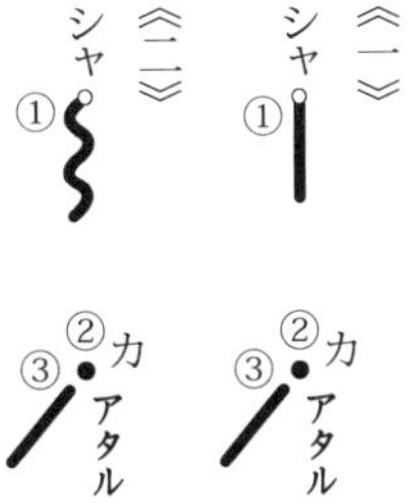

二伝あり。

《一》宮①をツヤで唱えず、ユラずにスで直前の「主」初重羽と同音で低く唱え、②のアタルを同音で出し、カカルの如く一刹那、切音不切息して、同音で商③を引く。

《二》宮①をツヤ、②のアタルを宮①と同音で唱え、カカルで一刹那、切音不切息して、同音で宮③を引く。

第二段の「護持」（同巻二右三行）「七千」（同巻二左一行）も同である。

罫二巻二右一行

降臨

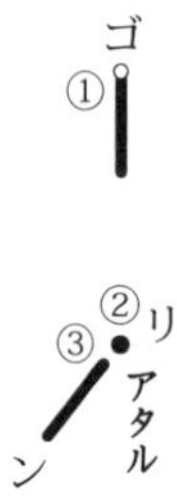

宮①を直前の「願」の宮の音とスで同音に唱え、カカルの如く一刹那、切音不切息して、同音で商③を引く。

第二段（同巻二右一行）・第三段（同巻三右二行）の「降臨」も同である。

罫二巻二右三行

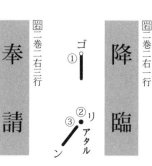

奉請

『類聚の解説』（九〇頁）に、「第二段は奉にて声を切り、請に移る。請の宮を引く」とある。

罫二巻二右三行

護持

二伝あり。

《一》「護」をツヤではなくスで唱える。

《二》「護」をツヤで唱える。

罫二巻二右四行

眷属一萬

二伝あり。

《一》「眷属一万」をツヤではなくスで唱える。

《二》「眷属一万」とツヤで唱える。

圏二巻二左四行

雙　林

二伝あり。

《一》「双」をツヤではなくスで唱える。

《二》「双」をツヤで唱える。

2 総礼伽陀

詳しくは、本篇第三章第五節1「総礼伽陀」を参照すべし。

東密では、伽陀に門前・総礼・別礼・讃嘆・廻向の五種がある。総礼伽陀は、三世十方の本尊諸衆を総じて礼拝する伽陀の意である。

『類聚の解説』（九〇頁）に、「師口に曰く諸伽陀数多なりと雖も、此の六句の伽陀を以て之を尽す。其の尽さざるものは俗に曰う亀の甲のみ。此余は異譜ありと雖も此の伽陀に準じて知るべきなり」と、伽陀には四句あるいは六句あるが、この六句伽陀が基本であり、他にも異譜があるが、この伽陀に準じて知るべしという。

調子は中曲黄鐘調である。伽陀は律曲とみる方もおられるが、岩原諦信『声明教典』（一八八頁）には、「伽陀の中に、呂のユリと律のユリと頻りに混用することは、所謂半呂半律で、中曲調なることを証するものであり、且又、中曲特有の由下を有することはそれが中曲調であることの何よりの確証である」と、中曲黄鐘調であると主張されている。

高度については、岩原諦信『声明の研究』（五八六頁）では、「伽陀は平調と黄鐘調との両説があるようであるが、伽陀の墨譜について之を観るに第三重の角迄使用してある。若し平調とすれば第三重の角は相当高い音であって、十人並では出し難い位な音である。且又実際上でもそんなに高く唱えられて居ないようであるから、黄鐘調の説の

方が正しいようである。要するに低ければ黄鐘調、高ければ其の甲乙反に依って一越調がよいと思われる」と、典拠は明らかでないが、平調と黄鐘調との両説があり、伽陀には第三重角がある。この第三重角は平調では成年男子では唱えられないので、黄鐘調の方が正しい。また、黄鐘調が低ければ乙甲反に依り一越調がよいとされている。

3 金剛業

一、出典

『寛保魚山集』『明治魚山集』、宮野宥智『声明類聚』には、出典については触れられていない。梵讃は、『金剛頂蓮華部心念誦儀軌』（大正蔵一八・三〇四b—c）、『金剛頂一切如来真実摂大乗現証大教王経（三巻教王経）』巻上（大正蔵一八・三二六c）が典拠である。

二、調子

『寛保魚山集』『明治魚山集』『声明類聚』の東方讃に『声明集略頌』を引いて、「頌曰四方双調唯呂曲」とあるので、本来は双調呂曲で唱えるべきであるが、口伝で平調律曲に唱えるのが習いである。ところが、実際には平調律曲は高すぎる。甲乙反により盤渉調律曲で唱えるべきである。

三、概説

『寛保魚山集』『明治魚山集』『声明類聚』等は、「金剛業」と大きく題し、小文字で右下に「或北方讃」と書かれ

ている。すなわち、北方不空成就如来の四親近の上首である金剛業菩薩を讃嘆する讃である。

宮八三表一行

羅 羯 磨

「羯」の唱え様に三伝あり。

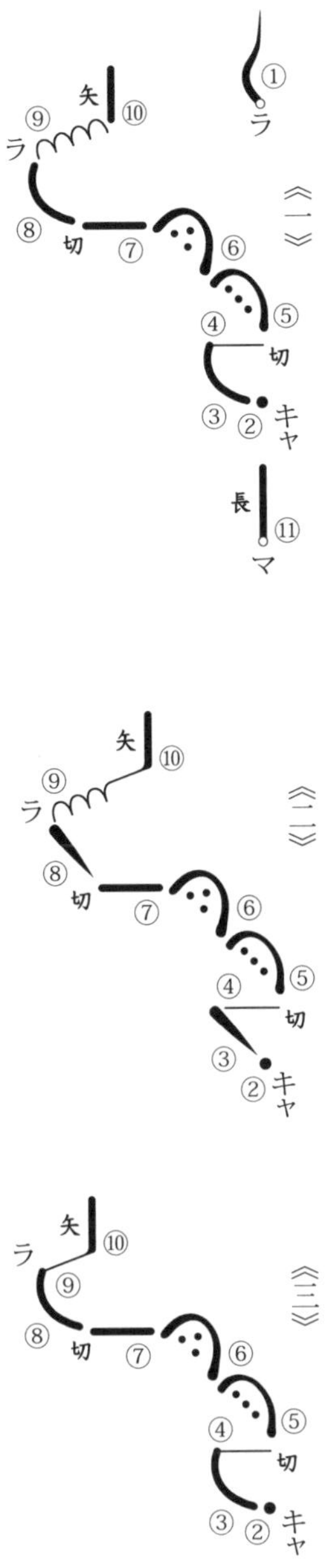

《一》羽①をソリ上げ、そのソリ上げた音で②に打付、徴③を下げてから少しソリ上げ、そのソリ上げた音と同音でモドリ④をツク、同音で徴⑤呂曲のユリと徴⑥由下に似たる音動（由下は中曲のみ）、次にユリの高さで角⑦をツク、切った後、徴⑧をソリ上げ、またモドリ⑨を下げイロ四ツ、その同音で羽⑩をツク、さらに同音で羽⑪を唱える。

《二》羽①をソリ上げ、そのソリ上げた音で②に打付、徴③を下げ力のソリ、モドリ④を上げ、徴⑤で下げ、すなわち徴③と同音に呂曲のユリと⑥由下に似たる音動（由下は中曲のみ）、次にユリの音で角⑦をツク、切った後、徴⑧を力のソリ、モドリ⑨を高くイロ三ツとモツ一ツ、そのモツよりも音を下げ羽⑩、さらに同音で羽⑪を唱える。

《三》《一》の伝でモドリ⑨のみイロモドリではなく、ツキモドリで唱え、羽⑩を少し下げ、その同音で⑪を唱える。

4 涅槃講祭文

一、出　典

不詳である。

二、調　子

調子は、『類聚の解説』では中曲黄鐘調である。

『声明の研究』（五九七頁）は、「祭文の曲調は中曲黄鐘調であると云うことになっているが、これは子供の所役で若い声で唱えるということになっているのであるから、中曲黄鐘調と云うても子供の声としての中曲黄鐘調である筈であるから、若し大人が唱える時には黄鐘調から甲乙反に依って高さを移して唱えるより外に方法がない」と記され、子供の中曲黄鐘調であるので甲乙反をして調子を定めるとあるのみで、明確に調子は指示してはいない。同書（五八三頁）の理趣経中曲の項に、大人の第三重が子供の第二重になるので、両界勧請は大人の第二重、理趣経勧請は子供の第二重すなわち大人の第三重で唱えるべきである。しかし、大人には黄鐘調第三重は高すぎて唱えるのが困難であるので、甲乙反で平調か一越調へ移すとよいが、大人の男性の声では一越調が適当であると述べられており、祭文も理趣経中曲に準ずるべきであると思われる。

三、概　説

祭文とは、法会の折、諸尊・祖師の徳を讃嘆し、最後に尚饗（どうか私の供養をお受けください）とお願いする文章である。

祭文はすべて御影供祭文を規範とするといわれるが、天部は明神講祭文を規範とする。

調子は、中曲黄鐘調（実際は中曲一越調）であり、浅﨟の役であるので、理趣経中曲と同じく高声で声を張り上げ華やかに唱える。

博士は、徴と角のみの単調な曲節で、声明中最も音域が狭いといわれている。

年号はすべて角で唱える。すなわち波乱なく天下泰平にという意で角に読む。年号の数字は呉音で、月日は漢音で読む。ただし今月今日は呉音に読む。

ただ、常楽会は勧請ある故に、「諸徳三礼」の句を除き、「維」より唱える。

涅槃講祭文の中、「献ず」を宝門は「ケンズ」、寿門は「ゴンズ」。「定性」は宝門は「ゼゥセゥ」、寿門は「ゼゥ」。「上古」は「セゥコ」と清音に読むのが習いである。

なお、祭文は涅槃講祭文以外にも、羅漢講・遺跡講・舎利講にもあるが、四座すべてを執行する時は涅槃講のみに用いる。しかし、泉涌寺等の如く、四座を順年に執行し一座講の時は、それぞれの祭文を用いるべきである。

『展観目録』に収録されている涅槃講祭文等の常楽会祭文の写本・刊本は左記である。なお、涅槃講祭文等の収録が明示されている諸祭文集も列記した。

写本は三本である。一は『常楽会祭文』四紙・惣持院蔵（421）で舎利奥書として「慶長十三年霜月二日　関東常陸鹿島甚〇房書之悪筆候へ共細々砌御意無拠早々形見」とある。二は『常楽会祭文』一軸・安養院蔵（422）、三は

『舎利講祭文』一紙・龍光院蔵（423）である。

刊本は四本である。一は『校正諸講祭文』一軸・龍光院蔵（451）で、御影供・明神講・大黒講・弁天講・常楽会・仏生会・諸尊講の祭文が収録されており、奥書は「文政五年壬午之夏鍥梓発行・南山経師八左衛門・弘所京都経師伊兵衛」である。二は『諸祭文』一軸・安養院蔵（452）で、涅槃講・朔日羅漢・遺跡講・舎利講・仏生会・御影供・正御影供・明神講・大黒講・弁財天・施餓鬼が収録されており、「高野山八左衛門尉開板」とある。三は『祭文集』一軸・大乗院蔵（453）で、四座講・施餓鬼・仏生会・御影供が収録されている。四は『諸祭文』一軸・親王院蔵（454）で、御影供・明神講・大黒講・御誕生会・弁財天・涅槃講・仏生会が収録されており、「高野山八左衛門尉開板」とある。

現近、用いられている祭文は、延宝三年（一六七五）刊行の『諸祭文』である。

祭文の唱え方

一、徴から角へ移る時

《本譜》

《仮譜》

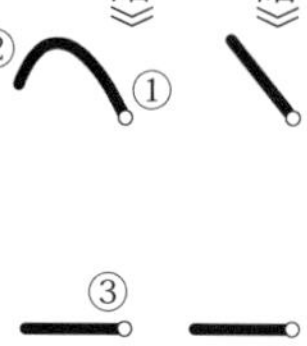

徴①の終わりをなめらかに押さえ下げて②唱え、次にその②と同音で角③を唱える。

二、角から徴へ移る時

《本譜》

《仮譜》

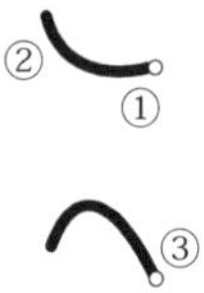

角①の終わりをなめらかにソリ上げて②唱え、次にその②と同音に徴③をソリ上げた角②と同じ高度で唱える。

《本譜》

《仮譜》

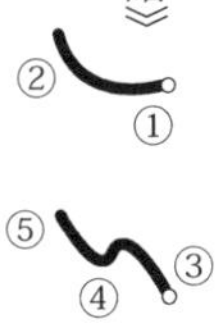

角①の終わりをなめらかにソリ上げて②唱え、次にフル（ツキユリと称する声明家もあり）。すなわち、徴③を②と同音に唱え、その③より少しなめらかに短く下げ④、さらに音を上げて③と同音でツク如く短く⑤を唱える。

三、徴が連続する時

《本譜》

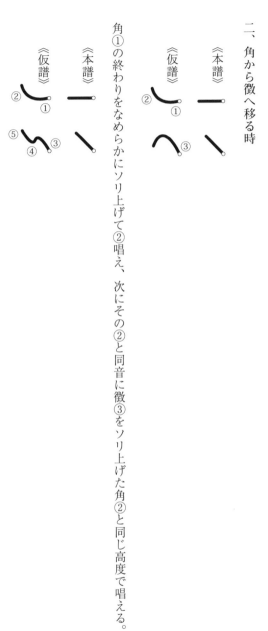

《仮譜》

徴の連続が何字にわたっても、徴①②③は仮名毎にフル。最後の徴は必ず④の徴に唱える。

四、角が連続する時

角が続く時は、早く唱える。二字仮名の時は角の初めに仮名を唱える。

五、文の義の区切りに由を用いる時

《本譜》

《仮譜》

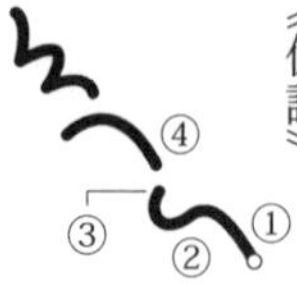

伽陀のユリの如く徴①を唱え、②をなめらかに下げ、③を徴①と同音にツク如く唱え、徴④を由下で唱える。

5 別礼伽陀

別礼伽陀とは、総礼伽陀に対して、別して釈迦如来を礼拝する伽陀の意である。

『廉峯法則』（明和六年本）にこの伽陀をして、「涅槃講総礼」と題されている。『真言宗諸法会作法解説』（一五四頁）に、「これ実には総礼に非ずして別礼伽陀である。中古誤って総別の名を混同したのであるから涅槃講別礼伽陀と改む可きである」との霊瑞『密宗諸法会儀則』巻下（二二裏―二三表）の指摘を引いて、総礼の誤りを別礼と改めるべしと主張されている。

『中川法則』は別礼と題されている。『鈴木声明集』は涅槃講一会なれば別礼というべきであるが、羅漢講にも総礼とあり、遺跡講にはただ伽陀とあり総別の二字がない。講式には四座ともに総礼とあることなどにより、総別の文字無き方がよいかと述べられている。

調子は伽陀全般にわたって中曲黄鐘調である。

舎利講別礼伽陀

岩二巻五一右一行

凝

引上ル心

『中川法則』に、「引上ル心」と注がされている。また、『岩原魚山集』には「一位高く出すべし」とある。実際には、博士は二重羽であるが、一位高く三重宮で唱える。そして、「然」の「ネ」の打付を凝と同音に、そして切音不切息して横下シで下げて

羽を引き、三重宮を唱える。

6 如来唄

一、出典

『明治魚山集』、宮野宥智『声明類聚』には、出典について「勝鬘経文」とあり、『勝鬘師子吼一乗大方便方広経』如来真実義功徳章第一（大正蔵一二・二二七ａ）の偈文の「如来妙色身世」のみ抽出している。『寛保魚山集』は出典については触れていない。

二、調子

調子は、『明治魚山集』『声明類聚』に、『声明集略頌』を引いて「頌曰如来唄双調唯呂曲」とあり、双調呂曲のみで唱える。散華に、「如来唄時商徴同」とあるは、如来唄は双調呂曲、散華は一越調呂曲の故に、散華の最初の「ン」の徴は如来唄の商と同音に唱えよとの意である。

『寛保魚山集』は調子の指示はない。しかし、筆者所蔵の『寛保魚山集』の二本にいずれも朱で「双調唯呂曲」と記されているので、おそらくは師伝として伝わってきたのであろうと思われる。

三、概説

『寛保魚山集』の「如来唄」の題下の割注に「云何唄ハ密也如来唄ハ顕也」とある。また、『明治魚山集』『声明

類聚』には「但シ此ノ唄ハ顕立ニ就ク」とあるは、密立法要は云何唄であるが、常楽会等の顕立法要はこの如来唄を用いよとの指示である。

葦原寂照『要覧』（七丁右裏）に、「問曰く、顕密の法用異なりと雖も共に唄を以て初になすこと如何。答、名義集に曰く、唄匿或は梵唄此には止と云う。言ろは此唄を唱うるに因て外縁已に止む。その時寂静なるを以て法事を成すことを得。是故に仏此を聴るして製しむるなり」と述べられている。つまり、唄を唱えることにより、外の諸縁を寂静にせしめ、厳粛な法会を執り行うことができるということから、法会の最初に唄を唱えることになっている。

また、『声明類聚』の「如来唄」の題名の右上に「唄ハ惣テ忘レタル如ク云者也」と注されているが、唄は引くといわれ、老僧の如くゆったりと荘重に唱えよとの意である。

唱え方は、云何唄と殆ど同であるので、本篇第一章第五節1「云何唄」の項を参照すべし。

宮二裏

ン如来

瑜伽教如口授・上村教仁筆録『魚山精義』（一二丁右）に、「今の如来唄及び彼の仏名等は如来を讃嘆するに発音を鄭重ならしめんが為にンの字を加うるか」と、すなわち、後の如来を讃嘆するために荘重に鄭重にお唱えせんがために、ンの仮名を加えると説く。

また、『寛保魚山集』には、「ン如来」の長さについて図の如く解説されている。「来ノ字ハン如ノ二字ノ程ノ長サ也。来ハ二方ン如各一方也。二字ノ長サト云ウ義此ヲ知レ」と、「ン」、「如」、「ラ」、「イ」と同長で唱えよとの指示である。

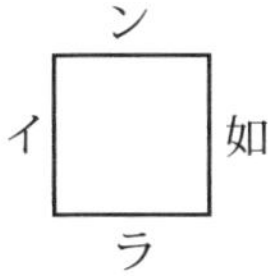

宮四表

色

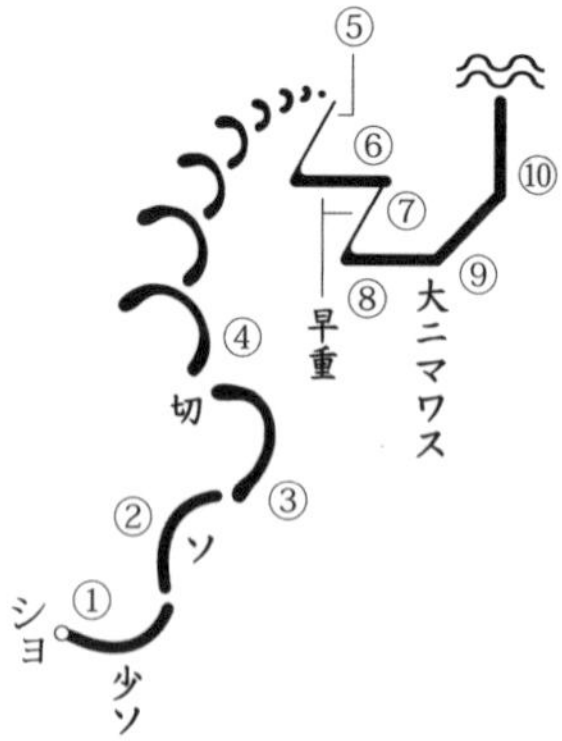

『要覧』（七丁裏―八丁表）に、「色初の商を少しソル。四ツ目の商、声に勢を付けて商宮羽の三位を大に回す」と、初の商は少ソであるが、三重商①を声のソリで唱え、三重宮②のユリソリの直前のソリも、全く①と同じ声のソリで唱え、次にユリソリ切リ③、七ツユリ④、モドリ⑤、早重ね三重商⑥モドリ⑦を同音で早く突いて唱える。つづいて大ニマワスで、三重商⑧三重宮⑨をユリカケ切リの如く、さらに羽⑩をツク如く⑧と同音に上げて唱える。なお、『要覧』（七丁裏）に四ツ目の商とあるが、三ツ目の商の誤りである。

以下、博士にしたがって唱えるべし。

『声明類聚』の注に「妙は宮にて留り色は商にて始まる故に一位高く出すべし」とあるが、呂曲の故に「妙」の宮と「色」の商は同音に出す。

宮四裏

世

『声明類聚』の注に「荒由七、但し入子鉢の次第々々に小さくなる如くすべし」とあり、『要覧』（八丁表）に「初の宮の七由を必ず由りそりに混ずべからず。註の如く漸々に小にすべし」と述べられ、ユリソリの音動と区別して、荒由を次第に小さく唱えよと指示されている。

しかし、近年の荒由とは、ユリカケ切リと同じような音動を均等にユルで唱えている。

7 散華　釈迦

一、出　典

出典について、『寛保魚山集』には「倶舎論文或毘沙門経」とあり、『明治魚山集』『声明類聚』には「倶舎論文」とあり、『阿毘達磨倶舎論』巻一八（大正蔵二九・九五b）の偈文である。『寛保魚山集』の「毘沙門経」とは不可解である。

二、調　子

調子は、『寛保魚山集』『明治魚山集』『声明類聚』には指示されていないが、『寛保魚山集』は「此散花モ大都博士ノアツカイ同上少相替計也」と、『明治魚山集』『声明類聚』には「釈迦及ビ薬師弥陀等ハ大日散華ト大同小異ナリ。之ニ由テ詳悉ニ注セス。彼ニ準シテ知ルヘシ」と、『要覧』（一一丁裏）にも「此の散華は大日散華と文異に譜同じ。但し天の角を徴の位にすべし」と述べられている。すなわち、釈迦散華は大日散華と文章が異なるのみで、博士は同じと示されている。したがって、調子も大日散華と同であるので、一越調反音曲である。

三、概　説

『寛保魚山集』は題下に、「此ハ如来唄ノ時用レ之法花問答講四座講地蔵講等也顕也云何唄ノ時ハ必大日散花也」と、また『明治魚山集』『声明類聚』には、「此ノ散華ノ時ハ必ズ如来唄ヲ用ヒルナリ。之レ顕立ナル故ナリ。之ニ由テ法花

問答、四座、地蔵等ノ諸講ニ之ヲ用ヒルナリ」と、ほぼ同意が記されており、釈迦散華の時は顕立の故に如来唄を用い、云何唄の時は必ず大日散華を用いると記されている。しかし、霊瑞『密宗諸法会儀則』巻下（四五丁裏）の地蔵講の散華中段は地蔵となっている。

密立の中段は大日であるが、『密宗諸法会儀則』によると中段に釈迦散華を用いるのは、大般若・仏生会・盂蘭盆会・五段舎利講・大黒講・聖天講・上宮太子講・役行者講・聖観音講・文殊講・光明真言講顕立である。

なお、釈迦散華の他に、顕立の中段としては『寛保魚山集』『明治魚山集』『声明類聚』には釈迦・薬師・阿弥陀、『声実抄』（続真全三〇・六―七頁）には十一面・千手・如意輪・弥勒・虚空蔵・地蔵・準胝・毘沙門・阿難・盂蘭盆が収録されている。

宮八表一行上

天

『明治魚山集』『声明類聚』に、「徴ノキキ」と注されている。博士は角であるが、徴のキキ、すなわち徴の位で唱えよとの指示である。

宮八表一行上

地

『明治魚山集』『声明類聚』は二由とトメであるが、『寛保魚山集』は「ユ」のみであるので、江戸期までは一由であったのであろうと思われる。また「此博士メル也意得テスヘシ」と、「メル」とは下がるという意であり、下がらぬように唱えるべしという注である。

宮八表二行下

無

『明治魚山集』『声明類聚』に、「徴羽をマワシてハヌルなり。律にうつる故なり」と、マワスは実際は高い音から低い音にスムーズに下げすべらすのであるが、ここの

マワスは対揚の伽藍の伽と同じく、スムーズにソリ上げる如く唱え、ユリを三ツしてハヌルのである。そのユリは重い声で太い長い声から徐々に短く、「ウウー・ウー・ウ」と三ツ、次に初めを口内アタリして、少し声を太く強くハネ、かつ流す如く唱える。

8 梵　音

一、出　典

『寛保魚山集』には出典についての記載はない。『明治魚山集』『声明類聚』には「八十華厳文」とあるが、詳しくは『大方広仏華厳経』（八十華厳経）巻一四・賢首品第一二之一（大正蔵一〇・七四ａ）の偈文の趣意を引用している。

二、調　子

『寛保魚山集』『明治魚山集』『声明類聚』には、『声明集略頌』を引いて「頌曰梵音唯律盤渉調香花仏末徴位出」とあり、梵音すべてにわたって盤渉調律曲で唱える。「香花仏末徴位出」は後述する。

三、概　説

梵音とは、『要覧』（一二丁表）に「問曰梵音とは何の義か。答梵音とは仏の梵音の響き十方に徹す。聞くもの各々道果を得。是故に浄音を以て仏法僧の三宝に供養する者なり」と、梵音すなわち清浄な音をもって三宝に供養

するという意と述べられている。

また、『智山声明大典』（一五九頁）頭注に、「此の讃は漢語なり。何故に梵音というや。答、師云わく今既に梵音と云て梵語と云はず。夫れ梵音とは梵は清浄の義にして所謂清音を以て三宝を讃嘆す。是を梵音と言う。而して今其故に殊に律なる盤渉調にて唱揚す。是其の理由也。但梵音の名は広し。惣じては諸讃等皆梵音なり。別しては今の名とす。所謂惣即別名なり。更に問へ、唯律の盤渉を以て唱ふるを殊に清音とは何ぞや。答、知らずや律曲は猶秋の清月の如しと云うことを」と解説されている。すなわち、梵とは清浄という意であり、清音を以て三宝を讃嘆するということであり、また清音ということからも、律曲は秋の澄みきった清月の如くであるので盤渉調律曲で唱えるというのである。

供花のこととして、『明治魚山集』頭注・『声明類聚』頭注・『要覧』に「十方の段に初三後二、出生の段に初二後三と供するなり」とあるが、『密宗諸法会儀則』巻上（二八丁表）には「葩は釈迦尊にて一つ諸如来にて二つ大乗経にて三つ諸菩薩にて四つ散じ」とあり、つづけて割注にて「葩の数或は多く或は少し。旧く多説有りと雖も今且く普通の様を出す」とある。また、『智山声明大典』（一六〇頁）は釈迦尊一花・諸如来二花・諸菩薩三花であるが、頭注に万治四年（一六六一）法則集の異説として、釈迦尊一花・諸如来二花・大乗経三花、そして諸菩薩にて残余の有りだけを投ずとある。このように、『密宗諸法会儀則』のいう如く投花には多説あるが、近年は釈迦尊一花・諸如来二花・大乗経三花・諸菩薩四花である。

十

宮一〇表二行

『略頌』の「香花仏末徴位出」とは、『声明類聚』頭注に「散華は一越なり。一越の徴と盤渉の羽と同音なり。此二音笛の夕（黄鐘）の穴に当たる故に徴位に出すと云う

なり」と記されている如くである。

すなわち、散華の「仏」の最後の博士である一越二重徴と、梵音の最初の「十」盤渉の初重羽と同音である故に、梵音の「十」の初重羽は散華の末の徴の位に出すべしといっているのである。

『略頌』の「香花仏末徴位出」は矛盾がある。厳密にいえば、盤渉の初重羽③（本当は揚羽）は一越二重徴②と同音ではなく一越初重徴④と同音であるが、一オクターブ上の一越二重徴②と同音であるというのである。この矛盾に対する解答として二説がある。

一、宥雄『進流声明撮要』の説（続真全三〇・二九五―三〇一頁）

散華と対揚、散華と梵音の一オクターブの隔たりを同音とする矛盾を解決するために、宥雄は『進流声明撮要』を編纂されたと伝えられている。

端的にいえば、三重にわたる十一位を甲乙の二種とされたのである。乙三重は『略頌』の十一位、宥雄が考案された甲三重は乙を一オクターブ上げた撮要の三重である。

図示すると次頁のとおりである。

『撮要』には、梵音は「盤甲唯律」、散華は「一乙反音」と指示している。その意は実際の十一位では③と②で一オクターブの隔たりがあるが、梵音は盤渉調甲初重羽①（本当は揚羽）であり、散華は一越調乙二重徴②であり、同音と説くのである。

二、『声明の研究』（一〇六頁）の説

長文であるので簡潔に述べると、一越調二重徴②と盤渉調初重羽③の二音は横笛の夕（黄鐘）の音に当たる。ところが、オクターブが異なっても横笛では同じ夕であらわしている。したがって夕といっても同じ音もあるし、一オクターブ高い夕、低い夕がある。同音とは全く高さも同一と解することは誤りである。魚山で同音というのは、絶対協和音という意であり、両音の振動数が同一の場合と倍数の関係が含まれていると理解すべきであると述べられている。

	梵音 盤渉調			散華 一越調		横笛	十二律	洋楽音名
				徴		夕	黄鐘	イ
				反徴			鳧鐘	■
						上	双調	ト
	徴		甲三重	角		五	下無	■
							勝絶	ヘ
甲三重	角			商		干	平調	ホ
							断金	■
	揚商			宮		六	一越	ニ
	商			反宮			上無	■
						下	神仙	ハ
	宮			羽		中	盤渉	ロ
							鸞鏡	■
	揚羽			徴		夕	黄鐘	イ
	羽			反徴			鳧鐘	■
			甲二重			上	双調	ト
	徴			角	乙三重	五	下無	■
甲二重							勝絶	ヘ
	角	乙三重		商		干	平調	ホ
							断金	■
	揚商			宮		六	一越	ニ
	商			反宮			上無	■
						下	神仙	ハ
	宮			羽		中	盤渉	ロ
							鸞鏡	■
	①揚羽		甲初重	②徴	乙二重	夕	黄鐘	イ
	羽			反徴			鳧鐘	■
						上	双調	ト
甲初重	徴	乙二重		角		五	下無	■
							勝絶	ヘ
	角			商		干	平調	ホ
							断金	■
	揚商			宮		六	一越	ニ
	商			反宮			上無	■
						下	神仙	ハ
	宮			羽		中	盤渉	ロ
					乙初重		鸞鏡	■
	③揚羽	乙初重		④徴		夕	黄鐘	イ
	羽			反徴			鳧鐘	■
						上	双調	ト
	徴					五	下無	■

ちなみに、『声明の研究』第五編にある「南山進流声明六調子各音の位置」の中の十二律振動数によれば、乙初重羽③は109・25ヘルツ、乙二重徵②は218・50ヘルツである。すなわち、③の振動数を二倍すると②の振動数となり、絶対協和音の関係となり、これを同音というと力説されている。

したがって、岩原説によると、盤渉調初重羽（本当は揚羽）③と一越調二重徵②は一オクターブの音域差があるが同音というのである。しかし、『声明教典』音譜篇の五線譜によると、実際には一オクターブではなく、「十」の盤渉調初重羽③は一越調二重徵②よりも二音低く唱えることになっている。

宮一〇表一行

勝

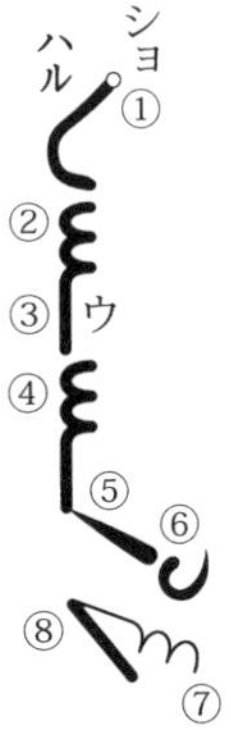

商①はハルで太く唱えスムーズに下げ、宮②はイロ三ツ。宮③で仮名ウに移り下げ、宮④もイロ三ツ、切音不切息して初重羽⑤を力のソリ。吹切⑥は初重羽⑤の最後の声を太く唱え引き、あたって押しつけるかの如く強くあたかも吹く如く短くはねる。イロモドリ⑦は吹切の最後の音でイロ二ツとモツ一ツを上げ、初重羽⑧を下げる。

宮一〇表一行

花

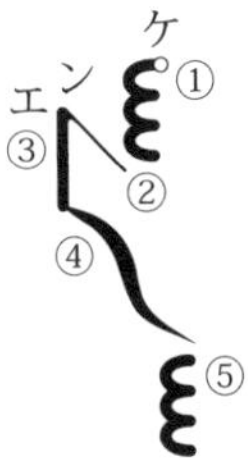

宮①はイロ三ツでモツなし。ツキモドリ②は末に「ン」の仮名が付されており、ケーンと唱える。宮③はンを唱えずエーと唱え、④はソリ切り、切音不切息して宮⑤はゆったりとイロ三ツを唱える。

ツキモドリ②の最後に「ン」の仮名を付すのは、『明治魚山集』『声明類聚』のみであり、『寛保魚山集』等の古本「魚山集」、『智山声明大典』『豊山声明大成』には見られない。これは古本には文字としては伝わっていないが、口伝として伝わっていたのであるとも考えられる。事実、拙寺の明和六年本『常楽会法則』には、ツキモドリの末に「ン」の仮名が朱で手入れされている。『声明類聚』『明治魚山集』も、古本「魚山集」の口伝・師伝をそのままに博士・補助記号等にあらわし、編纂されたと伝えられているので、その可能性は大いにあると思われる。

『声明教典』（一九〇頁）には、古本「魚山集」の「三礼」の「恭」「衆」の注を引き、「クン・シュン」とハネル故に、「ウ」の仮名を付けることは「ハネサセマジキ故実也」として、梵音の「花」はこれとは逆に、「ン」の仮名を付すのは「ケン」とハネル如く短く唱えよとの意であると解説されている。

『要覧』（一二丁左）に、「宮のモドリの終にンの仮名あり、上に弁ずる如し」とのみあるが、上に弁ずるとは散華の華の六内の仮名を指すものである。『要覧』の散華の「華」の項で、「吾師は之を六内の仮名といい、弘栄師は工合の仮名という。又梵音の妙花の花のンの仮名、三條錫杖の以清の清にンの仮名を施すこと皆此意なり。魚山私鈔略解に曰く、三段香花仏の花に伊の仮名を付す。而るに花の響は恵なり。然れども仮伊を呼ぶときは則ち音能く収り唇塞って音道鮮なり。若し恵を唱えざるときは唇塞がらず。故に声収まらざるなり。自から唱えて之を知れ」と、梵音の花の「ン」は六内の仮名であり、「ン」を付すると音がよく収まり、音声鮮やかになると記されている。

岩原は花の「ン」をハネル如く短く唱えるというが、魚山集の中には最後に「ン」の仮名を付して唱える声明は数多くあるが、すべて岩原のいう如くハネて唱えてはいない。実際、この梵音も唱えてみるとハネてはいないのである。したがって、梵音の花の「ン」はハネて唱えるのではなく、寂照のいう如く六内の仮名であり、音声鮮やかに唱えるために付されていると考える方が妥当であると思われる。

宮一〇裏一行

諸

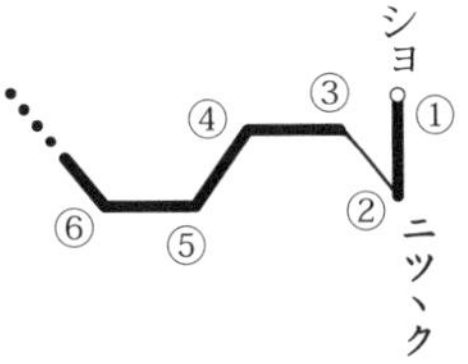

宮一〇裏一行

國

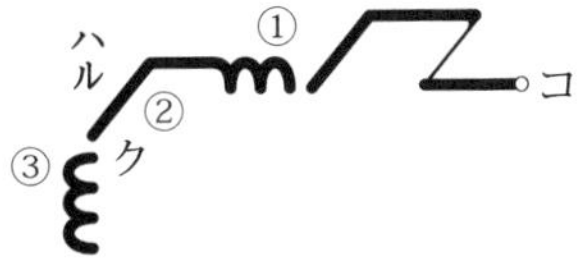

十方の段の「諸」と、出生の段の「其」「皆」の三字の博士が同じであるが、商④角⑤の唱え様が異なる。これを梵音の習いとする。

宮①は低く、ツキモドリ②は高く、角③はモドリ②と同音、商④を下げ、角⑤を上げ、同音で徴⑥をユリで唱える。

なお、徴⑥は『寛保魚山集』には「ソルベカラズ」と注されている。ソリとは低きから高きに移るをいうので、ツク如く唱えよとの意と思われる。『声明類聚』には「ツキ上ル」と朱注がされているのは同意である。

角①をイロ二ツとモツ一ツ、商②はハル。ハルとはやや強く太くゆるみなく唱えるをいう。次に宮③をクの仮名で二音半下げてイロ三ツ唱える。なお、歴代の「魚山集」『声明類聚』に「以下キリムベシ」とか、「以下三位キリムベシ」と注がされている。私のかなり過去に書いたノートに、『私案記』(記を読み直しても見えないのであるが)に「方、供養、博士注ニキリムベシト、二説あり、早々に云うと、又切り無る可と云々、或は理案の云く、供の字角商宮の三博士切ら不と、之可云々」と、典拠があいまいであるが、早く唱えるか、または切らずに唱えるという意と考えられる。

宮一〇裏二行

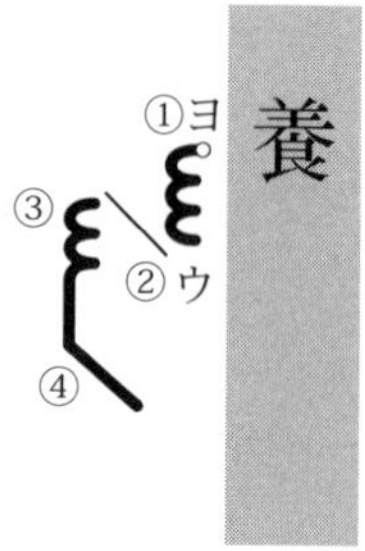

宮一一表一行

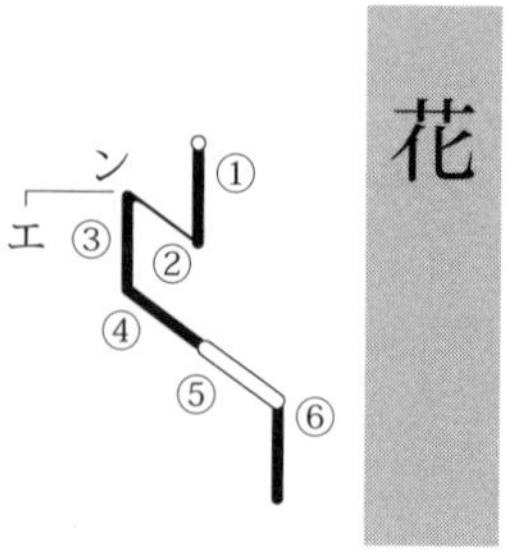

宮一一表二行

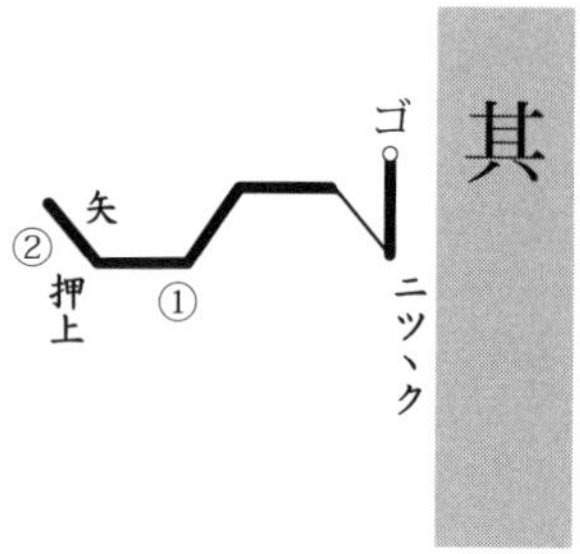

宮①をイロ三ツ、ツキモドリ②をイロ①の最後の低点より一音高い高点と同音で唱え、次に宮③を宮①と同音にイロ二ツとモツ一ツ、初重羽④を二音半下げて唱える。

「ケ」と唱える声明家もいるが、正しくは「ゲ」と濁音に読む。『明治魚山集』『声明類聚』は四声点が付されていないが、『寛保魚山集』等は上声に新濁音が付されている。

直前の「蓮」宮と同音で宮①、ツキモドリ②は末に「ン」の仮名が付されており、「エーン」と高く唱える。宮③は「ン」を唱えず「エー」と唱え、初重羽④を下げ、さらに初重揚羽⑤を半音上げ、宮⑥を同音に唱える。ちなみに、揚羽・揚商の後の譜は同音に唱えるのが習いである。

前述の「諸」と、角①徴②のみ唱え様が異なる。前の商を下げ、角①を高く唱え、徴②をさらに上げて唱える。

『声明類聚』の頭注にはオシ上ルとあり、スクウと同じで低きから高きへ上げる。『寛保魚山集』『明治魚山集』等も同である。しかし、『声明類聚』の宮野朱注には「諸」と同じくツキ上ルとあるので、寂照と異なり宮野は角①徴②と同音に唱える伝をとられていたと思われる。

宮一一表二行

色

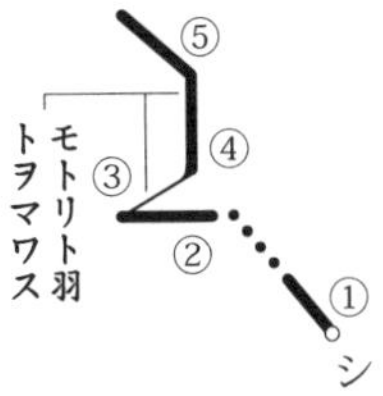

宮一一表二行

皆

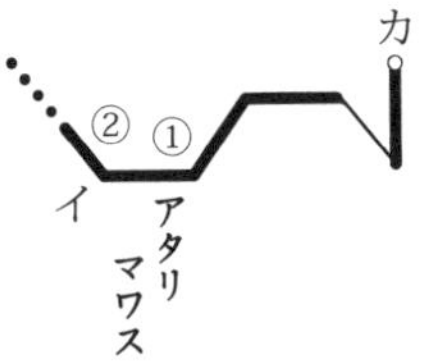

徴①を律のユリ、角②を同音、モドリ③と羽④をマワス、すなわち、マワスは高きから低きにスムーズにマワシ下げることで、その後、徴⑤を下げた音でツクで唱える。

前述の「諸」と、角①徴②のみ唱え様が異なる。前の商を下げ、角①徴②をマワシて唱える。『明治魚山集』『声明類聚』の頭注にはアタリマワスとある。『寛保魚山集』にはアタリマワスにソの符号が加えられており、また筆者所蔵の『寛保魚山集』にソリマワスと朱が付されている。このことは、マワスとは高きから低きに下げるをいうのであるが、この角①徴②は常のマワスとは異なり、やわらかくスムーズに、あたかもマワス如く低きから高きに上げる故に、アタリマワスにソの符号、またソリマワスと朱が入れられているのであろうと思われる。

9 錫杖

一、出典

『声明類聚』に、出典について「錫杖経文」とあり、『九條錫杖経』の第一条・第二条・第九条（少し文言が異なるが）を三條錫杖という。詳しくは、三條錫杖の第三段は第九段と流通文の趣意を取りし文である。なお、『九條錫杖経』の第一条の初めの四句は『大方広仏華厳経』（八十華厳経）巻一四・浄行品第一一（大正蔵一〇・七〇c）の文であるが、他は偽経とされ諸説あるが明らかではない。

二、調子

『寛保魚山集』『明治魚山集』『声明類聚』には、『声明集略頌』を引いて「頌曰三條盤渉調律曲文梵音可順音」とある。すべてにわたって梵音にしたがって盤渉調律曲で唱えよとの意である。

三、概説

「魚山集」編纂以前の『声実抄』（続真全三〇・八頁）には、「三條錫杖」は「錫杖」、「九條錫杖」は「九條錫杖」の曲名、『私案記』（続真全三〇・九五頁）には、「三條錫杖」は「三條錫杖」、『声明集私案記』（続真全三〇・九七頁）に「九條錫杖」は「九條錫杖」の曲名、歴代の「魚山集」では『声実抄』と同じく、「三條錫杖」は「錫杖」、「九條錫杖」は「九條錫杖」の曲名が用いられている。

錫杖は比丘十八物の一で、猛獣毒虫を追い払うため、また托鉢の時に相手に来訪を知らせるために用いられた。錫杖を執持し三宝に供養するとともに、錫杖の響きによって菩提心を起こし修行し、すみやかに悟りを成就すると説かれる。

また、錫杖の振り方として、『明治魚山集』頭注に、「之に顕密の異あり。顕は初段に三振、二條に二振、三條に三振、密は三三三と振るなり。是則ち九界の迷情を驚覚する義なり」とあり、『密宗諸法会儀則』巻上（二九丁裏）も殆ど同である。しかし近年は、顕と同じく三・二・三と振る。

宮一一裏二行

手《シュ》

『明治魚山集』『声明類聚』は少ソ、『寛保魚山集』は「ソリカエルナリ、ユラユラトスヘシ」と注されている。ソリカエルとはソリをかえす、ユラユラとはやわらかにという意なり。短くソリ、その後にソリを返す如くゆるやかにマワス如く唱える。

宮一一裏二行

杖

大山公淳「講究会の記（三）」（『高野山時報』）には、「杖の字をデヤウと仮名すべきかヂヨウと仮名すべきかに就いて問答あり。真鍋師の答説ではデヤウと仮名するけれど、それを明瞭に呼ばないのを尊ぶ。深敬上綱はウの仮名を表にせず云々。蓋しその明瞭ならざるを伝とす」と、デヤウと仮名し、「ウ」の仮名を明瞭にしないと記されている。

中川善教『南山進流魚山蠆芥集解説』（一二頁）に、「錫杖の杖をJōと読まずにdyōと読む。これはJōが正しい音であるが、どういうものか奈良の諸大寺でもdyōと読ましている」。また『類聚の解説』（九六—九七頁）には、

「錫杖の杖はデウと仮名を割らずして読むを師伝とする。然れども条はデウにて杖はヂャウなり。仍ってヂャウにて唱う。慈暁前官はデウともゼウとも明瞭に言わざるを以て好しとす。これ口伝なりと。兎に角アマエ声にて唱う」と述べられている。発音をわかりやすい仮名、ジョオではなく、ジィョオであろうか。それをはっきりと明瞭に読まず、甘える如きやさしき声で唱えるのである。

高野山で「リョウ」と唱える方もいるが、リョウとの唱え様は中川・真鍋（深敬上綱の付法）・児玉・岩原（慈暁前官の付法）どなたもとられてはいない。であるならば、伝授において明瞭ならざる甘え声のジィョオの唱え様を、リョウと聞き間違え相伝されたものであろうか。

宮一一裏二行

願

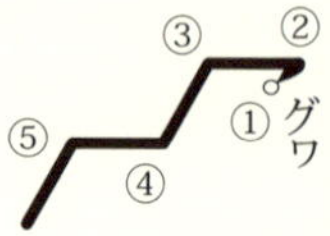

カカル①を短く、切音不切息して角②を引き、商③を横下シで一音下げ、角④を角②と同音に引き、商⑤を角③と同じく横下シで一音下げる。

宮一二表一行

設

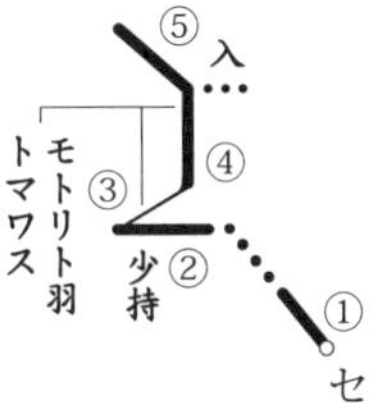

徴①を律のユリ、角②を同音、モドリ③と羽④をマワス、すなわち、マワスは高きから低きにスムーズにマワシ下げることで、その羽④の最後を入で唱え、徴⑤を下げてツク。

宮一二表一行

施

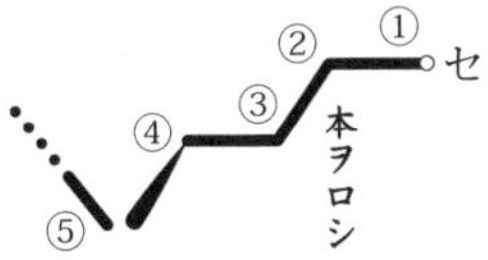

角①より商②を本下シで二音半下げて唱え、次に角③より始め一音下げ徐々に角③と同音までソリ上げ、そのソリ上げた音と同音に徴⑤をユリで唱える。

宮一二表一行

實道

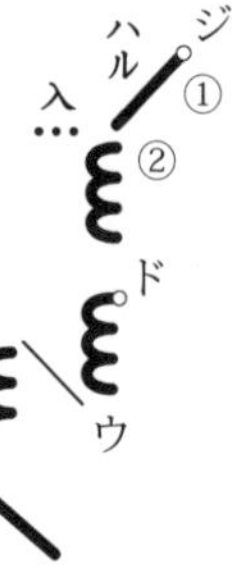

宮一二裏一行

清

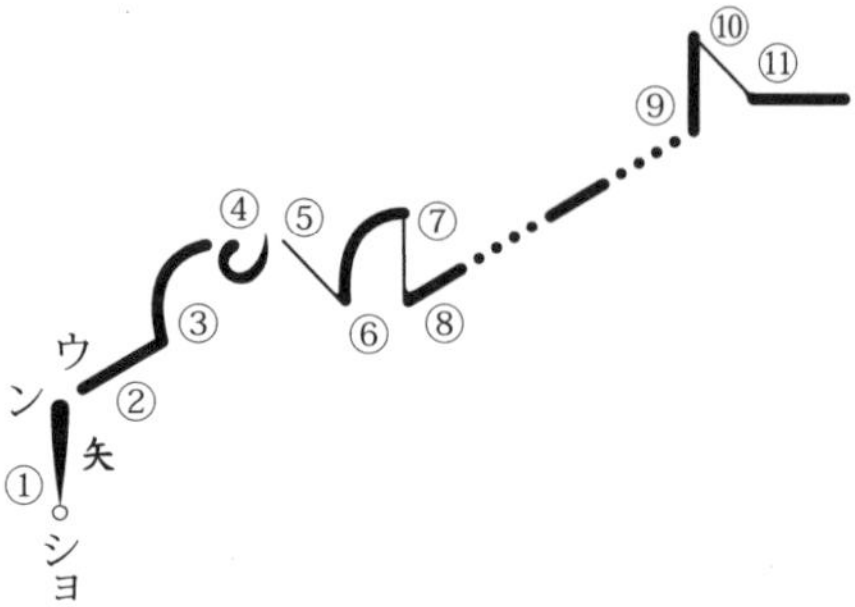

「如」の最後の角より下げて「実」の商①を唱えた後、入り一音下げて宮②でイロ三ツ唱える。そして、宮③をイロ三ツ、ツキモドリ④をイロ③の最後の低点より一音高いイロ③の高点と同音で唱え、次に宮⑤を宮③と同音にイロ二ツとモツ一ツ、初重羽⑥を二音半下げて唱える。

「ン」の仮名、『寛保魚山集』等の古い「魚山集」、『智山声明大典』『豊山声明大成』には見られない。『要覧』（一三丁右）に「初の羽の末にンの仮名あり。此は密になすべし。仮名にあへば直ちに宮へ揚ぐるなり」と、『類聚の解説』（九七頁）には「第二條の頭の清、前の梵音初段の頭の花等にともにンの仮名を出すは、散華の香花の花にイの仮名を出すについて述べたるが如く是れ悉曇家に伝うる六内の仮名なり」と述べられている。すなわち、前述した如く、六内の仮名、工合の仮名である。したがって、羽①を力のソリで末を徐々に強く太く唱え、最後をンで発音し、三重宮②よりはウの仮名で唱える。羽③をソリ上げ、吹切④、モドリ⑤を吹切④の最後と同音、羽⑥を再びソリ上げ、モドリ⑦をさらに高く、三重宮⑧を下げ律のユリを二ユ、羽⑨を下げ、モドリ⑩をスカシ声で唱え、三重商⑪を少し下げて強く唱える。

古来、最後の譜⑪の方向が三重宮か三重商か判別しかねる故に、声明家によって異なって伝わってきた。事実、『寛保魚山集』『明治魚山集』『声明類聚』『鈴木声明集』

は宮・商いずれともとれる。『岩原魚山集』『中川法則』『智山声明大典』は商、『豊山声明大成』『吉田声明集』は宮である。『松帆魚山集』は商、『声明教典』も「判別しかねるが、弘治三年暁善手写の本には明瞭に商になっているから私はこれを商と決定する」と主張されている。「講究会の記（三）」でも、宮に非ずして商であると訂正されている。しかし、『明治魚山集』編纂者である寂照は、左記の『要覧』によると三重宮としている。

次に、スカシ音（声）の注が最後の商（宮）かその前のモドリにつけたのか、これも二説がある。『寛保魚山集』『明治魚山集』『声明類聚』は最後の譜であり、『中川法則』『鈴木声明集』はモドリと最後の譜の間に注されており、いずれか判然としない。『智山声明大典』『豊山声明大成』は最後の譜である。『松帆魚山集』『吉田声明集』はモドリである。

『要覧』（一三丁右）は、「七ツ目の宮にスカシ声と注せり。是は羽のモドリを細音にするをもっての故に動もすれば調子外れの宮音を生す。故に用心して此注釈を設くるものなり」と、また九條錫杖の項で、「杖の譜は宮にして声は徵なり、然らば宮より徵に至るに四位を隔つれば動もすれば声の徵正当の音調を失し、調子外れの音声を出すものなり。之に由って正当の声を失せざるために、殊更に此注を設くるなり。スカシ声とは俚言に大切という意なり」と記されている。

『声明教典』（一九二頁）は、「終わりの商は相当高く、前の羽、宮等とは声の味いが違うから、最後の墨譜につけたものであるとも考えられる。モドリは終わりの商より一音高いものであるからこのモドリにつけた注であるとも見られる。後説の方が実際に親しいかと思う。尚此のスカシ声は仮声で唱えられるのである」と、いずれの説にも妥当性を認めながら後説をとられ、実際に『岩原魚山集』でモドリにスカシ声と注されている。

しかし、岩原と『要覧』の説は最後の譜の位は異なるが、結局は高い位を正確に調子がはずれることなく唱える

ために、スカシ声で唱えると説かれていると思われる。
なお、『要覧』のスカシ声について「大切という意なり」とあり、スカシ声はモドリを正しく唱えんがために注意して声を大事に丁寧に唱えよとの意である。『要覧』の説とスカシ声の位置が異なるが、つまり羽より高いモドリに急に声が飛ぶために、その調子をはずさずにモドリを出すためにスカシ声で唱える。また、スカシ声は本当は息を吐きながら発声するが、イメージとしては吸う如く唱える。詳しくは第一篇第五章第三節第二項「声明の発声法」を参照すべし。

宮一三表一行

三

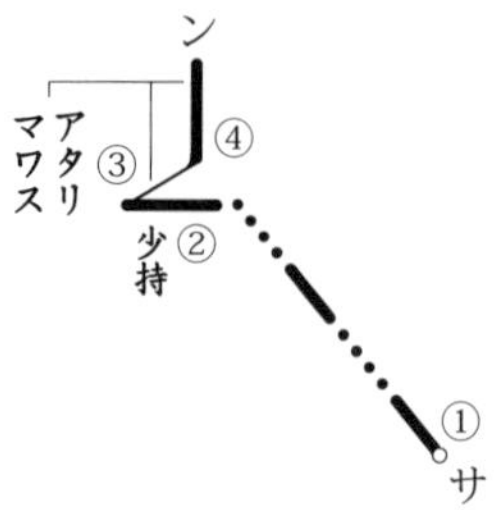

徴①を律のユリを二ユ、角②を同音、モドリ③の初めをアタリ、モドリ③と羽④をマワス。すなわちマワスは高きから低きにスムーズにマワシ下げ、かつ次第に声を消え入る如く細く唱え、最後にンを唱える。次に、忘れ博士で三拍ほど、声を断つ。

『要覧』（二七〇頁）に、「角のモドリと羽とを回す。但しモドリの始めを口内にて強くアタリ、羽の末を漸次に細く消ゆるが如く、又は回し込む如くするなり。之を三世の忘レ博士と云う。東南院には三と世の間を長く絶音するなり。二説の中前説を可とす」と、すなわち前説は覚証院方、後説は東南院方の伝で、寂照は前説覚証院の伝をとるとされている。しかし、『南山進流魚山蠆芥集解説』（一一頁）は、「二説あるが、今は東南院流の戻りと羽をアタリマワシテ音を絶ち、世に移る説を用いる」として、「三」に関しては近年は多く東南院の説を用いるとしているが、二の伝のいずれも用いられている。すなわち、覚証院方の伝でモドリ③羽④をやわらかにスムーズにマワシ下げ、ンに移り徐々に細く消え入る如く唱え、次に東南院方の伝で二呼吸ほど声

を絶ち「世」に移り唱えられている。

10 仏　名

一、出　典

典拠は経軌になく、伝承によると仁海より始まると伝えられている。

二、調　子

『寛保魚山集』の「錫杖」の「仏名」は題名がなく、『明治魚山集』『声明類聚』にも題名はないが、始めに調子について、『声明集略頌』を引いて「略頌曰仏名黄鐘曲者律」と指示されている。巻下の「仏名」も文言は異なるが、調子は同じく『声明集略頌』を引いて「略頌曰仏名黄鐘曲者律」とあり、黄鐘調律曲と指示されている。『寛保魚山集』はこの下に、「山ノユリナト全ク律ニ似タルカ故ニ曲ハ律ト云ウカ」と注されている。すなわち、歴代の「魚山集」では仏名のユリは律のユリが用いられていたようであり、そのあたりを、黄鐘調は多く中曲であるので、ことさら曲は律との文言を用いられたと思われる。

『類聚の解説』（九七頁）は、「大途は律曲なれどもン南無は呂にて戻を上げず。恭の徴の終りを口内にてハネ、敬に由下あるなどより推して、恐らくは中曲なるべし。慈暁前官も中曲なりとせらる」と述べ、慈暁前官も仏名は中曲なりとされたという説を強調されている。

しかし、『声明の研究』（五五三―五五七頁）は、仏名以外の中曲調には、徴のユリに反徴とか由下の手入れがさ

れているが、仏名にはされていない。中曲ならば徴のユリには必ず由下があるのが一特色なのにその特色がない。すなわち、古くは中曲でなかったものを、『明治魚山集』になって中曲由下の手入れをしてしまったと、したがって仏名の調子は律曲との説を展開されている。

ところが、『声明教典』（一九二―一九四頁）では、『略頌』の「曲者律」を「曲者似律」の意と解すべきとして、「思うに仏名は最初から中曲調ではあったが恭・命等の徴を律と同様にユって由下にしなかったのを、何時しか由下に唱えるようになり、明治板に至って遂に由下の手入れをしたのであろう」と、仏名は最初から中曲であるといっている。

『声明の研究』と『声明教典』はしばしば述べている如く乖離があるが、これは研究を推し進めていく中で説を改められたのであろうと思われる。したがって、『声明教典』執筆にあたり、『声明の研究』の律曲黄鐘調の前説を中曲黄鐘調に改められたということであろうと思われる。

三、概　説

導師・誦経導師等が表白・神分の終わりに、如意を持し仏名を独唱し、頂礼供養する。

『寛保魚山集』『明治魚山集』『声明類聚』等の巻下に、諸表白の仏名はこれをもって基本とすべしと指示されている。ただし、巻上の三條錫杖・九條錫杖の仏名には異譜が点じられており、頭助次第をとる。

また、『類聚の解説』（九七頁）に「明治版に恭敬の上に頭助とせるは誤りにて、宜しくン南無の上に移すべし」とある。『声明類聚』も恭敬の上にあり誤りであるが、『寛保魚山集』はン南無の上にあり正である。

曁首巻一一七左一行

ン南無

『声明経典』（一三七頁）に、ンについて、ナ行を発声するには、まず鼻音のンを歌い、直ちにナを歌ってンナと発声することにより、柔らかい正しいナ行の各音を発声することができる。したがって、南無の南（ナ）の上にンをつけてンナと唱えるようになったと説かれている。

「ン南無」の初重羽①②③は低く出し、モドリ④宮⑤も初重羽と同音に低く唱える。

曁首巻一一七左二行

恭

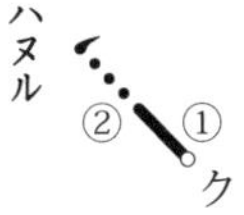

「ン南無」より「恭」を高く唱える。徴①を引き、②を律のユリで潔くユリ、終わりをハヌル。

曁首巻一一七左二行

敬

仏名が中曲ならば、徴①は由下、律曲ならば由下に似たる音動である。いずれにしても唱え方は同である。角②は極矢の符号の故にきわめて早く、商③は声の変わるまで大きくソリ上げ唱え、モドリ④を高く早く重ね、角⑤はイロ三ツとモツ一ツ、商⑥を下げ、角⑦を高く始め少し引きイロ⑤よりも大きく二ツとモツ一ツ、次に商⑧を下げて唱え終わる。

なお、『類聚の解説』（九七—九八頁）に、「敬徴由下也。又ユリオリとも又は反徴とも云也。此の三名は黄鐘調に限る也。その由下とは二ツ目の由りの末をユリ以て下げる也。故に爾か名くものなり」とあり、ユゲ・ユリオリ・

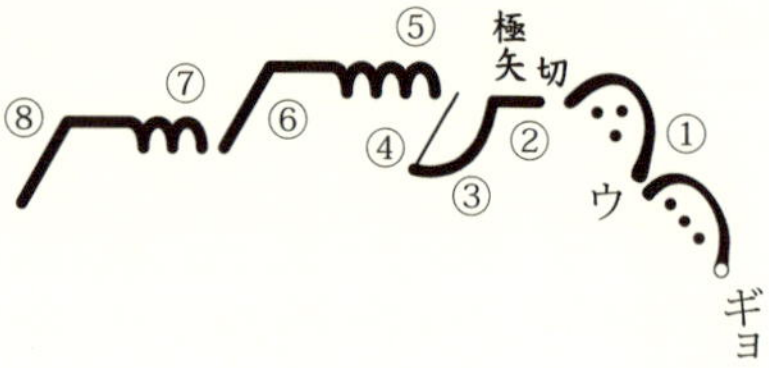

反徴とは中曲に限るものであり、ここでは黄鐘調に限るといっているのは、すなわち中曲黄鐘調に限るということであろうと思われる。

〔岩〕首巻一一七左二行

尊

『寛保魚山集』に「今衆徒方ニハ尊ノ初ノ徴角商了レバ止ナリ」と、『類聚の解説』には要約すると、衆徒方には「尊」の徴角商終われば以下を略し、「護持」終われば「弟子」は略する。樹下様は二句ともに最後まですべてを唱える。

樹下様について、理峯『私鈔略解』（続真全三〇・一四二頁）に、「宗源上人とは樹下の聖人乗願房の事なり。醍醐樹下の庵に住する故に樹下上人と号す。即ち乗願房声明は此の聖人の伝なり。今之を案ずるに乗願房は南山に隠遁せらるか。又此の源慶《ママ》は金剛三昧院に在るか否かは未だ之を決せず。仍て樹下聖様と云うものの金剛三昧院と定め難きものか。尚之を考うべし」と、廉峯『声明聞書』（続真全三〇・二二七頁）にも同意があり、これらを合わせ考証すると、二説ある。一は、宗源上人乗願房の声明を樹下様という。二は、宗源上人の付法に玄慶があり、この

玄慶が金剛三昧院谷結衆におられ、その系譜の声明を樹下様というと述べられている。しかし、これらの真偽の程はいまだ決着はしていないとされている。

11 讃嘆伽陀

讃嘆伽陀とは、本尊聖衆の徳を讃嘆する伽陀の意である。涅槃講は五段、羅漢講は五段、遺跡講は五段、舎利講は三段である。

講式を唱え、次に讃嘆伽陀と交互に唱える。

調子は伽陀すべてにわたって中曲黄鐘調である。上音は甲乙反によって、平調か一越調で唱える。上音であるので高い平調で唱える方が妥当と思われる。

なお、『類聚の解説』（九九頁）に、「上音は凡べて伽陀三行目の終わりの字にて之をなす。而して上音は五段伽陀にはあれども三段伽陀には都べてなし。是れ原則なり。五段伽陀に於いて第二段（霊瑞の儀則には第三段という）の上音は伽陀士を讃嘆す。第四段の上音は式師を讃嘆す。仍て第二段にて上音ある時は、次の段の伽陀の頭高声に唱えて上音を謝す。此時助音は乙音にて唱う。第四段の上音は式師の讃嘆なる故に伽陀士高声に唱えて謝する儀なし。然れば、式師の式堪能にして讃嘆に値いすれば、仮令法則に上音の朱註なくとも第四段に於いて上音すべく、伽陀士讃嘆に値いせざれば第二段に仮令上音の朱註ありとも上音するに及ばざるなり。然るに現時は形式化し、涅槃講の時は、仮令伽陀士堪能なりとも上音せず（是法則に上音の手入なきが故に）、仮令式師堪能ならずとも第四段の双林下の下の時上音す（法則に上音の手入あるを以て）」と、本来は式士・伽陀士の堪能なるを讃嘆して上音すべ

きであるが、近年は法則の手入れに則り形式化して唱えると述べられている。

さらに、上音は、高野山は初の徴・角の二位を上音で頭をとり、以下、諸衆が上音で助音する。京都は涅槃講の讃嘆伽陀第四段であれば、「下」の一字を上音で頭をとり、「利益」以下、諸衆が助音すると述べられているが、近年は高野山・京都ともに、初の徴・角の二位のみを上音で、以下は諸衆が本音で唱えることになっている。

涅槃講　第一段

[岩]二巻九右一行

如

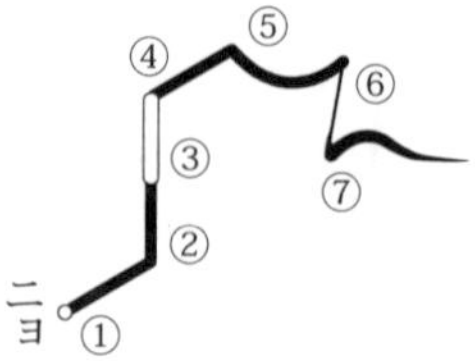

亀甲博士である。三重宮①を唱え、羽②を下げ、揚羽③を半音上げ、三重宮④を揚羽③と同音、三重商⑤を声を張り上げ高く、モドリ⑥をさらに高く、三重商⑦を少し下げてよりソリ上げ唱える。

涅槃講　第二段

岩二巻九左二行

釋　迦

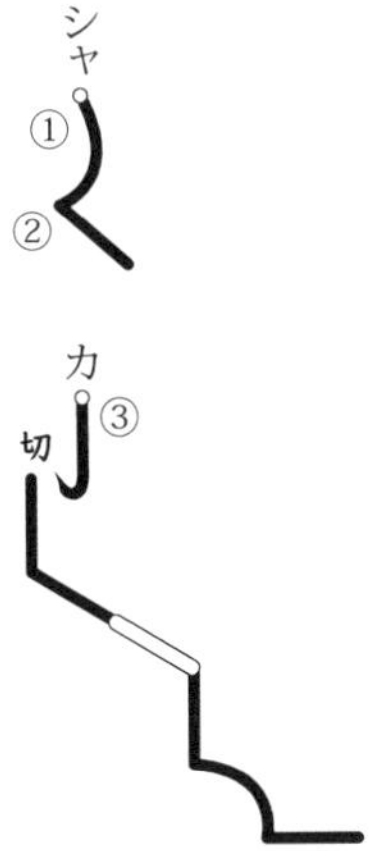

宮①をソリ上げ、初重羽②に二音下げて唱え、また宮①と同音で初重羽②よりも高く宮③を唱える。

涅槃講　第四段

岩二巻一一左一行

涅　槃

『明和法則』では、「涅」は入声に四声点があり、「ネッ」と読む故に、「槃」は半濁音で「パン」と読む。

岩二巻一二右一行

下

上座が扇を立てて甲音にて唱える。上音にて唱える。五段式の時には、第二段目の上音するのは伽陀士を、第四段目に上音するのは式士を讃嘆する。舎利講の如く三段式は、一座講の時には第二段目に上音する。

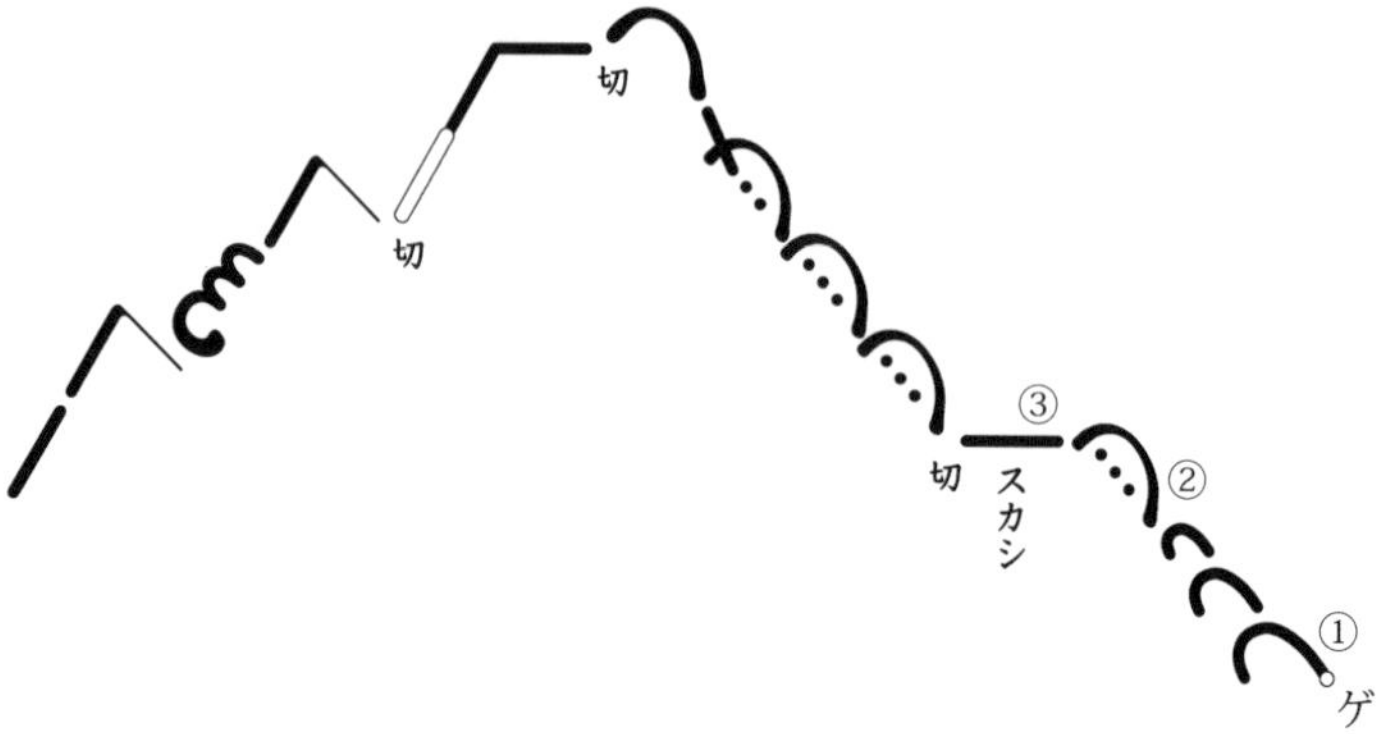

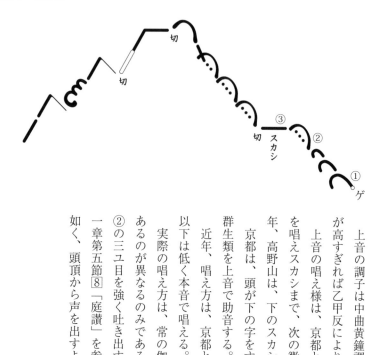

上音の調子は中曲黄鐘調であるので、上音は甲乙反で中曲平調か、また平調が高すぎれば乙甲反により中曲一越調で唱えるべきである。

上音の唱え様は、京都と高野山とは異なる。高野山は上音の頭が初めの徴角を唱えスカシまで、次の徴角からは諸衆が群生類まで上音で唱える。しかし近年、高野山は、下のスカシまで頭が上音で、以下を諸衆が本音で助音する。

京都は、頭が下の字をすべて上音、ただし揚商もスカシで唱え、諸衆は利益群生類を上音で助音する。

近年、唱え方は、京都と高野山も同である。角③のスカシまで高声で唱え、以下は低く本音で唱える。

実際の唱え方は、常の伽陀に同じであるが、高声で唱えることと、スカシがあるのが異なるのみである。スカシは、庭讃と同じく、三ユ①して、呂のユリ②の三ユ目を強く吐き出す如く唱え、角③をスカシで唱える。スカシは本篇第一章第五節8「庭讃」を参照すべし。深い呼吸をして、洋楽のファルセットの如く、頭頂から声を出すようなイメージできわめて高声に唱える。

羅漢講　第四段

圏二巻二七左一行

床

上座が扇を立てて上音にて唱える。五段式の時には第四段目に上音するのは職衆が式士を讃嘆する。上音の唱え方は本節前出の「涅槃講第四段」を参照すべし。

遺跡講　第二段

圏二巻三九左一行

塔

上座が扇を立てて甲音にて唱える。上音にて唱える。五段式の時には第二段目に上音するのは職衆が伽陀士を讃嘆する。上音の唱え方は本節前出の「涅槃講第四段」を参照すべし。

圏二巻三九左二行

塔

第二段の最後の「塔」も、伽陀士を讃嘆するために高声にどなる如く、太い強い声で唱える。なお、京都では、「塔」を高声で唱えず本音で唱える。

遺跡講　第二段追加

圏二巻四〇右一行

曲如城辺宝階塔

第二段追加の「曲如城辺宝階塔」の頭は、伽陀士が諸衆に返礼で謝するために、頭人が上音で高声に唱える。助からは本音で唱える。

四座講の時は上音なし。一座講の時は上座が扇を立てて上音にて唱え、職衆が式士を讃嘆する。

舎利講　第二段

影二巻五二左二行

間

12 涅槃講和讃

一、出典

典拠は不詳である。ただ、吉田寛如『詳解魚山集』解説篇（五六〇頁）によると、典拠は記されていないが、作詞は明恵上人とされている。

二、調子

調子は、『類聚の解説』（一〇〇頁）は平調律曲、『中川法則』は題下に律とのみ指示されている。『詳解魚山集』解説篇（同頁）は、甲は平調律曲で乙は黄鐘調律曲とされている。『大平法則』は吉田に同である。

大方は律曲とされているが、『声明教典』（一九四―一九五頁）は音階については、「此の曲節の中には中曲調の一特色とも見る可きフリユリを存すること。並に、「寿尽の時にいたるには」の「は」の字のユリは他の部分の律のユリと異なりて、全く呂のユリにてトメあることは、所謂半呂半律の特長を示すものである」と、さらに調子については、「平調となっているが、これは甲の高さを指示したものであるが、乙の所は甲乙反の法則に従って盤渉調

洋楽音名	十二律	横笛	乙ノ句（中曲盤渉調）		甲ノ句（中曲平調）	
イ	黄鐘	夕			角	
■	鳧鐘					
ト	双調	上			揚商	三重
■	下無	五	徴		商	三重
ヘ	勝絶		反徴			
ホ	平調	干	角		宮	
■	断金					
ニ	一越	六	揚商		揚羽	
■	上無		商	三重	羽	
ハ	神仙	下		三重		
ロ	盤渉	中	宮		(徴)	二重
■	鸞鏡				反徴	二重
イ	黄鐘	夕	揚羽		[角]	
■	鳧鐘		羽			
ト	双調	上			揚商	
■	下無	五	(徴)		商	
ヘ	勝絶		反徴			
ホ	平調	干	角		宮	
■	断金					
ニ	一越	六	揚商		揚羽	
■	上無		商	二重	羽	初重
ハ	神仙	下		二重		初重
ロ	盤渉	中	宮		徴	
■	鸞鏡					
イ	黄鐘	夕	揚羽			
■	鳧鐘		羽	初重		
ト	双調	上		初重		
■	下無	五	徴			
ヘ	勝絶					
ホ	平調	干				
■	断金					
ニ	一越	六				
■	上無					

で唱えるのである」といわれている。

声明家の中には、甲が大部分の常の和讃、高声で唱える寿尽以下の句を乙音とされている人もいるが、甲は高音、乙は低音をいうのであり、『声明教典』音譜篇の五線譜を見ると常の和讃を乙、寿尽以下の句を甲とされている。

さらに、平調では例えば初めの「如」の(徴)の音が盤渉となり、きわめて高すぎる感がある。盤渉調にすると(徴)が下無となり、実唱している和讃とほぼ同じ高さとなる。、涅槃講に限らず四座講のすべての和讃は、頭以下普通の乙ノ句は中曲盤渉調、寿尽以下甲ノ句は中曲平調と考えるのが妥当と思われる。

したがって、甲ノ句に移る直前の「釈迦の讃嘆聞人は」の「釈」は中曲盤渉調の(徴)で、甲ノ句の「寿尽の時にいたるには」の「寿」は中曲黄鐘調の[角]で唱えることとなる。

三、概　説

和語により、仏祖・宗祖等の徳を讃嘆したる曲である。

甲音は、上座が扇を立てて、寿尽以下の一句を高声に唱える。二行目より諸衆が高声で助音する。さらに諸衆は如来以下乙音で助音する。京都は、乙音の復する時に上座の人が如来以下の一句を唱え、二行目より諸衆が助音する。

導　[岩]二巻一三左一行

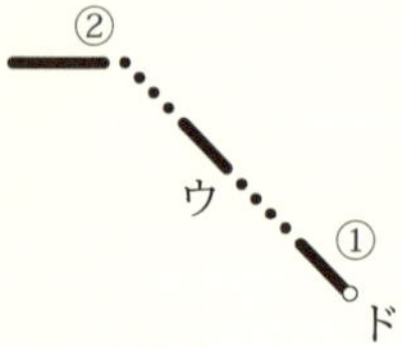

二伝あり。

《一》徴①の律のユリ二ユと角②を同音に唱える。

《二》徴①の律のユリ二ユして後、角②を下げて唱える。

事　[岩]二巻一三左一行

角①をイロ二ツとモツ一ツ、商②をフル、すなわち、角①より下げてトと引き唱え、フル②は低い音から高い音へ、裏声でオーオオと返すように唱え下げる。

甲句

[岩]二巻一八右二行

は

[岩]二巻一八右三行

佛

《一》

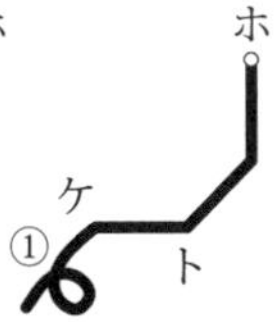

《二》

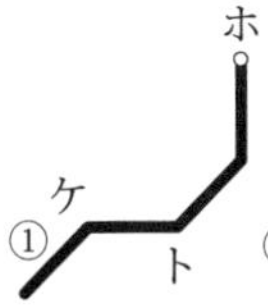

『中川法則』にユ一トメとある。『大平法則』は律のユリとしている。右記の岩原によると、呂曲のユリで最後にトメを唱える。これが妥当と思われる。

二伝あり。

《一》商①をフルで唱える。

《二》商①をスで唱える。

13 釈迦念仏

釈迦牟尼仏の名号に曲節をつけて「南無釈迦牟尼仏」と唱えるをいう。

調子は、諸説ある。

『岩原魚山集』『鈴木声明集』『中川法則』は調子の指示がなく、『大平法則』は二重は盤渉調律曲で初重・三重は双調律曲としている。音階は、岩原諦信『声明教典』音譜篇の五線譜にみられる念仏三重の音階の関係よりみると間違いなく律曲である。『詳解魚山集』解説篇（五二七頁）にも「師伝の律旋・盤渉調とは音階は律、高度は盤渉調の意である」として律音階としている。

『声明教典』（一九六頁）は「二重を盤渉調と定め、甲乙反の法則に従って、双調（実は下無調）に転じて、初重と三重を得ればよいのである」と、二重を盤渉調、初重・三重を双調（本当は下無調）としている。

『詳解魚山集』解説篇（五二七頁）には、釈迦念仏について長い論述があるが、要約すると原調は盤渉調であり、甲乙反により盤渉調の宮を六律下げた徴に宮を置いて作った調子が双調（厳密には下無調）であり、念仏の初重となり、その調子を一オクターブ上げて作った調子が念仏の三重であると述べられている。

博士については、多くの法則があるが、相違点が非常に多い。ここでは、『中川法則』（『明和法則』を底本）と『岩原魚山集』（『享保法則』を底本）の初重角・二重徴・三重宮（各重で最も多く点譜されている中心の音であると共に各重で対応している音である）の各重一行目二字目の「無」だけを比較することにする。

なお、『大平法則』は『岩原魚山集』にほぼ同じである。

『岩原魚山集』の初重・二重・三重

『岩原魚山集』は音階と調子は記されていないが、『声明教典』によると、二重は盤渉調であり、初重と三重甲乙反により双調（実際には下無調）としている。

各重一行目二字目「無」の譜の比較

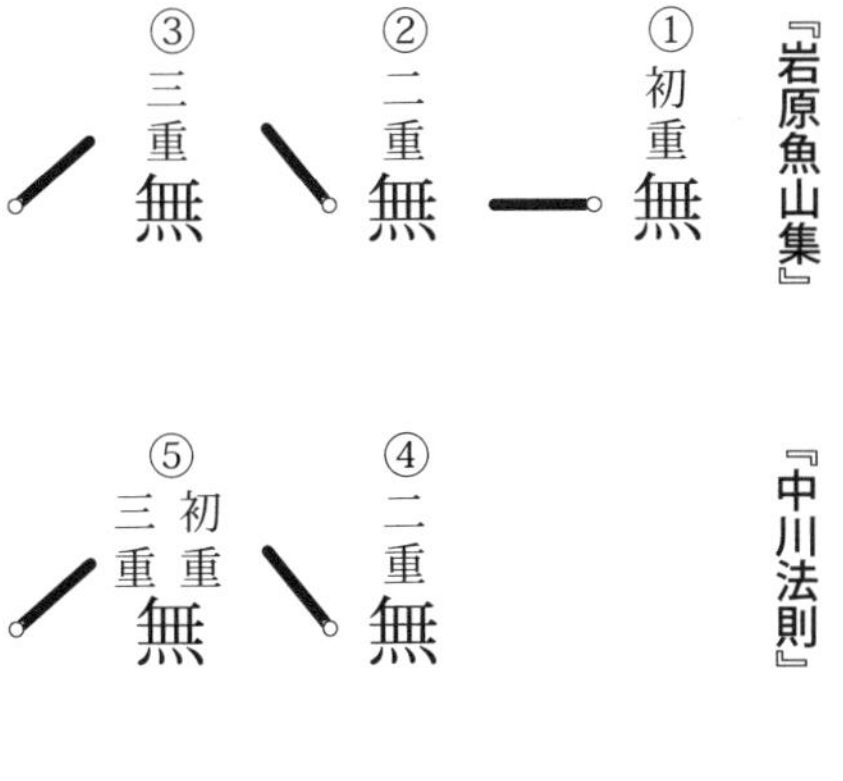

『岩原魚山集』の初重・二重・三重の一行目の「無」（「無」の博士は各重の中心音）を校合すると不可解である。『岩原魚山集』の二重は盤渉調であるので、上図の②「無」は盤渉調二重徴である。しかし、初重と三重は双調であり、一オクターブの差というのであれば、①初重「無」は双調二重の角であり、③三重「無」は一オクターブ上の三重角でなければならないのであるが、③三重「無」は三重宮となっている。このことは、理論と実際において次の如く二の矛盾がある。

一は、二重を盤渉調、初重・三重を双調とすると、二重徴と初重角には三音の差があり、二重徴と三重宮の間には半音の差しかないこととなり不自然である。二は、一オクターブの差というのであれば、初重の博士は角、三重の博士は双調角でなければならないのであるが、③三重「無」の博士は宮であり乖離がある。

また、『声明教典』音譜篇から逆に推考すると、①初重「無」は洋楽音名「ハ♯」、③三重「無」は一オクターブ上の「ハ♯」となっている。これを双調の音に対応させると、「ハ♯」は双調の二重角、一オクターブ上の「ハ♯」は三重角となり、『岩原魚山集』の実際の念仏初重の博士には対応するが、念仏三重の博士には対応しない。次に、この一オクターブ上の「ハ♯」と③三重「無」に対応する調子と階名を逆推すると、盤渉調の三重宮（厳密には半音低い）でありぴたりと一致している。一方、双調で記譜すると三重角（実際には盤渉調の三重宮とは半音の差があるがほぼ同音とみる）となり、念仏初重の双調角よりも一オクターブ高くなり、理論的にも一致することとなる。この

ことから、念仏三重は同一の調子、すなわち盤渉調で点譜されているとみて間違いはないであろう。

その三重の中、念仏三重三行目について、『声明の研究』（四三一―四三二頁）に「初行と中の行とは原調の三重の当位の墨譜で書いてあり、第三行は初重の当位の墨譜で書いてあって」と、一行目と二行目は原調の三重の墨譜で三行目は初重の墨譜で書いてあると述べられている。すなわち、一行目・二行目は盤渉調三重で三行目は双調初重で点譜されているとの意である。そして、左記の如く《一》の『享保法則』の三行目の双調の博士を《二》の盤渉調の博士に翻譜している。

洋楽音名	十二律	横笛	初・三重（双調）		二重（盤渉調）	
ロ	盤渉	中				
■	鸞鏡					
イ	黄鐘	夕				
■	鳧鐘					
ト	双調	上				
■	下無	五			徴	
ヘ	勝絶					
ホ	平調	干			角	
■	断金					三重
ニ	一越	六	徴		揚商	
■	上無				商	
ハ	神仙	下	◇角			
ロ	盤渉	中		三重	◇宮	
■	鸞鏡		揚商			
イ	黄鐘	夕	◎商		揚羽	
■	鳧鐘				羽	
ト	双調	上	○宮			
■	下無	五			○徴	
ヘ	勝絶		揚羽			二重
ホ	平調	干	羽		角	
■	断金					
ニ	一越	六	徴		揚商	
■	上無			二重	商	
ハ	神仙	下	□角			
ロ	盤渉	中			□宮	
■	鸞鏡		揚商			
イ	黄鐘	夕	商		揚羽	
■	鳧鐘				羽	初重
ト	双調	上	宮			
■	下無	五			徴	
ヘ	勝絶		揚羽			
ホ	平調	干	羽	初重		
■	断金					
ニ	一越	六	徴			
■	上無					

《一》『享保法則』三重三行目

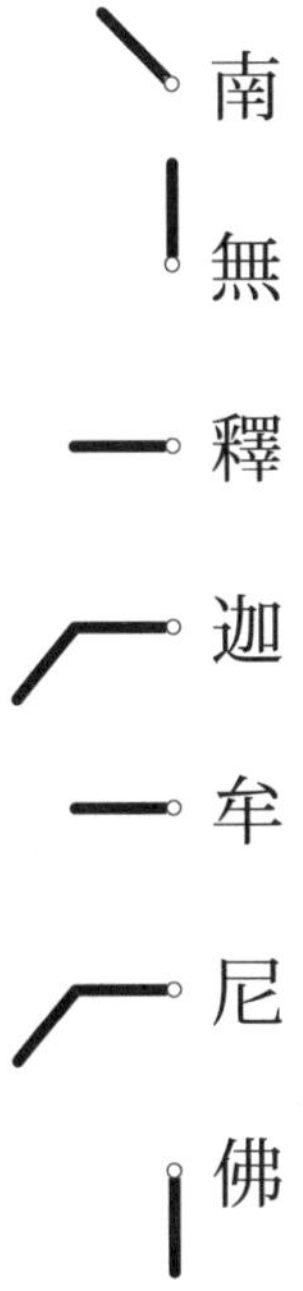

《二》『声明の研究』三重三行目の翻譜

『声明の研究』もここまでである。しかし、『声明教典』『声明の研究』では三重の調子を双調、ここでは盤渉調としており乖離がある。これは『声明の研究』にいうように、三重は一行目・二行目も共に本来は双調であるが、そのままに点譜すると、盤渉調の三重角は双調では三重羽となり有位無声であり点譜できない。そのような理由により盤渉調に翻譜しているのではなかろうか。だが、三行目は如何なる理由か双調で点譜されている。それも少し不可解であるが、双調二重を双調三重として翻譜しているようである。

ところが、念仏初重は原調の二重の盤渉調とは調子が異なる。初重①「無」の博士の角に対応するのは双調の角となるので、念仏初重の調子は双調であるといえる。つまり、盤渉調二重を原調として順八逆六の甲乙反により初重を双調としているのである。

それでは、釈迦念仏の初重と三重が一オクターブの差というのであれば、何故に念仏初重は盤渉調ではなく双調で点譜されているのか。勿論、盤渉調と双調は甲乙反の和音の関係にあるが、念仏三重を一オクターブ下げて念仏

初重で点譜すると、初重の角等が有位無声であり博士にあらわすことができない。また、盤渉調初重の墨譜で点譜すると唱え難きために、唱え難きを唱え易くするために双調で点譜されたとしか考えられない。

以上、念仏三重は『声明教典』『声明の研究』の説によると、二重は盤渉調、初重・三重は双調としている。しかし、三重一行目・二行目は実際には盤渉調で点譜されているのであるが、一行目・二行目も本来は双調である。したがって、三重全てにわたって双調であるが、一行目・二行目のみ双調を盤渉調に翻譜していると考える方が妥当であろう。

『中川法則』の初重・二重・三重

『中川法則』には、調子は示されていない。特に指示がなければ、調子について『声明教典』（七五頁）に「一定の法則の下に於いてのみ変わることを許される。これを口伝で「各自の持ち前の声で唱えよ」と教えたのである」と述べられている。人間の肉声は男女、大人子供、天賦の声域によって高すぎて唱え難い曲、低すぎて唱え難い曲があり、また道場の広狭によって高さを変えなければならないこともあるとし、これを一定の法則すなわち甲乙反、乙甲反により、調子を変えるべきとしている。

右記の理由により、特に釈迦念仏は初重・二重・三重と低音から高音にいたるきわめて音域の広い声明であるため、『中川法則』をはじめ、ほとんどの『常楽会法則』に於いて、調子の指示がないのではなかろうか。つまり、「持ち前の声」の高さで唱えよとの指示と考えるべきである。

いずれの調子にしても、『中川法則』は「南無釈迦牟尼仏」の左側は三重の博士、右側は初重の博士としているが、初重の博士も全て三重の譜で点譜されている。これは念仏初重の博士に有位無声がある故に、三重で点譜されているのであろうが、その三重の博士を初重に翻譜して唱えなければならない。

三重の各々の調子については、『声明の研究』（四三〇―四三一頁）に「調子は第二重が盤渉調より高くても低くても都合が悪いようである」と二重を盤渉調と定めている。つまり、音階は律曲であり、進流では律曲は平調か盤渉調である。平調を二重とすると、三重がきわめて高くなり唱えられないので、必然的に盤渉調とされたのであろうと考えられる。あるいは、『声明類聚』の「仏名」の割注に「頌曰。仏名黄鐘曲者律」と律曲に黄鐘調もあると認められているので、盤渉調が高ければ、二重を黄鐘調（初重・三重は一越調）で低く唱えるのも可能であると思われるが、初二三重全体にわたって低すぎる感がある。

ところが、念仏三重を念仏初重に翻譜するとなると、有位無声があり全ての博士を初重では点譜できないのである。このことが、『中川法則』が三重のみの博士で初重の博士がない大きな理由である。

『中川法則』は、⑤三重「無」の博士のみをとっても略頌三重宮のみが点譜されているが、この博士は念仏三重の博士であり、念仏初重の博士は点譜されていないのである。

一応、『中川法則』は調子は指示されていないが、ここでは『声明の研究』の説により、仮に二重を盤渉調と定める。『中川法則』と『岩原魚山集』は記譜の上では、「無」に関する限り、二重と三重は同じであるので、念仏二重は(徴)であり、念仏三重は三重◇宮と両者は同じである。ところが、初重は異なる。『岩原魚山集』初重は双調[角]であり、『中川法則』初重は記譜されていないが、三重◇宮より一オクターブ下であるので盤渉調初重[宮]となる。『中川法則』初重の盤渉調[宮]は、『岩原魚山集』初重の双調[角]と調子が双調と盤渉調と異なるだけで、半音の異なりがあるが、ほぼ同音である。

すなわち、初重の調子と博士は異なるが、五線譜の上では二重・三重と同じく初重も同音となる。このことは「無」だけではなく、ほぼ全ての博士にわたって対応しているのであるから、『中川法則』と『岩原魚山集』は二重

と三重は勿論のこと、初重においても実際の高さの唱え様は全く異なることがないということになる。

以上、『岩原魚山集』（『享保法則』が底本）『大平法則』は、二重は盤渉調律曲で初重・三重は双調律曲としているが、実際の博士より考えると、三重三行目は双調であるが、一行目・二行目は双調で点譜することは無理であり、双調を盤渉調に翻譜しているのである。『中川法則』（『明和法則』が底本）は初重・二重・三重全体を盤渉調としている。ところが、念仏二重・三重の博士は点譜されているが、初重は点譜されていない。このことは、念仏初重には有位無声があり翻譜できないからであるが、盤渉調三重を一オクターブ下げて念仏初重に翻譜（有位無声があるが）し唱えよとの意であると考えるべきである。

初　重

『声明教典』（一九六―一九七頁）『声明の研究』（四三一―四三二頁）は双調（実際は下無調）、『大平法則』は双調律曲と記されている。『享保法則』『明和法則』『中川法則』は調子の指示はない。

『明和法則』『鈴木声明集』『中川法則』は、三重の博士が点譜されているだけで、初重の博士は点譜されていない。したがって、三重を初重に翻譜する必要があり、『明和法則』の三重の博士を初重の博士に書き改めると左記の一行目・二行目である。

ただし、『明和法則』の念仏三重の二重徴・二重角を一オクターブ下げて念仏初重の博士に翻譜すると、初重徴・初重角の①の博士となるが、初重角は有位無声である。なお、『中川法則』の念仏三重二行目の「仏」には、念仏初重用の博士（『明和法則』には無い）として二重徴・二重羽が点譜されている。これは念仏三重の博士と同オ

クタープで点譜されているので、一オクタープ下げて念仏初重の博士に翻譜すると、左記の二行目の②の初重徴・初重羽の博士となる。

『明和法則』の三重の初重への翻譜

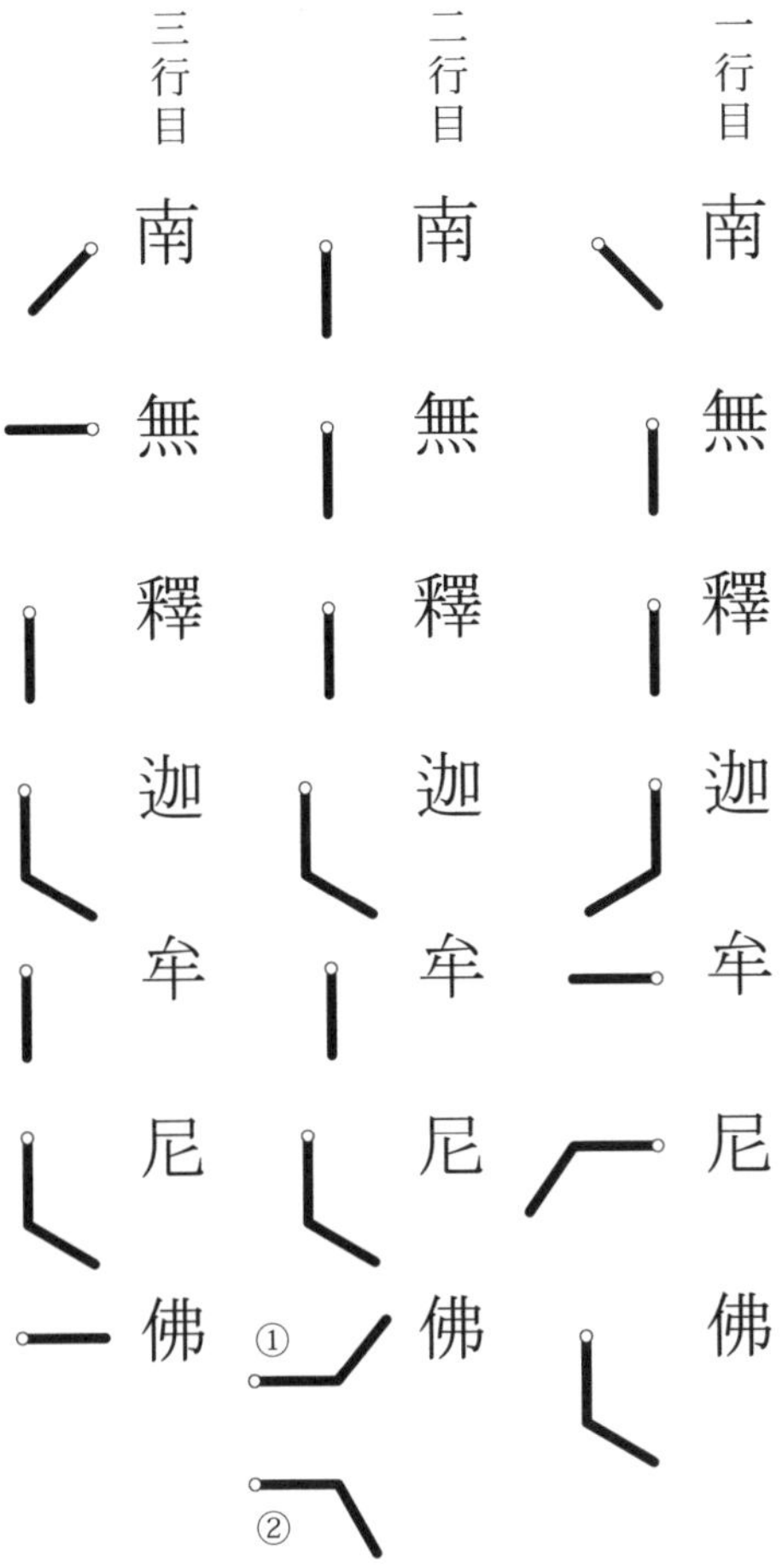

三重三行目は『享保法則』『明和法則』『中川法則』ともに二重中心の博士で点譜されている。ただし、『享保法則』と『明和法則』『中川法則』は上二字の「南無」の博士が異なる。しかし、いずれも前述の如く双調二重で点

譜されているのであり、『明和法則』の三重の三行目の博士を、「音階対照表」により初重の博士に翻譜すると右記の三行目の博士となる。

南　一行目

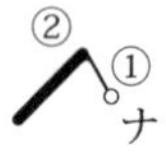

古本「魚山集」には打付の注がなく、取付とある。すなわち打付のこと。①を短く唱え、切音不切息して、低く下げて商②を引く。

迦　一行目

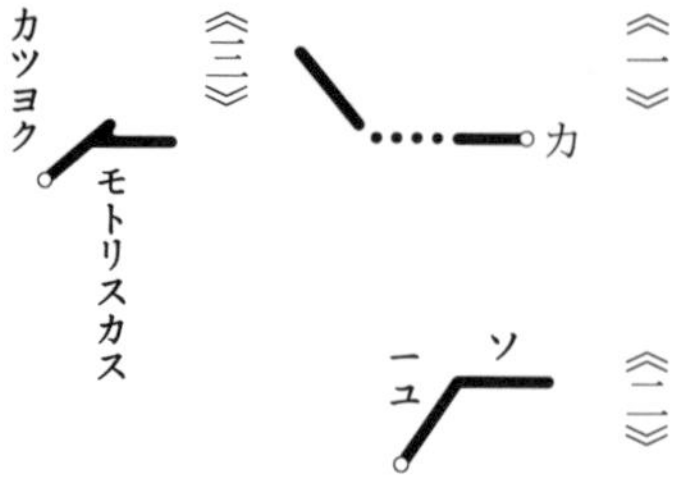

三重一行目の「迦」は、『明和法則』では《二》と《三》の譜が点譜されており、その中の《二》の譜を初重、《三》の譜を三重としている。ただし、初重も三重の博士で点譜されている。

《一》『岩原魚山集』の博士は二重角・二重徴であり、角をユリで唱える。

《二》『中川法則』は『明和法則』と同じく右側の譜を初重としている。これは三重宮・三重商であるが、念仏初重に翻譜すると盤渉調二重宮・二重商であり、これを双調に翻譜すると半音異なるが二重角・二重徴となって、《一》と同じ譜となる。なお、『明和法則』は三重宮に符号「ユ」のみが付されている。

《三》『鈴木声明集』は『中川法則』と反対に、『明和法則』の左側の譜を初重としている。しかし、初重の側の博士は全て三重中心の博士により点譜されている

ので、三重を初重に改めて唱えよとの意であると思われる。すると、博士は二重宮・モドリ・二重商となる。なお、「力ツヨク」と「モドリスカス」の注記がされている。

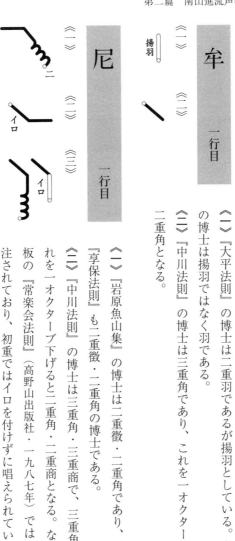

牟　一行目

《一》　《二》

《一》『大平法則』の博士は二重羽であるが揚羽としている。なお、『岩原魚山集』の博士は揚羽ではなく羽である。

《二》『中川法則』の博士は三重角であり、これを一オクターブ下げて唱えるので、二重角となる。

尼　一行目

《一》　《二》　《三》

《一》『岩原魚山集』の博士は二重徴・二重角であり、二重徴がイロ。なお、『享保法則』も二重徴・二重角の博士である。

《二》『中川法則』の博士は三重角・三重商で、三重角に符号「イロ」。これを一オクターブ下げると二重角・二重商となる。なお、高野山住職会蔵板の『常楽会法則』（高野山出版社・一九八七年）では「初重イロナシ」と注されており、初重ではイロを付けずに唱えられている。

《三》『大平法則』の博士は二重揚羽・二重徴であり、揚羽をイロで点譜している。

佛　二行目

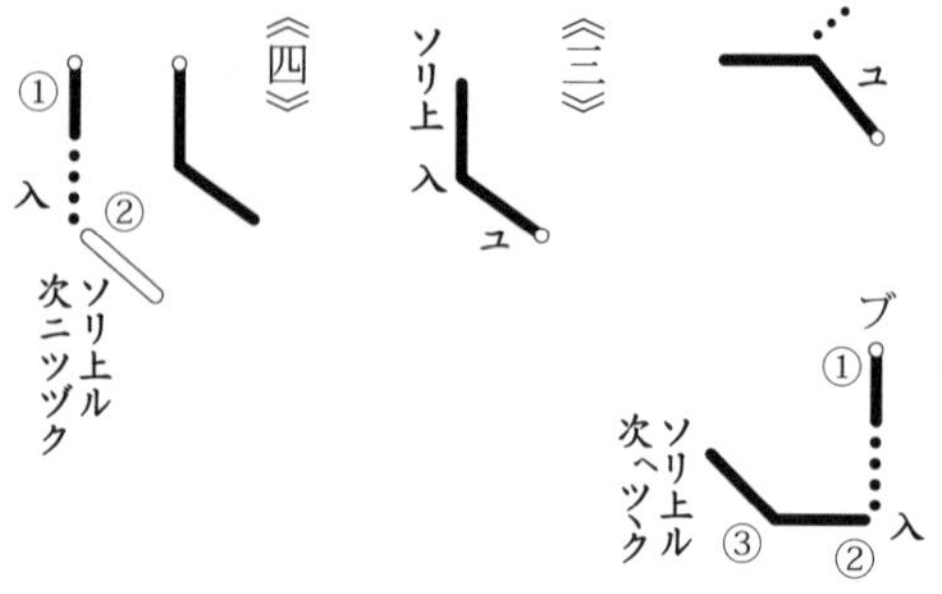

《一》『明和法則』は念仏三重の譜で二重徴・二重角であるが、念仏初重に一オクターブ下げると初重徴・初重角となり、初重角は有位無声で翻譜できない。しかし、これは盤渉調の三重の譜であり、双調の初重に翻譜すると《四》の『享保法則』と同である。

《二》『岩原魚山集』は二重宮・二重角・二重徴である。二重宮①をユリ、最後を入り、二重角②・二重徴③をなめらかにソリ上げて唱える。

《三》『中川法則』の初重の博士は『明和法則』には無いが、初重の博士として二重徴・二重羽の博士を点譜している。念仏三重の博士であるので、盤渉調初重に翻譜すると初重徴・初重羽、双調初重に翻譜すると二重宮・二重商であり、《二》とほぼ同じ曲節で唱える。

《四》『享保法則』と『大平法則』は二重宮・初重羽である。但し『大平法則』は初重羽を揚羽としている。二重宮①をユリ、最後入で唱え、初重揚羽②をソリ上て唱える。しかし、実唱は《二》の如く宮の後をソリ上げるて唱えるが、博士は二重宮①よりも初重揚羽②の方が高度は低く、実唱と博士に乖離がある。

何れの唱え様でも、次の「南」に続けて唱える。

南無　三行目

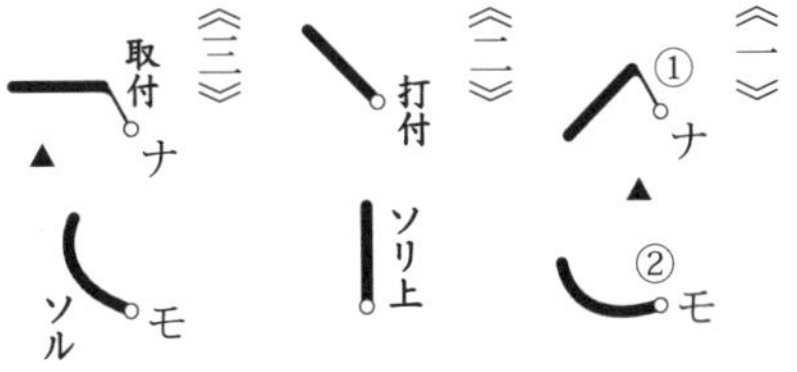

《一》『岩原魚山集』の博士は二重商・二重角である。商①を取付すなわち打付し本下シして切る。次に音を上げて角②をソリで唱える。

《二》『中川法則』は二重徴・二重羽であるが、三重の博士であるために初重に翻譜すると、前述の如く二重商・二重角となる。

《三》『大平法則』の博士は二重角・二重徴であり、『享保法則』と同じである。譜の音高は異なるが《一》と同じ曲節で唱える。

二　重

『声明教典』（一九六―一九七頁）『声明の研究』（四三一―四三二頁）『大平法則』は盤渉調、『享保法則』『明和法則』『中川法則』は調子の指示はない。

南無　三行目

《一》

《二》

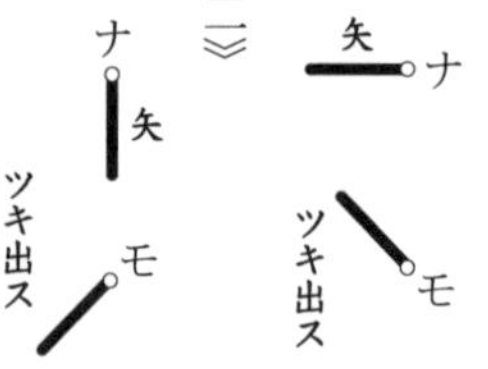

二重三行目の「南無」は法則により博士が異なる。
《一》『享保法則』『岩原魚山集』『大平法則』は二重角・二重徴である。
《二》『明和法則』『中川法則』は二重宮・二重商である。

三　重

『声明教典』（一九六―一九七頁）『声明の研究』（四三一―四三二頁）は双調、ただし、三重一行目二行目は双調を盤渉調に翻譜しており、三行目は双調三重を二重の譜で点譜している。『大平法則』も双調と記されている。『享保法則』『明和法則』『鈴木声明集』『中川法則』は調子の指示はない。

迦　一行目

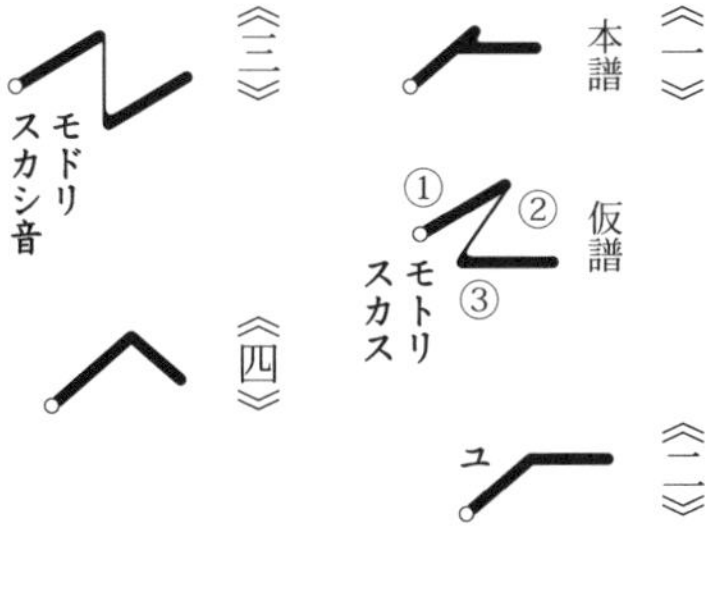

初重一行目「迦」で述べたように、三重一行目の「迦」は、『明和法則』では《一》と《二》の譜が点譜されており、その中、《二》の譜を初重、《一》の譜を三重としている。しかし、初重も三重の博士で点譜されている。

《一》『中川法則』は『明和法則』同様、左右に二つの譜が点譜されている。その中、左側に《一》の譜を三重、右側に《二》の譜を初重とする。『岩原魚山集』は初重の全ての行を三重とは別に点譜しているが、それぞれ、三重には《一》の譜が、初重には《二》の譜が点譜されている。

実唱は、三重宮①を高声で唱え、モドリ②（『中川法則』は「スカシ」）をスカシ音（本篇第四章第四節9「錫杖」の「清」を参照）、三重商③をモドリ②よりも下げて強く唱える。なお、③は三重商であるが、実際は三重宮①より少し高く唱えている。

《二》『鈴木声明集』は『中川法則』等と逆であり、初重を《一》、三重を《二》としている。

《三》『大平法則』は『岩原魚山集』《一》を底本としているが、実唱に基づき三重商を三重宮に譜を改めている。

《四》『享保法則』は三重宮・三重角である。現在では依用されていない。

南無釋迦牟尼佛　三行目

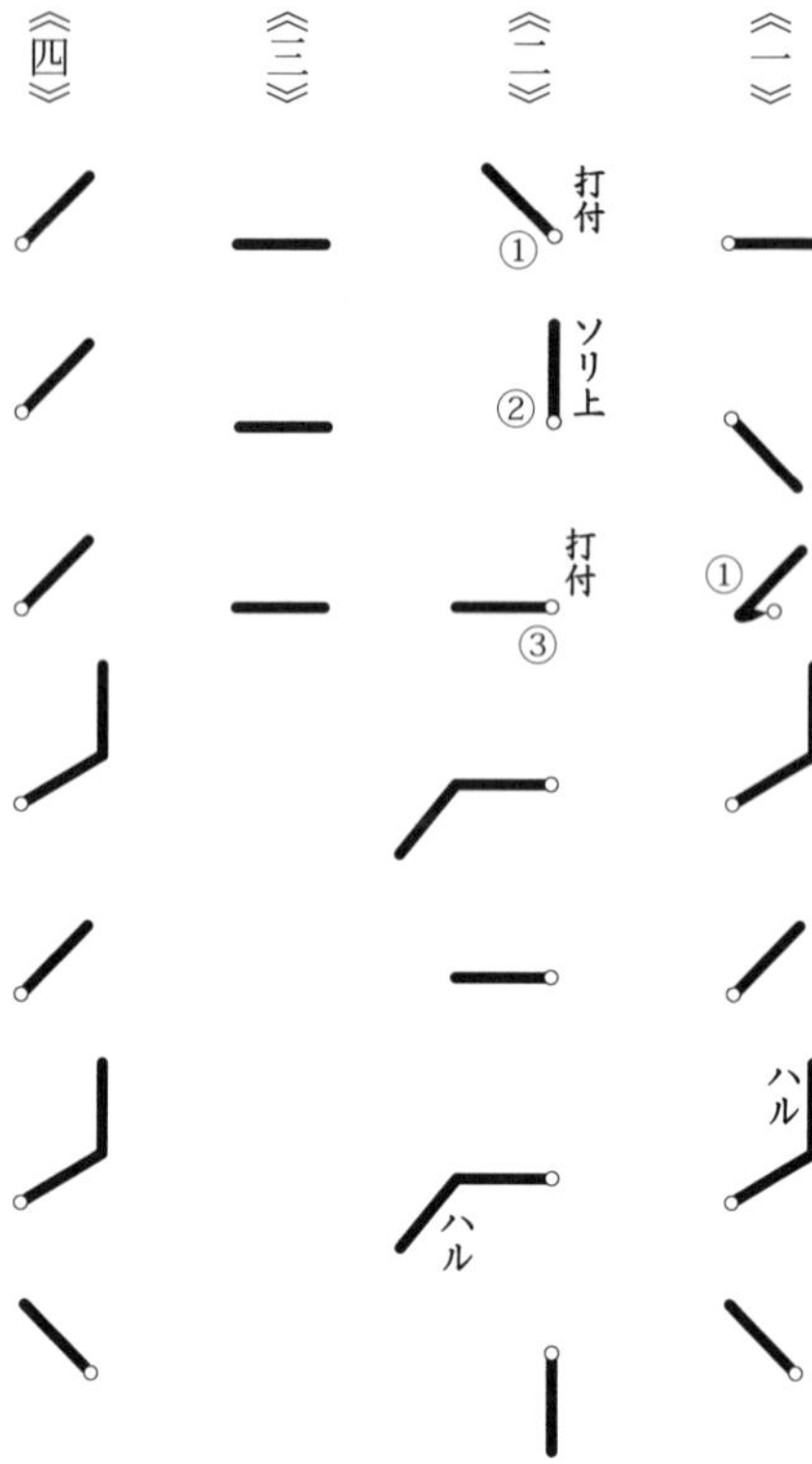

《一》『岩原魚山集』（一九八〇年再版）の博士である。『声明教典』（一九六―一九七頁）において、第三重三行目は二重の博士《二》で点譜されているが、これは誤りであり三重の譜に改めるべきとして、《一》の博士に翻譜している。そして、『声明教典』音譜篇の五線譜でも実際に三重の高さに採譜されている。なお、『大平法則』と『岩原魚山集』（二〇〇三年三刷）では「南無」の二字の博士が三重宮・三重商で点譜されている。「釈」三重宮①はカカルで唱える。

《二》『中川法則』の博士である。『中川法則』は『享保法則』『明和法則』同様に二重の博士のままに点譜されている。「南」徴①を打付で唱え、「無」羽②をソリ上げて、同音に「釈」角③を打付で唱える。

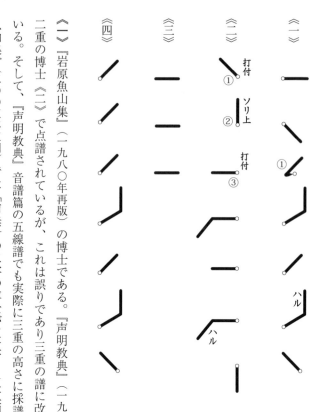

《三》『中川法則』の細譜の博士である。『中川法則』は、念仏三重三行目「南無釈」と念仏二重一行目「南無釈」の博士の中間に、細譜が付されており、その下に「三重」と注記されている。これは『明和法則』にはなく、『中川法則』独自の博士であり、念仏三重三行目あるいは念仏二重一行目、いずれの博士ともとることができる。

ところが、奥書に「旼昭和六十二丁卯年南呂下浣／南山進流末裔善教」とある高野山住職会蔵板の『常楽会法則』（高野山出版社）では、中間ではなく念仏二重一行目「南無釈」の右側近くに細譜が付され、その下に「三重」と注記されており、明らかに念仏二重一行目「南無釈」の博士として点譜されていると思われる。

この細譜について、中川口授は念仏二重一行目「南無釈」の博士に付されたものであり、念仏三重と念仏二重との高度の異なりを示しているだけで、実際にこの博士により唱えるのではないと伝えられているという人もいる。

すると、この細譜の高度については次の二義が考えられる。

一は、その細譜に「三重」と注記されているのであるから、細譜は三重商とする。念仏二重の主音は二重徴、三重の主音は三重宮である。念仏二重一行目「南無釈」の博士は二重徴であるので、高度の比較をするのであれば、当然に細譜の念仏三重は中心の音の三重宮とすべきであるが、三重商としている。高度を相対化するのであれば少し不可解である。

二は、細譜を三重商ではなく二重角とする。念仏三重三行目（『中川法則』は調子を指示されていないが一応は原調を盤渉調とする）は有位無声等がある故に実唱博士ではなく、甲乙反で六律下げた調子（下無調であるが双調とする）で点譜されている。ところが実唱は博士にあらわされた低い調子ではなく、一オクターブ上げた調子で唱える。すなわち、念仏三重三行目の双調二重角を一オクターブ上げた双調三重角で唱える。これは盤渉調三重宮と同音となるのである。この細譜も同であり、二重角・二重角・二重角であるが、一行目・二行目と同調子（盤渉調）に翻譜

すると、三重宮・三重宮・三重宮となり、きわめて実唱の高度に忠実で妥当な博士となる。加えて、念仏二重一行目の徴と細譜の二重角を翻譜した三重宮は念仏二重と念仏三重の主音であり、高度を比較するというのであれば、細譜を二重角とする方が妥当であるといえる。

《四》細譜は三重と注記されているので、念仏二重一行目ではなく念仏三重三行目「南無釈」の異譜と考えることもできる。すなわち、念仏三重三行目の二重徴・二重羽・二重角を二重角・二重角・二重角と唱える異譜とするのである。これも博士は双調二重角であるが、本当は一オクターブ上げた双調三重角であり、それを盤渉調に翻譜すると三重宮となる。つまり、細譜は念仏三重三行目「南無釈」の異譜として、双調の二重角・二重角・二重角を盤渉調の三重宮・三重宮・三重宮に翻譜して高声に唱えるのである。

実際に稲葉義猛のＣＤ『南山進流声明集成』では三重三行目の「南無釈」を三重二行目「南無釈」の三重宮・三重宮・三重宮と同音同曲節で唱えられている。ということは、三重三行目「南無釈」は二重徴・二重羽・二重角であるが、実唱は三重宮・三重宮・三重宮である。これを乙甲反により翻譜すると二重角・二重角・二重角となる。したがって、細譜は三重三行目の異譜で二重角・二重角・二重角であり、これを甲乙反により三重宮・三重宮・三重宮として唱えると、近年の高野山における実唱とぴたりと一致しており最も妥当であると思われる。

なお、三重三行目を「南無釈」が細譜二重角として念仏三重に翻譜すると、細譜二重角は三重宮となり右記《四》の博士となる。

《一伝》師伝によると、念仏三重の第三行目は終曲をあらわすために、第二重の博士によって、すなわち右記《二》の博士で唱えることになっている（ただし、符号は《二》と同じ）。

つまり、三重中心の博士で高声に唱えるか、あるいは二重中心の博士により低く唱えるか、二伝あることとなる。

14 合殺

釈迦牟尼仏の名号に曲節をつけて十一遍唱えるをいう。漢音で唱える。

調子は、『中川法則』は律とのみ指示、『大平法則』は盤渉調律曲である。『詳解魚山集』五音譜篇下（一四二頁）は師伝として盤渉調律曲としている。

『声明の研究』（四三二頁）には、「諸法則聞書」を引き、「大概毘盧舎那合殺ノ如シと書いてあって調名を記してないが推して考えるに彼と同じく律盤渉調で唱えるべきである。変音は第六行目のみ呂に転じるのである」と記され、理趣経合殺と博士も小異はあるが同じ博士も多く、調子も理趣経合殺と同じく盤渉調律曲で唱えるとしている。

[岩]二巻二〇右一行

尼　一

《一》　《二》

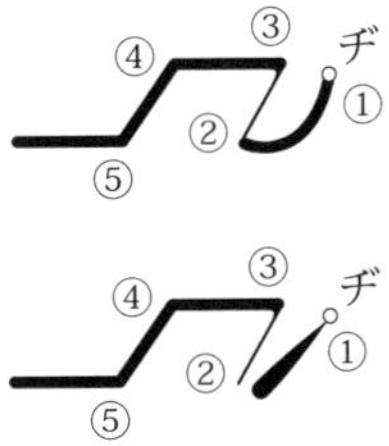

二伝あり。

《一》商①を声のソリでソリ上げ、モドリ②を同音でツキ、角③も同音、商④を下げ、角⑤を上げて唱える。

《二》商①を力のソリで唱え、モドリ②を高く、角③を同音でツキ、商④を下げ、角⑤を上げて唱える。

圏二巻二〇右二行

尼佛　二

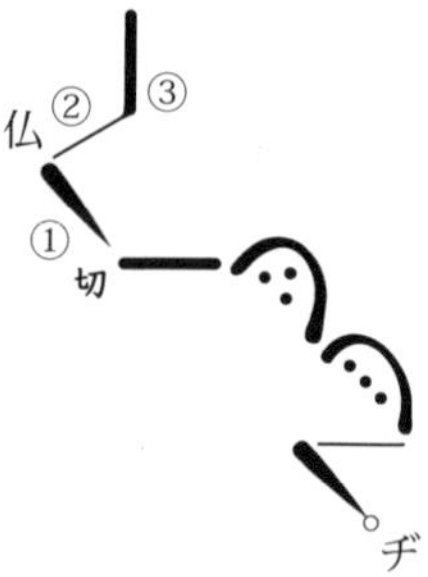

『中川法則』に、羽の博士の注に「打付の如し」とあるが、「尼」の徴と「仏」の羽は開譜合音で打カケの誤りかと思われる。

理趣経合殺の「那」と「仏」に同じである。

「尼」の徴①と「仏」の羽③を打カケ②、すなわちツキモドリで連結して唱えるとされているが、「講究会の記（六）」の理趣経合殺の項に、「松帆師第二の行の仏は打カケとあり、打カケは商に就くものにして、今の如く羽の位にあれば前半のソリというべきものである」と、羽には打カケは介在しないので、②は打カケではなく前半のソリと主張されている。さらに、打カケはモドリと心得るべきと述べられているので、前半のソリというのは妥当であると思われる。

圏二巻二〇左二行

釈　四

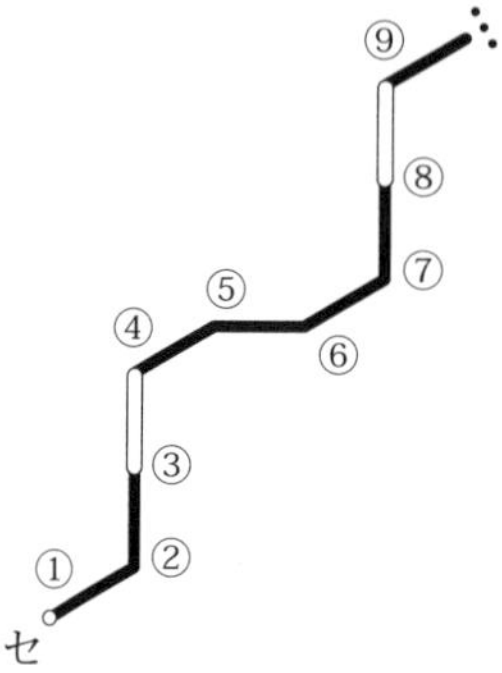

三重宮①より下げて羽②、半音上げて揚羽③、同音で三重宮④、三重商⑤を上げ、三重宮⑥を下げ、羽⑦を下げ、揚羽⑧を半音上げ、三重宮⑨を同音で突いて唱える。

岩二巻二〇右一行

迦　七

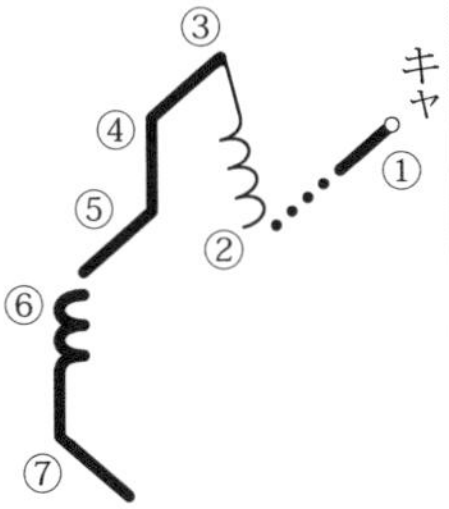

岩二巻二一右三行

迦　十一

《一》

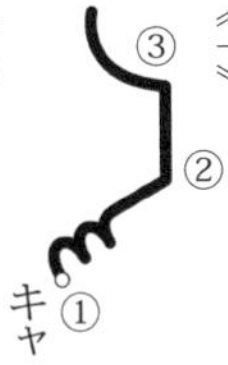

《二》

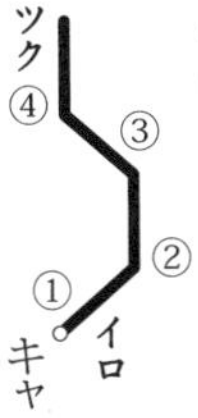

商①をユリ、モドリ②をイロモドリ、下げて商③、さらに下げて宮④、商③と同音に商⑤、宮⑥をイロ二ツとモツ一ツ、そして初重羽⑦に下げて唱える。

上記の博士の点譜の箇所が、法則により異なる。『岩原魚山集』は「迦」、『中川法則』は「牟」、『大平法則』は「尼」に点譜されている。

二伝あり。

《一》『岩原魚山集』『大平法則』は三重宮①をイロ二ツとモツ一ツ、羽②を下げ、徴③をソリ上げて唱える。

《二》『中川法則』は、三重宮①をイロ二ツとモツ一ツ、羽②を下げ、さらに徴③を下げ、羽④はツクとあるが、同音ではなくツク如くで羽②と同音に唱える。

15 哭仏讃

釈尊の涅槃を歎き悲しむ讃である。

調子は、『中川法則』は律とのみ指示、『大平法則』は黄鐘調律曲である。『詳解魚山集』五音譜篇下（一四六頁）は黄鐘調律曲または盤渉調律曲としているのみで、黄鐘調律曲とする詳しい論拠は示されていない。『声明の研究』（五四二頁）によると、「ある師伝では此の讃は平調であるとのことであるが、（中略）此の讃の中には三重商まで使用してあるが、平調三重の商は4#の音であって、十人並としては少し高すぎはしないであろうか、十人並としては平調よりも寧ろ盤渉調の方がより適当であろうと思われる」と、平調は高すぎるので、盤渉調律曲と主張されている。

[岩]二巻二一左一行

離

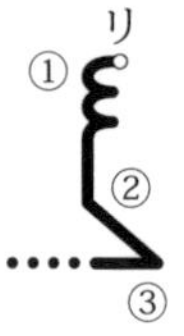

宮①をイロ二ツとモツ一ツ、初重羽②を下げ、角③を上げて唱える。

岩二巻二一左二行

忽

《一》

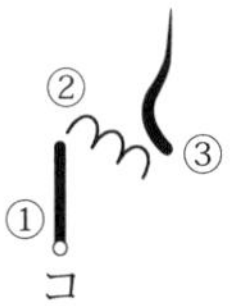

《二》

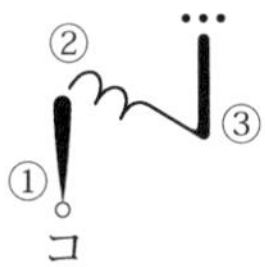

岩二巻二二右三行

垂　天

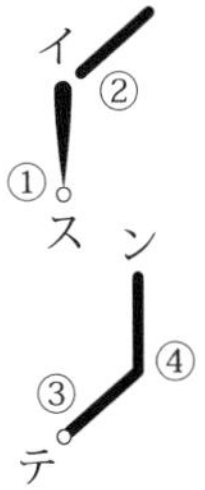

二伝あり。

《一》羽①と同音に、モドリ②をイロ三ツ、羽③を少し下げてから高くソリ上げて唱える。

《二》羽①を唱え、モドリ②を高くイロ二ツとモツ一ツ、羽③を少し下げて唱える。

垂は羽①三重宮②、天は三重宮③羽④であり、羽①を唱え三重宮②を高く、三重宮③は②と同音に、羽④は下げて①と同音に唱える。

16 御前頌

本来は、導師が顕教の法要が終わり本尊の前に進んで唱える頌文の故に御前頌という。

『要覧』（五丁右）に、「三礼は略法用なり。よって法用ある時は三礼を用いざる是れ故実なり」と説かれ、常楽会の四座講を引き、涅槃講は四箇法用の故に式士は三礼を用いず、遺跡講は法用なき故に御前頌（御前頌も三礼と同じく略法用に用いる故）を用いる、羅漢講・舎利講はともに法用なき故に、式士は三礼を用いると述べられている。すなわち、密教では顕立法要に略法要として用いられる。遺跡講では、式士の法要の金二丁を聞いて、上﨟が扇を立てて発音する。

調子は、『中川法則』は律とのみ指示、『大平法則』は黄鐘調律曲または盤渉調律曲である。『詳解魚山集』五音譜篇下（一五〇頁）は黄鐘調律曲または盤渉調律曲としている。『声明の研究』（五四二頁）によれば、師伝によると平調律曲とされているが、哭仏讃と同じく平調では高すぎるので、盤渉調律曲が適当であると記されている。『類聚の解説』（一〇六頁）に、「平調律曲とする伝もあれども、盤渉調律曲か。頭は仏讃の如く平調、助音は梵音の如く盤渉調なりとする伝もあり」として、平調、盤渉調、頭は平調で助は盤渉調と三説あげられている。

圏二巻三七右一行

数　劫

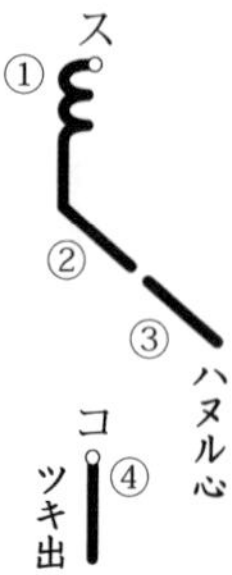

宮①をイロ二ツとモツ一ツ、初重羽②を下げ、初重③をハルでよどみなく太く強く高く唱える。次に宮④をツキ出す如く唱える。

図二巻三七右二行

恭

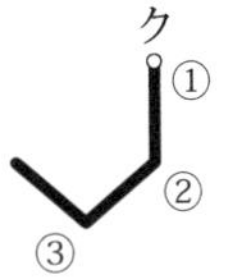

宮①を唱え、商②を上げ、徴③をさらに上げて、三段上がりに唱える。

17 舎利讃嘆

仏舎利を讃嘆する文。慈覚大師円仁の作で、初・中・後の三段に分かれている。

真言宗の四座講の舎利講に用いられる舎利讃嘆は、三段の中、初段に博士を付して唱える。頭人は上﨟の役で扇を立てて唱える。

調子は、『中川法則』は律とのみ指示、『大平法則』は中曲で平調または盤渉調としている。『詳解魚山集』五音譜篇下（一五五頁）は中曲で平調または盤渉調、ただし盤渉調が宜しきかとしている。

『声明の研究』（五四三頁）によると、「師伝では平調であると云うことであるが、これを実地にあたって研究してみると、平調律と定めて宜しいようである」と、ところが『声明教典』（二〇一頁）には、「平調か盤渉調かであるが、私は後者の方が荘厳味に富んでよいと思う。但し旋法は律でなくて中曲であろうと考えられる」と、一方は平調律、他方は盤渉調あるいは中曲と主張されている。このように『声明の研究』と『声明教典』はしばしば異なる点が多い。おそらくは、研究を進めるうちに、説を改められたとしか考えられない。したがって『声明の研究』

の発行年月日は昭和七年六月六日であり、『声明教典』は昭和十三年十月二十一日であるので、『声明教典』執筆にあたり、『声明の研究』の平調律曲を、後年になり『声明教典』の盤渉調中曲としたのであろうと思われる。

[岩]二巻五七右三行

仏の

ホトケの三字は長短高下なく唱える。「の」にて、声を切るのが習いである。

[岩]二巻五七右三行

舎利は

「舎利」の「利」で切るのが習いである。「は」は、「ファ」と発音する。『中川法則』は「パ」と仮名されている。

[岩]二巻五七左一行

こと

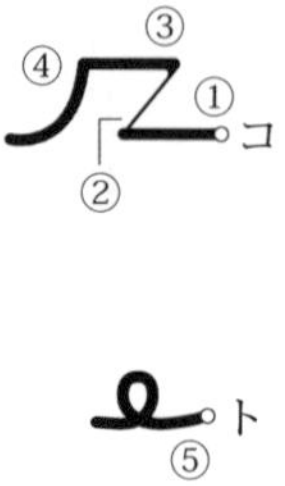

二伝あり。

《一》角①を直前の遇の徴と同音に唱え、モドリ②を上げ、角③を下げ①と同音、商④を下げてからソリ上げる。次に、商④のソリ上げた音と同音に角⑤を唱えた後にフル。

《二》角①を直前の遇の徴と同音に唱え、モドリ②を上げ、角③を下げ①と同音、商④をソリ上げる。次に、商④のソリ上げた音よりも大きく下げて角⑤を唱えた後にフルで唱える。

[岩]二巻五八右二行

生ま

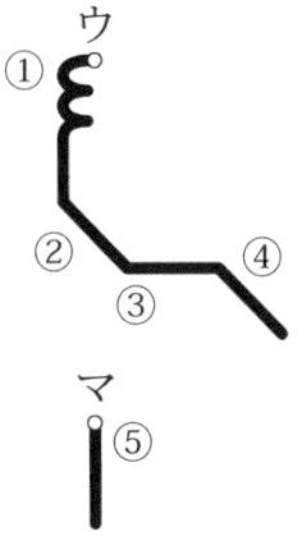

宮①をイロ二ツとモツ一ツ、初重羽②を下げ、さらに初重徴③を下げ、初重羽④を②と同音に上げ、宮⑤を上げて唱える。

[岩]二巻五八左二行

あわざりき

二伝あり。

《一》「あわざり」の四字すべてイロで同音に唱え、「き」をユラズにスで唱える。

《二》博士の如く高低をつけて唱える。

[岩]二巻五九右一行

奉まつる

二伝あり。

《一》「まつ」の二字をイロで唱え、「る」をユラズにスで唱える。

《二》「まつる」の三字をスで唱える。

[岩]二巻五九右一行

見る人

角①を唱え、次に音を上げ徴②徴③角④のユリを同音で唱える。

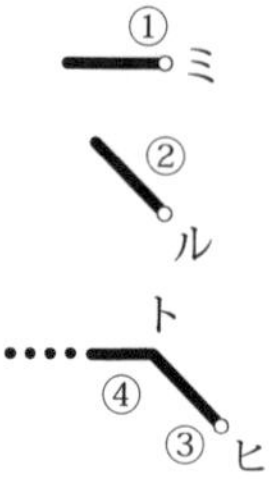

岩二巻五九右三行

共　に

二伝あり。

《一》「共」の宮をイロ三ツ、「に」をユラズにスで唱える。

《二》「共」の宮をスで唱える。

岩二巻五九左二行

定まりぬ

二伝あり。

《一》「まり」をイロ、「ぬ」はユラズにスで唱える。

《二》「まりぬ」三字をユラズにスで唱える。

岩二巻五九左三行

た ま え

二伝あり。

《一》「たま」をイロ、「え」はユラズにスで唱える。

《二》「たまえ」三字をユラズにスで唱える。

18 奉　送

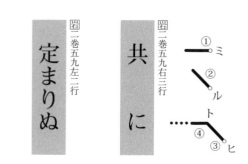

顕立法要では、最初に本尊聖衆の降臨道場を勧請し、法会の最後にこの奉送を唱え本土にお送り奉る伽陀である。詳しい呼称は、奉送伽陀であり、調子は中曲黄鐘調である。

囶二巻六〇左一行

法

上座が扇を立てて上音にて唱える。上音するのは職衆が伽陀士を讃嘆する。上音の唱え方は本節⑪「讃嘆伽陀」の「涅槃講　第四段」を参照すべし。

囶二巻六〇左二行

道

奉送の最後の「道」も伽陀士を讃嘆するために高声にどなる如く太い強い声で唱える。なお、京都では、「道」を高声で唱えず本音で唱える。

⑲ 廻向伽陀

廻向伽陀の「願以此功徳」の頭は、伽陀士が諸衆に返礼で謝するために、頭人が上音で高声に唱える。助からは本音で唱える。

囶二巻六一右一行

功　一句目

甲乙反で平調に転調し高く唱える。一番目のスカスの角までは常の上音と同じ唱え方であるが、以下の曲節は常の廻向伽陀と同であるが高く唱えることと、揚商をスカスで唱えることに留意すべきである。

【著者略歴】

潮　弘憲（うしお　こうけん）

1947年生まれ。兵庫県淡路市室津・海福寺住職。立命館大学文学部心理学専攻卒業、高野山大学大学院文学研究科仏教学専攻修士課程修了。現在、種智院大学特任教授。権大僧正。

【主な編著書】『理趣三昧作法解説』（淡路声明研究会）、『褒灑陀儀則』（淡路声明研究会）、『保寿院流理趣三昧作法解説』（大覚寺青年教師会）、『理趣三昧の解説―声明と作法―』（青山社）、『理趣三昧法則』（海福寺）、『土砂加持法則』（海福寺）、『褒灑陀儀則の解説』（総本山泉涌寺）、『報恩院流土砂加持法則』（高貴寺）、『報恩院流土砂加持作法解説』（真言勧学之会）、『西院流曼荼羅供懐宝』（真言勧学之会）、『保寿院流結縁灌頂声明集・乞戒次第』（種智院大学）、『西院流結縁灌頂声明集・乞戒次第』（真言勧学之会）、『結縁灌頂声明の解説』（真言勧学之会）、『理趣経法の解説――理趣経曼荼羅と各法流の本尊と次第――』（海福寺）、『南山進流声明の解説』第一～三巻（総本山仁和寺・仁和伝法所）、『南山進流声明集 理趣三昧法会声明』CD（学校法人綜藝種智院）、『褒灑陀儀則の声明と作法』（種智院大学）

南山進流《なんざんしんりゅう》　声明大系《しょうみょうたいけい》　上巻

二〇一七年二月二二日　初版第一刷発行

著　者　潮　弘憲

発行者　西村明高

発行所　株式会社　法藏館
京都市下京区正面通烏丸東入
郵便番号　六〇〇-八一五三
電話　〇七五-三四三-〇〇三〇（編集）
〇七五-三四三-五六五六（営業）

印刷・製本　中村印刷株式会社

ISBN 978-4-8318-6229-7 C3015